imaginist

想象另一种可能

理
想
国

imaginist

抵达

POLITICAL EVOLUTION (上)

From Ancient Times to the Twenty-First Century

一部政治演化史

包刚升 著

上海三联书店

图书在版编目（CIP）数据

抵达：一部政治演化史 / 包刚升著 . -- 上海：上海三联书店，2023.7（2024.2 重印）

ISBN 978-7-5426-8112-6

Ⅰ . ①抵… Ⅱ . ①包… Ⅲ . ①政治理论—研究 Ⅳ. ① D0

中国国家版本馆 CIP 数据核字 (2023) 第 081355 号

抵达：一部政治演化史

包刚升 著

责任编辑 / 苗苏以

特约编辑 / 孔胜楠

封面设计 / 尚燕平

内文制作 / 陈基胜

责任校对 / 张大伟

责任印制 / 姚　军

出版发行 / 上海三联书店

（200030）上海市漕溪北路331号A座6楼

邮购电话 / 021-22895540

印　　刷 / 山东临沂新华印刷物流集团有限责任公司

版　　次 / 2023 年 7 月第 1 版

印　　次 / 2024 年 2 月第 4 次印刷

开　　本 / 1270mm × 960mm　1/16

字　　数 / 565千字

印　　张 / 47

书　　号 / ISBN 978-7-5426-8112-6/ D · 586

定　　价 / 128.00元（上、下）

目 录

[上]

第二部　阿克顿问题

[下]

第三部　洛克问题

第四部 托克维尔问题

导 言

这是一部关于人类政治演化的作品，主要关注的是人类政治演化的基本脉络及其背后的逻辑。换言之，本书试图回答两个主要问题：从古至今，人类政治演化究竟经历了一个怎样的过程？促成这种人类政治演化的原因又是什么？

政治的起源及其演化脉络

在《论人类不平等的起源和基础》一书中，法国思想家让-雅克·卢梭这样说："谁第一个把一块土地圈起来并想到说：这是我的，而且找到一些头脑十分简单的人居然相信了他的话，谁就是文明社会的真正奠基者。"[1]但卢梭可能错了。实际上，谁第一个对众人说"我要统治你们，你们应当服从我，我是你们的王"，而且找到了一些居然服从了他的人，谁才是文明社会的真正奠基者。

这样说恐怕会引来不少争议。这样说的理由是，"这是我的"，

1　卢梭，《论人类不平等的起源和基础》，李常山译，商务印书馆，1996，第 111 页。

是一个财产权的问题。问题是，今天有人可以指着一块土地说“这是我的”，明天另一人也可以指着同一块土地说“这是我的”。在自然状态下，如果前者跟后者的体格相当，难免会引发一场恶斗，结果要么是一方击败另一方，要么是两败俱伤；如果后者的体格明显更加健壮，更孔武有力，前者或许暂时就只能忍气吞声，但这并不会妨碍他继续寻找机会，伺机报复，把他认为本来就属于他的土地夺回来。但在这两种情形下，一个人自我宣称的土地财产权都是靠不住的，而当不同的人同时宣称拥有同一块土地的财产权时，难免会引发冲突。

如果超越自然状态来考察这个问题，就会发现，任何财产权都是依赖于法律的。没有法律，就没有所谓的财产权。而没有国家，就不会有法律。尽管人类经验世界中的法律有成文法和不成文法之分，尽管惯例在许多社会包括前国家的远古社会扮演了提供社会规则的重要角色，但从根本上讲，任何法律的执行都必须依赖于某种稳定的强制力，也就是依赖于国家的力量。一般来说，人类的早期国家不仅是由王统治的，而且是由某个王首先创立的。

由此，逻辑链条就变成了：没有王，就没有国家；没有国家，就无所谓法律；没有法律，就无所谓财产权。因而，仅仅有第一个人说“这是我的”——这意味着人类创立财产权的首次努力，还远不是文明社会的开始；只有当第一个人说“我就是你们的王”——也就是人类创立国家的首次努力，或者说国家诞生的时刻，才是文明社会的真正开始。

据考古出土、记录了古代巴比伦王国的法律和政令的泥板文书，第六代国王汉谟拉比（约前 1792 年至前 1750 年在位）曾做出这样的“宣言”：

我，汉谟拉比、完美的王。我未曾忽视贝勒赐予我的黔首，以及马尔都克授予我的牧养之任。我为彼等寻找安全之地，战胜了极其严重的困难。我使正义之光泽被彼等，我以扎马马（Zamama）及因南纳（Innanna）赐予我的有力武器，以埃亚（Ea）赐予我的远大眼光，以马尔都克赐予我的力量，驱逐了北方与南方之敌。我结束了他们的掠夺行为。我增加了全国的福利。我使人民安享太平。我不许任何人骚扰他们。

伟大的诸神授命于我。……我将苏美尔、阿卡德的人民揽入我的胸怀，置于我的保护之下。我使他们的兄弟得到安全，我以智慧保护他们。……

我是王者中最杰出的国王。我的言辞是金口玉言，我的智慧举世无双。……奉我主马尔都克之命，我的法律无人可以废除。[1]

泥板文书中的这三段文字，核心意思除了颂扬汉谟拉比的功绩，他同时要宣称："我要统治你们，你们应当服从我，我是你们的王。"

古代波斯帝国波斯阿契美尼德王朝的大流士一世（公元前522年至前486年在位）也留下了类似的铭文：

我是大流士王、伟大的王、众王之王、万邦万民之王、这辽阔大地之王，希斯塔斯普之子、阿契美尼德族人、波斯

1　转引自：A. T. 奥姆斯特德，《波斯帝国史》，李铁匠、顾国梅译，上海三联书店，2010，第154—155页。

> 人、波斯人之子、雅利安血统的雅利安人。……阿胡拉·马兹达见这些地区一片混乱，互相混战，遂将其赐予我。他命令我统治他们。我成了国王。靠阿胡拉·马兹达之佑，我使它恢复了原状。凡我给他们的命令，他们都按照我的旨意执行了。[1]

实际上，大流士留下的铭文跟汉谟拉比的泥板文书文字在寓意上非常相似，同样强调大流士是统治者，而众人应当服从，即“按照我的旨意执行”。

古代中国第一位建立君主制中央集权官僚制国家的皇帝——秦始皇——的政治意志，被记录在几篇石刻碑文之中。其中的碣石刻石碑文有这样的表述：“遂兴师旅，诛戮无道，为逆灭息。武殄暴逆，文复无罪，庶心咸服。”[2] 会稽石刻碑文则这样说：

> 皇帝休烈，平一宇内，德惠攸长。……秦圣临国，始定刑名，显陈旧章。初平法式，审别职任，以立恒常。……圣德广密，六合之中，被泽无疆。皇帝并宇，兼听万事，远近毕清。……大治濯俗，天下承风，蒙被休经。皆遵度轨，和安敦勉，莫不顺令。黔首修絜，人乐同则，嘉保太平。后敬奉法，常治无极，舆舟不倾。[3]

这些以不同方式颂扬秦始皇功德的文字，除了满足当时尚健在的秦始皇的虚荣心，另一个重要功能则是向全国民众宣告：秦始皇

1　A. T. 奥姆斯特德，《波斯帝国史》，2010，第153—154页。

2　司马迁，《史记（第一册）· 卷六 · 秦始皇本纪》（中华国学文库），裴骃集解，司马贞索隐，张守义正义，中华书局，2011，第215页。

3　同上，第223页。

用文治武功平定天下，制定法度，是天下人的皇帝，即所谓“秦圣临国”，而天下众人应当服从他，即所谓“庶心咸服”“皆遵度轨，和安敦勉，莫不顺令”。实际上，这些石刻碑文也就是相当于秦始皇昭告天下：“我要统治你们，你们应当服从，我是你们的王。”

在这几篇文字中，古代巴比伦、古代波斯和古代中国的君主们不仅对众人说“我是你们的王”，而且还强调他们自己在控制叛乱、征服敌国、创造和平方面的非凡功绩。实际上，从古到今的每一个王，如果要创造这样的功绩，从来都要借助一支强有力的军队和一个运转有效的官僚系统。一个人无论个人能力与武功多么了得，只要是孤家寡人，不依靠军队与官僚系统，是成不了王的。一旦成了王，无论实际上他是一个怎样的统治者，他至少要在部分程度上为他的臣民们提供基本的安全、法律与秩序——亦即汉谟拉比所说的“结束……掠夺行为，……安享太平”，大流士一世所说的终结“一片混乱，互相混战”，以及秦始皇所说的“平一宇内……始定刑名”。就此而言，王所代表的国家，乃是安全的保护者、法律的执行者和秩序的提供者。唯有这样，开篇提到的财产权，以及更重要的生命权，才可能获得基本的保障。历史地看，任何君主的首要工作之一，就是为社会制定法律或规则，以便提供基本的安全与秩序。

公元前13世纪到前12世纪，古代埃及的《纳乌瑞敕令》《赫尔摩坡里斯敕令》和《埃利芬提尼敕令》等，都规定了埃及人享有财产保护权，杀人、盗窃、纵火、强奸、盗墓等均属不法行为。[1]公元前3世纪，古代中国最著名的法律，就是刘邦的“约法三章”，

---

1 王亮，《法律与古埃及人的社会生活》，《中国社会科学报》，2017年8月28日，第005版。

即“杀人者死，伤人及盗抵罪”。跟复杂和细密的现代法律体系相比，许多古代君主只制定了极其简明的法律，但这些法律体系的核心乃是对民众的生命安全（不得杀人、伤人）和财产安全（不得偷盗）提供基本的保护。这也证明，人类历史上最早的财产权，乃是古代的君主与国家凭借其创设的法律建立起来的。没有君主、国家与法律，就不会产生有保障的财产权。

按照卢梭的观点，正是财产权的观念与制度给人类带来了许多“罪行、战争和杀害”以及“苦难和恐怖”。[1]但实际上，在自然状态下——可以把自然状态视为一种无财产权和无国家的状态，人类并不能免除“罪行、战争和杀害”以及“苦难和恐怖”。而正是君主与国家的诞生，恰恰帮助人类免除了某些“罪行、战争和杀害”以及“苦难和恐怖”。所以，那位第一个说“我是你们的王”的人，才是文明社会的奠基者。当然，毋庸讳言的是，君主与国家的诞生同时也给人类带来了某些自然状态下所没有的新的“罪行、战争和杀害”以及“苦难和恐怖”。

如果说早期国家的兴起是人类文明社会的开端，那么人类其实是历经了相当多的磨难，用了相当漫长时间的演化才走到这一步的。按照生物学家和历史学家的估算，现代人的祖先起源于40万到25万年前。但有文字可考的人类早期国家出现在公元前3500—前3000年。据此推断，人类演化至今98%的时间里都没有出现国家，早期国家兴起以来的历史只占全部人类历史2%左右的时间。而恰恰是国家的兴起给人类进化带来了一场根本的革命。正是因为国家能提供基本的安全、法律与秩序，防止人与人之间的暴力冲突，制定人与人互动和博弈的规则，至少部分地保护了人们的财产

1　卢梭，《论人类不平等的起源和基础》，1996，第111页。

权与生命权，以及创造了人与人进行大规模合作的条件等，使得人类社会的演化发生了根本的变化。一方面，国家的兴起本身是人类进化史上最重要的一场政治革命，即“国家革命”；另一方面，由于国家所提供的基本的安全、法律与秩序，国家的兴起也使得人类后续的经济增长与技术革命成为可能。

自早期国家诞生以后，它就成了人类政治演化或政治进化（political evolution）的基本载体。以演化论或进化论视角来看，人类5000多年的政治发展史，就是一部政治演化史或政治进化史。演化论或进化论起源于19世纪中后期查尔斯·达尔文的研究，他在1859年出版的《物种起源》一书中确立了演化论的基本框架与理论范式。[1]其基本观点包括：（1）复杂多样的生物界是物种不断演化或进化的结果；（2）物种演化或进化的两个内在机制是遗传与变异（突变）；（3）物种与物种之间、同一物种内部需要为生存而进行竞争；（4）那些更能适应环境变化的物种有更大的生存概率，即“物竞天择，适者生存”的机制。简而言之，达尔文的进化论主张，面临生存竞争的物种借助遗传与变异，经由自然选择的机制，实现了适者生存的进化过程，进而造就了生物界的多样性。自《物种起源》出版以后，达尔文的演化论或进化论思想就逐渐扩散到社会学、国际政治、经济学以及其他社会科学诸领域。

这项研究试图以演化论或进化论视角来理解人类政治的发展与变迁。在本书的分析框架中，人类政治的发展与变迁被视为一个演化或进化的过程。不同政治体与政治模式可以被视为一个个的物种，这些物种内部有一套复杂的遗传与变异机制，并需要为了生存而展开竞争与斗争，即不同政治体与政治模式之间需要为了生存

1 查尔斯·达尔文，《物种起源》，周建人、叶笃庄、方宗熙译，商务印书馆，1995。

而进行经济的、政治的与军事的角逐，然后以适者生存的游戏规则决定着一个个"政治物种"（political species）的生存概率与发展空间，进而塑造了人类政治的演化过程。

实际上，历史学家与政治学家已经为人类政治进化的诸种具体问题提供了许多理论，回答了诸如罗马帝国兴衰的原因、近现代国家为什么兴起、政治现代化为什么呈现出不同路径、民主何以首先发生在某些国家等关键问题。[1] 这些理论固然能解释人类政治进化的一个个具体问题，却无法在整体上解释人类的政治进化史，或者说无法为理解人类政治进化的基本逻辑提供一个分析框架。这一分析框架应该要回答两个关键问题：第一，在静态上解释人类政治进化的关键方面何以是这样而不是那样；第二，在动态上解释从一个时点到另一个时点的人类政治进化过程究竟是如何发生的。

本书关注的并不是人类政治进化的全部细节，而是其基本脉络。或者说，本书关注的是人类政治进化史上最重大的政治现象，特别是人类政治进化在时间和空间上的相似性与差异性。

分析框架概述

由于国家是人类政治演化的基本载体，所以，理解国家的变迁就是理解人类政治演化的核心。如前文所述，公元前 3500—前

1 关于这些重大问题的研究文献很多，较具代表性的文献可参见：波里比阿，《罗马帝国的崛起》，翁嘉声译，社会科学文献出版社，2013；爱德华·吉本，《全译罗马帝国衰亡史》，席代岳译，浙江大学出版社，2018；Charles Tilly, *Coercion, Capital, and European States, AD 990-1992*, Oxford: Basil Blackwell, 1990（中译本参见：查尔斯·蒂利，《强制、资本和欧洲国家（公元 990—1992 年）》，魏洪钟译，陈尧校，上海人民出版社，2021）；巴林顿·摩尔，《专制与民主的社会起源：现代世界形成过程中的地主和农民》，王茁、顾洁译，上海译文出版社，2012；Seymour Martin Lipset, "Some Social Requisites of Democracy: Economic Development and Political Legitimacy," *American Political Science Review*, Vol. 53, No. 1 (Mar., 1959), pp. 69-105.

3000 年，两河流域（美索不达米亚）与尼罗河流域首先兴起了人类历史上的早期国家。自此，国家成了人类政治演化的基本载体，是人类政治史的真正开端。自古代早期国家诞生以来，人类政治五六千年的进化，从时间上看，经历了从古代政治到中古政治再到近现代政治的演化，呈现出复杂多样的纵向变化；从空间上看，人类不同地区的政治进化，既呈现了相当的相似性，又呈现出巨大的差异性；从发展阶段看，人类政治经历了王权政治时代、封建政治时代、立宪政治时代与民主政治时代的变迁。

本书将人类 5000 多年的政治演化主要归结为国家在两个维度上的演化。一是国家类型的分化与演化。这里的国家类型，可以用国家规模来定义，即同一种政治权力控制领土的地理疆域范围。在早期国家诞生之后，国家出现了城邦国家、一般国家与帝国的分化和转换。这里的分化是指，不同的国家有着不同的统治规模或国家类型。这里的转换是指，有的国家经历过从城邦国家向一般国家或帝国的转型，有的国家则经历过从帝国向一般国家或后来的民族国家的转型。二是政体类型的分化与演化。这里所指的政体类型，主要是政治权力在不同个体与群体之间的分配与分享方式。综合来看，政体类型，既是指统治者是否直接掌握了国家所辖各个组成单位的政治权力，又是指统治者的政治权力是否受到其他政治行为者的正式制约或法理约束，还可以指主要政治权力是如何在统治者、统治精英与平民之间进行分配与分享的。这样，人类政治演化史上的政体可以区分为若干类型：一是中央集权政体与封建主义政体的分化；二是有限国家与无限国家的分化，君主制国家则是有限君主制政体与无限君主制政体的分化；三是君主制（统治者一人统治）、贵族制（少数精英统治）与民主制（多数民众统治或平民统治）的分化。人类 5000 多年的政治史，既是不同空间条件下的人类群体在政体类型上的分化，又是同一空间的人类群体在不同政体类型上的演化。

另外，如果借鉴塞缪尔·芬纳的理论视角，我们可以把人类政治演化视为一个人类群体的政治需要与人类不断创造各种政治发明的互动过程。各种政治发明的出现，还是为了适应人类发展过程中出现的各种政治需要。芬纳把人类政治史的各种新事物区分为“政治发明”（inventions）和“死胡同”（dead-ends）——前者是延续下来的政治发明，比如官僚制与民主制，而后者是消失在人类演化过程中的政治发明，比如城邦政体。[1] 从演化论或进化论视角看，所有这些政治发明都可以被视为政治体——在国家或政体意义上——的变异。这些变异可能是因为这样或那样的原因而产生的。当这些变异适应人类政治需要或者适应环境变迁时，就保留了下来，成了影响深远的“政治发明”；而当这些变异不能适应环境变迁时，就会被淘汰，成了芬纳意义上的“死胡同”。

就此而言，本书把人类5000多年的政治演化史视为两项或两类主要的政治发明。第一项政治发明就是塑造有效国家，包括在硬件上建设武力系统、税收系统和官僚系统，以及在软件上塑造合法性与国家认同，甚至还包括提升国家能力。第二项政治发明是有效约束国家，包括以立宪与法治、分权制衡、民主等制度和方法来对国家及其政治权力进行有效约束。历史地看，人类并不是在同一时间同一地方把所有这些重要的政治发明一股脑儿创造出来的。相反，这些不同的政治发明实际上是在不同的时间由不同的人类群体分别发明出来的，而后又经历了长时间的彼此互动、竞争与融合的演化过程，最终形塑了今天人类社会在不同空间里

1　塞缪尔·E.芬纳，《统治史（卷一）：古代的王权和帝国——从苏美尔到罗马》，王震、马百亮译，华东师范大学出版社，2014，第89—96页。

的政治模式。

简而言之，人类政治演化史既可以被视为国家类型和政体类型的分化与演化，又可以被视为塑造有效国家和有效约束国家的一系列政治发明缘起与变迁的过程。一部人类政治演化史无非是上述两个维度上的重大变迁。而正如前面提到的，本书主要关注的是人类政治演化的基本脉络，而不是所有细节。只有当某些关键细节影响人类政治演化时，我们才会对这些关键细节进行细致而深入的考察。除此之外，一般性的政治史细节，并不是我们的关注对象。如果把人类政治演化比喻为一条大河，那么这项研究关注的就是这条大河的主流或基本流向，而非每一条支流或每一片河滩。总体上，我们旨在解读人类社会 5000 多年政治演化史的基本逻辑。

更具体地说，一方面，人类政治演化呈现出许多重要的共性或相似性。这里关注的理论问题包括：为什么人类不同群体的政治演化都产生了国家这种统治形式？为什么不同人类群体的国家都呈现出类似的特征？为什么国家政治权力的分配与分享方式在许多地区都经历了一个从统治者到统治精英再到平民的不断下移过程？另一方面，人类政治演化呈现出许多重要的个性或差异性。这方面的重要理论问题包括：为什么人类早期国家首先在某些地方而不是在另外一些地方兴起？为什么古代国家会呈现城邦国家、一般国家与帝国的分化？为什么中世纪欧洲为封建主义政体支配而人类的其他地方更多是中央集权政体？为什么欧洲特别是英国会首先兴起近代立宪君主制政体？为什么人类自古以来就有君主制、贵族制与民主制的分野，甚至这种差异一直维持到今天？

上述讨论总体上是静态比较分析，即在特定时间截面上或是不同时间截面上考察不同人类群体在政治演化上的相似性与差异性，并试图为此提供有效的理论解释。

仅有静态分析是不够的，本书还将引入动态分析视角。这种视角把人类政治演化大致分为两种状态：政治稳定与政治变迁。政治稳定可以被理解为一种相对稳定的政治格局或政治均衡（political equilibrium）的维系，政治变迁可以被理解为原先政治均衡的打破和寻求下一个政治均衡的过程。就演化论或进化论视角而言，政治变迁就是人类政治在演化过程中从一种状态向另一种状态的转换。

一般而言，一种既有政治格局或政治均衡得以维系是更容易解释的，更难解释的是政治均衡的打破。这就需要引入动态分析的视角，重点要解释政治格局或政治均衡从稳定到变迁的过程。而这是理解人类政治进化的关键。这里的重要理论问题包括：为什么国家会从部落社会中兴起？为什么城邦国家或一般国家能够成长为帝国？为什么规模庞大的帝国会瓦解？为什么作为一种全新政治模式的封建主义政体会在中世纪欧洲兴起？为什么有限或立宪君主制会从无限或绝对君主制的重重包围中脱颖而出？为什么自19世纪以来近现代民主首先在欧美、而后在全球范围内兴起？诸如此类的重大政治演化现象，都需要借助动态分析视角来进行解读，即要在理论上解释政治进化从一种状态到另一种状态的转换。

目标概述

基于上述讨论，本书的主要目标是为理解人类政治进化提供一个新的解释框架。

首先，本书并非要重复、综述或运用任何已有的理论，而是试图要为解释人类政治演化提出一个新的分析框架。其实，关于人类政治演化已经出现了几项代表性的研究——即便它们没有用人类政治演化或政治进化的标题，比如，塞缪尔·芬纳对政府史或统治史的研究，英国历史社会学家迈克尔·曼对社会权力的来源及其变迁的研究，日裔美籍政治学学者弗朗西斯·福山对政治秩序起源与变迁的研究。[1]此外，关于人类宏观政治分析框架，学术界早已出现了许多重要的理论，包括德国思想家卡尔·马克思的阶级斗争学说，英国历史学家阿诺德·汤因比关于文明兴衰的挑战–应战学说，美国经济学家道格拉斯·诺思用自然国家–开放国家体系来解释人类历史演化，美国演化生物学家贾雷德·戴蒙德用欧亚大陆的环境差异及其正反馈解释了人类长达13,000年的历史等。[2]所有这些理论当然各有其理论解释力上的优势，本书当然也借鉴了上述代表性研究的理论成果，但它并非是对已有研究的理论综述或理论运用，而是试图为理解人类政治演化的基本逻辑提供一套新的理论解释。

其次，本书既试图解释人类政治进化的基本脉络，特别是解释国家的兴起及其类型分化，以及约束国家的诸种发明的出现，又试图解释人类政治进化过程的重要细节，特别是对人类政治演化方向具有重要影响的关键细节，比如人类早期国家在大河流域的兴起、封建主义体制的兴起、从封建体制向立宪政体的转换、投票权的普

1　相关研究参见：塞缪尔·E. 芬纳，《统治史》（全三卷），王震、马百亮译，华东师范大学出版社，2014；迈克尔·曼，《社会权力的来源》（全四卷），刘北成等译，上海人民出版社，2007；弗朗西斯·福山，《政治秩序的起源：从前人类时代到法国大革命》，毛俊杰译，广西师范大学出版社，2014；弗朗西斯·福山，《政治秩序与政治衰败：从工业革命到民主全球化》，毛俊杰译，广西师范大学出版社，2015。

2　卡尔·马克思、弗里德里希·恩格斯，《马克思恩格斯选集》（全四卷），中共中央马克思恩格斯列宁斯大林著作编译局编译，人民出版社，1976；阿诺德·汤因比，《历史研究》，曹未风等译，上海人民出版社，1997；道格拉斯·C. 诺思等，《暴力与社会秩序：诠释有文字记载的人类历史的一个概念性框架》，杭行等译，格致出版社，2013；贾雷德·戴蒙德，《枪炮、病菌与钢铁：人类社会的命运》，谢延光译，上海译文出版社，2006。

及等。因此，本书既关注人类政治演化史上的重大现象，又关注其中的关键细节与关键时刻。在写作风格上，本书既要呈现人类政治演化在具体形态上的复杂性与多样性，又要对所有这些重要政治事实及其差异进行简约化的处理。本书在内容上既非以过程和细节为重点的历史描述，又非以理论推演为主的纯理论探讨，而是要用一个新的理论解释框架来剖析人类政治的演化，进而在结构上做到历史事实与理论解释之间的交汇融通。

最后，本书试图基于演化论或进化论视角来理解人类政治的变迁。[1] 进化论强调的是，人类的政治发展是一个演化或进化过程，中间既有传承（如同遗传），又有变革（如同变异）。对任何政治体来说，生存是首要的法则，但它们如同物种一样，同样需要为生存而竞争与斗争。如同生物界，人类政治的演化过程也是一个“物竞天择、适者生存”的过程。在此过程中，一个个政治体都需要在自身的组织因素与不断变化的环境之间进行调适，以适应环境改变带来的挑战。在政治体为了生存而进行竞争与斗争的过程中，经济的、政治的与军事的因素扮演着重要角色。那些拥有经济、政治与军事优势的政治体往往能获得支配性优势，进而更有可能在生存竞争中存续。人类政治演化的路径，则往往取决于那些居于优势地位的政治体的特征。

1　关于理解政治的演化论或进化论视角，请参见相关文献：查尔斯 · 达尔文，《物种起源》，1995；Bradley A. Thayer, “Bringing in Darwin: Evolutionary Theory, Realism, and International Politics,” *International Security*, Vol. 25, No. 2 (Fall, 2000), pp. 124-151；Orion A. Lewis and Sven Steinmo, “How Institutions Evolve: Evolutionary Theory and Institutional Change,” *Polity,* Vol. 44, No. 3 (Jul., 2012), pp. 314-339；Peter A. Corning, Samuel M. Hines Jr., Ronald H. Chilcote, Robert A. Packenham, and Fred W. Riggs, “Political Development and Political Evolution,” *Politics and the Life Sciences*, Vol. 6, No. 2 (Feb., 1988), pp. 141-172; John R. Alford and John R. Hibbing, “The Origin of Politics: An Evolutionary Theory of Political Behavior,” *Perspectives on Politics*, Vol. 2, No. 4 (Dec., 2004), pp. 707-723.

全书体系与内容结构

在结构上，本书将用四个概念来勾勒人类迄今为止的政治演化过程，分别是：霍布斯问题、阿克顿问题、洛克问题与托克维尔问题。

这四位人物都是人类政治思想史上的重量级思想家与学者。英国 17 世纪的哲学家托马斯 · 霍布斯论证了国家的必要性，所以，霍布斯问题对应的就是国家问题，有效国家、国家构建等都属于霍布斯问题的范畴。"权力导致腐败，绝对的权力绝对地导致腐败。"这是英国 19 世纪历史学家阿克顿勋爵的名言。他这句名言实际指出的是国家产生以后所导致的诸种问题，或者说政治权力被滥用带来的政治难题。这类问题属于阿克顿问题的范畴。另一位跟霍布斯齐名的英国 17 世纪哲学家约翰 · 洛克则主要关注政治自由与约束国家问题。他认为，只有让国家权力受到宪法、法律与分权的约束，才能捍卫社会成员的生命权、自由权与财产权。如何有效约束国家，属于洛克问题的范畴。在 1835 年托克维尔出版《论美国的民主》（上卷）之前，民主很少能在知识界赢得好的声誉。但法国思想家托克维尔改变了这一切。在 19 世纪上半叶，他就不仅预见了政治平等与民主是人类政治演化的大趋势，而且还为民主高唱赞歌。民主及其相关问题，属于托克维尔问题的范畴。这样，霍布斯问题、阿克顿问题、洛克问题与托克维尔问题勾勒了人类政治演化的基本脉络。[1]

1　这四位思想家的代表作，参见：托马斯 · 霍布斯，《利维坦》，黎思复、黎廷弼译，商务印书馆，1985；约翰 · 埃默里克 · 爱德华 · 达尔伯格–阿克顿，《自由与权力》，侯健、范亚峰译，译林出版社，2014；洛克，《政府论》（下篇），叶启芳、瞿菊农译，商务印书馆，1964；托克维尔，《论美国的民主》（上下卷），董果良译，商务印书馆，1989。

从时间上，本书大致把人类5000多年的政治演化拆解为四个不同的时代。从国家起源至今，人类政治演化大体上经历了王权时代、封建时代、立宪时代与如今尚在行进中的民主时代。对于这四个阶段的时间划分大致上是：

（1）王权时代：从公元前3500年到公元19世纪上半叶。特别需要指出的是，这里的19世纪上半叶，并未给出一个确定的时间，但大体上跟三个重要的时间点有关：1828年美国半数白人成年男性获得了普选权，1832年英国开启了19世纪的选举改革，1835年托克维尔《论美国的民主》（上卷）出版。这三个时间尽管略有差异，但大体上都属于19世纪上半叶的时间范围。

（2）封建时代：从公元7—8世纪到公元17世纪。公元7—8世纪即法兰克王国封建主义兴起的大致时间范围。而公元17世纪，大致上跟两个时间有关：一是法国国王路易十四逐步在法国建立起了绝对王权统治，他在1655年声称“朕即国家”；二是1688年英国发生的光荣革命，意味着立宪政体和议会主权的确立。

（3）立宪时代：从公元13世纪早期到19世纪上半叶。13世纪早期是英格兰签署《大宪章》的1215年，而19世纪上半叶就是人类民主时代开启的时间。

（4）民主时代：从公元19世纪上半叶至今。

这是一项关于人类政治演化的宏观研究，既无意亦无法将人类政治演化的四个时期做精确到年份的划分，所以，上述时间段的区分只是一个大致概念。另外，由于人类不同地区——主要是欧亚大陆加北非——政治演化的路径与进度存在着多样性，所以，上述四个时期在时间上可能存在着较多的重叠。特别是，欧亚大陆与北非地区许多政治体的王权时代，在时间上覆盖了欧洲特别是西欧的封建时代与立宪时代。这种重叠是由人类不同地区政治演化的多样性导致的，参见图 0.1。

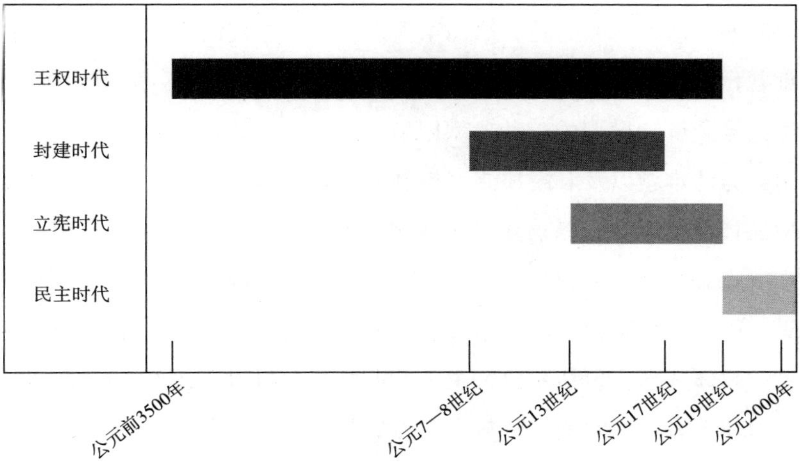

图 0.1 人类政治演化的四个时代

在体系上，全书共分为导言、概念性序言与后续十五章。

导言是对研究问题的提出与分析框架的概述，主要梳理人类政治演化的基本问题与脉络，并为解释这些基本问题与脉络提供了一个基于进化论视角的分析框架。概念性序言是本书分析框架的展开，要以国家的分化与演化以及政体的分化与演化为核心，提供基于静态视角和动态视角的一整套分析框架。

从第一章开始，本书共分为四部，即霍布斯问题、阿克顿问题、洛克问题和托克维尔问题。

第一部从第一章到第三章，主要探讨跟国家本身的政治演化有关的理论问题，即霍布斯问题。第一章要解决国家起源的理论问题，以及分析早期国家兴起的社会条件。第二章要以古代中国和近代欧洲为例来讨论国家是如何在军事竞争中兴起的，并剖析国家构建的相关理论问题。第三章主要讨论前现代国际体系中的帝国，包括帝国的兴起、统治及其衰落。

第二部从第四章到第七章，主要分析跟君主统治模型有关的理论问题，即阿克顿问题。第四章重点剖析君主统治模型下的统治者难题，解释为什么人类历史上理想的统治者并不多见。第五章主要讨论君主统治模型的三种典型困境：君主自身的政治危机、君主控制武力的难题以及君主控制官僚制的难题。第六章关注君主统治模型的社会成本，包括君主统治模型为什么难以摆脱治乱兴衰周期、难以克服对社会福利与风尚的负面影响，以及难以走出马尔萨斯陷阱。第七章很难说是严格意义上的阿克顿问题，而主要讨论古代世界的政体选择，包括古典民主制与古典共和制为什么不能存续，以及为什么君主制问题重重却生命力如此持久。但由于这一章关系到君主统治模型的优势与缺陷，故还是将其纳入第二部。

第三部从第八章到第十一章，重点讨论前民主时代约束国家的政治发明的兴起，即洛克问题。第八章讨论封建主义为什么会兴起以及封建主义的基本特征。第九章分析的是英国立宪政体是如何从中世纪欧洲的封建主义模式中演化出来的，以及为什么武装的贵族是立宪政体起源的关键。第十章则从英国穿越到美国，分析美国作为一种比较完备的现代分权制衡制度是如何起源的，具有哪些主要特征。第十一章则重点分析为什么立宪政体催生了工业革命，工业革命又如何终结了古代政治及彻底改变了世界。

第四部从第十二章到第十五章，主要分析现代民主的兴起及与之相关的理论问题，即托克维尔问题。第十二章重点讨论现代民主兴起的过程及其背后的原因。第十三章分析现代民主体制的运作及其对现代政治的塑造。第十四章是在分析先发展国家的现代政治演化之后，转向对后发展国家的政治演化的讨论，重点讨论后发展国家面临何种政治发展情境，以及后发展国家在国家构建与政体变迁两个维度上的理论问题。第十五章是本书的最后一章，要对人类过去的政治演化进行总结以及对未来的政治演化进行展望，包括讨论人类不同政治体在政治演化上的共性与差异，今日人类政治在国家、政体与文明三个维度上的全球分裂，以及人类能否超越民族国家和走向可能的永久和平。

概念性框架

国家与政体演化的基本脉络

人类是一种群居动物。但凡出现了较大规模的群体生活，人类必定需要某种权威结构来协调与约束不同个体的行为。即便在蚁群、蜂群与大猩猩群落中，现有研究可以证明，它们都存在着某种权威结构。[1] 尽管可以推断人类早期群体生活就有某种权威结构，但目前最早有文字可考的国家则是公元前3500—前3000年才出现在两河流域和尼罗河谷的。

国家的分化与演化

《统治史》作者塞缪尔·芬纳这样勾勒早期国家的状况：

> 中东地区是有组织政府的摇篮。……埃及人和苏美尔人的社会都建立在灌溉农业、牛拉轮车和犁，以及舟楫航船等

---

1 弗朗斯·德瓦尔，《黑猩猩的政治：猿类社会中的权力与性》，赵芊里译，上海译文出版社，2014。

> 基础之上，并附丽着陶瓷和纺织艺术。……二者都是“两个阶级”的社会。权力主要集中于围绕君主的祭司集团和宫廷官员手里，……两个社会都是自然经济，但却受到高度管制。……政府形式是绝对的君主制。……它勾画了一个伟大的神圣宇宙，人类秩序是神的体现。……宗教在各个方面固定并强化了社会一致性。[1]

在芬纳看来，尽管这两种早期国家存在差异，但就国家这种统治形式而言，两者具有高度的相似性。

在两河流域和尼罗河谷的人类最早国家兴起之后，中东的其他地区、环地中海地区、印度河流域、黄河流域等出现了亚述帝国、犹太王国、波斯帝国、古希腊城邦国家、罗马共和国、古印度国家、从殷商到周的中国古代国家等。这可以被视为国家这种统治形式在不同地区——主要是在欧亚大陆——的兴起。到公元 1500 年之前，撒哈拉以南非洲和美洲都已经出现过数量不等的古代国家或中古国家。当然，撒哈拉以南非洲和美洲的绝大部分地方在欧洲人抵达之前仍然还处在比较原始的状态或部落社会。随着欧洲人的抵达，要么欧洲人会以殖民地方式在这些地方建立国家这种统治形态，要么这些落后社会自身就演化出了国家这种统治形态。今天，全球已经有 190 多个联合国成员国意义上的国家。因此，从古代到现代，国家的兴起可以说是人类政治进化的共性。当然，国家在一些地区兴起更早，而在另一些地区兴起更晚。用学术话语来说，全球不同地区在人类早期国家构建（state building）的时间性上出现

1　塞缪尔·E. 芬纳，《统治史（卷一）：古代的王权和帝国——从苏美尔到罗马》，2014，第 103—108 页。

了显著的分化。[1]这是人类政治进化的一个基本特征。

进一步说，即便在同样较早兴起国家的地区，也在国家类型上出现了显著的差异。前现代社会的国家演化出现了三种主要类型，分别是城邦国家（city-state）、一般国家（state）和帝国（empire）。[2]国家规模似乎是这三类国家最为显著的差异，城邦国家规模较小，一般国家是中等规模，而帝国往往规模巨大，疆域辽阔，但三者的差异不仅在于规模，还涉及复杂的政治结构问题。

具体而言，三者之中规模最小的是城邦国家，它们一般是以城市为中心，统治其周边地区的小规模国家。公元前 9 世纪以后，巴尔干半岛及其附近地区陆续出现了上百个城邦国家，普遍面积不过数十至数百平方公里，面积超过 2000 平方公里的仅有斯巴达、雅典与叙拉古三个城邦。历史学家认为，两河流域最早兴起的国家也是城邦国家。据说在公元前 2444 年的萨尔贡征服之前，那里有 14 个主要的城邦国家。[3]另一种城邦国家则是中世纪意大利的城市自治共和国，特别是威尼斯、佛罗伦萨等。

三者之中规模最大的是帝国。帝国的特征不仅在于疆域辽阔和人口众多，而且还在于通过一系列军事征服和战争来实现疆域扩张，控制与统治异质性较高的不同民族，采取帝国中心区域的直接

1 20 世纪 80 年代以来，国际学术界兴起了国家理论，国家构建、国家能力、国家自主性等概念成为新兴议题。参见：Peter B. Evans, Dietrich Rueschemeyer, and Theda Skocpol, eds., *Bringing the State Back In*, Cambridge: Cambridge University Press, 1985.

2 塞缪尔 · 芬纳将不同国家的领土模式区分为四种类型，分别是：城邦（city-states）、一般性国家（“generic” state）、民族国家（national state）和帝国（empire）。参见：塞缪尔 · E. 芬纳，《统治史（卷一）：古代的王权和帝国——从苏美尔到罗马》，2014，第 6 页。迈克尔 · 曼则经常使用城邦国家（city-state）、民族国家（nation/national state）、支配性帝国（empire of domination）和领土型帝国（territorial empire）等概念。参见：迈克尔 · 曼，《社会权力的来源（第一卷）：从开端到 1760 年的权力史》，刘北成、李少军译，上海人民出版社，2007。

3 塞缪尔 · E. 芬纳，《统治史（卷一）：古代的王权和帝国——从苏美尔到罗马》，2014，第 111 页。

统治与外围区域的间接统治相结合的统治方式等。历史学家认为，人类政治史上第一个帝国是亚述帝国。亚述起源于今伊拉克北部底格里斯河西岸的亚述古城，兴起于公元前10世纪到公元前7世纪，鼎盛时期直接控制面积达140万平方公里，成为横跨亚非欧三洲的大帝国。此后，从中东到欧亚大陆又陆续兴起了波斯帝国、亚历山大帝国、罗马帝国（包括共和国时期和帝国时期）、拜占庭帝国（亦即东罗马帝国）、阿拉伯帝国、蒙古帝国、奥斯曼帝国等许多帝国。奥斯曼帝国可能是人类历史上的最后一个传统帝国，而大英帝国则是第一个现代帝国。考虑到工业革命带来的交通、通信与战争技术的根本性变化，考虑到全球化的推进，以及考虑到后来的民族意识觉醒与民族自决运动的兴起，大英帝国无论在征服手段上，还是在统治方式上，甚或是在兴衰原因上，都跟此前的传统帝国呈现出了不一样的逻辑。

处于城邦国家与帝国之间的就是一般国家。在人类历史上，这类国家的数量应该是最多的。凡是统治区域超过一个主要城市及其附近地区的范围，又没有以连续军事征服方式来实现大规模的对外扩张、对地理疆域广大的地区实现统治的国家，绝大部分都属于本书所定义的一般国家。自欧洲中世纪后期民族国家兴起之后，近现代人类社会陆续完成的国家构建，其实更像这里所讲的一般国家。

当然，从严格学术意义上说，早期国家中的城邦国家、一般国家与帝国并非是泾渭分明的。如果一个城邦国家征服了周围的城邦国家，并建立起了一个城邦国家联盟，那么这个居于统治地位的城邦国家就是一个帝国。而有的帝国就是由一般国家演变而来的，甚至这样的帝国在其中心区域仍然更像是一个一般国家，其统治周边地区的方式则更像一个帝国。总之，人类早期国家的类型分化是人类政治进化的一个基本特征。

政体的分化与演化

如果说国家问题主要关注的是多大疆域范围内的领土能够实现纵向一体化的军事征服与政治控制，那么政体问题主要关注的是国家的政治权力在不同个体与群体之间的分配与分享。

人类在政体问题上的分化，也是人类政治演化的基本特征。早在古典时代，人类政治进化在政体上的差异表现为君主制、贵族制与民主制的不同。古典时期兴起的大部分国家都是君主国，包括古埃及王朝、苏美尔王朝、亚述帝国、波斯帝国、中国的秦汉帝国等。在这种模式下，一个处于政治军事系统顶端的最高统治者掌握主要权力，即便他跟为数不少的将军、文臣、祭司等分享权力，但后者的权力都来自君主的授予。

而在古希腊的部分城邦——特别是以公元前 6 世纪到公元前 4 世纪中叶的雅典城邦为代表——却兴起了古典民主制。雅典城邦是由城邦全体男性公民通过公民大会、五百人议事会、民主陪审法庭进行治理的，公职人员则由抽签和选举两种方式产生。

在希腊不远的意大利半岛上，则诞生了古罗马的古典共和政体。古罗马共和国是一个由民选执政官、元老院和公民大会共同治理的国家。古罗马共和国的特色在于，贵族通过元老院发挥着主导性的作用。即便很难说古罗马共和国就是一个贵族制共和国，但至少是具有相当的贵族制成分的。另一个有趣的例子是，尽管蒙古帝国常常被视为最野蛮的帝国之一，但在选择大汗时，蒙古帝国长期实行的都是忽里台大会制度。实际上，这是一种部分意义上的贵族共和制度，即蒙古各王公贵族、部落首领在潜在继承人中间投票选举产生君主。[1]

1　多桑，《多桑蒙古史》（上册），冯承钧译，商务印书馆，2015，第 217—221、297—300 页。

由此，从古代到中古，人类在政体问题上就出现了君主制、贵族制与民主制的分化。

中世纪欧亚大陆的政治体在政治演化上显而易见的差异在于中央集权模式与封建主义模式的分化。既然国家本身就是一个纵向一体化（centralized）的统治体系，绝大多数国家实行中央集权制度就不足为奇。当国家规模比较大时，君主或中央政府往往会采用某种地方分权模式，但地方权力仍然来自君主或中央政府的授权。比如，波斯帝国、罗马帝国、秦汉帝国普遍都是如此。

从公元7—8世纪开始，欧洲特别是西欧经历了一个长达几个世纪的封建主义时期。封建主义是人类政治演化上的新事物。由于封建主义是一种政治权力的分配方式，因而也可以被视为一种政体（political regime），这种政体的核心是封君（领主）与封臣（附庸）基于土地而形成一种既包括政治军事权利义务又包括经济权利义务的契约关系。在这种模式下，国王或最大的领主往往对其所辖的非直属领地仅拥有有限的权力。在政治与军事上，贵族与国王之间往往是一种较为势均力敌的结构。[1]还有人认为，中国西周时期的分封制，日本中古时期中央幕府与地方大名分权的封建体制，都具有类似的政体特征。因此，中央集权体制与封建主义体制的分野，也是人类政治进化的一个关键特征。

在人类政治进化的过程中，前现代普遍流行的君主制政体也出现了不同类型，特别是绝对君主制与有限君主制的分化。前现代的君主制普遍都是绝对君主制（absolute monarchy），即君主拥有至高无上的权力且在法律上不受约束，君主的命令就是法律。波斯帝

1　马克·布洛赫，《封建社会》（上、下卷），张绪山等译，商务印书馆，2004；弗朗索瓦·冈绍夫，《何为封建主义》，张绪山、卢兆瑜译，商务印书馆，2016。

国、秦汉帝国、奥斯曼帝国等普遍都是如此。但人类政治进化过程中也出现了有限君主制，或者后来的立宪君主制。芬纳认为，有限君主制是公元前 11 世纪到公元前 6 世纪位于中东的古代犹太人王国——以色列王国和犹大王国——的政治发明。在古代犹太人的王国，“国王不是绝对的。国王并不是立法者，但却必须执行他所接受的律法，同时必须遵守它们，虽然这些律法并非他所制定，他是历史上第一位‘受限制的君主’（limited monarch）”[1]。

真正对人类近现代政治进化产生直接影响的有限君主制是英格兰的政治发明，又称立宪君主制。英格兰的立宪君主制可以追溯到 1215 年的《大宪章》，此后还由于包括 1258 年《牛津条约》和 1295 年始创模范议会以及 1688 年光荣革命在内的一系列政治革新，君主的权力被有力地约束住了。这样，英国就牢固地确立了立宪君主制，并深刻影响了近现代欧洲与整个人类政治的进化。特别是，考虑到英国后来的议会主权、代议制、责任内阁、政党政治与普选权都是在立宪君主制的基础上演化出来的，其意义就更加非同凡响。加上后来工业革命首先在英国发生，英国这种政治模式的影响力就遍及全球了。跟英国相比，中世纪后期的许多欧洲大陆国家由于地缘军事竞争压力，反而从原先的封建主义政体一度演变为了绝对君主制模式。

到了 19 世纪和 20 世纪，人类政治进化史上的最重要现象就是民主首先在西方，然后在全球许多地区的兴起。尽管民主并非人类现代社会的新事物，但当民主政体真正大规模兴起时已经是 19 世纪和 20 世纪了。

---

1 塞缪尔 · E. 芬纳，《统治史（卷一）：古代的王权和帝国——从苏美尔到罗马》，2014，第 249—252 页。

具体而言，现代民主政体首先在英国、美国及西欧和北欧国家落地生根。这些国家普遍地在 18 世纪晚期或 19 世纪早期建立起了新的政治框架，而后又从 19 世纪到 20 世纪经历了投票权逐渐普及的过程，并最终落实了普选权。此后，现代民主政体经由第二波和第三波民主化，以进两步退一步的方式实现了在全球范围内的扩展。[1] 当然，时至今日，在全球范围内，我们仍然可以看到许多不同政体类型的国家，包括民主国家、非民主国家以及两者之间的半民主国家。

如果考察 19 世纪到 21 世纪初的政治史，就会发现，民主的兴起和扩散无论是在时间上还是在地域上都具有相当程度的差异性。这恐怕是最近两个世纪人类政治进化的最重要分化。即便到了 21 世纪 20 年代，民主也并未成为所有国家的政体选择，用福山的概念来说就是“历史并未终结”，人类政治进化还在进行之中。[2]

作为政治组织的国家：静态分析框架

讨论国家，首先要回答的是：到底什么是国家？国家的本质（nature of state）是什么？

什么是国家？

许多人容易误解国家的概念，一个重要原因是，中文的“国家”在英文学术语境中对应三个含义差别甚大的词汇，分别是

1　塞缪尔·亨廷顿，《第三波：20 世纪后期的民主化浪潮》，欧阳景根译，中国人民大学出版社，2013。

2　弗朗西斯·福山，《历史的终结与最后的人》，陈高华译，广西师范大学出版社，2014。

country、nation 和 state。这三个英语单词在一定语境条件下都可以译为“国家”，但 country 更多是指领土意义上的国家，中文可以译为“国度”；nation 更多是指人口意义上的国家，有时常指特定人口群体，中文可以译为“民族”；而 state 才是指统治意义上的“国家”。政治学或政治社会学所说的国家，就是指这里的 state，亦即统治意义上的国家。这是本书一般情况下对于国家的界定。

即便如此，学术界对于国家的定义和本质仍然存在着许多不同的观点。关于国家的定义，目前学术界最主流的观点来自德国社会学家马克斯·韦伯（Max Weber）。他写道：“国家是一个在特定疆域内成功地宣称拥有合法行使暴力的垄断权的人类共同体。”[1] 迈克尔·曼认为，国家是一种有明确地域的强制性组织。[2] 实际上，曼也在很大程度上赞同韦伯的观点，即国家是一个垄断暴力的组织。当然，如果要做详尽的文献梳理，就会发现国家的定义可能不下数十种。

除了国家的定义，不同理论流派对国家的本质在理解上也有很大的差异。自由主义国家理论认为，国家并没有自身的意志、利益或自主性，而只是代表不同利益的政党与社会集团在其上进行竞争和博弈的政治舞台，或者说国家就是一个政治平台。马克思主义国家理论秉承阶级分析方法，认为国家是阶级统治的工具，国家的目的是服务于统治阶级的利益。以道格拉斯·诺思为代表的新古典国家理论主张理性选择范式，把国家视为一个追求统治收益最大化的统治者。而 20 世纪 80 年代以来流行的国家主义（statist）国

1 马克斯·韦伯，《学术与政治》，冯克利译，生活·读书·新知三联书店，2003，第 51 页。

2 迈克尔·曼，《社会权力的来源（第二卷）：阶级和民族国家的兴起（1760—1914）》（上册），陈海宏等译，上海人民出版社，2007，第 64—65 页。

家理论把国家理解为“一套具有自主性的机构”，具有自身的逻辑和利益，国家构建、国家自主性（automony of state）和国家能力（state capacity）逐渐成了日益流行的几个关键概念。[1]

上述理论流派可谓各有千秋，为我们理解国家提供了不同的理论视角，亦具有各自不同的理论价值，但这些研究有一个共同的缺憾，那就是没有重视国家作为一个统治机构或政治组织的基本特征，没有在理论上打开国家这一政治组织的“黑箱”，因而难以有效解释跟国家有关的许多理论问题。笔者尝试提出一个关于国家的新理论，即国家的组织理论（an organizational theory of state）。[2]

国家的组织理论

这一理论把国家视为一个以统治者（ruler）为中心、以军人和文官等统治精英（elites）为主要成员的政治组织，被统治者或平民（civilians）则是这个政治组织的外围成员。在前现代的历史上，在一个国家的建国之初，往往都有一个具有相当领导力的政治军事领袖。这就是一个国家的开国统治者或开国君主。他就是该国国家构建的灵魂人物。实际上，此后的国家构建过程，可以被视为统治者的个人意志逐渐外化为政治现实的过程。如果把国家视为一个企业，那么开国君主就是国家这个“企业”的创始人。固然，无论是国家还是企业，都面临着一定的外部约束条件，但一个国家或一个企业最终会成为什么样子，在很大程度上取决于其创始

1　关于不同的国家理论流派及国家主义的国家理论，参见：迈克尔·曼，《社会权力的来源（第二卷）：阶级和民族国家的兴起（1760—1914）》（上册），2007，第 50—107 页；朱天飚，《比较政治经济学》，北京大学出版社，2006，第 85—103 页。

2　关于组织理论，参见：Haridimos Tsoukas and Christian Knudsen, *The Oxford Handbook of Organization Theory: Meta-Theoretical Perspectives*, Oxford: Oxford University Press, 2003.

人——开国君主或创始企业家——的意志与能力。过去主流国家理论的一个缺憾，是不太重视君主或统治者在国家构建中扮演的主要角色。

关于君主在国家构建中扮演的关键角色，韩非是一个重要的理论先行者。实际上，他的学说主要就是献给君主的。在战国这一多国竞争体系中，如果要寄希望于某个国家或诸侯最后能统一整个中国，那么比较现实的预期就是一个强大君主领导一个强大国家来实现对中国的最终统一。所以，韩非关心的核心问题是，一个君主怎样通过“法”“术”“势”的综合运用，牢牢地控制政治权力，最终创造一个强有力的国家。在韩非的学说中，君主居于中心地位，因为一个强有力的国家的塑造，最终必须依靠一个强有力的君主。按照韩非的说法：“事在四方，要在中央。圣人执要，四方来效。”[1]

在一千多年以后的欧洲，马基雅维利也阐述了类似的观点。他看到的是意大利在民族国家建设方面的危机，因而撰述了《君主论》这部千古奇书。理由无非是，在马基雅维利看来，一个强有力的君主乃是创造一个强有力的国家的起点，也是创造一个强有力的国家的唯一指望。[2]尽管许多人都把《君主论》视为名声不佳的“马基雅维利主义”（即一般认为的为了目的不择手段）的教科书，但久负盛名的历史学家阿克顿勋爵却一下看到了问题的本质，即马基雅维利真正的关切乃是意大利的民族国家建设。阿克顿勋爵甚至说：“后来整个历史是对马基雅维利的权威诠释。”[3]这一高度评价意味着，16世纪的马基雅维利已经充分预见到了欧洲民族国家时代即

1 韩非，《韩非子》，高华平等译注，中华书局，2010，第59页。

2 尼科洛·马基雅维利，《君主论》，潘汉典译，商务印书馆，1985。

3 转引自：埃尔曼·塞维斯，《国家与文明的起源：文化演进的过程》，龚辛等译，上海古籍出版社，2019，第22页。

将来临。

关于君主这一角色的重要性，一个有力的历史佐证是奥斯曼一世（Osman I）在创建后来维系六百年的奥斯曼帝国过程中扮演的角色。那个关于奥斯曼一世之梦（Osman's Dream）的特别传说，恰好印证了君主特别是开国君主在国家构建中的首要角色。甚至可以说，国家乃是君主的创造物。1280年前后，后来的奥斯曼一世只是土耳其族人部落的一个首领，他们仅仅控制了瑟于特附近地区（即今天土耳其比莱吉克省的一个镇及其周围）。但雄心勃勃的奥斯曼一世不断地通过战争、联姻和交易等扩展自己的领土，并在去世之前把自己的部落发展成了安纳托利亚地区的一个小国。奥斯曼一世留给子孙的不仅是一个初具规模的国家的基业，而且是一个要建立伟大帝国的梦想和抱负。史书记载，年轻的奥斯曼投宿于当地宗教领袖谢赫·艾德巴利的家，然后做了一个这样的梦：

> 他梦到月亮从躺在他身旁的谢赫的胸中升起。接着，这轮满月又沉入他自己的胸膛。随后，从他的腰间生出一棵大树，大树的树荫和枝条覆盖了整个世界。在树下，奥斯曼看到了四条山脉——高加索山脉、阿特拉斯山脉、托鲁斯山脉和巴尔干山脉。从树根处又流出四条大河，分别是底格里斯河、幼发拉底河、尼罗河和多瑙河。肥沃的田野长满了庄稼，伟岸的高山遍布着密林。河谷中的城市里林立着穹顶、金字塔、方尖石碑、圆形石柱和高塔，所有的建筑顶上都点缀着新月。夜莺和色彩艳丽的鹦鹉栖身于枝条交错而气味芬芳的树丛中，它们的歌声与阳台间回响着的宣礼声相交融。
>
> 大树的叶子越来越长，最终变成了剑刃。一阵风卷起剑

叶，直扑向君士坦丁堡。[1]

一般认为，这个令人半信半疑的“奥斯曼之梦”后来成了奥斯曼帝国的奠基神话。笔者认为，奥斯曼之梦恰恰证明了开国君主的意志是创建国家与帝国的第一推动力。正是奥斯曼一世为其子孙留下的政治意志、军事遗产及其后世子孙的努力，使得奥斯曼帝国的创建和扩张成为可能。

问题是，一个拥有相当政治意志与能力的君主，究竟如何完成国家构建呢？国家的组织理论把国家视为一个以统治者为中心的政治组织。开国君主的首要任务，就是要把这个政治组织创建出来，并使之持续运转下去。所以，从逻辑上说，君主首先要做的事情是创建一个高层的政治军事团体。这个团体也许人数不是很多，但这个团体是国家作为一个统治机构的核心成员，是协助君主完成国家构建、进行开疆拓土的核心力量。这个高层政治军事团体，就如同一个公司的创始人团队与高级管理阶层。当然，仅有一个高层政治军事团队是不够的，君主还需要为他们设计一套权力结构与制度规则，来规范人与人之间的权力关系，以形成一个能确保命令上传下达的权威系统。

君主接下来要做的事情，就是要建立一支强有力的军队。离开了强有力的军队，在前现代的国际体系中，君主既无力自保，又无力开疆拓土。但建立一支强有力的军队并非易事，君主需要找到一大批能干的将军，招募规模庞大的士兵，还需要为军队提供优良的武器装备，包括兵器、盔甲、战马、服装甚至后来的火炮等。此

1 “奥斯曼之梦”是一个古老的传说，参见：帕特里克·贝尔福，《奥斯曼帝国六百年：土耳其帝国的兴衰》，栾力夫译，中信出版集团，2018，第13—15页。

外，如何让将军与军队始终忠于自己，如何通过制定政策与规则为他们冲锋陷阵、出生入死提供足够的激励，如何给予将士严格有效的军事训练，都是君主需要考虑的关键问题。正如孙子所说："兵者，国之大事，死生之地，存亡之道，不可不察也。"[1] 总之，君主需要建设一个有战斗力的武力系统。

在权威系统与武力系统之外，君主还需要建设一个资源系统。无论是一定规模的官僚机构，还是庞大的军队，都需要一个资源系统来为它们提供财务上和人员上的支持。这个资源系统一定是以拥有相当规模人口的社会为基础的，因为没有大规模的人口，就不会有大规模的军队和庞大的官僚机构。君主还需要在这样一个拥有相当规模人口的社会建立一套资源汲取制度，包括获得税收、招募士兵、征发劳役等。这不仅意味着君主的政治军事团体至少在相当程度上是能控制整个社会的，而且还要求这套系统对社会具有相当的渗透能力。

上述分析显示，任何国家构建过程都离不开三个系统：权威系统、武力系统与资源系统。这也是支撑国家作为一个政治组织的三个主要系统。此外，国家构建过程也离不开三种政治行为者：统治者、统治精英与被统治者。在人类早期国家阶段，统治者一般是某个君主或独裁君主。随着历史的演化，后来的统治者也可以指精英选举产生的统治者或民选的统治者。一般而言，统治者处于国家这个统治机构金字塔的顶端，既是最高政治领袖，又是最高军事统帅，对内对外代表国家意志。

统治精英是一个社会的政治阶层（political class），他们以政治（或军事）为业，其主要政治功能是跟随或协助统治者带兵打仗、

1　孙武，《孙子兵法》，陈曦译注，中华书局，2011，第 2 页。

抵御外敌、管理国家、控制叛乱、收集税收、提供公共服务等。因此，对任何国家来说，统治精英都是国家作为一个统治组织的中坚力量。统治者关心的是，一方面，他要创造一个有效能的统治精英阶层，这就必然要给他们授予相当的权力和配置相当的资源；另一方面，他要设法维持统治精英阶层对于统治者和国家的政治效忠，这同样需要一套精心设计的权力结构、制度规则甚至是观念体系来确保或提高这种忠诚度。对统治精英们来说，他们固然应该效忠统治者和服务国家，但他们同时还要考虑自己的政治生存（political survival）、权力与利益。进一步说，统治精英们的权力与利益还有可能跟他们对统治者与国家的效忠发生冲突。这就会在统治者与统治精英之间制造一种可能的紧张关系。

被统治者是一个社会的平民阶层，是除了以政治（或军事）为业的政治阶层以外的庞大社会群体。在许多文学作品中，平民阶层经常会被描述为处境艰难、苦难深重的社会群体。但这其实是前现代社会普通人的一般生存境况。在本书的分析框架中，被统治者按理说在国家统治之下能够享有基本的安全、法律与秩序——尽管这种安全、法律与秩序常常是不那么牢靠的，但一般来说，还是要强过自然状态（state of nature）、无政府状态或内战状态。而他们要为此付出的代价则是需要承担一定的税赋成本——他们通常需要缴纳一定额度的税收，有时则还需要承担劳役与兵役等。在人类历史上的很长时间里，由于统治者与统治精英不仅组织化程度更高，而且拥有军队，被统治者通常在国内政治博弈中处于下风，所以不得不接受统治者与统治精英单方面决定的统治条件。当这种统治条件对平民阶层来说过于苛刻时，他们就有可能选择不合作甚至是反叛。这也是统治者与统治精英不得不面对的一个基本政治现实。进一步说，随着经济模式、生产技术与战争技术的变迁，平民阶层可能会获得相对于统治者与统治阶层的更高的讨价还价能力，进而改变他们需要面对的统治条件。在这种情况下，统治者、统治精英与被统治者的关系就会发生根本的变化。

既然任何国家都离不开三种政治行为者：统治者、统治精英与被统治者，那么如何理解他们的政治行为呢？这里的分析框架假设，所有政治行为者都是理性人，无论统治者、统治精英还是被统治者，都是政治领域的理性人。一般而言，他们是自利的（self-interested）、理性的、追求效用最大化的。基于上述假设，这里可以得到的推论是：第一，在政治领域，政治行为者的首要诉求乃是自身的基本安全或政治生存。第二，在自身安全的前提下，政治行为者倾向于扩大自己的权力和保护自己的权利。在大多数情形下，掌握更大的政治权力乃是政治行为者的理性选择。第三，当面对他人的权力扩张，特别是这种权力扩张可能会危及自己的权力或侵犯自己的权利时，政治行为者尽管从本能上说试图捍卫自己的权力和保护自己的权利，但实际上会根据自己与他人的相对实力（relative strength）来决定自己的博弈策略，包括服从、合作或者对抗。基于这种假设与推论，统治者、统治精英与被统治者始终处在一个长期的博弈结构之中，他们根据自己的利益和实力进行博弈策略的选择，而正是他们的选择和互动决定了可能的政治格局与政治均衡。

国家创建起来之后，它时时刻刻都需要面对自身的政治生存问题。对一个作为整体意义上的国家而言，最主要的挑战来自两个方面：一是内部叛乱颠覆国家的风险，二是外敌入侵颠覆国家的风险。因此，任何一个统治者在创建国家之后，都需要不断地提升国家作为一个政治组织的能力，特别是其军事能力、政治能力与资源能力。简而言之，军事能力主要表现为军队战斗力的强大，政治能力主要表现为有效的政治整合和中央控制，资源能力主要表现为国家能够从社会中不断地汲取资源以维持一个有效的税收与兵役系统。综合来看，国家能力越强，一个国家越有机会在面临各种内外挑战的环境里生存下来。

政治权力的特性

讨论国家问题，就离不开对于政治权力的理解。国家是人类统治的基本形式，而国家进行统治所凭借的正是政治权力。关于政治权力的研究非常之多，学术界对政治权力有着不同的理解。美国政治学者罗伯特 · 达尔喜欢将权力较为宽泛地定义为影响力。[1] 而许多人则更认同马克斯 · 韦伯对于权力的定义："一个人或一些人在社会行为中，甚至不顾参与该行为的其他人的反抗而实现自己意志的机会。"[2] 有人将这一定义简化为一个公式：当 A 能迫使 B 从事某些 B 本来不想从事的行为时，A 就对 B 拥有权力。美国社会学家丹尼斯 · 朗则给出了这样的定义："权力是某些人对他人产生预期效果的能力。"[3]

本书的分析框架关注的主要是政治权力，本书给出的定义是：在国家的政治系统中，政治权力是统治者对被统治者、上级对下级所拥有和行使的基于权威、规则与资源的具有支配性的力量。

政治权力有四个最重要的基本特性，分别是：权威性（authoritative）、强制性（coercive）、扩张性（extensive）与渗透性（intensive）。权威性是指政治权力依赖于一套自上而下的命令系统，而非依赖于市场般的交易；强制性是指政治权力凭借其潜在的暴力

1　罗伯特 · A. 达尔、布鲁斯 · 斯泰恩布里克纳，《现代政治分析》（第六版），吴勇译，中国人民大学出版社，2012。

2　Max Weber, *Economy and Society: An Outline of Interpretive Sociology*, edited by Guenther Roth and Claus Wittich, Berkeley: University of California Press, 1963, p. 926.

3　丹尼斯 · 朗，《权力论》，陆震纶、郑明哲译，中国社会科学出版社，2001，第 3 页。

资源拥有迫使人服从的力量，而不必依赖于说服；扩张性是指政治权力或为了汲取更多资源，或为了自身安全，总是倾向于占有更大的地理疆域；渗透性是指政治权力倾向于在其统治的地理疆域内提高对整个社会的政治控制和资源汲取能力。政治权力的这些基本特性，都会在不同程度上影响一个国家的内部政治以及国家与国家之间的政治关系。本书的分析框架把国家的组织理论与政治权力的基本特性作为解释人类政治演化的起点。

关于人类政治演化的诸种重要问题，以往研究的一般处理方法是对每一重要问题进行具体研究，并提供具体的理论解释。这些研究加深了学术界对诸种重大问题的理解，也构成了本书的基础。但这些理论的缺憾在于，并不能为理解人类政治进化的基本脉络提供一个整体性的理论解释。而本书试图基于演化论或进化论视角为理解人类政治演化提供一个整体性的分析框架。这一分析框架既把人类政治演化视为一个个截面上的变换，又把它视为一个连续变化、不可切割的链条。同样在演化论或进化论的理论视野中，前者更多是静态的视角，需要回答在一个个关键截面上人类政治的重大现象何以是这样的，而不是那样的；后者更多是动态的视角，需要回答在一个连续变化的过程中，人类政治为何会从一种状态演化为另一种状态。

为什么国家是必需的？

解释人类政治进化的这一分析框架，首先要回答的是：为什么国家会兴起？从逻辑上说，这个问题关系到为什么国家是必需的。既然人一般是理性人，在资源有限的约束条件下，有可能为了自己的生存、需要或欲望而侵犯他人。因此，任何一个人类共同体都需要有一种具有权威性与强制性的力量——也就是政治权力——来防止这种侵犯，或者说来提供基本的安全、法律与秩序。按照英国哲学家托马斯·霍布斯的说法，在自然状态下，人们或者是出于“自我保全”或者“只是为了自己的欢乐”，容易走向人与人的冲突。“在没有一个共同权力使大家慑服的时候，人们便处在所谓的战争状态之下。这种战争是每一个人对每一个人的战争。”要想解决这种困境的出路只有一个，那就是国家的诞生。这样，霍布斯就基于抽象演绎思考，用反证法论证了国家的必要性。[1]

其实，早在中国春秋战国时期，墨子就认为，“未有刑政”，可能的结果是“天下之乱，若禽兽然”。而“天下之所以乱者，生于无政长”。所以，墨子认为，“是故选天下之贤可者，立以为天子”，或者说，建国家，立天子，封诸侯，置百官，都是人类群体生活的必然需要。[2]唐朝柳宗元也有类似观点，他认为，自然状况的结果是:“力大者搏，齿利者啮，爪刚者决，群众者轧，兵良者杀。披披藉藉，草野涂血。”而出路在于，“强有力者出而治之，往往为曹于险阻，用号令起，而君臣什伍之法立”。这也是一个建国家、立君主的过程。[3]

基于这个逻辑，国家兴起之后，作为一种统治形式的扩散，就跟不同人类群体的竞争逻辑有关。托马斯·霍布斯和美国经济学家、社会学家曼瑟·奥尔森都以不同方式论证了，在一个没有政治权力提供基本的安全、法律与秩序的地方，财产权无从确立，因而经济发展是不可能的。[4]这意味着，首先“发明”国家的人类群体，

1　托马斯·霍布斯，《利维坦》，1985，第92—132页。
2　墨子，《墨子》，方勇译注，中华书局，2011，第84—86页。
3　柳宗元撰，《柳宗元集校注（第一册）·卷第一·雅诗歌曲·贞符》，尹占华、韩文奇校注，中华书局，2013，第77页。
4　托马斯·霍布斯，《利维坦》，1985，第92—132页；Mancur Olson, “Dictatorship, Democracy, and Development,” *American Political Science Review*, Vol. 87, No. 3 (Sept., 1993), pp. 567-576.

由于获得了基本的安全、法律与秩序，经济发展和技术进步成为可能。换言之，“国家革命”是人类群体演化到一定阶段的产物。“国家革命”一旦出现，又引发了该人类群体后续的一系列政治、经济与技术革新。率先完成“国家革命”的人类群体将获得征服其他人类群体的巨大优势。考虑到政治权力的扩张性，这种征服和统治很可能会成为现实。由此导致的结果是，国家一旦首先在某个人类群体中兴起，由于“国家革命”带来“制度红利”，将会迅速地扩散至其他的人类群体——要么是前者征服后者的形式，要么是后者主动模仿的形式。这就解释了国家这种政治发明为什么会从中东扩散到整个欧亚大陆和全球。

早期国家兴起的条件

既然国家是人类群体生活的基本需要，那么为什么人类早期国家直到公元前 3000 多年才在尼罗河谷和两河流域兴起呢？这至少说明，人类早期国家的兴起是需要某种条件的。上文已经指出，国家作为一个政治组织离不开权威系统、资源系统和武力系统。在具体形式上，国家还意味着一整套职业化的统治机构。而维持这一整套职业化的统治机构——比如规模不等的宫廷、至少数以千计的官僚机构及军队——往往需要一个庞大资源系统的支持，只有能提供稳定的大规模剩余产品的社会才能做到这一点。

一个社会能否提供稳定的剩余产品主要取决于它的经济或技术水平，而能否提供大规模的剩余产品还取决于它的人口规模。人口固然是一个独立变量，但一个古代社会的人口规模往往受制于其地理条件。因此，综合来看，一个地方的地理、人口与技术条件很可能决定了人类早期国家能否兴起。具体而言，只有适合大规模人口居住的大规模农耕土地，才能为人类早期国家兴起提供必要的资源。这就需要考虑气温、霜冻期、降水与水源、土壤性质、适合农耕的土地规模等条件，最能满足这些条件的就是亚热带和温带的大河冲积平原或河谷地区。由于适合农耕和人口规模，技术就更有可能取得进步，由此形成了一个良性循环。所以，人类早期国家的兴起，包括公元前3000多年两河流域的苏美尔国家和尼罗河谷的古埃及国家，公元前3300年左右至公元前1300年左右印度河流域的古印度国家，公元前1000多年黄河流域的殷商等，无一例外都是兴起在大河流域。凡是不在地理、人口与技术方面拥有优势的地区，就不会成为人类早期国家形成竞赛的领先者。

国家统治规模的逻辑

上文提到，人类早期国家兴起之后出现了城邦国家、一般国家与帝国的分化。本书的分析框架将这三种国家类型的不同，抽象地视为同一种政治权力控制与统治的地理疆域规模的差异。如果同一种政治权力只能控制与统治很小的范围，那通常就是部落社会；当它控制与统治较大的地理疆域时，人类早期国家才会兴起。进一步说，当它控制与统治一个主要城市及其周边地区时，就是城邦国家；当它能征服、控制与统治幅员辽阔的广大疆域时，就是帝国；处于两者之间的，就是一般国家。基于这种逻辑，城邦国家、一般国家与帝国的分化，可以被视为同一种政治权力的最优统治规模问题。当地理疆域扩张时，一个国家的统治仍然具有统治规模经济（economies of scale）时，则扩张还会继续；当地理疆域扩张不再具有统治规模经济时，则扩张就会中止，由此确定了国家的最优统治规模。

这里，国家的最优统治规模，从逻辑上说，是两个变量的函数：一是国家能力，或国家作为一个政治组织的组织能力；二是国家在扩张过程中遭遇的阻力。当国家的组织能力很强，扩张过程中遭遇的阻力很小时，就更容易造成大规模国家；反之，就更容易造成小规模国家。这里的国家能力或国家的组织能力，主要是指国家作为一个统治机构或政治组织对外进行军事征服并在其领土上进行政治控制与统治的能力。[1] 按照美国社会学家、政治学家查尔斯·蒂利的观点，国家本来就是一个在军事竞争中胜出的政治组织，国家能力也是在此过程中造就的。他基于欧洲近现代国家兴起的历史经验，把国家构建视为一个战争塑造国家与国家制造战争（war made states and states made war）的过程。而在此过程中，武力系统、税收系统和官僚系统成为国家构建的三大基本要素。[2] 这种理论路径其实清晰地呈现出，伴随着国家构建的过程，国家作为一个统治机构或政治组织的能力不断地得到提升。从最低限度上讲，任何国家都需要具有对外防御外敌入侵、对内镇压叛乱的国家能力或组织能力。唯有发展出较高的国家能力或国家的组织能力，一个国家征服、控制与统治的地理疆域才有可能比

---

1 学术界对于如何定义国家能力存在不同看法。美国政治学家斯考切波（Theda Skocpol）认为，国家能力是指，面对力量强大的社会组织实际的或潜在的反对时，国家执行其正式目标的能力。参见：Theda Skocpol, "Bringing the State Back in: Strategies of Analysis in Current Research," in Peter B. Evans, Dietrich Rueschemeyer, and Theda Skocpol, eds., *Bringing the State Back In*, 1985, pp. 3-38. 另一位美国政治学家米格代尔（Joel S. Migdal）在研究第三世界国家时认为，国家能力是指国家领导层"通过国家的计划、政策和行动来实现其改造社会的目标的能力"，国家能力包括"渗入社会的能力、调节社会关系、提取资源，以及以特定方式配置或运用资源四大能力"。参见：乔尔·S. 米格代尔，《强社会与弱国家：第三世界的国家社会关系及国家能力》，张长东等译，江苏人民出版社，2009，第 5 页。蒂利认为，国家能力是"国家执行其政治决策的能力"。更具体地说，"国家能力是指国家机关对现有的非国家资源、活动和人际关系的干预，改变那些资源的现行分配状态，改变那些活动、人际关系以及在分配中的关系的程度"。参见：查尔斯·蒂利，《民主》，魏洪钟译，上海人民出版社，2009，第 14—15 页（译文略有调整）。王绍光和胡鞍钢则认为："国家能力是指国家将自己的意志、目标转化为现实的能力。"参见：王绍光、胡鞍钢，《中国国家能力报告》，辽宁人民出版社，1993，第 6 页。

2 Charles Tilly, *Coercion, Capital, and European States, AD 990-1992*, 1990.

较大；反之，就比较小。

上文认为，国家拥有的政治权力具有扩张性的特点。国家总是倾向于在边界上进行扩张，除非遭遇某种强大的阻力。但实际上，任何国家在征服、控制与统治更大地理疆域的过程中总会遇到诸种阻力。首要的阻力就来自地理因素。难以翻越的高山或崇山峻岭，无法穿越的沙漠戈壁，难以横渡的辽阔海洋，甚至是水势湍急的宽阔河流，都构成了古代国家征服与扩张的地理约束条件。其次的阻力来自古代社会较为低下的经济与技术的约束条件。特别是，交通技术与通信技术就直接限制了古代国家的有效统治疆域规模；在金属货币大规模应用之前，国家依赖实物税的资源汲取系统很难支撑远距离的资源输送；缺少有效的攻城武器大大提高了一个国家对外军事征服的难度与成本，等等。这些因素都限制了古代国家所能统治地理疆域的可能性边界。最后，阻力还来自敌对政治体或敌对国家的军事竞争。在多国林立的国际体系中，任何一个国家的征服与扩张行为注定会遭到其他国家的阻遏。决定一个国家能否继续扩张的，不仅在于这个国家本身的能力，而且还在于其对手国家的能力强弱。

基于上述分析，同一政治权力能够征服、控制与统治的地理疆域规模，大体上是国家能力或组织能力这一内部变量与地理、技术、军事竞争等外部变量的函数。这是理解城邦国家、一般国家与帝国之间产生分化的关键逻辑。

更具体地说，造成城邦国家的主要原因是低技术水平的地理约束条件。一个个以主要城市为中心的政治体或国家彼此互相隔绝，而未统一到同一个政治权力之下，往往是由于特定地形的阻隔所致。从历史经验来看，造成城邦国家的特定地理因素主要是山地和沙漠。兴起于两河流域的苏美尔国家是由城邦国家发展而来的，而当时有 14 个较大规模的城邦国家。两河流域沙漠化较为严重，农耕主要依赖于幼发拉底河和底格里斯河带来富含养分的泥沙，这又跟两条主要河流经常洪水泛滥有关。两河流域的沙漠化恰恰构成了主要城市之间的互相隔绝，从而有利于造就城邦国家。[1] 历史学界的一般看法是，古希腊城邦的成因跟该地区的多山地形有关。“在亚细亚沿岸，各居民点是孤立的，因此它的居民只能形成单一而自成体制的政治实体。”[2]

跟城邦国家正好相反，帝国则意味着同一政治权力控制与统治着疆域广大的土地。如果考虑到古代人类社会的经济与技术条件，特别是交通技术落后，移动缓慢；通信技术落后，联络不便；战争技术落后，攻占城池难度大；货币手段落后，征收实物税伴随着高昂的管理与运输成本等，任何帝国——包括亚述帝国、波斯帝国、罗马帝国（包括共和国时期和帝国时期）、拜占庭帝国（亦即东罗马帝国）、秦帝国与汉帝国、阿拉伯帝国、蒙古帝国、奥斯曼帝国等——都堪称人类政治进化史上的奇迹。

从上述分析框架来看，帝国的造成乃是两个有利因素的结合：一是超强的国家能力或组织能力，既包括军事征服能力，又包括官僚系统的统治能力；二是国家在扩张过程中遭遇的阻力较小，而这往往离不开有利的地理、技术与军事竞争格局。从地理上说，一个国家面对一个巨大的易于征服的地理空间，才更可能成就一个大帝国。从技术上说，交通条件、通信方式、军事技术与货币手段越落后，就越难成就大帝国。随着这些技术条件的改善，成就大帝国的

1　历史学家认为，在两河流域，“聚落与聚落之间都横亘着一望无际的沙漠和沼泽”。参见：I. E. S. 爱德华兹、C. J. 嘉德、N. G. L. 哈蒙德，《剑桥古代史（第一卷第一分册）：导论与史前史》，汪连兴等译，中国社会科学出版社，2020，第 379—380 页。

2　N. G. L. 哈蒙德，《希腊史：迄至公元前 322 年》，朱龙华译，商务印书馆，2016，第 145 页。

可能性就会提高。比如，蒙古帝国的造就，得益于两种技术革新，一是马镫的普及提高了骑兵相对于步兵的战斗力，二是包括攻城车、攻城塔、冲撞车、投石机、弩炮等在内的攻城武器及其应用的创新。技术条件往往从根本上限定了帝国最优统治规模的地理可能性边界。从军事竞争格局来说，一个国家的政治对手很重要。其复杂性在于，当政治对手过强时，一个国家很难实现军事扩张的帝国梦；当政治对手过弱时，它在征服对手过程中又难以锤炼出一流的国家能力——这意味着它即便征服了邻近国家，也往往无力征服疆域辽阔的更大地理空间。所以，过强或过弱的政治对手都不利于一个国家发展成为一个大帝国。

值得进一步讨论的是，真正地理疆域辽阔的古代帝国，其统治诀窍并非是在所有领土之上建立一个纵向一体化的官僚体系，而在于两个要点：一是拥有一支强大的军队，能快速调动并对领土范围内的叛乱进行有效镇压；二是对核心区域之外的领土采取粗放式管理，旨在履行维持治安、控制叛乱和征缴税收等基本功能。实际上，波斯帝国、罗马帝国、拜占庭帝国、奥斯曼帝国等或多或少都采取类似策略来统治疆域广大的土地。

处于城邦国家与帝国之间的则是一般国家，其规模既不像城邦国家那么小，又不像帝国那么大，大体上维持着一种国家组织能力与扩张阻力的中间状态。由于上文对城邦国家和帝国的逻辑进行了充分讨论，这里就不再讨论一般国家背后的逻辑。总之，城邦国家、一般国家与帝国的实质性差异乃是同一政治权力控制与统治的地理疆域规模的不同。这种不同主要是由两个变量决定的：一是国家能力或国家的组织能力，二是国家面临的外部约束条件，特别是地理、技术与军事竞争格局。

决定政体类型差异的关键变量

除了解释国家兴起及其类型的差异，这里的分析框架还要解释人类政治进化史上政体类型的不同。政体类型的不同本质上在于政治权力在不同个人与群体之间的分配与分享方式。亚里士多德早就指出，君主制（或僭主制）、贵族制（或寡头制）与共和制（或民主制）的区别，首先在于最高统治权掌握在一人、少数人还是多数人手中。[1]尽管任何国家都需要一个或少数几个最高执政官来实际行使权力，但这并不意味着其他个体与群体就不能分享权力。当实际政治权力主要为一个最高执政官——无论是国王、皇帝、君主、奥古斯都，还是大汗、苏丹——掌握时，就是君主制；当实际政治权力在最高执政官与少数统治精英之间进行分配与分享时，就是贵族制；当实际政治权力在最高执政官与多数民众之间进行分配与分享时，就是民主制。进一步说，在君主制条件下，当最高执政官以纵向一体化的模式直接控制所辖疆域内的政治权力时，就是中央集权政体；当最高执政官所辖疆域内的政治权力由许多地方领主实现长期而稳定的直接控制，政治权力在中央最高执政官与地方领主之间进行长期而固定的分配与分享时，就是封建主义政体。与之相关的是，当最高执政官的政治权力不受约束时，就是绝对君主制；当其受到宪法或其他实质性约束时，就是立宪君主制或有限君主制。

既然政治行为者总是倾向于获得更大的政治权力，那么政治权力在不同个体与群体之间的分配与分享，绝不是由他们的意愿决定的，而只能是由他们的实力（strengthen）或者他们跟其他行为者相比的相对实力（relative strengthen）决定的。这样，君主制就是

1　亚里士多德，《政治学》，吴寿彭译，商务印书馆，1997，第132—134页。

君主（统治者）跟贵族（统治精英）、大众或平民（被统治者）相比，在相对实力上拥有较大优势；贵族制就是贵族与君主在相对实力上较为势均力敌；民主制就是大众或平民跟统治者、统治精英相比在相对实力上拥有较大优势。考虑到国家的起源、建立与维系——无论是基于国内政治的视角，还是基于国际政治的视角——往往是由某个在军事竞争中拥有优势的政治军事集团主导的。所以，不同个体与群体的相对实力在很大程度上跟他们控制武力资源的能力高低有关。[1]

就历史经验来看，影响政治行为者相对实力的因素固然有很多，但最重要的因素恐怕是两个：一是政治行为者直接控制的武力资源；二是政治行为者的组织或动员能力。而前者往往又跟战争技术有关——这就是芬纳所谓的“军事力量在社会不同阶层的分配对政体形式起决定作用”以及“军事力量在社会不同阶层的分配和军事技术密切相关”。换言之，个体的暴力潜能，往往跟军事技术的特质及其变迁有关。[2]后者往往又跟群体的组织化程度有关。历史上，往往是居于统治地位的政治行为者拥有较高的组织或动员能力。而普通行为者发展较高的组织或动员能力，要么是

1 塞缪尔 · 芬纳非常重视军事因素对政体的影响，他强调：“1. 军事组织对于政治共同体、政体和当权者的确立和延续至关紧要。2. 军事力量在社会不同阶层的分配对政体形式起决定作用。3. 军队的模式是临时的还是永久性的，是有报酬的还是没有报酬的，等等，和第二个命题的内容互相交叉，对政治共同体、政体和当权者的延续和稳定有关键性的影响。……军事技术的变革有时和国内经济与社会有关，但有时是从外部引进的，因此是一个独立变量。但军事技术上的有些变革对上面的前三个命题有决定性的影响。”参见：塞缪尔 · E. 芬纳，《统治史（卷一）：古代的王权和帝国——从苏美尔到罗马》，2014，第 16—23 页。迈克尔 · 曼也强调国家跟军事的关系，以及军事权力的重要性，他认为，“国家是战斗力的集中”“国家起源于战争”“国家一成不变地是在战争中组织起来的”，并至少部分程度上认为，“军事权力关系的技术变革导致了政治和经济权力关系的变革”。参见：迈克尔 · 曼，《社会权力的来源（第一卷）：从开端到 1760 年的权力史》，2007，第 24、69—71 页。

2 塞缪尔 · E. 芬纳，《统治史（卷一）：古代的王权和帝国——从苏美尔到罗马》，2014，第 16—17 页。

城邦国家的特例，要么是比较晚近的事情。那些组织化程度更高的群体，其组织与动员能力往往就比较高，更容易发起集体行动，这样，这些政治行为者的相对实力就比较高；反过来，那些组织化程度更低的群体，其组织与动员能力往往就比较低，更不容易发起集体行动，这样，这些政治行为者的相对实力就比较低。由此得到的推论是，个体暴力潜能与群体组织动员能力的高低，在很大程度上决定着不同政治行为者的相对实力，进而决定着一个政治共同体的政治权力分配与政体类型。

考虑到古代君主制、贵族制与民主制的分化，与19—20世纪民主在全球范围内的兴起在逻辑上的关联性，这里先讨论如何基于上述分析框架来解释中世纪欧亚大陆上中央集权政体与封建主义政体的分化。跟其他许多地方相比，中世纪欧洲的独特性在于封建主义政体的兴起。这就可以用战争技术对不同政治行为者武力资源的影响，以及不同政治行为者的组织或动员能力的高低来解释。

使得封建主义政体能够兴起的一个重要变量就在于君主组织与动员能力的不足。公元7—8世纪欧洲君主们的困境在于，他们尚未在领地范围内发展出纵向一体化的组织能力。当面临着蛮族入侵的巨大压力时，他们只能以提供采邑的方式来为追随自己的将军与骑士提供经济收入的来源。这意味着，政治权力不再由君主单方面掌握，而是在君主与贵族之间实现了某种均衡分享。一旦封建主义政体形成，贵族——特别是作为一个整体——往往掌握了跟君主大致相当的政治与军事权力，两者之间就形成了一种势均力敌的权力结构。再加上这种格局逐渐塑造的规则与惯例，以及与之相匹配的观念，贵族的政治权力相对于君主就得到了巩固和强化。

另一个重要变量则跟战争技术有关。尽管不无争议，但重装骑兵的崛起一般被认为是非常有利于贵族阶层的战争技术变迁。[1]这种战争技术的变迁，使得富有的贵族阶层相对于无力装备重装骑兵的平民阶层获得了武力资源的巨大优势。所以，君主就不得不跟当时拥有强大武力资源的贵族达成一种权力共享的模式。促成这一模式稳定的重要因素，不仅在于贵族更有财力装备重装骑兵，而且还在于城堡易守难攻，在重型火炮普及之前成了最有效的防守设施。

后来，欧亚大陆君主制的分化，特别是以英格兰为代表的有限君主制或立宪君主制的兴起，还是上述逻辑的延续。可以说，以英格兰为代表的立宪君主制有着明确的封建主义起源。对英格兰来说，在中世纪晚期王权强化和民族国家建设过程中，封建主义政体下贵族与君主在武力资源上的势均力敌结构并没有被破坏。由此，英格兰就有机会形成立宪君主制政体。在这种政体下，君主权力所受的约束，只是在部分程度上受到宪法、规则或惯例的约束，而在更大程度上乃在于贵族阶层——至少是组织动员起来的贵族——跟君主在武力资源上拥有势均力敌的局面。就英格兰政治进化的关键性事件而言，无论是1215年约束君主权力的《大宪章》，还是1258年决定设立贵族会议的《牛津条约》，或者是1688年的光荣革命，组织动员起来的贵族所掌握的武力资源都在其中扮演着主要的角色。1688年的光荣革命，最终使得英格兰在中世纪之后率先完成了一场“约束国家的革命”。

进一步说，在中世纪同为封建主义政体，为什么许多欧陆国家打破了本该由封建主义政体自然演化而来的立宪君主制或有限君主制路径，而走向了绝对君主制呢？这里的催化因素在于，英格兰和

1　迈克尔·曼引述了许多人的观点，认为重装骑兵是封建体制的关键军事技术因素。参见：迈克尔·曼，《社会权力的来源（第一卷）：从开端到1760年的权力史》，2007，第484—487页。

欧陆国家面临着不一样的地缘军事竞争格局。英格兰孤悬海外，不必时时面临剧烈的军事竞争，即便同法国开战，在地缘政治上也是主动一方。欧陆国家到了中世纪晚期面临着越来越激烈的地缘军事竞争。这就使得君主们必须发展更强的组织与动员能力，特别是要拥有一支纵向一体化的强大常备军，并能获得直接从整个社会汲取资源的能力。[1]与此同时，火炮技术获得了重大进步，重型火炮开始普及，这不仅使得重装骑兵的战斗力式微，而且城堡已无力自保。相对于贵族，君主在购置价格非常昂贵的重型火炮时拥有显著优势。由此，战争技术的变迁，使得武力资源的天平导向了君主一边。这样，以法国君主、普鲁士君主为代表的欧陆成功君主陆续打破封建主义政体的约束，转向了绝对君主制。这又极大地提高了他们的政治生存能力。相反，以波兰君主为代表的欧陆失败君主由于无法实现这种转型，最终走向了衰落，甚至连波兰–立陶宛联邦的领土都遭到了瓜分。简而言之，欧洲大陆近代绝对君主制的兴起，乃在于战争技术的变迁和君主组织动员能力的提高，使得政治权力的分配不再有利于贵族阶层，而更有利于君主。

在人类政治进化史上，民主的兴起在逻辑上也是类似的，乃在于大众或平民相对实力的上升。这大体上又跟战争技术变迁或大众组织动员能力的提高有关。按照理论预设，无论是君主还是贵族或统治精英，他们都不太可能主动选择跟普通民众分享政治权力。政治权力的天平倒向普通民众一边的唯一理由，就是民众相对实力的上升。

在古希腊，雅典城邦的民主化很大程度上就跟战争技术的变革

1　布莱恩·唐宁，《军事革命与政治变革：近代早期欧洲的民主与专制之起源》，赵信敏译，复旦大学出版社，2015。

有关。一方面，公元前 7 世纪，希腊的军队逐渐地由骑兵发展成为重装甲步兵。这种重装甲步兵后来发挥了极强的战斗力。“骑兵由骑士组成，他们实际上都是贵族出身。”拥有独立地位的自耕农是重装甲步兵的主力，他们自备重甲加入著名的“希腊方阵”。可以说，这种以较富有的自耕农义务兵组建的重装甲步兵，决定着当时希腊许多城邦的生死存亡。[1] 另一方面，在希波战争中，萨拉米斯海战成为挽救希腊的关键一战。由最低等级公民和雇佣军充当划桨手控制的三桨座船舰成了挫败波斯海军的利器，其战斗力几乎完全取决于普通水手的勠力同心。这两个案例都说明，以雅典为代表的希腊许多城邦的普通公民所拥有的资源能力，在当时的战争模式下决定着城邦的军事能力与政治生存。因此，他们在政治权力分享上也逐渐获得了更高的份额。这就是以雅典为代表的希腊城邦民主制兴起的关键变量。实际上，像亚里士多德这样的古希腊哲人，已经看到了武力资源跟政体类型之间的关系。[2]

从公元前 8 世纪到公元前 5 世纪，古罗马经历了从王政向共和制的转型。促成这种转型的重要因素乃是罗马当时自备武装的公民兵建制。特别是贵族和较富有的公民组成的重装步兵在战争中扮演着主要角色。此外，普通平民也是公民兵的一部分，他们的作用不如重装步兵重要，但仍然不可或缺。公元前 5 世纪的两次平民撤离运动，展示了他们也是保卫罗马城的重要力量。显然，统治者没有贵族、富有公民与普通平民的配合，就无力保卫罗马城，亦无力自保。因此，统治者就不得不跟贵族、富有公民与普通平民们分享政治权力。这就是罗马从王政转向共和制的决定性力量。

1　塞缪尔 · E. 芬纳，《统治史（卷一）：古代的王权和帝国——从苏美尔到罗马》，第 353—380 页。

2　亚里士多德，《政治学》，1997，第 327—329 页。

上文还提到，蒙古帝国长期实行一种召开忽里台大会选择新君主的制度。一旦大汗去世，蒙古帝国就会在漠北召集一次忽里台大会，主要参加成员包括王室重要成年男性和蒙古帝国各个主要部落的首领。他们会以小范围民主投票方式在主要王室成员——通常是大汗的子侄兄弟——中选择一位新的大汗。这种制度至少在选举君主的时刻有着浓厚的贵族共和制色彩。主要原因在于，蒙古国兴起于当时宋朝以北的蒙古草原之上，各蒙古部落逐水草而居，并无固定住所，甚至蒙古国并无固定的疆域，对内自保和对外扩张的战争又需要得到各个主要蒙古部落的参与和支持。如果蒙古大汗不能赢得各主要蒙古部落的人心，他们就会选择去更远的草原放牧为生，而远离蒙古大汗的领导与统治。这样一来，蒙古的整体军事能力就会大打折扣。所以，这种贵族选举君主制背后的逻辑，也跟武力资源的分布和外部约束条件有关。

到了近现代，人类政治进化史上一个最重要的现象，乃是民主制首先在西欧与北美等地，随后在更多欧陆国家、拉美和日本，再其后在全球范围内的兴起。从发生学上说，近现代民主政体可以分为两种类型：一种是原生型的第一代民主政体，另一种是后发型的扩散型民主政体。后者，就其历史进程而言更容易解释，可以被视为西方兴起与民主扩散的结果。特别是“二战”以后，如同意大利裔美籍政治思想家乔万尼·萨托利所言，再也没有哪个国家自称是反民主的了。[1]因此，这里最需要解释的乃是原生型的第一代民主政体为什么会兴起。

需要说明的是，任何政治从来都是在特定环境中发生的。任一

1　乔万尼·萨托利，《民主新论（上卷）：当代论争》，冯克利、阎克文译，上海人民出版社，2015，第 21—26 页。

时刻的诸种政治经济技术条件，都是此后新的政治发生的情境条件（context）。当近现代民主政体在18世纪末、19世纪上半叶呼之欲出时，英国、美国及其他欧洲民主先进诸国的政体框架，特别是立宪主义、法治、责任制政府、少数人投票权乃至政治竞争，已然成型。其中的诸种变化，可以追溯自上文提到的英国与西方立宪主义政体的起源。民主制的兴起，不是对既有政治框架的推倒重来，而只是在既有立宪政体框架上做加法。因而，该时期的民主化从狭义上讲乃是投票权从少数人向多数人普及或扩散的过程。

促成这一转型的因素当然有很多，但就其根本而言，一是立宪政体大大地约束了国家与统治者的政治权力，使其不再能够任意行事，同时又有效扩大了普通民众的基本权利与政治自由；二是大众或平民阶层的组织与动员能力获得了极大的提升，两者的结合使得政治权力的天平开始向平民阶层倾斜。如果说第一个原因跟上文讨论的立宪政体的演化逻辑有关，那么第二个原因则可以追溯到工业革命给英国、美国和西欧社会带来的根本性变迁。简而言之，在工业革命之前，普通平民大部分都是生活在农村的小规模自耕农或佃农。他们散布在各个村庄，再加上尚未出现现代化的交通与通信技术，他们的组织和动员是极难的。跟他们相比，规模较小的统治精英们——主要是大土地所有者、主教、工商业主等——的组织与动员就要容易得多。所以，后者尽管人数较少，但相对实力较平民阶层更为强大。

但是，工业革命改变了这一切。工业革命启动之后，更多普通平民开始在大规模工厂工作，生活在工厂附近或城市，这使得他们天然地就能组织起来，动员也极为方便。这种组织动员在政治上最为直接的表现是两个，一是工人协会、社团与政党的逐渐兴起，二是指向特定政治目标的政治集会与社会抗争开始兴起。以英国为例，标志性事件就是 1838—1848 年的宪章运动。该运动的六点诉求几乎全部跟投票与选举权有关，到 1839 年成功征集了近 130 万请愿签名。1848 年欧洲革命，则是另一个标志性事件。这些再好不过地证明了工业革命给普通平民阶层带来的组织与动员能力的根本性变化。实际上，这也是统治精英与保守派最终不得不做出让步和妥协的关键原因。这大体上就是民主在 19 世纪到 20 世纪在西方国家兴起的核心逻辑。[1]

按照这一逻辑，时至今日，全球范围内仍然呈现出民主发展程度的较大分化趋势，原因乃在于，由于诸种条件的约束，许多国家在人数上占有巨大优势的大众或平民并未发展出较高的组织和动员能力，或者说跟统治精英们的组织和动员能力相比，他们在这方面还没有占据优势。平民阶层的组织和动员能力，也是进一步考察尚未民主化的国家未来是否会走向民主的关键指标。

政治均衡与政治进化：动态分析框架

人类政治进化史上的重大变革，可以被理解为人类政治演化从一种状态向另一种状态转换的关键时刻。如果把人类政治演化过程中某种状态的维系或反复呈现视为一种政治均衡的话，那么这些重大变革就是一个个政治均衡被打破的过程，或者说是从政治均衡到政治不均衡的转型过程。在任何一种特定类型的政治格局之下，各主要政治行为者的力量较为平衡，这种状态维持一定时间，就是一种政治均衡。一种政治均衡，对各政治行为者来说，既可能是一种相对满意的状态，又可能是一种无力改变的状态。进一步说，一种

1　Daniel Ziblatt, *Conservative Parties and the Birth of Democracy*, Cambridge: Cambridge University Press, 2017.

政治均衡，既可能是政治上较为稳定的状态，又可能是政治上不那么稳定的状态。前者比如一个大帝国维持着广大疆域之内的相对和平与稳定，可以是一种政治均衡；后者比如邦国林立，彼此征战，谁也无法征服谁，若这种局面长期维持，也可以是一种政治均衡。而一种重要的政治均衡被打破时，就是人类政治演化经历实质性变革的关键时刻。

从逻辑上说，人类进化史上的政治稳定与政治变革涉及三个环环相扣的关键问题：第一，政治均衡是如何出现的？特别是，第一个重要的政治均衡是如何出现的？第二，第一个政治均衡出现后是如何维系的？第三，一个政治均衡又是如何被打破的？人类政治如何从均衡走向不均衡？或者说，与政治稳定相对立的政治变革究竟是如何发生的？

“实力结构–制度规则–观念体系”机制与政治均衡

一个政治共同体的第一个重要政治均衡的造成，可以追溯至首次重要的政治博弈。任何均衡，都可以被视为政治行为者通过博弈达成的相对平衡状态。上文已经把一个国家内参与博弈的政治行为者分为三类：统治者、统治精英、大众或平民。既然政治行为者都是基于自身利益进行政治博弈的，那么政治均衡可以被理解为统治者、统治精英和普通大众充分调动他们各自的资源与能力进行博弈后达成的一种结果。就此而言，政治均衡反映的其实是政治行为者之间资源与能力的较量，或者他们相对实力的强弱。按照上文的分析，政治行为者的相对实力往往又跟他们个体的暴力潜能与群体的组织动员能力关系最为密切。总体上，首个政治均衡的达成，背后的决定性力量乃是不同政治行为者的实力结构。

一旦第一个政治均衡达成以后，主要政治行为者通常会选择建立一整套规则（rules）来确认此次政治博弈的后果，并进一步塑造一整套观念（ideas）体系或意识形态（ideology）。这里的规则其实就是将上一轮政治博弈达成的结果或均衡制度化（institutionalization）。这种规则建制还进一步创设了政治行为者此后进行新的博弈的制度框架与激励结构。随着时间的推移，这套新规则通常不仅会有某种具有强制力的机构来执行，而且还会在政治行为者中间确立某种关于合法性（legitimacy）的标准。规则一旦形成，无论哪个政治行为者要打破既有规则，固然并非不可能，但往往要付出很高的成本。美国政治学学者雅各布·哈克和保罗·皮尔森的研究认为，过去的政治与政策遗产往往会塑造着政治行为者的利益、激励、权力与组织能力等，特定的历史与制度过程所确定的政治权力分配形态还会形成锁定效应（lock-in effect）。[1]

这里所说的观念体系或意识形态，指的是一套跟当时的政治均衡、政治制度相匹配的认知体系。这套认知体系一方面赋予目前的政治均衡以合法性，塑造政治行为者对于现有政治制度的政治认同，另一方面经由观念塑造方式影响着政治行为者后续的观念与行为。人是受其观念支配的政治动物，因此，观念的塑造本身就具有重大的意义。所以，即便观念不具有规则那样的硬性约束力，但它也会在很大程度上左右政治行为者的行为与选择。按照道格拉斯·诺思的看法，意识形态会在很大程度上控制人的机会主义行为，进而为现有制度提供更多稳定性。[2]迈克尔·曼则更加注重意

1　Jacob S. Hacker and Paul Pierson, "After the 'Master Theory': Downs, Schattschneider, and the Rebirth of Policy-Focused Analysis," *Perspectives on Politics*, Vol. 12, No. 3 (Sept., 2014), pp. 643-662.

2　道格拉斯·C. 诺思，《经济史中的结构与变迁》，陈郁等译，上海人民出版社，1994，第 49—65 页。

识形态对社会权力的直接影响，在他的框架中，意识形态权力是跟政治权力、经济权力和军事权力一样重要的四种基本权力之一。意识形态为一个社会提供关于意义、规范与仪式有关的内容，能够“强化内聚性、信任”“增强已确立之社会集团权力”“大大地巩固了存在着的任何东西”。[1]简而言之，意识形态一旦形成，往往就会在政治演化过程中扮演重要角色。

由此，这里呈现的不仅是一个主要政治行为者经由政治博弈达成的政治均衡，而且这个政治均衡由于政治行为者较为稳定的相对实力、规则与制度的确立、观念体系的塑造而得以维持。这里的论述借鉴了历史制度主义（historical institutionalism）的理论路径。[2]政治行为者经过政治博弈达成政治均衡的时刻，在历史制度主义框架中被视为一个个关键节点（critical junctures）。这种关键节点就是人类政治进化史的一个个岔路口。一旦政治行为者做出选择，新的政治均衡出现，后续的政治演化往往就有很强的路径依赖（path dependence）效应。美国政治学学者保罗·皮尔森认为，关键节点是非常重要的，路径依赖其实是关键节点触发的一种反馈机制，倾向于强化和重复过去特定的模式。[3]一个著名的案例就是今天人类QWERTY式电脑键盘的布局，其实这种键盘的布局效率并不是最高的，但由于使用者已经形成锁定效应，所以就形成了路径依赖。人类政治进化的过程也存在着类似的模式或效应。制度与规则在很大程度上强化了既有的政治均衡，观念体系的作用也是类似的，只

1 迈克尔·曼，《社会权力的来源（第一卷）：从开端到1760年的权力史》，2007，第28—30页。

2 关于历史制度主义，参见：Kathleen Thelen, “Historical Institutionalism in Comparative Politics,” *Annual Review of Political Science*, Vol. 2 (Jun.,1999), pp. 369-404.

3 Paul Pierson, “Increasing Returns, Path Dependence, and the Study of Politics,” *American Political Science Review*, Vol. 94, No. 2 (Jun., 2000), pp. 251-267.

是它的角色似乎并没有那么直接。

以中国秦汉建制为例，公元前3世纪末期的秦统一中国和随后的汉朝建立，可以被视为两个类似的政治均衡。这两个政治均衡的共同特点是，不仅是一个主要统治者——秦始皇和汉高祖——领导的政治军事集团在武力上摧毁或征服了其他竞争者，而且在内部，君主拥有相对于政治精英（包括贵族、将军和文臣）与普通民众的支配性优势。就主要政治行为者的实力而言，一位主要的君主拥有压倒性的武力优势。随后，这一政治均衡在秦汉帝国的规则与制度建构中得到了强化，包括绝对君主制、中央集权的郡县制而非封建制、官僚制、君主统领军队、一整套复杂的礼仪典章制度等。就观念体系和意识形态而言，从秦始皇焚书坑儒，到汉武帝最后确定了儒学作为官方意识形态的地位，中国古代社会的官方观念体系逐渐形塑。这一观念体系以儒家学说为核心，包括忠君爱民、尊卑有序、仁义礼智信等基本价值。由此，这套观念体系塑造了中国士人的精神世界与行为准则，又巩固了起初形成的那个政治均衡。公元前3世纪末期的秦汉建制其实就是中国政治进化的关键节点。一旦君主制中央集权官僚制国家的模式形成，经由“实力结构–制度规则–观念体系”的强化机制，君主权力变得越来越强大。直到1840年遭受西方世界的冲击，中国政治进化的这种方向才得以扭转。

跟中国相比，欧洲中世纪则走向了一条完全不同的政治进化道路，参见表0.1。关键节点就是公元7—8世纪形塑的那个封建主义的政治均衡。上文已经论述，一方面，当时君主尚无充分的组织与动员能力在自己领土范围内发展出一套纵向一体化的统治体系；另一方面，重装骑兵这种战争技术支配了欧洲战场，由此，封建主义成了一个新的政治均衡。所以，从相对实力来说，当时的国王并不拥有绝对优势，不得不跟贵族分享武力资源与政治权力。相

表 0.1 中国中央集权与欧洲封建主义的路径分化

	中国	欧洲
政治均衡	秦汉君主制中央集权官僚制国家	中世纪封建主义政体
实力结构	君主拥有绝对的政治与军事优势	君主与贵族在武力资源上的分权结构
制度规则	君主至高无上的绝对君主制	君主提供保护和土地且尊重法律与惯例，贵族表示效忠和履行军事役务
观念体系	君君臣臣，忠君爱民	君主与贵族互有义务，宗主权与契约精神

应地，一套封建主义的规则开始形成。这套规则的核心乃是，君主应该为贵族们提供土地和保护，并尊重惯例与法律，而贵族们则需要对君主表示效忠，并承担相应的军事义务。这种关系还逐渐演化为一种长期的政治契约。从观念上说，封建主义的观念体系亦深入人心。比如，“国王应该靠自己的领地生活”，国王不应该违反惯例向贵族索要过多的财物，“附庸的附庸不是你的附庸”等，都是这种观念体系的一部分。由此可见，公元 7—8 世纪形塑的封建主义政治均衡，对欧洲政治进化来说就成了一个重要的关键节点。基于“实力结构-制度规则-观念体系”的机制，这种封建主义的政治均衡对此后欧洲乃至人类的政治演化产生了根本而深远的影响。

上述分析说明，在初次政治博弈之后，此后再次的或反复的政治博弈，主要取决于三个关键因素：政治行为者的相对实力、规则与观念。对主要政治行为者来说，相对实力固然是重要的，是决定政治博弈达成何种均衡的关键变量，相对实力的变化也会引发新的政治均衡的出现。但首次博弈之后塑造的规则与观念也同样非常重要，往往是巩固既有政治均衡的重要变量。关于政治均衡背后的实力结构、制度规则与观念体系三者的关系，参见图 0.2。

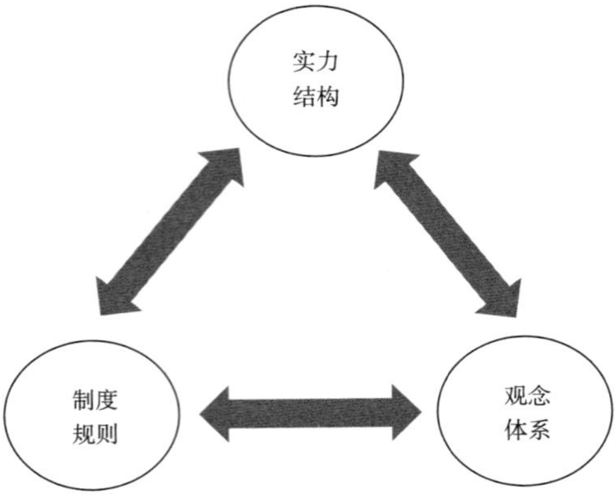

图 0.2　政治均衡背后的实力结构、制度规则与观念体系

政治均衡的瓦解与新生

进一步说，在既有的政治均衡之下，政治博弈每天还在进行，甚至每时每刻都在进行。每次博弈都有两个可能的结果：要么是倾向于强化既有的政治均衡，要么是倾向于弱化甚至瓦解既有的政治均衡。这是人类政治演化的两种常见状态。从逻辑上讲，一种政治均衡被打破主要有两种可能性。

首先是内部因素触发的政治均衡瓦解。这是因为许多政治均衡本身就包含着导向不均衡的内在机制。从理论上讲，并非所有的政治均衡都是自我强化型的，也有自我摧毁型的。比如，拿绝对君主制来说，每个君主的素质——特别是他们的知识、能力与德行——是不稳定的，昏聩君主的执政往往会给君主政体带来严重的灾难。再比如，君主统治往往很难真正解决好君主权力的合法、和平与有序继承问题。从中国诸王朝到罗马帝国，从拜占庭帝国到奥斯曼帝国，争夺君主制条件下的最高统治权往往成为血腥的政治博弈，甚至触发内乱与内战。这是引发君主制不稳定的重要内在因素。在人类政治进化史上，尽管许多君主制国家创造了许多政治发明来提高其自身的稳定性，但绝对君主制就其本身而言，因为存在着诸种弱点，它总是存在着从政治均衡走向自我瓦解的倾向。就历时最为久远的拜占庭帝国（东罗马帝国）而言，一般的说法是其历时 1100 余年，即从公元 330 年左右到公元 1453 年。但实际上，拜占庭帝国并非一直由一个统一王朝统治，而是分为了狄奥多西王朝、查士丁尼王朝、马其顿王朝、巴列奥洛格王朝等 14 个不同王朝，这里的每个王朝都经历了从稳定走向瓦解的政治溃败过程。[1]

自我瓦解型政治均衡的一个典型案例是中国西周的分封制。中国西周分封制稳定的维系，很大程度上依赖于天子对诸侯的赏赐行为。[2] 但问题是，天子对诸侯的赏赐越多——特别是土地及其之上的人口的赏赐越多，天子自身直属领地就越小，天子的实力就会被不断地削弱。相反，诸侯的实力却在增强。由此，天子与诸侯之间的相对实力就会发生变化，权力平衡一定会被破坏，最终走向自我瓦解。

其次是外部因素触发的政治均衡瓦解。这里的外部因素，既包括政治体系以外的经济、社会、技术因素，又包括一个政治共同体以外的国际因素，特别是军事竞争、入侵与战争等。从历史经验来看，触发政治均衡瓦解的最主要外部因素是三类：一是经济因素，比如新的经济模式的出现；二是技术因素，比如新技术的兴起，特别是跟战争有关的新技术的兴起；三是军事冲突与战争因素。所有这些外部因素都会改变主要政治行为者的资源与能力或相对实力，改变他们在内政上的博弈格局，进而促成政治均衡的瓦解与新生。

就经济因素来说，人类政治进化史的直观经验是，农业革命使

1 A. A. 瓦西列夫，《拜占庭帝国史：324—1453》，徐家玲译，商务印书馆，2019。
2 李峰，《西周的灭亡：中国早期国家的地理和政治危机》，徐峰译，上海古籍出版社，2007。

人类早期国家成为可能，而工业革命使民主的普遍兴起成为现实。无论是农业革命还是工业革命，及其附带的社会变迁，都从根本上再造了人类政治进化的经济社会情境。经济变迁引发社会变迁，进而引发政治均衡从平衡走向失衡，乃是人类政治进化的常见路径。就技术因素来说，马镫是使得游牧民族获得战争优势的一项重要技术进步，因为在马镫发明之前，骑手很难靠两腿夹紧马匹形成稳定的战斗力。重型火炮则是摧毁欧洲重装骑兵和城邦的军事优势的主要技术力量，从而提高了中世纪晚期欧洲君主的相对实力。按照美国政治学家本尼迪克特·安德森的观点，印刷术的发明与普及，以及随之而来的印刷资本主义的兴起，改变了欧洲民族国家和“想象的共同体”的政治演化。[1]就军事冲突与战争来说，英格兰立宪君主制的首次制度化，直接原因乃是英格兰约翰王对法战争的失败。中世纪后期欧洲大陆地缘政治军事竞争的加剧，又迫使欧洲大陆的有为君主们——比如法兰西国王和普鲁士国王——努力削弱贵族们的政治军事权力，努力发展新的纵向一体化的政治军事系统，从而彻底改变了原先封建主义政体下君主与贵族的势均力敌结构。没有做到这一点的波兰-立陶宛联邦则成了一个反面案例，最终走向了国家的崩溃。

总之，“永远不变的就是变化”。任何内外变化都有可能会促成现有政治均衡的瓦解。而旧的政治均衡瓦解的过程，新的政治均衡塑造的过程，就是人类政治进化史上的重大变革发生的过程。这里的分析大致上为理解人类政治进化提供了一个动态分析框架，后续章节对于人类具体政治进化过程的讨论将会运用这里的分析框架。

1　本尼迪克特·安德森，《想象的共同体：民族主义的起源与散布》，吴叡人译，上海人民出版社，2005。

第一部

霍布斯问题

第一章　从自然状态到利维坦

在没有一个共同权力使大家慑服的时候，人们便处在所谓的战争状态之下。这种战争是每一个人对每一个人的战争。……如果要建立这样一种能抵御外来侵略和制止互相侵害的共同权力，以便保障大家能通过自己的辛劳和土地的丰产为生并生活得很满意，那就只有一条道路——把大家所有权力和力量托付给某一个人或一个能够通过多数的意见把大家的意志转化为一个意志的多数人组成的集体。这也就是伟大的利维坦（国家）的诞生。

——托马斯·霍布斯

从人类个体到群体生活

人类早期国家的起源既是一个历史问题，又是一个逻辑问题。早期国家的起源，自然是人类演化到一定阶段的产物。一般认为，古代智人起源于非洲，发源于东非大峡谷地区。大约在 20 万年前，古代智人开始向非洲其他地区和欧亚大陆迁移，并逐渐扩散至全球的大部分地区。这一关于人类单一起源的假说，并不否认其他地区存在着后来进化为人的古猿群落和古人类。但是，除了非洲起源的古代智人以外，其他的类人种群或古人类后来基本都消失了。这样，今天的人类就都是起源于非洲大陆的古代智人的后代。这一假说得到了考古证据与基因证据的有力支持。20 世纪在东非发现的古人类骨骼化石，特别是祖母“露西”（Lucy）、“图尔卡纳男孩”（Turkana Boy），可追溯至 150 万到 100 万年前，是古代智人最早的化石。更重要的是，按照现代基因学，可以合理推断，如今全球绝大部分人口的基因均可以追溯至非洲。[1]

当然，学术界还存在着一种与此相反的观点，即人类起源的多起源说。多起源说认为，非洲是人类主要的发源地，而在一部分古代智人起源于非洲的同时，欧亚大陆的古代智人也处在平行演化的过程中。后来，不同的古代智人群落经过混居和杂交，逐步演化为今天的人类。因此，今天世界各地不同种族与族裔的人类是有着不

1　大卫·赖克，《人类起源的故事：我们是谁，我们从哪里来》，叶凯雄、胡正飞译，浙江人民出版社，2019。

同起源的多种古代智人的后代。该理论也有一定的考古证据与基因证据的支持。总的来说，目前生物学界的主流观点是人类起源于非洲的单一起源说，但也有学者支持多起源说。[1]

何谓人？需要与欲望、能力及资源

人类自起源以来就是以群体方式生活的。今天的人类普遍从小生活于家庭中，不仅从小跟父母或至少一方生活在一起，而且对父母的亲戚朋友圈子、社区的邻里圈子都相对熟悉。这一点可能对于古往今来的人类并无太大区别。一般来说，人类总是以群体方式生活和存在着的。但问题是，如果回到人类起源的远古时代，作为个体的人类必须要过群体生活，他们究竟会面临何种处境？人类究竟会过一种怎样的群体生活？

要想回答这个问题，首先要讨论人是什么，或"我们是谁"的问题。在生物学上，人是指智人，为灵长目、人科的一部分，由人猿或古猿演化而来，具有直立行走、大脑发达、语言能力发达、会使用工具等基本特征。这是生物学对人的界定，我们由此可以在生理上区别人与其他动物。但是，生物特征仅仅是人的部分属性，人同时还有非常重要的社会属性。正如上文提到的，人通常都以群体方式或群居方式来生活，所以，人同时是社会动物。古希腊哲学家亚里士多德就说："人究其本性而言乃是一个政治的动物。"亚里士多德继续说，人天然地就应该生活在城邦之中，凡任何不群居于某

1　哈佛大学生物学教授大卫·赖克在他的书中讨论了人类起源的单一起源说与多起源说，他总体上更支持单一起源说，即现代人类起源于非洲，但他同时认为，起源于非洲的古代智人跟其他古人类的混血融合也是人类演化的一个重要方面。参见：大卫·赖克，《人类起源的故事：我们是谁，我们从哪里来》，2019，第 23—27 页。

个城邦的人，不是神便是兽。[1] 2011 年，《社会动物》（*The Social Animal*）一书登上了《纽约时报》畅销书排行榜。作者戴维·布鲁克斯将一部非虚构性的心理自助作品命名为《社会动物》，恰恰是强调人的认知、心理和行为都脱离不了他所生活的社会背景。[2] 无论是亚里士多德意义上的政治动物，还是布鲁克斯意义上的社会动物，人都是以群居方式生活与生存的。因此，人既是生物属性上的人，也是社会属性上的人。这是人的基本特点。

正因为人首先是生物属性上的人，追求生存（survival）是人的基本需要。按照霍布斯的说法，自我保全或追求生存是自然界的第一法则。在绝大多数情况下，人人都以追求生存作为首要原则。[3] 特别是，当一个人由于某种原因处在较为凶险的环境中时，或者遭遇重大疾病时，他追求生存的本能往往就会得到充分激发。在这种情境中，努力求生存就成了首要的事情。这是人类个体的一种本能。人不仅有追求生存的本能，而且还有着各种各样的需要（need）和欲望（desire）。在幼年时期，人的需要和欲望往往是有限的。这就是为什么许多人都有着无忧无虑的童年。但随着人年龄的增加，各种各样的需要和欲望也不断地生长出来。这些需要和欲望还会随着一个人身份、角色、地位、收入、教育、认知、资源等条件的变化而改变。

按照马斯洛的需求层次理论，一个普通成年人的需要和欲望大体上可以分为五种层次，分别是：生理需要、安全需要、爱和归属

1　参见：亚里士多德，《政治学》，1997；亚里士多德，《尼各马可伦理学》，廖申白译注，商务印书馆，2003。

2　戴维·布鲁克斯，《社会动物：爱、性格和成就的潜在根源》，余引、严冬冬译，中信出版社，2012。

3　有人可能会说，严重的抑郁症患者可能不再以追求生存为目标。当这种病症很严重时，有人甚至想主动结束生命。但正是因为如此，医学上把抑郁症视为一种病态，是对人类正常生活状态的一种偏离。

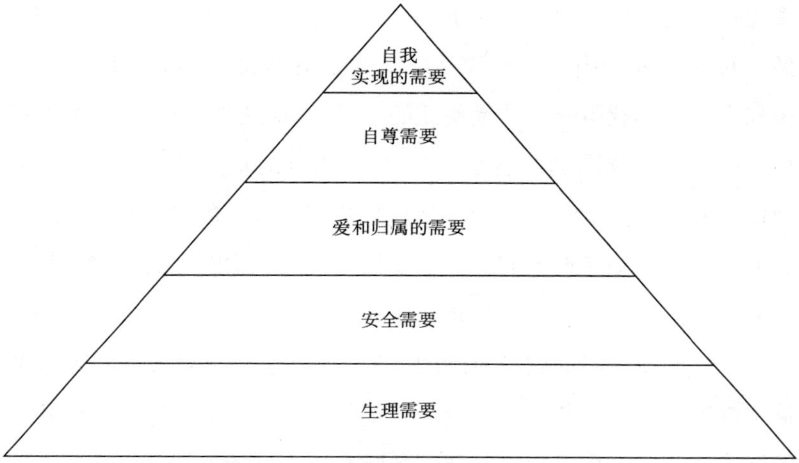

图 1.1　人性与马斯洛的需求层次理论

的需要、自尊需要与自我实现的需要，参见图 1.1。[1] 美国心理学家亚伯拉罕 · 马斯洛的这一需求层次理论目前被学术界视为分析人的需要和欲望、解释人的行为动机的主流理论，在心理学、管理学和社会科学领域有着广泛的运用。跟马斯洛相比，弗洛伊德则特别重视性的需要和欲望对人的意义，并把性视为人从事许多行为的根本动力。在《释梦》一书中，弗洛伊德认为，力比多（libido）或性欲必须释放出来，人才能得到快乐和防止痛苦。所以，它就要寻找一切可能的出口，而梦境也是人满足这种欲望的一种方式。[2] 尼采则强调生命就是权力意志，这里的权力意志并非是指追求政治权力的意志或意愿，而是一种自我或生命意志的表达、张扬与实现的过程。尼采说："只不过，凡有生命处，就有意志；但不是求生命的

1　亚伯拉罕 · 马斯洛，《动机与人格》，许金声译，中国人民大学出版社，2007，正文第 15—34 页。
2　弗洛伊德，《释梦》，孙名之译，商务印书馆，1996。

意志——我要如是教你——求权力的意志！”[1]在罗素看来，“在人的各种无限欲望中，主要的是权力欲与荣誉欲”。进一步说，“获得权力往往是获得荣誉的最便捷的途径”。他还把“对权力的爱好”称为“人类最强烈的动机之一”，而权力欲的根本乃在于“获取权力以支配人们生活”。[2]可见，不同思想家对于人的需要和欲望尽管有着不同的认知，但他们大体上都认为，人身上存在着各种各样的需要和欲望，并且是不太容易满足的。

跟人的需要和欲望相匹配的，是一个人实现或满足这些需要和欲望的能力。这种能力对每一个人都是非常重要的。人有各种各样的能力，甚至有很多能力是我们平时意识不到的。比如，人们平时并不会重视呼吸与进食这些基本行为，但能呼吸、能进食本身也是一种能力。一旦到了医院的重症监护室，不少年迈体弱者或重病患者就会出现这种基本能力缺失的状态。所以，人即便是要满足最基本的生理需要，也是离不开某些必要能力的。与此相比，满足其他复杂的需要和欲望所需的能力往往也要复杂得多。

如果把一个人放到原始森林里或孤岛之上，与世隔绝，他不再能够得到依靠市场机制或社会网络而能轻松获得的各种供给，亦没有任何其他人可以求助，对他来说首要的恐怕就是获取食物的能力。等解决了基本的食物问题，他还需要具备寻找或制造一个安全、干燥、温暖的住所的能力。如果是在冬天或是在高纬度地区，解决御寒问题的能力就会变得很关键。而一旦他能安稳地活下来，一般来说，他接下来要考虑的问题就是设法让别人发现他，或者能

---

1 尼采，《查拉图斯特拉如是说》，孙周兴译，上海人民出版社，2016，第 146 页。相关著作参见：尼采，《权力意志：1885—1889 年遗稿》，孙周兴译，商务印书馆，2007。

2 伯特兰·罗素，《罗素文集（第 5 卷）：权力论 权威与个人》，吴友三、储致用译，商务印书馆，2012，第 1—9 页。

找到一种能让自己重回群居生活的方法。在笛福所著的《鲁滨逊漂流记》中，鲁滨逊一旦解决了基本生存问题，他日思夜想的就是要设法重新回到正常的社会生活。这充分说明人不仅是生物属性上的人，更是社会属性上的人。

无论是出于本性，还是出于彼此合作带来的便利，人大体上还是要过群居生活的。而当人过上群居生活之后，他面临的社会情境也会发生重大变化。就能力而言，此时人的独立生存与生活的能力固然还是重要的，但跟其他人合作与共处的能力变得越来越重要。只要人类社会发展到了一定的阶段，只要人的群居生活发展到了一定的规模，人常常就需要组织起来。一旦人们开始组织起来，以组织方式来管理群体事务之后，有的人就会扮演大大小小的组织者角色，还有一些人则扮演这些重要组织者的助手角色，更多的人则会成为这些组织起来的群体的普通成员。在早期国家兴起之后，这里讨论的群体组织中的三种人，大致对应着早期国家的统治者、统治精英与普通民众。一旦身处一个较为正式的组织结构之中，人跟组织有关的能力就变得更重要了。对鲁滨逊来说，独立地觅食、独立地制造工具与衣物、独立地修筑住所的能力是最为重要的，但对于身处组织结构中的人来说，组织能力、沟通能力、与人合作的能力，就会上升为更重要的能力。这些不同维度上的能力，也对应着每个人不同的实现他们各自的需要和欲望的能力。

人能否实现或满足自身的需要与欲望，除了必要的能力之外，另一个重要因素就是每个人面临的资源条件的约束。而资源通常是有限的或稀缺的。这里的资源，既包括大家熟悉的经济资源，即物质财富，又包括非经济资源，比如权力与声望等。如果世界上的资源是无限的，人们的生活就不会面临那么多的困顿与烦恼了。根据经济学的理论，如果住房的供给是无限的，暂不考虑地段等因素，那么住房的价格就会趋向于零。但问题是，有价值的资源在供给上都不是无限的。当人们试图用有限的资源去满足自身无限的需要与欲望时，就面临着一个基本的结构性困境。这也是人类社会面临的一个基本约束。

为了维系基本生存，或者为了满足需要与欲望，人们必须要依赖于对资源的获取。当然，有些资源通常是非常容易获取的，比如空气和水源。要想获得基本生存所需的食物，在大多数情况下，其成本也是比较低廉的。但是，有些资源并不容易获取，或成本非常高昂，比如贵重金属。在任何人类群体中，往往只有少数人能够实现对大量贵重金属的占有。有些并不容易获取的资源甚至不是物质资源，比如权力或影响力。一般来说，在任何人类群体中，非常重大的权力或影响力往往只是为少数人所拥有，甚至是为极少数人所拥有。此外，像声望这样的资源，也是普通人很难获得的。所以，人类在此问题上始终面临着一个基本结构，即人的需要和欲望是无穷的，但资源通常是相对有限的，简而言之，即资源有限、欲望无穷。这就使得人类处在一种永久的紧张关系之中。如果人人都想取得更多的满足他们自身需要和欲望的资源，而资源又是有限的，人与人之间就会产生竞争，甚至产生冲突。

进一步说，人类的需要与欲望、能力、资源三者是互相推动的。人有需要与欲望，就需要通过能力的提升和资源的扩展去满足。反过来，当能力与资源水平提高以后，人又可能会产生新的需要与欲望。从人类进化的角度看，起初大部分人只是简单地追求基本生存。简单生存，通常只需要有基本的安全，同时有简单的食物、住所和衣物。但随着经济的发展和技术的进步，对许多人来说，简单生存不再是什么问题了。这样，人的其他需要与欲望就变得愈发突出。许多人就转向了满足基本生存之上的其他需要与欲望。这意味着，人的需要与欲望也是不断发展的。举例来说，20 世纪 80 年代的普通中国人是很少会有长途旅行或跨国旅行的需要与欲望的。但是，仅仅二三十年之后，以观光为目的的长途旅行或跨国旅行已成为许多中国人的常见生活方式之一。这是一个非常简单的例子，但足以证明人的需要与欲望是随着社会进步、个人能力与资源条件的改善而不断提高的。

过去，人们很难想象月球旅行这样的事情。2021 年 7 月，维珍银河（Virgin Galactic）公司推出了自己的太空旅行计划。估计在不久的将来，会有更多公司开拓这一领域的业务。这样，大规模的、商业化的月球旅行将来就会成为现实。随着人类空间技术的进步，人类在月球或外太空空间站建立人类生活基地的想法也会成为现实。在更远的将来，超越太阳系的星际旅行也并非不可能。从商业上讲，起初月球旅行或星际旅行必定是奢侈品，主要是全球富豪们才有可能玩得起的一个旅行游戏。但随着月球旅行或星际旅行人数增加所带来的规模经济效应，随着技术的不断进步，该项目的成本可能会快速下降。发达国家的中产阶级，甚至像中国这样新兴工业化国家的中产阶级，逐渐也能负担这种旅行的费用。也许用不了一两代人的时间，月球旅行或星际旅行就会成为中等收入者的实际需要与欲望。这个例子也说明，人的需要与欲望是在不断提高和扩展的。从逻辑上讲，人的需要与欲望推动着人类能力的提高与资源约束条件的突破，而随着人类能力的提高与资源约束条件的突破，人的需要与欲望又会进一步提高和扩展，参见图 1.2。

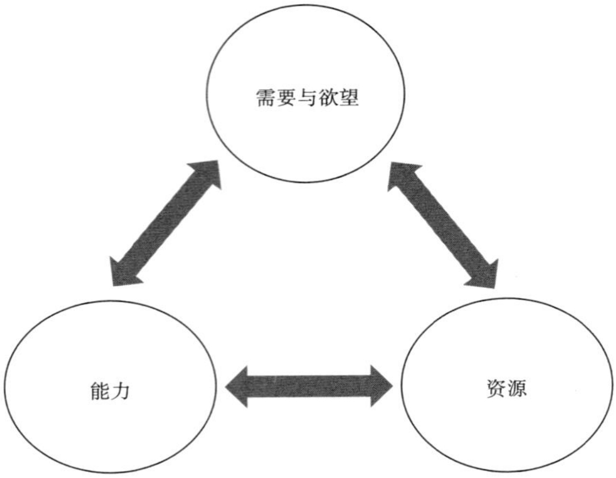

图 1.2　人类的需要与欲望、能力以及资源的互相推动

何谓人性？经济人假设

基于上述讨论，一个更本质的问题浮出了水面：到底什么是人性？或者说，人性究竟有着怎样的基本特征？第一种观点认为，人主要是生物人，或者说人不过是一个直立行走的动物而已。人的欲望、行为、观念，跟一个直立行走的动物并没有本质区别。英国动物学家德斯蒙德·莫利斯（Desmond Morris）于 1967 年所著的《裸猿》（*The Naked Ape*），就是从动物的视角考察和分析人类的诸种行为的。他认为，“人并不是从天而降的天使，而是由地而生的猿”，是一种全身没有覆盖毛发的猿类，因而命名为“裸猿”。从演化论来看，今天的人类并未脱离其动物本能，甚至在许多方面并不比其他动物更为高明。特别是，“裸猿”跟性、生殖、抚养幼儿的有关行为，往往直接继承自其古老的猿类祖先。[1]

1　德斯蒙德·莫利斯，《裸猿》，何道宽译，复旦大学出版社，2010。

第二种观点认为，人主要还是社会人。这种观点认为，人是其社会网络塑造的产物。人的思想、情感、观念、关系、人格与规则意识等，都得自他从小生活其中的社会网络。简单观察即可发现，四五岁幼儿园小朋友的许多观念，不是来自家庭的塑造，就是来自幼儿园的塑造。孩子一出生，父母就有可能在家庭中给他灌输特定的观念。当这个孩子上幼儿园以后，老师们就会向他传播特定的观念。比如，守秩序的观念，明显就是后天塑造的，特别是上幼儿园之后塑造的。再比如，尊重他人的观念也是后天塑造的，这种观念的起点可能只是父母或老师教育孩子不要抢别的小朋友的玩具。又比如，如今中国幼儿园和小学的交通规则意识教育都很强，甚至媒体报道过小朋友阻止家长闯红灯的案例。所有这些，其实都是后天教化的产物。以小见大，只要观察这个社会，就会发现，绝大多数人的许多行为并非是生物意义上的，而是社会意义上的。实际上，人们今天的许多观念、行为模式与人格心理都是经由后天的社会化过程塑造的。[1]

第三种观点认为，人不同于动物的地方在于人的道德人特征。跟动物相比，人的特殊性就在于道德与良知的觉醒。中学生写作文经常说"要成为一个大写的人"。什么叫作"成为一个大写的人"呢？无非就是要做一个有德行、有良知的人。就此而言，只有完成了从本能到德行的跨越，才算真正完成从动物到"万物之灵"的提升。实际上，从人类文明缘起开始，全球范围最具代表性的主流观念体系与宗教都强调人的善意、良知、德行以及对同类的爱的重要性。一个重要例证就是，人类不同区域的古代主流观念体系与宗教

1　关于人的社会化（socialization）的文献，参见：John A. Clausen, ed., *Socialization and Society*, Boston: Little Brown and Company, 1968.

都在不同程度上主张“黄金法则”（the Golden Rule）。[1]基督教的《圣经》认为：“你们愿意人怎样待你们，你们也要怎样待人。”儒家经典《论语》则强调：“己所不欲，勿施于人。”印度教和佛教亦有类似的教义，它们分别主张“绝不应该把自己不愿意受到的对待施加于他人”（印度教《摩诃婆罗多》）以及“不要以自觉受伤的方式去对待别人”（佛教《自说经》）。

上述关于基本人性的讨论，亦即生物人、社会人、道德人等诸种假设，均有其特定的价值，它们都从某个侧面为理解人性的复杂性提供了有益的视角。而目前国际主流社会科学界一种更主流的人性假设，是经济人假设或理性人假设。这里所说的假设，英文是 assumption，亦可译为预设。当英美大学的教授们讲课时说“I assume”，意思是我先“预设”某些条件。这里的预设，并非是指真理，而只是一种先入为主的假设或预设。这种预设在事实上既可能为真，又可能为假。但这里的重点是，一旦接受这些预设之后，要看接下来可以推导出什么样的结论。

那么，什么是经济人（economic man 或 homo economicus）假设呢？一般认为，这个假设一直可以追溯到英国经济学家亚当·斯密。他在《国富论》中有这样两段著名的话：

> 我们每天所需的食料和饮料，不是出自屠户、酿酒家或烙面师的恩惠，而是出于他们自利的打算。我们不说唤起他们利他心的话，而说唤起他们利己心的话。我们不说自己有需要，而说对他们有利。[2]

1　Jacob Neusner and Bruce D. Chilton, *The Golden Rule: The Ethics of Reciprocity in World Religions*, London: Continuum, 2009.

2　亚当·斯密，《国民财富的性质和原因的研究》（上卷），郭大力、王亚南译，商务印书馆，1983，第 14 页。

> 确实，他通常既不打算促进公共的利益，也不知道他自己是在什么程度上促进那种利益。……他受着一只看不见的手的指导，去尽力达到一个并非他本意要达到的目的。……他追求自己的利益，往往使他能比在真正出于本意的情况下更有效地促进社会的利益。[1]

斯密这两段著名的话，前者强调自利动机乃是人类行为的基本驱动力，后者强调当人的自利动机被激发出来以后，可以靠着“一只看不见的手”——亦即市场机制——的协调，促进整体社会福利的改善。尽管斯密并没有在主观目的上过多讨论这种自利动机的好与坏，但在客观结果上，他强调的，乃是个人的自利动机对于社会整体福利的改善效应。需要指出的是，斯密从来没有将自利与损人画等号。即便是在被认为观点差异很大的《道德情操论》一书中，斯密也毫不隐讳地认为:“毫无疑问，每个人生来首先和主要关心自己。”[2] 他既不否认伦理道德的重要性，亦不否认人的自利特征。总体上，斯密的这两段著名言论，既主张人是经济人，又强调了市场机制的积极作用。

尽管斯密被国际学术界公认为经济人假设的理论鼻祖，但实际上，韩非早在2000多年前的战国时期就提出了中国版的经济人假设。公允地说，韩非才是经济人假设的理论鼻祖。他这样说:

> 医善吮人之伤，含人之血，非骨肉之亲也，利所加

1　亚当·斯密,《国民财富的性质和原因的研究》(下卷)，郭大力、王亚南译，商务印书馆，1983，第27页。

2　亚当·斯密,《斯密全集(第1卷)：道德情操论》，蒋自强等译，商务印书馆，2014，第102页。

> 也。故舆人成舆，则欲人之富贵；匠人成棺，则欲人之夭死也。……人不贵，则舆不售;人不死，则棺不买。情非憎人也，利在人之死也。[1]

在这不到一百字的篇幅中，韩非非常简略地论述了经济人假设——医生出于自利的考虑而“吮人之伤，含人之血”，制造马车的工匠出于自利的考虑而“欲人之富贵”，制造棺木的工匠出于自利的考虑而“欲人之夭死”。尽管篇幅不长，但韩非的核心观点跟亚当·斯密在《国富论》中阐述的观点是一致的。

如今，许多经济学家和社会科学家一般认为经济人假设包括三个基本特征：第一，人是自利的（self-interested）。正如斯密所说：“每个人生来首先和主要关心自己。”第二，人是理性的（rational）。这意味着人能获得必要的信息，来对不同事物的价值高低与优劣进行理性计算和比较鉴别。第三，人是追求效用最大化的（utility maximization）。这意味着人的行为动机是追求自我满足的最大化。而这里的效用，是指人从自己行为中获得的满足感，它常常是主观的和因人而异的。

实际上，今天的许多公司管理或组织管理原则就是基于经济人假设。比如，公司的奖惩制度就是基于经济人假设。给销售人员制定销售提成的奖励制度，目的是推动公司业务的增长。做得好，给予奖励；做得不好，给予惩罚，这是公司管理中激励制度的基本原则。这套激励制度的基础乃是经济人假设。这是许多现代组织管理的通用法则。

如今，不仅公司与市场部门的管理原则深受经济人假设的影

1　韩非，《韩非子》，2010，第161页。

响，而且政府与公共部门的管理也很难摆脱经济人假设。美国政治学家、经济学家安东尼·唐斯（Anthony Downs）在《民主的经济理论》一书中开创性地把现代民主政体下的政治运作视为一种“政治市场”的模型，政治家通过提供选民需要的政策来换取选票，而选民则通过投票来获取符合自己偏好的政策。[1]公共选择学派则运用经济人假设来广泛地分析政治领域的行为与现象，包括从竞选策略到财政赤字、从政治经济周期到政治联盟在内的诸多议题。[2]按照周黎安教授的观点，在过去几十年里，中国的地方官员晋升激励和不同区域经济发展之间呈现出显著的相关性。其核心观点是，中央政府根据地方 GDP 的增长率和其他发展指标来衡量官员的政绩，并根据这种政绩来决定地方干部的晋升，这种官员晋升激励制度是推动中国经济增长的关键因素。[3]

经济人假设面临的一个严峻挑战是，既然人是自利的，如何解释人与人的合作行为以及人的德行或美德呢？英国科普作家马特·里德利（Matt Ridley）的研究恰恰为此提供了一个有趣的视角。在 1997 年出版的《美德的起源：人类本能与协作的进化》中，里德利用经济人假设解释了美德在人类社会是如何起源的。在他看来，经济人假设并不一定导致人和人之间互相“拆台”的行为，反而有可能促成人和人之间互相合作的行为。美德其实就是人和人之间基于自利的目的进行反复博弈并经过长期演化过程的产物，是人类合作机制不断进化的结果。换言之，美德乃是自利的个体经由长期博弈，发展出了一套有利于人类个体之间彼此合作的行为

1 安东尼·唐斯，《民主的经济理论》，姚洋等译，上海人民出版社，2005。
2 丹尼斯·缪勒，《公共选择理论》（第二版），韩旭、杨春学等译，中国社会科学出版社，2002。
3 周黎安，《转型中的地方政府：官员激励与治理》（第二版），格致出版社，2017。

与惯例。[1]

密歇根大学政治学教授罗伯特·艾克斯罗德（Robert Axelrod）从事的一项计算机模拟的博弈论研究发现，最佳获胜策略是，行为者首先选择信任他人，即从事互为有利的合作行为，然后当自身遭到另一个行为者的背信行为时，即采取对等的“一报还一报”（Tit for Tat）策略。这个实验意味着，在长期博弈中，鼓励彼此合作的行为最有可能胜出。这就解释了人类合作行为的产生与演化。[2]举例来说，许多大学毕业生在一家公司工作几年之后，想要换一份新工作。此时，有一个因素对他就特别重要，即他在第一个机构工作时所积累的声誉和口碑。许多经验丰富的人力资源总监都看重求职者的两个品质：一是做事能力怎样，二是做人是否靠谱。而无论做事能力高低，还是做人靠谱与否，都涉及他在第一个机构与人合作的行为。所以，那些更有合作导向的人实际上会获得更好的职业发展空间。这种模式其实鼓励的就是人与人之间的合作行为，或者说就是人的美德。

跟亚当·斯密同时代的英国哲学家大卫·休谟在人性问题上持有跟《国富论》相类似的观点。在《人性论》一书中，他这样说：“没有东西比一个人的权力和财富更容易使我们对他尊视；也没有东西比他的贫贱更容易引起我们对他的鄙视。”[3]不是说人人生而平等吗？为什么权力和财富可以把人分为三六九等呢？背后的力量，还是某种基本的人性在起作用。所以，休谟眼中的社会，构成真实鄙视链的不是知识与德行，而是权力与财富。英国哲学家边沁则认

1 马特·里德利，《美德的起源：人类本能与协作的进化》，吴礼敬译，机械工业出版社，2015。

2 罗伯特·艾克斯罗德，《合作的进化》，2007。

3 休谟，《人性论》（上册），第 394 页。

为:“上天使人类被二种最高威权所控制，就是：快乐与痛苦。此二威权，能指示人什么是应该做的，决定什么是人将要做的。”[1]按照边沁的观点，人就是趋利避害的动物。凡是人，皆追求快乐，逃避痛苦。司马迁在《史记·货殖列传》中也对人性做了明确的基本判断。他说:“天下熙熙，皆为利来；天下攘攘，皆为利往。”实际上，这是最早的基于经济人假设所做的对于宏观社会现象的论断。司马迁还认为，如何脱离贫困，如何实现致富，是许多人的基本诉求。司马迁认为:“夫千乘之王，万家之侯，百室之君，尚犹患贫，而况匹夫编户之民乎。”[2]所有这些讨论，大体上都跟经济人假设的主张大同小异。

当然，学术界一直以来对经济人假设就有许多批评。这些批评从社会人、道德人甚至宗教人的假设出发，质疑经济人假设的可靠性以及作为一个理论工具的价值。这些批评的背后，大体上是各家各派对于人性基本面的不同认知或预设。实际上，这种争论古已有之。以中国为例，在韩非主张性恶论——需要说明的是，经济人假设不同于性恶论，性恶论要比经济人假设走得更远——的同时，孟子就主张性善论。他在书中这样讨论人性:

> 人皆有不忍人之心。先王有不忍人之心，斯有不忍人之政矣。以不忍人之心，行不忍人之政，治天下可运之掌上。所以谓人皆有不忍人之心者，今人乍见孺子将入于井，皆有怵惕恻隐之心。非所以内交于孺子之父母也，非所以要誉于乡党朋友也，非恶其声而然也。由是观之，无恻隐之心，非

1 边沁,《道德与立法原理导论》, 2005。

2 司马迁,《史记(第四册)·卷一百二十九·货殖列传》(中华国学文库), 裴骃集解，司马贞索隐，张守义正义，中华书局，2011，第2819—2844页。

> 人也；无羞恶之心，非人也；无辞让之心，非人也；无是非之心，非人也。恻隐之心，仁之端也；羞恶之心，义之端也；辞让之心，礼之端也；是非之心，智之端也。人之有是四端也，犹其有四体也。[1]

孟子认为，人本身就有恻隐之心、羞恶之心、辞让之心、是非之心。这就是他的性善论观点。按照孟子的观点，如果没有这四心，不要说君子，就是连人都算不上。至于孔孟主张的儒家人格，包括仁义礼智信、温良恭俭让等，可以被视为从应然角度不认同理性人或经济人假设，也是对人提出了较高的伦理道德要求。基于这种人性论假设，儒家眼中的理想政治，就可以如同孔子所说的那样："为政以德，譬如北辰，居其所而众星共之。"

进一步说，无论在历史上还是在现实生活中，都可以找出许多明显有悖于经济人假设的反例。其实，在主张经济人假设的社会科学家看来，这并不出乎意料。原因之一是，经济人假设或理性人假设中的效用，是主观的。比如，不能简单推定个人对物质利益的计算就超过其他价值。美国企业界耗费巨资竞选总统的案例有不少，原因就在于跟物质利益相比，他们更看重权力、影响力与声望，或者甚至可以说，他们看重一个服务美国人民的机会。原因之二是，在大部分社会科学家眼中，经济人假设或理性人假设还是概率意义上的。几乎不会有学者声称，经济人假设可以覆盖所有人的所有行为选择，但跟其他人性假设相比，经济人假设可以覆盖绝大部分人的绝大部分行为。这在学术上就是一个有用的理论工具。还需要强

1 这里所引《孟子》为朱熹编撰的《四书章句集注》版本。参见：朱熹撰，《四书章句集注》（中华国学文库），中华书局，2011，第220—221页。

调的是，这里讨论的人性观是一种假设或预设，而非一种真理。这种预设更像是一个理论工具，它在较大概率上接近于真实的人性，进而有助于洞悉人类社会的基本面与人类政治演化背后的逻辑。正是基于上述分析，笔者倾向于把经济人假设作为基本的人性观，将其视为分析人类政治演化的起点。这样的做法并不完美，但相比于其他人性假设，这是目前较为可行的做法。

欲望与资源稀缺性的张力

当这样的一个个个体组成群体、要过群居生活时，究竟会面临何种处境呢？这里的一个前提是，人类个体无法仅仅依靠自身就能实现独立生活与繁衍。男女两性的身体差异和生育分工，就决定了人只有两性结合才能繁衍后代。一旦两性结合并繁衍后代，家庭就自然而然地产生了。当一个家庭通过两三代甚至几代人的繁衍，达到较大规模时，它就接近于一个小型部落。除此以外，考虑到史前人类技术的不发达、自然环境的恶劣以及野兽出没作为一种常态，人类以群居方式生活可以大大提高个体与群体的生存概率。所以，群居生活也是人类社会自然选择的结果。

跟单个个体或核心家庭的生活相比，大规模的群体生活有着显著的差异。因为前者主要处理的是人与自然的关系，后者则同时需要处理人与人的关系。假设一个人处在“鲁滨逊状态”，他主要需要处理的是人与自然的关系。他要自己学会采集食物，学会捕鱼打猎，学会种植技术，还要学会修筑房屋和取暖御寒，等等。所有这些努力都是为了让自己在恶劣的自然环境下生存下去。而一旦大规模的群居生活产生，整个情形就会发生彻底的变化。人与自然的关系固然还很重要，但人与人关系的重要性则变得愈发突出了。在鲁滨逊状态下，人类个体的需要与欲望、能力、资源三者的关系跟其他人类个体并没有多大关系。但在群居状态下，人类的需要与欲望、能力、资源三者的关系跟人与人的关系有了关联，甚至变成了人与人之间的竞争。上文分析过，人不仅有着各种各样的需要与欲望，而且随着人类能力的提高和资源约束条件的突破，人类的需要与欲望是不断提升的。而人类的大部分需要与欲望都是需要依靠一定的外部资源条件才能满足的。当这些资源比较有限或具有稀缺性特征时，人与人之间马上就会面临一种竞争资源的关系。

这里讨论的资源，不仅是基本的物质资源，而且包括其他诸种资源。如今，对于许多发达国家甚至对于中国这样的新兴工业国家来说，粮食这种基本生存资源已经能得到较为普遍的充分供给。假设由一个中央粮食调配机构来供应一国公民每日、每月、每年所需的粮食，在资源上也不是什么难事。有人会争论，这恐怕不是一种好的粮食供给制度安排，当然如此，但这是另一个问题。这里强调的是，粮食作为一种基本食物在许多国家已经能够得到较为普遍的充分供给，而且其成本也是绝大部分人能够承受的。但是，其他的许多物质资源恐怕就不是这样的。即便是许多发达国家，要实现每个家庭都购置汽车的梦想，对低收入家庭来说就不一定能做到。况且还有许多人觉得需要一辆跟身份、职业、收入匹配得更好的汽车，那就更不一定能做到了。至于上好地段的高级住宅，即便对于发达国家的大部分人来说，也是难以企及的物质资源。

跟物质资源相比，人类社会的许多非物质资源可能更是稀缺，比如权力与声望。在政治领域，权力几乎永远是一种稀缺性资源。没有一个人类群体或组织，能够让大部分人都享有同等的或相似的权力。即便存在这种可能性，也总是有人希望获取更大的权力。在科学、文艺与体育界，名望与声誉都是非常重要的资源，也是非常稀缺的资源。一幅画作的拍卖价格，一场音乐会的出场费，很大程度上是由画家或音乐家的声望决定的。在这些领域，几乎人人都想获得更高的声誉。所以，人类社会始终面临着一定的资源约束条件。无论是物质资源还是非物质资源，跟人类的需要与欲望相比，始终存在着供给有限性或稀缺性问题。这就决定了人不断提升的需要与欲望跟资源稀缺性之间的永久紧张关系。这种紧张关系也决定了人类群居生活的基本结构。

国家起源的理论问题

基于上述逻辑分析，任何人类群体的群居生活都会面临某种结构性困境。个体常常处在需要和欲望、能力、资源的紧张关系之中，甚至完全有可能跟其他个体发生竞争乃至冲突。而一种合宜的群体生活至少要为身处其中的人们提供基本的安全、规则与秩序，并使得人与人的合作成为可能。如果不能做到这一点，人类的群居生活不仅不会带来个体福利的改善、使人们过上更好的生活，反而有可能带来难以想象的灾难。国家的兴起，恰恰是回应了人类社会的这种基本需要。

在人类早期国家于公元前 3500—公元前 3000 年首先出现在两河流域和尼罗河谷后，国家这种统治形式扩散到了中东的其他地区、印度和东亚的黄河流域，并逐渐向更为广阔的人类活动区域散布。到了德国哲学家卡尔·雅斯贝尔斯定义的“轴心时代”[1]，即约

1　卡尔·雅斯贝尔斯，《论历史的起源与目标》，李雪涛译，华东师范大学出版社，2018，第 8—9 页。

公元前 800 年到约公元前 200 年，国家已经在人类社会发展过程中获得支配性的地位。那么，为什么人类的群居生活都演化出了国家这种普遍的统治形式呢？换言之，为什么国家是必需的？本书开头部分曾经对此进行过简略的讨论，本章则试图做一个全面系统的分析。

关于国家的起源，国内外学术界早已提供了许多重要的理论解释。过去，较具代表性的理论解释，分别强调国家源于“自愿的社会契约”“水利工程”“密集人口”“暴力与强迫”“地理界限与其他环境因素”“魅力型权威”等。其中，像洛克、卢梭等人主张的社会契约论、魏特夫提出的治水论、韦伯所强调的卡里斯玛型权威等，都是较具影响力的理论。[1] 在马克思主义的理论框架中，国家则被视为阶级斗争的历史产物。[2] 另一项较晚近的研究认为，任何群体生活都需要权威，而国家主要起源于权威的制度化。[3] 弗朗西斯 · 福山则强调，国家的原初起源跟亲缘关系与部落的扩展有关，其基本动力包括亲缘互惠机制和寻求他人认可等。[4] 在诸种理论中，本书更认同的乃是国家起源的冲突理论。

国家冲突起源论

国家冲突起源理论的主要提出者是英国哲学家托马斯 · 霍布斯，他在 1651 年出版的《利维坦》（*Leviathan*）中，基于一套高度

1　关于国家形成的理论综述，参见：弗朗西斯 · 福山，《政治秩序的起源：从前人类时代到法国大革命》，2014，第 78—86 页。

2　弗里德里希 · 恩格斯，《家庭、私有制和国家的起源》，中共中央马克思恩格斯列宁斯大林著作编译局译，人民出版社，2018。

3　埃尔曼 · 塞维斯，《国家与文明的起源：文化演进的过程》，2019。

4　弗朗西斯 · 福山，《政治秩序的起源：从前人类时代到法国大革命》，2014，第 54—62 页。

抽象的演绎方法，分析了人类在自然状态下面临的困境，并由此推导出国家的必要性。霍布斯对此问题的分析，是从国家兴起之前的自然状态开始的。在他看来，对任何个体来说，自我保全或谋求生存乃是自然界的第一法则。这其实是一种未曾言明的理性人假设。人人都试图自我保全，人人都有需要和欲望，但资源又很有限，在国家尚未兴起的自然状态下，在安全、法律和秩序缺失的状态下，人与人之间就会产生对有限资源的激烈竞争，甚至是残酷斗争或互相作战。

霍布斯说："任何两个人如果想取得同一东西而又不能同时享用时，彼此会成为仇敌。"尽管"他们的目的主要是自我保全"，但由于不能确定其他人是否具有善意，一种可能的均衡是许多人都会选择"力图摧毁或征服对方"的策略。在互信缺失、猜疑盛行的情境下，"自保之道最合理的就是先发制人，也就是用武力或机诈来控制一切他所能控制的人"。其中的逻辑，似乎不难理解。然而，当许多人都选择这样做的时候，人与人的敌对状态、冲突乃至战争就几乎无可避免。

霍布斯敏锐地判断，在这种自然状态下，"在没有权力可以使大家全都慑服的地方，人们相处时就不会有快乐存在；相反地，他们还会有很大的忧伤"。一种可能预料的结果是，"在这种状况下，产业是无法存在的，因为其成果是不稳定的"。这一点并不需要复杂的论证，几乎是不言自明的。在自然状态下，由于没有国家或政府来提供对财产与财产权的保护，人们的劳作与所得之间就无法建立起稳定的关系。不仅如此，因为人与人之间时时都会发生冲突，"最糟糕的是人们不断处于暴力死亡的恐惧和危险中，人的生活孤独、贫困、卑污、残忍而短寿"。在这种情形下，霍布斯认为就不会存在法律，甚至会导致人与人的战争状态。他这样说：

> 还会产生一种结果，那便是不可能有任何事情是不公道的。是和非以及公正不公正的观念在这儿都不能存在。没有共同权力的地方，就没有法律，而没有法律的地方就无所谓不公正。
>
> 在没有一个共同权力使大家慑服的时候，人们便处在所谓的战争状态之下。这种战争是每一个人对每一个人的战争（war of everyone against everyone）。

既然自然状态会导致每个人与每个人的战争状态，那么人类又该怎么办呢？霍布斯认为，唯一的出路就是国家，即人类需要完成“制造利维坦”的政治任务。他认为：

> 如果要建立这样一种能抵御外来侵略和制止互相侵害的共同权力，以便保障大家能通过自己的辛劳和土地的丰产为生并生活得很满意，那就只有一条道路——把大家所有权力和力量托付给某一个人或一个能够通过多数的意见把大家的意志转化为一个意志的多数人组成的集体。这也就是伟大的利维坦（国家）的诞生。

利维坦的英文是 Leviathan，原意是犹太教圣经中的一种海中巨兽。霍布斯用“利维坦”这个词来比喻国家的力量要无比强大，其力量或掌控的暴力资源要强过其他所有社会主体掌控的暴力资源。而这个利维坦的基本任务就是要为社会提供基本的安全、法律与秩序，使人们免受“人与人的战争状态”之苦。[1]

1　霍布斯关于这些问题的讨论，散布在《利维坦》的第 13—18 章，参见：霍布斯，《利维坦》，1985。

在《利维坦》中，霍布斯并没有像后来的亚当·斯密那样提出明确的人性假设，但他基本上秉承了个人主义方法论。全书采用的是演绎方法，但后续的各种逻辑推导，都是立足于对个体的基本诉求和利害得失的分析。正如上一节所分析的，作为人类个体，人人都要追求生存或自我保全，人人都有需要与欲望，但人类又始终面临着资源条件的约束。在自然状态下，没有国家、政府与法律，就会出现人与人之间相互竞争资源与生存机会所导致的无序状态。霍布斯基于逻辑推导，指出这种无序状态的终点是“每一个人对每一个人的战争状态”。这构成了霍布斯的招牌观点，也是霍布斯国家起源理论的核心逻辑链条。

正是由于借助抽象的演绎办法充分论证了国家的起源及其必要性，霍布斯在思想史上具有举足轻重的地位。当然，真实的人类历史过程从来没有出现过一个时期，即严格意义上的“每一个人对每一个人的战争状态”——即便是在内乱或内战时期。所以，这种状态，其实只是霍布斯把他的逻辑分析推导到极致的一种可能结果。这种论证恰恰体现了霍布斯国家理论的透彻性。关于国家的冲突起源论或战争起源论，霍布斯是思想史上最具代表性的思想家，然而，他并非这一理论的首创者。中国古代就有几位思想家曾以类似的理论视角论述过国家起源问题。在春秋战国时期，思想家墨子在《墨子·尚同》中有这样的论述：

古者民始生，未有刑政之时，盖其语，人异义。是以一人则一义，二人则二义，十人则十义，其人兹众，其所谓义者亦兹众。是以人是其义，以非人之义，故交相非也。是以内者父子兄弟作怨恶，离散不能相和合。天下之百姓，皆以水火毒药相亏害，至有余力不能以相劳，腐死余财不以相分，隐匿良道不以相教，天下之乱，若禽兽然。

夫明虖天下之所以乱者，生于无政长。是故选天下之贤可者，立以为天子。天子立，以其力为未足，又选择天下之贤可者，置立之以为三公。天子三公既以立，以天下为博大，远国异土之民，是非利害之辩，不可一二而明知，故画分万国，立诸侯国君。诸侯国君既已立，以其力为未足，又选择其国之贤可者，置立之以为正长。[1]

墨子论述的基本道理是，如果“未有刑政之时”，亦即没有国家，没有君主，由于各人意见不一，利益不同，最后容易导致“天下之乱，若禽兽然”。那么，该怎么办呢？墨子认为，解决方案就是立天子、置三公，立诸侯、置正长，亦即创建国家与政府。实际上，墨子论述的从乱世到国家的兴起，跟霍布斯论述的从人与人的战争状态到国家的兴起，在逻辑上是很相似的。遗憾的是，墨子并没有发展出一整套关于国家或国家起源的系统理论。

在唐朝，思想家柳宗元也论述过国家起源问题。他这样写道：

唯人之初，总总而生，林林而群。雪霜风雨雷雹暴其外，于是乃知架巢空穴，挽草木，取皮革；饥渴牝牡之欲驱其内，于是乃知噬禽兽，咀果谷，合偶而居。交焉而争，睽焉而斗。

力大者搏，齿利者啮，爪刚者决，群众者轧，兵良者杀。披披藉藉，草野涂血。

然后强有力者出而治之，往往为曹于险阻，用号令起，

1　墨子，《墨子》，2011，第 84—86 页。

而君臣什伍之法立。[1]

在柳宗元看来，起初是自然状态，各人有各人的欲望，结果就导致了“交焉而争，睽焉而斗”，进而引发暴力冲突。在自然状态下，人们只能依据丛林法则进行角逐与判定胜负，即“力大者搏，齿利者啮，爪刚者决，群众者轧，兵良者杀”。实际上，这就是一种人与人的战争状态。那么，该如何解决这种战争状态呢？柳宗元说，这就需要强有力的人出来统治，即“强有力者出而治之”，然后是“君臣什伍之法立”，才解决了这个问题。他这里论述的道理，跟霍布斯国家冲突起源或战争起源理论也是类似的逻辑。当然，跟霍布斯的系统理论相比，柳宗元的简短文字仅仅是点到为止，并没有进行逻辑严密、条分缕析的系统论述。

在《家庭、私有制和国家的起源》中，德国思想家弗里德里希·恩格斯尽管更注重阶级政治的因素，但他同样主张某种国家的冲突起源理论。他这样说：

确切说，国家是社会在一定发展阶段上的产物；国家是承认：这个社会陷入了不可解决的自我矛盾，分裂为不可调和的对立面而又无力摆脱这些对立面。而为了使这些对立面，这些经济利益互相冲突的阶级，不致在无谓的斗争中把自己和社会消灭，就需要有一种表面上凌驾于社会之上的力量，这种力量应当缓和冲突，把冲突保持在“秩序”的范围以内；这种从社会中产生但又自居于社会之上并且日益同社

1 柳宗元撰，《柳宗元集校注（第一册）· 卷第一 · 雅诗歌曲 · 贞符》，2013，第 77 页。

会相异化的力量，就是国家。[1]

基于上述讨论，一个显而易见的发现是：凡是有人类群居的地方，就必须被统治。而国家就是群居生活的统治机构，这也可以被视为国家为何兴起的基本理论解释。就此而言，国家的基本功能是为社会提供基本的安全、法律与秩序。尽管自 19、20 世纪以来，人类已经赋予了现代国家非常宽泛的职能，但国家特有的不同于人类其他组织的基本功能，仍然是为社会提供基本的安全、法律与秩序。

国家悖论说

政治学上最常用的国家概念，既非领土意义上的国家或国度（country），亦非人口族群意义上的国家或民族（nation），而是统治机构意义上的国家（state）。本书开头部分曾经提及，按照德国社会学家马克斯 · 韦伯的经典定义，国家乃是“一个在特定疆域内成功地宣称拥有合法行使暴力的垄断权的人类共同体”。[2] 韦伯界定的国家包括了几个关键要素：第一，国家是一个特定疆域内的人类共同体；第二，国家行使暴力；第三，国家是一个声称合法垄断暴力的机构。后来，学术界将韦伯的国家定义简化为“国家是一个合法垄断暴力的统治机构或政治组织”。

迈克尔 · 曼也赞同韦伯的这种国家观，他的国家定义包括了四个基本特征：

---

1 弗里德里希 · 恩格斯，《家庭、私有制和国家的起源》，2018，第 189 页。
2 马克斯 · 韦伯，《学术与政治》，2003，第 51 页。

> 第一，国家是一组分工合作的制度和人员；第二，具有向心性，即与中心有双向交流的政治关系；第三，具有明确的地域；第四，借助某种有组织的暴力，行使某种程度的权威，确保令行禁止。[1]

综合来看，曼认为，现代国家是一种具有明确地域的强制性组织。该定义跟韦伯对国家的定义是非常相似的。

如果回顾霍布斯关于国家起源的学说，即从人与人的战争状态到国家的起源，就会发现，韦伯与曼关于国家的定义跟霍布斯的理论是内在契合的。假如一个社会真的处于“每一个人与每一个人的战争状态”，那么有什么力量或方式能终止这种战争状态呢？如果说战争本身意味着暴力，那么，终止战争的唯一办法，就是有人拥有更大的暴力。唯有当国家成为一个不仅拥有巨大的暴力资源甚至能垄断暴力的政治组织时，它才有条件终止可能的战争状态。

当然，这个国家形成逻辑本身包含着一个重要的悖论，即国家的起源乃是为了保卫一个社会的和平——终止人与人的战争状态，并提供基本的安全、法律与秩序，但为了保卫和平，国家本身却必须拥有巨大的暴力资源，甚至是垄断性的暴力资源。在这一悖论之中所隐藏着的风险是，如果国家拥有的巨大暴力资源不是用于保卫社会和平的初衷，而是用于其他目的时，就会偏离国家本来应有的基本政治功能。本书将这种现象称为“国家悖论”（paradox of state）。这一国家悖论之中也埋藏着理解人类政治演化的密码。实际上，后续人类政治演化的许多关键问题都是围绕这个国家悖论展开的。

1　迈克尔·曼，《杜会权力的来源（第二卷）：阶级和民族国家的兴起（1760—1914）》（上册），2007，第 64—65 页。

早期国家兴起的社会条件

国家既不是在人类诞生的时刻就出现的，亦非在不同区域同时兴起的。如前所述，古代智人大致上于 40 万到 25 万年前就出现了，但有考古证据或文字记载的国家历史仅有数千年。按照历史学家的研究，公元前 3500 年左右两河流域出现了苏美尔文明和早期的苏美尔国家，公元前 3200 年到公元前 3000 年左右尼罗河流域出现了古代埃及王朝。按照可信考古证据，它们就是最早的人类早期国家。[1] 在古代印度，公元前 2300—前 1750 年在印度河流域文明兴起了哈拉帕文化。该文明因遗址在西旁遮普邦的哈拉帕而得名，遗址出土了大量金石印章及刻画数百个字符的图形。尽管考古证据和史料非常有限，但该文明被视为印度早期国家的起源。到了更晚近的公元前 1500 年至前 500 年的印度吠陀文化时期，敌对部落之间的战争成为常态，不少于 20 个早期国家在印度兴起。在古代中国，商朝于约公元前 1600 年在黄河流域兴起。尽管中国有更早的二里头文化和石峁遗址等，但既有考古证据又有文字记载的历史目前还只能追溯至商朝。这也是目前可信的中国早期国家的起源。

那么，国家革命为什么只是首先在少数地方出现呢？这既是一个理论问题，又是一个历史问题。因为理解这个问题既关系到人类早期国家兴起的基本逻辑，即到底是何种逻辑或何种条件支持了人类早期国家的起源，也需要深入到人类早期国家兴起的历史过程中进行考察。这就需要借助历史学家已有的很多重要研究。而一种可信的分析就要把理论逻辑和历史过程结合起来。

---

1 I. E.S. 爱德华兹等，《剑桥古代史（第一卷第二分册）：中东地区早期历史》，刘健译，中国社会科学出版社，2020。

上文已经论述，国家是一个合法垄断暴力的统治机构。既然国家是一个统治机构，它必须要控制一定规模的武力系统。在古代社会，没有军队，就不会有国家。倘若没有军队，统治机构是无法建立起来的。即便统治机构建立起来了，也无法维持，因为它不是被别国用武力征服，就是被内部叛乱推翻。所以，国家必须要供养一定规模的军队。但对任何国家来说，供养军队都是一笔不菲的开支。为了供养军队，国家就需要维持一个有效的税收系统。固然，历史上有少数国家是靠掠夺来维持一支军队的，比如蒙古帝国一度就是这样做的。但这种做法是不可持续的。正如古罗马历史学家塔西佗所说："没有军队，就没有和平；没有军饷，就没有军队；没有税收，就没有军饷。"为了征税，国家还需要建立一个官僚系统。当然，国内维持基本治安与社会秩序、执行法律等，同样需要这样一个官僚系统。所以，一个官僚系统或权威系统，就是一个国家的标配。如果是一个较大规模的国家，它只有依靠一套覆盖全国的官僚系统，才能建立起覆盖全国的纵向一体化的统治体系。这都说明，即便是人类早期国家，也需要一套相当规模的统治机构来支撑。武力系统、税收系统与官僚系统，都是国家必不可少的组成要素。[1]

因此，即便是一个规模较小的人类早期社会，一个统治机构也至少需要拥有一支相当规模的军队，再加上一个相当规模的官僚系统。考虑到不同政治体之间的竞争，小规模的统治机构往往只意味着小规模的军队，就更有可能被控制大规模军队的统治机构征服。这样一来，统治机构还有不断扩大规模的自然趋势，直到它遭遇重大阻力为止。因此，人类早期国家的统治机构可能要比理论上可行

1　Charles Tilly, *Coercion, Capital, and European States, AD 990-1992*, 1990.

的最小规模的统治机构大得多。尽管考古证据与史料非常有限，但关于两河流域、尼罗河流域、印度河流域与黄河流域的研究都发现，当人类早期国家发展到比较成熟的阶段时，都需要维持一个相当规模的统治机构，其拥有的军队和官僚系统都会达到比较大的规模，其征用的从事公共工程的劳动力也会达到比较大的规模。

一个相当规模的统治结构能够得以存在，前提是该社会能提供足够的剩余产品来供养这样一个统治机构。在古代，由于经济和技术水平低下，前工业时代的人们普遍地在生存边缘上挣扎。只有当社会成员的产出高于他们需要消耗的基本必需品时，社会剩余才出现。随着一个社会的经济和技术水平的提高，它所能提供的剩余产品的比例就越高。除了剩余产品的比例，另一个重要变量就是一个社会的人口规模。在同等经济与技术水平条件下，一个社会的人口规模越大，它相对来说能供养的统治机构的规模也就越大。即便一个社会能够提供适当的剩余产品，如果没有足够的人口规模，它仍然无力供养一个规模较大的统治机构。显而易见，一个剩余产品比率为 20%、人口总量为 100 万人的社会，要比一个剩余产品比率仅为 5%、人口总量仅为 30 万的社会，能够供养更大规模的统治机构。所以，一个早期人类社会的剩余产品率和人口规模大体上决定它能供应的统治机构的规模。可见，规模庞大的剩余产品的出现，是人类早期国家兴起的前提条件。[1]

当然，大规模剩余产品的出现仅仅是人类早期国家兴起的必要条件，而非充分条件。它使得早期国家起源在物质条件上成为可能，但早期国家是否兴起以及在哪里兴起，恐怕还取决于其他关键因素。

1 恩格斯讨论了剩余产品在私有制、阶级兴起过程中的重要性，进而在他看来，剩余产品也是国家兴起的前提条件。参见：弗里德里希·恩格斯，《家庭、私有制和国家的起源》，2018，第 91—107 页。

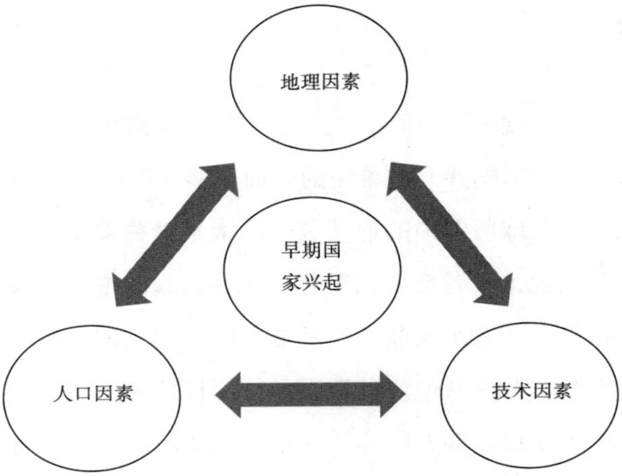

图 1.3　人类早期国家兴起的社会条件：地理、人口与技术因素

本书主张霍布斯式的国家起源的冲突理论，这是国家起源的一般理论逻辑。至于国家究竟何时在何处起源，目前已有的研究认为，地理环境特征、人口密度、经济增长与技术进步、产权保护需要、内部与外部冲突的强度等，都在国家兴起过程中扮演了重要角色。[1]

基于上述分析，综合来看，人类早期国家兴起的社会条件，或者说国家革命出现的社会条件，主要取决于三大关键因素，即地理因素、人口因素与技术因素，参见图 1.3。很难说这三大关键变量是完全彼此独立的，三者之间应该是彼此相互影响的。然而，由于考古证据与史料的不足，识别这三大关键变量的彼此影响存在着相当的难度。但可以肯定的是，这三大变量在相当程度上决定了国家起源的具体社会条件，并且对国家起源有着各自独立的重要影响。

1　参见两项较具代表性的研究：弗朗西斯·福山，《政治秩序的起源：从前人类时代到法国大革命》，2014，第 78—86 页；埃尔曼·塞维斯，《国家与文明的起源：文化演进的过程》，2019，第 265—307 页。

地理因素

国家革命出现的第一个关键社会条件是地理因素。地理因素对早期国家兴起的影响并非是单一的，而是多元的和复杂的。

首先，在全球版图中的地理区位因素是至关重要的。如果接受人类单一起源说，或者至少把东非大峡谷兴起的古代智人视为现代人的主要祖先，那么跟东非大峡谷之间距离的地理区位因素就变得很重要。否则，即便其他诸种地理条件同样较为优越，但只要离人类发源地过于遥远，那就会变成一个重大劣势。就此而言，除了非洲本身，欧亚大陆就有显著的地理区位优势，美洲大陆则处于相对的地理区位劣势。对于后者来说，早期人类更难抵达那里。所以，即便同样是其他条件优越的大河流域，尼罗河流域、印度河流域要显著优于北美洲的密西西比河流域。

其次，较有利于农业生产的地形与气候条件的结合非常重要。在地球大陆的表面，分布着平原、高原、山地、丘陵、台地和盆地及峡谷与半岛等不同地形，这些地形还因为地表植被的不同而区分为森林、草原、戈壁、沙漠等。如果前者主要是地形结构，那么后者还会受到气候条件的重大影响。纬度高低会影响气温高低，光照与降水同样会影响地表植被生长，季风等气候因素也会影响一个地方是否更适合动植物生长与人类居住。所有这些地理因素综合起来，就会决定一个特定的地理空间是否更有可能成为人类主要文明的发源地，是否更有可能促成人类早期国家的兴起。

距今 14,000 年到 10,000 年前，人类社会发生了农业革命，进而使得农业在狩猎、采集与农业三种经济模式的竞争中胜出。从此以后，人类早期文明的发展就跟有利于大规模农业生产的地理条件结合在一起。这些条件也决定了人类早期国家是否容易兴起。基于上述分析，亚热带与温带的大河流域，既是最有利于大规模农业生产的地理条件，也是最有利于人类早期国家兴起的地理条件。一方面，跟高山、高原、戈壁相比，大河流域及其冲积平原的土壤与气候等有利于发展高效率的农业。另一方面，大河流域往往地域辽阔，面积广大，能够支持大规模的粮食生产，进而能够供养大规模的人口。在这方面，无论是两河流域、尼罗河流域，还是印度河流域、黄河流域，都有类似的特征。它们不仅非常适合农业生产，而且有着从数十万平方公里到上百万平方公里不等的流域面积，能够支持较大规模的农业生产与人口。

再次，地理环境中的限制因素及地缘政治条件也很重要。美国人类学家罗伯特 · 卡内罗的一项研究认为，对于早期国家形成，战争的作用固然是普遍起作用的逻辑，但还必须考虑地理环境的约束条件。某些地理环境的约束条件更能提供集体内聚力，即身为该群体的成员具有显著的优势，而这往往跟该群体面临的地理条件有关：要么是由沙漠、海洋、山脉阻隔的较封闭的地理约束条件，要么是处在外部强敌的包围环境中。[1] 比如，尼罗河谷、两河流域，基本上都夹在沙漠和海洋之间。如果不是这样的环境，当社会成员面临统治与税收压力时，他们有可能向人口稀疏的更远处迁居。这就使得更难兴起有统治能力的早期国家。由此推断，对于那些较为开阔、地理约束较少的大河流域来说，只有当人口密度较大时，人类早期国家才更容易兴起。相比而言，地理受限的环境则比较有利于人口密度的增加。这是接下来马上要讨论的问题。

1　Robert L. Carneiro, "A Theory of the Origin of the State: Traditional Theories of State Origins are Considered and Rejected in Favor of a New Ecological Hypothesis," *Science*, Vol. 169, No. 3947 (Aug.,1970), pp. 733-738.

人口因素

国家革命出现的第二个关键社会条件是人口因素。毋庸置疑，人口会受到地理条件的很大影响。地形、气候、地理空间的规模以及这些条件对农业生产的支撑，都在很大程度上决定着一个社会的人口规模。然而，当人口达到一定规模之后，它就会成为一个重要的独立变量，甚至会直接影响人类早期国家兴起的可能性。就人口而言，人口密度与人口规模恐怕又是最重要的因素。如果人口密度过于稀疏，统治机构往往是很难兴起的，这样的地理空间里至多会出现部落社会的发展形态。许多已有研究都强调人口密度和人口增加对其他因素的推动，包括界定产权的需要、资源竞争与冲突增加、社会复杂性提高、权力集中的需要、体制或制度变迁等。[1]而所有这些因素都有利于推动人类早期国家的兴起。跟人口密度相关的人口规模同样也是关键指标。正如上文讨论的，供养一个庞大的统治机构，不仅需要一定的社会剩余产品比率，而且需要相当的人口规模或总量。

遗憾的是，关于人类早期文明人口规模的准确史料与考古证据

---

1 比如，罗伯特·卡内罗的研究强调了人口密度的提高会显著增加社会组织的复杂性，参见：Robert L. Carneiro, "On the Relationship between Size of Population and Complexity of Social Organization," *Journal of Anthropology*, Vol. 42, No. 3 (Autumn, 1986), pp. 355-364；迈克尔·哈纳的研究认为，人口增加与密度提高会导致对生存资源的更强竞争，从而导致世袭的阶级分层和军事组织的集中，参见：Michael J. Harner, "Population Pressure and the Social Evolution of Agriculturalists," *Southwestern Journal of Anthropology*,Vol. 26, No. 1 (Spring, 1970), pp. 67-86；埃斯特·博塞洛普认为，人口增长与密度增加是技术和体制创新的主要动力，参见她首版于 1965 年的作品：Ester Boserup, *The Conditions of Agricultural Growth: The Economics of Agrarian Change Under Population Pressure*, London: Routledge, 1993；默顿·弗雷德认为，人口增加与密度提高会导致资源竞争加剧，引发纷争、压力与冲突的增加，进而要求一种中心化秩序的兴起，参见：Morton H. Fried, *The Evolution of Political Society: An Essay in Political Anthropology*, New York: Random House, 1967, pp. 185-242.

非常有限。今天的历史学家只能凭借较为有限的证据来推断当时总人口的规模以及统治机构的数量规模。有历史记录表明，公元前2000多年的苏美尔文明早王朝时期，国家控制的军队已经达到了相当的规模。尽管“投入战场的兵力数量很难确定”，但有记录说，神从3600人中选择了某人，而其他记录则认为相应的人数规模有10倍甚至60倍之多——有人认为，这可能是指当时的人口总数。还有记录称，苏美尔的军队杀了3600名乌玛人。又有一份来自并非中心城市的神庙记录称，某次有500~600名雇农应征入伍。另有一份名册显示，苏美尔神庙供养的俗人规模为1200人左右。阿卡德帝国的创建者萨尔贡（前2334—前2315年在位）沿幼发拉底河上溯发动远征时，有史料说“每天有5400人在他面前吃面包”。许多年以后，在埃兰战役中，萨尔贡之子理姆什“总共打败（可能是击毙）16,000人，俘虏4000余人”。[1]

在人口统计学上，关于苏美尔文明，人口学家的估算是，“公元前3000—前2000年中期的几个世纪里，苏美尔的人口激增到了50万大关”；公元前2000—前1000年间的鼎盛时期，苏美尔的人口达到了100万～125万的峰值。[2]在古埃及：

> 人口稳步增长，公元前5000年左右达到10万人，公元前4000年达到25万人，在公元前3000年当上埃及国王的美尼斯征服了三角洲并成为全埃及的法老时，人口已达到100万大关。

1　I. E. S. 爱德华兹等，《剑桥古代史（第一卷第二分册）：中东地区早期历史》，2020，第115、121、396、407页。

2　科林·麦克伊韦迪、理查德·琼斯，《世界人口历史图集》，陈海宏、刘文涛译，东方出版社，1992，第169—171页。

> 美尼斯建立了在公元前的许多世纪里统治尼罗河流域的一系列王朝中的第一个。王朝的初期阶段，在学术上是以“古王国”著称，其存在时间是在公元前3000—前2000年的大部分时间，人口从100万增加到200万。在“中王国”时期（公元前2100—前1700年）人口从200万增至250万。在“新王国”的帝国时期（公元前1600—前1200年）人口达到新的高峰。[1]

对中国来说，公元前3000年，黄河下游两岸的人口可能是100万左右。到了商代，即公元前1600年左右，黄河下游100万平方公里的农耕地区，人口大约是500万。[2]印度河领域早在公元前4000年就“有了相当可观的人口，也许高达100万”。公元前2000年，古印度文明达到鼎盛时期时，印度河流域“大概有500万人”。[3]上述分析主要讨论了尼罗河流域、两河流域、黄河流域和印度河流域的四个古老文明，它们不仅在公元前3000—前2000或前1500年间已经达到了相当的人口规模，突破了50万～100万的人口规模瓶颈，而且跟周围地区相比，它们显然已经成为人口规模和集聚的中心地区。

塞缪尔·芬纳认为，古埃及王朝的社会结构大约包括了5%的统治精英和其余的农民。[4]假设两河流域的古代国家在社会结构上维持类似的比例，那么公元前3000—前2000年，古代苏美尔文明以50万以上的人口可以供养2.5万人以上的统治机构——这里

1　科林·麦克伊韦迪、理查德·琼斯，《世界人口历史图集》，1992，第266页。
2　同上，第197—198页。
3　同上，第212页。
4　塞缪尔·E.芬纳，《统治史（卷一）：古代的王权和帝国——从苏美尔到罗马》，2014，第139页。

包括了文武两个部门的政府雇员规模。这就使得苏美尔能够拥有一支相当规模的军队。这样规模的军队，不仅能够实现有效的自卫，而且还能在周围地区进行征战，为古代苏美尔国家攻城略地，开疆拓土。假如公元前2000年古埃及的人口为200万，这意味着它将能维持一个超过10万人的统治机构。公元前2000年的古印度或公元前1600年的中国黄河流域，都能供养一个超过25万人的统治机构。这对周围的部落社会来说，将会是一支令人望而生畏的政治军事力量。

技术因素

国家革命出现的第三个关键社会条件是技术因素。这里的技术因素既是指经济发展，又是指技术进步。要说人类早期国家起源要以一定的经济发展与技术进步作为前提，恐怕是没有太大争议的。人类经济与技术的首次重大飞跃，离不开14,000年到10,000年前发生的农业革命。在当时，农业革命不仅是人类社会的一场经济革命，也是一场技术革命。从狩猎和采集转向种植适宜的农作物和驯化家禽，是早期人类社会的重大变革。正是因为农业革命的发生，粮食生产率成倍提高，人类大规模的定居生活才成为可能，稳定的大型部落组织兴起才成为可能。[1]这一切都是人类早期国家兴起的前提。

金属的出现也是人类早期的重要技术进步。从石器时代向青铜时代、铁器时代的跨越，不仅意味着农业生产效率的大幅度提高，

1　Graeme Barker, *The Agricultural Revolution in Prehistory: Why did Foragers Become Farmers?*, Oxford: Oxford University Press, 2009.

而且还意味着金属武器的出现成为可能。当青铜与铁器运用于农业生产时，人类就更有可能提供稳定的剩余产品供给。金属武器的发明与大规模运用，还使得人和人的暴力潜能出现了重要的分化。特别是，当统治者或国家组建起一支大规模的、配置金属武器的军队时，无论相对于本国的普通平民，还是相对于技术更落后的邻近政治体，它都会拥有巨大的武力优势。所有这些都使得政治力量的天平发生有利于国家的倾斜。

文字的出现也可以被视为人类社会发展到一定阶段的“技术进步”。今天的现代人已经很难想象，人类的祖先曾经长期生活在没有发明可书写文字的时代。正是文字的发明，使得整个社会成员特别是统治机构成员之间的沟通成本大大降低了，交易成本与组织成本也大大降低了。没有可书写的文字，就难以兴起大规模的纵向一体化的官僚机构。因为任何大规模的官僚机构，都是以信息的有效传递和书写系统为基础的。

正是因为这个原因，许多学者都把文字的出现视为文明兴起的标志。[1]有证据表明，在两河流域和尼罗河流域的人类早期国家兴起之前，公元前 6500 年左右，今天巴勒斯坦约旦河西岸的杰里科已经出现了宽大的城墙与圣殿。杰里科甚至被称为人类历史上的第一个石城。这意味着那里已经出现了古代城邦。早在 4300 年到 3800 年之前，今天中国陕西省神木县境内的石峁已经出现了中国历史上第一座大规模的史前石城，面积约为 420 万平方米。根据合理的

1　按照科林 · 伦弗鲁对文明的界定，文明兴起包括三个关键要素的出现，即仪式中心、城市与书写出现。按照这一定义，书写与文字是文明的关键特征。参见：Colin Renfrew, *The Emergence of Civilisation: The Cyclades and the Aegean in the Third Millennium B.C.*, London: Methuen, 1972. 迈克尔 · 曼认为，按照伦弗鲁的标准，独立兴起的古代文明主要是四个，分别是“美索不达米亚的苏美尔人、尼罗河谷的埃及人、在现今巴基斯坦的印度河流域文明、中国北部若干河流区域的人群”。参见：迈克尔 · 曼，《社会权力的来源（第一卷）：从开端到 1760 年的权力史》，2007，第 93—95 页。

推断，如此巨大的古代石城显然意味着当时已经出现了早期的统治机构或酋邦（chiefdom）。但显然，它们跟两河流域与尼罗河流域的人类早期文明相比，尚有较大的差距，金属的运用与文字的兴起恐怕就是后者的标志性技术。

综上所述，如果说人类早期国家兴起存在着一个社会条件模型的话，那么这一模型应该包括了三个关键要素：一是地理要素，即离人类起源地较近的地理区域、较有利于农业发展的亚热带与温带大河流域以及有一定空间约束的地理环境，往往更有利于早期国家的兴起；二是人口要素，即人口增长与较高的人口密度往往更容易创造对集中化权力的需求，较大的人口规模则有利于供养相当规模的统治机构，这些人口条件往往有助于早期国家的兴起；三是技术要素，即农业革命、金属革命与文字革命往往为早期国家兴起创造了有利条件。根据对这些社会条件的分析，国家革命首先在两河流域、尼罗河流域、印度河流域与黄河流域出现就容易解释了。

第二章　国家与战争的互相塑造

控制着集中的强制资源（陆军、海军、警察部队、武器和其他武力）的人通常企图使用这些资源来扩大对其运用权力的人口和资源的范围。当他们没有遇到对强制力量实现了相当控制的对手时，他们就获胜了；当他们遇到真正的对手，他们就发动战争。

某些征服者对辽阔领土上的人群成功地实行了稳定的控制，并且能以常规化的方式获得这一领土上产出的部分商品和服务时，他们就成了统治者。

——查尔斯·蒂利

中国古代国家的兴起

在人类政治演化上，国家的兴起恐怕是最重要的一环。倘若没有国家，人类的政治演化史将会彻底改写。本章将基于政治演化论或政治进化论的分析框架，结合已有的主要理论——特别是查尔斯·蒂利关于“战争塑造国家”的研究——来分析中国古代国家的兴起与欧洲近现代国家的兴起，并阐明国家构建的一般逻辑。特别是，这里还会讨论为什么国家会演变成后来的样子。

考虑到文献的充分性与史料的可靠性，研究国家是如何兴起的，一个较适宜的案例是中国古代从春秋战国到秦汉的国家转型，另一个较适宜的案例是欧洲中世纪晚期从封建主义到近现代国家的转型。而关于国家如何兴起的主要理论，则是美国学者查尔斯·蒂利提出来的。在《强制、资本与欧洲国家》一书中，蒂利提出了一种解释欧洲近现代国家如何兴起的理论。他的研究主要关注两个问题：第一，为什么欧洲原来是封建主义体制，后来陆续形成了国家这种政治形态？这是一个具有共性的问题。第二，同样完成了近现代国家的构建，但不同国家经历的国家构建路径却是不同的。这是一个具有差异性的问题。对于欧洲为什么纷纷从一个个封建领主的政治体，演变为较完善的中央集权的、基于官僚制的民族国家，蒂利的理论解释，可以简单总结为“战争塑造国家”与“国家制造战争”的互动，亦即国家与战争的互相塑造。该理论强调的是，在军事竞争压力下，封建领主为了维系自己的政治生存，就不得不发展出越来越强大的武力系统、覆盖全国的税收系统与有效的官僚系统。这恰恰就是塑造欧洲近现代国家的过程，即欧洲近现代国家构建的过程。[1]

从春秋战国到秦汉的国家转型

中国古代国家的兴起是否经历了类似的过程呢？在秦统一中国之前，中国处于东周时期，即春秋战国时期（前770—前221）。在春秋早期，当时的中国勉强维系着周天子领导的分封制政体，中央是周的天子及其王室，地方则是一个个具有独立性的诸侯国。在春秋时期，周王室之下的诸侯国最多时有100多个。此后，中国经历了数百年的诸侯争霸与兼并战争，先后历经“春秋五霸”和“战国七雄”支配的时期。公元前221年，秦最终灭六国，天下遂统一于秦。尽管秦统一中国的历史非常短暂，但秦是中国第一个统一的君主制中央集权官僚制国家。此后，秦的版图为汉所继承。由此，大一统的古代国家不仅在中国兴起，还实现了巩固，成了一种较为稳定的政治统治模式。

春秋战国时期的政治难题

作为中国历史上第一个中央集权的大一统王朝，秦的政体类型与政治模式有三个基本特征：一是君主制的；二是中央集权的，亦即大一统的或纵向一体化的；三是官僚制的。三者叠加，秦就构成了中国历史上第一个君主制中央集权官僚制国家。秦的统一，不仅奠定了中国历史上政治版图的雏形，而且还奠定了中国古代

1　Charles Tilly, *Coercion, Capital, and European States, AD 990-1992*, 1990.

国家的基本政治模型。按照福山的说法，“我们现在理解的现代国家元素，在公元前3世纪的中国业已到位。其在欧洲的浮现，则晚了整整一千八百年”。[1]福山还注意到，中国由于在公元前3世纪就发明了文官考试制度，因而在官僚制的许多做法上遥遥领先于其他许多文明。如果我们把“现代国家”不仅视为韦伯意义上的科层制或官僚制国家，而且视为包括立宪、法治甚至是民主要素的国家，福山的观点就会备受争议。但如果我们把“现代国家”仅仅视为韦伯意义上的科层制或官僚制国家，那么福山的判断大体上还是成立的。

问题是，秦作为一个君主制中央集权官僚制国家究竟是如何兴起的？这就需要从春秋战国的竞争格局和诸侯面临的政治难题开始分析。由于作为分封制王朝的周朝的中央权力日渐衰微，从春秋到战国，当时的中国面临的是诸侯竞争不断加剧的政治格局。起初，周天子分封的诸侯国高达100多个，但到了后来，从春秋时期的诸侯争霸，到战国时期的诸侯兼并，诸侯国的数量有逐渐降低的趋势。春秋时期有“五霸”的说法，并不是说春秋时期只有五个诸侯国，而是说陆续有五个实力很强的诸侯主导了当时的政治格局。到了战国后期，在东周版图内，原先春秋时期的100多个诸侯国已逐渐合并为七个较大的诸侯国，即“七雄”，而原先的其他许多诸侯国陆续被消灭了。这就是春秋战国时期的基本政治格局。[2]

对春秋战国时期的大小诸侯国来说，只要它还没有被消灭，它就需要面对这样的政治格局。这也是诸侯国需要面对的外部约束条

1　弗朗西斯·福山，《政治秩序的起源：从前人类时代到法国大革命》，2014，第24页。
2　关于春秋五霸和战国七雄的最新讨论，参见：赵鼎新，《东周战争与儒法国家的诞生》，夏江旗译，华东师范大学出版社，2006。

件。尽管今天我们常常连用“春秋–战国”的分期说，但从春秋到战国，诸侯之间的竞争规则却发生着深刻的变化。在春秋时期，较有实力的诸侯主要关心的还是争霸，但到了战国时期，特别是战国中后期，较有实力的诸侯主要关心的就是兼并与统一了。诸侯争霸，一般还意味着诸侯之间还存有彼此对领土和各自地位的基本尊重。但诸侯之间的兼并与统一，就意味着不是你吞并我、就是我吞并你的问题了。这样，如果借用蒂利的分析框架，在春秋战国时期，诸侯面临着彼此之间激烈的军事竞争。但凡强有力的诸侯都要在这种战争格局中谋求政治生存，甚至谋求通过兼并别的诸侯来实现发展壮大。

除了外部的军事竞争压力，诸侯同时还面临着较为复杂的内部权力结构。从内部权力结构看，诸侯（国君）跟诸侯国内主要贵族（大夫）的关系，与周天子跟各主要诸侯的关系，几乎是同构的。周朝其实是一个从天子到诸侯、再从诸侯到大夫的多层分封制王朝。这样，在周朝分封制的制度框架下，各诸侯国内部也是分封制结构，诸侯常常要跟主要贵族分享政治权力。诸侯跟大夫之间的权力平衡也就成了一个重要的政治问题。晋文公重耳早年坎坷，颠沛流离，历经苦难，后来于公元前636年重返晋国执掌大权。等他执掌大权后，史书说他“赏从亡者及功臣，大者封邑，小者尊爵”。[1]这里的“大者封邑”，就是说，当年跟晋文公流亡的同僚中贡献最大、职位最高的人获得了封地。这些人就是当时晋国领有封地的大贵族。这也说明，当时晋国内部依然是分封制和贵族制的权力结构，而不是后来秦国所实行的中央对地方实行纵向一

1　司马迁，《史记（第三册）· 卷三十九 · 晋世家》（中华国学文库），裴骃集解，司马贞索隐，张守义正义，中华书局，2011，第1506页。

体化控制的郡县制结构。孔子曾言："天下有道，则政不在大夫。"按照孔子的观点，如果大夫控制着诸侯国的实际权力，那就是天下无道了。但这又反过来印证了在春秋战国时期曾经发生过大夫而非居于正统的国君实际控制诸侯国朝政的案例。上文讨论的公元前 7 世纪晋国的分封制背景，正是一个多世纪后的公元前 453 年发生韩、赵、魏三大贵族三家分晋的历史条件。自此，晋国就在历史舞台上消失了，韩国、赵国与魏国兴起了。关于三家分晋，后面还会有专门的分析。

实际上，不唯独晋国这样的诸侯国面临着这样的权力结构与政治局面，其他诸侯国的情形也差不多。特别是在春秋时期，大夫由于实力增长而控制诸侯国朝政甚至取而代之的案例时有发生。比如，"鲁国三桓"就是一个著名的案例。三桓，是指公元前 7 世纪到公元前 5 世纪鲁国三个权势很大的卿大夫家族——季孙氏、叔孙氏与孟孙氏，他们全都是鲁桓公的后代。从鲁庄公时期（前 693—前 662）开始，三桓就开始把持鲁国朝政，国君反而失掉了政治权力。从鲁僖公时期（前 659—前 627）起，他们更是变本加厉，后来还一度瓜分了鲁国的领地、人口与军队。这样，国君的财政甚至都只能靠三家的进贡来维持。直到鲁穆公时期（前 415—前 383），鲁国实行改革，才逐渐从三桓手中收回政权。从时间上看，三桓实际把持鲁国朝政长达两三百年。成语"庆父不死，鲁难未已"就是出自这一时期，这里的庆父是曾经杀死两位国君的鲁国公子。"鲁之公室，三世劫于季氏（即三桓中势力最大的季孙氏）"，也是鲁国这一时期朝政的写照。[1]

再比如，公元前 5 世纪到前 4 世纪在齐国发生的"田氏代齐"

1　杨宽，《战国史》，上海人民出版社，2019，第 177—178 页。

也是一个著名的案例。公元前481年，齐国贵族田恒（田成子）杀齐简公，另立齐平公，把持政权，权倾朝野。此后，田氏世代都是齐国最有权势的家族。公元前386年，已废掉齐康公多年的田和自立为齐国国君，并得到周天子的承认。由此，历经一个世纪左右，齐国终于完成了从姜姓齐国向田姓齐国的转型，史称田氏代齐。[1]

从鲁国三桓，到田氏代齐，再到三家分晋，都意味着春秋战国的诸侯在内政上面临的重大风险。这就说明，诸侯面临的威胁不仅来自外部——主要是诸侯与诸侯之间的军事竞争，而且来自内部——主要是来自诸侯与卿大夫之间的权力竞争。从内政看，诸侯的政治生存取决于他们能否平衡好跟大贵族或卿大夫之间的权力关系，能否有效防止大权旁落。

面对这种内忧外患局面，春秋战国时期的诸侯或君主会做出何种选择呢？任何政治行为者的首要目标都是谋求政治生存，诸侯或君主自然不会例外——除非他是一个完全失掉理性的诸侯或君主。当然，在历史长河中，失掉理性的君主并非个别现象。即便面对严重的外部危机与内部叛乱，有些君主照样可以不理朝政、纵情享乐，但这样的君主大概率上就会被内部叛乱推翻或被外部强权征服。一个理性、有为的君主，其首要目标自然是努力维系自身的政治生存。假如一个君主具有足够的理性、知识与判断力，那么，在春秋战国时期的内外约束条件下，他会怎么做呢？对君主来说，这个战略问题的核心是，在既定的内外结构性约束条件下，一个君主怎样做，才能提高政治生存的概率？历史过程呈现的是，所有更能维系自己政治生存的诸侯或君主采取的做法都是

1　杨宽，《战国史》，2019，第179—180页。

相似的，而其他诸侯或君主则更难维系自己的政治生存。借用托尔斯泰的说法，成功的君主都是相似的，而失败的君主各有各的不同。当然，即便是采取类似做法的诸侯或君主，他们的结果也可能完全不同，原因就在于每个诸侯或君主面临的具体情境和约束条件是不一样的。

《东周列国志》尽管是一部文学作品，却给许多人展示了诸侯国采取正确外交策略的极端重要性。的确，无论是春秋时期还是战国时期，任何诸侯面临的都是多国博弈格局。当然，主要大国往往扮演着最重要的角色。在这种博弈格局中，外交政策的选择对每一个诸侯都非常重要。即便是起初实力很强的诸侯，如果采取了错误的外交策略，其他诸侯国就有可能联合起来削弱乃至消灭这个本来实力很强的国家，原因在于其他国家都产生了强烈的威胁感知。所以，在多国博弈格局中，锋芒毕露、耀武扬威的结果往往是严重的。较为理性的君主则时刻考虑与谁结盟与谁为敌、拉拢谁打击谁的问题，进而争取最大的政治生存概率。在战国后期，当时外交舞台上合纵与连横两条路线的激烈斗争，恰好说明了外交策略的重要性。

然而，跟正确的外交策略相比，对诸侯更重要的事情恐怕是谋求武力或军事上的优势。并非所有诸侯都有条件拥有最强的武力资源，但想要谋求政治生存的诸侯至少要设法拥有较强的武力资源。所以，拥有一支强有力的军队是诸侯实现政治生存的基本配置。但这并非易事。在分封制和贵族制的权力结构下，诸侯国的军队往往是由君主的直属军队与贵族领导的军队共同组成的。比如，拿三家分晋之前的晋国来说，该国当时有四大家族，分别是知（又称智）、赵、韩、魏四家，其中知氏（即智氏）执掌政权。当需要组织军队出征时，知氏直接领导的只是其中一支主力部队，另外三支主力则由三大贵族直接统领。一旦战争结束，各大贵族就带领自己的军队回到各自的封地。[1]在这种情况下，诸侯或国君就很难建立起统一领导全国军队的政治权威。假使几大贵族能够同心协力还好，而一旦几大贵族跟君主发生纷争，一个诸侯国往往就会陷入非常被动的局面。

在这种格局下，每一个明智有为的君主自然希望把军队的领导权都控制在自己的手中。问题是，君主要想供养一支大规模的强大军队，就需要充足的财源，而财源一般都来自税收。君主遇到的一个约束条件是，在分封制下，全国的较大比例土地和人口都掌握在大大小小的贵族手里，君主很难建立起一个直接针对全国土地和人口的征税系统。那么，君主应该怎么办呢？只有用郡县制替代分封制，用纵向一体化的官僚制替代贵族制，诸侯或君主才能获得统一的征税权与全国性的行政管理权。这样，诸侯或君主才能扩大自己直属军队的规模，使其在纵向一体化的管理方式上和在战斗力上获得提升。

商鞅变法与中国早期国家构建

综合看来，为了实现更好的政治生存，从消极方面来说，君主需要打破贵族在分封制条件下对于土地、人口、税收与军队的控制；从积极方面来说，君主需要建立一个纵向一体化的武力系统、税收系统和官僚系统，以便塑造在武力资源上的优势。究其根本，是诸侯与诸侯之间的战争或军事竞争，给每个理性的诸侯都施加

1 司马迁，《史记（第三册）· 卷三十九 · 晋世家》（中华国学文库），2011，第1485—1526页。

了巨大的压力，迫使那些想要维系政治生存的诸侯进行必要的重大变革。

正是因为这种需要，战国时期，诸侯国纷纷开始启动政治、经济与军事改革，比较著名的包括齐国邹忌改革、魏国李悝变法、韩国申不害变法、燕国乐毅改革、赵国胡服骑射、楚国吴起变法和秦国商鞅变法。这些改革和变法，尽管细节各不相同，但大体上都属于法家改革，甚至许多改革在基本原则和主要政策上都很相似。这些改革的主要目标，基本上都是为了富国强兵，而富国的直接目标也在于强兵。因为唯有强兵，拥有强有力的武力资源，才能提高诸侯国在军事竞争格局下的生存概率。当然，富国通常是强兵的重要条件。横向比较来看，凡是没有成功推行法家改革的诸侯基本上都衰落了。但并非所有采用类似法家改革的诸侯都实现了富国强兵的目标。即便同样采取法家改革的诸侯，其实际的改革绩效也差异很大。有的诸侯国通过法家改革，实现了富国强兵的目标，有的则并没有。

除了君主与改革者本身的政治决心和改革能力，其他两大因素也扮演着重要角色：一是国内政治结构因素，二是区位与地缘政治因素。比如，在战国诸雄中，楚国的许多条件称得上是得天独厚，吴起变法一度也很成功，但楚国并没有像秦国那样变得非常强大。一个重要的原因是，楚国的君主和贵族长期维持着君主弱、贵族强的格局。这样，楚国的君主就缺乏推动全国性政治整合的实力与能力，无法打破分封制和贵族制的基本政治结构，由此楚国就很难完成君主制中央集权官僚制国家的构建，因而难以持续推进富国强兵目标的达成。跟楚国相比，秦国到秦孝公时期已经形成了君主强、贵族弱的格局。秦国君主拥有强大的政治整合的实力与能力，就能较为顺利地推进打破分封制与贵族制的中央集权化改革。[1]秦楚两国在法家改革成效上的差异，很大程度上跟两国国内政治结构的不同有关。

另一个重要原因是诸侯国面临的区位与地缘政治因素。毋庸置疑的是，一个诸侯国的地理结构与地缘政治因素会对该国政治经济演化产生重大影响。跟战国时期的齐楚等强国相比，秦国的区位因素与地缘政治结构更为有利。这是秦国最终统一天下的重要变量。秦国的基地是关中平原，关中平原沃野千里，人口众多。公元前316年，秦统一了巴蜀，形成了一个规模更庞大、易守难攻的战略腹地。由于晋陕之间的黄河有着陡峭的山势，加上函谷关的天险，秦国在区位与地缘政治上有着易守难攻的特点。这种地缘政治结构便于秦国"东出"，争雄天下，而六国则较难发动对秦国的进攻。

汉朝贾谊著名的《过秦论》开篇就讲"秦孝公据崤函之固，拥雍州之地，君臣固守以窥周室，有席卷天下，包举宇内，囊括四海之意，并吞八荒之心"。这里所谓的"崤函之固"，崤就是崤山，函就是函谷关。所以，贾谊开篇讨论的就是秦国的地理优势。贾谊在文中还说，六国"尝以十倍之地，百万之众，叩关而攻秦。秦人开关延敌，九国之师，逡巡而不敢进。秦无亡矢遗镞之费，而天下诸侯已困矣"[2]。这里的关，还是函谷关，讲的还是秦国凭借函谷关所获得的地理优势。按照今天的产业经济学理论，秦国由于特殊的地理区位优势，相当于拥有一个稳固的利基市场（niche market）[3]。它向外拓展业务基本上属于净收益，打赢就是赚到，打不赢仍然可以

1　杨宽，《战国史》，2019，第203—367页。关于《史记》中《秦本纪》《秦始皇本纪》《楚世家》的相关史料，参见：司马迁，《史记（第一册）》（中华国学文库），2011，第151—250页；司马迁，《史记（第三册）》（中华国学文库），2011，第1527—1566页。

2　贾谊，《过秦论》，出自：钟基、李先银、王身钢译注，《古文观止》（上下册），中华书局，2011，第375—38页。

3　关于利基市场的相关理论，参见：Tevfik Dalgic, ed., *Handbook of Niche Marketing: Principles and Practice*, London: Routledge, 2005.

撤回，还能继续固守自己的利基市场，而别人就很难打击它的利基市场。这就是秦国的地理优势赋予它在统一天下过程中的特殊有利位置。[1]跟秦国相比，韩国、魏国这样的国家基本上都是典型的“四战之地”，即便可以通过奋发图强的变法改革而得到短期的振作，但由于地理政治格局的劣势，最终还是难逃被别国吞并的命运。

而在当时，能从春秋时代诸侯竞争中胜出、成为战国七雄的国家，都在一定程度上采取了法家风格的改革。这里要以最具代表性的诸侯国即秦国的一场重要变革——商鞅变法——为例，来分析法家改革与中国古代国家构建之间的关系。商鞅变法发生于秦国的秦孝公治下，包括公元前356年和公元前350年发起的两次变法运动，通常被视为战国时期最重要的法家改革。尽管商鞅个人政治结局不佳，但史学界公认的是，商鞅变法为秦国的富国强兵、争雄天下和统一中国打下了坚实的基础。

按照战国史学者杨宽的总结，公元前356年的第一次商鞅变法，和公元前350年的商鞅变法，分别是四项（前四项）与六项（后六项）主要的改革措施：

1. 颁布法律，制定连坐法，轻罪用重刑；
2. 奖励军功，禁止私斗，颁布按军功赏赐的二十等爵制度；
3. 重农抑商，奖励耕织，特别奖励垦荒；
4. 焚烧儒家经典，禁止游宦之民；

1　关于秦国的区位因素与统一天下的相关性，一部权威历史著作《剑桥中国秦汉史》也强调了这个观点，参见：卜德，《第一章　秦国和秦帝国》，出自：崔瑞德、鲁惟一编，《剑桥中国秦汉史：公元前221年至公元220年》，杨品泉等译，中国社会科学出版社，1992，第43页。

5. 废除贵族井田制，“开阡陌封疆”；

6. 普遍推行县制，设置县一级官僚机构；

7. 迁都咸阳，修建宫殿；

8. 统一度量衡制，颁布度量衡的标准器；

9. 开始按户按人口征收军赋；

10. 革除残留的戎狄风俗，禁止父子兄弟同室居住。[1]

综合来看，商鞅变法涉及刑罚、军功、农耕、统一思想、土地制度、郡县制与官僚制、迁都、统一度量衡、军赋、风俗等方方面面，是一场全面的政治、经济、军事与社会改革。如果简单总结一下，商鞅变法的第一个重点是，通过土地改革、奖励农耕等发展经济。商鞅有着很强的耕战立国的思想。当然，这并非商鞅的独创。早在商鞅之前，齐国管仲早有类似的思想与政策。[2] 农耕，既解决了粮食生产的问题，又解决了人口繁殖和兵源充足的问题，还解决了政府税源的问题。商鞅变法有这样的规定：“戮力本业（即耕织），耕织致粟帛多者复其身（免除徭役）。事末利（工商业）及怠而贫者，举以为收孥（没入官府为奴）。”《商君书》则专辟一篇，名为《垦令篇》，专门分析了 20 条鼓励垦荒的政策措施，其基调仍然是重农抑商。更重要的是，秦“用商鞅之法，改帝王之制，除井田，民得卖买”[3]，这就确立了土地私有制，改革了产权制度与激励结构，极大地解放了生产力。所有这些政策的目的都是通过发展农耕，来实现富国强兵。

1　杨宽，《战国史》，2019，第 217—227 页。

2　管仲，《管子》（中华经典名著全本全注全译丛书），李山、轩新丽译注，中华书局，2019。

3　班固，《汉书（第二册）· 卷二十四上 · 食货志上》（中华国学文库），中华书局，2012，第 1042 页。

商鞅变法的第二个重点是，逐步削弱贵族制，以军功作为晋升爵位等第的标准，同时推行郡县制与官僚制。对商鞅来说，军制中的“世卿世禄”安排，无法激发将士的作战勇气，因而导致军队战斗力的低下。商鞅变法改变了秦国的军功爵位制度，根据战场的军功来确定爵位晋升。这一改革引起了秦国世家贵族的极大不满，但是，那些背景不深、杀敌有功、善于领兵打仗的将士快速崛起了。这一改革还彻底改变了君主对于贵族阶层的过度依赖，君主能依靠军功制从平民阶层中选拔优才，进而强化了君主相对于贵族的政治优势。更根本的是，商鞅还普遍推行郡县制来取代原先的分封制，并借助发展官僚制来实现全国纵向一体化的行政管理。根据有争议的史料，大致上可以认为商鞅在当时的秦国设置了30至40个县，并设县令、县丞或县尉等官职。当然，这只是中国历史上第一次用郡县制取代分封制或封建制的尝试。未来，封建制与郡县制之争还会反复上演，贵族集团与君主权力的角逐并未终结。东晋时候，还有“王与马共天下”的说法。这里的“马”，就是皇族司马家族，这里的“王”是代表贵族集团的王导家族。在中国，贵族作为一个政治集团最终被君主权力完全驯服，基本上要到宋朝。此后，皇帝或君主相对于贵族取得了绝对优势，而这对后来中国政治的演化又产生了重要影响。

商鞅变法的第三个重点是强化国家对社会的渗透，统一思想，统一度量衡，强化人员控制等。从编制户口到“什伍连坐”都表明，当时秦国的国家机器已经有了非常强的渗透基层社会的能力。中国古代社会所谓“皇权不下县”，主要指的是中国历代王朝吃皇粮的“官”数量并不庞大，县以下的治理主要靠不吃皇粮的吏和乡绅等自治力量来完成。但从另一个角度看，从秦国到秦汉两朝开始编制户口，采取连坐制度，说明皇权早已下县，国家对社会的渗透能力非常之强。至于“燔诗书而明法令”“平斗桶、权衡、丈尺”等，可以理解为商鞅试图对秦国的方方面面进行整齐划一的管理。

从现代政治学的视角来看，商鞅变法就是一个推动国家构建的过程。在这一过程中，秦国逐渐从一个分封制和贵族制的诸侯国，变成了一个君主制中央集权官僚制国家。驱动这一改革过程的直接动力，就是秦国与其他诸侯国之间的竞争与战争。只要身处战国时期的诸国军事竞争格局之中，但凡秦国君主想要追求政治生存，就必须要在跟其他诸侯国的战争中取胜。否则，国家就有灭亡的风险，君主也无法生存。为了适应这种战争与军事竞争的需要，秦国就需要进行一系列以提升国家武力优势为直接目的、以富国强兵为总体目标的法家改革。这一法家改革要求削弱分封制与贵族制，强化君主制，提升中央集权程度，建立郡县制，发展不依赖贵族势力的官僚制，强化中央政府对底层社会的渗透力量，等等。所有这些做法都推动了古代中国的国家构建。

尽管《商君书》的真伪存有较大的争议，但学术界大体上赞同该书基本反映了商鞅以及当时法家的基本思想。《商君书》的许多思想倘若以今天的标准来评价，一定会招来许多批评。但不能否认的是，商鞅以及当时法家的改革思想是应运而生的，是秦国在诸侯竞争格局中寻求政治出路的产物。总体上，《商君书》的思想可以归纳为“农战立国”和“利出一孔”。《商君书》这样写道：

凡人主之所以劝民者，官爵也；国之所以兴者，农战也。……

重罚轻赏，则上爱民，民死上；重赏轻罚，则上不爱民，民不死上。……治国能令贫者富、富者贫，则国多力，多力者王。王者刑九赏一，强国刑七赏三，削国刑五赏五。……

> 民之所欲万，而利之所出一。民非一，则无以致欲，故作一。[1]

按照今天的政治理论光谱，《商君书》的部分思想可以被归入政治全能主义（totalitarianism）理论。它主张，君主要能控制全国从贵族、官员到军人，再到工商业者和普通农户的各个阶层，君主要有办法通过各种手段让这些人去从事国家需要他们做的事情，而这一切的最终的目标就是富国强兵。因为唯其如此，秦国才能在诸侯竞争格局与军事较量中胜出。

《商君书》认为，为了实现这一切，君主要有权力与能力做到“令贫者富、富者贫”。那么，怎么做到呢？一个重要思路就是，“民之所欲万，而利之所出一”，亦即实行“利出一孔”的制度与措施。为了有效控制各个阶层的民众行为，它还主张“重罚轻赏”，理由是“重罚轻赏”要比“重赏轻罚”更能达成目标。

当然，《商君书》也强调法制的重要性。它认为：“处君位而令不行，则危；五官分而无常，则乱；法制设而私善行，则民不畏刑。……明王之治天下也，缘法而治，按功而赏。”[2]这段文字强调的是，君主治理国家需要拥有足够高的政治权威，同时需要采用稳定而明确的法律制度。韩非同样强调法制的重要性，他主张：

> 国无常强，无常弱。奉法者强，则国强；奉法者弱，则国弱。……
>
> 法不阿贵，绳不挠曲。法之所加，智者弗能辞，勇者弗

1　商鞅，《商君书》，石磊译注，中华书局，2011，第 24、41、52 页。

2　同上，第 161 页。

敢争。刑过不避大臣，赏善不遗匹夫。[1]

这种观点主张法律应该对所有人一视同仁。当然，这里的所有人并没有包括君主本身。所以，无论是《商君书》还是《韩非子》中的法制观，都不是包括约束君主权力在内的法治（rule of law）思想，而是君主用整齐划一、不得徇私的法律与制度来管理臣子和社会的法制（rule by law）思想。

到战国后期为止，多数尚存的诸侯国均不同程度地推行了法家改革。当然，以商鞅变法为代表，秦国是这一时期法家改革的典范。从政治演化论视角看，春秋战国时期正是中国古代国家从分封制、等级制、世袭制转向君主制、郡县制、官僚制的关键时期。尽管各国的具体做法不尽相同，但进入雄霸国家行列的诸侯国在许多基本做法上是相似的，包括：剥夺贵族特权，削弱分封制，废除世卿世禄制度，扩大与巩固中央常备军，建立中央集权化的官僚制，实行官员俸禄制度，实施官印与兵符制度，创立年终考绩制度，创设地方监察与巡视制度，通过荐举和功绩来选拔人才，分置文官与武官系统，完善不同等级与职能的管制，设郡置县并实行君主纵向一体化的管理，开始户口登记与编户制度，推行连坐法，创建国家财政与赋税管理机构，发展赋役摊派制与征税制度，创建征兵制度，构建替代世卿世禄制的爵位等级制度，等等。[2]这并不意味着在早期军事竞争中生存下来的战国七雄采取了上述全部做法，但许多国家在改革过程中选择了其中的许多制度与措施。

总体上，秦国从战国时期的商鞅改革到后来兼并六国、统一天

1　韩非，《韩非子》，2010，第41、50页。
2　杨宽，《战国史》，2019，第230—299页。

下的政治过程，就是中国最终形成一个大一统的君主制中央集权官僚制国家的过程。这恰恰也是中国古代国家构建的奠基时刻。简而言之，中国古代国家构建的核心逻辑是：第一，诸侯国在战国时期普遍面临着激烈的军事竞争；第二，为了维系政治生存，许多诸侯的选择都是相似的，就是采用法家风格的改革，包括军事改革、税收改革和官僚制改革等——当然，各国改革的实际成效是有重大差异的；第三，这一军事压力驱动的法家改革过程，最终推动了中国古代国家构建。这与蒂利分析的欧洲近现代民主国家经由战争驱动而得以完成构建的逻辑是非常相似的。实际上，许田波借用查尔斯·蒂利的理论来对春秋战国时期中国古代国家构建的理论分析也持有类似的观点。[1]

国家构建的失败案例：晋国

晋国不仅跟秦国相比是一个重要的反面案例，而且是春秋战国时期国家构建失败的典型案例。就区位与地缘政治结构来说，晋国的地理条件尽管不如秦国，但在春秋战国列强中并不属于下等。对晋国来说，当时的地缘政治格局是西有秦国，东有齐国，东北有中山国与燕国，南有周天子领地、郑国、卫国等与之接壤，再往南则是楚国。晋国的核心区域位于今日山西，是易守难攻的地理格局，它还控制着今日河北南部与河南北部的广大地区。如果晋国能在较为强盛时吞并中山国，甚至能兼并燕国，那么，晋国北方与西北的威胁仅仅来自狄戎势力。这样，晋国的地理格局在战国诸雄中可能

1 许田波，《战争与国家形成：春秋战国与近代早期欧洲之比较》，徐进译，上海人民出版社，2009。

仅次于秦国，完全有南下中原争霸甚至统一中国的机会。在春秋时期，晋国一度拥有极为强盛的国势与较为有利的战略格局。公元前636年，晋文公继位，励精图治，后晋国国势大盛，于公元前632年在城濮之战中大败楚国，并于同年召开践土之盟，被周天子尊为叔父，成为继齐桓公之后的第二个春秋霸主。晋襄公继位后，于公元前627年大败秦军，晋国霸业得以延续。此后，晋国几度衰落，几度复兴。其中，晋景公（前599—前581年在位）、晋悼公（前573—前558年在位）都算得上是有为君主。[1]

即便如此，晋国面临的周期性难题是，一旦强势君主去世，政权就容易落入卿大夫手中。晋献公去世后，晋国一时因为贵族之间的权力斗争而陷入乱局，甚至一度出现一国无君的局面。晋襄公去世后，晋国政权逐渐落到了赵氏手中。这样的局面，在晋国历史上反复上演。晋国的关键问题就在于君主整合国内主要贵族势力的政治努力并没有获得根本性的成功。

后来，晋国内政的危机就愈演愈烈。实际上，到了春秋晚期，晋平公（前557—前532年在位）代表的晋国王权衰落，六卿分晋局面已成。结果，晋国君主无力恢复王室的权威，而六卿之中又无人能够一统朝政，或者取代晋国君主自立为王。当时的晋国六位卿大夫——赵氏、魏氏、韩氏、知氏、范氏、中行氏——实际上在晋国划分了各自的势力范围，并控制了晋国的朝政。到了公元前458年，范氏、中行氏式微，土地被其他几家瓜分。这样，晋国就剩下四股主要的政治势力，分别是知氏、赵氏、韩氏、魏氏。本来当时知氏一家独大，控制着晋国的权柄。而晋国当时的政治局势，犹如

1　顾德融、朱顺龙，《春秋史》，上海人民出版社，2019，第86—167页。相关史料参见：司马迁，《史记（第三册）· 卷三十九 · 晋世家》（中华国学文库），2011，第1485—1526页。

少数大国博弈的国际政治格局。公元前 453 年，韩、魏、赵由于担心知氏继续做大，对己不利，索性联合起来一举灭掉了知氏，三分其地。这就是著名的三家分晋的故事。[1]

以政治学理论的视角来看，晋国就遭遇了古代国家构建努力的失败。所以，晋国和秦国，正好构成了中国古代国家构建的一组对比案例。实际上，晋国只是中国春秋战国时期国家构建失败的一个典型。可以想见，春秋时期其他诸多不受历史学家重视的小规模诸侯国，亦有许多因为国家构建失败，而遭受亡国灭族命运的故事。跟秦国这个成功者相比，它们代表的是中国古代诸侯国政治演化的另一种路径。

第一个“现代国家”：秦王朝

如果以政治演化论的视角来看，古代中国从周的分封制转向春秋战国诸侯并立的多国竞争格局，再转向秦的统一，完成中国古代君主制中央集权官僚制国家的塑造，是一个长达数百年的政治演化过程。在这一演化过程中，周王室、春秋时期的不同诸侯国、战国时期的不同诸侯国犹如一个个“政治物种”，它们出于政治本能都要尽力谋求政治生存，并基于这种政治生存的目标而做出许多调整、改革与挣扎。就互相关系而言，它们还不得不根据“物竞天择，适者生存”法则进行生存竞争。最终来说，政治生存机会属于能更好地适应环境变化的政治物种。

跟一般的诸侯国相比，周王室显然是一个差异很大的政治物

1　司马迁，《史记（第三册）· 卷三十九 · 晋世家》（中华国学文库），2011，第 1485—1526 页。

种。作为一个分封制王朝，它存续了非常长的时间，仅在西周时期（约前 1046—前 771）就存续了 275 年，在东周时期（前 770—前 256）又存续了 500 多年。所以，很难说基于分封制的周王室就是一个失败的政治物种。但的确，随着经济、社会与技术的变化，当进入春秋战国时期以后，周王室已经无力拥有它作为上一个世代成功政治物种的荣光，无力改革自身，最终走向了失败的命运。

在其他诸侯国的军事竞争中，秦国不仅采取了正确的策略，而且叠加了较为有利的区位与地缘政治优势，最终完成了君主制中央集权官僚制国家的构建，成为新世代成功的政治物种。即便秦朝本身是非常短暂的，但它开创的模式将主宰今后近 2000 年的中国历史。如果福山的论断没有错，即中国在秦朝就已经建立了第一个韦伯意义上的“现代国家”，那么秦朝的模式不仅对中国、而且对世界其他地方的政治演化都具有相当程度的标杆意义。

欧洲近现代国家的兴起

在近现代民族国家兴起之前，欧洲长期处于封建主义时期，这是欧洲邦国林立、政治上碎片化程度较高、君主与贵族共同支配的时期。

按照查尔斯·蒂利的估算，公元 990 年的欧洲大约有几千个相对独立的各类政治实体存在。从 1500 年到 1780 年，欧洲相对独立的各类政治实体从 500 个左右下降到不到 100 个。到了 19 世纪，欧洲政治实体的数量继续减少。这意味着欧洲从中世纪到近现代的政治演化，经历了一个从数千个封建主义的、割据的政治体变成几十个民族国家的转型过程。那么，对欧洲来说，这种政治演化的过程是如何完成的？这是查尔斯·蒂利关心的核心理论问题。从他主编的《欧洲民族国家的形成》到他的专著《强制、资本与欧洲国家》，主要就是关于欧洲近现代民族国家如何兴起的经验研究。正如上文已经提到的，蒂利的主要观点是强调军事竞争与战争在欧洲近现代国家兴起过程中扮演的关键角色，欧洲近现代国家的兴起是一个战争塑造国家与国家制造战争的互动过程。[1]

封建主义体制的兴起

公元 476 年西罗马帝国覆灭之后，欧洲进入了漫长的中世纪。作为对西罗马帝国中央集权体制垮塌和蛮族持续不断入侵的反应，封建主义体制从公元 7 到 8 世纪逐渐在西欧兴起。在此后的相当长时间里，欧洲都处于封建主义体制支配的时期。封建主义体制完全不同于君主制中央集权官僚制国家，而是一种由大大小小的封建领主及其领地构成的松散体系。在封建主义体制之下，国王或君主只是一个较大领地范围内的最大领主，国王跟他的贵族之间其实是封君与封臣或领主与附庸的关系——这是一种基于土地又结合了政治军事权利和义务的复杂契约关系。作为领主的国王要给作为附庸的贵族提供土地，同时给他们提供保护，而附庸需要对领主表示效忠，同时需要为领主提供军事与财政上的援助和支持。公元 1000 年前后，整个欧洲版图上存在着几千个这样大大小小的封建领主以及以他们为代表的政治实体。尽管当时的欧洲曾经兴起过法兰克王国、神圣罗马帝国等貌似统一的大型政治体，但封建主义体制仍然

1 参见两项代表性研究：Charles Tilly, ed., *The Formation of National States in Western Europe*, Princeton: Princeton University Press, 1975; Charles Tilly, *Coercion, Capital, and European States, AD 990-1992*, 1990.

是它们内部的基本政治形态。[1]

统治者竞争模型驱动的国家构建

这里以神圣罗马帝国（Holy Roman Empire）为例，来分析封建主义在领地上的基本特征。神圣罗马帝国是由许许多多不同的公爵、伯爵、侯爵领地，不同的教会教区，以及不同的自治市镇等组成的一个松散政治体系。在每一个领地、教区、自治市镇，都有一个没有国王头衔的实际统治者，他掌控着那个地方的主要权力，包括土地、人口、税收、司法、军事等方面。[2]因此，神圣罗马帝国并非一般意义上的帝国，不是一个韦伯意义上的君主制中央集权官僚制国家，其政治权力结构不是中央集权的或纵向一体化的，而是在区域上与层级上彼此分割的。正如法国思想家伏尔泰所说："神圣罗马帝国，既非神圣，亦非罗马，甚至不是一个帝国。"这恰如其分地展示了神圣罗马帝国尽管拥有帝国的名号，其实是一个封建主义的松散统治体。

在近现代民族国家兴起之前，欧洲就是这样一个邦国林立、分崩离析的政治体系，中世纪封建主义体制下的权力结构、制度规则与观念体系支配着欧洲政治的主要方面。面对这样的政治格局，欧洲那些雄心勃勃的君主或大领主们又如何考虑自己的政治生存与政治策略呢？如果回到公元1000年前后，今天西欧、中欧和东欧存在较大国家的地方，都是由大大小小的封建领主统治着的。但这些

1　本书对封建主义还会做专门研究，关于封建主义的概况，参见：弗朗索瓦·冈绍夫，《何为封建主义》，2016；马克·布洛赫，《封建社会》（上、下卷），2004。

2　关于神圣罗马帝国的研究，参见：詹姆斯·布赖斯，《神圣罗马帝国》，孙秉莹等译，商务印书馆，1998。

地方后来都兴起了面积较大的欧洲国家。既然这些地方完成了从封建主义向近现代国家的转型，就意味着这些地方原先许多大大小小的封建领主们都被消灭了——至少它们不再是相对独立的政治实体，而少数更具实力的君主或领主完成了崛起。从数量上看，从公元1000年前后的数千个相对独立的政治实体，到后来数十个欧洲近现代民族国家的演化过程，本身就意味着绝大部分政治实体都是国家构建的失败者，而成功者只是少数。在这种格局之下，凡是较为理性的君主或封建领主一定会思考如何在政治军事竞争格局中维系政治生存的问题。从消极方面看，一个封建领主不过是为了实现自保，以免自己遭受政治毁灭的命运；从积极方面看，有的封建领主则还有更大的抱负，要实现开疆拓土，甚至模仿历史上那些雄才大略的统治者，要建立疆域辽阔的国家或帝国。

查尔斯·蒂利关于欧洲近现代国家构建源自战争塑造国家与国家制造战争互动的理论，就是在这一政治格局下提出来的。[1] 本书将蒂利的国家理论理解为统治者竞争模型驱动的国家构建。从真实的历史过程来看，在中世纪和近代早期的欧洲，大大小小的封建领主们都面对着类似的政治与军事竞争格局。一个封建领主的初衷，也许并非是要开疆拓土或缔造伟大国家，但他至少要保证能守卫自己的领地，也就是寻求自我保全或政治生存。即便是后来建成欧亚大陆最大国家的俄罗斯，起初也不过是面积不大的莫斯科公国，它并非一开始就有缔造辽阔帝国的政治目标，充其量也只是要谋求政治生存，避免被其他国家毁灭的命运。后来，莫斯科公国的君主们既凭借本身强大的政治意志与艰苦的政治军事努力，又凭借有利的地缘政治因素、有利的其他外部条件以及诸种机缘巧合，最终才塑

1 Charles Tilly, *Coercion, Capital, and European States, AD 990-1992*, 1990.

造了后来的俄罗斯帝国。

从逻辑上说，面对不同政治实体之间的军事竞争，一个处在统治者竞争模型下的君主或封建领主应该选择何种战略与战术呢？正如上文已经提及的，任何一个统治者的首要目标是实现政治生存。而要想在军事竞争的格局中实现政治生存，就要发展一个比较强大的武力系统。要想建立一个比较强大的武力系统，就需要依靠覆盖全国的税收系统的支撑。进一步说，谁能帮助统治者征税呢？这就离不开官僚系统。于是，统治者就要把纵向一体化的官僚系统建立起来。但由于当时是欧洲的封建主义时代，统治者试图这样做就会面临两种主要的阻力。

从内部看，就是贵族对于君主这种国家构建努力的抵制。从根本上讲，构建纵向一体化的近现代国家的政治努力跟封建主义政体的原则、跟贵族的政治经济军事特权是相背离的。由于封建主义体制下的实力结构、制度规则与观念体系，贵族对于统治者的这种政治努力进行抵制是非常正常的，其力量甚至可能会非常强大，甚至最终可能会让统治者无所作为。所以，但凡意志坚定、有能有为的君主就一定要打破这种内部的来自贵族力量的约束。否则，他们就无法完成所需要的国家构建。

从外部看，统治者还面临着跟其他对等统治者之间的政治与军事竞争。如果一个统治者能够打赢跟邻国的战争，他不仅能巩固自己的政治领地，甚至有机会开疆拓土，掌控更大规模的领地，进而有机会控制更多的人口，筹建更大规模的军队，巩固内部对于贵族集团的支配性优势，形成国家构建的良性循环。反过来，如果一个统治者输掉了跟邻国的战争，他不仅无力巩固自己的政治领地，甚至在较大概率上会失去自己的部分领土。在这种情况下，内部贵族的讨价还价能力还会上升。这样，就会形成国家构建的恶性循环。

在欧洲近现代国家构建的过程中，统治者除了需要做好几个规定动作，即建立强大的武力系统、覆盖全国的税收系统与纵向一体化的官僚系统，掌握正确的时机也非常重要。在欧洲的中世纪，支配性的战争模式是重装骑兵作为进攻力量和城堡作为防守力量的结合。城堡是贵族的驻地。国王需要发动对外战争时，贵族就带上数量不等的重装骑兵跟随国王并肩作战。这种战争模式，赋予了拥有重装骑兵的贵族在武力资源上的巨大优势。但是，到了中世纪晚期，欧洲出现了很多新的战争技术。除了英国人发明了长弓，最重要的战争技术创新，就是杀伤力较强的大口径火炮在欧洲的引入和普及。

在欧洲中世纪早期的战场上，由于火炮尚未出现，战争是由重装骑兵与城堡支配的。在这种战争模式中，重装骑兵是主要的进攻兵种，城堡则是主要的防御设施。两者相比，城堡作为防御力量还是占有优势。举例来说，今天英国苏格兰的爱丁堡不仅是一个城市名称，而且还是一个著名城堡的名称。作为城堡的爱丁堡位于一个山坡之上，略高于周围的地势。它的城墙厚重坚实，窗户采用窄条型设计，城堡内部的面积非常大，必要时内部土地还可以用于耕作。爱丁堡的这种设计，一方面，在冷兵器时代非常有利于防守，对手很难从外部攻破它；另一方面，即便遭遇对手围困，仍能实现长期的独立生存。所以，坚固的城堡就是贵族权力的象征。综合来看，重装骑兵与城堡的结合支配了中世纪的战争。这又在很大程度上构成了贵族势力强盛的一个技术条件。

但是，当蒙古人把中国宋朝发明的火药和火器带入欧洲，这一切都改变了。从政治演化论的角度看，如果把中世纪封建主义政体与近现代民族国家视为不同的政治物种，或者把中世纪的封建领主与近现代国家的君主视为不同的政治物种，那么战争技术的更新与突破成了决定不同政治物种生存机会的外部冲击因素。火炮经过技术改良，到中世纪后期已发展成为一种极具杀伤力的进攻武器。当重型火炮传入欧洲以后，重装骑兵这一曾经令人生畏的进攻兵种就失去了威力，城堡这一原先有效的防守设施也不再管用。这样，重型火炮的出现，大大改变了君主与贵族之间的武力资源结构，打破了原先的平衡。相对于一般贵族，君主在购置重型火炮方面拥有更大的优势，因为君主毕竟要远比他的贵族更有实力。到了中世纪晚期和近代早期，欧洲的有为君主们就凭借重型火炮这种新式武器装备，轰开了原本固若金汤的城堡，也使得重装骑兵的优势荡然无存，进而获得了相对于贵族的支配性优势。[1]

如果基于蒂利的理论来考察欧洲主要国家的国家构建过程，就会发现，它们的政治军事逻辑大体是相似的。综合来看，欧洲近现代国家的兴起与构建都离不开三个基本要素——武力系统、税收系统与官僚系统。当一个统治者把武力系统、税收系统和官僚系统这个“三件套”成功地建立起来以后，今天意义上的国家或现代国家就已然成型了。一个政治军事组织，如果既拥有军队，又拥有税收系统，还拥有官僚制，那它毫无疑问就是一个韦伯意义上的国家。从逻辑上说，武力系统、税收系统与官僚系统缺一不可。现代国家就是一个包括武力系统、税收系统与官僚系统这一完整构成的政治组织。

基于上述理论分析，接下来笔者要对欧洲大陆最具代表性的国家构建案例进行比较分析，以此更具体地展示战争与国家互相塑造的逻辑在真实的历史过程中是如何起作用的。回溯历史，今天欧洲

1　杰弗里·帕克等，《剑桥插图战争史》，傅景川等译，山东画报出版社，2004，第100—108页。

大陆较大规模的国家都有一个共同点，那就是它们在历史上都有过一位或几位雄心勃勃且极有作为的统治者。假如有这样一位统治者，他起初也许只是跟周围的君主或封建领主在实力上旗鼓相当，但在后来的政治演化过程中变得越来越强大。通常来说，这位统治者一方面要靠一场场的对外战争来攻城略地、开疆拓土，吞并许多周围原本不属于他的大大小小封建领地，另一方面要不断地建设武力系统，完善更大范围内的税收系统，发展纵向一体化的官僚系统。这种持续不断的努力，最终使得这位统治者及其子孙能够塑造一个近现代民族国家。以法国、俄罗斯为代表的欧洲国家在国家构建上其实都经历了类似的过程。

国家构建的成功案例：法国

法国是欧洲近现代最早兴起的民族国家之一，也是欧洲大陆最早完成君主制中央集权官僚制国家构建的国家之一。一般认为，公元 751—911 年的法国加洛林王朝是欧洲封建主义体制的发源地。这种封建主义体制直到 12、13 世纪还左右着法国政治的基本格局。比如，一部流行的法国史教科书这样写道，12 世纪的法国，“国王只是诸多诸侯中间的一个”，几位主要的公爵与伯爵“在人员、土地与收入上同他们的君主一样强大”。[1] 13 世纪左右，法国王权开始逐渐增强，封建贵族的特权则逐渐削弱，并最终在 17 世纪的路易十四时代塑造了欧洲大陆最具典范意义的绝对王权，法兰西君主制中央集权官僚制国家的构建终于完成。

1 乔治·杜比主编，《法国史》（上册），吕一民等译，商务印书馆，2010，第 367—368 页。

这一切或许首先得益于公元1000年左右开始的欧洲人口的增加、经济的增长与城市的发展。从13世纪开始，法国在政治上的总体趋势是：王室领地不断扩大，国王权力与权威持续增长，国王直属军队规模逐渐扩张，服务于国王统治需要的宫廷规模越来越大，巴黎作为法国首都的地位提升与规模扩大，国王对于地方政治控制逐渐加强，法国在欧洲大陆政治中扮演越来越重要的角色，等等。1226—1270年在位的路易九世已经被法国以外的人们称为“国王中的国王”和基督教世界“独占鳌头”的国王。菲利普五世时期（1316—1322年在位），国王在巴黎西奈岛宫廷的工作人员规模已经达到了951人。1328年的一份档案显示，在法国当时42.2万平方公里的土地上，法国国王的领地为31.3万平方公里，占比约四分之三。这些资料都表明，法国开始逐渐走出封建主义时代。

从路易十三（1610—1643年在位）到路易十四（1643—1715年在位），则是法国完成近现代国家构建的关键时期。路易十三本人应该算不上是雄才大略的君主，他统治法国很大程度上是倚仗他的重臣们。其中最重要的人物，就是著名的枢机主教、首席大臣黎塞留。黎塞留管理法国政府期间，帮助法国大大强化了中央政府权威，提高了中央集权程度。黎塞留用两句后来很著名的话来描述他自己界定的两项使命：一是要“使国王崇高”，二是要“使王国荣耀”。在黎塞留看来，两者不仅都是重要的，而且还有着内在的逻辑顺序，即在法国当时的政治情境之下，只有“使国王崇高”，才能“使王国荣耀”。这意味着，需要把政治权力集中到国王与中央政府手中，要把法国封建主义传统和过去长期形成的贵族制特权结构打破。在黎塞留执政期间，高级议政会被发展成了以路易十三为中心的首要的政府机关，国王对外省的控制也大大加强了，国王派驻地方的官员开始有了常驻性质并开始拥有巨大的权力，三级会议等中间团体的力量受到了很大的限制。所有这些都意味着绝对主义体制与绝对王权在法国得到了前所未有的发展。[1]

跟路易十三相比，路易十四在法国历史上的地位更是显赫。后世历史学家认为，路易十四时代的法国，可称得上是法国的“伟大时代”。路易十四活了将近 77 岁，在位时间长达 72 年。他在位期间继续强化法国王权，确立了欧陆典范意义上的绝对君主制，同时参与欧洲争霸，建立了法国的欧洲霸主地位。

具体而言，路易十四的许多关键改革，跟蒂利国家理论所揭示的政治逻辑是高度相似的。他的重要做法是强化以君主为中心的中央政府组织，包括建立高级议政会、政令议政会与王家财政议政会，而这些机构都围绕在君主周围。路易十四不仅是当时法兰西的君主，而且还亲自兼任着“首席大臣”的角色。同时，路易十四继续强化对外省的行政控制，基本建立起了覆盖整个法国的行政管理系统。他的重臣柯尔柏则协助他建立了一套新的覆盖整个法国的税收系统。在路易十四时代的欧洲，国王拥有大规模的职业军队或常备军还不是一个普遍现象。但是，路易十四将法国的职业军队发展到了一个令人望而生畏的程度：“1667 年为 7.2 万，1672 年为 12 万，1688 年为 29 万，1703 年增长到 40 万。”这主要是指陆军。同时，路易十四还指示他的大臣加速发展海军。“1661 年法国有战船 18 艘，1683 年……这一数字增加到了 276 艘。”[2]法国陆军与海军规模的扩张只是军事改革的一个方面，另一个方面则是路易十四把直接控制军队的权力收归己有，贵族要么成为新式军队中效忠于国王的职业军官，要么就只能靠边站了。这就从根本上重构了封建主义

1　乔治·杜比主编，《法国史》（上册），2010，第 655—673 页。
2　同上，第 700—701 页。

时代以来君主与贵族在武力资源分配上的政治关系。总之，这不仅是一支当时欧洲大陆最强大的军队，而且是由国王实现了直接控制的军队——它们只属于君主，而不再是由君主与贵族分享对军队的控制权。

凡尔赛宫的建造，也是法国路易十四时代绝对王权得到强化的象征。凡尔赛宫这一欧洲最大、最雄伟、最豪华的宫殿建筑，不仅见证了路易十四与当时法国政府的财政实力、税收规模与官僚制力量，而且还见证了法国君主与贵族关系的根本性再造。路易十四修建凡尔赛宫的主要意图之一，是想让全法国的主要贵族都来凡尔赛宫集中居住。这样做的目的，说得直白些，就是为了在政治上控制他们，削弱其原先在各自领地享有的政治、经济、军事、司法特权，进而能强化以绝对君主权力为中心的官僚系统对外省与地方的全面渗透与掌控。[1]当路易十四做到了这些，就意味着从路易十三时代到路易十四时代，法国已经建成了完整意义上的君主制中央集权官僚制国家，绝对君主制就完成了在法兰西的形塑，法兰西近现代民族国家构建亦在此过程中逐渐完成。

需要说明的是，在上文分析中国秦朝时，笔者使用过君主制中央集权官僚制国家的概念。毫无疑问，以欧洲标准来看，秦朝更是一个绝对君主制王朝。但即便在据称拥有绝对王权的路易十四时代，君主也不可能拥有中国皇帝拥有的那种政治权力。无论从何种意义上，法国近现代国家构建过程中的绝对王权，跟中国古代君主专制政体下的绝对王权，还是存在着诸多根本的差异。路易十四权

1　关于路易十四与绝对王权的研究，参见：Ragnhild Hatton, ed., *Louis XIV and Absolutism*, London: Palgrave Macmillan, 1976. 关于凡尔赛宫跟路易十四及其朝臣、贵族关系的研究，参见：Jacques Levron, "Louis XIV's Courtiers," in Ragnhild Hatton, ed., *Louis XIV and Absolutism*, 1976, pp. 130-153.

力再大，他也不可能成为秦始皇或汉武帝式的东方君主。有历史学家这样讨论路易十四时代的王权：

> 国王享有绝对权力，因为他可以制定法律而无需征求臣民的同意。国王主权的实施不受任何监控，所有人均须服从。但是法国人并不觉得他们生活在专制主义政府的统治之下，他们总喜欢将他们的“自由”与土耳其苏丹和莫斯科沙皇的臣民的奴役状态作比较。尽管法国的王权不受监控，但国王的意志实际上须服从某些规则。王权是理性的、慈父般的，它须尊重臣民的财产权、生命和荣誉。甚至在某些理论家看来，整个社会的等级化，三个等级、中间团体、高等法院、省三级会议、地方和职业社团的存在，所有这些都是王国基本法的一部分，它们必须得到君主体制的关注和尊重。国王的意志应该是符合基督教的，他不能违背神的戒律。[1]

国家构建的成功案例：俄罗斯

欧洲另一个有标杆意义的国家构建案例是俄罗斯。俄罗斯经过数百上千年的努力，从公元 9 世纪一个位于今天乌克兰基辅的封建领主公国，发展成了横跨欧亚大陆的全球最大国家。简而言之，俄罗斯经历了四个不同形态的国家演化阶段，分别是基辅罗斯大公国（862—1240）、莫斯科大公国（1283—1547）、沙皇俄国（1547—1721）与俄罗斯帝国（1721—1917）。统治俄罗斯上千年的是两个王朝：留里克王朝（862—1598）和罗曼诺夫王朝（1613—1917）。

1　乔治 · 杜比主编，《法国史》（上册），2010，第 664 页。

在开疆拓土和建设国家方面，俄罗斯在这一千多年里涌现过许多有为君主，但最具代表性的恐怕要数留里克王朝的伊凡三世（1462—1505年在位）、伊凡四世（即伊凡雷帝，1533—1547年在位），以及罗曼诺夫王朝的彼得一世（即彼得大帝，1682—1725年在位）、叶卡捷琳娜二世（即叶卡捷琳娜大帝，1762—1796年在位）和亚历山大一世（1801—1825年在位）等。

今天的俄罗斯起源于公元862年建立的基辅大公国，首都位于今天乌克兰的基辅，史称基辅罗斯。后来，到了13世纪晚期，莫斯科成了欧洲东部新兴的政治中心。公元1283年，莫斯科公国得以建立。莫斯科公国起初只是莫斯科附近很小的区域，甚至连莫斯科附近的古老城镇苏兹达尔（Suzdal）都尚未成为莫斯科公国的一部分，该地离莫斯科仅有200多公里；随后，莫斯科公国逐渐扩张和占领了较大地方，包括今天的沃洛格达（Vologda）在内，该地离莫斯科有470多公里；后来，莫斯科公国又逐渐占据了包括今天芬兰大部分领土的北至北冰洋的广大地区。这就奠定了日后沙皇俄国疆域的基础。在莫斯科公国版图扩张的过程中，几位强有力的君主特别是伊凡三世和伊凡四世起到了决定性的作用。

1547年，伊凡四世加冕为沙皇，继续实行领土扩张政策，并在16世纪末征服了西伯利亚。尽管历代俄罗斯君主抱负有高低、能力有强弱，但以上面提到的几位君主为代表，他们以多种方式推进了后来疆域无比辽阔的俄罗斯的国家建设。他们的典型做法，就是不断地发动对外战争，包括一开始跟基辅大公国和莫斯科大公国附近的封建领主作战，到后来跟西伯利亚汗国、波兰–立陶宛联邦、瑞典、奥斯曼帝国、波斯、中国清朝等作战。战争有两个直接目的，一是征服或占领别国的领土，甚至吞并一个国家；二是确立自己地区霸主的地位，对周围的小国形成威慑力，便于可以以其他柔性方式来获得领土。持续的战争，还产生了一个间接后果，就是要求俄罗斯具有从事战争的强大国家能力，这就对俄罗斯的国家构建产生了有效的驱动。按照蒂利的理论，为了拥有强大的军队，官僚体系与税收系统的发育就成为一个必要条件。有历史学家认为，俄罗斯历代君主的最大嗜好，就是对更大规模领土的渴望。为了这一目标，君主们需要不断地开疆拓土，而这又要求君主们在加强俄罗斯君主权威与中央政府权力上有所作为。这些作为无非是强化中央政府与官僚机构、加强对地方的渗透与直接管理、扩大常备军并提升军队的战斗力、削弱起初力量较强的封建领主实力等。

这里结合彼得一世改革对俄罗斯的国家构建过程做一个简要讨论。俄罗斯历史学家克柳切夫斯基以这种方式论述彼得一世的改革：

> 战争是彼得一世进行改革的主要推动力。军事改革是改革的开端，整顿财务是最终目的。彼得从国防事务的革新入手，朝着改造国家经济的方向前进；其余的一切措施，要么是已经开始了的工作所带来的不可避免的后果，要么是为达到最终目的而采取的准备手段。[1]

克柳切夫斯基写下上述文字时，蒂利的论著尚未出版。但他已经较为充分地论述了战争驱动军事改革、财政税收改革与官僚制改革的逻辑。为了赢得战争，首先，彼得一世对俄罗斯进行了军事改革，首次通过普遍招募的征兵制建立了一支规模超过20万

1　瓦·奥·克柳切夫斯基，《俄国史教程》（第四卷），张咏白等译，商务印书馆，2015，第51页。

人的正规军，首次建立了正规海军即波罗的海舰队。其次，他改革了财政与税收，引入了包括人头税在内的新税种、建立专卖制度等。总之，改革要以各种不同方式来提升君主的征税能力。彼得一世的名言是："钱应尽可能多征收，因为钱是战争的命脉。"最后，彼得一世还推进了行政改革。他的行政改革一般被认为不太成功，但即便如此，这些行政改革仍然在强化中央政府机构、管理省级与地方行政事务、削弱贵族特权及其政治经济影响方面发挥了作用。所有这一切，都是俄罗斯长期政治演化的一部分，其核心就是推进俄罗斯的国家构建。[1]

总体上，俄罗斯历代君主在国家构建上的政治努力，跟法国路易十三和路易十四时代的做法大同小异。背后的根本逻辑仍然是军事竞争驱动的国家构建，包括发展强大的武力系统、建立覆盖全国的税收系统与创建纵向一体化的官僚系统等。俄罗斯国家构建过程的特殊性可能在于，原先的莫斯科公国以东的广大地区当时还存在大量尚未被其他强权控制的大片领土。这种地缘政治的特殊性，对于后来造就世界领土最大的国家具有决定性意义。

国家构建的失败案例：波兰–立陶宛联邦

跟法国、俄国这两个比较成功的欧陆国家构建案例相比，欧洲大陆上的同一时期更多的则是国家构建较为失败的案例。在从中世纪到近现代的政治演化过程中，欧洲大陆国家构建的失败案例从数量和比例上看都要多得多。比如，凡是在中世纪曾经在欧洲版图上占据较大领土的封建领主，只要后来没有像法国、莫斯科公国和普

1　瓦·奥·克柳切夫斯基,《俄国史教程》(第四卷)，2015，第1—186页。

鲁士这样发展成为欧洲的近现代民族国家，那么它们通常就是被别的君主或领主吞并了。那些起初相对独立而最终又消失的欧洲中世纪政治实体，一定要比存续下来并发展成为近现代民族国家的政治实体，在数量和比例上更多。按照上文提到的查尔斯·蒂利的估算，从公元 1000 年左右到公元 2000 年，欧洲的各类政治实体从数千个锐减为几十个。这意味着，欧洲大陆有超过 95% 的政治实体不仅无法实现成功的国家构建，而且无力维系自己的相对独立与政治生存。这些政治实体就成了别的政治实体推进国家构建的牺牲品。

在所有这些国家构建案例中，波兰并不是一个真正的失败者。如果波兰是一个国家构建失败者的话，今天欧洲版图上就不会有波兰这个国家了。但波兰的确曾经遭遇过国家构建的重大挫败。在欧洲政治从中世纪向近现代演化的过程中，波兰一度是一个领先者。1569 年，波兰王国和立陶宛大公国签署协议，联合成为波兰–立陶宛联邦（Polish–Lithuanian Commonwealth），其面积最大时超过 100 万平方公里，堪称欧洲主要大国之一。但两百年之后，这样一个一度在 17 世纪击败过俄罗斯的欧洲大国却遭遇了被瓜分的命运，即 1772 年的奥匈帝国、普鲁士与俄罗斯三国瓜分波兰，史称第一次瓜分波兰。[1]

一个貌似强大的波兰–立陶宛联邦会被其他欧洲列强瓜分，主要原因就是，波兰–立陶宛联邦没有能够解决国王权力和贵族权力如何有效分配的问题。在波兰–立陶宛联邦的政体之下，国王从来就没有成为一个有权威、有效能的国王。该国总的来说是贵族共和

1 波兰后来又于 1793 年、1795 年两次遭到瓜分，1795 年之后波兰–立陶宛联邦就从欧洲版图上彻底消失了。

制政体，不仅国王由全国的大贵族们选举产生，而且主要的大贵族对重要法案和政策均拥有否决权。当时该国实行的一条较为重要的规则是，贵族组成的议会实行全体一致原则或一致同意规则。由于是贵族以民主投票方式决定国王人选，国王大体上只能讨好贵族，而无法采取法国或俄国式的削弱贵族并强化君主权威与中央集权的措施。由于主要大贵族均拥有重要法案与改革方案的否决权，使得国王要想推行任何削弱贵族特权的改革都成为不可能。[1]

以今天的政治理论而言，贵族共和制是一种比绝对君主制更进步的政体类型，但在当时欧洲的政治格局中，波兰–立陶宛联邦的政体模式在政治军事上几乎无所作为，所以就无法加强该联邦的政治军事力量。与此同时，波兰–立陶宛联邦还面临着强邻环伺的地缘政治格局。该国东有俄罗斯，西有普鲁士，南有奥匈帝国，北有当时的北欧强国瑞典。如何在这种地缘政治结构中实现政治生存，是一个严峻的挑战。按理说，波兰–立陶宛联邦最有效的生存策略是强化武力系统、税收系统和官僚系统的建设，形成一个由强大君主领导的中央集权官僚制国家。这样，波兰–立陶宛联邦的军事能力就能得到有效提升。但由于贵族共和制的政体模式，它无力完成当时所需要的国家构建。最终，该联邦走上了被周围强国瓜分的道路。一部关于波兰、立陶宛等国国家构建的专著这样写道：

> 联邦没能为成为现代强权积蓄起财政和军事实力。刚开

1　关于波兰–立陶宛联邦的概况，参见：Jerzy Lukowski and Hubert Zawadzki, *A Concise History of Poland*, 2nd Edition, Cambridge: Cambridge University Press, 2006, pp. 83-132. 关于波兰被瓜分的研究，参见：Jerzy Lukowski, *The Partitions of Poland: 1772, 1793, 1795*, London: Routledge, 1999.

> 始的好运用完后，君主的选举并不符合联邦的利益。无法建立起王朝的国王们，更无心考虑联邦的福祉，而出身国外的国王们也不愿意投身波兰政治的困局中。波兰和立陶宛上层阶级不断拓展的权力，也为俄罗斯帝国（莫斯科公国在1721年后的国名）提供了使王国政体瘫痪的可乘之机。考虑到王国议会的议事原则是全体一致，那么只要贿赂一个人，就能阻止任何改革通过。[1]

这样，在当时欧洲的多国竞争体系中，波兰–立陶宛联邦尽管拥有今天看来政治文明程度较高的贵族共和制模式，但恰恰是这种政体模式的牵绊，竟然使得该国难以在政治竞争格局中生存下来。所以，在人类政治演化过程中，不同政治物种的生存或毁灭，绝不是基于应然的逻辑，而是基于实然的逻辑。不是哪个政治物种在道德或价值观念上更优越，而是哪个政治物种更能在互相竞争的政治军事格局中获得生存的机会。就波兰–立陶宛联邦这个案例而论，决定一个政治物种生存或毁灭的，主要仍旧是不同政治实体之间的军事竞争。

从政治演化论视角来看，贵族共和制在人类政体演化的等级上甚至要比绝对君主制更为高级——对于这一点，本书还会在英国从封建主义向贵族与君主共享权力的立宪主义演化的案例中做进一步讨论。然而，在当时欧洲大陆国家间的竞争格局中，实行贵族共和制的国家却难以生存下来。这意味着，在政治演化的世

1　蒂莫西·斯奈德，《民族的重建：波兰、乌克兰、立陶宛、白俄罗斯，1569—1999》，潘梦琦译，南京大学出版社，2020，第32页。译文根据原著略有调整，原著参见：Timothy Snyder, *The Reconstruction of Nations: Poland, Ukraine, Lithuania, Belarus, 1569–1999*, New Haven: Yale University Press, 2003.

界中，如同查尔斯·达尔文所言，同样不是最高级的物种得以生存，而是最适者得以生存。按照蒂利的理论，国家间的军事竞争要求波兰–立陶宛联邦推进有效的国家构建，进而获得捍卫自身政治生存所需的军事力量。但由于君主与贵族之间的权力结构难以实现再造，由于贵族权力太大而国王权力太小，就没有办法形成一个武力上比较强大、财政上能统一、能实现纵向一体化官僚制管理的现代国家模式。结果，波兰–立陶宛联邦就从欧洲版图上消失了。

国家构建与扩散的逻辑

如果把中国秦汉王朝与欧洲近现代民族国家的形成视为中、西国家构建的关键时刻，那么韩非与马基雅维利就是中、西国家构建的预言者与理论先驱。而查尔斯·蒂利则为理解国家构建提供了一个一般分析框架。

韩非与“强君”思想

战国晚期成书的《韩非子》可以算中国版的《君主论》。尽管该书一些篇目作者存疑，但其核心篇目应该为战国晚期思想家韩非所著。[1] 在韩非所处的战国晚期，无论是诸侯还是向诸侯推销自己治国理论的思想家，他们的核心关切，消极地说，是诸侯国如何在强国林立的多国竞争体系中维系政治生存；积极地说，是诸侯国如

1　关于《韩非子》的版本与篇目真伪，参见高华平为《韩非子》一书所撰的前言：韩非，《韩非子》，2010，第 1—10 页。

何励精图治、改革变法以便有机会一统天下。韩非入秦之后，他的基本问题意识就是秦国尽管比较强大，但尚未成为战国时期多国竞争体系中的霸主。所谓“四邻诸侯不服，霸王之名不成”，或者说，“赵当亡而不亡，秦当霸而不霸”。他在《韩非子》一书中向秦王推销自己的政治理论，目的就是帮助秦国尽快实现称霸的目标。

韩非的核心政治主张就是“强君”，即君主要强化中央集权，并提高自身的政治权威。在他看来，君主的最大威胁来自身边的妻妾子嗣、重臣贵族。韩非说：

> 爱臣太亲，必危其身；人臣太贵，必易主位；主妾无等，必危嫡子；兄弟不服，必危社稷。臣闻千乘之君无备，必有百乘之臣在其侧，以徙其民而倾其国；万乘之君无备，必有千乘之家在其侧，以徙其威而倾其国。是以奸臣蕃息，主道衰亡。是故诸侯之博大，天子之害也；群臣之太富，君主之败也。……
>
> 昔者纣之亡，周之卑，皆从诸侯之博大也；晋之分也，齐之夺也，皆以群臣之太富也。夫燕、宋之所以弑其君者，皆以类也。[1]

韩非认为，唯有强君才是恰当的做法，也是诸侯国要变得强大、能够称霸的关键步骤。韩非认为：“事在四方，要在中央。圣人执要，四方来效。”这里的圣人，就是诸侯国君主。具体而言，只有综合运用法、术、势，君主才能将政治权力集中于自身，而防止大权旁落。比如，韩非认为，君主应该做到深藏不露、自主决断、

1　韩非，《韩非子》，2010，第30—31页。

大权独揽。他这样说：

> 人主有三守。三守完，则国安身荣；三守不完，则国危身殆。何谓三守？人臣有议当途之失、用事之过、举臣之情，人主不心藏而漏之近习能人，使人臣之欲有言者，不敢不下适近习能人之心而乃上以闻人主，然则端言直道之人不得见，而忠直日疏。爱人不独利也，待誉而后利之；憎人不独害也，待非而后害之；然则人主无威而重在左右矣。恶自治之劳惮，使群臣辐凑之变，因传柄移藉，使杀生之机、夺予之要在大臣，如是者侵。[1]

由于韩非并未实际掌权，所以，他的学说以理论阐述为主。尽管他并未阐述诸侯国在战国晚期的军事竞争格局中如何自强和称霸的一整套完整制度、政策与变革方案，但他明确主张，强君是这种国家构建过程的核心，君主建立一个融合法、术、势的自上而下的权力控制系统是诸侯国自强与称霸的关键。韩非的具体观点当然存有争议，但韩非理论的要旨跟中国从战国至秦汉的君主制中央集权官僚制国家的构建逻辑是一致的。

马基雅维利与“君主论”

在西方，意大利思想家马基雅维利于1513年完成的《君主论》则是欧洲近现代国家形成与构建的预言书。[2]《君主论》常常被人视

1　韩非，《韩非子》，2010，第155—156页。
2　尼科洛·马基雅维利，《君主论》，1985。

为一个反道德的作品，而马基雅维利主义则被看成“为了达成目的可以不择手段”的代名词。然而，《君主论》的本意，不是说政治是反道德的，而是说政治是非道德的，因为政治首先只能以政治标准来评价，而不能首先以道德标准来评价。马基雅维利著《君主论》，其实也是要回答当时的时代之问。在他所处的时代，今天的意大利仍然是政治上分崩离析的局面，佛罗伦萨、威尼斯等城市共和国各自为政，四分五裂，而近代民族国家已经在当时的西班牙、法国呼之欲出。因此，马基雅维利所处的欧洲，其实已经处在从封建主义转向民族国家的前夜。

马基雅维利意识到了意大利的危机，认为意大利的前途就在于形成一个有效的民族国家。确认这一基本趋势之后，马基雅维利认为，有效的民族国家需要奠基者，那就是强有力的君主。在现代民主兴起之前，国家实际上是一个以君主为核心的政治军事集团。一个强有力的君主，往往是欧洲近现代民族国家的开创者与构建者。法国、俄罗斯、普鲁士莫不如此，而后来的波兰-立陶宛联邦恰恰由于缺少强有力的君主，无力塑造一个君主制中央集权官僚制国家，最后竟然落入了被瓜分的境地。这才是马基雅维利著《君主论》的真实原因。

当时的马基雅维利在佛罗伦萨遭遇了个人政治生涯的严重危机，不得不蛰伏于佛罗伦萨郊区的一个农场。在白天务农的辛勤劳作之余，他晚上就会点上油灯，身着朝服开始写作。他思考的是：意大利究竟要往哪里去？他检讨意大利的过去，考察意大利周边国家的新趋势，沉思意大利的未来。在他看来，在当时意大利纷乱复杂的局面中，唯一可以指望的就是出现一位强有力的君主。所以，马基雅维利才会把一生中最富有创造力的年华投身于《君主论》的撰述。

正是因为如此，在马基雅维利的眼中，君主的行事准则根本就不能以单纯的道德或伦理原则来衡量。比如，在衡量后来的法国国王路易十四的作为时，简单的道德或伦理标准根本就不是一个恰当的标准。在政治上，路易十四最重要的作为是奠定了现代法兰西的国家基础。如果以法国的政治演化作为时间参照，马基雅维利撰写《君主论》的岁月，还是路易十二（1498—1515年在位）的时代，路易十三及其著名的首席大臣黎塞留、太阳王路易十四还远未登上法国政治的舞台。但在当时的欧洲，如果要推进近现代民族国家的构建，君主必定要设法削弱乃至剥夺封建体制下的贵族特权，同时要强化君主的权威。但问题是，原先享受诸多封建特权的欧洲贵族们乐意接受这种命运吗？他们的选择当然是抵制或反抗。那么，欧洲的君主们怎样做，才能达成他们的目标呢？

简而言之，他们无非是借助两种手段：一是靠强力，二是靠诡计。拿路易十四来说，他就是一位既借助强力又借助诡计，最终迫使贵族们就范的强大君主。如果路易十四当时没有这样做，后来法兰西的命运就会彻底被改写，法国就会大大推迟近现代民族国家构建的进程。所以，马基雅维利认为，不能以单纯的道德或伦理原则来衡量君主们的作为，只能以君主和民族国家的政治生存作为更重要的原则。他这样论述政治与道德的关系：

我知道每一个人都同意：君主如果表现出上述那些被认为优良的品质，就是值得褒扬的。但是由于人类的条件不允许这样，君主既不能全部有这些优良的品质，也不能完全地保持它们，因此君主必须有足够的明智远见，知道怎样避免那些使自己亡国的恶行，并且如果可能的话，还要保留那些不会使自己亡国的恶行，但是如果不能够的话，他可以毫不踌躇地听之任之。

还有，如果没有那些恶行，就难以挽救自己的国家的话，那么他也不必要因为对这些恶行的责备而感到不安，因为如果好好地考虑一下每一件事情，就会察觉某些事情看来好像是好事，可是如果君主照着办就会自取灭亡，而另一些事情看来是恶行，可是如果照办了却会给他带来安全与福祉。[1]

马基雅维利的字里行间当然有着善与恶、好与坏这样的道德判断，但他更看重的无疑还是如何维系国家的政治生存，避免可能的亡国命运，以及促进国家与君主自身的安全与福祉。如果把马基雅维利的论述放在欧洲从封建主义向近现代民族国家转型的这一大背景下进行考察，就会发现，跟同时代的其他思想家相比，马基雅维利有着惊人的远见。马基雅维利大致准确地预见了近现代民族国家的兴起将是欧洲政治演化的大趋势，而“强有力的果敢的君主”将在这一历史过程中扮演关键的角色。所以，正如上文提及的，后来的英国历史学家阿克顿勋爵对马基雅维利的评价就非常之高，他甚至认为“后来整个历史是对马基雅维利的权威诠释”。

如果以这种视角来理解马基雅维利，那么半个多世纪之后的法国思想家让·博丹（1530—1596）和一个多世纪之后的英国思想家托马斯·霍布斯不过是其理论的接续者。尽管让·博丹的完整理论较为复杂，但一般认为，他主张主权是除上帝旨意和自然法之外不受任何约束的绝对权力，是臣民之上不受法律制约的最高权力。当然，需要说明的是，博丹眼中的主权者并不必然是君主，也可以是国会。具体而言，主权者可以建立行政机构及任免官员、立法与废

1 尼科洛·马基雅维利，《君主论》，1985，第 74—75 页。

除法律、宣布战争与媾和、生杀予夺等。总之，主权是政治共同体内部最高且不受外部干预的权力。[1]历史地看，作为一位法国思想家，博丹为主权摇旗呐喊，客观上成了路易十四时代绝对君主制的思想先声。而17世纪的英国思想家霍布斯则深陷于当时的英国内战所带来的恐惧，他认为，唯有国家或利维坦的构建才能防止人与人的战争状态。在系统论述国家何以必需之后，霍布斯甚至还声称，任何统治都要好过没有统治的无政府状态。[2]所以，霍布斯也算得上欧洲近现代民族国家构建的支持者与呼吁者。

查尔斯·蒂利与国家构建论

本书上文已经多次提到的查尔斯·蒂利则是一位20世纪的社会科学家。如果说韩非、马基雅维利、博丹、霍布斯等思想家主要是对国家进行哲学思考的话，那么蒂利的兴趣则在于对欧洲近现代国家的兴起进行经验研究，进而提出了一个理解国家形成或国家构建的一般理论框架。正是他的贡献，为后来的学者理解国家、国家形成与国家构建提供了新的理论视角。在《强制、资本与欧洲国家》一书中，蒂利提出了两个关键的理论问题："如何解释公元990年以来在欧洲盛行的各类国家在时间和空间上的巨大差异？以及为何欧洲国家最终都汇聚为民族国家的不同变体？"简而言之，蒂利关注的是欧洲近现代民族国家兴起过程及其结果的相似性与差异性。

为了在理论上解释这两个问题，蒂利提供了一个颇为复杂的分

1　Jean Bodin, *Six Books of the Commonwealth*, Abridged and translated by M. J. Tooley, Oxford: Basil Blackwell, 1967.

2　托马斯·霍布斯，《利维坦》，1985。

析框架。总体上，他试图用欧洲不同国家在近现代历史演化过程中两个关键变量——强制（coercion）的积累与集中，以及资本的积累与集中——的相同与不同，来解释上述两个问题。在欧洲国家政治演化的三条路径中，即强制密集型（coercion-intensive）、资本密集型（capital-intensive）和资本化强制（capitalized coercion），只有资本化强制的类型与路径——主要是法国和英国——更容易率先发展出近现代民族国家。因为这种模式使得国家可以从资本的发展中受益，能够把国内资源优势转化为国家间竞争中的战争优势，故而成了欧洲近现代国家构建的最有效路径。[1]

蒂利最具标签性的观点是，战争与军事竞争是欧洲近现代国家形成与构建的主要驱动力。用一句话来说，就是战争塑造国家与国家制造战争的互动推动了欧洲近现代民族国家的兴起。蒂利的主要理论可以表述为三个具体观点。首先是国家间竞争对战争的驱动。蒂利说：

> 控制着集中的强制资源（陆军、海军、警察部队、武器和其他武力）的人通常企图使用这些资源来扩大对其运用权力的人口和资源的范围。当他们没有遇到对强制力量实现了相当控制的对手时，他们就获胜了；当他们遇到真正的对手，他们就发动战争。
>
> 某些征服者对辽阔领土上的人群成功地实行了稳定的控制，并且能以常规化的方式获得这一领土上产出的部分商品和服务时，他们就成了统治者。[2]

1　Charles Tilly, *Coercion, Capital,and European States, AD 990-1992*, 1990, p.5, pp.27-33.

2　同上，p.14。

蒂利这里的论述，不仅强调了国家间竞争会导致战争，而且还强调了国家一旦兴起，它相对于周围非国家的部落社会就拥有显著的优势。后者可以帮助我们理解，无论是人类早期国家还是欧洲近现代国家，一旦兴起之后，往往具有显著的扩散效应。

其次，统治者为了发动战争，就需要获得许多必要的资源。蒂利这样说："战争和准备战争就使统治者从那些拥有必要资源——人员、武器、供应或者购买这些的金钱——的其他人那里，或者那些如没有强大的压力或补偿就不愿意服从的人那里榨取战争的资源。"[1] 当然，统治者或国家榨取战争所需的资源最终稳定到了税收的形式上。可想而知，如果享有特权的封建贵族妨碍了统治者或君主建立覆盖全国的、纵向一体化的税收系统的需要，君主与贵族之间就会发生冲突，乃至战争。而凡是进行成功国家构建的君主或统治者都要克服贵族集团在政治上的阻力。

最后，正是因为战争和准备战争的需要，统治者就需要发展出一整套官僚系统。按照蒂利的说法，"在其他国家的需要与回报所确定的约束条件下，对战争资源的榨取和争夺就创造了国家的中央组织机构"。[2] 这就是韦伯式的官僚系统的起源。

所以，综合来看，每个统治者面临的首要问题就是政治生存。为了政治生存，统治者常常不得不应付可能的军事竞争或战争。为了准备战争，理性统治者又要进行一系列以提高军事能力为目标的组织构建、制度改革与政治创新，包括改善军队建制、武器装备和后勤系统，包括重塑国王与贵族的权力关系，包括建立覆盖全国的税收系统，包括发展纵向一体化的官僚制等。当所有这些工作都完

1　Charles Tilly, *Coercion, Capital, and European States, AD 990-1992*, 1990, p. 14.
2　同上，p.15。

成以后，一个拥有强大武力系统、完善税收系统与有效官僚制的统治机构已然成型——这就是国家形成或国家构建的过程。

国家形成与国家构建是人类政治演化史上的重要一环。自国家形成以后，它就成了人类政治演化的基本载体。国家兴起，既涉及国家为何兴起的问题，又涉及国家为何呈现此种政治形态的问题。不管是中国古代国家的构建还是欧洲近现代民族国家的构建，都有相似的逻辑，即在统治者竞争模型之下，战争驱动了武力系统、税收系统与官僚系统的塑造，进而形塑了国家。由此，国家形成或国家构建过程，就是一个战争塑造国家与国家制造战争互动的过程。这就是蒂利所呈现的逻辑。

国家构建的扩散机制

一旦原生型国家在人类居住的少数地区兴起，一旦有人类群体率先完成国家革命，就会具有不可阻挡的扩散效应。只要有着适宜的地理、人口与技术条件，国家作为人类政治演化过程中的一种新的政治发明，因其不可抗拒的制度优势，就会出现快速的扩散。这种扩散是通过两种机制来实现的。

第一种机制是模仿，就是那些起初尚未出现国家地区的人类群体，经由学习和模仿的过程，他们能较快地掌握国家构建的能力。一个明显的例子是，历史上中国长城以北的游牧民族往往是在跟长城以南农耕政权的互动过程中，经由向前者的学习和模仿，逐渐习得以国家为政治形态的政治组织能力的。按照美国蒙古学家欧文·拉铁摩尔的观点，在这一地带兴起的“征服者并不是纯粹的典型的少数民族，而是邻近亚洲内陆边疆的混合文化民族”。汉朝时期的匈奴，两宋时期的辽、金和蒙古，明朝后期的女真，都是兴起于跟中原农耕政权易于互动的边缘地带，而非真正的草原深处地区。这不仅使得这些游牧民族能够从跟农耕民族的经济文化交流中受益，也使得它们不得不承受来自农耕政权的军事竞争压力，而且还使得它们有机会模仿文明程度更高的中原农耕政权的国家模式与统治方法。[1]这就是国家经由学习效应导致的扩散。

第二种机制是征服，就是率先出现国家地区的人类群体，相对于其周围尚不存在国家或国家发育尚不充分的群体来说，往往具有显著的武力优势，因而前者较容易征服后者。而只要前者征服了后者，那么国家就在更大范围内实现了扩散。一个较晚近的例证就是，欧洲人抵达南北美洲、抵达撒哈拉以南非洲之时，除了少数例外，那里普遍还是当地土著人的部落社会。拥有组织和技术优势的欧洲国家很容易征服这些前国家社会。正是由于这种征服，国家更快地在这些地方兴起了，首先是欧洲人建立的殖民地政府，而后是欧洲国家、外来定居者与当地土著人的政治互动所形塑的新的国家形态。综合来看，正是由于欧洲的兴起与全球扩张，从 17 世纪到 20 世纪，国家以更快的速度实现了全球范围内的扩散。假使没有地理大发现和欧洲国家的全球殖民运动，南北美洲和撒哈拉以南非洲地区自然而然的国家形成或国家构建过程很可能要缓慢得多。

1　拉铁摩尔，《中国的亚洲内陆边疆》，唐晓峰译，江苏人民出版社，2010，第 370—376 页。

第三章　帝国兴起、统治与衰落的逻辑

帝国是种相当经得起考验的国家形态。奥斯曼帝国持续了六百年；两千多年来，中国的王朝绵延不断，接替着前朝皇帝的位子。罗马帝国在地中海一带行使了六百年的权力；其东部的分支，就是拜占庭帝国，则又多存在了一千年。……相形之下，民族国家这种才刚从帝国天空下冒出头来的国家型态，看起来就像历史地平面上的一个小小光点，对世界上的政治想象恐怕只会带来局部且短暂的影响。

——珍·波本克、弗雷德里克·库伯

帝国的兴起

自从人类早期国家兴起之后，特别是在前现代国际体系中，如果说有一种政治体对人类政治产生了极其重要的影响，甚至这种影响力至今尚存，那么这种政治体就是帝国。实际上，帝国是前现代国际体系中最具支配性的政治行为者，左右人类政治史超过 2000 年。就此而言，帝国是古老的，而民族国家才是新的。正如一部帝国研究著作所说的：

> 帝国是种相当经得起考验的国家形态。奥斯曼帝国持续了六百年；两千多年来，中国的王朝绵延不断，接替着前朝皇帝的位子。罗马帝国在地中海一带行使了六百年的权力；其东部的分支，就是拜占庭帝国，则又多存在了一千年。……相形之下，民族国家这种才刚从帝国天空下冒出头来的国家型态，看起来就像历史地平面上的一个小小光点，对世界上的政治想象恐怕只会带来局部且短暂的影响。[1]

前现代帝国兴起的国际背景

国际关系史学者一般把 1648 年《威斯特伐利亚和约》的签订

1　珍·波本克、弗雷德里克·库伯，《世界帝国二千年：一部关于权力政治的全球史》，冯奕达译，台湾八旗文化，2015，第 22 页。

视为国家与国际体系的分水岭。在前威斯特伐利亚体系时期，基于现代主权国家的国际关系规则尚未形成。当时的常态是一个国家或统治者只要在武力上具有优势，就会去征服，就会占领其他国家的土地与人口，就会吞并别的国家。比如，在中国历史上的相当长时间里，西北部边境从来就没有一条明确的国境线，没有今天国际法意义上的主权边界。尽管中国历史上曾经出现过少数今天看来有现代"国际条约"性质的文件与议和事件，比如公元1005年宋辽之间的澶渊之盟和公元1141年宋金之间的绍兴和议等，但总的来说，当时并没有国家主权的观念与规则。

1618—1648年，欧洲爆发了三十年战争，这可以算得上是两次世界大战之前欧洲最大规模、伤亡最惨重的战争。[1]这场战争的结果就是《威斯特伐利亚和约》的签订。随着《威斯特伐利亚和约》的签署，基于现代主权国家的国际关系规则开始逐步形成，欧洲国家之间互相尊重主权的做法逐渐成为主流。但即便如此，在此后的很长时间里，欧洲国家之间仍然是战事不断，其中最大规模的战争包括19世纪初的拿破仑战争、20世纪上半叶的第一次世界大战和第二次世界大战等。直到20世纪中叶美国主导的联合国体制的建立，国际体系才迎来了较为尊重国家主权的时期。

这些讨论显示，主权国家的观念以及由主权国家构成的国际体系概念的生成——即便对于欧洲来说——也只是最近不到四个世纪的事情。对于欧洲以外的世界来说，1648年还是国际关系的蒙昧时代。比如，对于1648年的中国或者印度来说，哪有什么主权国家观念或由主权国家构成的国际体系概念？对西方以外的世界来说，由主权国家构成的国际关系体系的观念与规则的形成，大体上是20

1　弗里德里希·席勒，《三十年战争史》，沈国琴、丁建弘译，商务印书馆，2009。

世纪以来的事情。

影响国际体系的不仅是观念与规则，还包括经济与技术革命。就长时段而言，工业革命是迄今为止最重要的一场经济与技术革命，自然会从根本上重塑国际体系及其规则。工业革命确立了西方在全球范围内长时间的经济、技术与军事优势，推动了全球化进程，彻底改变了战争技术和战争规则，也使得现代化开始向全世界扩散。由于工业革命的驱动，英国最终成为第一个现代帝国。这样，前现代的帝国政治支配的国际体系及其规则的局面就被彻底改变了。如果以工业革命来区分前现代与现代，那么本章关注的还是前现代的帝国政治，即前现代帝国的兴起、统治与衰落背后的政治逻辑。

总体上，前现代国际体系的基本特征包括：首先，每个国家或政治体均以国家和政权的政治生存为首要目标。如果国家和政权不能实现政治生存，其他一切政治目标就无从谈起。其次，国家政治生存的首要原则，是拥有足以自保的武力资源。以中国古代北部边境危机为例，不管中原政权文明如何先进、制度如何发达、文化如何高级，如果它不能在北部边境跟游牧政权的战争中生存下来，中原政权的政治生命就结束了。北方游牧政权就会大规模南侵，占领土地，征服人口，吞并国家。再次，政治体与政治体之间、国家与国家之间普遍地尚不存在彼此尊重主权的规则与观念。国家主权的规则与观念，是欧洲 1648 年在威斯特伐利亚体系中创造出来的。但实际上，国家主权的规则与观念的扩散和巩固，即便在欧洲也花了非常长的时间。至于在欧洲或西方以外的世界其他地区，尊重主权的规则与观念，更是比较晚近的事情。最后，在这样的国际体系中，那些拥有武力优势的强大国家或政治体，由于并不受到现代国家主权规则与观念的约束，其实际的统治规模很可能取决于政治统治的规模经济效益所确定的边界。这里，政治统治的规模经济效应是指，当继续扩大统治规模的收益大于统治更大区域的成本时，国家或统治者就倾向于扩大统治规模，直到扩大统治规模的边际收益与边际成本相等为止。

正是由于这些原因，前现代国际体系总体上是一个帝国支配的国际体系。在人类较早的政治演化史上，从中东、北非到整个欧亚大陆，一个个帝国先后崛起，并成了欧亚大陆上主要政治地理空间中的支配性力量。一般认为，兴起于公元前 10 世纪到公元前 7 世纪的亚述帝国是世界上第一个帝国。此后，公元前 6 世纪到公元前 4 世纪的波斯帝国，公元前 3 世纪到公元 5 世纪的罗马帝国（含罗马共和国的扩张时期），以及一直延续到 1453 年的拜占庭帝国，公元前 3 世纪开始兴起的秦帝国以及后来兴起的汉帝国与大唐帝国，公元 7 世纪到 13 世纪的阿拉伯帝国，公元 13 世纪到 14 世纪的蒙古帝国，公元 13 世纪到 20 世纪早期的奥斯曼帝国等，也都是前现代的著名帝国。

帝国的典型特征与兴起原因总论

笔者在开头部分曾经分析过，帝国只是人类早期国家的一种类型。人类早期国家兴起之后，出现过三种典型的国家形态：一是城邦国家，二是一般国家，三是帝国。城邦国家往往是以某个中心城市为主体并统治其周边地区的国家形态。比如，古希腊的斯巴达、雅典就是规模较大的城邦国家，但斯巴达的面积也不过数千平方公里。同一时期，古希腊还有许多规模很小的城邦国家，它们有的面积不足 100 平方公里，人口不足 3 万。跟城邦国家形成对比的是，帝国一般领土辽阔、人口众多。在治理模式上，帝国的另一个特点是，其核心区可能以直接统治为主，但核心区域之外的广大区域则更可能实行间接统治。至于一般国家，在诸种特征上往往处于城邦国家与帝国之间。

相比而言，帝国往往以持续的对外军事征服为特征，而城邦国家基本立足于自保。倘若城邦国家像当年两河流域的苏美尔一样进行对外征服，当它征服和控制其他城邦时，它自身就发展成了一个帝国。进一步说，城邦国家的民族或族群一般比较单一，而帝国往往横跨不同的民族和族群，甚至横跨不同的文明。在城邦国家，一般城邦居民更有可能享有类似的身份——当然有可能存在自由民与奴隶的差异，而帝国在居民身份上往往是一种复合结构，比如在其直接统治的核心区域，居民享有更高的身份，在其间接统治的边缘地区，居民的身份更低，两者存在着显著的差异。以蒙古帝国为例，其发源地的蒙古族人口是帝国的“自己人”，实行一套统治方式，而生活在别的征服区域的民众则是武力征服来的臣民，实行另一套统治方式。总之，城邦国家的统治方式往往更为单一，而帝国的统治方式常常是复合型的。[1]

纽约大学历史系教授珍·波本克（Jane Burbank）与弗雷德里克·库伯（Frederick Cooper）这样讨论帝国与民族国家的不同：

> 帝国是种大型的政治单位，无论是采取扩张主义，还是对过去掌握广大领土的力量依旧念念不忘，帝国都是种内在

1 关于帝国与民族国家的差异，参见：珍·波本克、弗雷德里克·库伯，《世界帝国二千年：一部关于权力政治的全球史》，2015，第 19—46 页；赫尔弗里德·明克勒，《帝国统治世界的逻辑：从古罗马到美国》，程卫平译，社会科学文献出版社，2021，第 1—17 页。

> 整合新的族群的同时，仍能维持区隔与阶级制度的国家组织。而民族国家反倒是建立在“将单一领土上的单一民族组成一个特殊的政治社群”的概念上。民族国家高举其人民的共同性（即使实情可能更为复杂），帝国式的国家则清楚表明国内多民族间的不对等。这两种国家都是整合性的国家——都坚持用国家的制度统治人民；但民族国家倾向于把国界内的人均一化，同时还会把不属于本国的人排除在外；帝国则向外延伸（常常是强迫性地），把不同民族拉进来，各民族的差异则在帝国治下被突显出来。“帝国”这个概念本身，就已经预设要用不同方式，来治理政体内的不同民族。[1]

这段文字强调的，除了帝国具有“扩张主义”与军事征服的特点，还包括帝国是超越单一民族或单一政治共同体的。无论就其构成单位而言还是就其统治方式而言，帝国都具有复合性，或者说，帝国本身就意味着在族群、统治、身份与认同上的多样性。拿元朝来说，即蒙古帝国对中国的统治，全国人口就被分为四等，即蒙古人、色目人（包括西域各族和西夏人）、汉人（原金朝统治下的人民）、南人（南宋统治下的汉人），四个等级的地位和待遇依次降低。即便拿最具自由精神的古代帝国——罗马帝国——来说，在公元 212 年卡拉卡拉敕令颁布之前，罗马帝国的自由人亦分为两个等级，意大利出生者为罗马公民，其他地方的人就是行省居民。要想变成罗马公民，行省居民需要符合一定的条件并通过语言测试。等到公元 212 年卡拉卡拉敕令颁布后，全罗马境内

---

1 珍·波本克、弗雷德里克·库伯,《世界帝国二千年：一部关于权力政治的全球史》,2015，第 29 页。

的自由人才都被视为罗马公民。这都说明帝国常常是一个复合的政治体系。与帝国相比，民族国家则一般是建立在一个单一领土之上的单一民族的政治共同体。

既然帝国是长期支配世界政治的主要政治体，那么一个需要回答的理论问题是：帝国是如何兴起的？只要对帝国产生兴趣，就会注意到一个非常重要的现象：几乎所有帝国，无一例外都是从一个较小规模的政治体作为起点，然后逐步兴起的。它们的兴起过程，有的更为迅速，有的更为舒缓，但它们都打败了周围原本比它们强大得多的其他政治体，甚至是旧的帝国，完成了对巨大地理疆域范围的征服，进而建立起规模庞大的统治。如果考察各个主要帝国兴起的历史，就会发现这一过程往往是令人惊叹的。为什么一个原本的小规模政治体竟然能征服如此庞大的疆域？帝国究竟是如何兴起的？

实际上，帝国是最近二三十年学术界的一个研究热点。一般而言，历史学更关心对每个帝国兴起的细节进行准确描述，对每个帝国兴起的原因进行合理的解释。实际上，较早讨论罗马崛起的著作产生于2000多年前。[1]在现当代，关于波斯帝国、罗马帝国、秦汉帝国、阿拉伯帝国、蒙古帝国、奥斯曼帝国、莫卧儿帝国等如何兴起及其统治的历史专著层出不穷。[2]如果说国别史学者更关注单个帝国的兴起及其命运，那么视野更宏阔的比较历史学者与社会科学家则更关注帝国兴起及其统治的一般理论问题。比如，最近二三十

1 波里比阿，《罗马帝国的崛起》，2013。

2 相关研究参见：A.T. 奥姆斯特德，《波斯帝国史》，2010；特奥多尔·蒙森，《罗马史》（全五卷），李稼年译，商务印书馆，2015；A. A. 瓦西列夫，《拜占庭帝国史：324—1453》，2019；休·肯尼迪，《大征服：阿拉伯帝国的崛起》，孙宇译，民主与建设出版社，2020；雷纳·格鲁塞，《蒙古帝国史》，龚钺译，商务印书馆，1996；帕特里克·贝尔福，《奥斯曼帝国六百年：土耳其帝国的兴衰》，2018；林剑鸣，《秦汉史》，上海人民出版社，2019。

年出现的关于帝国的比较研究，大体上呈现的就是这个理论视角。[1]国内也有学者开始研究跟帝国有关的理论问题。[2]综合来看，多数历史学家更喜欢把每个帝国的兴起及其统治作为一个特殊个案来处理，但少数视野更开阔的历史学家与大部分社会科学家则更关注帝国兴起及其统治背后的一般理论问题。

基于上述文献的讨论，目前关于一个帝国如何兴起或为什么会兴起的理论解释包括几种主要的解释变量：一是政体因素，比如，强调罗马共和政体在罗马崛起及其统治地中海过程中所提供的优势；二是战争技术因素，比如，强调马其顿军团或游牧部落的骑兵优势对帝国崛起的重要性；三是统治者因素及其策略，比如，亚历山大大帝或成吉思汗都被认为是帝国兴起的关键因素。诸如此类的理论，上面提及的著作中还可以找出不少。[3]所有这些理论都有助于我们后人理解帝国的兴起，但这些理论同样也存在着不少缺憾。它们要么过于强调某一个单一因素的重要性，要么无法提供一个一般的或通则性的解释。本书则试图基于国家的组织理论来解释帝国是如何兴起的及其背后的因果关系。

1　珍·波本克、弗雷德里克·库伯，《世界帝国二千年：一部关于权力政治的全球史》，2015；赫尔弗里德·明克勒，《帝国统治世界的逻辑：从古罗马到美国》，2021；克里尚·库马尔，《千年帝国史》，石炜译，中信出版集团，2019；Jack Snyder, *Myths of Empire: Domestic Politics and International Ambition*, Ithaca: Cornell University Press, 1991; Peter Fibiger Bang, C. A. Bayly, and Walter Scheidel, eds., *The Oxford World History of Empire, Volume 1: The Imperial Experience*, Oxford: Oxford University Press, 2021; Peter Fibiger Bang, C. A. Bayly, and Walter Scheidel, eds., *The Oxford World History of Empire, Volume 2: The History of Empires*, Oxford: Oxford University Press, 2021.

2　俞可平，《帝国新论》，《清华大学学报（哲学社会科学版）》，2022 年第 2 期，第 1—13 页。

3　相关学术讨论，可以参见一项代表性研究的参考文献部分：Peter Fibiger Bang, C. A. Bayly, and Walter Scheidel ,eds., *The Oxford World History of Empire, Volume 1: The Imperial Experience*, 2021; Peter Fibiger Bang, C. A. Bayly, and Walter Scheidel, eds., *The Oxford World History of Empire, Volume 2: The History of Empires*, 2021.

国家组织理论视角：作为政治组织的帝国

关于国家理论的讨论由来已久，正如本书开头部分已经提出的，本书倾向于把国家视为一个政治组织来解读，进而试图提供一种关于国家的组织理论。[1]具体而言，国家的组织理论是把国家视为一个以统治者为中心、以军人和文官等统治精英为主要成员的政治组织，被统治者或平民则是这个政治组织的外围成员。在前现代的历史上，在一个国家的建国之初，往往都有一个具有相当领导力的政治军事领袖。这就是一个国家的开国统治者或开国君主。他就是该国国家构建的灵魂人物。实际上，此后的国家构建过程，可以被视为统治者的个人意志逐渐外化为政治现实的过程。但过去主流国家理论的一个缺憾是往往不太重视君主或统治者在国家构建中扮演的主要角色。

那么一个拥有相当政治意志与能力的君主，是如何完成国家构建的？开国君主的首要任务，就是要把这个政治组织创建出来，并使之持续运转下去。所以，从逻辑上说，君主首先要做的事情是创建一个高层的政治军事团体。这个团体也许人数不是很多，但这个团体是国家作为一个统治机构的核心成员，是协助君主完成国家构建、进行开疆拓土的核心力量。这个高层政治军事团体，就如同一个公司的创始人团队与高级管理阶层。当然，仅有一个高层政治军事团队是不够的，君主还需要为他们设计一套权力结构与制度规则，来规范人与人之间的权力关系，以形成一个能确保命令上传下达的权威系统。

---

1 关于理解国家的不同理论视角，参见：Colin Hay, Michael Lister, and David Marsh, *The State: Theories and Issues*, Basingstoke: Palgrave Macmillan, 2006.

既然帝国是一个政治组织，那它就是一个有机体，能够通过政治学习（political learning）来实现组织进化（organizational evolution）。由于统治者处在帝国这个政治组织的中心，所以帝国的政治学习与组织进化自然离不开统治者在其中扮演的重要角色。实际上，任何帝国的政治进化都离不开帝国统治者的意志、能力与作为。许多大帝国的与众不同都可以追溯到那位非凡的创业型或奠基型统治者。比如，阿拉伯哈里发帝国可以追溯到穆罕默德，穆罕默德也是伊斯兰教的创始人；蒙古帝国可以追溯到成吉思汗，即铁木真；奥斯曼帝国可以追溯到奥斯曼一世。除了帝国的开创者与奠基者，许多帝国的诸种成就与政治进化还可以追溯到后续的有为统治者。这些统治者的意志、能力与作为都是帝国政治进化的关键。人民，当然是历史的主要推动力。但在帝国政治进化史上，统治者的角色往往同样重要。比如，如果不是成吉思汗或是忽必烈，很难想象蒙古帝国会成为后来的样子。

更具体地说，在帝国政治进化的过程中，统治者的学习曲线（learning curve）扮演着重要角色。这里的学习曲线，有着两层含义：第一，一个统治者可以从自身的统治经历、政治实践与经验教训中学习；第二，一个统治者还可以从他的前任统治者、从其他国家的统治实践与经验教训中学习。比如，中国北方的游牧民族和游牧政权在制度与文化上几乎都会受到中原民族和中原政权的影响。这就是北方游牧政权向中原政权进行政治学习的过程。而中原政权的组织重构、制度创新和文化进步还会继续影响到游牧政权的政治进化。就一般意义而言，只要一个统治者开创了一个帝国，无论是作为政治行为者的统治者与政治统治集团，还是作为整体的帝国，都会进行累积型的学习，进而实现自身的政治进化。考虑到学习曲线效应，统治者和帝国很多时候都会越学越强。有时经过几代统治者的累积，帝国作为一个政治军事组织会发展出非常强大的组织能力。这也是一个帝国完成自身作为一个政治组织的进化过程。

一般而言，国家构建过程离不开三驾马车：武力系统、税收系统与官僚系统。[1]其实，帝国的构建过程同样需要这三驾马车。就此而言，帝国作为一个政治组织的进化过程，很大程度上也关系到统治者如何有效管理好这三驾马车：如何有效地控制武力系统？如何完善有效的税收系统？如何改善有效的官僚系统？尽管每个帝国在这三个维度的实际做法和政治进化过程都各不相同，但每个存续时间较长的帝国都通过学习曲线在管理武力系统、税收系统、官僚系统上实现了相当的进步。

帝国的统治规模：外部约束变量

对于理解帝国政治来说，统治规模是一个重要的理论问题。尽管人类历史上的帝国普遍疆域辽阔，但不同帝国的地理疆域规模差异还是很大。问题是，帝国的地理疆域规模究竟是什么因素决定的？历史学家常常更关注这个或那个帝国在疆域扩张过程中的具体决定因素，但社会科学家则更关注决定帝国统治规模的一般逻辑。根据本书开头提出的分析框架，国家或帝国的统治规模是由扩张收益与扩张成本相比较后的统治规模经济决定的。更具体地说，国家或帝国的最优统治规模是两个变量的函数，一是国家的组织能力，二是国家扩张所遭遇的阻力。两者的较量及其均衡，就是帝国实际统治规模的决定力量。从内部看，决定帝国地

1 Charles Tilly, *Coercion, Capital, and European States, AD 990-1992*, 1990.

理疆域扩张规模的，主要是帝国作为一个政治组织拥有的组织能力或国家能力；从外部看，扩张所遭遇的阻力往往跟帝国面临的地理条件、技术条件和竞争格局有关，这些因素也是影响帝国统治规模的外部约束条件。

这里先讨论三个外部约束变量的重要性。在这些因素中，地理因素是影响帝国统治规模的首要变量。“夜郎自大”这个成语，讲的是古代中国西南的夜郎国，由于相对封闭的地理环境而形成的一种心态。但这个成语说明，地理环境对一个国家构成了一种强约束条件。这里的地理条件主要是指一个帝国面对的是什么样的地形与地理条件。无论对扩张来说还是对防御来说，大河平原、开阔草原、崎岖山地、高大山脉、岛屿或是海洋等不同的地形与地理条件，有着完全不同的政治与军事意义。更具体地说，有些地形易守难攻，比如战国时期的秦国由于有函谷关天险，就拥有地理优势；有些地形无险可守，属于四战之地，比如战国时期的韩国就面临着这种不利条件。一旦一个帝国拥有较强的军事优势，面对的又是一个辽阔的大河平原或开阔平坦的草原，就容易征服这个疆域辽阔的地理空间。但是，即便拥有同样军事优势的帝国，如果面对崎岖山地甚至是高大山脉的阻隔，也无法征服大片的领土。

当地理条件跟一个帝国的战争技术、兵种等形成某种有利组合时，地理条件的重要性还会被放大。同一个优势兵种能跨越的疆域范围，往往跟兵种与地理条件的组合有关。如果一个帝国的优势兵种是海军，那么它能征服和统治的范围往往是跟海洋及其周边相关的地区。拿当年的雅典帝国来说，它主要能控制的就是爱琴海及其周边地区。所以，造就雅典帝国的是雅典的强大海军与海洋这一地理条件的组合。[1] 如果一个帝国的优势兵种是骑兵，那么它就比较擅长征服草原或高原的平坦地区。这也是成吉思汗及其子孙能够率领军队一直从蒙古高原打到东欧和中东的原因。但是，当年蒙古帝国征服南宋的战争就打得异常艰苦。按理说，南宋是一个弱势王朝，蒙古帝国是当时的最强帝国，为什么征服南宋的战争还打得如此艰苦？原因当然有很多，但其中一个解释是，当蒙古帝国的军队进入中国南方，特别是进入长江流域之后，地理条件发生了重大变化。整个长江流域的特点是大型河流和水道密布。但蒙古帝国的优势兵种主要是骑兵，并不拥有水兵的军事优势。所以，蒙古帝国最后费尽周折，甚至不得不绕道四川、云南，先打通西线，然后再几路夹击，才征服南宋。[2]

技术条件也是影响帝国统治规模的一个重要变量。对于任何一个前现代帝国来说，交通和通信技术的重要性是毋庸置疑的。从北京到上海的距离是 1300 多公里，按今天的交通工具来计算时间，乘飞机是两个小时左右，乘高铁是四到五个小时。从意大利罗马经由土耳其伊斯坦布尔再到埃及开罗的陆路距离是 4800 公里左右，按汽车自驾来估算，合理的时间估算是 50 多个小时——这还是在全程高速公路的前提下。如果是秦朝人或者古罗马人，要进行跨越较长距离的旅行或行军，完成这些旅程又需要多长时间呢？即便拿骑兵来说，正常的大规模行军速度大概不会超过每天 60~70 公里。马的特点是爆发力比较好，但耐力和持久性往往不太够。当马背负着骑兵的体重，其实是很难长时间快速奔跑的。如果从今天的上海出发向西行军，一支古代的大规模骑兵部队一天都到不了嘉兴，估

1　色诺芬，《希腊史（详注修订本）》，徐松岩译，上海人民出版社，2020。

2　雷纳 · 格鲁塞，《蒙古帝国史》，1996，第 287—307 页。

计三天以后才能抵达杭州。这还是骑兵部队的速度。对一个古代帝国来说，如果距离帝国首都 2000 公里以外的地方发生叛乱，中央政府需要从首都调遣骑兵部队开赴当地平定叛乱，一支大规模骑兵部队到达当地的时间很可能是数周以后了。如果是步兵部队，这个时间还要延长一倍以上。

许多古代帝国都铺设了官方驿道。驿道的重要功能是行军，但驿道还是古代重要的通信要道。中国古代有所谓“八百里加急”的说法，就是官方通信员利用官办驿道传递信息，借助不断更换马匹的办法，每天最多可以行进 800 里，亦即 400 公里。据说唐玄宗为了让长安的杨贵妃吃到广东运送来的新鲜荔枝，用的就是这种八百里加急传递。但这可能是比较夸张的描述。一般的历史研究文献显示，官办驿道的合理行进速度是每天 100 公里左右。即便如此，这仍然需要通信员在行进过程中不断更换新的马匹。中国史书上记载着一些利用驿道快速传送信息的特例，一天最多可以行进 500 公里左右。这估计是有特别紧急的军情发生，加上道路状况、马匹状况、通信员骑行技艺实现最优组合条件下才能达到的极致状况——而且还不排除有夸张描述的成分。

关于古罗马的研究资料显示，官办驿道上的通信员为了传递紧急军情，最快可按每天 180 英里（约合 290 公里）左右的速度快速行进。有一份比较特殊的资料显示，如果在罗马帝国官办驿道上日夜不停地奔驰，一个通信员一天最多可以行进 800 公里左右。但这个说法并不一定那么可信。按照谷歌地图的距离测算，从意大利罗马城经过土耳其伊斯坦布尔再到埃及亚历山大港，陆路距离为 5000 公里左右。如果这条路全部有驿道，负责通信的骑兵最快也要 10 多天才能走完。按照罗马军团步兵的正常行军速度，比如每天 30 公里，走完这条路线就需要 5 个多月时间。从离罗马最近的港口坐船到亚历山大港，海上道路距离是3000多公里。当时，地中海商船或军船的速度可以达到4~5节，即每小时4~5海里。考虑到船只可日夜航行，一天24小时最多可行进200多公里。这样算下来，从罗马经地中海海路到亚历山大港，大致只需要半个月左右。跟陆路相比，海路极大地改善了运输效率。所以，一个合理的猜想是，罗马帝国能维持疆域如此广大的领土，很大程度上是跟地中海作为一个便利的交通空间有关。假如埃及亚历山大港发生叛乱，假设罗马军团需要从罗马城出发，前往镇压，半个月还是半年抵达亚历山大港，这种时间差会给帝国统治带来实质性的差异。

除了交通与通信技术，一个容易被忽视的技术是战争技术。战争技术非常重要，也非常复杂。这里先举一例来说明战争技术的重要性。13世纪，奥斯曼帝国在中东崛起，战斗力极强，陆续在横跨博斯普鲁斯海峡两边的欧亚大陆上征服了疆域辽阔的土地，但它遇到了一个问题——无法攻克拜占庭帝国的首都君士坦丁堡。主要原因是，君士坦丁堡的核心区域不仅三面环海，而且连接陆地一面的城墙极其坚固。实际上，从公元4世纪建城到拜占庭帝国最终覆灭的1000多年里，君士坦丁堡只经历过极少几次被攻陷的战争。起初，奥斯曼帝国也无法攻陷君士坦丁堡。但到了后来，奥斯曼帝国掌握了由中国宋朝发明而后传入中东和欧洲的火炮技术，特别是重型火炮技术。公元1453年，奥斯曼帝国借助重型火炮的威力以及其他精心设计的有效战术，才终于攻占君士坦丁堡。[1]在这一案例中，重型火炮技术也大大改变了进攻与防守的力量对比，因而大大提高了一个有军事优势的帝国通过高效率的战争技术征服世界的速

1 帕特里克·贝尔福，《奥斯曼帝国六百年：土耳其帝国的兴衰》，2018，第109—125页。

度。由此可见，战争技术会影响帝国统治的地理疆域规模。

再次，竞争格局也是影响帝国统治规模的一个重要外部变量。一个国家或帝国所面对的政治军事竞争格局会对该国统治的疆域规模产生何种影响呢？这个问题似乎并不容易回答。比较容易理解的是，如果该国面对的政治军事竞争格局过强——这意味着该国处在强邻环伺的地缘政治格局中，那么这个国家就难以实现对外扩张与军事征服。理由是显而易见的，如果对手太强或强大的对手较多，要战胜和征服其中任何一个对手都不容易，就很难实现对外军事征服。但反过来说，如果该国面对的外部政治军事竞争格局非常有利，几乎没有强有力的竞争对手，是否就一定有利于该国实现对外扩张与军事征服呢？未必如此。理由在于，如果一个国家或帝国面对的竞争对手过于弱小，那么该国的军队能力与组织能力往往得不到有效的锻炼。这样，即便该国能轻易战胜邻近的对手和统治周围的地区，但也往往无法战胜长距离之外的对手，就难以实现较大地理统治疆域范围的大规模扩张。

所以，一个强大的帝国在充分完成崛起和统治疆域广大的领土之前，往往拥有过一个或一个以上的较为强大的对手。这意味着，具有适当强度的军事竞争格局，会对一个帝国后续的成长产生积极效应。比如，罗马共和国的军事能力与组织能力，就是在它跟周围对手持续的战争过程中锤炼出来的。特别是，当罗马战胜迦太基这个地中海劲敌之后，它突然发现自己在整个地中海地区基本上所向披靡了。蒙古帝国同样崛起于12世纪跟金、西夏、西辽、花剌子模等国的战争之中，这种具有相当强度的政治军事竞争格局，不仅使得蒙古能从其他文明中吸收先进制度、技术与文化的养分，而且使得它自身的军事能力与组织能力得到锤炼与发展。这最终使得成吉思汗在一次并非精心策划的西征花剌子模的战争中发现，自己的军队与帝国其实已拥有整个内亚草原的最强武力优势。更抽象地说，适当强度的军事竞争与战争压力有助于塑造一个国家或帝国较强的军事能力与组织能力，从而使其未来更有可能征服与统治较大的地理疆域规模。这其实也符合查尔斯·蒂利所说的战争驱动国家构建的逻辑，即适当强度的战争有助于锤炼出较强的军事能力与国家能力。[1]

帝国的统治规模：国家组织能力

跟上述三个外部变量相比，作为一个政治组织，帝国本身的组织能力恐怕更具决定性影响。特别是，当一个帝国的组织能力非常强时，它甚至会突破外部的地理因素、技术因素与竞争格局施加的约束条件，征服较大的地理疆域，成就大规模的帝国。这里的组织能力，既有政治与行政方面的因素，又有军事方面的因素，还有资源方面的因素。如果一个帝国拥有政治、军事、资源方面的较高组织能力，那么帝国就具有统治较大地理疆域规模的可能性；反之，帝国则更难统治较大的地理疆域规模。

从国家的组织理论视角看，前现代帝国的核心力量乃是一个由某位统治者领导的政治军事集团。帝国的组织能力，大体上就是这个政治军事集团的能力。帝国的崛起，往往是始于某个强有力的统治者领导下的一个强有力的政治军事集团。波斯帝国的崛起，离不开居鲁士二世、大流士一世、薛西斯一世前后领导的波斯政权；秦帝国的崛起，离不开嬴政及其几位重要祖先领导的秦国政权；蒙古帝国的崛起，也离不开成吉思汗领导的蒙古政权。这一政治军事集团除了需要有强有力的统治者或政治领袖之外，还应该拥有强有力

1 Charles Tilly, *Coercion, Capital, and European States, AD 990-1992*, 1990.

的政治领导层，包括重臣、将军与高级幕僚队伍。此外，如同强国家的逻辑，强大帝国也需要拥有强大的武力系统、有效的税收系统与有为的官僚系统。这样，一个帝国才能拥有强大的国家能力或组织能力。

上述讨论是基于综合视角来理解帝国的国家能力或组织能力，但在国家能力的不同维度上，帝国的军事能力是最为直接的。因为帝国不断扩展统治规模是通过持续的对外军事征服来实现的。唯有拥有能够战胜邻近国家及其周围地区的强大军事能力，一个帝国才有可能不断实现对外征服与军事扩张。按理说，军事征服的难度是非常大的，特别是在冷兵器时代。历史越是向之前延伸，攻防双方的战争技术差距就越小。试想，在冷兵器时代，一位将军要带领一支 1 万人的军队攻占一座有 5000 名士兵防守的坚固城池，其难度是可想而知的。只要帝国的军队无法实现快速高效的军事征服，那它就成不了大规模的帝国。所以，一个国家或帝国能否成为大型帝国的关键，是该国军队能否沿着其扩张路线较快地取得一系列战争的胜利。

那么，帝国的军队如何才能拥有持久的军事优势并能取得连续的战争胜利呢？这主要有两个办法：一个是常规路径，另一个是非常规路径。获得军事优势的常规路径，主要做法包括扩充军队规模、改善武器装备、完善后勤系统、选拔优秀将领、通过军事训练提升士兵的战斗力、强化军队纪律与提高军队士气等。对于一个强大的帝国来说，一支足够大规模的军队是必需的。一般而言，5 万人的军队较容易战胜 2 万人的军队，而 20 万人的军队较容易战胜 5 万人的军队。但究竟何谓帝国军队的合理规模，恐怕是一个不容易回答的问题。一方面，并非规模越大的军队，战斗力就越强。另一方面，越是庞大的军队，就要对应越是庞大的财政与后勤负担。军队的武器装备与后勤补给，也是重要问题。一支武器装备精良、后勤补给充足的军队，要远胜一支装备落后、补给不足的军队。中国明朝后期军队战斗力下降的一个重要原因，就是后勤系统的全面衰败。一个常常被提及的明末时期的案例是，明军冬天在北京附近作战，但军需仓库提供的靴子和服装，不是尺寸不匹配，就是质量不佳。实际上，将士身着这样的服装靴子，在严寒的华北冬季是根本无法与敌人作战的。所以，帝国要赢得战争，不仅取决于将士的努力与战略战术，而且还要靠一流的武器装备与管理有序的后勤系统。

除了军队规模、武器装备、后勤系统这些硬件，对帝国军队的战斗力来说，软件也非常重要。将军的素质是军队首要的软件问题。对于任何一场战争来说，将军的素质再怎么强调都不为过。将军的战略素质、战术素质以及对其他将士的团队领导力，都是决定战争胜负的关键。成功的帝国往往非常注重选拔那些最能干、最具战斗力的军事领袖，同时通过军功制来对其进行有效激励。士兵的素质也是军队重要的软件问题。士兵的素质主要取决于军队对士兵纪律、军事技能、士气的训练。一支训练有素、军纪严明、作战能力高超、斗志昂扬的小规模军队，完全有可能战胜一支军纪、技能、士气低下的大规模军队。

上述讨论是关于一个帝国提高军事优势或战争胜率的常规路径。但问题是，跟战争有关的这些常规路径，许多国家或帝国都做得比较好。面对强大的对手，一个帝国在这些方面做得不好，固然是重大劣势，但做得好，并不见得是什么显著优势。它或许只能帮助一个国家或帝国取得跟其强劲对手相当的军事能力。所以，一个国家或帝国要获得较为明确的军事优势，还要借助非常规路径。具体来说，获得军事优势的非常规路径主要包括作战方式与战争技术的创新、后勤模式的创新与战争模式的整体创新。当然，这里的讨论主要限于前现代帝国。

首先是作战方式与战争技术的创新。一旦一个帝国首先有了作战方式与战争技术的重大创新，就会获得巨大的军事优势。举例来说，马其顿的步兵方阵（Macedonian phalanx）在当时就是一种重要的作战方式创新。这也是马其顿王国快速崛起和亚历山大大帝征服世界的关键。马其顿军团的步兵方阵以超长的矛、坚固的盾牌、列阵集团作战和快速补充方阵损失兵员为基本特征。在冷兵器时代的 2000 多年前，这种方阵一度是所向无敌的，它既能有效防御骑兵与弓箭的攻击，又能战胜绝大多数短兵相接的军队，因而能够横扫希腊、中东以及更遥远的地区。其经典战例是公元前 331 年亚历山大大帝对战大流士三世、最终以少胜多的高加米拉战役。[1] 尽管马其顿步兵方阵在战场上令人望而生畏，但它的缺点是作战方式较机械，主要适合于开阔平原地带的作战。随后，罗马军团（Roman legion）的作战方式后来居上，其突出特点是高效的适应性与机动性。从防御性来说，罗马军团士兵手持的盾牌更长，并且可以集体防御。从进攻性来说，罗马军团士兵手持标枪，经过训练后能从数十英尺外向敌人阵营投掷标枪。这种标枪的穿透力和杀伤力要远胜当时的弓箭。标枪投掷出去之后，士兵仍可手持长剑和长盾牌进行近距离作战，因而攻守兼备。公元前 197 年，罗马军团与马其顿方阵之间的库诺斯克法莱战役具有决定性意义，结果是罗马军团胜出，从而终结了第二次马其顿战争。这样，罗马就称霸了整个地中海世界。[2]

到了中世纪，欧洲的战争模式又出现了重要变化。重装骑兵成

---

1 Richard Taylor, *The Macedonian Phalanx: Equipment, Organization & Tactics from Philip and Alexander to the Roman Conquest*, Barnsley: Pen and Sword Military, 2020.

2 魏凤莲,《罗马军团》，北京大学出版社，2010。

了最重要的进攻武装，坚固的城堡则成了最有效的防御设施。重装骑兵和城堡这一战争技术的组合，使得封建领主阶级在欧洲中世纪拥有了巨大的权势。然而，14 世纪之后，这一模式遭遇了战争技术重大创新的挑战。在英法百年战争期间，英格兰人在弓箭技术上做了重大改进，发明了英国长弓（English longbow）。英国长弓的长度可达 1.8 米。在训练有素的弓手手中，这种长弓不仅射程远，而且足以刺穿一般重装骑兵的盔甲。在 1346 年的克雷西战役、1356 年的普瓦捷战役、1415 年的阿金库尔战役中，英国长弓多次给当时的法国重装骑兵部队以沉重打击。[1] 当然，中世纪晚期和近代早期更重要的战争技术创新是火炮的引入，特别是重型火炮。火炮的引入，既使得重装骑兵失去了进攻的威力，又很容易轰开贵族原本非常坚固的城堡。火炮的应用不仅使得战争的方式和形态发生了重大变化，而且还使得不同阶层的权势发生了转移。在国内，火炮有利于君主获得更大的权势，封建主义体制逐渐让位于实行中央集权制度的民族国家。在国际上，那些首先掌握火炮与重型火炮技术的国家或帝国就更容易在短时间内拥有巨大的军事优势，进而更有可能对较大地理疆域进行军事征服与政治统治。[2]

其次是后勤模式的创新。当一支大规模的军队在前方作战时，后勤补给是非常重要的，它既关系到军队将士能否获得良好的衣食条件，又关系到武器、装备、攻城器械的运输。即便对一个大型帝国来说，要做好一支大规模军队——比如 10 万将士——的后勤补给也并不容易。无论是就成本而言，还是就效率而言，军队的后勤补给都是一个重大问题，这在很大程度上决定了军队的战争效率。

1　Mike Loades and Peter Dennis, *The Longbow*, Oxford: Osprey Publishing, 2013.

2　杰弗里 · 帕克等，《剑桥插图战争史》，2004，第 100—108 页。

比如，在汉匈战争期间，公元前103年，汉武大帝一次最多派出16万骑兵北征匈奴。这就需要一支庞大的、数万人的后勤补给队伍。考虑到当时没有现代化的交通运输工具，没有具备大规模装载能力的车辆，大规模作战的后勤保障就是一个巨大的难题。如果哪个国家或帝国能够进行后勤补给模式的创新，能够降低大规模作战的后勤成本、提升大规模作战的后勤效率，那么它就能获得相对于对手的巨大军事优势。实际上，蒙古帝国的后勤模式成本很低、效率很高，跟中原政权或其他国家相比，堪称后勤模式的重大创新。本章接下来就会专门分析蒙古帝国的后勤模式创新——尽管这种后勤模式在伦理道德上非常野蛮而饱受诟病。

再次是战争模式的整体创新。既然是战争模式的整体创新，它就不是单纯的战争技术创新、排兵布阵创新、战术创新或是后勤模式创新，而是一种相对更全面和整体的创新。比如，历史上多数帝国的战争模式是这样的：仅有较少比例的人口参与战争，兵员来自强制的或自愿的募兵制，战争经费来自政府财政的支持，后勤依赖于专业化的后勤补给队伍，将士在战争过程中需要恪守严格的军纪，将士激励主要来自帝国的正式奖赏等。总的来说，这种战争模式有利有弊。蒙古帝国则完全打破了这种传统的帝国战争模式，成吉思汗就进行了战争模式的整体创新，进而在总人口规模有限、政府能力也较为有限的条件下，大大提高了战争的整体效率。

战争模式与蒙古帝国的崛起

以今天的价值观而论，蒙古帝国的崛起及其对外征服，恐怕是人类政治演化史上最野蛮的一幕。成吉思汗被有的历史学家视为开疆拓土、建立伟大帝国的英雄，也被有的历史学家视为有史以来最嗜杀的君主之一。但所有这些讨论都不能否认的是，成吉思汗和蒙古帝国军队的军事技术与战争模式创新是非常有效的。蒙古帝国征服世界的案例，最好不过地说明了人类政治的演化过程并不都是文明战胜野蛮的过程，有时恰恰是野蛮可能战胜文明。在诸种政治体、国家与帝国的竞争中，谁的模式更能在军事竞争中胜出，谁才能成为政治生存游戏中的赢家。

为什么蒙古帝国能够快速兴起？无疑地理条件、技术条件和竞争格局等外部约束条件都在发挥着作用，而这里要重点论述的是，军事技术与战争模式究竟如何推动了蒙古帝国的兴起。让很多人没有想到的是，公元 1227 年成吉思汗去世时，整个蒙古帝国的军队只有 12.9 万人。成吉思汗仅仅以 12.9 万人就征服了疆域如此辽阔的土地。成吉思汗去世后，根据他的子孙征服的最大领土面积计算，有人认为蒙古帝国统治的领土面积达 2000 多万平方公里，有人甚至认为蒙古帝国在 1259—1309 年的最大统治领土达到了 3450 万平方公里，堪称人类有史以来第一大的陆上帝国。从 1206 年成吉思汗建国到 1259 年帝国达到最大疆域，蒙古帝国只用了半个世纪的时间，确实是人类帝国史上的奇迹。蒙古帝国究竟是如何做到的？总的来说，蒙古帝国的对外扩张与军事征服，离不开它在军事技术和战争模式上的一系列创新。[1]

1　关于蒙古帝国的军事技术与战争模式创新，参见：雷纳 · 格鲁塞，《蒙古帝国史》，1996；勒内 · 格鲁塞，《草原帝国》，蓝琪译，商务印书馆，1998；多桑，《多桑蒙古史》（上下册），商务印书馆，2015；杉山正明，《游牧民的世界史》，黄美蓉译，北京时代华文书局，2020；托马斯 · 巴菲尔德，《危险的边疆：游牧帝国与中国》，袁剑译，江苏人民出版社，2011。

军事技术的创新

有一种误解是，越是高大的战马就越有战斗力。恰恰相反，蒙古战马的特点是，体型比较小，但很有耐力。这种蒙古战马不仅能负重奔跑，而且能在高寒地区生活，较为适应从蒙古草原到欧亚大陆其他高原草原地区的自然环境。这种战马大大提高了蒙古帝国军队的战斗力、机动性与适应性。13 世纪，马镫作为一种关键技术已经在内亚地区普及。在马镫发明之前，骑兵很难同时做到既控制快速奔跑的战马，又能在马上有效作战。马镫发明之后，骑兵只要经过必要的训练，双手基本上能够实现完全的解放。无论是使用弓箭还是使用长矛或长剑，训练有素的骑兵均能在马上进行有效作战。这就极大提高了骑兵相对于步兵的战斗力。

成吉思汗还开始大规模地使用投石车等攻城器械，至于他的子孙们则开始使用攻城火器。成吉思汗和蒙古军队的一个重要特点是非常善于进行攻城器械和重型装备的创新。在西征之前，他们就建立了一支设计和建造攻城器械的工匠队伍。在军事征服的过程中，他们还特别注意征用被征服地区的能工巧匠。在 13 世纪，蒙古帝国大致在军事器械方面一直走在整个欧亚大陆的前沿。这使得蒙古帝国的军队在攻占城池方面能够做到事半功倍，这就大大加速了蒙古帝国对于世界的征服。[1] 如果不是有效率的攻城器械，一支帝国的军队想要攻占一座防御设施坚固的城池，往往费时日久、代价高昂。

1　多桑，《多桑蒙古史》（上册），2015，第 131—132、227—228 页。

后勤补给模式的创新

蒙古帝国还有完全不同于其他国家与帝国的后勤补给模式。如果同时期的中原政权要派出一支大规模的军队进行对外战争，那么同时还必须要派出一支庞大的后勤队伍，负责给主力部队运输辎重和提供补给。如果一支军队只进行三四天的短途行军，帝国或君主可以要求全军将士自带干粮。一旦是一场长距离战争，一支大规模军队的后勤必须要由专业化的方式来提供。这就涉及复杂的管理问题和高昂的成本问题。如果要为一支作战半径为2000公里的10万人军队提供后勤补给，管理的复杂与成本的高昂往往超出人们的想象。比如，上文提到过，汉匈战争给汉武帝提出的一个重大挑战，就是如何解决深入西北腹地的大规模汉朝军队的后勤补给问题。这同样是世界其他帝国进行对外军事扩张时会遇到的常见挑战。

蒙古人恰恰可以利用游牧民族的优势，发明一整套后勤补给的新模式。一个主要的方法就是，他们采用边作战边放牧的模式。一个士兵往往携带两匹或几匹战马。一旦战争发生，有人专门负责作战，有人则专门负责放牧。通过放牧，他们可以用羊肉、马肉来解决食物问题，用羊奶、马奶来解决饮品问题。这种补给方式不仅非常便利、成本极低，而且其机动性要大大优于中原政权或其他帝国的专业补给队伍。

另一种重要的补给方式跟蒙古帝国的征服政策与战利品分配有关。对中原政权或其他一些帝国来说，一旦武力征服一座城池，君主或最高指挥官的首要训诫，就是将士们要严格恪守军纪，不得扰民。公元前207年，刘邦占领咸阳后，跟老百姓约法三章："杀人者死，伤人及盗抵罪。"其他方面，刘邦当然要严令将士遵守军纪。原因其实也很简单，如果军队胡作非为，声誉败坏，刘邦就更难进行后续的军事征服和建立起全国性的统治了。因此，这种战争的特点，决定了即便成功征服一座城池，存活下来的将士除了能得到一些奖赏，也并没有什么超额的回报。所以，普通将士的成本收益结构是，打胜仗的收益并不怎么高，但风险却是巨大的。

而蒙古军队在这方面的做法要野蛮得多。一旦武力征服一座城池，整个城市的全部人口与财产都被视为蒙古军队的战利品。这种征服方式给蒙古军队的将士提供了有效的战争激励。征服一座城池，意味着他们有权处置这座城池之内全部的人口与财产。这种方式也使得蒙古军队能够通过获取战利品来实现军队部分的后勤补给，即“以战养战”的后勤补给模式。

这样，蒙古军队一方面是边放牧边作战，另一方面是通过军事征服源源不断地获得补给，基本上能以高效、便捷、低成本的方式解决军队长距离作战的后勤补给问题。13 世纪上半叶，蒙古帝国的国家构建尚未完成，成吉思汗并没有建立覆盖全国的税收系统与官僚系统，但正是这种后勤补给模式，使得蒙古帝国不仅有可能发动长距离的战争，而且相比于中原政权或其他帝国，其战争管理的复杂性及战争成本都相对较低。

战争模式的整体创新

实际上，蒙古帝国重新定义了战争，或者说实现了战争模式的整体创新。跟其他主要帝国的战争不同的是，蒙古帝国战争模式有两个主要特点。

一是全民皆兵。蒙古帝国实行的是全民皆兵模式，基本上每个成年男子都是士兵。需要组织大规模军队出征时，大汗就在不同蒙古部落根据比例抽调士兵。这就使得蒙古能在人口总量不大的情况下，组织起一支大规模的军队。有历史学家认为，1227 年成吉思汗去世时，蒙古人的人口规模仅为百万级别，却可以组织起一支规模达 12.9 万人的军队。据此推算，蒙古帝国的军队规模有可能达到总人口（包括老弱妇孺）比例的八分之一。这个比例对中原政权或许多其他帝国来说是无法想象的。实际上，按照全民皆兵模式，12.9 万人还远不是蒙古军队在规模上的上限。

二是把战争视为一种生产方式和盈利方式。战争对中原政权或其他许多帝国的将士来说都是一个苦差事，不仅风险极大，性命堪忧，而且不太可能带来高回报，但蒙古人彻底改变了这种战争模式，他们把战争和对外征服发展成了一种生产方式和盈利方式。普通士兵甚至可以以战争和对外军事征服为生。因为一旦占领一个城池或国家，普通士兵也能获得大量的战利品。这样，战争就如同一种生产行为——实际上可以被视为一种通过军事征服进行掠夺的经济行为。这种战争模式之野蛮是毋庸置疑的，但这种战争模式却给蒙古军人提供了有效的激励机制，使得他们出于对战争回报的预期而激发出更大的战争动力、主动性和勇气。

综合来看，蒙古人对战争的理解跟当时的中原政权或其他许多帝国完全不同，他们开创了一种最有效同时最野蛮的战争新范式。中原将士常常视战争为充满风险但收益甚少的苦差事。战争失败，可能还会丢了性命；战争成功，不过是得些奖赏。但蒙古将士几乎将战争视为一种生产与生活方式，逻辑就在于，其他各个族群从事生产，而蒙古将士以武力占领之、掠夺之。这就解释了为什么蒙古军队会一路向西，不断扩大征伐范围，原因在于，他们需要新的国家与城池来进行征服，而后进行新的财产、人口的掠夺。在今天，无论以人道主义标准来看，还是以国际法标准来看，蒙古帝国的战争都是非常野蛮的，但在当时却是一种有效的战争与征服模式。

这里再结合相关的先行研究，以蒙古军队的战争实践为重点，来讨论军事技术与战争模式对于帝国兴衰的影响。蒙古人过的是草原上的游牧生活，而这种游牧生活对后来蒙古军队的战争模式产生了重要影响。

> 此种游牧之生活，颇易于从事军役。此辈之嗅觉、听觉、视觉并极敏锐，与野兽同能。全年野居，幼稚时即习骑射，在严烈气候之下习于劳苦，此盖生而作战者也。其马体小，外观虽不美，然便于驰骋，能耐劳，不畏气候不适。驯骑者意，骑者放箭时，得不持缰而驭之。此种民族唯习骑战，所以战时每人携马数匹，服革甲以防身。以弓为其主要武器，远见其敌，即发箭射之。其逃也，亦回首发矢，然务求避免白刃相接。其出兵也，常在秋季，盖在当时马力较健。结圆营于敌人附近，统将居中。人各携一小帐、一革囊盛乳、一锅，随身行李皆备于是矣。用兵时随带一部分家畜，供给其食粮。其渡河也，以其携带之物置于革囊之中，系囊于马尾，人坐囊上。[1]

瑞典历史学家多桑根据史料撰述的这段文字，主要包括三个要点：一是强调游牧生活训练了军事技能，提高了战斗力，并分析了骑兵相对步兵的武力优势；二是说明蒙古马匹的特点较适合于北方草原和高原的战争；三是分析蒙古人的游牧生活方式对战争后勤的有益影响。这段文字给人留下的总体印象是，蒙古人是天生的马上战士。

正是由于蒙古骑兵这一系列的重要特点，特别是速度快与机动

1　多桑，《多桑蒙古史》（上册），2015，第 36—37 页。

性高、远距离射杀的战术、能摆脱对复杂后勤系统的依赖等，在冷兵器时代，蒙古人的骑兵部队相对于农耕民族的步兵部队，往往拥有巨大的战斗优势。其实，蒙古人的战术是匈奴人和突厥人早已使用的古老战术。他们擅长的游牧战术，是在对农耕民族的攻击和自身从事大规模草原狩猎活动中发展起来的。有学者这样描述蒙古人是如何善于利用骑兵的战术优势的：

> 靠这支高度灵活的骑兵，牧民们给人们造成了从天而至和草木皆兵的效果，使对手还未交锋已仓皇失措了。如果对手固守阵地，蒙古军并不深入进攻，他们用草原掳掠者所采用的方式，散开，躲起来，当中国的长矛兵、花剌子模人、马穆鲁克，或者是匈牙利骑兵放松警惕时，他们随时又卷土重来。在他们佯装后退时，倒霉的是错误地尾随蒙古牧民的敌人，他们将他引入迷途，使他远离了自己的阵地，来到危险地带，并且进入了埋伏圈内，在那里他将被包围，并像一头公牛一样被砍死。列于军阵前列或两翼的蒙古轻骑兵担负着用齐发的箭射敌的任务，这些飞箭在敌阵营中劈开了一些可怕的空隙。像古代的匈奴人一样，蒙古人也是马上弓箭手——从孩提时代就成了一位骑射手——他们百发百中的箭可以射中200码甚至400码以外的人。再加上难以捉摸的灵活性，其战术优势在当时是独一无二的。[1]

除了在骑兵上的优势，蒙古军队很是善用器械、技术与工匠的力量。有历史学家这样描述蒙古军队某一次攻城的细节。由于起初

1　勒内·格鲁塞，《草原帝国》（上册），蓝琪译，商务印书馆，1998，第287—288页。

久攻不下，“蒙古军乃退治攻具。境内无石，不足供炮击，则多伐桑木以代炮石之用，于未投射之先，渍水增其重量”。这段文字讲的是蒙古军队设法制造投石车攻城，但附近又没有可用作炮石的石头，他们就伐桑木浸水后作为替代之用。[1]

占领一个国家或城池后，蒙古军队的惯常做法是善待技师与工匠，然后常常以最野蛮的方式对待该国的成年男子。经过苦战占领花剌子模都城之后，历史学家这样描述蒙古军队当时的做法：

> 遂命驱民尽出城外，令技师、工匠别聚一所，其从之者，遣送蒙古，皆得免死。然有不少匠人惮远谪，以为居民可免死，因混处其中而不出。蒙古兵分居民配诸队间，以刀锹矢尽屠之。免者唯幼妇儿童，夷为奴婢。屠后掠城中余物，决阿母河堤，引水灌城，庐舍尽毁，藏者皆死。[2]

这段文字描述了蒙古帝国军队占领花剌子模都城之后的所作所为。最关键的是两个方面的信息：第一，蒙古重用技师、工匠，所以也优待技师、工匠。在蒙古人看来，技师、工匠在制造攻城器械、武器装备方面大有用处。第二，蒙古军队极其残忍地对待被征服城池的居民，除了妇孺儿童，能屠尽屠，还“引水灌城”，可谓赶尽杀绝。

实际上，屠城一度成了蒙古帝国军队的常规作战方式。蒙古帝国发动的征服战争，可算得上是有史以来屠杀平民比例最高的战争。为什么蒙古军队采用如此野蛮的作战方式呢？首要的原因，恐

1　多桑，《多桑蒙古史》（上册），2015，第 131 页。
2　同上，第 131—132 页。

怕是蒙古人起初并未发明出一整套统治其他民族的方法。在蒙古人看来，存在着所谓“非我族类，其心必异”的问题。蒙古人担心的是，一旦强兵压境，对方就选择投降；一旦蒙古军队远去，对方又重新反叛。既然如此反复，不如赶尽杀绝。其次的原因，是蒙古帝国因其发展阶段与统治模式，尚未认识到人口、农耕经济、城市经济的税收价值，尚未发展出一种全新的认知来恰当处理自身与被征服民族的关系。蒙古帝国的统治高层直到后来才认识到农耕文明和城市经济的重大价值。最后的原因，正如上文已经提及的，跟蒙古帝国的战争模式有关。蒙古军队从事的是掠夺型战争，占人妻女与夺人财物是对胜利者的战争奖励。总之，蒙古人的战争是他们的生产方式与盈利方式。

所有这些都决定了蒙古在征服一地之后所采取政策的残忍与血腥。《多桑蒙古史》这样评论成吉思汗的认知：

> 成吉思汗为安全保其略地，不惜尽屠其居民，毁其城堡。破坏盖为蒙古战略中之一要则，成吉思汗在其训教中，曾命将不降者及叛者尽歼之。根据鞑靼民族之残猛的战事法律，败者的眷属、财产皆为胜者所得。设在一地丁口繁众，蒙古并则除其欲保存者外，余尽杀之。设其留存若干以供其同国人之用者，退兵时仍不免一死。[1]

正因为如此，蒙古帝国堪称人类历史上最野蛮的帝国，成吉思汗则是最野蛮的帝国开创者与领土征服者。载于《蒙古秘史》的一则对话，恰好可以证明成吉思汗征服世界的初心：

---

1 多桑，《多桑蒙古史》（上册），2015，第 180 页。

> 成吉思汗一日问那颜不儿古赤，人生何者最乐。答曰："春日骑骏马，拳鹰鹘出猎，见其搏取猎物，斯为最乐。"汗以此问历询不儿古勒等诸将，诸将所答与不儿古赤同。汗曰："不然，人生最大之乐，即在胜敌，逐敌，夺其所有，见其最亲之人以泪洗面，乘其马，纳其妻女也。"[1]

成吉思汗这段对同类没有丝毫同情心的话，恰好说明了，在人类政治演化史上，文明并不总是能够战胜野蛮。在一定条件下，野蛮的政治体完全有可能战胜文明程度更高的政治体。特别是，在前现代的国际体系中，不同政治体之间的军事技术差距不大。在这种条件下，谁能更高效地组织军队，谁能更成功地发动战争，谁就有可能成为军事竞争的赢家，进而在不同政治物种的竞争中成为支配者。后世还有学者这样评价这位充满争议的政治人物："成吉思汗被看成人类的灾难之一。……确实，在他的先祖中不曾有人留下如此可怕的名声。他使恐怖成为一种政体，使屠杀成为一种蓄意的有条理的制度。"[2]

帝国兴起的一般逻辑与启示

上述讨论，实际上以蒙古帝国的兴起作为案例，来展示帝国兴起的一般逻辑。当然，每个帝国的兴起方式都是不同的，每个帝国的政体类型、战争技术与战争模式也是不同的。世界历史上的其他重要帝国，比如亚历山大帝国、罗马帝国、秦汉帝国、阿拉伯帝

1　多桑，《多桑蒙古史》（上册），2015，第 181 页。
2　勒内 · 格鲁塞，《草原帝国》（上册），1998，第 350 页。

国、奥斯曼帝国等，不会跟蒙古帝国有着完全相同的兴起路径。这些帝国的兴起，或许在某些方面有着类似的逻辑，比如，它们都要形成强大的国家能力，它们都要创造自己的军事优势，它们都或多或少要采用某些关键的创新。但是，在另外一些重要方面，这些帝国很可能存有巨大的差异，从政体类型到征服方式，从战争技术到统治方式，都大相径庭。帝国固然是一种古老的政治存在物，但造就每个帝国的路径则可能完全不同。

就一般逻辑而言，前现代帝国的兴起离不开它的内外条件：内部条件包括帝国作为一个政治组织的组织能力，这又包括帝国的政治领袖，帝国的政治领导层，帝国的武力系统、税收系统与官僚系统，以及帝国在军事技术、战争模式与后勤系统上的创新；外部条件包括帝国面对的地理环境、技术条件与竞争格局。只有当一个国家或帝国的组织能力较强及其面对的地理环境、技术条件与竞争格局比较有利时，它才能完成顺利崛起。

这里的解释框架以及对蒙古帝国兴起的案例分析，还对理解帝国兴起与政治文明进化的关系提供了重要启示。帝国兴起往往意味着强者征服弱者的过程，但这种征服主要是组织能力——特别是军事技术与战争能力——意义上的，而不一定是文明程度意义上的。一个综合来说更高级、更进步的政治体，如果不能发展出更强大的战争能力，就会被那些发展出更强大的战争能力但总体上更低级、更落后的政治体征服。就此而言，人类政治绝非一直是向着更文明、更进步的方向发展，而完全有可能向着更野蛮、更落后的方向演化。

如果不是西方世界的兴起与工业革命的发生，欧亚大陆上这种前现代帝国兴衰的政治游戏可能还会重复过去的故事。但是，经过从 16 世纪到 19 世纪早期的转型，以英国为首的西欧出现了一种全新的政治、经济与军事模式，它们的技术与军事能力水平出现了飞跃，它们控制能量的等级达到了传统帝国完全无法企及的程度。这样，前现代传统帝国的时代终结了。随着技术、规则与观念的巨大改变，一个新的政治、经济与军事权力竞争的时代开始了。

帝国的政治统治及其衰落

很多关注帝国问题的读者都会产生一个疑问：许多前现代帝国都占据着上百万乃至数百万平方公里的领土，统治疆域极其辽阔，它们是如何实现有效统治的？特别是，这在前现代的经济技术社会条件下是如何成为可能的？统治疆域辽阔，不仅意味着帝国的统治半径非常之大，从首都到边疆的距离非常之远，而且还意味着其统治之下的人口在民族、语言、宗教和文化上的多样性非常之高。没有现代交通与通信技术、现代战争技术以及现代官僚制的组织技术，一个帝国如何能对地理疆域如此广大且民族多样性如此之高的领土实行有效统治呢？显然，这对任何一个前现代的大型帝国来说，都是巨大的挑战。

正是因为广大疆域的统治之难，在人类政治演化史上，有的帝国确实就是昙花一现。这样的帝国尽管用武力征服了疆域广大的领土，却无力对这疆域广大的领土实现持续的统治。比较著名的短命帝国有亚历山大帝国和中国的秦帝国等。由征服者亚历山大大帝开创的亚历山大帝国，鼎盛时期版图东起葱岭与印度河平原，南至波斯湾与埃及，西到色雷斯和希腊，北抵黑海及阿姆河，是横跨亚欧非三洲的大帝国。但是，亚历山大帝国仅仅维系了十多年时间，即从公元前336年到前323年。亚历山大大帝去世后，帝国很快就土崩瓦解了。[1] 在秦统一之前，中国维系了长达数百年的多国体系，即春秋战国时期。公元前 221 年，秦统一中国，但是，仅仅十多年时间，秦帝国就在秦始皇去世后不久分崩离析了。[2] 昙花一现的大型帝国似乎印证了一个观点：对一个帝国来说，统治疆域辽阔的领土要比征服疆域辽阔的领土更为艰难。

然而，人类政治演化史上不仅有昙花一现的帝国，而且还有长期统治的帝国——后一种帝国显然政治影响力更大。比如，波斯帝国、罗马帝国、拜占庭帝国、阿拉伯帝国、奥斯曼帝国，以及中国的汉、唐、明、清等王朝，都是长期统治的帝国。它们短则统治两三百年，长则统治五六百年甚至更久。问题是，这些帝国何以能在前现代的经济技术社会条件下对疆域如此广大、多样性如此之高的领土实现长期统治呢？笔者认为，理解帝国统治的关键，在于理解帝国的军事征服与政治控制之间的关系。任何长期统治的帝国依靠的不只是对疆域广大的领土实行军事征服的能力，更依靠对广大疆域实行政治控制的能力。只有成功的军事征服，而没有有效的政治控制，如亚历山大帝国，帝国统治就无法长久。只有成功的军事征服与有效的政治控制相结合，才能成就长期统治的帝国。

帝国统治之一：军事征服与武力统治

帝国统治首先意味着一个统治者领导的军队实现了较大地理疆域范围内的军事征服。没有军事征服和武力统治，就无法成就一个

1　D. M. 刘易斯等编，《剑桥古代史（第六卷）：公元前 4 世纪》，晏绍祥等译，中国社会科学出版社，2020，第 838—963 页。

2　林剑鸣，《秦汉史》（上），上海人民出版社，2019，第 92—255 页。

帝国。关于帝国的军事征服与军事能力，本章前两节在分析帝国兴起时已经做过许多讨论。需要进一步讨论的是，征服新的领土，通常都需要帝国军队出征和抵达这些新的领土，并通过一系列决定性的战争击败原有统治者及其军队。这意味着前者需要拥有具有相对优势的军事能力，而这种军事能力只有在不断的战争中才能得到持续的证明。

一旦帝国军队已然征服了新的领土，那么此时的军事征服与武力统治就有了很不一样的含义。此时的军事征服与武力统治常常表现为，由于帝国军队在特定疆域范围内已经战胜了所有的主要对手，所以它就可以通过分兵各处进行驻守的方式进行统治。此时，帝国军队往往较为重视控制帝国疆域范围内的主要城市、战略要地与边疆要塞，由此建立起覆盖整个帝国的驻兵系统。这些驻扎在帝国各处的军队对附近数千平方公里乃至数万平方公里的疆域可以实现直接的军事控制。[1]正是靠着这一支支驻守各处的军队，帝国才能对疆域辽阔的领土实现长期的军事控制。问题是，这种军事控制的成本很高。如果每占领一地，就需要分兵驻守，这意味着，越是疆域辽阔的领土就越需要成比例的、规模庞大的军队。按照这种方式发展下去，帝国随着统治疆域的扩大会变得负担沉重，其兵源、财政与后勤的压力都会相当之大，甚至终有一天会让帝国不堪重负。

此外，如果帝国在各地都需要驻扎精兵强将，另一个可能的风险是，当一支支远离首都与帝国中心的军队对各个地方实施长期军

1　比如，有学者讨论过罗马和中国早期国家的军事扩张与帝国统治之间的关系，参见：珍・波本克、弗雷德里克・库伯，《世界帝国二千年：一部关于权力政治的全球史》，2015，第 47—89 页。也有学者讨论了帝国与军事组织的一般关系，参见：Ian Morris, "Empire and Military Organization," in Peter Fibiger Bang, C. A. Bayly, and Walter Scheidel, eds., *The Oxford World History of Empire, Volume 1: The Imperial Experience*, 2021, pp. 155-178.

事控制之后，这些军队和将领本身就存在着政治失控的风险。一旦部分军队和将领不再接受帝国的统一指令与统一调遣，它们就会反过来成为威胁帝国统治的军事力量。由此可见，帝国实行这种分兵驻守来统治其广大疆域和领土的做法，其实是一把双刃剑。

因此，帝国对辽阔疆域的军事征服和武力统治还有第二种模式，这种模式有三个要点：一是帝国军队战胜了统治疆域范围内的所有主要对手，二是帝国军队始终保持对全国领土及潜在反对力量的巨大威慑力，三是帝国军队能够借助官方驿道与交通网络实现快速移动。这意味着帝国可以大大降低军队在全国范围内分兵驻守的密度，从而减轻由分兵驻守带来的兵源、财政与后勤压力，同时可以降低军队纵向一体化管理本身所带来的复杂性。在古罗马帝国，就有“条条大路通罗马”的说法。古代帝国修筑官方驿道或交通网络，其主要动力并不是要发展经济与便利民生，而是为了让帝国统治者和中央政府能够快速获取信息以及能够快速移动军队，以便实现对较大地理疆域范围内的有效军事控制。这种模式依赖的并不是帝国军队分兵各处与直接控制，而是凭借帝国军队的快速移动能力以及对潜在反叛力量的镇压能力所产生的威慑。

帝国统治之二：政治控制

帝国统治的另一个重要方面是政治控制，即帝国统治中的政治与行政因素。《史记》记载了汉初政治家陆贾与汉高祖刘邦的重要对话：

> 陆生时时前说称诗书。高帝骂之曰：“乃公居马上而得之，安事诗书！”陆生曰：“居马上得之，宁可以马上治之乎？且

> 汤武逆取而以顺守之，文武并用，长久之术也。昔者吴王夫差、智伯极武而亡；秦任刑法不变，卒灭赵氏。乡使秦已并天下，行仁义，法先贤，陛下安得而有之？”高帝不怿而有惭色，乃谓陆生曰：“试为我著秦所以失天下，吾所以得之者何，及古成败之国。”[1]

这就是“只可马上得天下，岂可马上治天下”的出处。陆贾讲“逆取而以顺守之，文武并用，长久之术也”，就是要重视军事征服（逆取以及文武中的武）与政治控制（顺守与文武中的文）的平衡，这才是帝国统治的长久之道。以古典时期地中海地区的帝国来说，亚历山大大帝实现了大范围的军事征服，却无法实现大范围的政治控制，结果就是昙花一现。罗马不仅能实现大范围的军事征服，而且还能实现大范围的政治控制，故能成就长期统治的帝国。由此看来，长期统治的帝国凭借的不仅是军事征服与武力优势，更是政治控制和行政能力。问题是，帝国究竟如何实现有效的政治控制呢？从历史经验来看，许多帝国在对地理疆域广大的领土实施政治控制方面有不少成功做法。

首先，帝国在政治控制上的常见做法是把直接统治与间接统治结合起来。许多帝国常常对帝国的核心统治区域实行直接统治，但对帝国核心区域之外的广大区域实行间接统治。直接统治是指，帝国统治者与中央政府对地方实行自上而下的直属统治；间接统治正好相反，是指帝国统治者与中央政府委托地方代理人代表中央政府对地方进行统治。一般而言，实行间接统治并非帝国实行政治控制

1　司马迁，《史记（第四册）· 卷九十七 · 郦生陆贾列传》（中华国学文库），2011，第2361—2362页。

的首选方案，但对有些帝国来说，要想在地理疆域辽阔的领土上全部实行直接统治，建立一个覆盖整个帝国的中央集权的、纵向一体化的官僚系统，其成本可能高到难以想象。特别是，许多大规模帝国在民族、语言、宗教、文化、经济、地理上的复杂性和多样性，还会增加建立直属统治的困难。相对来说，帝国在地方上挑选中央政府的代理人，或向地方派出中央政府的代理人，并委托这些代理人对地方进行统治，其难度和成本都要低得多。

当然，对许多帝国来说，间接统治也会带来间接统治的问题。间接统治的最大风险在于，帝国选择的或派出的地方代理人往往会掌握巨大的军政实权。跟纵向一体化官僚制下的地方军政长官不同，间接统治下的地方代理人通常权力更大，甚至俨然就是一个较大辖区的实际统治者。这种统治模式，无论就地方代理人的实际权力而言，还是政治志愿而言，他们进行政治反叛的可能性都会大大增加。从历史经验来看，无论是罗马帝国的行省总督，还是中国东汉的地方刺史、唐代的节度使，只要以中央代理人的身份掌握统治地方的全权，其政治反叛的可能性马上就会提高，帝国中央遭遇地方势力崛起挑战的概率也会大大增加。

政治更成熟的帝国有时还懂得把直接统治与间接统治结合起来，即通过中央集权与地方分治的结合来实现更有效的政治控制。按照国家构建的理论与历史经验，无论是民族国家构建还是帝国构建，统治者都试图建立起统一直属的武力系统、覆盖全国的税收系统和纵向一体化的官僚系统。因此，实行某种程度的中央集权，是任何帝国实现统一的关键安排与内在要求。而当帝国统治疆域规模很大、复杂性与多样性很高时，为了降低中央集权官僚制导致的管理难度，许多帝国就需要实行某种程度的地方分治安排。但地方分治的风险在于，如果发展到较高程度，地方分治就有可能会危及帝国中央政府的权威与帝国疆域的统一性。所以，疆域规模庞大的帝国要想实现成功的政治控制，就需要把中央集权与地方分治、直接统治与间接统治有效结合起来。[1]

其次，帝国实行政治控制的另一个常见做法是推进帝国广大疆域的政治整合。这方面的具体做法往往集中在交通、通信等基础设施、语言文字、官方学说以及宗教等方面的统一与整合。对帝国广大疆域的政治整合来说，基础设施建设是非常重要的。对于前现代帝国来说，最主要的基础设施是交通设施与通信设施。所有成功的帝国都需要在帝国首都与各地中心城市之间、与战略要地之间修建官方道路与驿站。这既解决了交通问题，又解决了通信问题，从而可以大大提高帝国首都与主要城市、主要地区、边疆、战略要地之间的物理连接。这既有利于政治与行政的统一化，又有利于在发生内部叛乱或外敌入侵时能够快速传递信息与调动部队。以古罗马帝国为例，罗马国力鼎盛时有超过 29 条公路从首都罗马向四周辐射，连接罗马帝国的各个行省。按照历史学家的一般说法，罗马帝国道路的总长超过 40 万公里，铺设石块、条件良好的官方公路超过 8 万公里。这些陆上道路，再加上地中海四通八达的海上水道，成了维系罗马帝国的基础设施命脉。执政官与元老院的命令、帝国军队、长距离运输的商品、各种物资等均依靠这些海陆交通设施实现较为顺畅的流动。[2]

强化帝国政治整合的另一个常见做法是推进语言文字的统一以

---

1 Jane Burbank and Frederick Cooper, "Empires and the Politics of Difference: Pathways of Incorporation and Exclusion," and Kim A. Wagner, "Resistance, Rebellion, and the Subaltern," in Peter Fibiger Bang, C. A. Bayly, and Walter Scheidel, eds., *The Oxford World History of Empire, Volume 1: The Imperial Experience*, 2021, pp. 375-436.

2 格兰特的著作常常谈到罗马的道路系统，具体信息可见该书索引条目"roads 道路"的相关页码，详见：迈克尔·格兰特，《罗马史》，王乃新、郝际陶译，上海人民出版社，2008，第 491 页。

及官方宗教与学说的统一。比如，公元前 221 年，秦始皇统一中国后所做的一件重要事情，就是统一官方的书面语言文字。此后，秦国小篆成为汉语言文字的标准书写形式。到了汉朝，由于隶书书写形式更为简便，遂成为新的标准书写形式。但不管怎样，统一的官方书面语言文字对此后中国的政治演化产生了重要影响。罗马帝国流行的是两种主要的语言文字，帝国西部以拉丁文为主，帝国东部则以希腊文为主。而这种语言文字的分化，大体上也是后来整个帝国变成西罗马帝国和拜占庭帝国的重要原因。13 世纪蒙古兴起之时，他们还没有书面的语言文字。成吉思汗特地命人创立了可书写的蒙古书面文字。这对蒙古帝国的崛起以及后来广大疆域的政治整合起了至关重要的作用。

当然，随着帝国军事征服的地理疆域规模越来越大，其包含的民族与人口的多样性就会越来越高，要想统一其统治疆域之内的语言文字难度会非常大。考虑到前现代社会普通人的识字率不高，帝国统一语言文字的努力，主要针对的是帝国统治疆域范围内各个民族与社会群体的上层精英。

跟统一语言文字相比，帝国的另一个做法是建立统一的官方学说或宗教体系。在古代中国，秦朝崇尚法家，限制儒家及其他各家学说。早在秦国的商鞅变法时期，即有“燔诗书而明法令”的政策，力图统一秦国国内的思想。自汉武帝时期开始，中国逐渐确立了儒家学说的正统地位，儒家学说成为中国官方学说。后来，经由科举考试制度，儒家学说地位日益巩固，成了古代中国的主流意识形态。这种官方学说不仅有利于强化王朝与帝国的政治合法性，而且有助于塑造相对较为同质化的政治精英阶层。

在古代西方，基督教起初在罗马帝国备受打压，而后成为罗马帝国的国教，堪称宗教界逆袭的典范。公元 313 年，君士坦丁大帝颁布米兰敕令，基督教由此摆脱被迫害的地位，拥有了在罗马帝国内合法传教的权利。到了公元 380 年，罗马皇帝狄奥多西将基督教最终确定为罗马帝国国教，并开始禁止其他宗教的传播。基督教这一逆袭的背后，原因乃在于，对于当时的罗马帝国来说，确立一个统一的官方宗教，不仅有利于在逐步趋于混乱与动荡的时代安定人心，而且有利于强化帝国地理疆域范围内的政治与文化整合。

在中世纪的中东，阿拉伯帝国跟宗教的关系则更为密切。很难说，到底伊斯兰教是阿拉伯帝国加强政治整合的思想文化工具，还是阿拉伯帝国本身是伊斯兰教传播教义和征服人心的政治统治工具。但从帝国本位出发，那么伊斯兰教就是阿拉伯帝国的官方宗教。这种官方宗教的确立及其统一性，为阿拉伯帝国的军事征服与政治统治注入了巨大的精神力量。后来兴起的奥斯曼帝国也把伊斯兰教奉为官方宗教，其意义大体相似。[1]

总之，成功的帝国往往需要强化其地理疆域范围内的政治整合，其基本做法包括建设覆盖全国战略要地的交通与通信基础设施、确立较为统一的官方书面语言文字系统、确定统一的官方学说以及确定官方宗教体系等。这些做法都有助于帝国内部的政治整合，进而能够帮助帝国维系长期统治。否则，一个帝国即便能够实现巨大疆域范围内的军事征服，如果不能进行有效的政治整合，它仍然容易成为昙花一现的帝国。

最后，帝国实现政治控制的另一个常见做法是将政治威慑与政治吸纳结合起来，这主要针对的是政治精英阶层。政治威慑是

1　关于帝国与宗教关系的研究，参见：Amira K. Bennison, “Empire and Religion,” in Peter Fibiger Bang, C. A. Bayly, and Walter Scheidel ,eds., *The Oxford World History of Empire, Volume 1: The Imperial Experience*, 2021, pp. 318-341.

指，帝国借助强大的政治与武力展示，来对帝国征服疆域范围内的政治精英与普通民众形成心理震慑作用，使其主动服从与配合帝国统治，降低其反叛的可能性。政治吸纳是指，帝国将征服疆域范围内的政治精英主动吸收到帝国的统治体系中，使这些政治精英能成为帝国统治体系的一部分，让他们为巩固帝国统治效力。对精英来说，帝国的政治控制既非单纯地依靠政治威慑，亦非单纯地依靠政治吸纳，而是常常把政治威慑与政治吸纳结合起来，进而塑造一种既有大棒又有胡萝卜的政治氛围。从功能上讲，政治威慑使得不配合帝国统治的政治精英们处于恐惧与可能的危险之中，政治吸纳则为那些愿意效忠和服务帝国统治的政治精英们提供了有效的激励与相当的诱惑。这两种策略的组合，可以使得帝国能够在相当程度上实现对政治精英阶层的更有效的政治控制。

综上所述，帝国统治的秘诀往往在于实现军事征服与政治控制的巧妙平衡。没有军事征服，帝国无以实现对广大地理疆域的统治。但是，仅有军事征服是不够的，仅仅依靠军事征服的帝国往往无法长久。富有技巧的政治控制，才有助于催生能够实现长期统治的帝国。

帝国的衰落：个案分析

在帝国政治研究中，跟帝国的兴起具有同等重要地位的议题，恐怕就是帝国的衰落。英国历史学家保罗·肯尼迪的一部名著，题目就叫作《大国的兴衰》（*The Rise and Fall of the Great Powers*）。[1]

1　保罗·肯尼迪，《大国的兴衰：1500—2000 年的经济变迁与军事冲突》，王保存等译，中信出版社，2013。

当然，肯尼迪这里所谓的大国，主要是1500年以来国际体系中的主要国家或强权，跟本书所讲的帝国还是有差异。但这个书名在某种程度上准确地昭示了许多帝国的命运，即凡有兴起，必有衰落。事实上，纵使再伟大的帝国，大体上也会有衰落的一天。不同帝国在这方面的主要差别，可能在于帝国持续繁荣时间的长短。

当然，即便一个帝国衰落了，并不意味着它就是一个失败的帝国。比如，罗马帝国的统治存续期几乎长达千年，最终还是走向了衰落。但是，从罗马共和国到罗马帝国，无论从哪个视角来看，都应该被视为一个成功的帝国样本，甚至堪称前现代人类政治演化史上最成功的帝国。在前工业革命时代，人类尚无哪个帝国能达到古罗马的文明成就，亦无任何一个帝国能够超越其统治所持续的时间。如果按东罗马帝国——拜占庭帝国——的存续时间来计算，古罗马文明的最长延续时间是从公元前509年古罗马共和政体确立，到公元1453年拜占庭帝国覆灭。事实上，人类历史上尚无可以与之匹敌的前现代帝国。

但即便如此，到了罗马帝国晚期，按照英国启蒙时代历史学家爱德华·吉本的描述，那已经是一个礼崩乐坏的政治体。特别是在公元3世纪，罗马帝国几乎都处在漫长而严重的危机之中。西罗马帝国此后仍然延续了一个半世纪以上，或许只能证明帝国制度的强韧。即便君主难堪大任、胡作非为，高层内乱不断，军事政变频仍，但罗马帝国却仍然得以勉强维持，似乎更能证明罗马帝国在制度与文明上的力量。

那么，帝国为什么会衰落？究竟何种原因导致了帝国的衰落？研究国别史的历史学家往往更关注个别帝国衰落的原因。罗马帝国的衰落一直是西方学界关注的焦点。在《罗马盛衰原因论》这部小册子中，法国思想家孟德斯鸠认为，罗马的政法制度不适合统治大型帝国、公民精神的衰败和道德的普遍堕落、罗马社会结构的重大变革，是古罗马由盛转衰的主要原因。[1]爱德华·吉本则将罗马帝国的衰亡归因于有助于共和国和帝国强大的德行的衰落，腐败导致的政治败坏、民风堕落与军纪松弛，东西帝国分裂导致的力量衰退，基督教盛行削弱了尚武精神，君主与统治阶层才能、美德与意志的丧失，以及贫困且凶残的蛮族不断发动的攻击等。[2]

在分析中国前两个统一王朝——秦与汉——衰落的原因时，林剑鸣大体上将其归结为一系列因素的共同作用，包括暴虐、愚蠢、专断、残忍的统治，严重的经济社会危机与底层反抗，宦官和外戚专政以及官僚系统的败坏，外族入侵与外部军事压力，地方势力兴起与中央权威的瓦解等。[3]关于奥斯曼帝国的衰亡，许多学者将其归结为两方面的因素：一是西方的兴起、工业革命的启动这一国际体系中的背景因素，二是奥斯曼帝国内部缺少推进有效的政治、经济、军事变革的政治力量，所以，其改革往往很难获得实质性的进展。[4]

帝国的衰落：一般逻辑

尽管以上研究都富有启发性，但问题是，在人类政治演化史上，在此起彼伏的帝国衰落现象背后有着某种一般逻辑吗？这种提问方式关注的不是作为个案的秦帝国、罗马帝国、蒙古帝国、奥斯

1 孟德斯鸠，《罗马盛衰原因论》，婉玲译，商务印书馆，2009。
2 爱德华·吉本，《全译罗马帝国衰亡史》（第6卷），2018，第291—300页。
3 林剑鸣，《秦汉史》（上），2019，第174—186、218—222页。
4 Donald Quataert, *The Ottoman Empire, 1700-1922*, Cambridge: Cambridge University Press, 2005, pp. 40-41, pp.99-101.

曼帝国等衰落的个别原因，而是人类政治演化史上大部分帝国衰落的一般或普遍原因。跟单个帝国衰落的研究相比，国内外学术界关于帝国衰落普遍原因的研究显然数量较少。俞可平的研究将影响帝国衰落的主要原因总结为“国家的军事力量、科技水平、综合国力、政治制度、战略决策、领袖品性、国民素质和地缘政治”。[1]在一项国际主流研究中，解释帝国兴衰——自然包括帝国衰落——的变量往往包括军事因素、领土与地缘因素、精英因素、制度与统治质量因素、宗教因素、内部整合因素、生态环境因素等。[2]在这些研究的基础上，本书也试图提出关于帝国衰落的一个理论解释，其重点在于四个方面。

首先是过度扩张论，即帝国的政治野心超过了帝国的实际统治能力。关于罗马帝国的衰落，有一种主流观点认为，这是由于罗马帝国自身的伟大，即衰落是罗马帝国过分成功的一个自然结果。罗马征服与统治的疆域过于辽阔，超出了其正常的统治能力，最后就引发了一系列严重的政治后果。[3]公元 293 年，罗马皇帝戴克里先在反思 3 世纪危机之后，首创了四帝共治，背后的压力乃在于罗马帝国的统治疆域过于辽阔。公元 330 年，罗马皇帝君士坦丁一世在拜占庭建立新都，命名为新罗马，后改名为君士坦丁堡。君士坦丁一世将首都东迁，直接原因恐怕还在于，他感觉到罗马帝国的疆域过于辽阔，以致位于帝国西部的一个政治中心已经难以驾驭整个帝国。这一决策产生了两个效应，既分裂了帝国，又延续了帝国。这

1　俞可平，《论帝国的兴衰》，《山西大学学报》，2022 年第 1 期，第 1—11 页。

2　Amira K. Bennison, “Empire and Religion,” in Peter Fibiger Bang, C. A. Bayly, and Walter Scheidel, eds., *The Oxford World History of Empire, Volume 1: The Imperial Experience*, 2021.

3　按照爱德华 · 吉本的说法，“罗马的衰亡是伟大到达巅峰状况后，非常自然而且无法避免的结果”，“庞大无比的机构无法承受本身重量的压力而倒塌”。参见：爱德华 · 吉本，《全译罗马帝国衰亡史》（第 6 卷），2018，第 291—300 页。

样，在公元 476 年西罗马帝国覆灭之后，以君士坦丁堡为核心的拜占庭帝国又延续了将近千年。

昙花一现的亚历山大帝国更是帝国野心超过帝国统治能力的典型。虽然亚历山大大帝有能力依靠一支强有力的军队横扫中东和北非，甚至征服了南亚和中亚，一度控制了从亚得里亚海到印度的广大疆域。然而，问题是，亚历山大帝国并未发展出与这种巨大的疆域规模相匹配的政治控制与统治能力。[1]

如果把帝国的统治能力视为分子，帝国的统治疆域规模视为分母，帝国实际的有效统治程度就是统治能力与统治疆域规模的比值。当统治能力较高而统治疆域规模较小时，这样的帝国就更能实现有效统治；反之，则更难实现有效统治。尤其是，帝国的统治疆域规模过大，而统治能力又跟不上的话，就容易成为一个摇摇欲坠的帝国。从逻辑上讲，任何一个帝国基于其特定的统治能力，都有其对应的合理或最佳的统治疆域规模。当一个帝国统治的疆域规模越来越大时，如果该帝国的统治能力并没有相应的提升，那么它的统治有效性程度就会随着统治疆域规模的扩大而逐渐降低，最终就会危及帝国的统治。

其次是政治衰朽论或统治僵化论，即帝国的统治系统会随着时间的推移而逐渐趋于衰朽或僵化，其政治能力与军事能力慢慢就不足以实现对整个帝国的有效统治。对于同一个统治系统来说，随着时间推移，其统治能力的逐步衰弱乃是一个常见现象，这包括统治者能力的衰退、帝国内部冲突的上升、官僚系统腐败的侵蚀等。福山的研究强调，当某种政治秩序不能根据环境的变化而变化时，就

1　D. M. 刘易斯等编，《剑桥古代史（第六卷）：公元前 4 世纪》，2020，第 838—963 页。

会发生政治衰朽或政治衰败。[1]这也为我们理解帝国统治能力的衰退提供了有益的视角。

以中国相对统一、疆域较为辽阔的王朝来说，从秦汉到两晋、从隋唐到两宋、再到元明清，其中较为长命的王朝统治周期大体上是两三百年。即便把西汉与东汉合并计算，大致上也只是略多于400年。一个王朝或帝国无法永续经营，基本原因就是统治系统会逐渐衰朽。像蒙古帝国，其统治能力往往还会遇到特殊的挑战。一旦蒙古贵族从马上下来，住进宫殿，只要经历两代人的时间，他们的战斗力很快就丧失了。原因不难理解，一旦有了在奢华宫殿的生活经历，谁还愿意跨上战马、纵横千里去拼死战斗呢？对蒙古帝国来说，整个统治机构统治能力的衰朽速度往往会快得惊人。[2]

再次是竞争对手论，即强大的潜在竞争者崛起，进而构成了对原先帝国的挑战。世界帝国史上的一个有趣现象是，新的帝国或强权很难从原先帝国竞争的中心地带崛起，而常常都是从边缘地带崛起的。比如，古罗马共和国在公元前3世纪到前2世纪也是崛起于主要帝国与文明中心的边缘地带。当时主要帝国与文明的中心地带，大体上是在今天的埃及、伊拉克、伊朗和叙利亚地区。波斯帝国的核心区域是主要的政治军事中心。就此而言，罗马恰恰是崛起于这一中心地带的边缘地区。比如，阿拉伯帝国在公元7世纪也是兴起于边缘地带。当时阿拉伯岛的自然条件是非常严酷的，就适合人类耕作与生活而言，远不如两河流域和尼罗河流域。恰恰就是在

1　弗朗西斯·福山，《政治秩序与政治衰败：从工业革命到民主全球化》，2015，第413—499页。

2　勒内·格鲁塞这样说："正如成吉思汗所预见——如果认定是他说的那些话是可信的——草原狩猎者的后裔们忘记了艰苦创业和获得权力的原因，满足于定居生活的舒适和奢侈。"所以，蒙古人一旦掌权，衰落几乎是不可避免的。参见：勒内·格鲁塞，《草原帝国》，1998，第407页。

这样一个条件严酷的边缘地带兴起了一个后来横扫整个中东、北非地区甚至扩张至中亚和南欧的阿拉伯帝国。再比如，到了 13 世纪，蒙古帝国同样崛起于华夏中原文明的边缘地带。再后来，到了 18 世纪，英国也崛起于欧洲大陆主要文明区域的边缘地带。大不列颠深受欧洲大陆文明的熏陶，但它又不在欧洲大陆之上，而是与之隔海相望。

这些从主要帝国或文明边缘地带兴起的竞争者，最终都发展出了更为强大的军事能力与统治力量，进而颠覆了原先帝国或主要文明的优势，并使自己成为更具竞争力的新兴帝国。

为什么强有力的竞争者往往兴起于主要帝国或文明中心的边缘地带呢？可能的原因包括：第一，只有处在主要帝国或文明中心的边缘地带，它才能获得足够多的技术、制度与文化滋养，使其获得必要的发展条件；第二，由于处在边缘地带，它又不必受原先主要文明模式的束缚，它在成为学习者和模仿者的同时，更有可能成为创新者；第三，主要帝国或文明中心的边缘恰恰是传统帝国统治的薄弱地带，政治与军事竞争的压力相对较低，进而给潜在竞争者的兴起提供了更大的可能。在这种条件下，如果位于边缘的潜在竞争者能创造某种新的优势，比如新的战争方式、新的技术突破或新的制度模式，叠加它从主要文明中获得的其他养分，它就有机会成为创新者，甚至从边缘地带崛起之后，还能向主要帝国与文明中心的地带发起挑战，颠覆原先位于中心地带的原有帝国与文明。其实，罗马帝国、阿拉伯帝国、蒙古帝国、俄罗斯帝国与英国在这些方面是非常相似的。[1]

1　有研究认为，俄罗斯也是一个位于欧洲文明边缘的帝国，参见：Boris Kagarlitsky and Renfrey Clarke, *Empire of the Periphery: Russia and the World System*, London: Pluto Press, 2007.

最后是技术变迁论，即当帝国不能适应重大的技术变迁所带来的重大变化时，就容易引发帝国衰落。这一点其实不难理解。当人类社会发生重大的经济与技术变迁时，帝国与帝国之间、政治体与政治体之间的权力版图，可能会发生彻底重构。一般而言，那些首先采用或适应新技术、新模式的政治体更有可能兴起，其他帝国或政治体则面临衰落的风险。[1] 比如，15—16 世纪奥斯曼帝国彻底击溃拜占庭帝国，一个重要的技术原因就是，前者开始在攻城战中大规模地使用火炮。火炮，其实是上一个千年启动之后的数百年间最重要的技术革新之一。跟拜占庭帝国相比，此时的奥斯曼帝国更像是一个新技术的拥抱者，至少是在使用火炮这种新的战争技术方面。然而，数百年之后，当欧洲开始在 18—19 世纪率先发生工业革命之时，此时的奥斯曼帝国竟然已经沦为一个守旧者。当奥斯曼帝国抱残守缺，而以英国为代表的西欧国家正一日千里地推进工业革命时，奥斯曼帝国的衰落就无法避免了。[2]

总之，帝国凡有兴起，必有衰落。正如上文提及的，一个帝国最终衰落了，不代表它就是一个失败的帝国。比如，爱德华·吉本在研究罗马帝国的兴衰时，令他感到好奇的，不是罗马帝国衰落了，而是为何罗马帝国能够延续如此之久？再比如，尽管蒙古帝国在中国中原地区的统治很快就衰落了，元朝统治延续了仅仅不到一个世纪，但蒙古帝国的统治者及其后裔在中亚、东欧、中东、南亚的统治则延续了几个世纪之久。

---

1 关于蒙古帝国的军事技术问题，参见：Thomas T. Allsen, "The Circulation of Military Technology in the Mongolian Empire," in Nicola Di Cosmo, ed., *Warfare in Inner Asian History (500-1800), Handbook of Oriental Studies. Section 8 Uralic & Central Asian Studies, Vol. 6*, Boston: Brill Academic Publishers, 2001, pp. 265-293.

2 关于军事技术与奥斯曼帝国衰落的关系，参见：Jonathan Grant, "Rethinking the Ottoman 'Decline': Military Technology Diffusion in the Ottoman Empire, Fifteenth to Eighteenth Centuries," *Journal of World History*, Vol. 10, No. 1 (Spring, 1999), pp. 179-201.

帝国是前现代人类政治演化史上的支配性政治体，即便一个个强大的帝国衰落了，但它们对人类政治演化的重大影响也并不会因此而完全消失。作为全球政治体系曾经的支配者，帝国在人类历史上的影响不容低估。今日世界，或许只是一个个帝国留下的长长影子。以西方世界来说，自从西罗马帝国覆灭之后，后世仍有许多重要的统治者与政治体都以罗马的继承者自居。甚至到 1787 年美国费城的制宪时刻，如果说美国开国之父们的心中有什么值得仿效的国家样板的话，大概就是古老的罗马共和国。

帝国不仅给前现代的人类政治提供了一种最重要的统治模式，提供了一套适合超大规模国家的治理方案，促进了人类不同地区民族的整合和融合，促进了人类不同文明区域的交流，而且还给人类政治留下了一系列重要的制度与观念遗产——无论这种遗产是正面的还是负面的。从西方到东方，罗马帝国、阿拉伯帝国与从秦汉到明清的诸个统治体系的影响力至今尚存。今天的人们或许在一定程度上仍然生活在各个主要帝国的制度与观念所形塑的世界中。

第二部

阿克顿问题

第四章　选择统治者的难题：理想与现实

国王的“权威”是绝对的。……国王是整个王国独一无二的统治者，上下埃及都处在他的统治之下。他是尘世间的最高权威，不受任何法律、神和人等外来力量的制约。他是所有决策的法律之源。他还是独一无二的祭司，其他祭司都只是他的代理。他决定战争与和平。他是政府首脑，并任命所有官员。

——塞缪尔·芬纳

理想统治者的模型

君主统治模型曾长期支配着人类政治史，因而也是人类政治演化史上极其重要的阶段。直到1688年英国确立君主立宪政体，这一政治局面才被正式打破。在此之前，人类统治模式的主要例外发生在地中海沿岸地区。在古典时期，古希腊城邦的民主政体和古罗马的共和政体显著地不同于君主统治模型。此后，以威尼斯为代表的城市共和国等也实行了共和政体或寡头政体。但除了这些少数的例外，人类前现代的绝大部分政治体都是君主统治模型。因此理解君主统治模型的基本特征与政治逻辑就变得非常重要。

前现代的君主统治模型

前现代国家与帝国绝大部分实行的都是一般意义上的君主制。在更精细的政体类型学中，比如，在亚里士多德或孟德斯鸠那里，君主制（monarchy）是有别于僭主制（tyranny）或君主专制（despotism）的。君主制尽管是一人统治，但通常会考虑整个城邦或共同体的利益，同时是尊重法律的。只有僭主制或君主专制才是完全基于个人专断意志进行统治的，它们通常既不会考虑共同体的利益，也不会尊重法律。[1]但在亚里士多德等人的分析框架中，君

1　亚里士多德，《政治学》，1997，第119—251页；孟德斯鸠，《论法的精神》（上册），张雁深译，商务印书馆，1961，第19—28页。

主制与僭主制、君主专制的区别，主要在于政治结果或统治表现，而非在于政体的权力结构本身。既然如此，本书把君主一人统治和拥有相对不受约束的巨大政治权力的政体类型，统称为君主制或君主统治模型。实际上，这种政体模型也符合一般意义上的君主专制的概念。

学术界还把欧洲中世纪晚期到近代早期兴起的一种政体类型称为绝对君主制。[1]跟这种绝对君主制相对立的，是近代英国的立宪君主制（constitutional monarchy）。绝对君主制意味着君主是至高无上的，君主权力是不受法律或其他权力的制度性约束的。法国国王路易十四声称的"朕即国家"，就是这种绝对君主制的政治口号。尽管许多学者认为欧洲中世纪晚期兴起的绝对君主制是从封建主义的等级君主制进化而来，不同于东方意义上的专制主义或君主专制，而且实际上两者之间在权力结构和政治法律关系上亦存在相当差异，[2]但本书不再对两者进行精细的类型学划分，而笼统地称为君主制或君主统治模型。

关于中国古代君主制，或者说关于中国古代是否属于君主专制，历史学家一直存有两种不同的观点。过去的主流观点认为，中国古代的君主制是标准的君主专制政体。但也有一种时髦的观点认为，中国古代的君主制不能被称为君主专制；相反，君权在中国古代君主制条件下是要受到相当程度约束的。[3]这种观点的主要代表是钱穆，他就认为不宜"把秦以后政治传统，用'专制黑暗'四字一笔抹杀"，他也强调不应该以今天的标准来否定历史，认为"只

1　佩里·安德森，《绝对主义国家的系谱》，刘北成、龚晓庄译，上海人民出版社，2001。

2　参见刘北成为《绝对主义国家的系谱》所作的中译者序言，出自：佩里·安德森，《绝对主义国家的系谱》，2001，中译者序言，第1—8页。

3　侯旭东，《中国古代专制说的知识考古》，《近代史研究》，2008年第4期，第4—28页。

要有了一个皇帝，便是坏政治”。[1] 他还主张，由于中国古代存在着皇室与政府的区分、皇权与相权的划分，所以古代中国政治并非皇帝专制。他这样说：

> 皇帝是国家的唯一领袖，而实际政权则不在皇室而在政府。代表政府的是宰相。皇帝是国家的元首，象征此国家之统一；宰相是政府的领袖，负政治上一切实际的责任。“皇权”和“相权”之划分，这常是中国政治史上的大题目。我们这几十年来，一般人认为中国从秦汉以来，都是封建政治，或说是皇帝专制；那是和历史事实不相符合的。[2]

在《万历十五年》中，黄仁宇在相当程度上讲述了一个君主权力处处受到主要大臣与官僚集团制约的故事。特别是，在涉及立储这样的国家大事上，万历皇帝由于无法册立自己心仪的皇子为储君，竟然不得不以消极罢工跟官僚集团相对抗。[3]

但这些讨论恐怕无法否定中国古代政治是君主专制的观点。[4] 明末清初思想家黄宗羲这样论述中国古代的君主：“今也以君为主，天下为客，……屠毒天下之肝脑，离散天下之子女，以博我一人之产业。”[5] 以黄宗羲的标准来看，中国古代君主制无疑符合君主专制的定义。在西方，法国的孟德斯鸠大体上是中国古代专制论的首创者。他认为：“中国是一个专制的国家，它的原则是恐怖。在最初的

1　钱穆，《中国历代政治得失》，海南出版社，2022，序第 i 页，前言第 3 页。

2　同上，第 9 页。

3　黄仁宇，《万历十五年》，生活 · 读书 · 新知三联书店，1997。

4　黄敏兰，《质疑“中国古代专制说”依据何在——与侯旭东先生商榷》，《近代史研究》，2009 年第 6 期，第 79—107 页。

5　黄宗羲，《明夷待访录》，出自：《黄宗羲全集》（第一册），浙江古籍出版社，1985，第 2—3 页。

那些朝代，疆域没有这么辽阔，政府的专制的精神也许稍微差些；但是今天的情况却正相反。”[1] 此后，黑格尔、马克思、韦伯等人大体上也主张中国古代专制论。到了晚清民初，梁启超、孙中山等人皆主张中国古代是君主专制政体。比如，梁启超借助孟德斯鸠的三大政体类型说，即共和政治、立君政治与专制政治，认为中国古代当为专制政治。他这样说：“专制政治之所以为专制者，君主以一人而有无限之君权，又以行此君权之权力，举而再委诸一人。……东方诸国大抵如斯。”[2] 20 世纪下半叶，魏特夫所著的《东方专制主义》同样主张古代中国为君主专制政体。[3] 本书总体上更赞同梁启超等人的主张，认为中国古代政治符合君主专制政体或绝对君主制模式，是前现代绝对君主制的东方类型。

除了古代中国，波斯帝国、拜占庭帝国（东罗马帝国）、阿拉伯帝国、蒙古帝国、奥斯曼帝国、沙皇俄国，以及欧亚大陆上大大小小的前现代统治体，绝大部分都是君主统治模型。在历史学家的眼中，不同政治体的君主统治模型，其实际的权力结构与运作方式差异很大，甚至能否都归入君主专制政体或绝对君主制意义上的君主统治模型可能存有争议。而以政治学视角看来，欧亚大陆上这些前现代政治体的君主统治方式尽管存有差异，但它们之间还是有着许多重要的相似性，在类型学上大体都可以归入一种政治模式，即前现代的君主统治模型。

前现代的君主统治模型尽管在具体形式上可能千差万别，但它们都具有某些共同的基本特征。

1　孟德斯鸠，《论法的精神》（上册），1961，第 129 页。

2　转引自：侯旭东，《中国古代专制说的知识考古》，《近代史研究》，2008 年第 4 期，第 4—28 页。

3　卡尔 · A. 魏特夫，《东方专制主义：对于极权力量的比较研究》，徐式谷等译，中国社会科学出版社，1989。

第一，君主拥有至高无上的政治权力。在王国或帝国之内，君主统摄政治与军事大权，拥有行政、财政、人事、军事、司法等所有统治事务的最高领导权与最终决定权。按照刘泽华的观点：

> 君主专制制度的最基本特征，就是君主一人独裁。……先秦诸子在君主理论上尽管有不少分歧，但在君主独一、至尊、拥有一切、独操权柄和决事独断五个方面，没有大的原则区分。
>
> 全国一切的最高所有权属于王，臣民的一切是王恩赐的，这两种观念的结合，把君主置于绝对的地位，为君主专制提供了强有力的理论依据。[1]

塞缪尔·芬纳确定无疑地认为，古埃及王朝的国王权力也是至高无上的。他这样说：

> 国王的“权威”是绝对的。……国王是整个王国独一无二的统治者，上下埃及都处在他的统治之下。他是尘世间的最高权威，不受任何法律、神和人等外来力量的制约。他是所有决策的法律之源。他还是独一无二的祭司，其他祭司都只是他的代理。他决定战争与和平。他是政府首脑，并任命所有官员。[2]

1 刘泽华，《中国的王权主义》，天津人民出版社，2019，第 91—94、157 页。

2 塞缪尔·E. 芬纳，《统治史（卷一）：古代的王权和帝国——从苏美尔到罗马》，2014，第 40 页。

第二，君主权力在法律上不受约束。这并不意味着君主权力是不受任何约束的，因为世界上没有任何人的权力或力量是不受任何约束的。即便君主权力再至高无上，它也要受到自然规律或技术条件的约束。但在君主统治模型之下，君主权力在法律上是不受约束的。因为从法理上讲，在君主专制政体之下，君主的意志就是法律，由此可以推断出，君主行为就不存在违法之说。在孟德斯鸠看来，在君主专制政体之下，“君主就是一切政治的与民事的权力的泉源”。既然君主专制意味着“一个国家只凭一个个人一时的与反复无常的意志行事的话，那么整个国家便什么也不能固定，结果也就是没有任何基本法律了”。进一步说，“专制的国家没有任何基本法律，也没有法律的保卫机构”。[1]这也就意味着，君主是不受任何法律约束的。

当然，君主不受法律约束，并不意味着君主不受任何约束。刘泽华认为，中国古代君主固然“不仅要受到天、人的制约，还要受名分、伦理道德的制约，即受到道统的制约”，但所有这些从根本上都是“为了保证君主地位的巩固与稳定”，是为了从各方面论证“君主的绝对性”。[2]在芬纳看来，古埃及王朝的国王固然要受到自然力量、宗教仪式、习惯和传统的约束，但“这些约束都不是强制性的，它们都只能是非正式的”。[3]

第三，君主一般实行家族继承制。家族继承制一般有父死子继和兄终弟及两种主要模式，跟兄终弟及相似的模式还包括叔终侄继等。以古代中国来说，殷商时期，兄终弟及还占据一定比例，

1 孟德斯鸠，《论法的精神》（上册），1961，第15—17页。
2 刘泽华，《中国的王权主义》，2019，第154页。
3 塞缪尔·E. 芬纳，《统治史（卷一）：古代的王权和帝国——从苏美尔到罗马》，2014，第40—41页。

后面则主要演变为父死子继模式。[1]如果比较游牧政权与农耕政权，就会发现，游牧政权往往更多是兄终弟及模式，以及较为相似的叔终侄继模式，而农耕政权往往更多是父死子继模式。其中的主要原因是，农耕政权往往已经形成稳定的官僚制系统，而游牧政权则常常处在不停的征战状态，后者更需要一个能够领导部落联盟进行征战的强有力的统治者。考虑到古人寿命偏短，一个统治者去世时，他的儿子们常常还没有成年，或者还不是饱受历练的政治军事人物。在这种情况下，一个年轻的继任者要领导各个部落，进行有效的政治整合，统领大规模的随时征战的军队，往往难度相当之大。而统治者政治经验或领导能力有限，就会导致这个游牧政权或部落联盟出现四分五裂、分崩离析的局面。所以，不少游牧政权更倾向通过兄终弟及来解决继承问题，以保证年长统治者去世后，整个游牧民族能由另一位年富力强的统治者来继承王位，担当政治与军事领袖，以提高该游牧政权的生存机会。[2]

跟游牧政权相比，农耕王朝的官僚制系统往往更成熟、更稳定。因此，农耕王朝普遍实行父死子继的君主继承制度。这种继承制度更符合人性，即君主更想把政权传承给自己的直系后代。然而，总有君主去世时没有留下子女，或没有男性继承人。此时，君主家族离君主继承权最近或较近的一位家族成员（通常是男性）会获得继承权。当然，实际的王权继承还会受到当时实际的权力格局与政治运作的影响。但大体上，这是君主制解决君主没有直系后代或直系男性后代条件下王权继承的基本方法。这种君主继承的规则

1　关于殷商至西周时期王权继承制度的讨论，参见：杨朝明，《近人商周继承制度研究之检讨》，《管子学刊》，1996 年第 2 期，第 82—87 页。

2　陶玉坤，《北方游牧民族的王位继承制度》，《中国 · 内蒙古第四届草原文化研讨会论文集》，2007，第 292—310 页；肖爱民，《中国古代北方游牧政权最高统治者继承制度初探》，《中华文明的历史与未来国际学术研讨会论文集》，2008，第 234—246 页。

与次序很像费孝通先生提出的描述中国社会结构的一个重要概念，即差序格局。[1]在君主家族中，差序格局决定了一个潜在继承人获得君主继承权的可能性。毫无疑问，跟纯粹的个人统治相比，君主制结合家族继承制以后，就获得了更高的稳定性。

第四，君主只是一个普通的肉身。尽管不少君主雄才伟略，在体力、智力与能力上异于常人，并且君主制的礼仪往往还有美化和神化君主的功能，但事实上，绝大部分君主也只是一个普通的肉身。这意味着君主同样要受到他自身的身体与生理条件的许多约束。君主不仅面临着所有普通人都会面临的生老病死问题，而且他有普通人的需要、欲望与情感，甚至也很难避免普通人的诸种弱点。当君主手握至高无上的政治权力时，他作为普通人的诸种弱点很有可能会被放大。此外，由于君主作为一个普通肉身所面临的生老病死问题，还会给君主制的继承问题带来周期性的挑战。如果说君主制有一个特殊的软肋，那么大概就是君主只是一个普通的肉身所带来的诸种实际问题。

综上所述，人类前现代的君主统治模型有四个基本特征，而这些基本特征又在很大程度上决定了君主制的权力结构与运作方式。

西方的理想统治者光谱

以现代政治的价值和标准来看，君主统治模式显然是有很多问题和缺陷的，但有趣的是，君主制依然是前现代的主流政体。既然君主统治常常不可避免，那么一个问题随之而来：一个王国或帝国能否选择理想的君主？谁又会是理想的君主或统治者？这一问题意

1 费孝通，《乡土中国 生育制度 乡土重建》，商务印书馆，2011，第 25—32 页。

识的背后，乃是人类对于较为理想的政治生活的追求。我们对人类政治的理解，不光是实然的，也是应然的；不光是实证的，也是规范的。从经验来看，历史教科书中充斥着各种各样的统治者，这些统治者到底是什么样的统治者？这是一个实然问题。但我们仍然可以关注与此对应的一个应然问题：什么样的统治者才是理想的统治者？

实际上，自从人类有政治生活以来，就有无数先贤圣哲思考过这个问题。比如，古希腊哲学家柏拉图就认为，唯有哲学王（Philosopher King）才是理想的统治者。唯有在哲学王的统治之下，人们才能过上理想的政治生活。柏拉图的观点主要基于两个逻辑：一是知识的逻辑，二是道德的逻辑。知识的逻辑是说，治国或统治是一种专门的技艺，而这种技艺是大部分人难以掌握的。一个常常被引用的比喻是：当你身处一艘船上，而船在波涛汹涌的海洋上航行，你是希望最受欢迎的人来做船长，还是希望掌握航海技能的人来做船长？答案是显而易见的。而治理国家要远比航海更为复杂和困难，更需专门的治国知识与技艺。因此，在柏拉图看来，只有掌握专门的治国知识与技艺的人才适合治理国家，这就是哲学家。道德的逻辑是说，人性中始终有着两种倾向：一种是向上的高贵倾向，另一种是向下的堕落倾向。前者追求过一种有德行的生活，后者倾向于享乐和沉沦。柏拉图认为，只有哲学家以及经过训练、具有充分理智并善于驾驭自我的人，才能控制自己的情绪和欲望，才能按照有德行的准则来生活。如果把权力交给不能控制自己的情绪和欲望的大众，城邦就不可能成为一个善的城邦，公民也无法成为善的公民。因此，在柏拉图的眼中，无论从知识上讲还是从道德上讲，只有在哲学王的统治之下，城邦才能成为善的城邦，公民才能成为善的公民。所以，在柏拉图眼中，唯有哲学王的统治，才是比较理想的统治。[1]本书将其称为理想统治者的“哲学王模型”。

跟柏拉图不同，他同时代的历史学家色诺芬则在《居鲁士的教育》中提出了另一个理想统治者的模型。本书称为“居鲁士模型”。实际上，《居鲁士的教育》不是一部历史书，也不是一部哲学书，而是一部虚构的文学作品。但这部文学作品是围绕居鲁士这样一个既真实又虚构的政治家展开的，探讨的其实是跟君主与君主统治有关的问题：什么样的君主才是理想的君主？何种君主统治才是理想的统治？

在色诺芬眼中，好的统治者应该是“有为而公正的统治者”，但同时，统治者必须要基于自己的实力，甚至辅之以必要的欺诈。一方面，《居鲁士的教育》强调许多公认的优秀品质与德行的重要性，比如，把握战局的能力，英勇顽强，宽厚、仁慈、慷慨与公正等品质，了解臣民的希望与利益，给被统治者带来福祉，解放下层人民，实行绩效奖励政策，统治与法律尊重个体差异，赢得民众服从，善于化敌为友等。另一方面，该书的许多观点也并非基于公认的善的原则，比如，主张统治者的成就以领土来衡量而非以普遍的善来衡量，认为畏惧或恐惧是统治的基础，强调把握机会重于恪守美德，甚至主张欺诈的必要性，声张实用主义或实利主义，并不讳言利用他人或对手的弱点，甚至明显地表露出对财富的挚爱，以及把恩惠作为一种策略等。按照色诺芬这部作品的说法，书中的居鲁士就是波斯帝国的创始人居鲁士二世。尽管居鲁士生前是征服世界的君主，但在他死后，帝国很快就轰然倒塌。综合来看，色诺芬论述的理想统治者的“居鲁士模型”，大体上是有为公正的基础品质

1　柏拉图，《理想国》，郭斌和、张竹明译，商务印书馆，1986。关于对柏拉图哲学王统治的一个代表性批评，参见：罗伯特 · A. 达尔，《民主及其批评者》，曹海军、佟德志译，中国人民大学出版社，2016。

与实用主义的灵活应变的组合。[1]

色诺芬的《居鲁士的教育》一书甚至还影响了一千多年以后的意大利思想家马基雅维利。后者同样关注君主的素质、品质及个人特质。在《君主论》中，马基雅维利设想的理想统治者模型，大体上可以用“狐狸加狮子”来加以概括。本书将其称为理想统治者的“狐狸加狮子模型”。他这样说：

> 君主既然必需懂得善于运用野兽的方法，他就应当同时效法狐狸与狮子。由于狮子不能够防止自己落入陷阱，而狐狸则不能够抵御豺狼。因此，君主必须是一头狐狸以便认识陷阱，同时又必须是一头狮子，以便使豺狼惊骇。[2]

在马基雅维利的眼中，如果说狮子代表了力量而狐狸代表了狡诈的话，那么当统治者既是狐狸又是狮子时，才能成为一个成功的统治者。从他的字里行间，我们可以看出来，马基雅维利的君主观基本上是一种去道德化的、现实主义的论述。本书已经在上文做过相关讨论，这里不再赘述。

需要说明的是，在马基雅维利看来，君主追求成功不是为了君主的个人享受，而主要应该服务于君主的政治生存——或者更进一步说，要服务于国家的政治生存。只有当一个君主能确保国家的政治生存时，他才是一个合格的统治者。实际上，本书前面就讨论过马基雅维利所著的《君主论》在国家构建问题上的重大意义，即一个强有力的君主乃是创造一个强有力的国家的起点，甚至在马基雅

1 色诺芬，《居鲁士的教育：色诺芬注疏集》，沈默译，华夏出版社，2007。
2 尼科洛·马基雅维利，《君主论》，1985，第 83—84 页。

维利眼中是创造一个强有力的国家的主要指望。

综上所述，从柏拉图到马基雅维利，大体构成了西方经典文献论述理想统治者的光谱。其中，既有较为理想主义的视角，又有较为现实主义的视角，抑或是两者的结合。那么，中国古代的经典文献又是如何理解理想统治者的呢？我们同样可以发现理想主义与现实主义的分野，抑或是两者的结合。

中国历史叙事中的理想统治者模型

究竟何谓理想的统治者，儒家学说创立者孔子就非常重视这个问题。孔子曾经说："政者，正也。子帅以正，孰敢不正？"他又说："为政以德，譬如北辰，居其所而众星共之。"[1]按照孔子的观点，统治者首先自己要有端正的行为，以严格的伦理标准要求自己，然后借助榜样的力量与垂范效应，就能实现良善的统治。跟孔子相类似，孟子主张，儒家风格的君主应该行"王道"而非行"霸道"。王道的核心在于仁政。孟子说："民为贵，社稷次之，君为轻。"[2]这就阐发了一种非常明确的君民关系理论，进而推导出统治者首先要服务于民众的利益与福祉。因此，在孟子眼中，理想的统治者应该是"施行仁政""以民为本"的君主。总之，儒家对于理想君主模型的论述有着强烈的道德主义倾向。

然而，在法家代表人物韩非眼中，理想的统治者完全是另一副模样。韩非对何谓理想统治者的认知有着强烈的现实主义倾向和实力主义观点。简而言之，在无比凶险的政治环境中，一个君主要想

1　朱熹撰，《四书章句集注》（中华国学文库），中华书局，2011，第130、55页。
2　同上，第344页。

实现政治生存，就要成为综合运用法术势的政治高手。君主要善于保持自身的权威与神秘性，懂得如何操纵控制臣下，把权柄牢牢地抓在自己手中，这样才能维系自己的政治生存，才能巩固对国家的有效统治。[1]这大致上就是以韩非为代表的法家君主观。

显而易见，韩非跟孔孟的基本关注点是完全不同的。孔孟认为，君主统治最终是为了天下和民众，韩非则更关注君主自身的政治安全。不能说韩非不考虑天下和民众，但他的论述对权力本身的强调和对君主本身的关注比较多。韩非并非不关心权力本身以外的东西，但在他看来，一个成功的君主首先要牢牢地控制政治权力和实现政治生存。至于君主掌握权力、保证自身安全之后，除了应该称霸之外，君主还应该拿政治权力来做什么，韩非并没有进行充分的论述。既然韩非首先关注的就是君主能否对政治权力进行有效掌控，以此实现自己的政治生存，那么这也应该是韩非眼中的理想统治者的基本特质。

除了思想家，中国历史上的少数君主也阐述过他们关于理想统治者的观点。比如，唐太宗李世民就阐发过一套君民关系的君主观。他笃信："君，舟也；人，水也。水能载舟，亦能覆舟。"[2]既然民众最终拥有颠覆君主及其统治的力量，李世民认为，君主应该有足够高的统治自觉，好好统治，以天下百姓苍生为念，努力做个好皇帝。李世民常常强调这样的观点："王者以天下为家""民为邦本，本固邦宁"，等等。这应该就是李世民心中理想君主的标准。简而言之，理想统治者应该是拥有充分统治自觉的君主。

---

1 韩非，《韩非子》，2010。

2 这里的引用出自《贞观政要》，参见：吴兢，《贞观政要》，骈宇骞注释，中华书局，2011，第36页。这一论述的最早出处来自《荀子》，原文为："君者，舟也，庶人者，水也；水则载舟，水则覆舟。"参见：荀子，《荀子》，方勇、李波译注，中华书局，2011，第118页。

在明末清初思想家黄宗羲看来，君主统治天下，是代表天下人统治天下。所以，君主统治天下的目的不应该是为了君主自身，而应该是为了天下和天下人。但实际上，黄宗羲认为，这样的理想君主已经是“古代”的事情了。黄宗羲所谓的古代是指秦以前，特别是指尧舜时代。至于到了晚近，黄宗羲认为君主们普遍地败坏了。他这样说：

> 后之为人君者不然。以为天下利害之权皆出于我，我以天下之利尽归于己，以天下之害尽归于人，亦无不可；使天下之人，不敢自私，不敢自利，以我之大私为天下之大公。始而惭焉，久而安焉。视天下为莫大之产业，传之子孙，受享无穷；汉高帝所谓“某业所就，孰与仲多”者，其逐利之情，不觉溢之于辞矣。此无他，古者以天下为主，君为客，凡君之所毕世而经营者，为天下也。今也以君为主，天下为客，凡天下之无地而得安宁者，为君也。是以其未得之也，屠毒天下之肝脑，离散天下之子女，以博我一人之产业，曾不惨然。曰：“我固为子孙创业也。”其既得之也，敲剥天下之骨髓，离散天下之子女，以奉我一人之淫乐，视为当然。曰：“此我产业之花息也。”然则，为天下之大害者，君而已矣。向使无君，人各得自私也，人各得自利也。[1]

黄宗羲这段话的论述重点，不是何谓理想的统治者或好君主，而是何谓糟糕的统治者或坏君主。以此推论，理想的统治者应该反其道而行之。进一步说，在黄宗羲看来，若君主“以天下之利尽归

1 黄宗羲，《明夷待访录》，出自：《黄宗羲全集》（第一册），1985，第2—3页。

于己，以天下之害尽归于人”，则不如天下“无君”。用一句话来总结，理想统治者应该恪守“天下为主，君为客”的政治准则。

上文对古代中国何谓理想统治者的讨论，更多侧重于思想与观念本身。但其实，在中国历史叙述中，存在着一个若隐若现的“明君模型”。它大体上来自中国史书与史学者对于历朝君主政治得失的记述与评论。在这一明君模型中，一个成功而良善的统治者大体上应该符合如下标准。

一是开疆拓土、有效统治。凡是一个君主不能开疆拓土，或者退一步说，凡是一个君主不能守住领土疆域意义上的祖宗基业，就不能算作明君。许多历史学家对宋朝君主评价不高的主因，恐怕就在于不仅没有一个君主能收回幽云十六州的主权，而且后来连太祖太宗打下的江山都守不住。反过来，成功的君主则是善于征战、开疆拓土的君主。与此同时，明君还要能实现有效统治。有效统治这个概念，今天理解起来比较复杂，几乎等同于世界银行强调的“善治”（good governance）概念。但中国古代所谓的有效统治，大体上是指天下相对安定，政治秩序稳定，吏治相对清明，没有严重的外敌入侵、武将叛乱和底层起义等，普通民众基本上能做到安居乐业。

二是仁政勤政、爱民如子。仁政，就是考虑天下民众的福祉，宽厚仁慈；勤政，就是兢兢业业，操劳政务，励精图治。爱民如子，常常意味着君主关心普通民众的苦乐，牵挂他们的日常生活。综合来看，这条标准是说君主勤勤恳恳管理天下事务，是为了让天下民众过上好的生活。从主观动机来看，君主是仁慈而善意的；从客观结果来看，天下民众从君主的仁政勤政中受益。

三是善用人才、整肃吏治。明君应该“近贤臣、远小人”，应该大力拔擢优秀人才，做到才尽其用。这也更容易使得中国平民阶层的知识分子——士阶层——获得良好的向上晋升通道。中国古代吏治常常受到周期性腐败问题的困扰，普通民众往往由于吏治腐败而苦不堪言。明君则能做到有效整肃吏治，使得大官小吏不敢贪赃枉法、胡作非为，进而大大改善普通民众的生存环境。

四是恪守制度、节制私欲。这是跟君主的自我节制有关的品质。一个君主做到恪守制度、节制私欲，才符合王朝与天下的长期利益。举例来说，在中国古代王朝，政府的财政资金跟皇帝的内务府资金往往是分开管理的，但根据《明实录》的记载，明朝万历皇帝喜欢侵吞政府的财政资金，使其以不合制度程序的方式转入皇帝内务府这个“小金库”，常常为史家所诟病。这样的皇帝还不在少数。再比如，按照许多王朝的制度与惯例，君主应该册封嫡长子为皇储，并最终传位于嫡长子，即嫡长子继承制。但如果皇帝特别宠信某个贵妃，而非皇后，并且由于爱屋及乌，宠爱该贵妃所生的皇子，甚至有意打破制度与惯例，将其册封为皇储，又会怎样呢？在许多朝代，官僚集团都会跟君主据理力争，目的旨在维护嫡长子继承制，亦即维护王朝君主继承制度的法统。但如果君主想要一意孤行，执意破坏这种君主继承的制度与惯例，同样会被史家批评。此外，君主还要懂得节制私欲。中国历史上的大部分君主，后宫佳丽无数，但凡不知节制私欲的君主注定不可能成为一个好皇帝。

理想统治者胜任力模型

倘若借鉴流行的人力资源与领导力理论，我们可以进一步追问：理想统治者是否存在着一个胜任力模型呢？[1] 当然，何谓理想

1　胜任力（competency）或胜任力模型（competency model）是今天管理学、人力资源和领导力研究中的一个常用概念，其早期经典研究参见：David C. McClelland and Richard E. Boyatzis, “Leadership Motive Pattern and Long-Term Success in Management,” *Journal of Applied Psychology*, Vol. 67, No. 6 (1982), pp. 737–743.

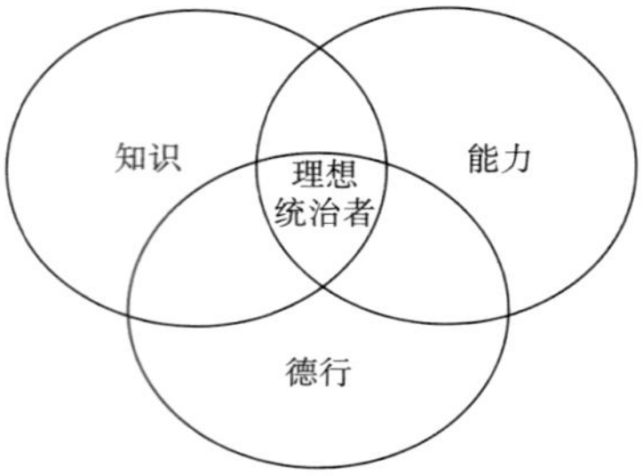

图 4.1　理想统治者的胜任力模型

统治者这个逻辑问题首先取决于我们对何谓理想统治的理解与界定。当我们说谁是理想统治者时，自然要问什么样的统治才是理想的统治。只有回答了何谓理想统治的问题，才能回答何谓理想统治者的问题。因此，对何谓理想君主的判断，其实取决于一整套的政治理论与价值观。但多数思想流派都认同一个基本原则，那就是统治者的统治不应该只是为了统治者本身，而是应该为了他所统治的政治共同体及其民众。如果这是各家各派的起码共识，那么这就构成了我们判断何谓理想统治者的一个起点。

基于这一起点与许多重要的先行研究，本书粗略地总结了一个关于理想统治者的胜任力模型，参见图 4.1。理想统治者的胜任力模型由三个关键要素构成：知识、能力与德行。这里所谓的知识，并不祈求统治者拥有如柏拉图所说的哲学王般的知识，但统治者需要拥有跟他的时代相匹配的基本知识与认知，比如关于统治的一般知识，关于自身所处时代的知识，关于政经法文史哲的基本常识，关于科学技术领域的基本知识等。一个统治者缺乏必要的知识，就很难理解他自己所处的时代，进而无法进行有效的统治。这里所谓的能力，是指一个君主应该有领导他人、带领团队的才干，应该对政治系统、军事系统有统帅和驾驭能力。如果是在前现代社会，君主甚至在一定程度上需要具备带兵打仗和指挥战争的基本能力。当然，并非所有成功的君主都要亲自学会带兵打仗和指挥战争。这里所谓的德行，是指君主拥有作为统治者的美德，能以天下民众的利益和福祉作为统治准则，能努力做一个公正而仁慈的统治者，能做到节制私欲、恪守制度与传统等。这是对理想统治者在德行和伦理方面的要求。在君主统治模型下，整个制度框架往往并不存在制度化的纠错机制，所以，君主的德行就变得尤为重要。从历史经验来看，当君主犯下严重错误而自身又缺少自省的德行时，纠错方式往往要依靠宫廷政变、底层反叛甚至内战等，其代价实在过于沉重。所以，统治者的德行也是一项再怎么强调也不为过的素质。总之，当一个统治者在知识、能力和德行上都达到较高水准时，就更有可能造就一个较为理想的统治者。

人类历史上的统治者：好与坏

上文讨论的“何谓理想的统治者”，更多是在规范意义上或逻辑意义上的论述。更重要的问题或许是：人类历史上的实际统治者到底是怎样的？前者是应然问题，后者是实然问题。

《权力的游戏》统治者考

一部由美国 HBO 电视网制作、跨度几乎长达整个 21 世纪 10 年代的全球热播美剧《权力的游戏》（*Game of Thrones*）恰恰以一种既虚构又真实的方式展现了许多不同类型的统治者。该剧改编自美国作家乔治·马丁的史诗小说《冰与火之歌》。[1] 这部作品描写了在一块名为维斯特洛（Westeros）的大陆上，在中世纪封建主义体制背景下，各个王室围绕七王国的最高统治权——铁王座（Iron Throne）——归属而发生的权力角逐。这部虚构的史诗作品恰好给观众提供了一个考察许多不同类型的统治者的机会。剧中的许多统治者或潜在统治者有着差异甚大的知识、能力、德行、个性与观念。当他们有机会掌握最高政治权力时，这种个体差异就会给他们的统治方式带来很大的不同。由于《权力的游戏》篇幅巨大、人物众多，这里仅选择 12 位重要的统治者或潜在统治者进行人物分析，参见表 4.1。

下表所列的 12 位人物，并非全部都是实际的统治者。他们有的是整个七王国的最高统治者，有的是各个诸侯国的统治者，有的则只是王室成员与潜在的统治者，还有个别人物是教会领袖。这些统治者可以归入拜拉席恩、史塔克、兰尼斯特、坦格利安四大王室家族和代表宗教势力的教会。问题是，即便有这么多统治者可供选择，究竟谁是理想的统治者？或者说，这 12 人中究竟有无理想的统治者？要想回答这个问题，似乎并不容易。逐一考察这些统治者的素质与个性，或许会有助于我们理解这个问题。

在《权力的游戏》开场就执掌王权的劳勃·拜拉席恩不管年轻时如何叱咤风云，当时已经是一个较为平庸的统治者，他希望将朝政托付给一位能干的贵族首相，然后自己可以纵情享乐。他的主要爱好是喝酒、女人和打猎。劳勃·拜拉席恩的最大优点是，无论对贵族还是对普通臣民，他都并无恶意。即便如此，他当然够不上是

1　George Martin, *A Song of Ice and Fire*, 7 Volumes, 12th Edition, New York: Harper Collins, 2012.

表 4.1　《权力的游戏》中实际或潜在的主要统治者的基本特征

家族	人物	身份	作为统治者的素质与特征
拜拉席恩	劳勃 · 拜拉席恩	七王国国王	晚年平庸，纵情享乐，并无恶意
	乔佛里 · 拜拉席恩	七王国国王	刚愎自用，喜怒无常，专断统治者
	托曼 · 拜拉席恩	七王国国王	宽厚仁慈，个性软弱，尚未成年
史塔克	艾德 · 史塔克	临冬城公爵 七王国首相	公正有为，忠于所托，因过分仁慈而无力自保
	罗柏 · 史塔克	临冬城公爵	勇敢无畏，军事能力优秀，弱于权谋，因男女私情而无力维系政治联盟
	布兰 · 史塔克	艾德 · 史塔克之子 被选为七王国国王	年幼身残，高位截瘫，具有某种预知未来的能力
兰尼斯特	泰温 · 兰尼斯特	凯岩城公爵	权力大师，强大而冷酷无情的谋略者，认为家族利益与荣誉高于一切
	瑟曦 · 兰尼斯特	七王国王后 七王国摄政太后	集美貌与才干于一身，富有魅力，精于权谋，冷酷无情
	提利昂 · 兰尼斯特	泰温 · 兰尼斯特之子 丹妮莉丝的首相	富有智慧、判断力、勇气与行政能力，重视共同体的福祉，侏儒
坦格利安	丹妮莉丝 · 坦格利安	坦格利安王朝继承人 神龙拥有者、试图复辟坦格利安王朝的领袖	集美貌与才干于一身，王族血统，自力奋斗者，神龙护佑，解放奴隶的革命者，对不服从者残酷无情
	琼恩 · 雪诺	艾德 · 史塔克养子 守夜人军团总司令 坦格利安王朝继承人	善良，勇敢，坚毅，富有领导力与合作精神，作战时身先士卒，多次出生入死
教会	大麻雀（High Sparrow）	教会总主教 虔诚的宗教领袖	信仰虔诚，意志坚定，对无信仰者不宽容，渴望宗教主宰一切与神权统治

（资料来源：根据 HBO 电视网《权力的游戏》剧情整理。）

一位理想的统治者。实际上，拜拉席恩家族在他死之后面临的政治危机，在他的生前早已埋下伏笔。

艾德·史塔克是临冬城公爵和北境守护者，也是劳勃·拜拉席恩所倚重的七王国首相。在整部剧中，艾德·史塔克算得上是一个品质极佳的人，他心地善良、处事公正、宽厚仁慈，具有相当的治国与行政能力，还具有受人之托、终人之事的忠诚品质。即便如此，他的最大弱点是由于过分的仁慈和善良，在关键时刻无法采取有效的政治行动，因而在随后到来的政治搏杀中竟然无力自保。结果，他完全不是七王国王后瑟曦·兰尼斯特和兰尼斯特家族的对手，最后竟死于非命。无论作为组织的执行官，还是作为父亲、丈夫或是朋友，艾德·史塔克身上都有很多极佳的品质，但他作为政治家的最大弱点是在政治上无力自保。所以，倘若在韩非或马基雅维利的眼中，他注定是一个无力胜任的统治者——无论他是多么的仁慈与公正。

乔佛里·拜拉席恩是劳勃·拜拉席恩法律意义上的长子和合法继承人，他继位时尚未成年，实际权力主要掌握在母后瑟曦·兰尼斯特及其家族的手中。但乔佛里的短暂表现已经可以让他名列整部剧中的最坏统治者。他的基本特点就是刚愎自用，喜怒无常，胡作非为。他一出场，就把国王原本的绝对权力变成了彻底的专断权力，他时时不忘在自己的仆从甚至王室成员面前炫耀和行使他的专断权力。他最后的结局也算得上是因果报应，就是遭人毒杀。

在整部剧中，凯岩城公爵、西境守护者泰温·兰尼斯特可算得上是一位权力大师。只听他讲话，观众就容易被他的气势征服。他大体上是一位政治手腕高超的统治者，能时时洞悉复杂的政治局势，并从兰尼斯特家族的利益出发判断应该跟谁结盟、与谁为敌。如果诚如亚里士多德所言，人天生就是政治动物，那么泰温天生就是超级政治动物。当然，他的缺点是显而易见的，他对他人并无任何善意，甚至毫无怜悯之心，他时刻都生活在一个非友即敌、你死我活的世界里。总体上，泰温是强大而冷酷的谋略者，认为家族利益与荣誉高于一切。正是因为这些复杂的性格，加上他的侏儒儿子、合法继承人提利昂·兰尼斯特被误以为是弑君者，他决心要将提利昂置于死地，但结果却是被提利昂抓住机会反杀。有人认为，泰温身上只要多一点仁慈，就会是一个合格的统治者。但实际上，多添加了百分之十仁慈的泰温·兰尼斯特，就不会再是泰温·兰尼斯特。

在艾德·史塔克因冤屈被杀以后，作为长子的罗柏·史塔克决定起兵复仇。他年纪轻轻，但勇敢无畏，一路攻城略地，展现了相当优秀的军事才能，似乎有可能成为整部剧中年轻一代统治者的杰出代表。在行兵打仗过程中，罗柏为了政治需要，决定与佛雷家族联姻，缔结婚约。但随后，他不顾已经跟大贵族缔结的婚约，不仅爱上另一随军女子，而且公然与其同居。在兰尼斯特家族的策反下，感到蒙羞的佛雷家族在一次盛大宴会上发动突袭，杀死了罗柏和史塔克家族的许多重要将领。罗柏尽管骁勇善战，富有军事能力，但弱于权谋，并且因为男女私情而置家族利益、政治联盟于不顾，最终不仅梦想破灭，而且身首异处。在日常生活中，如果罗柏是一个为了自由、爱情而不顾名利的男子，或许还值得称道，但在一场战争中，这对统治者来说就是一个毁灭性的弱点。不仅他本人，而且他的家族与许多部属，都要为他的这种弱点陪葬。

乔佛里之弟托曼·拜拉席恩继承王位时年龄尚小，并未成年，实际权力完全控制在他的母后瑟曦·兰尼斯特及其家族的手中。托曼总体上是一位宽厚仁慈、富有善心的君主，同时又个性软弱，但他其他方面的能力与素质尚未充分展现。鉴于他尚未成年且并未实际掌权，这里不再做进一步的讨论。

作为《权力的游戏》的女主角，瑟曦·兰尼斯特出场时非常惊艳，是一位集美貌与才干于一身的女子。作为劳勃·拜拉席恩的王后和兰尼斯特家族的长女，她要风得风，要雨得雨。后来，在她尚未成年的儿子托曼当上国王之后，她更以摄政太后的身份直接执掌朝政。综合来看，瑟曦在形象、个人魅力、行政才干与领导能力方面均不输于绝大部分统治者。但她同样继承了父亲泰温·兰尼斯特的冷酷无情与心狠手辣。比如，她为了自保而不惜设计害死自己的丈夫劳勃·拜拉席恩，为了夺权而不惜冤杀艾德·史塔克。瑟曦的名言是："在权力的游戏之中，你不当赢家，就只有死路一条，没有中间地带。"连她的亲兄弟提利昂·兰尼斯特都称她为一个"邪恶的女人"。甚至到第八季的最后一刻，面对丹妮莉丝·坦格利安领导的强大联军，她明知机会渺茫，仍然不惜以整个君临城的将士和民众生命为代价，试图跟联军决一死战，最后落得战败身死的下场。

该剧的另一位女主角是丹妮莉丝·坦格利安，她是"疯王"伊里斯·坦格利安二世的幼女。由于疯王的胡作非为，坦格利安家族竟然失掉了七王国的统治权，最后她跟她的兄长不得已流落民间，几乎没有任何倚靠，唯一的光环就是他们是曾经的王族坦格利安家族的继承人。仅仅凭借这样一个背景，丹妮莉丝几乎是白手起家，艰苦经营，包括借助蛮族的力量和许多奇异经历——比如她获赠的三颗龙蛋最后竟然孵出神龙，逐渐积累起越来越大的势力。丹妮莉丝的早年经历，可以说是一个自力奋斗的创业型统治者典范，尽管她是一位女性，但在战略、用人、作战方面都展现出过人的能力。但是，随着整个战局的推进，丹妮莉丝身上的某些特点愈发凸显。首先，她实际上是一个社会革命者，她试图颠覆当时七王国及其周边政治体的社会秩序。比如，她试图废除当时盛行的奴隶制，要建立一个人人平等的社会。其次，她一旦成为手握实权的统治者，就逐渐显露出残酷无情的个性。在君临城的决战中，由于瑟曦·兰尼斯特起初不愿投降，后来尽管敲钟投降，但丹妮莉丝异常愤怒，她决定对君临城的普通将士和民众痛下杀手，肆意任由喷火的神龙发动了一场针对许多平民的大屠杀。这场决战最终演变为丹妮莉丝对君临城居民的一次大清洗，也展现了她对不服从者的残酷无情。这场大屠杀让丹妮莉丝失掉了她身边有良知和正义感的人们的忠诚，其中就包括她的恋人琼恩·雪诺。借助丹妮莉丝,《权力的游戏》塑造了一个无情的革命型统治者的形象。

除了上述八位统治者,《权力的游戏》还塑造了若干潜在的统治者或准统治者形象，其中较具代表性的包括英雄人物琼恩·雪诺、绰号“大麻雀”的宗教领袖、提利昂·兰尼斯特以及布兰·史塔克。

在整部剧中，琼恩·雪诺这个人物是按英雄形象来塑造的。他一直被寄养在史塔克家族，是史塔克家族的养子，起初被认为是艾德·史塔克的私生子。到了后来，谜底才揭开。他原来是坦格利安家族的私生子，甚至是继承权排在丹妮莉丝之前的坦格利安家族继承人——当然，这是一个极少人知道的政治秘密。作为一个潜在的统治者，琼恩·雪诺身上有着无数的优秀品质，他多次置身无比凶险的境地，包括深入蛮族的腹地跟蛮族首领协商联手对付鬼王的方案，算得上是出生入死。在实际战斗中，他身先士卒，奋勇杀敌。整部剧从前到后都在展示他的善良、勇敢、坚毅、责任感、合作精神、领导力和骁勇善战。当他最后认定自己心爱的女人——丹妮莉丝——是一个冷酷无情的独裁者甚至是既有秩序的颠覆者时，他不得不狠下心来，用剑刺死了丹妮莉丝，使得整部剧达到了高潮。按理说，琼恩·雪诺是一个较为理想的统治者。在《权力的游戏》这部剧的第一到八季，琼恩·雪诺活到了最后。但是，在《冰与火之歌》这部原著中，他其实是一个早夭的政治人物。实际上，在如此凶险的政治环境中，多次出生入死的政治人物难以存活很长时间，那是再正常不过的事情了。

在《权力的游戏》中，大麻雀的身份有些特殊，他并非世俗的统治者，而是一位宗教领袖。他的真实名字或许无人得知，他衣着朴素，信仰虔诚，意志坚定。更重要的是，他的身边聚集了一大批虔诚的教徒。他试图以宗教戒律来规训整个社会，目的当然是要人人都过上一种有信仰、有德行甚至是圣洁的生活。按照该教会的清规戒律，整部剧中各大家族的主要政治人物，以及其他许许多多的普通人，过的都是有罪的生活。整个社会就是违背宗教戒律的有罪的社会。倘若大麻雀成为七王国的最高统治者，可以想见的是，他一定会设法建立一种宗教统治或神权政治，宗教戒律会被置于政治与社会生活的中心地位，所有成员都应该服膺于这种宗教统治。在大麻雀眼中，这才是正义而圣洁的理想社会，这种生活才是一个人生而为人应该过的生活。当然，对许许多多习惯世俗生活的普通人来说，这种以宗教戒律为核心的生活可能更有德行、更圣洁，但注定更不自由，人们在许多方面都会失去自由选择的权利。

很多人都赞同的是，《权力的游戏》中极具政治能力的重要人物是提利昂·兰尼斯特，绰号"小恶魔"。他酷爱读书与思考，不仅具有很高的政治智慧、判断力与勇气，而且他考虑问题的出发点常常是七王国作为整个共同体的利益和福祉，而非他自己的权位或者自己家族的利害得失。他既有良好的战略观，又有成熟的策略观，这帮助他在极其艰难的背景下仅仅凭借自己的才华和能力，就能实现重新崛起。所以，这是一个非常了不起的政治人物。就这些素质而言，提利昂算得上是这部剧中一位相对很称职的统治者。然而，他却有着一个重大的身体缺陷——他是一个侏儒，一生都保持着孩童般的身高。或许这正是剧本的吊诡之处。极具政治才能者恰恰是一个侏儒，就不大可能成为国王或统治者——即便他是兰尼斯特家族的继承人。所以，一个极具统治才能的人却无法成为统治者，可能要传达的恰恰是原书作者的一个隐喻。

在丹妮莉丝·坦格利安被刺杀以后，《权力的游戏》第八季的最后一集则是以贵族共和的方式选出了七王国的新统治者——布兰·史塔克。布兰是艾德·史塔克的幼子，年幼时从一个高塔上被人推下，摔成了高位截瘫。但他由此也获得了某种神秘能力，能够跟乌鸦对话，并具有预知未来事件的能力——当然，这里的情节刻画带有某种神话色彩，我们不必深究。重要的是，布兰固然有着相当的智慧，但由于高位截瘫，他实际的行政才干与领导能力是非常有限的，甚至生活都无法自理，他大概也不可能拥有自己的后代与继承人。这恰恰是《权力的游戏》第八季一个寓意深刻的结尾，大体上意味着七王国最终要从封建主义的君主制政体向贵族共和政体过渡。

到此为止，我们讨论了《权力的游戏》这部剧中的12位主要统治者或潜在统治者。问题是，他们之中究竟谁是理想的统治者？假如我们生活在这部剧中，生活在那样一个时代，一定要凭借自己的判断力挑选一位理想统治者的话，我们又会在其中选择谁？或许，我们比较有把握说，哪些统治者不是理想的统治者，不是我们想要的君主。但至于谁是理想的统治者，这个问题恐怕就很难回答了。或许可以坦率地承认，恐怕很难说哪位统治者是理想的统治者。即便其中少数统治者具有理想统治者的部分特质，但要么由于身体条件（比如提利昂·兰尼斯特是一位侏儒），要么由于某种经历（比如琼恩·雪诺很可能早就战死沙场），他们实际上又无法成为统治者，更谈不上成为理想的统治者。《权力的游戏》这种人物与情节设计，或许就包含着人类常常难以获得一位理想统治者的隐喻。

到了第八季的末尾，七王国的主要诸侯家族共坐一处，以贵族共和方式推举布兰·史塔克出任七王国的新国王。这一结尾，就其政治意涵而言，已经是对绝对君主制的偏离。由主要贵族家族共同推举一位身体残疾、行政能力有限且无法拥有自己子嗣的人出任七王国的新国王，意味着七王国有可能要从封建主义的君主制转向贵族共和制。既已转向贵族共和制，人类或许可以大大缓解对于能否拥有一位理想统治者的焦虑。

罗马帝国统治者考

《权力的游戏》毕竟只是一部由小说脱胎而来的影视作品。它所描绘的统治者即便栩栩如生，但毕竟都是虚构的。这些统治者的故事并非来自真实的历史，而是来自文学创作。

问题是，人类历史上的真正统治者又是怎样的？比如，以罗马帝国为例，罗马帝国曾经有一个著名的五贤帝时期。五贤帝，顾名思义，就是五位贤良的统治者。其中最为著名的两位，是哈德良和奥勒留。哈德良，就是著名的哈德良长城的修筑者。在其统治期间，罗马帝国的疆域又得到了扩展。奥勒留则是罗马帝国著名的哲学家皇帝，《沉思录》就是他的名著。[1]那么，罗马五贤帝中的两位

1　马可·奥勒留，《沉思录》，何怀宏译，中央编译出版社，2008。

最著名皇帝实际表现又如何？

爱德华·吉本在《罗马帝国衰亡史》中把哈德良描绘成一位杰出有为的君主：

> 如同我们之前所提，他治理下的帝国在安定繁荣中日益强大。他提倡艺术，修订法律，加强军事训练，亲身视察所有行省，不仅精力充沛，而且才智过人，在处理政务时，既能照顾全局，又能洞察细节。[1]

由此看来，哈德良总体上算得上是一位“伟大的帝王”，“相当的公正与谦和”。即便如此，吉本仍然毫不留情地写道：“然而在即位最初几天，（他）就处死了4位曾任执政官的元老，这几位是他的死对头，却也是帝国的功臣。”后来，哈德良的问题则更大。“他因疾病缠身痛苦不堪，变得脾气乖张，粗暴残忍。”——这几乎够得上历史学家对一位暴君的评价。按照历史学家的记载，哈德良离世之后，“元老院为了要把他尊为神明还是贬为暴君，感到困扰不已”。[2]公允地说，吉本对哈德良的评价已经很高，但从吉本的字里行间，任何读者都容易发现，哈德良作为一个君主或统治者有着相当严重的人格品性缺陷。当这种缺陷跟至高无上的政治权力结合在一起时，就有可能产生严重的政治后果。

对许多人来说，奥勒留留下了“哲学家皇帝”的美名，因为奥勒留既是罗马帝国皇帝，又是哲学家。他因著有流传至今的《沉思录》，甚至在今天还很有名。至于奥勒留有没有达到柏拉图心中哲

1　爱德华·吉本，《全译罗马帝国衰亡史》（第1卷），席代岳译，浙江大学出版社，2018，第90页。

2　同上。

学王的标准，就另当别论了。总体上，吉本对奥勒留的评价非同寻常，他这样写道：

> （奥勒留）更为严谨勤勉。他经由无数次的凝神讨论、耐心听讲和通宵苦读，才获致丰硕的学养。他从 12 岁开始，奉行斯多葛学派的严格教条，被教导要让身体听命于心灵，感情服从理智，认为德行是至善，邪行是至恶，一切身外之物均无足轻重。他的《沉思录》是在戎马倥偬之际撰写而成的，现在尚流传世间。[1]

可见，奥勒留年轻时接受的就是非常严格的道德与哲学训练。更难能可贵的是，成为君主之后，奥勒留仍然坚持公开讲授哲学，堪称"圣哲贤君"。他的生活本身就是一部行走的人生哲学教义，包括"严以律己，宽以待人，行事公正，处世仁慈"。再加上他厌恶战争，认为战争就是对人性的羞辱和摧残。即便按照现代标准，奥勒留也几乎算得上是一个非常优秀的统治者了。

但即便如此，吉本认为，奥勒留仍然有着重要的性格缺陷，那就是因为过分仁慈而丧失判断力，过分单纯而容易轻信他人。这就使得他常常遭受蒙蔽。比如，"别有企图的人士很了解皇帝的弱点，打着哲学的幌子作为晋升之阶，表面装出一副不求名利的样子，事实上却完全相反"。更大的问题则是，奥勒留生前破坏了罗马帝国在当时已经形成的一项非常重要的皇位继承制度——养子继承制。什么是养子继承制？当时罗马帝国的惯例是，一旦有人做了皇帝，要务之一就是要选好自己的继承人。当时的做法是，皇帝并非把皇

1 爱德华·吉本，《全译罗马帝国衰亡史》（第 1 卷），2018，第 92 页。

位传给自己的儿子，而是在整个帝国范围内，在那些比较优秀的将军、军团首领、重要元老和政治家之中，挑选一位年龄比较合适、才干比较卓越、威望很高的人，收为养子。这样，等到皇帝去世时，皇位就经过必要的确认程序传给皇帝指定的养子。这种做法的优势是显而易见的，那就是皇帝可以在帝国范围内选择能够胜任君主职位的最佳候选人作为储君。但奥勒留作为君主的最大败笔，就是破坏了这种养子继承制，把帝位设法传给了自己的儿子康茂德。而康茂德完全够不上公正而有为的君主标准。[1]

爱德华·吉本的名著，不仅详细记录了罗马帝国几位作为高贵典范的上等皇帝——他们总体上算得上才华过人、人格完善的榜样，而且还记录了一些作为堕落典范的下等皇帝——他们无论是在品质还是在个性上都存有重大的缺陷。当一个皇帝在德行或个性上存有重大缺陷时，由于他手握巨大的政治权力，就往往会带来重大的祸害。原因不难理解，他掌握的权力与资源容易放大他在品质与个性上的缺陷。在吉本和古罗马历史学家的笔下，“提比略的睚眦必报、卡利古拉的杀戮狂暴、克劳狄的萎靡软弱、尼禄的放荡残酷、维特里乌斯的纵欲佚行和图密善的残酷无情”时常被提及，真实的历史记录则一再证明着他们作为皇帝的荒诞行径。[2]

至于具体到个人，上文提到的哲学家皇帝奥勒留之子、继位者康茂德就是一位不堪的皇帝。按照吉本的描述：“康茂德的心灵已完全丧失道德和人性的情操，把治国的权柄视为无物，朝中的政事一概交给无耻的佞臣，自己竟日纵情声色犬马之欢。”吉本甚至说，

1　爱德华·吉本，《全译罗马帝国衰亡史》（第 1 卷），2018，第 101—104 页。

2　同上，第 94 页。

他不屑于用文字描绘康茂德的各种淫乱场景和无视天理礼法的行为。总之，古罗马优雅的学术和教育从未对康茂德充满兽性和庸俗的内心产生任何有益的影响，他是“罗马第一个既不求知又无品位的皇帝”。[1] 这就不难理解后世历史学家把康茂德时期视为罗马帝国由盛转衰的开始。

到了 3 世纪，这更是一个充满“侵略、内战、经济衰退和瘟疫的时代”，罗马帝国许多皇帝的荒诞行为跟康茂德相比，更是有过之而无不及。比如，在爱德华 · 吉本的眼中，公元 198 年至 217 年在位的罗马皇帝卡拉卡拉更是横征暴敛、喜怒无常、有权任性、滥杀无辜的典型。他这样写道：

> 但是卡拉卡拉可说是人类的公敌，在谋害格塔以后仅仅过了一年（213 AD）就离开首都（从此没有回来过），其余的统治期间全部在帝国的几个行省，他特别喜欢流连东方，所到之处相继成为他蹂躏和掠夺的对象。……大多数富有的家庭因为处以罚金或籍没财产而家破人亡，一般人民也因巧立名目和日益增加的税赋而苦不堪言。……他在埃及的亚历山大里亚发布大屠杀的命令，从位于塞拉比斯神庙的行营，亲自监督杀害几千公民和外国人。他从不在意要杀多少人，也不管他们有没有犯罪……[2]

公元 253 年至 268 年在位的罗马皇帝伽利埃努斯被视为一位“外貌柔和却毫无人性的皇帝”，他曾经颁发一道最野蛮且留存至今

1　爱德华 · 吉本，《全译罗马帝国衰亡史》（第 1 卷），2018，第 111—115 页。
2　同上，第 163 页。

的命令。他的命令这样说：

> 战事以后随时都会继续发生，所以仅仅消灭那些手执武器的人是不够的。只要在屠杀儿童和老人这个问题上，能够不要让我们的名声受损，就把所有男性不论年龄完全连根铲除。任何人只要说过反对我的话，抱着反对我的思想，就不能让他活下去。……我现在亲笔写信给你们，希望你们也有我这样同仇敌忾的精神。[1]

通过这份命令，我们大体可以窥见这位罗马帝国“三世纪危机”中的皇帝究竟是什么货色。

中国古代统治者考

跟罗马帝国相比，中国历史甚至提供了更多的皇帝样本。在中国历史上，一般来说昏君是争议不大的，像商纣王、秦二世、汉献帝、隋炀帝、宋徽宗、明崇祯等。这里提到的许多君主既是著名的昏君，又是亡国之君。但即便如此，所谓的昏君也不是全无争议。比如，关于商纣王，我们对其的主要印象是由司马迁撰写的《史记》所塑造的。《史记·殷本纪》这样记载：

> （商纣王）知足以距谏，言足以饰非；……好酒淫乐，嬖于妇人。爱妲己，妲己之言是从。于是使师涓作新淫声，北里之舞，靡靡之乐。厚赋税以实鹿台之钱，而盈钜桥之粟。

1　爱德华·吉本，《全译罗马帝国衰亡史》（第1卷），2018，第329页。

> 益收狗马奇物，充仞宫室。益广沙丘苑台，多取野兽蜚鸟置其中。慢于鬼神。大聚乐戏于沙丘，以酒为池，县肉为林，使男女裸相逐其间，为长夜之饮。[1]

由此，商纣王的人设就被“酒池肉林”这几个字框定了。但在《尚书》中，周武王仅仅列举了帝辛的四条罪状，包括听妇人言、不认真祭祀、不重用亲戚、任用逃犯做官等，并未包括为后世所熟知的商纣王的种种暴行。历史学家顾颉刚发现，商纣王后来所背负的 70 多项罪状，都是周朝以后逐渐增加的，戏剧感也逐渐增强了，战国时期增加了 20 项，到了西汉增加了 21 项，到了东晋又增加了 13 项。[2] 其实，即便是司马迁，在《史记 · 殷本纪》中，他对商纣王的描述也包括了不少褒奖之语，比如“资辨捷疾，闻见甚敏，材力过人，手格猛兽”。这样的商纣王看起来像是一位文武双全的君主。但商纣王毕竟还是商的亡国之君。

除了许多昏君，历史学家还记录了中国历史上的一位痴呆皇帝——西晋惠帝司马衷。《晋书 · 惠帝纪》这样记载：“及天下荒乱，百姓饿死，帝曰：‘何不食肉糜？’”这就是“何不食肉糜”的典故由来。所以，司马衷可算得上中国历史上最荒诞的皇帝之一。

本章第一节曾经讨论中国历史叙事中的明君模型，明君的基本特征包括开疆拓土、有效统治，仁政勤政、爱民如子，善用人才、整肃吏治，恪守制度、节制私欲等。相比而言，昏君在这些方面的做法跟明君恰好相反。跟昏君相比，中国历史上的杰出君主往往更引人瞩目。但许多杰出君主也是富有争议的。按照民间排序，秦皇

1　司马迁，《史记（第一册）· 卷三 · 殷本纪》（中华国学文库），2011，第 93 页。
2　顾颉刚，《古史辨》（第二册上编），上海古籍出版社，1982，第 82—93 页。

汉武、唐宗宋祖往往在中国历代君主中高居榜首。到了明清两朝，明太祖、明成祖和“康乾盛世”三君主康熙、雍正、乾隆也在中国民间广受追捧。但在历史学家的书写中，这些杰出君主们无论在实际功业上还是在人格品性上，往往都要复杂得多。

以秦始皇为例，无论《大秦赋》这样的流行电视剧把他塑造成如何施行仁政，但秦始皇大体上是一个毁誉参半的皇帝。他的主要功绩是平定六国，自此在中国开创了统一的君主制中央集权官僚制国家。按照司马迁的看法，“始皇既立，并兼六国”，“始皇自以为功过五帝，地广三王，而羞与之侔”，“明法度，定律令，皆以始皇起”。西汉主父偃曾言：“秦皇帝任战胜之威，蚕食天下，并吞战国，海内为一，功齐三代。”

但毋庸讳言，秦始皇也是一个著名的暴君，在暴虐施政上开创了不少先例。甚至到了后世，还有“百代皆行秦政制”的说法。贾谊在《过秦论》这篇雄文中认为，由于秦始皇“仁义不施”，所以“攻守之势异也”。更具体地说，“秦王怀贪鄙之心，行自奋之志，不信功臣，不亲士民，废王道而立私爱，焚文书而酷刑法，先诈力而后仁义，以暴虐为天下始”。主父偃则这样说：“百姓靡敝，孤寡老弱不能相养，道路死者相望，盖天下始畔秦也。”西汉伍被认为：“秦绝圣人之道，杀术士，燔《诗》《书》，弃礼义，尚诈力，任刑罚，转负海之粟致之西河。……于是百姓离心瓦解，欲为乱者十家而七。”[1]这些文字记述和评价都给我们呈现了一个毁誉参半的秦始皇形象。

汉武帝刘彻派张骞出使西域，打通河西走廊，通过汉匈战争前

1 司马迁，《史记（第一册）· 卷六 · 秦始皇本纪》（中华国学文库），2011，第 191—250 页。

所未有地扩展了中国中原农耕政权的疆域范围。就此而言，他在文治武功上的表现并不亚于汉高祖刘邦。但汉武帝也被历史学家视为一个好大喜功的皇帝，其统治结果是汉朝的民间社会更加贫弱，使汉初文景之治的繁盛局面发生了逆转，汉朝的国库也变得空前空虚。所以，换一个视角来看，汉武帝连续发动的大规模汉匈战争，就具有某种穷兵黩武的性质。公元前 89 年，汉武帝似乎幡然悔悟，颁布《轮台诏》，检讨自己执政时期的大政方针，表示要回归与民休息的政治路线。《轮台诏》这样说：

> 今请远田轮台，欲起亭隧，是扰劳天下，非所以优民也。今朕不忍闻。……当今务，在禁苛暴，止擅赋，力本农，修马复令，以补缺，毋乏武备而已。[1]

如果联系到汉武帝推行的算缗与告缗政策，再进一步比较汉武帝前后时期的政府财政状况，必须承认汉武帝开疆拓土的社会经济代价是巨大的。所以，评价汉武帝作为君主的功过恐怕也是一个很复杂的问题。至于这种统治功过背后的统治者的人格品性，恐怕更难下一个稳妥的结论。总之，即便如同汉武帝这样的杰出君主，许多历史学家恐怕也很难赞同他就是一位理想的君主。

唐太宗李世民后来这样评价秦皇汉武："近代平一天下，拓定边方者，唯秦皇、汉武。始皇暴虐，至子而亡。汉武骄奢，国祚几绝。"[2] 李世民的意思再明确不过了，秦皇汉武都是平定天下、开疆拓土的雄主，但他们一个暴虐，一个骄奢，身上都存在着重大的品

1　班固，《汉书（第四册）· 卷九十六下 · 西域传下》（中华国学文库），中华书局，2012，第 3351 页。
2　吴兢，《贞观政要》，2011，第 558 页。

质与个性缺陷，因而也导致了严重的政治后果。

基于上述讨论，如果要品评人类历史上统治者或君主的优劣等级，恐怕在概率分布上至多是一条正态分布曲线。这意味着，真正堪称卓越统治者的，一般所占比例较低；真正胡作非为的暴虐统治者，固然并不少见，但所占比例也不会很高；占据较高比例的，恐怕是介于卓越统治者与暴虐统治者之间的许多平庸统治者——从结果上看，他们既没有留下显赫的成就，也没有留下臭名昭著的骂名。以上文讨论的《权力的游戏》中的12位统治者为例，也许人类历史上的许多君主更接近于劳勃·拜拉席恩——他早年建有功业，晚年庸碌无为，重视个人享受，但也不至于导致重大的政治悲剧或社会苦难。倘若以此来理解人类历史上的君主，君主的优劣等级大体上是一个概率问题。

在梁启超的眼中，好君主的比例甚至比许多人想象的还要更低。他这样说：

> 今欲举秦汉以来积弊，摧陷而廓清之，以举自强维新之政，则必自恢复民权始……余尝读史，汉以下历朝帝王不下数百人，而求其聪明睿知天下真主者，百中仅得一二耳。中材之君则百五六，庸劣之主则百九十矣。故天下百年而无十年之治……若有人于此，其力能摆脱三千年宿敝，变专制独裁之治，作众思公议之政，中国之天下不足治也。[1]

梁启超这段话的意思是，想要有个好皇帝实在太难，历史经验

1　梁启超，《草茅危言》，出自：《饮冰室合集》（专集·第二册），中华书局，2015，第11—14页。

是出现好皇帝的概率太低。所以，只有“恢复民权”“众思公议之政”是靠得住的。

通过对虚构剧本与人类历史上的真实统治者的考察，可以发现：一是人类历史上的统治者有着不同的知识、能力与德行，不同统治者在许多重要方面呈现出较大的差异性；二是各方面都较为理想的统治者往往是很罕见的，即便在那些杰出君主的身上，仍然有着许多重要的缺陷或弱点；三是人类历史上的君主可能总体上呈现优劣等级的某种概率分布，即伟大君主与暴虐君主可能都仅占较低的比例，大部分是介于两者之间的平庸君主或普通君主。所以，即便可以在规范意义上界定何谓理想的统治者，但在现实意义上，何处寻求理想的统治者始终是一个极具挑战性的问题。

统治者的目标函数与约束条件

统治者的行为及其统治绩效，不仅受到统治者个人的知识、能力与德行的影响，而且还会受到君主统治模型的左右——这种君主统治模型往往规定了统治者的目标函数与约束条件。接下来的分析将会呈现，即便是一个具有极佳素质与个性的政治人物，由于君主统治模型的结构性问题，他能否成为一个理想的统治者也仍然是未定之数。理解这个问题，既离不开对于统治者人性的分析，又离不开对于君主统治模型基本结构的分析。

法人君主与个人君主的张力

21 世纪初，林达夫妇撰写过一部考察美国日常政治的畅销书，题目就叫《总统是靠不住的》。在他们看来，美国政治文化的特点之一，就是人们普遍认为总统是靠不住的，其他政治家也是靠不住的。因此，美国人从建国制宪时刻开始，就设计了包括宪法在内的一系列政治与法律制度安排来约束总统和其他政治人物的权力。[1]当然，美国是现代的民主共和政体，美国总统是现代民主共和政体下的统治者。这种政制天然地要求给统治者的政治权力戴上镣铐，使其只能在宪法和法律范围内活动。

问题是，前现代的君主统治模型完全不同于现代的民主共和政体。在君主统治模型下，统治者是否靠得住，这是一个含义完全不同的问题。这里要从君主统治模型的基本面出发，从两个方面考察统治者的行为、心理与选择。首先需要考察的，是统治者的个人视角。个人视角，就是从统治者作为一个个体甚至一个普通的肉身出发，去考察统治者行为的方方面面。实际上，任何君主统治模型都让统治者面临着一个基本的困境：一方面，统治者拥有巨大的政治权力，甚至是生杀予夺的权力；另一方面，统治者本身也只是人类社会的一个个体，是一个具备某些素质或特质的普通人。而君主统治模型却给予了这样一个普通人以巨大的政治权力。

当然，由于礼仪制度的原因，统治者在君主统治模型下往往被包装成高高在上甚至具有超凡魅力或卡里斯玛（charisma）特质的神秘人物。明智的君主还懂得，通过展示权威、创造仪式感以及跟官员和臣民保持距离，来保持自己的神秘感。[2]许多君主的卡里斯玛色彩，就是经由许多人为方式创造出来的。然而，所有这一切都

1　林达，《总统是靠不住的》，生活·读书·新知三联书店，2004。

2　司马迁在《史记》中较早记述了儒生叔孙通为刘邦制礼的故事，背后其实是君主制的礼仪跟君主权威之间的关系，参见：司马迁，《史记（第三册）·卷九十九·刘敬叔孙通列传》（中华国学文库），2011，第 2381—2382 页。

没有从根本上改变君主仍然是一个普通肉身的实质——即便他实际上拥有许多重要的优秀品质。西谚有言："仆从的眼里没有伟人。"其寓意就是，哪怕是再高高在上的政治人物，一旦有人了解了他的日常，就会发现他在许多方面不过是一个普通人而已——至多是具有某些重要素质或特质的普通人。

在《国王的两个身体》一书中，德裔美籍史学家恩斯特·康托洛维茨（Ernst Kantorowicz）指出，"国王的两个身体"是伊丽莎白一世时期兴起的一个概念，意指一方面国王有一个"自然之体"，亦即他的肉身，这个肉身会生病、会疲弱、会衰朽；但另一方面国王还有一个"政治之体"，它是国家的象征，永远存续、不会衰朽。[1]借用这一说法，本书把君主或统治者的两个身体理解为两层意涵：君主既是法人君主，代表的是国家与国家最高统治权，应该具有超凡脱俗的性质，要服务于某种共同目标，这个目标既可以是为社会提供基本的安全、法律与秩序，又可以是增进天下百姓的福祉、建设更美好的社会等；但同时，君主又是个人君主，意指君主也不过是一个普通肉身而已，他既有普通人的需要与欲望，又面临着所有普通肉身无法避免的生老病死、喜怒哀乐等诸多约束。所以，一个真实的统治者其实时时处在两个角色之间——一个是法人君主，一个是个人君主；前者是应然的君主、法理的君主，后者是实然的君主、真实的君主。统治者的这两个角色之间一直维持着某种张力，甚至一种紧张关系。在君主统治模型下，这是每个统治者都要面对的问题。

1　恩斯特·康托洛维茨，《国王的两个身体：中世纪政治神学研究》，徐震宇译，华东师范大学出版社，2018。

“统治者的目标函数”假设

如同其他理性人，统治者在政治上的首要诉求同样是谋求政治生存。这种政治生存，从消极意义上说，就是保有他作为统治者的政治权力；从积极意义上说，还包括继续扩展他作为统治者的政治权力。当一个统治者基本解决政治生存问题之后，他的其他需要和欲望就会突显出来。基于马斯洛的需求层次理论，统治者的需要大体上也有着从低到高的排序。尽管统治者在许多方面异于常人，但他大体上同样有着不同层次的需要，包括从低层次的生理需要、安全需要，到中间层次的爱和归属的需要、自尊需要，以及到最高层次的自我实现的需要等。当然，一个个真实的统治者之间往往存在着较大的差异，有的统治者可能更多地受到生理需要和安全需要的支配，有的统治者则更多地受到自我实现需要的支配——后一种统治者往往有着较高的抱负和远大的目标。

基于上述分析，我们可以提出一个关于“统治者的目标函数”的假设，即多数统治者都普遍地关心三件事情或三个目标，参见图 4.2。首先，君主关心的是自己的政治生存，这是他首要的政治目标。君主拥有的一切政治权力与其他利益，均以自己作为君主的政治生存为前提。如果不能确保自己的政治生存，君主不仅将失去一切的权力和利益，而且他自身和家人的人身安全都可能得不到保证。这已经是为无数历史经验所证明的事情了。

其次，君主关心的是自己的统治成就。这是很多统治者在他们自己的回忆录、文告诏书里留下的明确表达——他希望自己能成为一个好的统治者、一个有成就的统治者、一个造福天下众生的统治者、一个名垂史册的统治者。很多统治者都有这样的主观愿望，但实际上能否做到，就是另一回事情了。比如，本书前面提到的唐太

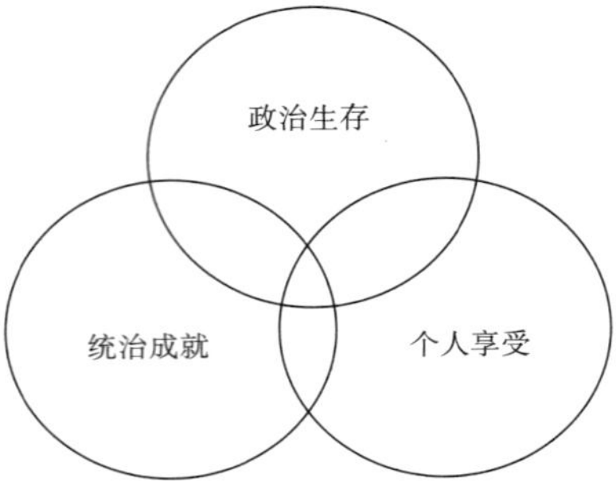

图 4.2　统治者的目标函数

宗就很有这样的主观愿望与统治自觉，古罗马的奥勒留也有这样的主观愿望与统治自觉。这两位横跨中西的古代皇帝都有着某种共同特质，就是把个人的统治成就置于非常重要的位置。因而，他们总体上能够做到励精图治、勤政为民，同时小心翼翼地管理与节制自己的需要、欲望和情绪。

最后，君主同时还会关心个人享受。每个普通人都有自己的个人享受，君主在这方面也不例外。只是说，不同的君主在追求个人享受方面的程度不一样。考虑到君主统治模型下的统治者拥有至高的权力和丰裕的资源，假如他很重视个人享受，这种偏好就会影响到他运作政治权力和支配资源的方式，就会影响君主的其他两个主要目标，即政治生存与统治成就。

一个理性的统治者大体上需要在三个主要目标——政治生存、统治成就与个人享受——之间寻求某种平衡。从历史经验来看，不同的统治者之间差异很大，他们完全可能有着不同的目标函数排序与组合。但如果统治者足够理性的话，政治生存是所有统治者在优先等级上排在第一位的目标，是他们的首要关切。在《权力的游戏》中，艾德·史塔克就是在这方面有严重缺陷的统治者。他由于过于仁慈而较少考虑自己的政治生存问题。结果是，不仅他自身遭遇了重大的政治挫败，最终丢了性命，同时也把自己的整个家族置于极其危险的境地。在真实的历史上，凡是无力维系自己政治生存的统治者都容易被政治选择过程淘汰。

统治者除了关注自己的政治生存，往往还关注统治成就与个人享受。当然，很少有统治者只关注统治成就而丝毫不考虑个人享受，或只关注个人享受而完全不考虑统治成就。所以，绝大多数较为理性的统治者都需要在两者之间寻求平衡。按照一般的历史叙事，那些更关注统治成就的君主，往往更有机会成为好皇帝、有为君主或成功统治者，那些更关注个人享受的君主，往往更容易成为坏皇帝、无道昏君或失败统治者。原因似乎不难理解，如果统治者过分重视个人享受，当他以个人享受为中心来运作权力和管理资源时，国家治理更有可能走向溃败的方向。所以，中西方的古代帝王教科书都会告诫王储或年轻君主要注意节制自己的欲望，学会做一个自制而有为的君主。

许多主要关注个人享受的统治者容易成为坏君主，这似乎是显而易见的，但那些更关注统治成就的统治者未必就能成为好君主。只有那些既重视统治成就，又正确界定统治成就，并能在各种约束条件下达成目标的统治者，才能成为好君主。一些重要的反例是，如果君主过分好大喜功，不切实际地确定了开疆拓土的统治目标，又缺少必要的政治条件支持，君主对统治成就的过分追求反而容易给一个国家带来灾难。这样的君主，就其实际统治绩效来说，甚至还不如许多更平庸但更稳健的君主。

综上所述，“统治者的目标函数”假设为从个人视角理解多数统治者的行为及其动机提供了一个简要的框架。实际上，统治者的绝大部分行为都可以在政治生存、统治成就和个人享受这一目标函数组合中找到缘由。

君主统治模型的金字塔结构

除了个人动机，统治者的实际政治行为还要受制于他所面对的约束条件。换言之，统治者究竟如何统治，既会受到统治者目标函数的影响，又会受到君主统治模型下的政治结构与权力格局的影响。对统治者来说，君主统治模型是一个主要的制度性与结构性约束条件。笔者在前面分析过，君主统治模型有四个基本特征：君主拥有至高无上的权力，君主在法律上不受约束，君主一般实行家族继承制，君主本身也是一个普通的肉身。这四个基本特征也构成了君主统治模型下统治者进行统治的结构性约束条件。

问题是，在这种结构性约束条件下，拥有特定目标函数的君主会如何行动呢？当然，君主关注的首要问题，还是自己的政治权力与政治生存。对任何一个君主来说，没有政治权力和政治生存，他就会失去一切。君主的政治权力实际上有两个层次的含义：一是跟职位有关的权力，亦即别人服从一个统治者，主要是因为他是君主，他是奥古斯都、皇帝、苏丹或大汗，所以别人就要服从他，遵从他的命令。这种服从，对应的就是跟君主职位有关的权力。二是非职位的权力与权威，亦即别人服从一个统治者，不只是因为他是君主，而且是因为对他发自内心的服从。这第二种服从的背后，一方面是因为君主的卡里斯玛特质，即君主拥有某种超凡魅力，另一方面是因为君主掌握了高超的政治技艺。

在马克斯·韦伯眼中，卡里斯玛型权威具有这样的特质：

> “超凡魅力”将用于指称个人的某种品质，而正是由于这种品质，他被看作不同寻常的人物，被认为具有超自然或超人的、至少是特别罕见的力量和素质。这些力量和素质为普通人不可企及，而且被认为出自神圣来源或者被当作楷模，在此基础上，有关的个人则被视为“领袖”。[1]

正是因为这种卡里斯玛或超凡魅力的特质，一个政治人物更容易吸引他人或信徒的跟随，获得他们的更多效忠与服从，进而强化自己的权力基础。在人类历史上的高层政治中，拥有某种超凡魅力的君主，就更能赢得大臣与将军们的忠诚。特别是，当政治局势复杂、君主权力不稳、政治秩序动荡时，缺乏超凡魅力的统治者更容易身处险境，更有可能遭受政治挫败。

至于跟权力有关的政治技艺，韩非讲究君主对法术势的综合运用，马基雅维利则强调君主要兼具狮子与狐狸的品质。实际上，如何有效掌控政治权力，对任何一个君主来说都是一个非常复杂的问题。它是一个逻辑问题，但更是一个实践与技艺的问题。

综合来看，君主要想控制政治权力以维系自己的政治生存，除了凭借跟职位有关的正式权力以外，还应该强化自己的非职位权力与权威，而这常常又跟他的卡里斯玛特质与掌控权力的政治技艺有关。

为了维系自己的政治权力与政治生存，任何明智的统治者都会考虑如何应对君主统治模型下可能的风险。实际上，每个君主都面临着各种各样的政治风险，每种政治风险还有着不同的来源，

1 马克斯·韦伯,《经济与社会》(第一卷)，阎克文译，上海人民出版社，2010，第351页。

有着不同的概率分布。从历史经验来看，无论是罗马帝国、拜占庭帝国、奥斯曼帝国，还是中国历代王朝，统治者由于无力应对政治风险而丧失政治权力、无法维系政治生存甚或身首异处的案例不在少数。

按照前述的国家组织理论，国家是一个以统治者为中心、以军人和文官等统治精英为主要成员的政治组织，被统治者或平民则是这个政治组织的外围成员。由此可见，作为政治组织意义上的国家离不开三种政治行为者：统治者、统治精英与被统治者。由此，我们可以把君主统治模型视为一个金字塔，参见图 4.3。在这个金字塔中，君主处在金字塔的顶端，他代表国家，拥有至高无上的权力；中间则是协助君主管理国家的统治精英阶层，他们是君主的助手，但同时又有自身的利益与诉求；下面的基座则是人数众多的普通民众，他们有赖于国家提供基本的安全、法律和秩序，但同时承担着整个统治机构的运行成本。

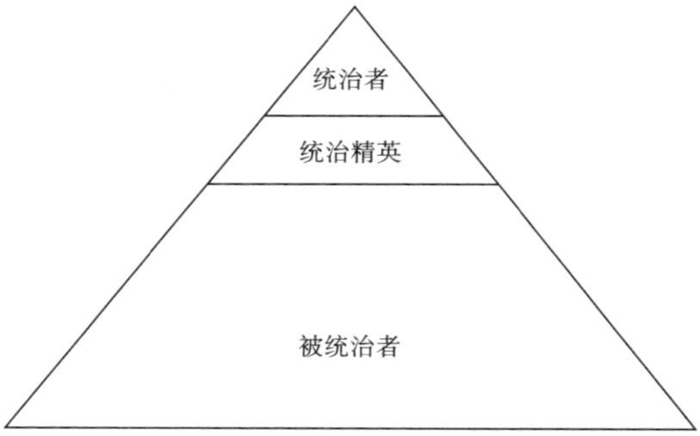

图 4.3　君主统治模型的金字塔结构：统治者、统治精英与被统治者

对君主来说，他高度依赖于一个由统治精英组成的官僚系统来协助他管理国家、控制叛乱与抵御外敌。为了让他们协助自己管理

国家，君主又需要让这些统治精英们掌握相当的权力与资源。但这些统治精英的目标函数跟君主的目标函数并不完全一致，他们又有自身的偏好、利益与诉求。如何让统治精英服务君主的目标，而非挑战君主的统治，这就是君主如何使用和管控统治精英的难题。在君主眼中，王室家族成员是比较特殊的统治精英。来自王室家族的统治精英一方面给君主制提供了更多稳定性，另一方面又容易成为在位君主的潜在竞争者。因为在家族继承制之下，这些特殊的统治精英往往具有角逐统治权的身份优势。

在图 4.3 中，君主同样离不开规模庞大的被统治者。对君主来说，人数众多的被统治者为统治提供着源源不断的兵源与税收支持。君主一方面要发展出一套有效的官僚系统、税收系统与征兵系统，从被统治者那里不断地汲取资源；另一方面还要小心翼翼地对被统治者进行政治控制，防止其逃避或反抗君主的统治以及其他役务。当然，君主无法事事都亲力亲为，所以需要依赖一个相当规模的统治精英阶层来协助他完成这些工作，即既从普通民众那里汲取资源，又能对普通民众进行政治控制。

此外，在前现代的国际体系中，统治者还会面临来自外部的国家间竞争系统所带来的巨大政治军事压力。如果自己的国家是一个强国，统治者往往会考虑如何攻城略地和征服别国。这样的统治者往往在国家间竞争系统中拥有武力优势，但即便如此，他仍然会感受到这种来自外部政治军事竞争的压力。如果自己的国家不是一个显著的强国，统治者的压力就会更大，他就要考虑如何在国家间竞争系统中谋求生存的问题，至少要有能力防止或抵御外敌入侵。如果统治者不能做到这一点，那么他就会面临国家覆灭的危险。

因此，在君主统治模型下，统治者需要考虑三种主要类型的政治风险：一是来自统治精英的风险。他们尽管是统治者治理国家的助手，但其中一些人拥有较高的反叛潜能。二是来自被统治者的风险，也就是来自普通民众的风险。当底层民众遭遇较为严苛的压迫和盘剥，或者遭遇其他天灾人祸时，他们有可能成为现有统治体系的反叛者。三是来自敌对国家或外敌入侵的风险。特别是，当外敌比较强大时，统治者面对的这种政治军事压力就会非常大。

所以，统治者的统治行为，不仅受到他自身一系列目标函数与个人动机的约束，特别是政治生存、统治成就与个人享受这三个主要因素的约束，而且还要受到君主统治模型之下一系列结构性约束条件的左右。事实上，君主时时刻刻都处在诸种重大政治风险的概率分布结构之中。对君主来说，谋求政治生存，就意味着在日常政治中需要进行不断搏斗。无论来自统治精英的，还是来自底层民众的，或者来自潜在外部敌人的，都有可能挑战君主的政治权力与政治生存。这就解释了为什么很多君主都有很强的危机意识与敌我思维。由此可见，君主的行为模式与策略选择，固然部分地取决于他的个人动机与个人风格，但在很大程度上也取决于他所面临的政治结构与权力格局。

就君主本身来说，一个君主想做什么样的君主与一个君主能做什么样的君主，是两个互相独立又互相关联的问题。对于这两个问题，固然君主本身的知识、能力与德行非常重要，但在君主统治模型下，君主时时面对的结构性约束条件可能更加重要。综合来看，统治者的行动、选择及其结果，既是由他的个人因素——特别是君主的知识、能力与德行以及君主的目标函数——决定的，又是由他所面临的结构性约束条件——特别是君主面对的政治格局与权力结构——决定的。

第五章　君主统治模型的困境

初，帝既克李筠及李重进，一日，召赵普问曰："自唐季以来数十年，帝王凡易八姓，战斗不息，生民涂地，其故何也？吾欲息天下兵，为国家计长久，其道何如？"普曰："陛下言及此，天地人神之福也。此非他故，方镇太重，君弱臣强而已。今欲治之，唯稍夺其权，制其钱粮，收其精兵，则天下自安矣。"

——毕沅

统治者自身的困境

在前现代，君主统治模型是人类政治的支配性模式。但从 18 世纪到 20 世纪，君主统治模型在全球范围内出现了快速衰落，并逐渐被其他更现代的政体模式取代。如今，尽管许多国家还保留着国王或君主，但它们中的绝大多数已经转向立宪君主制，比如像英国、西班牙、日本等国。这些国家其实实行的是一种君主虚位的现代议会民主制政体。只有沙特阿拉伯等少数国家至今还维持着实质性的绝对君主制或君主统治模型。

那么，君主统治模型为什么在最近两个多世纪里会出现快速衰落呢？[1] 它固然跟 18 世纪以来人类所经历的重大经济社会变迁有关——这些问题笔者在后续章节还会讨论——但也离不开君主统治模型本身难以克服的许多问题，包括统治者自身的困境、统治者控制暴力的难题，以及统治者管理官僚制的难题。

这里首先讨论君主统治模型下统治者自身的困境。一般认为，君主本身是君主统治模型的最大受益者。无论是国王还是皇帝，都是天底下最好的职位，因为他们权力至高无上，资源享用不尽，拥有人世间一切能够想象的享受。但实际上，即便是拥有至高无上权力的君主，在君主统治模型下同样面临着许多结构性难题。对君主本身来说，君主制究竟是一种怎样的政体？它又为君主提供了怎样

1　关于君主制的存续与衰落，本书第七章还会分析，相关文献参见：John Gerring, Tore Wig, Wouter Veenendaal, Daniel Weitzel, Jan Teorell, and Kyosuke Kikuta, “Why Monarchy? The Rise and Demise of a Regime Type,” *Comparative Political Studies*, Vol. 54, No. 3-4 (2021), pp. 585-622.

的收益、成本和风险结构？这些问题其实相当复杂。在政治学视野中，君主常常面临着两种跟自身有关的政治危机：一是君主本身的危机，二是君主继承的危机。历史地看，这两大危机始终困扰着君主制模式，甚至没有哪一种君主统治模型能从根本上摆脱这两种危机。

君主政治权力基础三要素

君主统治模型所引发的君主本身的危机与君主继承的危机，根源乃在于君主制的权力结构与约束条件，以及在此种权力结构与约束条件下君主实际面对的政治情境。前文提到，君主统治模型有四个基本特征，即君主拥有至高无上的权力，君主权力不受法律约束，君主一般实行家族继承制，君主本身也是一个普通的肉身。这意味着，君主尽管只是一个具有某些特定素质与个性的普通人，但他执掌的却是巨大的政治权力，甚至是生杀予夺的权力。这种制度设计，对君主来说，其实是一把双刃剑。君主所拥有的巨大政治权力，对应的是巨大的政治风险。

从波斯帝国的大流士一世到中国秦汉时期的秦始皇、汉武帝，从罗马帝国的哈德良到蒙古帝国的成吉思汗，从奥斯曼帝国的苏莱曼一世到莫卧儿帝国的奥朗则布，这些君主拥有的政治权力究竟来自哪里？君主的政治权力究竟建立在何种基础之上？如果说在现代民主政体下的政治权力主要来自人民基于宪法以选举方式进行的正式授予，那么前现代君主统治模型下统治者的政治权力到底来自哪里？[1]笔者认为，君主政治权力主要建立在三个基础之上，参见图5.1。

1　关于政治权力的一般研究，参见：Stewart R. Clegg and Mark Haugaard, eds., *The Sage Handbook of Power*, London: SAGE Publications Ltd, 2009.

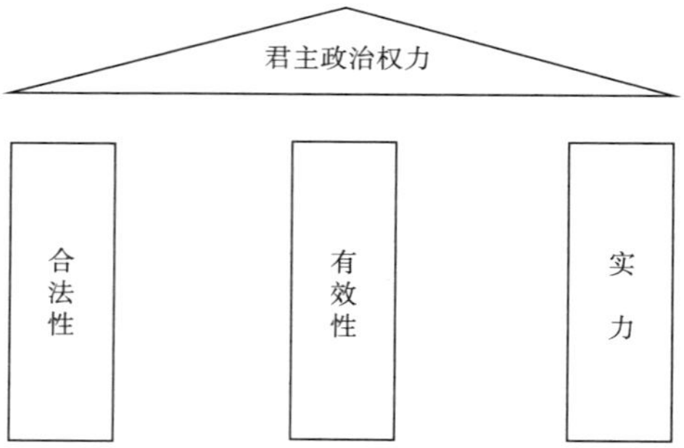

图 5.1　君主政治权力的三个基础

第一个基础在于合法性（legitimacy）。这意味着君主拥有政治权力，往往离不开某种特定的合法性基础。合法性，一般被视为现代民主共和政体下的一个重要概念。这种现代合法性是指，在民主共和政体下，一个政府的统治应该基于被治者的同意。根据一国公民对本国政体与政府的认可和接受程度，就可以衡量合法性的高低。[1] 但在前现代的君主统治模型下，并非完全不存在合法性的概念。比如，中国的东汉末年，曹操为什么手握大权却一直没有推翻东汉的末代皇帝，而是要搞所谓的“挟天子以令诸侯”？一个主要原因，就是法统问题，亦即合法性问题。直到曹操去世之后，其子曹丕才废除汉献帝，自立为帝，开创曹魏。以今天的眼光来看，东汉王朝的法统很可能是基于传统，亦即马克斯 · 韦伯意义上的传统型权威。在韦伯眼中，另外两种权威是卡里斯玛型权威与法理型权威。[2] 即便到了东汉末年，拥有合法性的依然是刘氏家族“历来如

1　关于合法性的概念，参见：Peter G. Stillman, “The Concept of Legitimacy,” *Polity*, Vol. 7, No. 1 (Autumn, 1974), pp. 32-56；关于现代政治合法性的测量，参见：M. Stephen Weatherford, “Measuring Political Legitimacy,” *American Political Science Review*, Vol. 86, No. 1 (Mar., 1992), pp. 149-166.

2　马克斯 · 韦伯，《经济与社会》（第一卷），2010，第 318—366 页。

此”的父死子继的家族统治。当然，在前现代，许多帝国与王国不仅仅依赖传统来提升其合法性，而且还会塑造某种君权天授或君权神授的意识形态。这样，当时的人们对君主权力的合法性认知，往往夹杂了多种因素，较具代表性的包括家族继承的政治传统、君权天授与君权神授等。

举例来说，在一个实行长子继承制的帝国或王国，如果老的君主死了，他的长子顺利继位，大臣和将军们通常就不会有什么异议，社会上的普遍看法也是乐见其成。但是，如果长子健在却没有继位，而由次子或幼子继承大统，恐怕就需要某种合理的说法。否则，这个次子或幼子就会面临合法性上的挑战。当然，如果这个次子或幼子有能力把皇室内部以及大臣和将军们都搞定，估计大家最后也只能欣然接受。因为尽管次子或幼子继位不合长子继承制的传统，但毕竟也是皇族血脉，还是君主家族的一个继承人在执政。但是，万一有哪个跟皇室不相干的政治人物，由于手握政治大权，或者由于控制了宫廷禁卫军（又称近卫军），想要在老的君主去世后成为新的君主，恐怕就会在合法性上遭遇巨大的挑战。除了来自皇室的对抗，任何手握实权的大臣或执掌兵权的将军，都有可能挑战这位篡位者的合法性。所以，对君主来说，合法性乃是其执掌政治权力的基础之一。

第二个基础在于有效性（effectiveness）。君主统治不仅依赖合法性，还依赖有效性。有效性，指的是君主能实现基本有效的统治。这种基本有效的统治，不是指现代政治条件下的全部国家治理指标，比如，经济增长和繁荣，较高的就业率，物价稳定，甚至是人民过上相对满意的生活。在前现代社会，基本有效的统治主要是指两件事：一是君主及其政府能控制内部叛乱，二是君主及其政府能抵御外敌入侵。这里需要提醒的是，我们不能按照现代政治经济的概念来理解古代帝国或王国的国家治理。比如，发展本身就是工业革命时代以来的概念。对一个生活在明朝的人来说，他会觉得比生活在宋朝的人有发展或更进步吗？实际上，在工业革命之前，人类社会的变化速度是极其缓慢的。所以，前现代社会的有效统治概念也不同于今天，当时主要是指君主与政府能控制内部叛乱和抵御外敌入侵。当君主不能成功地控制内部叛乱和抵御外敌入侵时，这样的君主就会遭遇实质性的挑战，甚至失去对政治权力的控制。

第三个基础在于实力（strength）。一般来说，现代民主共和政体的特点是，政治家们看重的是，人民在宪法基础之上以周期性定期投票方式进行正式授权的程序合法性。跟现代政治相比，前现代君主统治模型往往更注重实力原则。实力原则，意味着君主的权力常常取决于他实际控制政治与军事力量的能力。这既涉及君主借助制度和组织实际控制政治与军事力量的程度，又涉及君主凭借个人政治技艺实际掌控政治与军事力量的程度。

在人类政治史上，统治者失去对政治与军事力量的控制并不罕见。比如，中国历史上就经常发生皇帝对政府和军队失去实际控制的案例。西汉末年，皇帝和皇室大权旁落，真正的政治与军事力量掌握在权臣王莽手中。在王莽执掌大权的时期，尽管西汉皇帝和皇室从合法性角度讲仍然是汉朝的最高掌权者，但西汉皇室的实力基础已大大削弱，最终引发了王莽改制与西汉统治的终结。到了唐朝，安史之乱之所以发生，主要原因是唐玄宗对当时唐朝的许多边疆部队已失去实际控制。再比如，在罗马帝国的中晚期，只要君主无力控制最重要的军事力量，特别是不能控制近卫军时，君主就很有可能会被推翻。因此，在前现代君主统治模型下，统治者政治权力的基础还在于他本身的实力，亦即他实际控制政治与军事力量的能力和程度。

综上所述，君主政治权力的基础不仅在于合法性，而且还在于有效性和实力。当君主兼有合法性、有效性和实力时，他往往能比较稳定地控制政治权力。当君主不能兼有合法性、有效性和实力时，他的政治权力基础就会遭到侵蚀。在合法性、有效性与实力三者之中，相比而言，合法性与有效性固然是重要的，但从根本上讲，实力恐怕是更根本的因素。如同上文分析的，前现代君主统治模型的合法性跟现代民主共和政体的合法性差异很大，后者总体上有赖于民众选举的程序合法性，而前者的合法性说到底仍然是对君主制与家族继承制的一种观念包装。一种截然相反的观念是“王侯将相宁有种乎？”，这种观念强调的是英雄不问出处，谁能够控制政治，谁就能成为统治者。

所以，只有当君主在相当程度上控制着政治与军事力量时，君主制基于传统的合法性才显得比较重要，统治的有效性才会成为进一步影响君主政治权力的重要因素。君主一旦失去对实际政治与军事力量的控制，合法性与有效性这两个基础就不足以支撑君主的政治权力。就此而言，君主的政治权力从根本上说还是取决于君主实际控制政治和军事力量的能力。

君主政治权力的不稳定性

基于君主权力基础的合法性、有效性与实力三要素，君主权力的不稳定主要也来自这三个方面，即合法性基础、有效性基础与实力基础的不稳定性。

首先是合法性基础的不稳定性。君主制王朝通常遵循父死子继的继承原则，这有利于维护基于家族制和传统的权力继承合法性。但是，某些时候，这种合法性就未必那么稳定。比如，老的君主去世之后，王朝内部发生了政变，新君主是以政变方式上台的，或者王朝发生了动荡，新君主是以内战胜出者的身份上台的。这种时候，君主权力的合法性基础就会遭到削弱，其稳定性就会降低。这种围绕争夺君主权力而发生的政变或内战还开创了坏的先例，鼓励后续的潜在竞争者在条件成熟时也通过政变或内战方式来获取君主的权位。

其次是有效性基础的不稳定性。许多帝国或王国都出现过严重的政治危机，这就使得君主难以维系对整个帝国或王国基本有效的统治。在所有政治危机中，两类危机最为严重：一是难以控制的内部叛乱，二是难以抵御的外敌入侵。但凡出现这两种情形，君主的权力就会摇摇欲坠。此时，即便君主拥有较高的合法性基础，甚至君主对政治与军事力量仍然具有相当的掌控能力，但由于整个统治体系已经陷入溃败乃至崩塌的境地，君主的政治权力基础很难不被削弱。

再次是实力基础的不稳定性。从历史经验来看，君主实际控制政治与军事力量的能力差异很大。显而易见的是，凡亲自率领军队开疆拓土、攻城略地的君主，这方面的能力往往都比较强。无论对于古代中国还是对于欧亚大陆的重要帝国，这条规律基本都是适用的。开国君主几乎无一例外都是对政治与军事力量掌控力极强的统治者。此外，凡是在继位之前，由于某种原因，拥有相当地方统治或军事征战经验的君主，在实际掌控政治与军事力量的能力上也拥有优势。这样的君主，从实力基础上讲，往往更能稳定地执掌政治权力。

但君主统治模型总体上是一种父死子继的家族继承制，很多继位的君主在地方统治与军事征战方面毫无经验。相应的，他们实际控制政治与军事力量的能力就会比较弱。这就会削弱君主控制政治权力的实力基础。而一旦出现实际上无力掌控政治与军事力量的君主，加上其他条件的配合，威胁君主权力的潜在竞争者就会跃跃欲试。进一步说，在君主统治模型下，君主权力始终存在着一些重要的潜在竞争者，他们可能是皇室内部的诸王子及其叔伯、外戚家族的首领、以宰相为代表的权臣、首都或宫廷禁卫军的首领、重要军团的主帅等。当然，有时底层反叛力量的领袖也是君主权力的潜在竞争者。当一个在位君主不能稳固地控制政治与军事力量时，潜在竞争者就更容易轮番登场。这样，帝国或王国的政治就更容易趋于动荡。

一种“最危险的职业”

君主政治权力的三个基础也决定着君主面对的政治生存结构，而这个政治生存结构又约束着君主的行为模式与策略选择。在这种结构下，君主本身其实就是一个高风险的职业。通俗地说，这就是一个“总有人想害朕”的问题。从历史数据看，君主确实是一个危险系数相当高的职业。在历史学家的笔下，君主的许多行为在常人看来似乎不可理喻，但实际上，这可能不过是因为君主常常面临着较高的政治风险与其他风险。

韩非在2000多年前就对君主的生存环境及其风险有比较深刻的洞察。在《韩非子》中，他时刻提醒君主要警惕来自身边的政治风险，特别是他专门提到八种情形。他这样说：

> 凡人臣之所道成奸者有八术：一曰同床。……二曰在旁。……三曰父兄。……四曰养殃。……五曰民萌。……六曰流行。……七曰威强。……八曰四方。……凡此八者，人臣

之所以道成奸，世主所以壅劫，失其所有也，不可不察焉。[1]

韩非的意图非常明确，他反复提醒君主们要警惕身边所有的人，因为这些人没有一个是靠得住的。他们对君主表示效忠、讨君主欢心，无非是觊觎君主的权力，最终目的都是要通过各种办法来影响和控制君主。在韩非眼中，君主连自己的妻妾和父兄都不能信任，可以想象君主的政治生存环境是何等的凶险。进一步说，尽管韩非认为，君主管理国家必须要依赖大臣们，亦即本书分析框架中的统治精英，但这些大臣们同样是不值得信任的。韩非这样说：

> 万乘之患，大臣太重；千乘之患，左右太信；此人主之所公患也。且人臣有大罪，人主有大失，臣主之利相与异者也。……大臣挟愚污之人，上与之欺主，下与之收利侵渔，朋党比周，相与一口，惑主败法，以乱士民，使国家危削，主上劳辱，此大罪也。[2]

韩非在这里强调了君臣利益的不一致性和“大臣太重”的危害，并认为大臣为了自身的利益极易“欺主”“惑主”，所以才有“上下一日百战”的说法。就君臣关系而言，君主同样处在一种较为险恶的政治生存环境中。一旦君主对局面失去控制，就容易大权旁落，甚至落得身首异处、国家败亡的下场。固然，韩非对人性的基本看法是较为悲观的，他更多看到的是现实政治的黑暗面，但他对君主生存环境的分析至少在一定程度上反映了君主统治模型下的

1 韩非，《韩非子》，2010，第 70—72 页。
2 同上，第 111 页。

实际状况。

罗马帝国皇帝的政治生存环境也是类似的。按照吉本的记述，罗马帝国皇帝康茂德早年遭遇的一次重大政治危机改变了他的君主生涯。康茂德生于公元 161 年，180 年继位成为罗马帝国皇帝，192 年遇刺去世。一般认为，康茂德在继位之初算得上是一位行为得体的君主。但是，公元 182 年的一次政治暗杀事件大大改变了康茂德的性情以及他随后的行为模式。事情大体是这样的：

> 有一天夜晚，皇帝在返回宫廷的途中，经过竞技场漆黑狭窄的廊柱。一个刺客在他通过时，拔剑向他冲去，并且大声叫道："元老院要你的命！"这番威胁的言辞影响到了刺杀的行动，卫士捉住刺客，立刻泄漏出主谋，是出于内廷而不是宫外。鲁琪拉是皇帝的姐姐，也是卢修斯·维鲁斯的遗孀，因不甘于位居次阶，而且嫉妒皇后在内廷的权势，才发动了武装刺客谋杀弟弟的事件。[1]

这一事件是康茂德君主生涯的重要转折点。如果不是因为刺客行动不力、护卫应对得当，康茂德可能已经死于非命。经此事件，康茂德性情大变。由于刺杀事件的主谋是他亲姐姐，可以想见他的内心受到的创伤之大，以及随之而来的对人信任度的降低。考虑到当时复杂的权力斗争，康茂德怀疑此事跟元老院有关。由此，康茂德决定提高对罗马城内所有他不信任的元老、政客与将军们的防备等级，甚至借机对其中一部分人痛下杀手。

这也使得康茂德的用人政策进一步转向任人唯亲，而非任人唯

1　爱德华·吉本，《全译罗马帝国衰亡史》（第 1 卷），2018，第 105 页。

贤。在他看来，信任与否、私人关系以及是否构成对他的政治威胁，成了他用人的首要考虑因素。这样一来，许多才能平庸但跟康茂德私交甚好的人占据了要职。这当然会对罗马帝国的治理带来严重的负面影响。然而，考虑到康茂德遭遇的这次刺杀事件，很难说他的这种策略调整不是一种理性选择。但他的这种执政方式很难赢得元老院与罗马人民的欢迎和支持。这样，此前罗马帝国五贤帝时期的繁荣强盛局面到康茂德这里就终结了。即便康茂德对周围的人处心积虑、防备重重，但最后仍然不免死于他自己的情妇和近卫军长官的设计刺杀。他去世之时，被同时代历史学家卡西乌斯·狄奥视为一位典型的暴君。康茂德的这个案例，部分程度上也为中国思想家韩非的观点提供了佐证。无论是罗马帝国皇帝还是中国历代君主，他们都面临着很高的政治风险。

对普通人来说，由血亲和姻亲构成的亲情关系恐怕是一辈子最重要的人际关系。但是，一旦卷入到跟君主权力有关的斗争中，亲情关系常常就变得无关紧要了。公元626年，是唐朝开国之初的第八个年头，李氏王朝内部就发生了一场兄弟相残的宫廷政变。关于这场政变的真正起因以及李世民与李建成、李元吉兄弟的孰是孰非，历史学家们充满了争议。由于年代久远，证据不足，历史真相或许已无从考证。《资治通鉴》这样记录这场政变：

> 庚申，世民帅长孙无忌等入，伏兵于玄武门。……建成、元吉至临湖殿，觉变，即跋马东归宫府。世民从而呼之，元吉张弓射世民，再三不彀，世民射建成，杀之。尉迟敬德将七十骑继至，左右射元吉坠马。……
>
> 上方泛舟海池，世民使尉迟敬德入宿卫，敬德擐甲持矛，直至上所。上大惊，问曰："今日乱者谁邪？卿来此何为？"

对曰："秦王以太子、齐王作乱，举兵诛之，恐惊动陛下，遣臣宿卫。"上谓裴寂等曰："不图今日乃见此事，当如之何？"萧瑀、陈叔达曰："建成、元吉本不预义谋，又无功于天下，疾秦王功高望重，共为奸谋。今秦王已讨而诛之，秦王功盖宇宙，率土归心，陛下若处以元良，委之国务，无复事矣。"上曰："善！此吾之夙心也。"[1]

关于玄武门之变的这些历史记述显然是偏向于李世民的。这里姑且不讨论细节，上述史料呈现的基本事实是：第一，作为皇子的李世民在玄武门设伏兵杀死了他的两位兄弟——兄长太子李建成和另一位皇子李元吉；第二，玄武门之变促成了唐高宗李渊的提前退位和李世民的继位。总体上，玄武门之变是李氏王朝家族内部因君主权力继承而发生的一场兄弟相残、子代父位的宫廷政变。所以，在君主生杀予夺的巨大权力诱惑面前，兄弟父子间的血脉亲情也只能退居次要位置了。

另一个案例是中国明朝初年的靖难之役。该事件的背景是，明朝开国之后，明太祖朱元璋册立的太子过早去世，所以他就直接把帝位传给了皇太孙朱允炆，即后来的建文帝。明初的政治军事格局是，朱元璋的部分皇子——包括年长的朱棣——曾跟父亲一起参与元末明初的战争，驻守各地，不仅较建文帝资历为深，而且在政治与军事上均受过相当的历练。这种政治军事格局导致了两个互相强化的结果：一方面，不能排除建文帝的叔辈之中有人野心勃勃，觊觎帝位；另一方面，建文帝确实担心叔辈之中有人拥兵自重，最终

1　司马光编纂，《资治通鉴》（第三册 · 卷一九一 · 唐纪七），岳麓书社，1990，第 497 页。

形成尾大不掉的局面，所以考虑采取削藩的做法。这从根本上说是一种皇室成员之间的互不信任结构。

关于靖难之役的具体起因与关键细节，非常复杂，到底是朱棣主动谋反，还是朱棣面对建文帝的削藩威胁被动谋反，似乎也有争议。但结果是，朱棣跟建文帝这对叔侄的内战爆发了。这是一场持续近三年的内战（1399 年 8 月 6 日—1402 年 7 月 13 日），核心就是朱棣和建文帝对于明朝帝位的争夺。结果是，朱棣带领他的嫡系部队一路从北京打到南京，最终占领南京，建文帝则不知所终。这样，朱棣就通过赢得一场叔侄内战的方式取得帝位，史称明成祖。[1]

发生在中国古代的玄武门之变与靖难之役，都是皇室家族内部成员争夺君主权力的案例。在这类政治搏杀中，亲情因素基本可以忽略不计。在君主权力的巨大诱惑面前，本来温情脉脉的皇室家庭成员关系变成了互不信任的政治对手关系。如果用本书关于君主权力基础的分析框架来解读上述两个案例，就会发现：从合法性来看，这两个案例中的政治失败者都拥有更高的合法性，李建成是合法的皇储，建文帝是合法继位的皇帝。当时的整个国家甚至也没有遭受有效统治的危机。两者的关键在于，李世民与朱棣都掌握了更为强大的政治实力，他们能有效控制当时更具优势的政治与军事力量。这两则案例，对于李世民和朱棣来说，固然可能就是顺理成章的成王败寇故事。但对于李建成这位储君和建文帝这位在位君主来说，他们面对的就是君主所能面对的一种最为凶险的政治局面。一旦无力克服此种政治危机，他们就会帝位不保，甚至身首异处。

史书还记载了发生在匈奴历史上一个著名的父子相残案例——“鸣镝弑父”。根据《史记》的记载，匈奴人较为知名的首领冒顿单

1 南炳文、汤纲，《明史》（上册），上海人民出版社出版，2003，第 123—131 页。

于的父亲是头曼单于，而头曼单于起初并不善待冒顿，冒顿对此充满怨恨，决定伺机报复。司马迁在《史记 · 匈奴列传》中这样记载这一事件：

> 冒顿乃作为鸣镝，习勒其骑射。令曰："鸣镝所射而不悉射者，斩之。"行猎鸟兽，有不射鸣镝所射者辄斩之。已而，冒顿以鸣镝自射其善马，左右或不敢射者，冒顿立斩不射善马者。居顷之，复以鸣镝自射其爱妻，左右或颇恐，不敢射，冒顿又复斩之。居顷之，冒顿出猎，以鸣镝射单于善马，左右皆射之。于是，冒顿知其左右皆可用。从其父单于头曼猎，以鸣镝射头曼，其左右亦皆随鸣镝而射杀单于头曼，遂尽诛其后母与弟及大臣不听从者。冒顿自立为单于。[1]

凡是初次读到这则故事的读者，无不感叹于冒顿单于高超但残酷的练兵方式，同时一定会为冒顿对待自己爱妻、父亲的残忍做法感到不安。或许一方面是出于自保，另一方面是出于君主权力的诱惑，冒顿单于以极其残忍的手段来对付自己的父亲。反过来说，在鸣镝弑父中，头曼单于就成了一个无力自保的统治者。站在头曼单于的视角来分析鸣镝弑父，他的明显失误是低估了来自自己身边的重大风险。从后世的政治经验来看，像头曼单于这样的君主只要在所有王子、重要大臣和重要将军身边安置一批可靠的情报与安全人员，并适时采取合适的处置手段，就有机会把可能的风险消灭在萌芽状态。这则案例同样可以说明，像头曼单于这样的君主，面对的是何等凶险的政治生存环境。

1　司马迁，《史记（第四册）· 卷一百十 · 匈奴列传》（中华国学文库），2011，第 2517 页。

按照香港大学金融学教授、国内量化史学重要推动者陈志武教授所带领的团队的研究，从西汉到晚清的总共 330 多位皇帝中，大约有 35% 的皇帝是非正常死亡的。据此估算，中国历代皇帝跟普通人相比，其非正常死亡率大概要高出 1000 倍左右。[1]

中国人民大学张宏杰教授的研究认为：

> 中国历代王朝，包括江山一统的大王朝和偏安一隅的小王朝，一共有帝王六百一十一人，其中，正常死亡的，也就是死于疾病或者衰老的三百三十九人；不得善终的，也就是非正常死亡的二百七十二人。非正常死亡率为百分之四十四，远高于其他社会群体。[2]

哈佛大学王裕华教授统计了从公元前 221 年到公元 1911 年 282 位中国皇帝失去职位的方式数据，结果见表 5.1。该表显示，在 282 位皇帝中，最正常的失去君主职位的方式是自然死亡，数量为 152 位，比例为 53.90%，略高于五成；最不正常的失去君主职位的方式是由于精英与家庭原因而被谋杀、废黜、胁迫退位等，数量为 82 位，比例为 29.07%，接近三成。综合来看，根据这项研究，中国古代皇帝的非正常死亡率略高于四成。

这里再以西汉、南朝诸国、唐朝、宋朝为例来讨论皇帝面临的非正常死亡的风险。西汉共 15 位皇帝，从刘邦到刘婴，其中 4 位皇帝死于非命，包括前少帝刘恭、后少帝刘弘、平帝刘衎以及尚未正式登基的末代皇帝刘婴。因此，西汉皇帝的非正常死亡率为

1 陈志武、林展，《真命天子易丧命？中国历代皇帝非正常死亡的量化分析与东西方比较》，耶鲁大学工作论文，2016。

2 张宏杰，《中国皇帝的五种命运》，山西人民出版社，2007，第 189 页。

表 5.1 中国皇帝失去君主职位的方式（前 221—公元 1911）

原因	具体方式	数量	比例
健康	自然死亡	152	53.90%
精英	因精英原因被谋杀、被废黜、被迫退位及被迫自杀	76	26.95%
内战	因内战被废黜、死于内战、内战中自杀、被迫退位	32	11.34%
外部战争	因外部战争被迫自杀、被迫退位	7	2.48%
家庭	被儿子与妻妾谋杀	6	2.12%
其他	灵药中毒、自愿退位、意外死亡	9	3.19%
合计		282	100%

（资料来源：Yuhua Wang, *The Rise and Fall of Imperial China: The Social Origins of State Development*, Princeton: Princeton University Press, 2022, p. 226, Table A.3. 作者对原始表格做了简化处理。）

26.7%，略低于中国历代皇帝的平均水平。南朝仅统计宋、齐、梁、陈四国，共有君主 32 位，其中在君主职位上正常病逝的君主仅 10 位，22 位君主被杀、被囚禁或被废黜，其死亡方式均可算作非正常死亡，比例高达 68.8%。考虑到南朝是中国历史上的大分裂时期，国家政局不稳，王朝本身寿命比较短，君主非正常死亡率高就不难理解。唐朝包括武则天在内的 21 位皇帝中，非正常死亡的君主有 6 位，包括中宗李显、敬宗李湛、武宗李炎、宣宗李忱、昭宗李晔、哀帝李柷。唐朝君主的非正常死亡率为 28.6%。在宋朝的 16 位皇帝中，除了宋太祖所谓“烛影斧声”的悬案之外，并无皇帝由于宫廷阴谋或政变而出现非正常死亡。跟其他主要王朝相比，宋朝恐怕算得上是一个特例。许多历史学家认为，宋朝是一个“积贫积弱”的王朝，甚至钱穆认为宋朝是一个“最贫最弱”的王朝。主要原因恐怕是宋朝不仅没有开疆拓土，而且不断遭遇战争的失败和丢失自己的领土。[1] 但从皇帝的非正常死亡率来看，宋朝的政治制度文明至少

1 钱穆，《中国历代政治得失》，2022，第 81 页。

在某些方面是可圈可点的，甚至要比其他主要王朝更为优越。

考虑到中国历朝的差异，从概率思维来说，一位中国古代的皇帝将自己的非正常死亡率锁定在 25%~35% 的区间，或者从四分之一到三分之一的区间，大体上是合理的。如果一个皇帝懂一点概率思维，他应该不会对自己三分之一左右的意外死亡率感到意外。所以，皇帝是一个非常高危的职业。有的皇帝常常产生“总有人想害朕”的直觉，并不是很离谱。在这种高风险的格局中，皇帝的行为模式与策略选择有时异于常人，其实是完全可以理解的。当面对可能的政敌时，不少皇帝都主动选择采取迅捷的雷霆霹雳手段，恐怕也跟皇帝高风险的政治生存压力有关。

跟中国历代王朝相比，罗马帝国君主的非正常死亡率甚至更高。西方学界很早就把罗马皇帝称为“最危险的职业”。此前许多历史学家早有统计，从比例上看，“在统一时期罗马帝国的 69 位统治者中，即从奥古斯都去世（公元 14 年）到狄奥多西一世去世（公元 395 年），共有 62% 的人遭遇暴力死亡”，参见图 5.2。从数量上看，在 69 位罗马帝国皇帝中，正常死亡的仅 26 位，而非正常死亡的高达 43 位。在 43 位非正常死亡的罗马皇帝中，遭遇刺杀或暗杀的就高达 34 位。一项最新研究还揭示了罗马皇帝可能遭遇暴力死亡的时间概率分布：统治者出任罗马帝国皇帝的第一年，遭遇暴力死亡的风险很高；在就任皇帝第 12 年以后，随着时间的推移，统治者遭遇暴力死亡的可能性逐步增加。[1] 因此，另一个常见的比喻是，“罗马皇帝的生存概率大致相当于用一把左轮手枪玩俄罗斯轮盘赌，但操盘者不是在六个弹腔里放一枚子弹，而是放四枚子

1 Joseph Homer Saleh, “Statistical Reliability Analysis for a Most Dangerous Occupation: Roman Emperor,” *Palgrave Communications*, Vol.5, No.1 (Dec., 2019), pp.1-7.

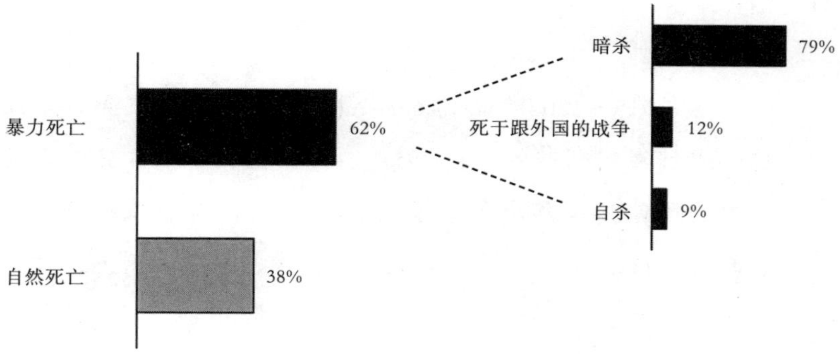

图 5.2　统一时期罗马帝国皇帝的死因分布

[资料来源：Joseph Homer Saleh, "Statistical Reliability Analysis for a Most Dangerous Occupation: Roman Emperor," *Palgrave Communications*,Vol.5, No.1 (Dec. 2019), pp.1-7, figure 1.]

弹，旋转弹腔，然后用枪口对准脑袋并扣动扳机"。[1]

罗马帝国历史上曾经有过一个被称为"三世纪危机"的时期，指的是罗马帝国在 235 年（皇帝亚历山大 · 塞维鲁被杀）至 284 年（皇帝戴克里先即位）之间遭遇的三项同时发生的危机，包括外敌入侵、内部战争与经济崩溃。在此期间，罗马帝国走马灯似地更换皇帝，总共换了 20 多位皇帝。其中最多一年，即公元 238 年，罗马帝国先后出现了 6 位皇帝。该时期，绝大部分皇帝鲜有善终，不是战死，就是死于各种非正常途径，病逝或正常死亡者仅占较低比例。[2]

关于拜占庭（东罗马）帝国，芬纳在《统治史》中有这样的统

1　这个比喻较常见，参见：Peter Preskar, "The Roman Emperor — The Most Dangerous Occupation in Ancient Rome," May 22, 2021, https://historyofyesterday.com/roman-emperor-9c4f67f5d36e.

2　关于罗马帝国的三世纪危机，参见：爱德华 · 吉本，《全译罗马帝国衰亡史》（第 1 卷），2018，第 199—332 页；爱德华 · 吉本，《全译罗马帝国衰亡史》（第 2 卷），席代岳译，浙江大学出版社，2018，第 1—82 页。

计与估算：

> 公元518—1204年间的65位拜占庭帝王，其中至少有28位是通过篡权登基的。在395—1453年间的107位拜占庭皇帝中，只有34位终老于病榻之上，9位死于事故或战争，余者要么是被迫退位，要么就是被以投毒、缢杀、刺死、砍死等方式死于非命。[1]

据此计算，拜占庭帝国皇帝的非正常死亡率高达59.8%，也要大大高于中国古代皇帝的非正常死亡率。

奥斯曼帝国则是另一个可以比较的帝国案例。在公元1299—1922年奥斯曼帝国的36位苏丹中，有14位君主被废黜、暗杀、刺杀、囚禁至死等，不包括战死沙场或死于敌国，被废黜加非正常死亡率比例为38.9%。考虑到奥斯曼帝国的苏丹呈现前强后弱的趋势，如果只考虑后24位苏丹，那么其非正常死亡的比例就高达58.3%。[2]

上述关于中国历代王朝、罗马帝国、拜占庭帝国和奥斯曼帝国的研究都发现，前现代帝国或王国的君主们普遍面临着比较高的政治生存风险。对许多君主来说，他们的整个职业生涯就是一场关于生存还是毁灭的殊死搏斗。所以，正如上文提到的，表面上看，君主本身是君主统治模型的最大受益者，他们的权力至高无上，资源享用不尽，但实际上，在君主统治模型下，君主本身就是一种高风险的职业。君主时刻都面临着生存还是毁灭的政治选择，而这一切又源于君主统治模型在权力结构上的基本特征。

1　塞缪尔·E. 芬纳，《统治史（卷二）：中世纪的帝国统治和代议制的兴起——从拜占庭到威尼斯》，王震译，华东师范大学出版社，2014，第28页。

2　帕特里克·贝尔福，《奥斯曼帝国六百年：土耳其帝国的兴衰》，2018。

君主继承难题

由君主继承引发的政治危机，也是君主统治模型带来的结构性难题。君主继承问题的出现，也跟君主统治模型在权力结构上的基本特征有关。君主继承，常常是君主制的非常政治时刻。上文讲到，君主制最大的软肋是君主的肉身。正是由于君主是一个普通的肉身，使得任何君主制都面临着新旧君主交替的问题。新旧君主权力的交替时刻，通常是旧的君主正常去世或意外死亡，而后由新的君主继位并开始掌控政治权力。从历史经验来看，君主统治模型在君主继承的问题上容易遭遇不稳定性，甚至容易遭遇政治危机。除了少数例外——比如早期国家或游牧政权的兄终弟及继承制、罗马帝国早期的养子继承制等，绝大部分前现代帝国或王国实行的都是父死子继的君主继承规则——即便这些帝国或王国在君主继承的具体做法上差异很大。

在君主继承的政治时刻，构成君主政治权力基础的三个问题——合法性、有效性和实力——就会愈发凸显出来。君主继承与新君继位，既涉及合法性问题，即新君主有没有足够高的合法性；还涉及有效性问题，即新君主能否维系基本有效的统治；又涉及实力问题，即新君主能否在实际上掌控关键的政治与军事力量。关乎整个君主继承游戏的政治行为者很多，但最重要的是两类行为者。第一类行为者是君主的继承人或潜在继承人，就是那些在某个君主制王朝拥有继承权或潜在继承权的人。一般来说，他们是皇族成员，特别是现任君主的王子们（有些王朝也包括女性继承人）——这是拥有君主继承权的核心层。当君主的直系男性后代中难以产生有效的继承人时，皇室一般会根据“差序格局”原则在更大范围内挑选君主的继承人，可能包括现任、前任君主的兄弟与子侄等。

第二类行为者是君主继承人或潜在继承人的政治联盟者，包括主要大臣、主要将军、首都禁卫军军官、君主的妻妾及其家族、宫廷内官等。按理说，所有这些行为者都应该遵从君主继承规则，恪守相关的制度安排，服从任何经由合法程序产生的新任君主。但实际上，由于亲疏远近关系的不同，谁来继承君主职位，对所有这些人来说都是一个巨大的赌注。他们都倾向于支持一位对自己较为有利的君主继承人或潜在继承人，为了这位潜在继承人能够继承帝位，一些大臣、将军、宫廷内官可能会进行复杂的政治运作，甚至不惜铤而走险。

因此，新旧君主交替，能否实现平稳的制度化的权力交接，往往是一个考验君主制的时刻。从历史经验来看，君主继承既可能是一个和平顺畅的时刻，又可能会引发严重的政治危机，甚至会引发内乱与内战。[1]

奥斯曼帝国是一个拥有 600 多年历史的大型帝国，其君主继承制度曾经历许多重要的变迁。这里恰恰可以通过考察奥斯曼帝国的君主继承制度，来分析君主统治模型下君主继承的难题。奥斯曼帝国始创于 1299 年，定都君士坦丁堡（即伊斯坦布尔），是人类历史上横跨欧亚大陆的重要帝国，至 1922 年左右最终瓦解。尽管奥斯曼帝国寿祚绵长，但该帝国一直无法处理好君主——苏丹（Sultan）——的继承问题。从建国到瓦解，该国在苏丹继承问题上经历了一系列重要的变革。这就为理解君主继承政治的一般逻辑提供了一个有用的案例。

1　关于中国和欧洲君主继承制度的研究，参见：张星久，《中国君主专制政体下的皇位嫡长子继承制新论》，《武汉大学学报（哲学社会科学版）》，1998 年第 5 期，第 22—28 页；郭华榕，《君主权力的继承与获取——欧洲政治历史的一种要害》，《云南民族大学学报（哲学社会科学版）》，2016 年第 2 期，第 110—121 页。

总的来说，奥斯曼帝国苏丹继承制度的变迁经历了三个主要阶段。第一阶段是继承人的自由竞争制度。具体操作办法是，老苏丹的王子们年轻时会被派到帝国的各个地方出任地方总督与军团首领，获得较为充分的带兵打仗和治理地方的政治经验。经过这样的训练，王子们的政治军事能力与经验会获得很大的提升。这就使得他们日后更有可能成为优秀的统治者。当老苏丹去世后，最有实力的几个王子会竞争苏丹职位，这种竞争常常会演变为王位争夺战。这场内战既是王子们军事实力与能力的较量，考验的是谁更善于带兵打仗和军事征伐，又是他们政治技艺的较量，考验的是谁更善于建立政治联盟或能否首先控制首都等。当然，决定这场苏丹职位争夺战胜负的还有许多偶然因素，比如，不同王子驻地离首都的远近以及苏丹继位时刻主要王子是否在远方征战等。芬纳认为："王子中谁能够先到达都城，掌握国库，赢得禁卫军和乌勒玛的支持，谁就可以成为苏丹。"[1]总的来说，最后胜出的王子在较大概率上是军事能力与政治技艺较高超的统治者。

总体上，这种王子竞争制是一种优势和缺陷都十分突出的苏丹继承制度。一方面，经由军事与政治竞争产生的君主普遍接受过较好的政治军事训练，具有较强的实力与能力，政治领导力较为卓越。如果这个君主碰巧还比较长寿，在其任内奥斯曼帝国就有机会维持较长时间有效而稳定的统治。另一方面，这种苏丹继承制度会让整个帝国付出巨大的代价，其最大问题就是容易导致周期性的内乱与内战，由此产生大规模的政治暴力和生灵涂炭。甚至有时当一个老苏丹行将就木之际，整个帝国就预期着即将出现一场内乱，因

1　塞缪尔 · E. 芬纳，《统治史（卷三）：早期现代政府和西方的突破——从民族国家到工业革命》，马百亮译，华东师范大学出版社，2014，第 117 页。

为只有内乱和内战才能决定苏丹职位的归属问题。显而易见，以这种方式产生新苏丹，代价实在过于沉重。

但凡拥有起码政治理性的头脑看到奥斯曼帝国通过周期性的内乱与内战解决苏丹继承问题，一定会对这种模式产生疑问。于是，奥斯曼帝国苏丹继承制度就演化到了第二阶段。从 14 世纪末期开始，奥斯曼帝国皇室开始兴起一种很血腥的“杀害兄弟”（Fratricide）惯例或习惯法，即允许苏丹登基后处死除自己儿子外所有的男性亲属，以此巩固君主权力。其正式首创者为 1389 年到 1402 年在位的第四任苏丹巴耶济德一世。第七任苏丹穆罕默德二世于 1444 年甚至通过正式立法确认了这种惯例：“我的任何一个儿子，由真主选为苏丹，他为了更好的世界秩序而杀死他的兄弟们，都是恰当的。”到了第九任苏丹赛利姆一世时期，他对 20 多位王子的素质进行考察，选定后来的苏莱曼一世作为继承人之后，竟然下令处死其他所有王子。此后，该法一直延续到第十四任苏丹艾哈迈德一世于 1603 年即位时才告终止。[1]

“杀害兄弟”习惯法的核心条款是，一旦苏丹或王储人选确定，君主就可以合法地处死自己的兄弟或王储以外的其他王子。这大概堪称人类历史上最残忍的法律之一。当然，从奥斯曼帝国的政治史来看，这一立法并非全无道理，其理性就在于，奥斯曼帝国的在位君主希望用这种方式来彻底解决由于王子竞争苏丹职位而引发危机与内乱的问题。实际上，立法者穆罕默德二世明确认为，这种残忍的法律或不得已的做法，乃是“为了更好的世界秩序”。这里的世界秩序，是指整个奥斯曼帝国的秩序、稳定与安宁。

1　塞缪尔·E. 芬纳，《统治史（卷三）：早期现代政府和西方的突破——从民族国家到工业革命》，马百亮译，华东师范大学出版社，2014，第 116—125 页。

奥斯曼帝国的此种做法当然也引发了严重的问题。首先，它是一种极不人道的制度安排。一旦苏丹继位或王储册封，苏丹或王储的兄弟们就要被处以极刑。这意味着所有出生在奥斯曼帝国王室的男子，未来只有继承帝位和被杀两种可能，而被杀的可能性大概要超过 80%。其次，它还给奥斯曼帝国的王室带来了另一个问题，那就是王储确立、王子们被杀之后，一旦王储的健康状况出现危机，王室会遇到有效继承人不足的严重问题。实际上，艾哈迈德一世于 1603 年即位时废止“杀害兄弟”习惯法，一个重要原因就是他还很年轻，没有子嗣。他担心，一旦自己处死弟弟穆斯塔法，有可能引发王室继承人的重大危机。所以，他才决定把穆斯塔法囚禁起来。[1]

这样，奥斯曼帝国苏丹继承制度就演化到了第三阶段，即囚禁潜在继承人制度。这种制度起源于艾哈迈德一世在位后对其弟弟、后来的穆斯塔法一世的囚禁。此后，这种制度成了新的惯例。这种制度的基本做法是，苏丹不再处死王储以外的其他继承人，而是把苏丹王族中的潜在继承人都囚禁在一个专门的宫殿里，确保无人可以造反。所有王子及其妻妾子女在这个宫殿里拥有少许的行动自由，但他们都不能走出这个宫殿。而某些排序较高的潜在继承人期待着有朝一日能继承帝位。直到此时，他才能走出宫殿，获得自由，成为新的苏丹。否则，他和他的家人就一直会被囚禁下去。当然，这其中还有许多复杂的制度安排，这里不再讨论。

毫无疑问，这种囚禁潜在继承人的制度，跟“杀害兄弟”习惯法相比，是一种更为人道的选择，而且还避免了继承人不足的危

1　关于苏丹继承制度的变迁，参见：帕特里克 · 贝尔福，《奥斯曼帝国六百年：土耳其帝国的兴衰》，2018。

机。但是，这种苏丹继承制度导致了另一个严重问题，那就是经由这种途径产生和选择的苏丹往往比较弱，往往不具有较强的政治与军事能力。原因不难理解，所有的潜在继承人从小就生活在一个宫殿囚牢之中，既没有接触实际社会的生活经验，又缺少政治与军事方面的必要训练。实际上，正是因为这种苏丹继承制度，导致了奥斯曼帝国后期普遍出现了弱势君主的现象。这对奥斯曼帝国保持繁荣与强盛，当然不是一件好事。

总之，奥斯曼帝国苏丹继承制度前后经历了几百年的变迁，中间经历过三个主要阶段和三种主要模式，充分折射出君主统治模型在君主继承问题上遭遇的困境与难题。即便几经改革，最终来说，奥斯曼帝国还是很难找到一种较为优良的政治解决方案。每一种选择苏丹的继承制度都有一定的优势，但亦有它所对应的严重问题，并且都有可能引发君主继承危机。这里把奥斯曼帝国的三种苏丹继承制度，总结为表 5.2。奥斯曼帝国的案例也佐证了君主统治模型之下常常存在着君主继承问题的持续性危机。[1]

表 5.2　奥斯曼帝国的苏丹继承制度及其利弊

苏丹继承制度类型	制度优势	制度缺陷
继承人自由竞争制度	强君主	周期性内乱
“杀害兄弟”习惯法	消除周期性内乱	非人道，可能的继承危机
囚禁潜在继承人制度	避免杀害潜在继承人	弱君主

对中国历代王朝来说，君主继承制度的主要争议发生在立嫡立长还是立贤立能之间。嫡长子制的优势在于，继承规则明确，以立

1　帕特里克 · 贝尔福，《奥斯曼帝国六百年：土耳其帝国的兴衰》，2018。

嫡立长的差序格局决定君主继承人选，强调次序的合法性，而缺点则是，以立嫡立长规则产生的皇子，未必是最能胜任或较能胜任君主职位的继承人。一旦能力平庸甚至较为愚钝的嫡长子继承帝位，不仅会造就一位弱势君主，而且可能会给国家治理带来重大危机。立贤立能的优势在于，王朝或皇室有机会在诸王子中选择最能胜任君主职位的皇子，进而保证新君主的统治能力和政局稳定，而风险则在于，这种制度更有可能鼓励皇室内部的权力竞争。当诸主要皇子跟大臣、将军、外戚、宫廷内官组成政治联盟，彼此进行权力角逐时，就有可能引发严重的政治危机，甚至是内乱。当君主比较弱势，朝廷派系林立，大臣将军各为其主时，对皇储或君主职位的争夺往往是政治乱局的重要源头。

因君主继承问题而导致内乱的案例，在中国历代王朝中不胜枚举。被记录在《左传》《史记》中的春秋时期的晋国骊姬之乱就起源于君主继承问题。当时晋国的君主是晋献公，“（献公）五年（公元前 672 年），伐骊戎，得骊姬……爱幸之”。这是说，晋献公得到骊姬之后，骊姬很快就成了晋献公最宠幸的妃子。等到献公十二年（公元前 665 年）“骊姬生奚齐”之后，献公爱屋及乌，就“有意废太子”，即晋献公的嫡长子申生。到了献公二十一年（公元前 656 年），骊姬设计陷害太子，迫使太子自杀。《史记》这样记载：

> 骊姬谓太子曰：“君梦见齐姜，太子速祭曲沃，归釐于君。”太子于是祭其母齐姜于曲沃，上其荐胙於献公。献公时出猎，置胙于宫中。骊姬使人置毒药胙中。居二日，献公从猎来还，宰人上胙献公，献公欲飨之。骊姬从旁止之，曰：“胙所从来远，宜试之。”祭地，地坟；与犬，犬死；与小臣，小臣死。骊姬泣曰：“太子何忍也！其父而欲弑代之，况他

人乎？且君老矣，旦暮之人，曾不能待而欲弑之！”谓献公曰：“太子所以然者，不过以妾及奚齐之故。妾愿子母辟之他国，若早自杀，毋徒使母子为太子所鱼肉也。始君欲废之，妾犹恨之；至于今，妾殊自失于此。”太子闻之，奔新城。……十二月戊申，申生自杀于新城。[1]

除掉太子申生之后，骊姬又向晋献公进献谗言，诬陷重耳和夷吾两公子，迫使他们逃亡狄和梁。到了献公二十六年（公元前651年），晋献公身患重病，恐时日无多，就向重臣荀息委托后事，欲立奚齐，但结果却是引发了晋国政局的内乱。《史记》这样记载：

（二十六年夏）献公亦病，复还归。病甚，乃谓荀息曰：“吾以奚齐为后，年少，诸大臣不服，恐乱起，子能立之乎？”荀息曰：“能。”献公曰：“何以为验？”对曰：“使死者复生，生者不惭，为之验。”于是遂属奚齐于荀息。荀息为相，主国政。秋九月，献公卒。里克、邳郑欲内重耳，以三公子之徒作乱，谓荀息曰：“三怨将起，秦、晋辅之，子将何如？”荀息曰：“吾不可负先君言。”十月，里克杀奚齐于丧次，献公未葬也。荀息将死之，或曰不如立奚齐弟悼子而傅之，荀息立悼子而葬献公。十一月，里克弑悼子于朝，荀息死之。[2]

这样，晋国顿时就处于国家无主的混乱状态中，晋国也由此终

1 司马迁，《史记（第三册）· 卷三十九 · 晋世家》（中华国学文库），2011，第1493页。
2 同上，第1495—1496页。

结了晋献公时期相对良好的政治局面。从君主继承制来解读，骊姬之乱是一个典型的嫡长子继承制遭到挑战、王权在不同王子之间发生剧烈竞争而导致国家危亡的案例。如果君主制王朝不能处理好君主继承问题，就有可能动摇“国本”，使国家陷入危机。

另一个相反的案例来自西晋。这是一个坚持嫡长子继承制而导致君主素质低下，并最终危及国家统治的故事。西晋开国君主武帝司马炎是一位雄主，但他却在确立储君这件事情上遇到了困难。他的嫡长子司马轨早年夭折，而按嫡长子制的次序，晋武帝应该立次子司马衷为储君。但问题是，司马衷才能不及中人，甚至被评价为“甚愚”。如果不立司马衷，晋武帝又担心开创了坏的先例，故而迟疑不决。《晋书》记载，武帝担忧司马衷的才能与智力，对他进行多次测试，司马衷靠着太子妃和谋臣的协助侥幸过关，最终被立为皇储。继位后，晋惠帝司马衷实际无力处理朝政，朝纲不振，引发皇族内部对于君主权力的激烈争夺，终于引发了后来的“八王之乱”。从晋王朝的命运来说，司马衷一任是西晋由盛转衰的转折点。[1]

中国的王朝政治也为理解君主统治模型的君主继承难题提供了启示。无论是立嫡立长还是立贤立能，都是各有利弊。但无论是哪种君主继承制，都难以从根本上克服君主统治模型下君主继承的可能危机。这种难题乃是由君主统治模型的基本特征决定的，也是由君主政治权力的实际基础决定的。

在君主统治模型下，君主权力实际上建立在合法性、有效性与实力三个基础之上，而实力又是三个基础中最重要的因素。这些特质结合起来，使得君主统治模型之下的君主既可能时刻面临着政治生存的危机，又很难避免君主继承的难题。只要是君主统治模型，

1　王仲荦，《魏晋南北朝史》，上海人民出版社，2003，第 193—204 页。

君主自身的生存危机与君主继承的难题总是相伴相生的。表面上，君主及其家族是君主制的最大受益者，但实际上，君主及其家族常常处在高风险的境地——这种高风险绝不是现代社会投资盈亏的风险，而是动辄就身首异处、家族败亡、国家不稳、天下大乱。因此，即便对君主来说，其政治权力固然是不受约束的，但君主统治模型的基本特征与君主政治权力的三个基础也是君主终生无法摆脱的结构性约束条件。

控制武力的困境

在君主统治模型下，除了需要克服君主自身的政治生存危机与政治继承难题，君主还需要处理好两个非常棘手的问题：有效控制武力系统，即有效控制军队；以及有效控制官僚系统。只有做好这两件事情，君主才能坐稳他的位子，君主统治模型才能稳定。武力系统的重要性是毋庸置疑的。正如本书开篇讨论的，国家构建的三个关键硬件就是武力系统、税收系统与官僚系统。统治者只有实现了全国范围内的暴力垄断，才能完成基本的国家构建过程。这在上文论述战争与国家互相塑造的逻辑时已经阐述过。《孙子兵法》开篇就说："兵者，国之大事，死生之地，存亡之道，不可不察也。"孙子强调的，是武力与战争对于国家或君主的极端重要性。

控制武力的原则

对于武力系统，从逻辑上说，君主有两个基本目标：一是拥有一支有强大战斗力的军队；二是拥有一支服从君主控制的军队。用最通俗的话来说，就是君主希望军队既能打胜仗，又能服从指挥。如果放到一个现代国家的政治体系中，一个优良的武力系统，既要有足够强大的战斗力，又要服从文官政府的控制。这也是当代比较政治学在军政关系上反复强调的原则。[1]

然而，对君主来说，非常棘手的问题是，军队恰恰是君主制条件下最具反叛潜能的组织，手握重兵的将军恰恰是君主眼中最有反叛潜能的潜在对手。在许多不同的帝国与王国，手握重兵、善于征战的将军，很容易从君主眼中的朝廷心腹，变成君主和朝廷的心腹大患。所以，君主统治模型在武力问题上的基本困境是，如果统治者无力控制军队，就会反过来被军队所控制。

上文已经讨论过，从君主政治权力基础的三要素——合法性、有效性和实力——来看，实力往往是最重要的。君主的实力主要表现在对政治与军事力量的实际控制。特别是，当重大的危机关头来临时，一个君主最重要的实力往往就是能够控制关键的军事力量。唯其如此，他才能控制政治权力，维系自己的政治生存，保持国家政局的稳定；反之，他就无力维系自己的政治生存。可见，控制武力系统或军队其实是君主实力的决定性因素，也是君主政治权力的主要基石。

当然，不同君主控制武力系统的能力是完全不同的。根据文武关系的不同，君主大体上可以被分为两种类型：武将型君主与文官型君主。前者是武功君主，后者是文治君主。通常，武功君主对军队的有效控制能力会更强。一个原因是，武功君主往往有着丰富的带兵打仗和军事征伐经历，他在此过程中往往会跟重要将领建立起

1　塞缪尔 · 亨廷顿，《军人与国家：军政关系的理论与政治》，李晟译，中国政法大学出版社，2017。

深厚的私人关系，甚至很多重要将领就直接得益于君主的提拔与培养。另一个原因是，这样的君主本身往往就是军事竞争的胜出者，具有极强的指挥作战能力。即便有重要将领有反叛意愿，往往也会慑于武功君主过往的战绩与声望而不敢轻举妄动。比如，东方的李世民、成吉思汗、朱元璋等，中东地区的大流士一世、亚历山大大帝、奥斯曼一世等，是典型的武功君主，他们生前一般都牢牢地控制着整个帝国或王国的武力系统。

跟武功君主相比，文治君主往往更担心军队造反，或者失去对军队的控制。一般而言，文治君主的权力得自继承，而不是武力征伐。文治君主一般不是打天下的君主，而是坐天下的君主。文治君主通常既没有跟重要将领之间深厚的私人关系，又对亲自带兵打仗和军事征伐缺少经验、能力与信心。当文治君主面对手握重兵的主要将领时，他们往往会更担心将军们的政治忠诚。特别是，当一个文治君主的权力基础比较脆弱时，比如君主的合法性不高、有效性成问题或控制政治与军事力量的实际能力较弱时，不排除重要将领们的反叛可能性就会提高。一旦真的出现武将反叛的情形，文治君主处置这种政治军事危机的能力往往相较武功君主为低。考虑到君主的家族继承制，多数由家族继承而来的君主通常都是文治君主，而非武功君主。所以，在这种情形下，多数君主都面临着有效控制或领导军队的现实挑战。

即便抛开各种具体条件，在君主统治模型下，君主如何有效控制武力系统实际上是一个永恒的难题。在现代民主共和制下，军队的文官控制也是一个重要的理论问题，但两者的基本逻辑存有较大的差异。跟前现代的君主制相比，现代民主共和制已经从根本上重构了军政关系。民选文官政府对于军队的政治控制来自基于宪法的选举合法性与人民授权。

从前现代帝国与王国的历史经验来看，君主在控制武力系统的做法与创新上虽然五花八门，但大体上都没有偏离三个主要的政治原则。

第一个原则是君主对武力系统的领导权做分拆。对许多帝国和王国来说，君主控制军队的一个常见做法，就是对武力系统的控制权、指挥权、领导权做分拆，把领导军队的权力分拆到几个不同部门，这些权力就由不同的将领或文职部门分掌。这样，就能避免出现一个主要将领完全控制整个军队或一大支主要军队的情形。

第二个原则是在武力系统的制度规则上搞牵制。分拆是指控制武力系统的权力属于不同的部门或不同的将领，牵制是指在实际领导军队或指挥作战的过程中，不同部门或将领的权力是互相制衡的。比如，日常练兵、调兵遣将、指挥作战、后勤供给等权力，不仅由不同部门或将领分掌，而且在制度设计上使之互相制衡。这里的具体做法，不同的帝国与王国差异很大，下文还会做进一步讨论。当然，无论在军事权力上搞分拆还是搞牵制，都有可能会损害将军们的领导力和军队的战斗力。这是武力系统搞权力分拆与牵制难以避免的负面效应。

第三个原则是在观念体系上强调军队将士对君主的忠诚，即塑造一种军队和将士应该忠于君主、忠于帝国或王国的意识形态和组织文化。历史地看，绝大部分帝国与王国都会进行这种意识形态的宣传和灌输，目的就是要在观念上使将士们驯服，使重要将领即便在拥有较高的反叛潜能时，也不至于做出“犯上作乱”的事情。由此，成功的意识形态塑造会让将领们的忠君行为变成政治上天然正确的事情。这样做也有可能会降低武将们进行反叛的概率。

控制武力的制度发明

基于上述原则，前现代的帝国或王国在控制军队问题上有了一系列的制度发明。这些制度发明的初衷，就是要让统治者更有效地控制军队。但这些制度发明很多时候都是双刃剑。它们在提高君主对军队有效控制的同时，可能也会削弱军队的战斗力，由此造成君主在控制武力问题上的两难。以中国宋朝为例，宋朝面临的难题是，在武力系统的制度设计上，究竟优先服务于提高军队的战斗力，还是优先服务于降低武将反叛的风险？如果以提高军队战斗力作为首要目标，其重点应该是培养强有力的将领，使他们获得更多独立领导军队与指挥作战的机会，进而使得一批批名将有机会脱颖而出。但如果以控制武将反叛风险作为首要目标，其重点应该是对武力系统的领导权进行分拆，使不同将领的权力互相牵制，进而强化君主对将领直接或间接的控制。

实际上，宋朝在建国之初就已经做了一个重要选择。宋太祖赵匡胤以一种和平方式，陆续解除了最杰出将领们的军事指挥权，这就是著名的“杯酒释兵权”事件。《续资治通鉴》记录了赵匡胤与名臣赵普的一段对话：

> 初，帝既克李筠及李重进，一日，召赵普问曰：“自唐季以来数十年，帝王凡易八姓，战斗不息，生民涂地，其故何也？吾欲息天下兵，为国家计长久，其道何如？”普曰：“陛下言及此，天地人神之福也。此非他故，方镇太重，君弱臣强而已。今欲治之，唯稍夺其权，制其钱粮，收其精兵，则天下自安矣。”[1]

1　毕沅撰，《续资治通鉴》（卷一），中华书局，2021，第 30 页。

简而言之，为了防止唐朝安史之乱以来藩镇割据、五代十国天下纷乱的局面，待天下初定以后，宋朝首要的政治任务就是降低武将反叛的风险。而杯酒释兵权的主要目的，就是以和平方式解除主要武将们的军事指挥权。此后，宋朝的做法是继续强化对武力系统的文官控制，以此来降低武将和军队反叛的可能性。在此过程中，宋朝就采用了上面提到的武力系统的权力分拆和互相牵制的制度设计，具体做法是把武力系统的权力一分为三，分为调兵权、统兵权和握兵权，并由不同部门掌握。下面两段史料基本阐明了宋朝军制的要义：

> 在祖宗之时，枢密院掌兵籍、虎符，三衙掌诸军，率臣主兵柄，各有分守，所以维持军政，万世不易之法。[1]

> 天下之兵本于枢密，有发兵之权而无握兵之重；京师之兵总于三帅，有握兵之重而无发兵之权。上下相维，不得专制。[2]

由此可见，宋朝军制的基本特征就是军队权力的分拆与牵制，这样，就没有哪个部门或统帅可以独享军队系统的控制权。[3]这种制度设计的优势是显而易见的，可以大大降低军队与武将反叛的可能性。然而，其负面后果也是严重的，那就是军队很难拥有强大的战斗力。在这种制度设计下，宋朝军队一度到了“将不知兵、兵不

1　这段话出自宋代名臣李纲之口，参见：脱脱等撰，《宋史》（第一二册·卷一六二·职官二），中华书局，2013，第3799页。

2　范祖禹，《上哲宗论曹诵权马军司有二不可》，出自：赵汝愚编，《宋朝诸臣奏议》，北京大学中国中古史研究中心校点整理，上海古籍出版社，1999，第709页。

3　《宋朝军制初探》的第一章就研究了“枢密院——三衙统兵体制”，参见：王曾瑜，《宋朝军制初探》（增订本），中华书局，2011。

知将”的程度。

所以，宋朝军制设计的基本原则，首先不是考虑如何提高军队的战斗力，而是如何降低武将反叛的可能性。其结果是，当宋朝跟辽国、金国、蒙古作战时，在战场上往往处于下风，结果不仅是割地赔款，而且是最后的国家灭亡。尽管由于抵御北方外敌入侵的需要，南宋初年一度出现了岳飞这样的名将，甚至出现了他亲自创建和统率的“岳家军”，但正因为如此，岳飞无法获得宋高宗与南宋朝廷的信任，最后竟然死于非命。

在中原史观的叙事框架中，宋朝常常被视为一个在武功和疆域上无所作为的朝代，甚至是积贫积弱的朝代，但宋朝在政治制度与政治文明上并非毫无成就。宋朝不仅成功终结了五代十国的政治乱局，而且国祚绵延长达 319 年，中间尽管饱受屈辱，甚至退守南方一隅，但宋朝应该算不上是一个失败的王朝。总体上，宋朝的成功与失败跟赵匡胤“杯酒释兵权”之后宋朝文武关系的模式有关。

君主制政体控制武力系统的另一个制度发明是，对武力系统做中央军和地方军的拆分，并着力打造便于君主直接控制的、战斗力更强的中央军和禁卫军。中央军和禁卫军是直属于君主的军队，如果它们在装备、训练、等级、战斗力上相较于地方军队拥有显著优势，那么这样一支具有更高忠诚度和更高战斗力的军队，就是君主实现对全国武力系统进行有效控制的重要力量。由于这支武装力量的威慑力，全国各地军队与武将反叛的概率就会大大降低。当实际发生内乱或地方军队反叛时，强大的中央军或禁卫军也是君主平定叛乱和稳定政局的关键力量。

在古代波斯帝国，居鲁士大帝创设了“不死军”或“长生军”（Immortals）。这支“不死军”具有皇家卫队和帝国常备军的双重身份，其规模额定为一万人，属于重装步兵部队。为什么叫“不死军”呢？因为一旦有人战死，帝国马上会补充兵源，使其永远保持一万人的规模。波斯帝国的“不死军”战斗力极强，还享有很多特权，其普通士兵待遇跟其他军队的低级军官相当。所以，“不死军”的将士都很有荣誉感，进而对帝国与君主保持着很高的忠诚度。正是通过这种军队建制，居鲁士大帝提高了对整个波斯军队的控制力。[1]

中国唐朝中后期的一支重要军队叫作神策军。神策军由宫廷宦官领导，是直属于皇帝的军队。唐朝在玄宗时期结束了初唐的繁荣局面，发生了安史之乱，唐朝皇室不得不离京西狩，其实就是被安禄山叛军打得东躲西藏。安史之乱的起因就是唐朝的边疆节度使权力过大，最后导致尾大不掉的局面。神策军原先是成立于公元754年的西北戍边部队，因政局混乱，进入京师，后来成为唐朝禁军的主力部队。神策军鼎盛时一度达到15万～18万人的规模，其主要职责既包括保卫京师和戍卫宫廷，又包括从事军事征伐。神策军的最大特点是由宦官统领，而不是由普通将领统领。神策军的给养是唐朝普通军队的三倍之多，待遇也是最好的，将士主要来自唐朝的官宦和上层家庭。除此以外，整个神策军还拥有很多特权。所有这些，既是为了提高神策军对皇帝和唐朝的忠诚度，又是为了提高神策军的战斗力。神策军是唐中后期较长时间内君主与朝廷稳定时局、控制武力、平衡藩镇的重要力量。[2]

成吉思汗在蒙古部落掌权以后的一个制度发明，就是组建了一支名为“怯薛”（蒙古语“轮班”的意思）的护卫军，规模为一万人。这是后来蒙古帝国的精锐部队，所有将士都来自贵族和特权阶

1　关于波斯帝国不死军，参见：https://iranicaonline.org/articles/immortals。

2　参见：王仲荦，《隋唐五代史》（上下册），上海人民出版社，2003，第485—487页；黄楼，《神策军与中晚唐宦官政治》，中华书局，2019。

层，地位极高，战斗力很强，平时就守卫在成吉思汗的身边，跟随成吉思汗一起参与军事行动。由于这支护卫军的战斗力极强，成吉思汗就拥有了对各个蒙古部落的巨大威慑力。成吉思汗还把在“怯薛”中经过锻炼的将士外放，作为其他普通军队高级军官的候选人。这有利于成吉思汗跟各主要军队的高级将领建立起深厚的私人关系，进而有利于成吉思汗对整个蒙古帝国军队的有效控制。1227年成吉思汗去世时，蒙古帝国大约有12.9万人的军队。尽管“怯薛”的规模仅为一万人，但它的战斗力极强，再加上很多高级将领均出自“怯薛”，它始终是成吉思汗控制整个蒙古帝国军队的关键力量。[1]

从波斯帝国的“不死军”，到唐朝的神策军，再到蒙古帝国的“怯薛”，其形式各异，但这些军队建制的基本逻辑是相似的，那就是打造直属于君主、忠诚度更高、战斗力更强的中央军与禁卫军，进而提高君主对全国军队的威慑力与控制力。

在控制武力系统方面，君主的另一个制度发明是使用反叛潜能较低的武将与军队。富有政治技艺的君主懂得评估不同类型武将与军队反叛的可能性，并设法起用那些反叛潜能较低的将士。问题是，究竟哪些武将与军队的反叛潜能较高，哪些武将与军队的反叛潜能较低呢？一个显而易见的事实是，君主很少会任用自己的兄弟作为整个帝国或王国军队的主帅。原因不难理解，君主的兄弟是王子，也是君主职位的潜在继承人，当他能实际控制全国军队时，就可能会对现任君主的权力构成致命的威胁。

在所有武将和军队中，对皇帝的生命安危与政治生存影响最直接的是宫廷禁卫军及其首领。因此，如何降低禁卫军及其首领

1 勒内·格鲁塞，《草原帝国》（上册），1998，第311—320页。

反叛的可能性，也是君主有效控制军队的关键问题。奥斯曼帝国在选择近卫军将士时，采取了一种比较特殊的做法。众所周知，奥斯曼帝国的官方宗教是伊斯兰教，但吊诡的是，苏丹在选择近卫军将士时，却从基督教家庭中进行挑选。具体的挑选办法则是一种臭名昭著的"血税"（child levy or blood tax）制度，即一定比例的基督教村落或社区要向帝国政府贡献一个男孩。苏丹和帝国政府征集到这些基督教男孩后，就对他们进行专门的军事训练，而后充当帝国近卫军的后备人员。这些人类似奴隶的身份，而非自由人，其中一些人还被培养成为奥斯曼帝国的高级文官。

奥斯曼帝国君主这样做的一个主要考虑，就是让这些掌握最关键武力资源的人不具有控制帝国政治权力的合法身份。跟穆斯林相比，基督徒是奥斯曼帝国的少数政治势力。即便这些基督徒将士实际上掌握了巨大的武力资源，他们也不太可能成为帝国的实际统治者。加上帝国近卫军待遇优厚，他们往往没有动力卷入反对君主的宫廷阴谋。因此，奥斯曼帝国这种关于近卫军的制度设计，大大提高了高层政治与宫廷政治中武力资源的忠诚度与稳定性。[1]

上文提到，唐朝设立神策军作为禁卫军的主力部队，目的是通过提高皇帝直属军队的战斗力和威慑力来强化君主对武力系统的控制。但神策军的制度设计，还有一个重要特点：不是由常规将领而是由宦官统领神策军。这样做的主要原因恐怕在于，即便宦官手握重兵后可能会权倾朝野，甚至不能排除其犯上作乱的可能性，但宦官由于其生理特征，无论如何都无法自立为王。因此，即便宦官可能干政，他们仍然要跟皇室或君主建立起最低限度的合作关系。换

1 关于奥斯曼帝国的近卫军和血税，参见：帕特里克·贝尔福，《奥斯曼帝国六百年》，2018，第 47—51 页。

言之，宦官跟君主或皇室存在着某种共生关系。否则，如果不是由宦官而是由普通将领统领神策军，一旦该将领实质上掌控神策军、权倾朝野之后，唐朝君主与皇室就存在被倾覆的风险。[1]

明朝皇帝则把用宦官控制禁卫军和特务机构的做法发挥到了极致。自特务机构东厂设立以后，明朝的宦官就直接统领了东厂，以及后来存在时间较短的西厂和内行厂。兼任禁卫军和特务机构双重身份的锦衣卫也隶属于东西厂管辖，因而宦官实际上统领了明朝的厂卫机构。在一般的历史叙事中，这往往是明朝政治饱受诟病的一个方面。然而，如果把明朝厂卫机构视为武力系统的一个关键部分，明朝皇帝以宦官来控制厂卫机构的做法，其实包含了君主制不得已的政治逻辑在里面。按史书记载，明朝中后期的君主素质与高层政治总体上较为不堪，这一时期的政治甚至是一幕幕荒唐剧的连播。但一个有趣的理论问题是，为什么明朝中后期的皇帝表现那么差劲，高层政治如此不堪，却仍然维持了267年的统治？

既然皇帝并不能干，那么明朝维持长期统治就只能以制度化的视角来解释。历史学家通常都会批评明朝中后期的宦官专权，特别是宦官控制了厂卫机构，但这种制度设计的真实逻辑可能在于，在皇帝的统治素质并不稳定的条件下，为了维持朱氏王朝的统治和皇族血统，一个重要的制度设计，就是让宦官而非其他权臣或武将在高层政治中扮演更重要的角色。即便权倾朝野，宦官的选择也只能是不断地扶持皇室中的这个或那个男性继承人。所以，明朝皇帝任用宦官控制厂卫机构，理由仍然在于统治者倾向于让反叛潜能低的人控制关键的武力机构。[2]

1 关于神策军的一段研究，参见：黄楼，《神策军与中晚唐宦官政治》，2019。

2 这里论述的主要是笔者的观点。关于明朝宦官政治的一般研究，参见：王春瑜、杜婉言，《明朝宦官》，商务印书馆，2016。

君主缘何无法有效控制武力？

上述分析表明，在君主统治模型之下，君主只要遵循恰当的政治原则，在制度设计上进行创新，就能在控制武力系统方面达到相当的效果，进而强化对武将和军队的控制。然而，即便如此，历史经验却是，许多帝国与王国的君主们最终还是很难实现对武将与军队的有效控制。否则，历史上就不会出现那么多帝国与王国因为武将反叛而终归覆灭的剧情。所以，真正的问题是，为什么君主付出许多政治努力、采用很多政治制度设计的发明，最终仍然无法有效控制武力系统？对这个问题的解释，既离不开君主统治模型的基本特征，离不开君主政治权力的基础性条件，又离不开武力系统在帝国或王国政治中扮演的特殊而重要的角色。

具体而言，首要的原因是君主自身素质与个性的不稳定性。在君主统治模型下，君主的实际政治权力立足于合法性、有效性与实力这三个基础。而每个君主在这三个方面的实际差异很大，这种差异自然会带来完全不同的政治后果。比如，如果一个君主的合法性基础比较脆弱，那么拥有相当武力资源的潜在竞争者就更有可能挑战他的地位。又比如，如果一个君主难以在全国范围内维系基本有效的统治，无法控制内部叛乱或抵御外敌入侵，那么忠诚度较低的武将与军队反动叛乱的可能性也比较大。再比如，如果君主自身的能力与素质较低，实际控制政治与军事力量的能力比较有限，那么该国武力系统失控的可能性就会大大提高。反之，如果一个君主在合法性、有效性和实力三要素上均有较好表现，那么武力系统犯上作乱的可能性就会大大降低。可见，那些统治素质较低的君主更有可能遭遇控制武力系统的困境。

其次的原因在于君主制难以解决武力系统的战斗力与政治控制

之间的平衡。在君主统治模型下，军队的战斗力与军队的政治控制可能是此消彼长的关系。为了提高军队的战斗力，君主不仅要提拔更富有军事能力与领导力的主要将领，而且要赋予将领们更大的自主权，但这样的做法就会提高这些主要将领的反叛潜能。反过来，为了降低武将反叛的可能性，君主往往不得不分拆主要将领们的权力，使之互相牵制，但这样做往往会削弱军队的战斗力——即便是再优秀的武将，恐怕也很难在这种处处掣肘的环境中充分发挥其善于带兵打仗的军事能力。这是君主在控制军队问题上的两难。

这意味着如果一个君主面对的内部叛乱与外敌入侵的压力较小时，他就可以把降低武将和军队的反叛潜能作为优先项。但是，如果君主面对的内部叛乱与外敌入侵的压力较大时，他就不得不把提高军队战斗力作为优先项。否则，随着军队战斗力的降低，内部叛乱或外敌入侵随时有可能颠覆帝国或王国的统治，君主自然也无法维系自己的政治生存。实际情况是，许多前现代的帝国或王国要么常常面临着内部叛乱的威胁，要么常常面临着外敌入侵的威胁，甚至同时面临着这两种威胁。这就迫使君主常常不得不把提升军队战斗力置于优先位置，但这就会增加武将反叛的潜在风险，使得君主更容易失去对军队的政治控制。

比如，以古代中国为例，中原农耕王朝一个挥之不去的问题，就是北方游牧民族的军事威胁。几乎无一例外，中原王朝只有赢得跟北方游牧政权的军事竞争，才能维系王朝的统治与君主的生存。所以，对中原王朝来说，军队能打胜仗始终非常重要。军队能打胜仗取决于很多因素，其中主要因素之一就是优秀将军拥有对军队的充分指挥权。换言之，将军领导军队的自主性是至关重要的。反之，如果军队主帅在战争过程中不能有效指挥自己的军队，而必须要时时刻刻听命于遥远的君主和其他部门的遥控指挥，或者时时受到其他部门的掣肘，那么战争更有可能会失败。所以，为了提高战斗力，君主需要打破武力系统的权力拆分与互相牵制的诸种做法，赋予前线将军以更大的领导和指挥军队的权力，而这些做法有可能会提高武将与军队的反叛潜能。

当一个帝国或王国面临长期的军事竞争时，君主就不得不把军队的战斗力置于优先位置，对军队实行有效政治控制的相对重要性就下降了。随着军事竞争的延续甚至是加剧，主要武将们往往会控制越来越多的跟军事有关的权力和资源。否则的话，他们就更难赢得战争的胜利。这种逻辑的持续发展，最后会使得武力系统的领导权与控制权几乎都落到了主要武将的手中。历史经验是，长期的军事竞争压力与持续的战争最终会使得控制武力资源的权力天平向主要武将们倾斜。当主要武将既掌握着最强的武力资源，又可能由于赢得战争而享有极高声望，甚至还因为长期作战而享受军队的个人忠诚时，君主就很难对这样的武将实现有效的政治控制。如果这时主要武将用自己掌控的军队、权力与资源挑战君主，君主的地位有可能会变得岌岌可危。这里的分析充分验证了君主制在控制武力资源上的两难：如何既能提高军队的战斗力，又能维系对军队的政治控制以及确保将军们的政治忠诚。

最后的原因在于武力系统中将军与士兵关系的特点。跟一般官僚系统相比，成功的武将往往拥有其军队和下属更高的个人忠诚度。这就会导致一种情形，君主有时需要跟主要将军竞争军队与士兵的政治忠诚。而将军拥有军队与士兵的较大个人忠诚，又是由军队的运作方式和战争的基本特点决定的。将军领导军队与士兵进行征战，面对的是一种出生入死的情境，二者在战场上是生死与共的关系。一支成功的、有很强战斗力的军队，普通将士需要做到自愿服从军队主帅的命令，并根据这个命令在前方冲锋陷阵。如果没有在操练过程中养成的严格军纪，没有对主帅指挥战争的命令与能力的信心，没有对主帅的相当信赖与忠诚，一支军队是很难赢得战争的。因此，一个胜任力高、领导力强的将军能成功调度与指挥自己的军队，靠的绝不仅仅是帝国或君主赋予他的跟职位对应的军事权力，而且还一定有他个人作为将军的卡里斯玛特质，以及他在长期带兵打仗过程中跟军队与普通将士之间形成的信任关系。

清末思想家郑观应这样写道：

> 古之为将者，经文纬武，谋勇双全。能得人，能知人，能爱人，能制人，省天时之机，察地理之要，顺人和之情，详安危之势。凡古今之得失治乱，阵法之变化周密，兵家之虚实奇正，器械之精粗巧拙，无不洞识。如春秋时之孙武、李牧，汉之韩信、马援、班超、诸葛亮，唐之李靖、郭子仪、李光弼，宋之宗泽、岳飞，明之戚继光、俞大猷等诸名将，无不通书史，晓兵法，知地利，精器械，与今之泰西各国讲求将才者无异。[1]

郑观应重点强调了作为将军的两种能力：一是跟作战有关的业务能力，二是领导军队与领导士兵的能力。实际上，在战争中，由于军队和士兵需要根据将军的命令去冲锋陷阵、出生入死，军队和士兵跟主帅基于战争所形成的私人关系与彼此连接，要比军队和士兵跟君主之间的抽象忠诚与抽象连接紧密得多。既然一个成功将军的素质包括“能得人，能知人，能爱人，能制人”，这就意味着一

1　任智勇、戴圆编，《中国近代思想家文库 · 郑观应卷》，中国人民大学出版社，2014，第 130 页。

个成功的将军应该是一个优秀的领导者。如此才能赢得人心，知道别人的优势与弱点，关爱自己麾下的将领与士兵，并能成功控制他们的行为。这样的军队主帅自然更容易赢得自己军队的信任与忠诚。但在君主看来，这恰恰意味着这样的武将有着较高的反叛潜能。所以，军队的业务模式与战争的基本特点也是君主有时难以有效控制主要将领与武力系统的原因。

普遍困境：案例分析

这里再结合几个前现代帝国君主与武力系统关系的案例，来讨论君主制条件下君主控制武力系统的普遍困境。

第一个案例是中国唐朝公元 8 世纪中叶的安史之乱，以及延续到 10 世纪早期的藩镇割据。安史之乱的成因与过程固然非常复杂，但实质上就是唐朝边疆节度使的政治反叛。节度使职位的设置，起初是唐中央政府为了应付北方游牧政权的军事入侵。这也是中原农耕政权的常见情形，即它们始终需要面对在北部或西部边疆地区跟游牧政权之间的军事竞争。起初，节度使主要负责管理军事，节制和调度军队，守卫北部边疆。但这种制度设计使得节度使掌握的权力和资源非常有限，结果是他们在应对游牧政权入侵、应付不时发生的边疆危机时，常常显得捉襟见肘。为了提高节度使的便宜行事能力，唐朝中央政府后来决定，把北部边疆地区几个藩镇的军事、行政、财政、民政权力都授予同一位节度使。这一制度设计使得那些主要的节度使能充分调动资源，进行统筹安排，极大地提高了他们应付边疆危机的能力。但是，这一制度设计也埋下了后来导致节度使尾大不掉与藩镇割据的种子。在这种格局下，少数节度使不仅手握数个藩镇的重兵，而且同时控制着这些地方的行政、财政、民政，俨然是一方诸侯。实际上，安禄山起兵之前，就是以一人之力担任平卢、范阳、河东三镇节度使，掌握着现在河北、辽西、山西广大地区的军事、行政、财政与民政大权。[1]

即便是安史之乱平定以后，唐朝还是没有完全解决藩镇割据的问题。根据《旧唐书》记载，在唐僖宗（873—888年在位）时期，“大约郡将自擅，常赋殆绝，藩侯废置，不自朝廷”，亦不赋税，形同独立政权，“王业于是荡然”。[2]陈寅恪在《唐代政治史述论稿》中这样讲：“安史之霸业虽俱失败，而其部将所统之民众，依旧保持势力与中央政府相抗，以迄于唐室之灭亡。”[3]对唐朝来说，从安史之乱前的节度使一方独大，到后来持续不断的藩镇割据局面，都反映出帝国或君主在控制武力系统上的困境。唐朝及其君主控制武力系统的重要约束条件是，唐朝始终面临着来自北方边疆地区游牧政权持续的军事竞争压力。由此，唐朝君主不得不将边疆军队的战斗力置于优先位置，如何实现对边疆军队的政治控制则退居其次。但这种基于时势需要的选择，最终导致了唐朝及其君主失去了对节度使与藩镇的控制。这是唐朝由盛转衰的转折点。

第二个案例是罗马帝国时期的军政关系转型与罗马禁卫军在高层政治中的崛起。如今，“跨越卢比孔河”已经成了很多历史专著和影视作品的主题。卢比孔河是罗马城北部的一条河流。根据古罗马共和国的法律，任何在外带兵打仗的将领，不管赢得了怎样的战争，都不得带领军队越过卢比孔河。否则，就会被视为对共和国的

1 王仲荦，《隋唐五代史》（上下册），2003，第135—176页。
2 刘昫等撰，《旧唐书·卷十九下·本纪第十九下·僖宗》，中华书局，2013，第720页。
3 陈寅恪，《隋唐制度渊源略论稿 唐代政治史述论稿》，生活·读书·新知三联书店，2015，第203页。

背叛。这条规则的缘起，是有人担心军团首领只要带领军队越过卢比孔河，就可能凭借这支军队占领罗马，征服元老院，甚至是整个共和国。[1]然而，公元前49年，尤利乌斯·恺撒首次带领他的军队越过了卢比孔河。恺撒因此也被视为一个独裁者，但他后来在一场元老院的政治阴谋中被刺杀了。恺撒死后，一个真正的独裁者登场了，他就是恺撒的继承人屋大维。屋大维于公元前27年加封奥古斯都，这个称号一般被视为罗马帝国皇帝。由此，罗马政制发生了由共和制向帝制的蜕变。

鉴于恺撒死于元老院阴谋的悲剧，屋大维考虑要对罗马帝国的军队和军制进行改革，要实现对帝国军队和军事力量更为稳固的控制，以便提高他作为统治者的政治权威与安全性。屋大维推行的一个重要改革是军队养老金制度改革。这项改革使得各地罗马军团的将士不必过分依赖军团首领的财富分配，而能依赖罗马帝国的国家军队养老金安度晚年。其政治效应自然是各地罗马军团的普通将士们更容易效忠罗马帝国与奥古斯都，而非更效忠其直属军团的首领。这就相对降低了罗马军团首领进行武装反叛的可能性。

屋大维另一个影响深远的改革是决定建立罗马禁卫军（Praetorian Guard）。禁卫军驻扎在罗马城周围，从性质上说是一支效忠于罗马皇帝个人的军队，起初编制为9000~10,000人，后来发展到16,000人左右。屋大维希望依靠这支效忠于自己的禁卫军，提高自己的政治安全与政治优势，甚至能强化对罗马城和元老院的控制。但这样一来，罗马禁卫军就成了决定罗马帝制稳定性的关键武力资源。原先，当奥古斯都面对元老院与人民大会时，作为孤家寡人的他并无多少政治上的优势，而此刻的奥古斯却可以依靠罗马禁

1 汤姆·霍兰，《卢比孔河：罗马共和国的衰亡》，杨军译，中信出版社，2016。

卫军的支持。通过创建和控制驻扎在首都的罗马禁卫军，屋大维显然要比恺撒拥有更高的政治权威。

吊诡的是，创建禁卫军的初衷是为了保卫奥古斯都和罗马帝制，但一旦建立起来之后，罗马禁卫军就有了自己的自主性。[1]这支军队慢慢地不仅发现了自己的利益，而且还逐渐形成了自己的政治目标。按照罗马帝国当时的军事建制，罗马城周围并没有罗马军团驻扎，所以，禁卫军就成了罗马城唯一具有很强战斗力的军队。除非某个重要的罗马军团从外地开赴罗马城，否则，禁卫军就是整个首都最具威慑力的武力资源。过去，强大的罗马军团都驻守在外地，军团普通将士们无从得知罗马的高层政治运作，元老院政治与高层政治对他们来说保持着相当的神秘性。但禁卫军驻守在罗马城，他们逐渐对罗马城的高层政治变得了如指掌。正如俗话所说的，“仆人眼中没有英雄”，他们很快发现了元老院政治、罗马宫廷政治的真实状况，包括许多政客的胡作非为与私德败坏等。由此导致的结果是，罗马禁卫军逐渐对元老院等机构失去了敬畏之心，并开始在政治上变得跃跃欲试了。

在罗马禁卫军大规模介入高层政治与宫廷政治之前，罗马帝国的奥古斯都继承主要是通过三种制度：一是养子制度，上文曾经提及过；二是父死子继的家族继承制，这是奥勒留之后很多君主的做法；三是元老院推举与选举君主的制度。然而，到了后来，罗马禁卫军成了罗马帝国君主废立的最重要干预者。当拥有武力优势的罗马禁卫军介入高层政治以后，禁卫军拥立或废除君主竟然成了一种新的政治惯例。当然，其政治后果也相当严重，不仅使得罗马高层

1　关于罗马禁卫军或近卫军的研究，参见：张晓校，《罗马近卫军史纲》，中国社会科学出版社，2018。

政治与帝位继承变得更不稳定，而且使得整个帝国更容易陷入内乱与分崩离析的局面。

到了罗马帝国的中后期，禁卫军的政治立场几乎成了所有宫廷政变的决定性力量。谁能获得禁卫军的政治支持，或者说禁卫军想支持谁，谁就在政治上拥有巨大的优势，就有可能当上罗马帝国皇帝。但罗马禁卫军又很少会长期忠于某个特定的政治家，这也加剧了罗马帝国后期高层政治与宫廷政治的不稳定性。

最糟糕的一幕发生在公元 193 年，政客尤利安努斯以承诺给每位禁卫军士兵支付 6250 第纳的价格，成功“购得帝位”。按照爱德华·吉本生活的 18 世纪的物价水平，这大约相当于给每位士兵支付“超过 200 英镑”。这是一个绝非等闲之辈就能支付的价格。当尤利安努斯以高价购得帝位的消息传开后，元老院、人民大会与驻扎于各地的罗马军官都将其视为罗马帝国的耻辱。很快，驻扎在外地的罗马军团首领带领军队攻入罗马城，对帝国高层政治进行了重新洗牌。当然，尤利安努斯的罗马皇帝梦也被断送了。[1]

总之，罗马帝国皇帝起初设立禁卫军，是为了保护自己的安全和巩固自己的权力，以便在跟元老院和其他机构的斗争中占据优势。但禁卫军一旦设立，就容易脱离君主的政治控制。其最终均衡竟然演变为，君主不仅无法实现对禁卫军的政治控制，而且反过来受制于禁卫军。凭借武力优势，罗马禁卫军在很大程度上决定了罗马皇帝的废立。这个案例同样说明，在君主统治模型下，君主能否实现对武力系统的有效控制始终是一个结构性难题。

第三个案例则跟拜占庭帝国有关。起初，拜占庭帝国的君主与中央政府对军队的控制能力比较强。到了公元 7—8 世纪，由于前

1　爱德华·吉本，《全译罗马帝国衰亡史》（第 1 卷），2018，第 128—139 页。

有波斯萨珊王朝日益增加的威胁，后有阿拉伯帝国的崛起，拜占庭帝国在东部边境上的军事压力越来越大。在此过程中，拜占庭帝国发现，很难依靠向东部边境临时派出军队的办法来应付危机，也无法依靠职权较低的将领去应付这种来自其他强大帝国的军事挑战。正是基于这些考虑，拜占庭帝国的君主决定，在全国特别是东部边境“建立新的行政区划，给予军队首领以特殊的权力”，即设立若干军区并任命拥有较大政治军事权力的将军来统领。这样，“帝国最不安全的省份由军事首领统治，帝国被军事化了”。“由于外来威胁，军方被授予全权，使他们的势力比官方行政机构的势力越来越强大。”这就是拜占庭帝国军区制的起源。由此，军区主帅就逐渐成了整个拜占庭帝国最有权势的一批人。[1]

可见，拜占庭帝国的军区制起初是应对东部边境军事压力的产物。而这种制度一旦建立，帝国统治者就会发现，军区首领不仅手握重兵，而且还控制着较为广大的地理疆域，就有可能导致尾大不掉的局面。有历史学家认为，公元717—741年在位的拜占庭帝国统治者利奥三世明确感知到了这样的风险：

> 利奥根据自己的经验，清楚地知道，让一大片领土控制在一个握有全部权力的军事统帅手里，是何等危险。他既有可能造反，也有可能觊觎皇位。而且外部的威胁，同样需要加强中央的军事权力，尤其当各省区受到拜占庭帝国的敌人——阿拉伯人、斯拉夫人和保加利亚人的威胁时，便更为迫切。另外，国内的危险还来自权力过大的军事长官，他们松散地隶属于中央政权，常与中央维持类似诸侯

1　A. A. 瓦西列夫，《拜占庭帝国史：324—1453》，2019，第352—357页。

的关系。所以，迫切需要将他们管辖的绵延成片的广大领土予以缩小。[1]

显然，拜占庭帝国的君主们也遇到了如何有效控制军队的两难困境。此后，拜占庭帝国的政治军事格局就有点像节度使坐大以后的唐朝，开始逐渐向地方割据和政治分裂方向发展。如果向中国的宋朝学习，拜占庭帝国的君主们把控制武将反叛的风险作为首要目标，那么就可能会削弱各边境军区军队的战斗力，结果就是无力应付来自阿拉伯帝国等外部军事威胁的挑战。如果优先考虑提高各边境军区军队的战斗力，那么拜占庭帝国对各边疆军区军队及其主帅失去政治控制的风险就在增加。对拜占庭帝国及其君主来说，这始终是一个难以摆脱的两难境地。可见，拜占庭帝国文武关系的逻辑跟其他许多帝国或王国都是相似的。这种文武关系的难题从根本上植根于君主统治模型的政治结构与权力格局之中。

管理官僚体制的困境

君主除了需要有效控制武力系统，另一个重大挑战就是如何有效控制官僚系统。任何一个国家都是一个政治军事组织，统治者进行有效统治，都必须依赖于一大批政治精英或统治精英的合作。将军和武官自然是这批统治精英的一部分，考虑到上文已经讨论过君主与武将关系的问题，接下来主要讨论的是军队以外的官僚制系统，即主要是文职官员。无论是日常统治、管理民众，还是征收税

1　A. A. 瓦西列夫，《拜占庭帝国史：324—1453》，2019，第 389—390 页。

赋、提供基本公共产品，统治者都离不开由一大批文职官员组成的官僚体制。

“上下一日百战”

在君主眼中，最理想的统治精英不仅具有较强的行政能力，做事能达成目标，而且能保持对帝国或王国及其君主的政治忠诚，能做到清正廉洁。但问题是，从逻辑上说，统治精英自身的偏好与利益，跟帝国及其君主的偏好与利益常常并不一致。统治精英们完全有可能利用帝国及其君主授予他们的政治权力，做那些更符合他们自己利益与偏好的事情，但这些事情不见得是符合帝国及其君主的利益的。在君主统治模型下，君主能否有效地控制帝国庞大的官僚体系，使身处其中的行政官员或官僚能在较大程度上基于帝国及其君主的利益行事，而非基于他们自身的利益行事，对所有君主来说，都是一个严峻的挑战。

早在2000多年前，中国的韩非就对此有过论述。他引用传说中的黄帝的观点，所谓“上下一日百战”。这里的“上”，就是君主，或者上级；这里的“下”，就是贵族与官僚，或者下级。“上下一日百战”是说，君主与官僚之间、上级与下级之间每天都要经历上百次的政治搏斗。韩非认为，君主与官僚之间的日常关系是“下匿其私，用试其上；上操度量，以割其下”。这句话的意思是说，臣下隐匿他们的私情，用以试探君主；君主操纵法度，用来制裁臣下。之所以会这样，根本原因乃在于君主与官僚之间的利益不一致，即前文所谓“臣主之利相与异者也”。韩非这样说道：

> 何以明之哉？曰：主利在有能而任官，臣利在无能而得

> 事；主利在有劳而爵禄，臣利在无功而富贵；主利在豪杰使能，臣利在朋党用私。是以国地削而私家富，主上卑而大臣重。故主失势而臣得国，主更称蕃臣，而相室剖符，此人臣之所以谲主便私也。[1]

现存最古老的印度政治著作、公元前4世纪左右印度政治家憍底利耶所著的《利论》（又译《政事论》）也讨论了君主与其妻妾、王子及大臣的关系，其基调跟韩非竟然是惊人的相似。这大体上佐证了君主统治模型下君主与他人关系及合理君主行为的相似性。关于君主与妻妾、王子的关系，《利论》这样说："一个国王，防范住了身边人和敌人，才能保护王国；他首先（要防范的）是妻子与儿子。"[2]至于如何选用辅臣，《利论》倾向于认为大臣们完全有可能是不值得信任的，因此必须要经常加以考验。《利论》提供的一种考验办法是："一个在后宫中赢得信任和礼待的游方女道人，应去逐个地煽动诸位大员：'王后爱你，并已做好和你幽会的安排；另外你还会得一大笔财物。'若此人回绝，他就是端直的。"[3]这种方法以今天的眼光来看，在政治上显然有欠成熟和老到，甚至略显幼稚，但背后的思想却是明确的，即君主不应该轻信自己的重臣们。

君主制下的委托–代理模型与治理困境

笔者接下来要用经济学常用的"委托–代理模型"（principal-agent model）来考察君主制条件下君主如何有效管控官僚系统的

1　韩非，《韩非子》，2010，第111页。
2　憍底利耶，《利论》，朱成明译注，商务印书馆，2020，第51页。
3　同上，第26页。

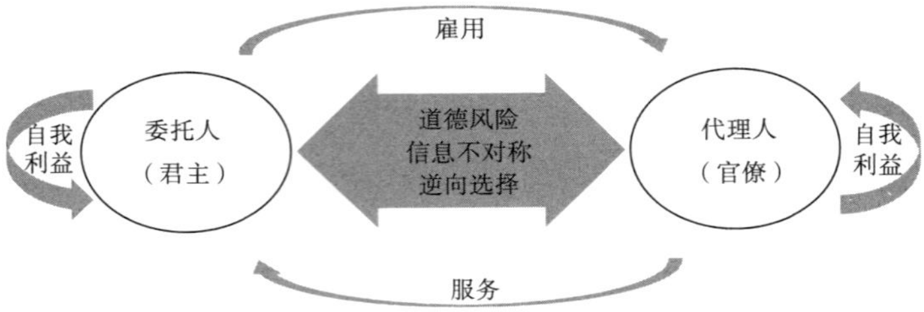

图 5.3　君主与官僚：委托–代理模型

难题，参见图 5.3。该图的左边是委托人（principal），右边是代理人（agent）。在委托–代理模型中，委托人雇用代理人，目的是希望通过代理人来达成委托人的目标。但问题是，不仅委托人有他的利益和目标函数，而且代理人同样有他的利益和目标函数。在逻辑上，一个好的委托–代理合约应该尽可能满足委托人与代理人利益相容的条件。在委托–代理关系中，一个主要挑战是委托人与代理人的信息不对称（information asymmetry）关系。一般来说，代理人往往掌握着比委托人更多的信息，他们就有可能借助这种信息优势，来从事对代理人自己有利却对委托人未必有利的事情。学术界把这种情况定义为道德风险（moral hazard）。当代理人真的这样做的时候，学术界又把这种情形定义为代理人的逆向选择（adverse selection）。如果出现这种情况，委托人就难以通过这种委托–代理关系来达成自己的目标。这一委托–代理模型就面临着不可持续的风险。[1]

在君主统治模型下，位于统治金字塔顶端的君主就是委托人，金字塔各个级别、各个位置上的官僚都是他的代理人。君主只有一

1　关于委托–代理理论，参见：让–雅克·拉丰、大卫·马赫蒂摩，《激励理论（第一卷）：委托–代理模型》，陈志俊等译，中国人民大学出版社，2002。

个，所以，君主不仅是最高委托人，也是唯一委托人；官僚有许许多多，所以，代理人往往是数以千计乃至数以万计的。君主制条件下的官僚系统，在结构上是君主作为委托人需要同时面对着许许多多的代理人。在本质上，君主和官僚之间的关系同样符合上文的委托–代理模型。君主与官僚的委托–代理关系，同样面临着委托–代理模型的基本问题，即君主希望官僚基于自己作为委托人的利益来行事，而官僚常常又要受到自己作为代理人的利益的左右，所以两者总是存在着目标函数的不一致性。

当然，任何官僚制模型都存在着上下级之间的委托–代理关系。但是，不同政体模式下，这种委托–代理关系的实际运作和政治结果会有较大的差异。比如，在现代民主共和政体下，官僚制的委托–代理关系的基本特征是，最终的委托人是民众或本地民众，委托–代理关系的层级较少、链条较短，政治权力行使方式与过程较为规范，信息相对较为透明等。这就使得这种官僚制的运作呈现出跟君主制下官僚制运作完全不同的特征。[1] 所以，对君主统治模型下官僚制委托–代理关系的分析，需要从君主制的基本特征入手，基于君主统治模型下特有的权力结构、信息系统、管理层级与意识形态等几个方面来进行分析。

首先，君主制下官僚体制的治理困境跟君主统治模型下的权力结构密切相关。君主权力的至高无上与不受法律约束，决定了君主统治模型下政治权力的基本特征。结果是，官僚系统中的官员行使政治权力也有较大的随意性，或者拥有较大的自由裁量权。当然，一般而言，成熟的君主制国家在行政、财政、人事、司法、廉政等

1　关于民主政体与委托代理关系，参见：Brendan O'Flaherty, "Why Are There Democracies? A Principal Agent Answer," *Economics and Politics*, Vol. 2, No. 2 (Jul., 1990), pp. 133-155.

领域往往都有一整套较成熟的做法。然而，只要是绝对君主制模型，无论是君主本身还是中央或地方政府的重要官员，行使政治权力不可避免地都有较大的随意性。因为从根本上讲，君主统治模型下不会有一套成熟的法治规则与约束权力的制度安排。所以，跟现代民主共和政体相比，前现代君主制条件下手握实权的官僚在行使权力时往往都拥有很大的自由裁量权。

这意味着，在图 5.3 的模型中，代理人的自由裁量权就比较高，或者说行使权力的随意性就比较大。再加上在这种统治模式下，普通民众或被统治者往往无法构成对这些代理人也就是官僚行为的有效监督。这样，作为委托人的君主要想有效监督和管控这些代理人的行为，难度就会非常大。尤其是考虑到，在一个规模庞大的帝国或王国，地理疆域非常辽阔，从君主到基层官僚的委托–代理关系等级较多、链条较长，作为最高的甚至是唯一的委托人，君主要想监督和管控各部门和各层级上自由裁量权如此之大的代理人的行为——即便可以依靠一整套官僚监察体制——其难度是可想而知的。

其次，君主制下官僚体制的治理困境还跟特定的信息系统有关。在委托–代理关系模型中，信息对称与否，往往对应着委托人对代理人监督成本的高低。许多前现代帝国或王国的版图都很大，比如波斯帝国、罗马帝国、中国汉唐王朝、阿拉伯帝国、蒙古帝国、奥斯曼帝国等。在前现代的交通与通信技术之下，远距离获得准确信息的难度很大。很多帝国或王国都建立了覆盖全国主要交通线的驿站系统，同时通过内部要报、奏折、钦差、监察、情报机构等收集各地官僚系统官员及其行为的信息。君主对于各部门各层级官僚的奖励、升迁、惩处等重要决策，往往依赖的就是这个信息系统。

但问题是，君主要想获得关于官僚及其行为的准确信息，成本往往高到难以想象。以罗马帝国、中国汉唐王朝、奥斯曼帝国为例，这些帝国统治的疆域基本上都多达数百万平方公里，官僚体系至少有三个以上层级，包括中央—省区—县，文职官吏的规模高达上万人或数万人。所有这些不同层级大规模官员的政治行为又涉及行政、财政、人事、司法、廉政、治安等方方面面。所以，对任何一个帝国或君主来说，在前工业社会的条件下，要想在地理疆域辽阔的领土上收集关于大量官员及其行为的信息，成本高得惊人。再进一步说，由于这些信息跟每个官员的考核升降乃至身家性命密切相关，各个级别的官员都有很大动力去制造对自己有利的信息，并努力设法校正那些对自己不利的信息。比如，在古代中国，当某地发生严重灾荒或底层叛乱时，君主起初收到的信息较实际状况往往要轻微得多。原因在于，地方官员的乌纱帽往往是跟这些灾荒与叛乱的严重程度联系在一起的。再比如，手握考评大权的中央高级官员，往往有机会收到来自地方官员的礼物与贿赂。许多王朝盛行的腐败行为也会在很大程度上扭曲官僚系统中的信息。总之，君主即便想方设法，要想获得官僚系统中官员行为的准确信息仍然是难上加难。

再次，前现代帝国或王国的官僚体系实际上是一个多层委托–代理关系的模型。君主处在这个委托–代理关系的顶端，下面则是中央政府，再到地区、行省或州郡政府，然后是县或相当于县的政府，再往下是基层官员。可以想见，帝国或王国的规模越大，官僚体系的管理层级越多，这一委托–代理关系的链条就越长。在这个委托–代理关系模型中，真正的委托人其实只有一个，那就是君主本身。在君主之下，其他官员全部都是代理人，只是不同级别的代理人。按理说，君主要监督中央政府的主要高级官员，比如首相、宰相或财政、人事部门的首席大臣，或者要监督直属地方政府的首席行政长官，比如行省总督或地区首席行政长官，大致上只要一到两个委托–代理关系的链条。但是，如果君主要监督中央政府或地方政府的底层普通官员，比如一个中央政府的普通文书，或者一个县里的税务官，那最少也要四到五个委托–代理关系的链条。

但凡委托–代理关系的链条越长，委托人的目标函数在较低级别代理人身上就越容易遭到扭曲，委托人的监督成本也就越高。最终来说，委托人能够控制或影响最终代理人行为的程度也就越弱。这个逻辑可以很好地解释君主制中央集权官僚制国家模型下的一个顽疾，即腐败问题。拿古代中国来说，王亚南在《中国官僚政治研究》中认为："一部二十四史……实是一部贪污史。"[1] 关于腐败问题，学术界已经提供了许多不同的理论解释。[2] 如果按照我们这里的模型来解释，那就是腐败问题主要来自多层委托–代理关系模型下官员行为的扭曲。当委托–代理关系的层级很多、链条很长时，君主往往就很难有效地监督底层官员，直接原因就是包括信息成本在内的监督成本实在太高了。在这种官僚制体系中，每个官员跟君主的目标函数不可能完全一致，再加上绝对君主制条件下许多重要官员都手握较大的自由裁量权，官员的腐败行为就很难得到有效的管控。这也很好地解释了中国历代王朝几乎都无法解决好官僚系统的腐败问题。按照这里的分析框架，这基本是由大型帝国君主与官僚之间的多层委托–代理关系这个普遍逻辑决定的。

最后，意识形态是君主有效管控官僚系统的重要手段，但往往只能起到比较有限的作用。在君主统治模型下，统治者尽管会设计

1 王亚南，《中国官僚政治研究》，中国社会科学出版社，1981，第 117 页。
2 苏珊 · 罗斯 · 艾克曼，《腐败与政府》，王江、程文浩译，新华出版社，2000。

各种制度来管理与监督官僚体制中的官员们，但统治者亦深知这种委托–代理关系的合约不完善、信息不对称及监督成本高昂，所以，他们一般都会以意识形态作为补充。在君主制下的官僚体系中，意识形态的主要功能是，即便是在信息不足与监督不及的领域，要靠意识形态的灌输和主导观念的塑造，来提高官僚对于君主目标、行为准则的遵从程度，减少他们的机会主义行为。所以，许多前现代帝国与王国都有专门负责意识形态的部门。

当然，意识形态是否对官僚行为发生直接的影响，则取决于很多因素。一方面，君主不仅可以用意识形态塑造政治认同与合法性，而且还可以用意识形态来塑造官员本身的行为规范与伦理准则。这样，意识形态就可以成为君主管控官僚系统的有用工具。另一方面，在法治缺位、官员政治权力相对不受约束、君主委托–代理模型下有效监督微弱的条件下，官员能否放弃对实际利益和享受的追求，而以意识形态规训的方式来约束自己的行为，是一个很大的问题。结果是，许多前现代的帝国或王国都出现了一套严格的意识形态规训系统与一个大规模腐败、沉迷于私利和享受的官僚阶层同时并存的现象。

综上所述，君主在管控官僚体制及其官员行为方面往往会遭遇很多难题，而这些难题或多或少都跟君主统治模型下的委托–代理模型有关。对君主来说，如何克服多层委托–代理关系的挑战，如何有效管控官僚体制，恐怕是一个永久性的难题。

腐败难题：案例分析

关于古代中国的官僚，王亚南所著的《中国官僚政治研究》尽管算不上一项系统的理论研究，但大体上为我们勾勒了中国君主制条件下官僚政治的诸种弊端。[1]但不光是古代中国有这样因为官僚系统衰败而导致的治理问题，世界上的其他许多帝国也有类似的问题。

奥斯曼帝国曾经是一个在空间上横跨欧亚非三大洲、在时间上跨度超过六个世纪的大型帝国，但就是这样一个大型帝国，随着时间的推移，整个帝国与苏丹越来越难以控制中央各部门以及地方各层级的官僚体系，结果是腐败横行。有时，苏丹为了息事宁人，甚至还放纵这种腐败。有一部关于奥斯曼帝国的历史著作这样记载：

> 一位研究这段历史的土耳其历史学家认为，正是苏莱曼（1520—1566 年在位的第 10 位苏丹）放任他的这些宠臣积攒了巨额的财富，任由他们过上穷奢极欲的生活，而这一切财富的来源往往都是腐败。但是，在西方世界看来，这些不过是苏莱曼时代散发着璀璨光芒的帝国荣耀背后的一点代价罢了，在那个时代腐败也是常见的现象。[2]

在奥斯曼帝国，不仅是一般的行政官员，而且是代表正义与秩序的法官也照样极其腐败。比如：

> 法官也像其他官员一样腐败。他们本应负责听取民怨，搞清楚纠纷的缘由，但他们反而用对自己有利的方式去解读苏丹的法令，从被起诉的人身上榨取钱财。负责税务登记的法官往往夸大应缴税金的数额，中饱私囊。法官有权在自己

1　王亚南，《中国官僚政治研究》，2010。
2　帕特里克·贝尔福，《奥斯曼帝国六百年：土耳其帝国的兴衰》，2018，第 303 页。

的辖区内任命代理人，于是他们就挑选出价最高的人。[1]

在奥斯曼帝国苏丹穆罕默德四世（1648—1687年在位）执政期间，科普鲁律·穆罕默德曾经出任大维齐尔（即宰相），其主要目标就是改变帝国政治及其官员的普遍腐败局面。

> 科普鲁律·穆罕默德经验丰富，十分了解政府机器及其缺陷。他行动起来十分活跃，是个少说多做的实干家，同时也是个意志坚定的独裁者。他在自己的“统治”刚刚开始时，就先裁撤了一批高官，改派其他人选。他决心不计一切代价消除动荡、腐败和无能等现象，对可能危害帝国安全和福祉的现象明察秋毫、冷酷无情。据说，在他执政的五年时间里，他一共下令处决了3.5万名违法者。他的主行刑官号称亲手绞死过4000名有名有姓的头面人物。[2]

但即便如科普鲁律·穆罕默德这般能干的大维齐尔也无法根治奥斯曼帝国的腐败顽疾。

此外，官僚体制的有效性往往还跟财政体制的有效性联系在一起。正是因为官僚体制的诸种问题，到了17世纪晚期，奥斯曼帝国遇到了比较严重的财政问题。“战争已经掏空了国库，但更令高层担心的是，他们没有足够的现金用于支付军队薪水。”在这种背景下，1686年，奥斯曼帝国开征了一项“战争贡献税”。但即便帝国财政状况已经如此危急，当这项税开征以后，结果却是“税款被

1　帕特里克·贝尔福，《奥斯曼帝国六百年：土耳其帝国的兴衰》，2018，第335页。
2　同上，第387页。

送进大维齐尔代理人的宫邸，其中绝大部分不知去向”。[1] 上述讨论意味着，奥斯曼帝国即便在财政危机的关头仍然饱受官僚严重贪腐问题的困扰。到了 17 世纪末，奥斯曼帝国考虑实行包税制，目的就是在难以依靠整齐划一的税收制度获得足够财政收入的条件下，借助包税制来获得维持政府运转所需的稳定财源。但问题是，包税制本身就意味着依赖多层委托–代理关系的税收制度模型已经难以有效运转。

总之，在许多帝国与王国，君主无法有效管控官僚体制的问题不是特殊的，而是普遍的，其基本逻辑则存在于君主统治模型的权力结构与制度规则之中。在君主统治模型之下，君主恐怕难以在根本上解决如何有效管控官僚体制的问题，因为真正的问题来自君主统治模型本身。

---

1 卡罗琳 · 芬克尔，《奥斯曼帝国：1299—1923》，邓伯宸等译，民主与建设出版社，2019，第 320 页。

第六章　君主统治模型的社会成本

18世纪之前，人口体系被困在一个几乎不可捉摸的圈子里。当人口数量刚要触及圈子的周边，几乎马上就出现退缩。恢复平衡的方式和时机并不缺乏：匮竭、灾荒、饥馑、生活困苦、战争，尤其是种种疾病。

——费尔南·布罗代尔

治乱兴衰的周期

回望历史，君主统治模型是人类历史上的主流统治形式，民主政体与共和政体尽管很早就出现在人类历史舞台上，但现代民主共和政体的兴起则是比较晚近的事情。从人类政治演化的主流脉络来看，君主制是古老的，民主共和制的普及才是新现象。从公元前3500—前3000年苏美尔城邦、古埃及王朝兴起，到18、19世纪为止，君主统治模型支配着人类政治史上的绝大部分政治体。无论是帝国还是一般王国，无论是疆域辽阔的国家还是规模较小的政治体，除了极少数例外，君主制都是主流的统治形式。

君主统治模型的政治周期

从演化论视角来看，君主统治模型成为长时间支配人类政治的统治形式，自有其逻辑。但君主统治模型存在着许多难以克服的问题。从君主制本身的运作来看，上一章已经较为充分地讨论了三大问题，即君主自身与继承的危机、君主控制武力系统的困境以及君主控制官僚系统的难题。不仅如此，君主统治模型还会带来非常巨大的社会成本，导致非常严重的政治、经济与社会后果。这也是从18—19世纪开始君主制逐渐退出人类历史舞台的背景条件。如今，除了英国、西班牙、日本等立宪君主制政体，实质性的君主制政体仅在极少数国家存续。

上一章主要分析了君主统治模型在运作上的诸种难题，这一章的重点是讨论君主统治模型引发的社会成本以及各方面的严重后果。首要的问题，就是君主制很难避免治乱兴衰的政治周期。这种治乱兴衰的政治周期往往会让身处其中的人们付出巨大的代价。[1]中国自秦汉到晚清是标准的君主统治模型，经历了所谓的“二十五史”。每个王朝都经历了治乱兴衰的过程。实际上，欧亚大陆上的其他前现代帝国与王国也都会经历这样的治乱兴衰过程——无论是波斯帝国、罗马帝国，还是阿拉伯帝国、奥斯曼帝国。从历史经验来看，君主统治模型的政治周期大体上可以分为四个阶段，即兴起—盛世—衰落—崩溃。部分君主统治模型在衰落之后，还会经历中兴，然后是再次衰落和崩溃，因此，又可以分为六个阶段，即兴起—盛世—衰落—中兴—衰落—崩溃，参见图 6.1。一个王朝之所以能出现中兴，原因往往在于统治集团在经受衰落的打击后做出了较为成功的反应，即通过改革来重新激发帝国或王国的政治活力，并取得了一定的成效。但绝大部分情况下，这种改革又很难让这个王朝真正实现脱胎换骨。总体上，上面讨论的四阶段论（兴起—盛世—衰落—崩溃）或六阶段论（兴起—盛世—衰落—中兴—衰落—崩溃），大体勾勒了许多君主统治模型的一般演化过程。

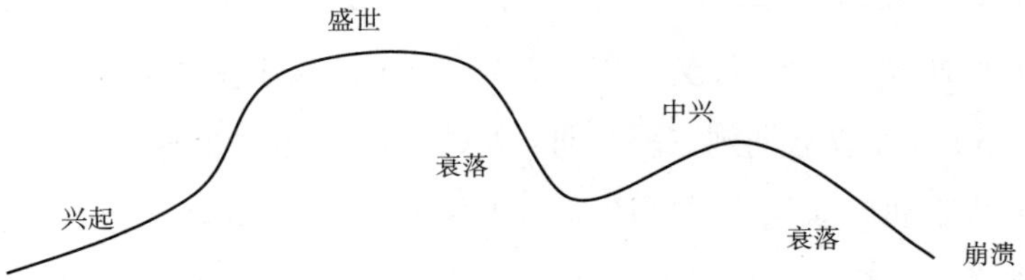

图 6.1　君主统治模型的政治周期

1　刘泽华、汪茂和、王兰仲，《专制权力与中国社会》，天津古籍出版社，2005，第233—268 页。

治乱兴衰周期与人口波动

君主统治模型的治乱兴衰周期都伴随着巨大的社会成本，既包括政治上的动荡、暴力、内乱，甚或是内战，又包括经济社会上的生产不稳定、人民流离失所、饿殍遍地以及其他各种无尽的苦难。就中国古代的君主制王朝而言，治乱兴衰周期所带来的苦难往往是巨大的。最为直接的佐证之一，就是中国古代人口的巨大波动，参见表 6.1。

表 6.1 显示，中国从秦汉到晚清的人口变化主要呈现两个趋势：第一，在 2000 多年的时间里，中国人口总量经历了大幅增长，从秦统一时 3000 多万人口增加到了晚清 4 亿多人口。中国人口增长的几个关键节点包括：西汉末年达到 6000 多万，唐安史之乱之前突破 8000 万，两宋鼎盛时期达到 1.1 亿，明朝晚期突破 2 亿，清朝晚期突破 4 亿。第二，中国人口规模在这 2000 多年时间里经历了巨大的周期性波动。从秦至晚清，中国人口经历了许多次大幅下降，每次人口降幅常常在三分之一到二分之一，而后又经历了同样次数的大幅上升。中国人口规模大幅下降的几个关键时期是：（1）从秦到西汉初年：人口从 3000 多万降至 1500 万 ~ 1800 万；（2）从西汉末年到东汉初年：人口从 6000 多万减少至 3500 万左右；（3）从东汉后期到三国时期：人口从 6000 万减少至约 2300 万；（4）从隋初到唐初：人口从 6000 万左右降至 2500 万；（5）从唐安史之乱之前到北宋初：人口从 8000 万减少至 4000 万；（6）从北宋中期到元初：人口从 1.1 亿减少至 7000 万左右；（7）从元后期到明初：人口从 8500 万左右降至不足 6000 万；（8）从明朝晚期到清初：人口从 2 亿降至 1.2 亿。根据上述估算，中国从秦至晚清至少经历了八次人口大幅下降。但这一估算尚不包括从西晋到南北朝的人口

表 6.1　中国历史上的人口波动：从秦到 19 世纪中叶

时间	人口数量
秦统一（公元前 221 年）	至少 3000 多万
西汉初年	1500 万 ~ 1800 万
西汉末年（公元 2 年）	6000 多万
东汉初年	3500 万左右
东汉后期（157 年）	突破 6000 万
三国鼎立形成（220 年）	约 2300 万
西晋（4 世纪初）	约 3500 万
南北朝时期	人口出现多次大幅下降
隋初大业五年（609 年）	6000 万左右
唐初	2500 万
安史之乱前（755 年）	突破 8000 万
北宋初（960 年）	4000 万（北宋境内 3000 万左右）
北宋中期（1100 年）	北宋境内超过 1 亿 辽（金）、西夏、大理 1000 万以上
两宋之际	人口大幅下降
南宋初（13 世纪初）	宋、金、西夏、大理及其他少数民族超过 1.2 亿
元统一	约 7000 万
元后期（14 世纪中）	8500 万左右
明初	不足 6000 万
17 世纪初	突破 2 亿
清初顺治十二年（1655 年）	1.2 亿
清早期康熙三十九年（1700 年）	1.5 亿
清道光三十年（1850 年）	4.3 亿

（资料来源：根据葛剑雄《我们的国家：疆域与人口》一书中关于中国历史人口数据统计和估算的概述制作，进一步的数据请参见：葛剑雄，《我们的国家：疆域与人口》，复旦大学出版社，2010，第 134—135 页；葛剑雄，《中国人口发展史》，四川人民出版社，2020。）

低谷、从北宋到两宋交替之际的人口大幅减少。所以，从秦到19世纪中叶，中国人口大幅降低应当不少于10次。[1]

按照葛剑雄对中国人口史的研究，影响人口增长或下降的主要因素包括自然地理环境、农业生产、战争、政治制度、思想与习惯等。[2]综合来看，推动中国上述时期人口增长的因素，一是中国疆域版图的扩张，中国从秦到清实现了较大规模的疆域扩张；二是中国适宜农耕面积的大幅增长，包括得益于长时段历史演化过程中南方、东北和西部的土地开发；三是农业耕作技术、粮食品种引入和生产工具革新所带来的粮食生产效率提升。[3]这些原因似乎是显而易见的，也是容易理解的。

但问题是，如何理解中国人口规模周期性地大幅下降呢？实际上，中国人口骤降跟王朝的衰落、内乱或内战、中原政权与游牧政权的战争是息息相关的。在中国历史上，只要政权稳定、社会和平，人口基本上呈现稳步增加的趋势；只要政权不稳、社会动荡，人口就会出现急剧下降的趋势。

从秦至晚清，中国人口周期的几个低谷——两汉交替之际、魏晋南北朝时期、五代十国时期、宋金与宋蒙战争时期、元明更迭关头、明清交替之际——都是王朝更替、社会动荡、战争不断的时期。以秦汉之际为例，秦末农民起义和楚汉相争导致了人口大规模减少，从秦朝的3000多万人口降至西汉初年的1500万~1800万人口。一般来说，战争导致人口的大规模减少有两种机制：一种机制是战争本身会导致大量的人口死亡；但更重要的是另一种机制，

1　葛剑雄，《我们的国家：疆域与人口》，2010，第134—135页；葛剑雄，《中国人口发展史》，2020。

2　葛剑雄，《我们的国家：疆域与人口》，2010，第144—148页。

3　关于古代中国不同时期人口增长的具体原因，参见：侯家驹，《中国经济史》（上下卷），新星出版社，2008。

即战争会导致生产的大规模破坏，这就会导致粮食不足以及人口正常再生产的难度增加，进而会显著导致人口的大规模减少。一旦西汉开始建立起巩固的统治，特别是经过休养生息的“文景之治”，生产快速恢复，人口就开始快速增长。尽管西汉后来经历了汉匈战争，但这是中原政权在西北草原地区跟游牧政权之间的战争，对中原的生产与生活并无重大影响。这样，到西汉末年，人口已经史无前例地增长至6000多万。然而，由于王莽改制、底层起义和连年战乱，中国在西汉、东汉交替的短短20年左右时间里，又遭受了巨大的人口损失，从6000多万腰斩至3500万左右。从人口规模的骤减，可以想象当时的中国社会经历了何等严重的动荡、暴力与苦难。从公元3世纪到6世纪晚期，中国迎来了自秦统一以后的最长分裂时期，即从三国对峙到西晋的短暂统一，而后是东晋与五胡十六国的对峙，然后是南北分裂、王朝快速迭代的南北朝时期。这一时期的人口又从东汉后期的6000万锐减至2500万的规模。这也是中国自秦以后历史上最长的人口低谷时期。[1]反过来说，这一时期人口的骤减与长期维持在低位，折射的恰恰是王朝治乱兴衰的政治周期带来的沉重社会代价。

有人口学者的研究直接指出，古代中国这种人口大波动背后的主要原因就是一个个王朝的“治乱循环”：

> 人口的循环波动反映了社会的循环波动，社会循环波动的最重要表征，是朝代的更迭，即所谓“治乱循环”。每当一个新王朝开始时，社会趋于稳定，是为“治世”，人口依其稳定人口机制，以每年5‰ ~10‰的增长率持续增加；当人口增

1　葛剑雄，《中国人口发展史》，2020，第145—170页。

> 长到一定程度时，王朝衰败、社会动荡，开始进入“乱世”，“乱世”的极端表现就是改朝换代的大规模战争，持续多年的战争消灭了大规模人口，使人口绝对减少，进入低谷时期，直到另一个新王朝建立，开始新的一轮循环。[1]

从历史经验来看，在中国古代王朝治乱兴衰的政治周期中，导致动荡、内乱、内战与严重暴力的事件主要是以下几种类型：一是皇室或高层争权，比如像西汉七王之乱、西晋八王之乱、明朝靖难之役等。这些争权都导致了相当程度的内乱或内战，引发社会动荡，导致大规模人口的非正常死亡。二是武将叛乱，比如像唐朝安史之乱、清朝三藩之乱等。安史之乱历时八年，横扫整个华北地区，估计导致了不少于1000万人死亡。三是底层起义或底层造反，比如像东汉末年黄巾起义、元末农民战争、明末农民战争等。四是外族战争，即中原政权与游牧政权之间的战争，比如像宋辽、宋金与宋蒙战争等。这些战争通常发生在人口稠密的长城以南地区，所以长期战争会导致人口的大幅减少。正如第五章分析的，无论是皇室争权、武将叛乱，还是底层起义，都跟君主统治模型的政治逻辑有关。至于中原政权与游牧政权之间似乎无可避免的战争，其实也离不开君主制条件下政治权力不断扩张的逻辑。

因此，正是君主统治模型的政治逻辑，导致了周期性的治乱兴衰。一个个的王朝或帝国此起彼伏，随之而来的自然就是周期性动荡、内战与暴力，进而导致了巨大的社会苦难和人口的大幅缩减。中国人口周期性波动的背后，其实是中国王朝治乱兴衰的政治周

---

1 朱国宏，《中国历史人口增长再认识：公元2—1949》，《人口研究》，1998年第22卷第3期，第14—20页。

期。这无疑从一个重要侧面呈现了君主统治模型所导致的巨大社会代价。这就正如元代政治人物张养浩有感于君主制条件下普通百姓的苦难，曾挥毫写下著名的《潼关怀古》："峰峦如聚，波涛如怒，山河表里潼关路。望西都，意踌躇。伤心秦汉经行处，宫阙万间都做了土。兴，百姓苦；亡，百姓苦。"

治乱兴衰周期与暴力

美国历史学家伊恩·莫里斯在关于战争的专著中估算了各个不同类型社会的人口因遭受暴力而导致的意外死亡率，参见图 6.2。在石器时代，由于遭受暴力而导致意外死亡的比率非常之高，大约为 10%~20%，亦即每 10 个人中有 1~2 人会由于遭受暴力而意外死亡。结合本书的分析框架，它对应的是自然状态下人与人发生暴力冲突的较高可能性。到了古代帝国时期，人口由于遭受暴力而导致意外死亡的比率仍然高达 2%~5%。这种人口的大量意外死亡，其实就与古代帝国的军事征服和治乱兴衰有关。而无论是帝国内部的内乱与内战，还是帝国与其他政治体的外部战争，都会在不同程度上受到君主制政治逻辑的影响。到了 20 世纪，人口由于遭受暴力而意外死亡的比率降到了 1%~2%。[1] 在 20 世纪上半叶，仅仅考虑第一次世界大战、第二次世界大战以及主要大国的内战，仍然有大量人口由于遭受暴力而意外死亡。尽管这个意外死亡人口的总量并不低，但人类社会此时的意外死亡率则要远远低于自然状态和古代帝国时期。至于民主共和政体大规模普及的 20 世纪后半叶至今，人

1　伊恩·莫里斯，《战争：从类人猿到机器人，文明的冲突和演变》，栾力夫译，中信出版社，2015，第 79 页。

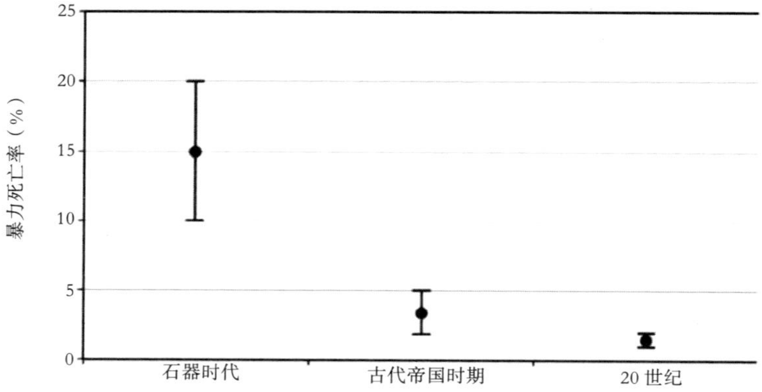

图 6.2 因暴力而意外死亡的人口比重：历史比较

[资料来源：伊恩·莫里斯，《战争：从类人猿到机器人，文明的冲突和演变》，2015，第 79 页。说明：各个时期暴力死亡率的区间（石器时代：10% ～ 20%，古代帝国时期：2% ～ 5%；20 世纪：1% ～ 2%）及其中点。]

口因遭遇暴力而导致意外死亡的比率更是急剧降低。这些数据说明，跟 20 世纪相比，特别是跟民主普及的 20 世纪后半叶相比，君主统治模型支配的古代帝国时期所对应的是高暴力。

按照美国实验心理学家斯蒂芬·平克的研究，人类的暴力程度在长期演化过程中是不断降低的。他认为，有五个心魔是催生暴力的，包括捕食、支配欲、复仇心、虐待狂、意识形态，有四位善良天使则是抑制暴力的，包括移情、自制、道德感、理性，而又有五种历史力量是有助于削减暴力的，包括利维坦（即国家）、商业、女性化、世界主义、理性的滚梯（the escalator of reason）。[1] 尽管平克的分析框架并未把人类历史上的政体变迁作为一个核心变量进行

1 斯蒂芬·平克，《人性中的善良天使：暴力为什么会减少》（上下册），安雯译，中信出版社，2015。

单独论述，但他在书中多处讨论专制政体与民主政体跟人类暴力减少之间的相关性。在“专制统治和政治暴力”这个小标题之下，平克这样说：

> 说到政府，社会学家马克斯·韦伯有一句名言，指政府就是一个垄断了使用暴力的合法组织。……在理想的状态下，暴力仅仅被作为一种威慑犯罪分子和入侵者的备用工具，但是，几千年以来，大多数政府都不具备这样的克制力，而是沉湎于滥用暴力。[1]

这里所指的大多数政府就是君主统治模型之下的政府，亦即平克所谓的专制统治的政府。平克继续说，在这种政府之下：

> 政治领袖不仅仅互相残杀，通常还向自己的人民大规模使用暴力。他们对人民滥施酷刑、大兴牢狱、随意处决，而且让人民食不果腹，为了宏大的建筑工程拼死劳作。鲁梅尔估计，在20世纪之前政府杀害了1.33亿人，而被杀者的总数高达6.25亿。所以，在一个社会中，一旦抢劫和仇杀得到控制，降低暴力的最大机会就是降低政府的暴力。[2]

“降低政府的暴力”，主要的方法在于逐渐减弱“政府的专制

1　斯蒂芬·平克，《人性中的善良天使：暴力为什么会减少》（上册），安雯译，中信出版社，2015，第191页。

2　同上，第192页。译文根据原著略有调整，主要是这一句：“鲁梅尔估计，在20世纪之前政府杀害了1.33亿人，而被杀者的总数高达6.25亿。”原文是：“Rummel estimates that governments killed 133 million people before the 20th century, and the total may be as high as 625 million.”。

性”，这样才能“将政府的暴力约束在最低的必要水平之下”。至于到底如何约束政府的暴力，平克认为，立宪政体、法治与分权制衡等现代政治发明都是很重要的制度设计与政治方法，但跟这些相比，更重要的还是不同于君主制的现代民主政体的兴起。“一旦民主观念开始传播，全世界越来越多的国家受到它的感染，我们将要看到，自从政府出现之后，民主实际上就是一种最伟大的暴力遏制技术。”在平克看来，民主不仅有助于大幅度减少一个国家内部的暴力，而且有助于大幅度削减国与国之间的战争及其暴力。[1]

因此，人类暴力程度降低的一个重要驱动力，就是人类政体从君主统治模型向更现代的民主政体的演化。这种演化使得人类社会趋向于越来越和平。反过来说，跟自然状态相比，固然利维坦——亦即国家——的兴起大幅度地降低了人类的暴力水平，但在后来的君主统治模型下仍然维持相对较高的暴力水平。对人类政治生活来说，这当然不是什么好事情。

典型帝国的治乱兴衰

除了对人口与暴力的考察，本节还会考察几个典型帝国在君主统治模型下经历的政治波动与治乱兴衰。一个基本发现是，无论是多么强大的帝国，只要是君主统治模型，就很难避免这种治乱兴衰的政治周期。罗马帝国曾经是人类文明早期极强盛的帝国之一，但在君主统治模式下，罗马帝国也很难避免其他帝国类似的政治问题。如前所述，一般认为，罗马皇帝康茂德（180—192 年在位）的

1　斯蒂芬 · 平克，《人性中的善良天使：暴力为什么会减少》（上册），2015，第 192—194、328—335 页。

登基标志着罗马帝国由盛转衰，而此前的罗马帝国则是著名的五贤帝统治时期。有人评价，从康茂德时代开始，罗马帝国开始“从一个黄金帝国沦为一个铁锈之国”。到了塞维鲁王朝，罗马帝国更是趋于一片混乱。一个标志性事件就是，塞维鲁王朝几乎每个皇帝都是死于谋杀或处决。这意味着，在罗马帝国的高层政治中，暴力已经取代传统或程序，成为决定政治权力归属的普遍方式。在罗马帝国著名的三世纪危机中，内部叛乱与内战、蛮族入侵、经济萧条和瘟疫支配了罗马社会。尽管早期的罗马共和国一度被视为人类古典政治的杰出典范，但到了罗马帝国的中后期，君主制模式的缺陷则已经暴露无遗，罗马社会也随之付出了巨大的代价。[1]

在罗马帝国的中后期，两个政治议题支配着君主制下的帝国政治：一是罗马帝国能否有一位胜任的君主；二是不同政治势力对于君主权力的争夺。当罗马帝国出现一位有能、有为、有德行的君主，这位君主在合法性、有效性与实力这三个方面表现较出色，其他政治势力不再对帝位发起直接挑战时，帝国统治就容易进入相对清明与平稳的时期，政治冲突与暴力也能得到控制。反之，罗马帝国的统治基本就是三世纪危机的翻版，政治后果相当严重。如果一位君主的统治缺少基本的合法性，或者他完全无力掌控整个帝国的统治权，或者他的暴行激发了整个帝国的普遍不满，那么就会引发统治危机，有禁卫军参与的高层政变与刺杀阴谋就会频繁出现，驻外的罗马军团发动武装叛乱与内战亦可能发生，奴隶与角斗士阶层也更可能发动底层抗争与起义，整个帝国的行政系统更有可能趋于衰朽和溃败。实际上，一个人如果生活在罗马帝国晚期，就有机会

1　爱德华·吉本，《全译罗马帝国衰亡史》(第1卷)，2018，第151—196页。

目睹上述种种不堪的境况。[1] 所以，中晚期的罗马帝国早已不再是人类古典政治的典范，而已经成为充分暴露人性不堪与残忍的政治舞台。经历几个世纪的演化之后，西罗马帝国的君主统治模型到了公元 5 世纪中后期终于走向了穷途末路。

拜占庭帝国是罗马帝国在东部地区的延续，其另一称谓就是东罗马帝国，它是人类历史上历时最长的帝国。拜占庭帝国的早期曾经出现过一些著名的杰出皇帝，比如，查士丁尼一世（527—565 年在位）就是其中的代表。他主持编订的《查士丁尼法典》影响深远，堪称中古早期人类最杰出的法典。但问题是，拜占庭帝国如同其他许多帝国一样好景不长。“当强大的查士丁尼的形象在历史舞台上消失之时，他精心制造的、一度使帝国保持平衡的统治体系亦土崩瓦解了。”公元 565—610 年，拜占庭帝国迎来了其历史上一段非常灰暗的时期，“混乱、贫穷和瘟疫席卷了整个帝国”。有历史学家甚至这样认为：“历史上也许没有任何时期，其社会竟处于如此全面的道德衰败中。”[2]

到了公元 711—717 年，帝国连续出现了三位短命君主，他们先后都被废黜，而当时的形势是“整个帝国一片混乱，四处兵变”。这样的政治危机对生活在其中的许多普通人来说，都是不堪忍受的重负与苦难。公元 1056—1081 年又是拜占庭帝国历史上一段较为混乱的时期。实际上，早在 1025 年瓦西里二世去世后，“帝国便进入一个混乱不堪、帝位更换频仍的时期，逐渐衰落”。这一时期，拜占庭帝国帝位更迭频繁，统治者多为庸碌无为之辈。[3] 到了

---

1 吉本的著作中充斥着这些不同的故事，参见：爱德华 · 吉本，《全译罗马帝国衰亡史》（全 12 册），2018。

2 A. A. 瓦西列夫，《拜占庭帝国史：324—1453》，2019，第 263 页。

3 同上，第 357—358、543—558 页。

巴列奥洛格王朝时期，即公元1261年之后，拜占庭帝国被形容为就像“一个虚弱的残疾的躯体被安置着一个巨大的头颅——君士坦丁堡”。这句话颇为形象地指出了拜占庭帝国的两个重大问题：整个国家的虚弱不堪和庞大的首都统治机构已成为整个国家的重负。

1204年，拜占庭帝国再次遭遇重大危机，西欧和威尼斯十字军入侵，帝国军队一度无力抵御，结果就是他们长驱直入，攻占并洗劫了君士坦丁堡。这一重大事件再次从各方面重创了帝国。有历史学家这样评论这场危机之后的君士坦丁堡和拜占庭帝国：

> 帝国的首都，在1204年的洗劫后再没有恢复元气，至迈克尔时已是虚弱不堪；最好的和最富丽的建筑物矗立在那里，好像刚刚被洗劫过；教堂珍贵的陈设品已经被抢走了；布莱舍奈宫，从科穆宁时代起就是皇家的住地，一直用它丰富的装饰和镶嵌品向陌生人炫耀，如今已经完全被毁。[1]

必须承认，拜占庭帝国称得上人类政治演化史上最具政治生命力的帝国。该帝国一直从公元395年东西罗马分治延续到1453年，尽管其统治疆域的规模有日趋缩减的趋势，但仍然展现了惊人的政治生存能力。就国祚绵延时长而言，欧亚大陆的其他帝国无出其右。即便如此，拜占庭帝国仍然无法逃脱其他帝国常有的政治命运：一是王朝更迭与兴衰周期，拜占庭帝国总共经历了12个王朝，平均每个王朝延续时间约为88年；二是帝国统治呈现出治乱兴衰的政治周期，其中的主要影响因素包括君主的素质、王朝更新带来的政治活力、内外环境带来的不同挑战等；三是帝国时常处于跟其

---

1 A. A. 瓦西列夫，《拜占庭帝国史：324—1453》，2019，第886页。

他帝国或政治体的战争状态，其主要对手包括阿拉伯帝国、蒙古帝国与奥斯曼帝国等，而这些对手的强大与否也影响或决定着帝国的命运。综合来看，在这三个主要特征中，前两者显然是由君主统治模型的政治逻辑决定的，而第三个特征也离不开君主制国家之间的关系——这同样是受君主统治模型的政治逻辑支配的。

作为拜占庭帝国的终结者，奥斯曼帝国的统治从 1299 年延续至 20 世纪 20 年代初，但奥斯曼帝国作为横跨欧亚非三洲的大型帝国同样无法摆脱治乱兴衰的命运。这大概就是君主统治模型的宿命。这里以 1403—1413 年奥斯曼帝国经历的一场政治大混乱，来讨论该帝国的君主统治模式所面临的结构性难题。1402 年，帖木儿帝国入侵安纳托利亚地区，跟奥斯曼帝国发生大战，结果奥斯曼帝国苏丹巴耶济德一世兵败被擒。一旦君主被擒，由于君主制的特点，整个奥斯曼帝国就处于群龙无首的局面。接下来，奥斯曼帝国的首要问题不是如何与帖木儿帝国作战，而是如何解决谁统治的问题。由此，一场争夺君主权力的危机一直从 1403 年持续到 1413 年。在历史学家看来，帝国"经历了十余年的分裂，内部的各股势力为了权力互相厮杀，整个国家时常陷入无政府的状态"。[1]

简而言之，奥斯曼帝国由于君主被擒，很快引发了一场关于君主继承问题的内战。本书上一章曾经对奥斯曼帝国的君主继承问题做过系统分析。对此时此刻的奥斯曼帝国来说，巴耶济德一世的几个儿子都宣称自己是苏丹的合法继承人。他们不仅依靠自己的政治军事力量互相作战，而且还跟地方势力建立广泛的政治联盟关系，甚至还跟自己的劲敌拜占庭帝国暗自勾连。按照历史学家的说法，"在奥斯曼的漫长历史中，无论是作为政治工具的兄弟相残，还是

1　帕特里克·贝尔福，《奥斯曼帝国六百年：土耳其帝国的兴衰》，2018，第 89 页。

编年史家为将最初的苏丹们继承王位的过程写得平和顺利所做的努力，都无法阻止上一任苏丹死后常常出现的权力斗争”。[1] 在帝国早期阶段，这种权力斗争常常导致周期性的军事冲突乃至大规模内战。实际上，1403—1413 年的帝国政治史，不过是奥斯曼帝国历史上众多的黑暗片段之一。

治乱兴衰周期与君主制运作定律

不同帝国或王国的君主统治模型之所以难以避免治乱兴衰的政治周期，在很大程度上是由君主统治模型的基本特征决定的。正是君权至高无上、君权不受法律约束、家族继承制与君主普通肉身特性等基本特征，决定了君主制条件下治乱兴衰的政治周期。更具体地说，君主统治模型的基本特征决定了君主制实际运作的三个定律。

第一个定律是君主权力竞赛定律。无论是罗马帝国、拜占庭帝国，还是中国古代王朝、奥斯曼帝国等，统治集团内部永无休止的权力竞赛乃是一种常态。特别是，主要皇室成员、实际控制政府的主要大臣、掌控军队的主要将领、禁卫军的首领等在条件允许的时候都跃跃欲试，试图控制君主的政治权力，甚至使自身成为君主。这一方面在于君主至高无上的政治权力实在是一种巨大的诱惑，另一方面还在于君主的产生与继承固然有一套合法的规则与惯例，但说到底它并非来自现代民主共和政体下基于宪法和民众投票的程序合法性，而是来自政治强人对政治军事权力的实际掌控。

上文已经分析，君主政治权力的基础在于他的合法性、有效性

1　卡罗琳·芬克尔，《奥斯曼帝国：1299—1923》，2019，第 45 页。

与实力。君主的权力，最终来说表现为他实际上对政治与军事力量的控制。当一个拥有较高合法性、有效性的君主同时能有效控制帝国的政治与军事力量时，这样的君主统治就会比较稳定。然而，当君主一旦不能控制帝国的政治与军事力量时，对于君主权力的争夺就会加剧，统治就会趋于动荡。除了少数帝国开创者，大部分君主都是基于父死子继的合法性成为君主的。总的来说，这种合法性是基于传统的，有其合理性，但认真推敲起来，这种合法性其实也很脆弱。你凭什么统治，我为什么服从？这个问题在君主制条件下并没有一个逻辑上完美的答案。所以，君主对政治与军事力量的实际控制，才是君主权力的保证。

但问题是，由于君主能力与素质的不稳定，很难保证每个君主均具有较强的实际控制政治与军事力量的实力。这就难以避免君主制条件下各种势力对政治权力的争夺。如果在位君主不能有效控制政治权力，或者当发生新旧君主权力交替时，对君主权力的争夺往往会趋于剧烈。这样，对任何一个君主统治模型来说，是否会发生针对君主权力的剧烈争夺，如果放在一定时间周期中进行考察，就会发现这是一个概率事件。它并不必然会发生，但它在一定条件下就会发生。

另一个重要事实是，这种对权力的争夺并非像现代民主共和制条件下是基于程序的正式竞争，而是要么依靠权谋，要么依靠暴力，或者同时依靠两者。这也反映出人类前现代君主统治的一个困境，即人类在当时还没有找到一种稳定的以非武力方式实现政治权力更迭的制度安排。按理说，君主统治模型下的政治权力更迭也需要遵循一套规则与惯例。但是，这种规则与惯例仍然是表面化的，君主权力能实现制度化的和平过渡的条件是，皇室正统仍然较为稳固地控制着政治权力，没有出现实力足够强大、能以武力方式挑战当时权力格局的竞争者。一旦皇室正统失去对权力的实际控制，强有力的潜在竞争者兴起，马上就会出现针对君主权力的激烈争夺与暴力角逐。总之，凡是君主统治模型，就难以避免时断时续的以阴谋和暴力方式进行的权力竞赛。

第二个定律是君主统治效能衰减定律。君主统治模型的一个普遍现象是，统治效能随着时间推移、世代交替而面临逐渐衰减的趋势。原因其实不难理解。前现代帝国或王国的首任君主是开创帝国基业的创业型君主。开国君主自己建立起一个强大的政治军事组织，一方面进行有效的内部建设，另一方面进行成功的武力征伐和开疆拓土，最终创建了帝国或王国。这种开国君主往往有着非同一般的素质与卓越的政治领导力。然而，该帝国或王国的后续君主——特别是国家根基巩固、政局稳定以后的后续君主——往往只是根据父死子继制度执掌大权的。这样，许多君主不仅没有地方统治与带兵打仗的经历，而且常常只有在宫廷中成长的简单生活经历。以中国古代的说法，皇帝继承人常常是“生于深宫之中，长于妇人之手”。正如上一章分析的，奥斯曼帝国后期的苏丹继承人更是成长于“宫廷牢笼”之中。这就使得以父死子继方式获得大位的后续君主们，很难拥有开国君主的素质、能力与阅历。如果帝国或王国内无叛乱，外无劲敌，官僚体系尚处于基本有效运作的时期，这样的君主就还算幸运。一旦遭遇比较严重的政治军事危机，这样的君主往往无力进行有效应对。所以，基于家族继承制的君主素质的不稳定性，是君主制条件下统治效能衰减的重要原因。

另一个显而易见的原因是，君主制条件下官僚系统的效能与廉洁程度，常常是随着时间推移而呈现逐渐衰减的趋势。对于帝国或王国来说，正如上一章分析的，君主制下的官僚体系符合多层级、长链条的委托–代理模型，这一体系的最终驱动力来自君主本身。

君主尽管可以精心设计一套融合选拔、考评、激励、监督等在内的制度规则，去规范从高级官僚到普通官僚的行为，但由于最终的委托人主要就是君主本人，这套官僚体制在运作过程中很难不发生效能的衰减。特别是，君主至高无上、不受法律约束的权力，往往对应着官僚较高的自由裁量权，而这种自由裁量权又是滋生腐败的温床。久而久之，君主制条件下的官僚体制就会逐渐腐化。一个逐渐趋于腐败的官僚体制，其统治效能一定是逐渐衰减的。

第三个定律是君主制国家互相作战定律，亦即君主制国家之间常常发生战争。这主要是指君主制国家之间的国际关系，但这种国际关系——特别是彼此间的军事竞争与战争——一定会影响君主制国家内部的统治与治理。但凡发生外部战争，一定会给君主制国家的内部统治带来巨大的压力。这也是君主统治模型下外部政治压力对内部统治压力的传导。与之相比，20 世纪以来的经验是，民主国家与民主国家之间更少发生战争，即所谓的民主和平论。迄今为止，民主和平论既有逻辑上的解释，又有经验上的论证。[1] 实际上，早在 1795 年，德国哲学家康德就明确表达过人类永久和平有赖于共和政体普及的观点。按照康德的逻辑来推导，绝对君主制政体就是人类社会实现永久和平的重大阻力。[2]

基于历史经验，两个相邻的君主国之间发生战争是再正常不过的事情。以古代中国为例，位于南方的中原政权跟位于北方、西北或东北的游牧政权基本上都处于连续的或时断时续的战争状态。对中东地区来说，只要没有一个强大的帝国能够建立起统一中东、横

---

1 关于民主和平论，参见：Bruce Russett, *Grasping the Democratic Peace: Principles for a Post-Cold War World*, Princeton: Princeton University Press, 1993; Håvard Hegre, "Democracy and Armed Conflict," *Journal of Peace Research*, Vol. 51, No. 2(2014), pp. 159-172.

2 关于康德《永久和平论》这篇长文，参见：伊曼努尔 · 康德，《历史理性批判文集》，何兆武译，商务印书馆，1996，第 97—144 页。

跨欧亚非地带的统治，那么该地区就会处在不同帝国与王国的交战状态。这种外部战争对君主制帝国或王国的治乱兴衰往往有着两种不同的效应。一方面，正如本书前面章节分析的，对外战争、军事竞争与外部压力是推动国家构建的重要机制，会使得君主制政体产生一种形成更有效能的国家与自我革新的力量。[1] 这或许会对君主制政体的“治”和“兴”产生积极作用。另一方面，巨大的军事竞争压力可能会大大削弱或拖垮一个君主制政体。至于一个君主制帝国对另一个君主制帝国的武力征服，其政治后果就更是不言而喻了。这些情形都会使得处于被动或失败一方的君主制政体进入“乱”和“衰”的周期。如果一个君主制政体在一场重大的战争中遭遇重大失败，往往就会引发严重的政治危机，甚至是走向国家覆灭的命运。这也是导致君主制帝国或王国治乱兴衰周期的重要逻辑。

总之，许多前现代君主制帝国与王国的历史经验表明，其治乱兴衰的政治周期所带来的社会成本与社会代价是非常巨大的。而这种周期性的治乱兴衰恰恰是由君主统治模型的基本特征决定的，其具体机制表现为权力竞赛、统治衰减、互相作战所引发的周期性动荡。正是因为这些逻辑，君主统治模型往往就难以真正走出周期性的政治危机。

民众福祉与社会风尚

如果说上一节主要讨论的是君主统治模型在政治维度上的效应，那么这一节重点是分析君主统治模型在社会维度上的效应，

1　Charles Tilly, *Coercion, Capital, and European States, AD 990-1992*, 1990.

或者说是对整个社会的影响。毋庸置疑，君主统治模型会影响到一个社会的方方面面，这里主要关心的是君主统治模型对民众福祉的影响，以及君主统治模型对社会风尚的影响。笔者试图借助对这两个问题的分析，来综合评估君主统治模型对整个社会的一般影响。

君主统治模型与民众福祉

上文已经论述，在君主统治模型下，作为一个金字塔式的政治组织，国家主要包括三类行为者：上面是统治者及其家族，中间是统治精英，亦即辅助统治者的文武官员，下面是一般的被统治者，即普通民众。在三者关系中，统治者既要通过统治精英来实现对民众的政治控制，又要通过统治精英来从民众那里汲取资源，特别是获得稳定的兵源与税收。但统治者并不会天然地关注民众的福祉，他主要关注的无非是自己的三个目标：政治生存、统治成就与个人享受。所谓历史上好坏统治者的差异，无非是好的统治者更关注统治成就，并把统治成就跟国泰民安、人民安居乐业等跟民众福祉有关的目标联系在一起；坏的统治者主要关心自己的个人享受，而根本不在意普通民众的苦难。

从制度规则与权力结构上看，由于君主统治模型下的君主权力是至高无上且不受法律约束的，故即便是好的统治者，仍然主要依赖于他的统治自觉与自我克制，而非其他的制度约束或权力制衡。即便一个充分考虑民众福祉与民生疾苦的统治者，除了其高远抱负和理性计算，更主要的乃是基于其自我克制与统治自觉。但这种自我克制与统治自觉不仅是因人而异的，而且未必是靠得住的。按统治者的边界条件来说，只要不激起普通民众足以威胁现有统治秩序的抗争，统治者便不必花许多心思来认真考虑民众福祉。这是由君主统治模型的制度规则与权力结构决定的。

明末清初思想家黄宗羲笃定认为，绝大部分君主主要关心的是他自己的私利，而非天下的公义。正如前文已经提及的，黄宗羲认为，后世君主常常“以天下之利尽归于己，以天下之害尽归于人”，同时“视天下为莫大之产业，传之子孙，受享无穷”，甚至“敲剥天下之骨髓，离散天下之子女，以奉我一人之淫乐”。按照黄宗羲的观点，君主不仅只关心自己的“大私”，而且把自己的大私建立在天下人普遍地“不敢自私”“不敢自利”的基础上。换言之，君主不太可能关心民众福祉。这在黄宗羲看来乃是近世以来的常态。[1]

但这并不意味着统治者可以为所欲为。在君主统治模型下，统治者即便不受到制度规则的约束，但他仍然面对着许多实际的约束条件。由于这些约束条件，统治者有时不得不考虑普通民众的福祉。在道格拉斯 · 诺思提出的新古典国家理论看来，统治者通过提供公共服务来换取统治租金，统治者的目标函数是实现统治租金的最大化，但其行为要受到两个约束：一是交易费用约束，二是竞争约束。所以，新古典国家理论也就是约束条件下的理性统治者模型。[2]这个模型意味着，在面对许许多多的被统治者时，固然统治者思考问题的出发点并非民众福祉，而是他自身的政治生存与统治租金，但他需要面对的一系列约束条件却是跟普通民众密切相关的。

统治者需要面对的首要约束条件，是至少要得到被统治者的消极服从。如果被统治者做不到消极服从，那么统治者就会面对叛乱四起、政治动荡的局面。这样，即便统治者仍然能够勉强维持统

1 黄宗羲，《明夷待访录》，出自：《黄宗羲全集》（第一册），1985，第 2—3 页。
2 道格拉斯 · C. 诺思，《经济史上的结构和变革》，厉以平译，商务印书馆，1992。

治，但这种统治也将会变得非常艰难。这种局面对统治者来说，无论在风险上还是成本上，都会变得相当之高。比如，古代中国的不少王朝在中晚期往往受困于不同地方的底层起义——这意味着被统治者不再能够做到消极服从。这种底层起义不仅会使得许多地区陷入动荡与内乱，而且还会以极快的速度消耗统治者的财政与其他资源，进而使得统治变得步履维艰，难以为继。

进一步说，统治者其实还希望被统治者至少有最低限度的合作。比如，统治者要征税，民众大体以政府要求的方式来缴税，就是最低限度的合作；统治者要征兵，民众大体以政府要求的方式来应征，也是最低限度的合作。如果被统治者不能做到最低限度的合作，统治者就需要以更高的成本去迫使被统治者进行最低限度的合作，但这又会提高统治的难度。对统治者来说，明智的做法是努力提高民众的自愿服从程度和自愿合作程度。这对君主来说才是符合理性的。一个理性统治者甚至还应该评估被统治者的反叛概率。回望历史，君主统治模型下的底层民众反叛呈现一定的概率分布。如何有效降低被统治者的反叛概率，应该成为一个理性君主需要关注的重大问题。

基于这些分析，统治者按理说必须要考虑普通民众的利益与福祉。当普通民众的满意度较高、怨恨程度较低时，他们就更有可能选择自愿服从与自愿合作，就更少会进行抗争或卷入叛乱；反之，他们就更有可能选择不服从与不合作，就更可能进行抗争或卷入叛乱。因此，尽管任何君主都要对普通民众进行政治控制，并从他们那里汲取资源，但这种政治控制和资源汲取并非没有限度。当这种政治控制变得过于严酷以及资源汲取负担过于沉重时，普通民众由于其利益与福祉受到忽视而容易变得生活窘迫，如果再加上其他条件的配合——比如自然灾害、突发事件、外敌入侵等，他们就更有可能进行抗争或卷入叛乱。

所以，一个理性统治者应该把确保民众的基本福祉作为符合统治者及其家族的长期利益的事情。正如前文已经提及的，唐太宗李世民强调："君，舟也；人，水也。水能载舟，亦能覆舟。"唐太宗认为，统治者应该有相当的统治自觉。所以，他能认识到"民唯邦本，本固邦宁"这一朴素而深刻的道理。古印度名著《利论》也阐述了这样的观点："臣民的福祉即是国王的福祉，臣民的利益即是国王的利益。对于国王来说，自己青睐的并非利益，臣民所青睐的才是利益。"这两句话出自该书第一篇"教戒"的第十九章"国王之规则"。[1]

即便如马基雅维利，他仍然告诫君主，不要常常使用暴力与重复暴行，因为这会让民众失去安全感。他还特别提醒君主，要"避免自己为人们所憎恨"，所以，"对自己的公民和自己的属民的财产，对他们的妻女不染指"，这是非常必要的。马基雅维利的一句名言是，他告诫君主"务必不要碰他人的财产，因为人们忘记父亲之死比忘记遗产的丧失还来得快些"。[2]这也是主张君主要尊重民众的基本利益与福祉。所有这些，即便是基于君主自利的考量，仍然是马基雅维利对于君主必要且善意的提醒。

跟马基雅维利几乎同时代的欧洲人文学者德西德里乌斯·伊拉斯谟认为，君主必须要考虑民众福祉。他这样说：

> 只有那些无私地奉献国家的人，而不是让国家奉献自己的人，才配得上"君主"之名。因为如果某人按照是否适合

1　憍底利耶，《利论》，2020，第 60 页。
2　尼科洛·马基雅维利，《君主论》，1985，第 81 页。

> 自己来治理国家，评判一切事情都是看它对自己的便利有何影响，那么，他享有怎样的名位也就是无所谓了；实际上，他是个不折不扣的暴君，而不是什么君主。……
>
> 君主与暴君之别，犹如仁慈的父亲与残酷的主子。前者乐意为自己的孩子牺牲哪怕是自己的生命，而后者却只考虑自己之所得，或者说是生活的安排只图个人的安逸，而不考虑其子民的福祉。[1]

然而，即便如此，在人类历史上，真正拥有统治自觉的君主或统治者往往是少数。民众的不满或怨恨确实有可能给统治者带来政治压力，但跟统治者所拥有的巨大政治权力相比，许多统治者往往只有在统治遇到威胁时才会充分重视来自民众的政治压力。从君主统治模型的制度规则与权力结构看，民众注定是无权的。所以，普通民众或被统治者在这种制度框架下不被重视、不被关注、不被作为有价值的"政治顾客"而得到关照，是再正常不过的事情。君主统治模型本身就决定了统治者面对的是何种权力结构与约束条件，决定了统治者与被统治者在政治上的实质性关系，决定了被统治者在这种关系中的真实处境。进一步说，考虑到君权的随意性比较大，考虑到官僚权力的随意性同样比较大，民众的利益与福祉不只是容易受到来自君主权力的侵犯，而且也容易受到来自官僚行为的侵犯。这大体上是普通民众在君主统治模型下的真实处境。

当然，务实地说，在前现代社会，君主统治模型对被统治者并非全然都是坏处。一种较为合理的君主统治应该能够为普通民众提供起码的安全、法律和秩序。既然如此，对普通民众来说，君主统

1　伊拉斯谟，《论基督君主的教育》，李康译，上海人民出版社，2003，第 33 页。

治并不是一种最坏的状态。一种更坏的状况，是长期的内乱或内战，或者用美国经济学家曼瑟·奥尔森的话来说，就是流寇统治状态。[1]如果是这样，普通民众起码的安全、法律与秩序都将失去，他们只能过一种完全没有保障的生活。按照托马斯·霍布斯的逻辑，君主统治意味着利维坦的建立，人们由此得以避免国家兴起之前的自然状态，也就是霍布斯所谓的“每个人与每个人的战争”状态。[2]所以，尽管在君主制条件下，普通民众并没有什么政治地位可言，其基本的利益与福祉亦无法得到可靠的保障，更谈不上通过公共参与方式来满足自己的诉求与偏好，但他们常常还能拥有起码的安全、法律和秩序——尽管这远非现代意义上能确保公民自由与权利的“安全、法律与秩序”。

与此对应的是，在君主统治之下，普通民众或被统治者需要承担这种统治的成本。一般而言，他们首先要负担支撑这种统治体系的税赋成本。进一步说，他们还要充当兵源——无论是以何种方式。从逻辑上讲，被统治者正是以自己的劳动和服役供养着整个统治机构。中国古代典籍《商君书》大体上代表了秦国改革者、法家代表人物商鞅的政治观点。《商君书》主张，国家强大的关键在于农战，而农战的根本还在于农。因为只有农业发展，增加粮食生产，才能供养更多人口。更多的人口既意味着更多的税收，支持国家统治机构的运转所需，又意味着可以提供更多的兵源，支持国家建立更大规模的军队。[3]

总之，在与被统治者的关系问题上，统治者主要关心的是两件

1　Mancur Olson, “Dictatorship, Democracy, and Development,” *American Political Science Review*, Vol. 87, No. 3 (Sept., 1993), pp. 567-576.

2　托马斯·霍布斯，《利维坦》，1985。

3　商鞅，《商君书》，2011。

事：一是从被统治者那里不断获取统治所需的资源，即汲取资源；二是对被统治者实行有效政治控制，防止他们的抗争或反叛。所以，在君主统治模型之下，如果统治者较为理性，他对民众利益与福祉的考虑，要以他能持续地汲取资源并避免可能的政治抗争或反叛作为边界条件。当然，未必所有的统治者都是这样理性，历史上的许多统治者常常完全无视民众福祉，压榨过度，以致后者无法维系最低限度的生存，进而成了现有统治秩序的反叛力量。至于那些拥有高度统治自觉、以天下苍生福祉为念的统治者可以说是凤毛麟角。

君主统治模型与社会风尚

按理说，君主有动力塑造其治下社会的良好道德与风尚。无论是以君权神授的名义，还是以君权天授的名义，君主通常都希望扮演某种道德化身的角色，强调其自身统治在道德伦理上的正当性，这样做或多或少有助于提高君主及其家族统治的合法性。进一步说，良好的伦理秩序不仅关乎君主统治的合法性，而且还关系到这种统治的有效性。如果统治精英阶层，即辅助君主统治的文武官僚集团，能够恪守其阶层所对应的行为规范与伦理准则，特别是效忠君主，奉公守法，上下有序，兢兢业业等，如果被统治者阶层，即从事农业与工商业的普通民众，能够恪守本分，安居乐业，遵守法律，缴税服役等，那么这种统治秩序还会更加有效、稳定而长久。

中国春秋战国时期辅助齐桓公称霸的管仲就留下了这样的思想：

国有四维，一维绝则倾，二维绝则危，三维绝则覆，四维绝则灭。倾可正也，危可安也，覆可起也，灭不可复错也。何谓四维？一曰礼、二曰义、三曰廉、四曰耻。礼不逾节，义不自进。廉不蔽恶，耻不从枉。故不逾节，则上位安；不自进，则民无巧诈;不蔽恶，则行自全;不从枉，则邪事不生。[1]

管仲的核心观点是，礼义廉耻是一个国家的四项道德准则。如果礼义廉耻这四项道德准则不能被推行，国家就会遭遇危险，甚至容易灭亡。尽管管仲许多时候强调的是君主制的秩序维度，但这里的论述表明，他丝毫都没有忽视君主制的伦理维度。

至于后来成为主流的儒家学说，则更是强调政治的道德伦理维度。无论是君臣关系，还是政治秩序，或是君子人格，都离不开道德伦理的因素。比如，《论语》《孟子》《礼记》等儒家经典随处可见这样的论述：

季康子问政于孔子。孔子对曰："政者，正也。子帅以正，孰敢不正？"（《论语·颜渊》）

齐景公问政于孔子。孔子对曰："君君，臣臣，父父，子子。"（《论语·颜渊》）

笃信好学，守死善道。危邦不入，乱邦不居。天下有道则见，无道则隐。邦有道，贫且贱焉，耻也；邦无道，富且贵焉，耻也。（《论语·泰伯》）

1　管仲，《管子》（中华经典名著全本全注全译丛书），2019，第4—5页。

是焉得为大丈夫乎？……居天下之广居，立天下之正位，行天下之大道。得志与民由之，不得志独行其道。富贵不能淫，贫贱不能移，威武不能屈。此之谓大丈夫。(《孟子·滕文公下》)

天下有道，以道殉身；天下无道，以身殉道。未闻以道殉乎人者也。(《孟子·尽心上》)

物格而后知至，知至而后意诚，意诚而后心正，心正而后身修，身修而后家齐，家齐而后国治，国治而后天下平。自天子以至于庶人，壹是皆以修身为本。(《大学》)[1]

这样的文字在儒家典籍中可以说随处可见。所有这些文字都是从不同角度对道德伦理秩序的一种主张和论述。从这个角度看，儒家政治学说的主要内容不过是人际关系政治化的道德伦理表述。无论是统治精英还是普通民众，他们较为良善的道德风尚都更有利于一个社会维护既有秩序，也有利于维护君主统治。

即便如此，在君主统治模型下，一个社会往往很难成为在道德伦理和社会风尚上真正值得称道的社会。显而易见的原因是，自上而下的政治权力的巨大随意性，往往会破坏一个社会应有的道德伦理和社会风尚。当手握政治权力的人——无论是君主还是文武官员——可以不负责任，无须基于问责制进行统治，跟普通民众或臣民的关系完全不对等时，一个社会就很难塑造良好的伦理秩序与社会风尚。这样的社会，政治领域的腐败往往是普遍而严重的。这就

1 这里所引《论语》《孟子》《大学》为朱熹编撰的《四书章句集注》版本。参见：朱熹撰，《四书章句集注》(中华国学文库)，2011。

使得整个统治精英阶层，从上到下，很难真正成为一个有德行的阶层。此外，由于君主一般实行家族继承制，但由此获得统治地位的君主未必是一个具有知识、能力与德行的君主。为了与这样的君主相适应，整个官僚体系与统治精英阶层的种种扭曲就会产生。这又容易导致君主制下的道德下滑与风尚败坏。实际上，唯有受约束、有节制的权力行使者，跟拥有自由意志、负责任的公民个体的组合，在一个规则意识明确、法律可预期性高的环境中，才能塑造出良善的伦理秩序与社会风尚。

在法国18世纪的绝对王权时代，启蒙思想家霍尔巴赫曾经在《自然政治论》中用大量篇幅讨论君主制条件下的伦理道德与社会风尚。他的基本观点是，君主专制或绝对王权注定会对整个社会的伦理道德和社会风尚产生可怕的负面影响；或者说，君主制很难拥有普遍的伦理道德与良好的社会风尚。霍尔巴赫的一系列论述包括："爱国主义和专制制度势不两立""专制制度对信仰的影响""专制制度对风俗习惯的影响""专制制度影响人民性格""专制君主害怕道德""专制君主不需要才能"，等等。

比如，为什么说爱国主义和专制制度势不两立？爱国主义往往既跟国民的自豪感有关，又跟国民愿意为国牺牲的精神有关。但问题是，在霍尔巴赫看来，"在专制君主统治下臣民没有祖国"，他们也不会拥有"自由国家公民充满内心的那种高度热情"，"自然就激发不起高尚的自豪感"；同时，专制统治无法激发国民们"为保卫自己的财产而奋斗"的精神，原因是他们"一无所有，因为一切都属于统治者"。由此看来，专制统治往往无法激发真正意义上的爱国主义。[1]

1　霍尔巴赫，《自然政治论》，陈太先、眭茂译，商务印书馆，2009，第207—208页。

又如，为什么说专制制度影响人民的性格？霍尔巴赫认为："专制制度对人民性格产生十分明显的影响。它采取极端手段使人民陷入萎靡不振、麻木不仁、无所作为的状态——总而言之，即陷入垂死状态。"这样一来，人民就只能"以无聊的吃喝玩乐麻痹自己，试图摆脱各种纠缠不休的烦恼"。[1]实际上，在自由政体下，人民才有可能养成自由而勇敢的性格。君主专制通常会让人民变得怯懦而心怀恐惧，这种怯懦与恐惧从根本上说来自对专制制度下权力运作与规则执行不确定性的深刻担忧。进一步说，让人民变得怯懦而恐惧，或许正是一个拥有专断权力的君主所需要的。

再如，为什么说专制君主害怕道德？霍尔巴赫认为，一个人如果由于美德而拥有"好名声"，"会使统治者害怕"，"他们自己没有道德，所以害怕有道德的人"。尤其是，"在不公正的国王手下，爱祖国是不可能的，怜惜同胞是无益的感情，热心公共福利是有害的爱好，忠于职责是愚蠢的表现"。总之，君主专制之下"是找不到道德的"。[2]换一个视角，专制君主其实不关心道德本身，因为他自身就很难成为道德的典范。他真正关心的其实是官僚和臣民对他服从效忠与否。一旦统治精英和普通民众真正讲求伦理道德，他们就更有可能成为那些德行败坏的君主的潜在反对者。

总之，在霍尔巴赫的眼中，君主专制的长期结果就是整个社会道德与风尚的彻底败坏。

1　霍尔巴赫，《自然政治论》，2009，第 219 页。
2　同上，第 235—237 页。

权力结构与社会风尚

君主统治模型如何影响统治精英的行为，以及如何塑造他们的道德与风尚，在很大程度上跟统治精英在君主制条件下所处的权力结构有关。笔者假设身在君主统治结构中的统治精英普遍地关心自己的政治前途与晋升机会——这应该是一个较为合理的假设。由于君主拥有至高无上的权力，加上各个不同级别的行政长官都拥有较大的自由裁量权，统治精英的个人前途基本上系于君主的喜怒哀乐，或者取决于他们的直属上级或上级的上级是否满意。面对这样的权力结构，一般的统治精英对上唯唯诺诺、善于揣摩上意、态度毕恭毕敬、全力应付上级，就会成为官僚阶层的普遍行为准则和社会风尚。

中国许多流行的古装电视剧常常把君主面前臣子们的表情与面貌刻画得惟妙惟肖。按理说，中国古代的许多高官都是科举考试出身、熟读儒家经典、重视君子人格，应该堂堂正正做人做事，为什么在电视剧中一出场就是一副对君主奴颜媚骨、对官场规则烂熟于心的模样呢？实际上，君主制下的官场本身就是一个筛选机制，最终会把那些从价值理念到行为规范更符合君主制真实运转逻辑的统治精英们挑选出来，而把那些不符合这套逻辑的统治精英们淘汰出局。比如，像明朝海瑞这样的清官，他只是做了一个大臣基于伦理规范所应该做的事情，但因此就获得了清正廉洁、刚正不阿的非凡声誉。海瑞作为一个特例，其实反映的是这个筛选机制本身的问题。

进一步说，统治精英如何对待下级和普通臣民同样是他们行为方式、伦理准则与道德风尚的一部分。考虑到君主统治模型的权力结构，考虑到统治精英们拥有较大的自由裁量权、行使权力具有较大随意性，他们也不会以现代法治方式来对待自己的下级与臣民。正如孟德斯鸠所言："在专制的国家，每一个人都是既居人上又居人下，既以专制权力压迫人又受着专制权力的压迫。"[1] 这大概最好不过地刻画了君主制下普通官员在社会等级体系中的某种位置。面对下级和民众时，权力的傲慢常常刻画在他们的脸上，趾高气扬的表情往往是他们的日常。

只要对下级与臣民表现出一丁点儿平等待人，他们往往就会获得平易近人、礼贤下士的名声。所有这些，都是君主制下统治精英的行为准则和道德风尚的反映。

实际上，一个普通官员如何对待上级、如何对待下级与臣民，都是由君主统治模型塑造的。在这种统治模型下，君主之下，这个系统中每个手握实权的官员又是一个个大大小小的"君主"，因为他们往往掌握着可以决定许多普通人命运的巨大的自由裁量权。当面对上级时，他们马上要变成别人手中的一枚枚棋子。而在他们能掌控的范围内，下级和臣民又是他们手中的一枚枚棋子。总之，无论是面对君主或更高级别的上级官员，还是面对更低级别的下级官员或普通臣民，官员的行为、伦理与风尚在很大程度上都是这套制度的产物。

君主统治模型还会影响普通民众或臣民的行为准则与道德风尚。在君主统治模型下，一般来说，普通臣民当然无从得知皇帝或君主的模样，甚至并不确切地知道皇帝或君主是谁——这在近现代媒体兴起之前，是极正常的事情。他们常常面对的，主要就是君主制下的基层官员。由于基层官员行使权力也具有较大的随意性，拥有很大的自由裁量权，普通民众面对基层官员和政治权力时，常常

1　孟德斯鸠，《论法的精神》（上册），1961，第 309 页。

会有一种因权力的随意性而产生的不安乃至恐惧。从心理和文化上说，普通民众在君主制下容易产生不安、怯懦和恐惧，乃是一种常态。这种心理甚至也会成为一种在民间较为普遍的社会风尚与政治文化。

面对权力的随意性与环境的不确定性，较为明智或经验老到的普通民众可能会选择尽力取悦手握政治权力的基层官员，甚至努力发展跟这些官员的私人关系，以便在不确定的环境中获得某些确定性。尤其是，当一个普通臣民试图经营工商业，或者有意通过科举、军功等求取功名的话，他就更有可能会采取这种行为方式。所以，不难理解的是，在君主制下，送礼往往是一种极其普遍的行为。一种消极的解释是，人们希望通过这种方式去跟体制中的掌权者建立私人关系，以便抵消体制的不确定性可能带给他们的负面影响。一种积极的解释则是，面对权力的巨大随意性，人们通过送礼这种方式提前支付了赌金，以便预期能在权力自由裁量的巨大空间中获得合理的回报。

俄罗斯作家尼古拉·果戈里的小说《钦差大臣》，恰恰以文学的笔调为我们提供了一个剖析绝对王权体制下官员、臣民的行为模式、伦理道德与社会风尚的生动案例。[1] 故事的背景是 19 世纪早期的沙皇俄国。整个故事是从县长家的豪华客厅开始的。那天，这里聚集着该县的许多首脑人物，包括县长、慈善医院的院长、督学、法官、警察分局局长等，原因是他们刚刚得到一个可靠的消息，有一位钦差大臣将从首都彼得堡（即圣彼得堡）来该县做微服私访。

在县长看来，这位即将到来的钦差大臣几乎能决定县长和本县一干要人的命运。为了应付这次微服私访，县长首先给各部门下

1　尼古拉·果戈里，《钦差大臣》，耿济之译，春风文艺出版社，2017，第 1—112 页。

令，要求它们进行整顿，用最好的形象来迎接钦差大臣的这次微服私访。从慈善医院到法庭，再到学校，一切都要进行整顿，从而能够表现该县最光鲜亮丽的一面，要给未来的钦差大臣留下最美好的印象。然后，县长开始盘算可能的不稳定因素，他主要担心的是对他不满的商人和市民们会不会趁机举报他。邮政局局长说，他早已未雨绸缪，拆开了所有通过邮局的信件，内容检查无误后才予以放行。当然，县长还考虑了如何防止有人到未来钦差大臣驻地的现场去举报他。

等这一切安排妥当之后，故事就到了高潮部分。一位从圣彼得堡出发、碰巧路过该县的普通公务员赫列斯塔科夫被县长和该县一干人等误以为就是微服私访的钦差大臣。实际上，这位所谓的“钦差大臣”，不过是由于赌博，不慎把钱输个精光，穷困潦倒，才滞留此地。县长不仅要旅店老板免除赫列斯塔科夫的所有费用，而且还邀请他到自己家中做客，盛宴款待这位远道而来的“贵宾”。县长甚至一度考虑要把女儿嫁给这位“钦差大臣”。最后，由于赫列斯塔科夫给人写信吐露实情，被邮政局局长截获，县长才终于得知真相。

如果仅从文学角度看，这是一个非常精彩的讽刺故事。但如果结合其时代背景对这个文学故事进行政治分析的话，就会发现，故事的背后其实是沙皇俄国时期王权制度运作的政治逻辑。第一个重要细节是，为什么县长会如此重视钦差大臣的微服私访？原因无非是钦差大臣代表沙皇或当时的中央政府，他对该县实际工作进行检查后，向沙皇与中央政府出具的检查报告，或许将在很大程度上决定县长和该县一干人等的命运。如果钦差大臣说几句好话，县长就有晋升机会；如果钦差大臣不满，县长就有可能被问责，乃至被立案调查或投入监狱。这次微服私访对县长来说是性命攸关的。这也说明，当时的沙皇俄国并非一个法治国家，而是一个人治国家。

第二个重要细节是，县长的权力非常巨大，而且非常随意，但一旦遇到更高级别的官员，他也就是整个棋盘上的一枚棋子而已。县长一句话，几乎就把赫列斯塔科夫在旅馆欠下的住宿费和伙食费一笔勾销了，旅馆老板只能自认倒霉。但是，当这位县长面对“钦差大臣”，甚至当“钦差大臣”有调戏自己的夫人和女儿的迹象时，他都认为这是一种荣幸。

第三个重要细节是，在没有钦差大臣的世界里，本地商人的唯一选择就是巴结县长；当商人们得知“钦差大臣”对本地进行微服私访以后，有的商人就要找钦差大臣告状，以便为自己讨回一点公道与正义；但后来，当发现“钦差大臣”跟县长私交甚好后，商人们对待县长的态度又发生了巨大变化。这些态度微妙变化的背后，是沙皇俄国官僚体制的运作以及普遍不规范乃至处处腐败的政商关系。

《钦差大臣》给读者展示了沙皇俄国君主统治模型的一个侧面。不仅中央权力巨大而随意，而且地方官员的政治权力同样非常任性。至于整个政商关系、官民关系，很大程度上都是这种权力结构的特点所塑造的。如果抛开具体事件，从县长、法官到旅馆老板、本地商人，他们的行为模式、策略选择以及这种行为所展现出来的价值观念、政治文化，或者说社会风尚，都是有某种模式可循的。这些行为与观念的密码，就深藏在君主统治模型的逻辑之中。

在《国家的性格》一书中，意大利裔美籍政治学家安吉洛·科迪维拉认为，不同的政治体制对整个社会的精神风貌与道德风尚有着直接的影响与深刻的塑造。当代的政治文化研究则认为，不同的国家往往有着不同的政治文化。在科迪维拉看来，政治文化是政治制度长期运作的结果，是人们在特定政治制度之下长期行为与互动的产物。[1] 所以，对于欧亚大陆上的许多国家来说，前现代的君主政体延续上千年甚至长达两千年以上。人们世世代代生活其中，几十代人下来，慢慢地就形成了一套特定的行为模式，这种行为模式又固化为伦理秩序与社会风尚。由此可见，君主统治模式不仅会塑造一个国家短期的政治行为，而且还会塑造许多长期的社会行为规范、价值准则与道德风尚。

马尔萨斯陷阱

君主统治模型不仅会产生重要的政治影响与社会后果，而且还影响着约束人类经济增长的边界条件与经济演化的路径。学术界的一般观点是，人类在 18 世纪后期和 19 世纪早期启动工业革命之前，曾经经历过一个相当漫长的经济停滞时期。有学者将这一历时漫长的经济停滞称为“马尔萨斯陷阱”（Malthusian Trap）。而人类在经济上对马尔萨斯陷阱的突破，很大程度上是以人类在政治上突破君主专制的统治模型为前提的。当然，学术界对两者之间的相关性一直存在争议。从道格拉斯 · 诺思、曼瑟 · 奥尔森等人的研究来看，马尔萨斯陷阱跟君主专制的统治模型存在着稳定的相关性，前者在很大程度上是后者的经济结果。

1　安吉洛 · M. 科迪维拉，《国家的性格：政治怎样制造和破坏繁荣、家庭和文明礼貌》，张智仁译，上海人民出版社，2001。

经济增长并非常态而是特例

按照英国经济史学家安格斯·麦迪森（Angus Maddison）的估算，在人类历史上，人均 GDP 的较快增长主要发生在公元 1800 年或 1820 年之后，参见表 6.2。在此之前，人类社会的经济增长率非常之低，甚至是长期处在相对的停滞状态。直到 1800 年或 1820 年之后，首先是西欧、然后是整个人类社会的经济才开始出现了较快增长。据估算，公元 1000—1820 年，即便西欧相对于世界其他地区的人均 GDP 增长率已经较高，人均 GDP 的年均增长率也仅为 0.14%。相比于西欧，世界其他地区的人均 GDP 则处于长期停滞状态。结合人类的历史经验，考虑到战争、疾病、自然灾害等因素，

表 6.2　人均 GDP 规模和增长率：世界和主要地区（0—1998）

	0	1000	1820	1998	0—1000	1000—1820	1820—1998
	（1990 年国际元）				（年均复合增长率）		
西欧	450	400	1232	17,921	-0.01	0.14	1.51
西方衍生国	400	400	1201	26,146	0.00	0.13	1.75
日本	400	425	669	20,413	0.01	0.06	1.93
A 组合计	443	405	1130	21,470	-0.01	0.13	1.67
拉丁美洲	400	400	665	5795	0.00	0.06	1.22
东欧和苏联	400	400	667	4354	0.00	0.06	1.06
亚洲（不包括日本）	450	450	575	2936	0.00	0.03	0.92
非洲	425	416	418	1368	-0.00	0.00	0.67
B 组合计	444	440	573	3102	-0.00	0.03	0.95
世界	444	435	667	5709	-0.00	0.05	1.21

（资料来源：安格斯·麦迪森，《世界经济千年史》，伍晓鹰等译，北京大学出版社，2003，第 16 页。表中的国际元为作者麦迪森的一个货币估算单位。）

这种非常缓慢的经济增长甚至是经济停滞，似乎是可以理解的。按照 0.14% 的年均增长率，西欧的人均 GDP 实现翻一番，需要 500 年左右的时间。按照“二战”后日本、韩国、中国经历过的经济高增长，如果按照 7%~8% 的人均 GDP 年均增长率来估算，实现翻一番仅需要 10 年左右的时间。

麦迪森还以国际元为单位，估算了公元 400 年到整个 20 世纪中国与西欧的人均 GDP 水平的长期趋势。公元 400 年，西欧和中国的人均 GDP 大约都是 450 国际元左右，而后由于各种各样的原因（主要包括战争、疾病、自然灾害等），两地的人均 GDP 甚至还出现了一定的下降。到了公元 10—11 世纪，西欧和中国的人均 GDP 才开始出现增长。大约在 1600 年前后，西欧的人均 GDP 首次达到了 1000 国际元的发展水平，到 1820 年前后开始迈入经济增长的快速通道。中国则直到 20 世纪后期的改革开放时期，才开始迈入了经济增长的快速通道，实现了对人均 GDP 1000 国际元的突破，创造了较长时期的经济增长奇迹，参见图 6.3。

上述讨论揭示，无论是就长时段的人类演化史来说，还是就个别国家的经济增长过程而言，较快的经济发展或人均收入增加从来就不是常态，而是特例。相反，无论是全球的还是国别的经济史的常态是，人类在相当长的历史过程中都无法突破马尔萨斯陷阱。在这里，马尔萨斯陷阱的命名，源自与英国经济学家、人口学家托马斯·马尔萨斯有关的理论。他大致上生活在 18 世纪下半叶至 19 世纪上半叶，因 1798 年出版《人口原理》而闻名于世。在该书中，马尔萨斯强调了人口增殖跟生活资料增殖之间的不平衡。他这样说：

> 人口的增殖力无限大于土地为人类生产生活资料的能力。

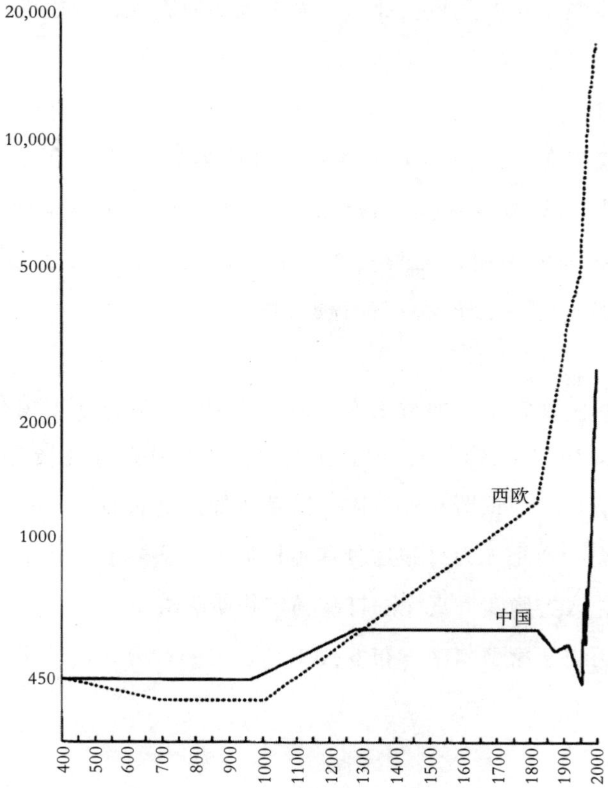

图 6.3　中国与西欧人均 GDP 水平的比较：400—1998

（资料来源：安格斯 · 麦迪森，《世界经济千年史》，2003，第 40 页。）

人口若不受到抑制，便会以几何比率增加，而生活资料却仅仅以算术比率增加。懂得一点算术的人都知道，同后者相比，前者的力量多么巨大。[1]

这样一来，人口增长就会大大超过生活资料的增长，进而引发

1　马尔萨斯，《人口原理》，朱泱等译，商务印书馆，1992，第 7 页。

人类生活资料不足的危机。那么，人类该如何克服这种危机？马尔萨斯认为：

> 答案是，预防性的抑制和积极的抑制，阻止了人口的自然增长。所谓预防性的抑制，是指人们对养家糊口的忧虑；所谓积极的抑制，是指一些下层阶级实际所处的困难境地，使他们不能给予子女以应有的食物和照料。[1]

在马尔萨斯看来，前者主要是道德的抑制，即基于审慎和深谋远虑而主动控制生育行为，但真正起决定性作用的则主要是后者，即战争、瘟疫、繁重劳动、贫困、饥荒等罪恶与苦难。在马尔萨斯看来，人类社会是无力打破这种基本格局的。实际上，在工业革命发生之前，人类确实一直无法打破马尔萨斯陷阱。

法国历史学家费尔南·布罗代尔则以另一种方式讨论了马尔萨斯陷阱：

> 在 18 世纪之前，人口体系被困在一个几乎不可捉摸的圈子里。当人口数量刚要触及圈子的周边，几乎马上就出现退缩。恢复平衡的方式和时机并不缺乏：匮竭、灾荒、饥馑、生活困苦、战争，尤其是种种疾病。[2]

马尔萨斯今天被视为一位重要的经济学家和人口学家，因为他为理解工业革命之前人口增长与经济增长之间的关系提供了一个有

1　马尔萨斯，《人口原理》，1992，第 26 页。
2　费尔南·布罗代尔，《资本主义的动力》，杨起译，生活·读书·新知三联书店，1997，第 7 页。

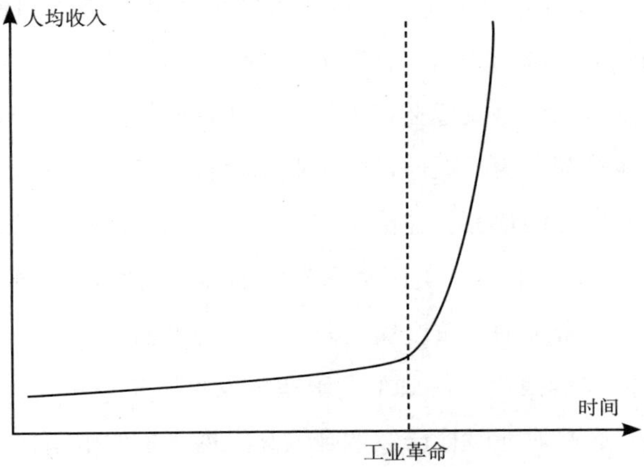

图 6.4　马尔萨斯陷阱及其突破

效而简洁的分析框架。然而，他并非是一位富有远见的思想家，原因在于，就在他写作和发表《人口原理》的时代，英国已经启动工业革命，并借由这场史无前例的经济与技术革命，最终实现了对马尔萨斯陷阱的突破，参见图 6.4。

政治权力的性质与工业革命的发生

大约 14,000 年到 10,000 年前，人类社会发生了农业革命。人类从飘忽不定的采集与狩猎生活，逐渐转变成了农耕和定居生活。此后，人类的经济生活基本上为农业革命的框架所限定。在这一框架中，人类无法实现对马尔萨斯陷阱的突破。最终引导人类突破马尔斯陷阱的，是 18 世纪晚期至 19 世纪早期首先发生在英国的工业革命。可以说，工业革命是人类历史上自农业革命以来最重要的经济事件，也是推动人类突破马尔萨斯陷阱的决定性事件。

就世界范围来看，原发性工业革命并非通则，乃是特例。在英国发生工业革命的同一时期，欧亚大陆上较具影响力的帝国或国家，比如欧洲大陆的法国、普鲁士、奥匈帝国，横跨欧亚的沙皇俄国、奥斯曼帝国，以及远在东方的莫卧儿帝国、大清帝国等，都没有发生工业革命。为什么原发性工业革命首先发生在英国，而不是发生在西欧以外的地方，经济学家与历史学家们已经提供了许多不同的理论解释。[1]其中，美国加州学派的多项研究都强调，美洲殖民地以及由此带来的贵重金属向西欧的大规模输入、煤铁组合以及其他有利的偶然因素，促成了英国率先发生了工业革命。[2]还有学者关注为什么在农业时代已经达到较高发展水平的中国并未发生原发性工业革命，比如，英国科技史学家李约瑟这样问：尽管中国古代对人类科技发展做出了很多重要贡献，但为什么科学和工业革命没有在近代中国发生？这个问题，后来被称为著名的“李约瑟之谜”或“李约瑟难题”（Needham Puzzle）。[3]

道格拉斯·诺思对此问题的研究，强调的是工业革命的政治条件，亦即提供了一个工业革命起源的政治制度主义解释。在《经济史上的结构和变革》一书中，诺思提出的问题是：为什么工业革命首先发生在英国和荷兰，而不是发生在法国和西班牙？要知道，工业革命之前，法国、西班牙在许多方面跟英国、荷兰并驾齐驱，甚至更胜一筹。诺思的理论解释是，近代英国立宪政体与政治改革的引入，为私人产权提供了更有效的保护，从而为工业革命创造了可能。稳定而可靠的产权保护，为私人从事生产经营和创新活动提供

1　关于英国工业革命，参见：卡洛·M. 奇波拉主编，《欧洲经济史（第三卷）：工业革命》，吴良健等译，商务印书馆，1989，特别是第175—185页讨论了工业革命的起因。

2　彭慕兰，《大分流：中国、欧洲与现代世界经济的形成》，黄中宪译，北京日报出版社，2021；贡德·弗兰克，《白银资本：重视经济全球化中的东方》，刘北成译，中央编译出版社，2008。

3　李约瑟，《中国科学技术史》，李约瑟《中国科学技术史》翻译出版委员会译，科学出版社，2006。

了更好的激励结构，从而有利于长期经济增长。反过来，由于缺乏稳定而可靠的产权保护制度，工业革命并未率先在法国与西班牙发生。[1]从本书的分析框架来看，英国恰恰是打破了长期支配欧亚大陆的君主统治模型，改变了君权至高无上且不受法律约束的状况，才使得工业革命的发生成为可能，并最终突破了马尔萨斯陷阱。

在诺思看来，跟英国相比，法国与西班牙的关键差异就在于两国当时处于绝对王权统治之下，国王的政治权力巨大且不受约束。因此，两国都不愿意建立起一种严格保护产权的制度，因为这样做会妨碍统治者获取政府收入或汲取资源的自由裁量权。诺思这样分析法国的案例：

> 能够有效地实施产权，排除或抵消地方竞争者以及获得无限的征税权，这些便赋予了法国王室专一的转让或改变产权的权力。新兴的民族国家之间的竞争使对财政岁入的需求不断增长。王室谋求一切可以搞到的岁入。用产权交换税收是一种富有成效的短期解决办法，而其长期后果则是有害的。[2]

法国王室这样做，短期看对法国政府是有好处的，因为它为增加法国政府收入提供了可能。但长期看，这种做法不仅降低了市场效率，而且使得创新更难发生。结果是，法国没能像英国这样出现原发性工业革命。与法国相比，当时另一个绝对王权制度下的欧陆强国西班牙的情况甚至有过之而无不及。结果，西班牙也深受其害，同样无法出现原发性工业革命。

1　道格拉斯 · C. 诺思，《经济史上的结构和变革》，1992。
2　同上，第 191—192 页。

诺思认为，绝对王权时代的法国和西班牙在经济上的许多做法并非特例，而是常态。大致上说，政治权力任性导致经济效率无法改善，使得创新难以持续涌现，本来就是人类历史上的一种常态。早在3500年前的埃及古代王朝，法老在权力上就实现了对诸如立法、司法、军队、警察、教士等国家机器的绝对控制，而“国家的行政管理是一个严密政治的控制链”。结果是，“在这个社会里，只有唯一的统治者，各种财产权最终都属于法老，……高度集权的官僚政治被用来监控和考核产出并使统治者的租金最大化”。[1]诺思根据埃及古代史的研究成果，这样分析古埃及新王国时期法老权力与经济的关系：

> 新王国和以后的埃及经济，是一种产权最终授予法老的经济。诚然，似乎有过某种土地私有权，而且寺院拥有（可能只是为了使用）巨额财富并行使对大地产的控制；但整个经济结构的顶端只有一个人。国际贸易实际上是一种主要由法老的代理人从事的国家垄断；国内经济组织则按等级构成，既直接作为法老资产的一部分，又间接通过官僚组织将岁入输送给法老。[2]

那么，在君主统治模型之下，为什么统治者很多时候不愿意提供明确的产权保护？一个主要原因在于，一旦在法律上确认产权保护，且政府承诺保护产权之后，君主行为就会受到约束，他就不再能随意征税或在需要的时候进行财产征收。相反，只要没有一种

1 道格拉斯·C. 诺思，《经济史上的结构和变革》，1992，第124页。
2 同上，第125页。

明确的产权保护制度，君主就有机会根据自己的需要对财产进行任意处置。这就给统治者提供了极大的便利。当形势需要时，统治者由此就能获得更大的汲取资源能力。但是，这种制度安排的经济后果是极其严重的。由于产权得不到明确的保护，稳定的激励结构和经济预期就无法形成，一个国家就难以实现有效的增长与持久的繁荣。

社会剩余流向的两种模式

基于诺思、奥尔森等人的政治经济学研究，笔者认为，社会剩余（social residual）的流向是决定经济增长与否的关键因素，而它往往会受到不同统治模型的左右。一般来说，剩余索取权（residual claims）是企业经济学中的一个重要理论问题，已经形成了许多研究成果。[1] 这里讲的社会剩余，是指在一个社会的劳动生产成果中，除了满足社会成员的基本需要之外，还能"剩余"的那部分劳动生产成果。这种社会剩余，如果控制在一个个普通人手中，那么他们就可以借此改善自己的生活。这不仅意味着普通民众生活质量的提高，而且意味着市场规模的扩大。这种社会剩余，如果控制在那些更有经营头脑的企业家手中，那么他们就可以借此来推动新增投资，新的作坊或工厂的出现、新的技术实验就会成为可能。这不仅意味着产能和经济总量的扩张，而且还意味着技术进步与就业规模的扩大。

但问题是，如果普通民众与企业家无法控制社会剩余，而是由

1 关于剩余索取权的经济学研究，参见：Eugene F. Fama and Michael C. Jensen, "Agency Problems and Residual Claims," *The Journal of Law & Economics*, Vol. 26, No. 2 (Jun., 1983), pp. 327-349.

君主或国家控制大部分的社会剩余，那么他们大概率是不会拿社会剩余去从事生产性活动的。如果社会剩余落到了君主手中，君主要么用于扩充军队与官僚系统——这可以提高君主对外战争和对内镇压的能力，要么用于兴建奢华宫殿和个人享受——许多古代帝国或王国的君主都拥有让现代人瞠目结舌的奢华宫廷。而只要君主权力至高无上且不受法律约束，他实际上就拥有整个社会最终的剩余索取权。如果统治者能任意处置其臣民的财产——无论其贵族、大臣的，还是地主、工商业者和普通农户的，社会剩余大概率上就会从经济的或生产性的部门，持续地流向统治的或非生产性的部门。这样，生产性部门就缺少能实现持续增长和创新的经济资源，进而难以实现对马尔萨斯陷阱的突破。可见，社会剩余的形成和流向是理解原发性工业革命、经济增长与持续创新的关键。

从这个视角来理解，一个社会要想实现持续的经济增长和技术创新，有赖于社会剩余持续地转换为新增投资。而只要统治者可以不受约束地控制或汲取社会剩余，就意味着，一个社会中原本可以用来作为新增投资的社会剩余，就有可能会被统治者不断地转化为统治租金。结果是，社会剩余这部分财富就会不断地由生产性部门转入非生产性部门，这就更难实现可持续的经济增长，也就无法突破马尔萨斯陷阱。关于社会剩余流向与经济增长关系的两种不同模式，参见图 6.5。

实际上，最近几十年间，许多比较权威的政治经济学研究都印证了图 6.5 阐述的逻辑。像早期 1955 年英国经济学家阿瑟 · 刘易斯所著的《经济增长理论》，后来 2000 年曼瑟 · 奥尔森所著的《权力与繁荣》，以及 2012 年美国经济学家德隆 · 阿西莫格鲁等人合著的《国家为什么会失败》，讨论的都是经济增长的政治经济学问题。他们尽管观点各异，但同样主张经济增长需要某种合宜的政治与制度

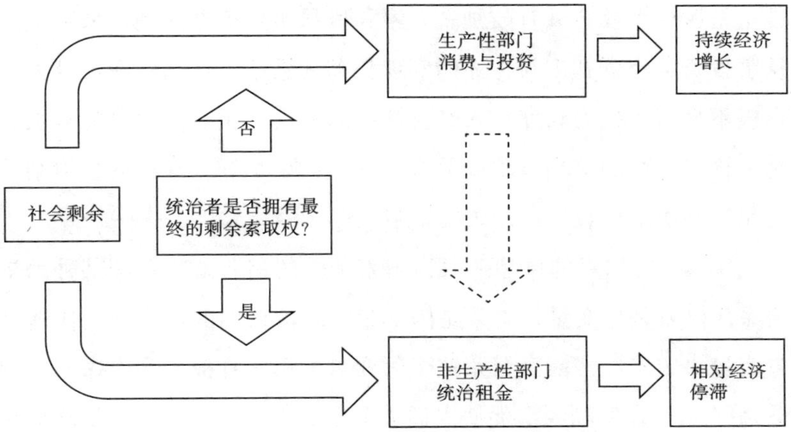

图 6.5　社会剩余流向与经济增长关系的两种不同模式

条件。总结下来，持续经济增长的政治与制度条件，不外乎是有效的产权保护和良好的激励结构。而正是一个国家的政体模式或统治模式，以及由此决定的政治权力的性质与类型，决定了一个社会的产权能否得到保护，决定了一个社会能否形成正确的激励结构。

阿瑟·刘易斯对经济增长的研究受到了奥地利经济学家约瑟夫·熊彼特的影响，他同样关注企业家和企业家行为的重要作用。在如今的创新经济学中，企业家常常被定义为愿意承担风险并乐意从事创新的人。刘易斯这项 1955 年的研究认为，企业家其实主要是受牟利动机的驱动，他们起初既非为了创新，亦非为了别的高尚目标。而牟利有两种常见方式：一是通过生产性活动来牟利，二是通过非生产性活动来牟利。如果企业家发现能够通过非生产性活动来牟利，他们就会积极从事非生产性活动；如果企业家发现只有通过生产性活动才能牟利，他们就会积极从事生产性活动。进一步的推论是，一个社会只有鼓励企业家积极从事生产性活动，鼓励他们从事投资、经营和创新，才能实现长久的繁荣。在那些政治权力运作极不规范、权力高度介入经济活动的社会，企业家很可能会被鼓励去构建复杂的交易型政商关系，并以此来牟利。这样的权力结构与制度环境就很难塑造持久的繁荣。[1]

曼瑟·奥尔森的作品《权力与繁荣》的书名就暗示着某种因果关系：权力是自变量，繁荣是因变量，政治权力的性质与运作这个自变量决定着经济能否繁荣这个因变量。奥尔森被广为引用的一句话是："当存在激励因素促使人们去攫取而不是创造，也就是从掠夺而不是从生产或者互为有利的行为中获得更多收益的时候，那么社会就会陷入低谷。"[2] 在奥尔森看来，一个社会更鼓励人们从事攫取还是从事创造，从事掠夺还是从事生产，很大程度上是由跟权力有关的制度安排决定的。由此可以推断，一个社会只有鼓励人们——特别是精英阶层——把时间和精力投入到生产、创造和互为有利的活动中时，才有可能实现持久的增长与繁荣。

《国家为什么会失败》一书则强调了攫取性制度（extractive institutions）与包容性制度（inclusive instituions）的分化。两位作者德隆·阿西莫格鲁与詹姆斯·A. 罗宾逊认为，攫取性制度的基本特征是，政治权力通过各种办法把经济和社会资源掌控在自己手中，最终，只有跟政治权力关系密切的小圈子能够享有财富与繁荣，而包容性制度的基本特征是，多数社会成员能够共享经济成长与繁荣带来的成果。所以，无论繁荣还是贫穷，背后决定性的制度力量乃是政治权力的性质与类型。只有包容性制度才能实现持久的

1 阿瑟·刘易斯，《经济增长理论》，周师铭等译，商务印书馆，1999。
2 曼瑟·奥尔森，《权力与繁荣》，苏长和、嵇飞译，上海人民出版社，2005，第1页。

增长和繁荣，而攫取性制度就无法做到这一点。[1]

政治权力“抽水机效应”与经济增长

笔者还要对君主统治模型与长期经济增长的关系做进一步的讨论。首先需要明确一条原则，即持续的经济增长有赖于此前的社会剩余能够持续地转化为新增投资。但在君主统治模型之下，由于政治权力至高无上且不受法律约束，政治权力往往会通过各种方式使得生产性部门的社会剩余不断流入非生产性部门，结果社会剩余就转化为了统治租金。这样一来，经济增长就缺乏可持续的新增投资。在这个环环相扣的逻辑链条中，至高无上且不受法律约束的政治权力扮演着关键角色，它使得社会剩余源源不断地变成统治租金成为可能。

打个比方，在君主统治模型下，统治者的政治权力犹如一部“抽水机”，不断地将生产性部门的社会剩余与经济资源经由这部“抽水机”输送到非生产性部门。[2] 只要统治者的政治权力充当着社会剩余的抽水机，那么一个社会就很难实现持久的增长与繁荣。

在中国古代历史上，政治权力“抽水机效应”的一个著名案例是汉武帝时期的算缗与告缗。事情的起因，是汉武帝发动的汉匈战争所费甚多，后来甚至到了国库空虚的程度。由于汉匈战争还在继续，加上政府还有赈灾等资金需要，汉朝财政在武帝时期已经非常

1　德隆·阿西莫格鲁、詹姆斯·A. 罗宾逊，《国家为什么会失败》，李增刚译，湖南科学技术出版社，2015。

2　关于“抽水机效应”，有学者强调的是财政行为底层资源向更高层集中的现象，参见：阎坤、张立承，《中国县乡财政困境分析与对策研究》，《经济研究参考》，2003 年第 90 期，第 2—18 页。笔者所指的“抽水机效应”，更多是指政治权力将生产性部门的经济资源变成统治租金的效应。

吃紧。经大臣提议后，汉武帝决定向工商阶层征收财产税，这就是算缗和告缗的由来。《史记 · 平准书》这样记载：

> 诸贾人末作贳贷卖买，居邑稽诸物，及商以取利者，虽无市籍，各以其物自占，率缗钱二千而一算。诸作有租及铸，率缗钱四千一算。非吏比者三老、北边骑士，轺车以一算；商贾人轺车二算；船五丈以上一算。匿不自占，占不悉，戍边一岁，没入缗钱。有能告者，以其半畀之。贾人有市籍者，及其家属，皆无得籍名田，以便农。敢犯令，没入田僮。[1]

《史记》记载，公元前 119 年，汉武帝下令“初算缗钱”，其计量方式颇为复杂，但核心是规定商人财产每二千钱须缴纳一算，即一百二十钱。这相当于统治者给工商阶层加征 6% 的财产税，这个税率应该说并不低。可以想见，汉朝工商业主突然看到这样的政府法令，自然不会满意。他们固然无力进行正式抗争，但在具体做法上则是尽可能瞒报或少报自己的财产，以便能少缴相应的财产税。这里的一个技术条件是，在古代社会，统治者很难获得关于工商阶层财产规模的准确信息。然而，大量任用精明商人出任政府财经高官的汉武帝政府很快发现了这个问题。为了避免税收的流失，汉武帝又下了告缗令。《史记 · 平准书》这样记述公元前 114 年汉武帝告缗令发布后的社会情形：

> ……杨可告缗遍天下，中家以上大抵皆遇告。杜周治之，

1　司马迁，《史记（第二册）· 卷三十 · 平准书》（中华国学文库），裴骃集解，司马贞索隐，张守义正义，中华书局，2011，第 1321—1322 页。

> 狱少反者。乃分遣御史廷尉正监分曹往，即治郡国缗钱，得民财物以亿计，奴婢以千万数，田大县数百顷，小县百馀顷，宅亦如之。于是商贾中家以上大率破，民偷甘食好衣，不事畜藏之产业，而县官有盐铁缗钱之故，用益饶矣。[1]

由于告缗的推行，工商阶层损失巨大，甚至“商贾中家以上大率破”——当然，这个说法可能略嫌夸张。与此同时，汉朝从中央到地方的国库变得非常充实，所谓“得民财物以亿计”，“用益饶矣”。从算缗到告缗，汉武帝时期强征财产税和没收财产的做法，意味着汉朝从文景之治时期的与民休息政策、奉行无为而治与黄老之术，全面转向了与民争利。

比较文景之治与汉武帝时期的诸种经济政策，就会发现，在君主统治模型之下，如果君主采取轻赋薄敛、与民休息、尊重财产权的政策，不是因为君主权力受到了什么制度约束，乃是由于君主的统治自觉。一旦君主丧失了这种统治自觉，或者有其他更紧迫的实际需要时，君主就未必会继续尊重民众的财产权。此时，政治权力就会扮演着“抽水机”的角色，生产性部门的剩余和资源会经由权力这部抽水机而转移到非生产性部门。

曹雪芹在《红楼梦》中讲述的一个故事，尽管是出于虚构，但同样佐证了政治权力的“抽水机效应”。这个故事是由贾府丫鬟转述的，故事的主角是一个叫石呆子的人。这个丫鬟这样说：

> 今年春天，老爷不知在那个地方看见了几把旧扇子，回家看家里所有收着的这些好扇子都不中用了，立刻叫人各处

1　司马迁，《史记（第二册）· 卷三十 · 平准书》（中华国学文库），2011，第 1325 页。

> 搜求。谁知就有一个不知死的冤家，混号儿世人叫他作石呆子，穷的连饭也没的吃，偏他家就有二十把旧扇子，死也不肯拿出大门来。
>
> 二爷好容易烦了多少情，见了这个人，说之再三，把二爷请到他家里坐着，拿出这扇子略瞧了瞧。据二爷说，原是不能再有的，全是湘妃、棕竹、麋鹿、玉竹的，皆是古人写画真迹，因来告诉了老爷。老爷便叫买他的，要多少银子给他多少。偏那石呆子说："我饿死冻死，一千两银子一把我也不卖！"老爷没法子，天天骂二爷没能为。已经许了他五百两，先兑银子后拿扇子。他只是不卖，只说："要扇子，先要我的命！"姑娘想想，这有什么法子？
>
> 谁知雨村那没天理的听见了，便设了个法子，讹他拖欠了官银，拿他到衙门里去，说所欠官银，变卖家产赔补，把这扇子抄了来，作了官价送了来。那石呆子如今不知是死是活。[1]

这个故事的情节并不复杂，无非是贾府老爷看上了一个名叫石呆子的普通人收藏的折扇，但石呆子就是不卖。地方官贾雨村为了讨好贾府，就借个由头把石呆子抓了，以拖欠官银的名义把他收藏的折扇充了公，然后设法就把这些珍贵的折扇给贾府送来了。尽管文学作品是虚构的，但很多时候它们都反映着作者所处年代的真实社会状况。

如果说算缗与告缗的权力主角是拥有至高无上权力的君主，那么石呆子一案的权力主角不过是贾雨村这个普通的地方官。但无论是面对君主还是面对地方官，民间财富在政治权力面前都是缺少保

1　曹雪芹、高鹗，《红楼梦》（上），人民文学出版社，2008，第644页。

障的。在君主统治模型之下，不用说权力至高无上且不受法律约束的统治者，即便是手握较大自由裁量权的普通地方官员，对工商阶层或普通民众的财富都拥有着较大的任意处置权。这两个案例都佐证了君主统治模型下政治权力的“抽水机效应”。只要政治权力的“抽水机效应”随时发挥作用，那么一个社会就很难出现社会剩余持续转化为新增投资的情形，因而也很难实现持续的增长与繁荣，也就无法摆脱马尔萨斯陷阱。

前面提到的奥尔森在其较早的一项研究中指出，对经济绩效来说，坐寇统治要优于流寇统治。因为流寇统治导致的无政府状态，使得产权保护和正常的生产秩序都成为不可能。相比而言，理性的坐寇统治有可能用安全、法律和秩序取代无政府状态，用税收取代掠夺，进而建立起一种相对有效率的产权制度与生产秩序。但问题是，这种坐寇统治仍然是一种权力不受约束的专断统治。坐寇的行为是否有利于经济绩效，高度取决于他是否能够长期做到理性自制，以及他在统治权传承问题上是否是一个代际利他主义者。但这些，都是无法保证的。所以，只有以民主与法治的办法来取代基于独断权力的坐寇统治，才能为经济绩效与生产秩序提供一个长期稳定的制度基础。[1]否则，一个社会就更难走出马尔萨斯陷阱。

1　Mancur Olson, “Dictatorship, Democracy, and Development,” *American Political Science Review*, Vol. 87, No. 3 (Sept., 1993), pp. 567-576.

第七章　古代世界的政体选择

他们会追随战争首领，接受智者的建议，并相信个人在接触超自然力上的不平等。这种倾向为较为固定的权力差异奠定了基础。任何一个社会，不论它有多小，都有政治“工作”要做，因为总是有很多的问题和巨大的恐惧。于是一个首领就会产生，带着能力和运气，从看似不堪设想的后果中肩负起拯救社会的责任。他甚至可以将战争领导权与一般智慧相结合，以获得这样一种综合声望，以至他成为在和平时期进行调停和管理的领袖。

——埃尔曼·塞维斯

古希腊的城邦民主制

上文已较为系统地讨论了君主统治模型的诸种制度困境及其社会成本。可以说，君主统治模型是一种问题重重的政体类型。但问题是，只要存在国家这种较为稳定的统治形式的地方，除了地中海地区的少数例外——主要是古典时期的古希腊民主政体与古罗马共和政体，绝大部分的帝国与王国都是由一个政治权力至高无上且不受法律约束的君主统治的，即采用君主统治模型。那么，为什么君主统治模型是古代世界的支配性政体类型？为什么人类曾经尝试过的古典民主制与古典共和制都没有获得持久的成功或仍无法与君主统治模型共存？通过讨论古典民主制与古典共和制的兴起和衰落，本章要进一步分析为什么君主统治模型会是古代世界长期的支配性政体类型。

城邦政治概述

在一人统治的君主制模型支配下，古代世界的一个重要例外就是古希腊兴起的城邦民主制。[1] 其中最著名的，就是公元前 5 世纪到前 4 世纪雅典城邦的古典民主政体。古希腊文明属于古典时期地中海文明的一部分，地理上位于巴尔干半岛的南端，处于爱琴海与

---

1 本节的部分内容，参见：包刚升，《民主的逻辑》，社会科学文献出版社，2018，第 59—68 页。

伊奥尼亚海之间，地形上以沿海山地为主，不同城邦在地形上常常包括了较多山地、少量沿海平原以及纵横交错的海岸线。由于考古资料的有限性，古希腊的早期历史不甚清晰，但大体上可以追溯至公元前 3500 年到前 1100 年的米诺斯文明（Minoan civilization）和公元前 1600 年到前 1100 年的迈锡尼文明（Mycenaean Greece）。公元前 9—前 8 世纪，古希腊的城邦时代开始兴起，整个古希腊后来出现过数百上千个城邦。根据丹麦古典语文学家摩根斯 · 赫尔曼 · 汉森（Mogens Herman Hansen）的最新研究与估算，美国斯坦福大学政治学与古典学教授约西亚 · 奥伯（Josiah Ober）汇总了古希腊城邦的面积与人口数据，参见表 7.1。[1]

如表 7.1 所示，根据这些学者的研究，古希腊城邦数量有 1100 个左右，其中确知面积的城邦有 672 个。绝大部分城邦，无论从面积还是人口的规模来说都很小。从面积上看，在 1100 个城邦中，760 个城邦的面积小于 100 平方公里，比例为 69.1%；904 个城邦的面积小于 200 平方公里，比例为 82.2%；1028 个城邦的面积小于 500 平方公里，比例为 93.5%。从人口看，在 1100 个城邦中，760 个城邦（即 69.1%）的人口小于 10,000 人；904 个城邦（即 82.2%）的人口小于 25,000 人；1028 个城邦（即 93.5%）的人口小于 50,000 人。由此可见，古希腊九成以上的城邦从面积和人口来看，大体仅相当于中国今天一个人口密度较低、面积稍大的乡镇规模。

在 1100 个城邦中，面积超过 1000 平方公里的仅有 13 个，其中阿尔戈斯、拜占庭、伊利斯、埃雷特里亚、基里内、梅加洛波

1　汉森的研究，参见：Mogens Herman Hansen, *The Shotgun Method: The Demography of the Ancient Greek City-State Culture*, Columbia: University of Missouri Press, 2006. 奥伯的作品，参见：Josiah Ober, *The Rise and Fall of Classical Greece*, Princeton: Princeton University Press, 2015.

表 7.1　1100 个古希腊城邦的面积与人口估算

城邦规模	面积（km^2）	估算人口范围	估算平均人口	确知面积的城邦数	城邦总数（估算）	总人口（1100 个城邦）	占总人口比例（1100 个城邦）	占城邦数比例（1100 个城邦）
1	25 或更少	525~2500	1000	148	277	277,000	0.03	0.25
2	25~100	875~10,000	3500	256	483	1,690,500	0.20	0.44
3	100~200	3500~25,000	7000	95	144	1,008,000	0.12	0.13
4	200~500	7000~50,000	17,000	107	124	2,108,000	0.26	0.11
5	500~1000	17,500~75,000	35,000	53	59	2,065,000	0.25	0.05
6	1000~2000	35,000~100,000	65,000	10	10	650,000	0.08	0.01
7	大于 2000	75,000~250,000	150,000	3	3	450,000	0.05	0.003
合计				672	1100	8,248,500		

（资料来源：Josiah Ober, *The Rise and Fall of Classical Greece*, 2015, p. 32.）

利斯、米利都、潘提科帕翁、雷吉乌姆和罗德斯等10个城邦，面积处于1000~2000平方公里之间，人口处于35,000 ~ 100,000人之间，平均人口规模为65,000人。最大规模的三个城邦是斯巴达、雅典和叙拉古，它们的面积都超过2000平方公里，人口处于75,000 ~ 250,000人之间。即便是三个规模最大的城邦，它们也仅仅相当于中国今天一个人口较少、面积较大的县的规模。总的来说，城邦政治是古希腊政治的基本特点，这在很大程度上决定了古希腊政治演化的很多关键特征。

全新的政体模式

尽管今天的许多政治学家把雅典民主制视为古希腊政治文明的代表，但其实，古希腊城邦的政体是复杂多样的。从公元前9—前8世纪开始，到公元前4世纪后期被马其顿军事征服，再到公元前2世纪中叶被罗马共和国吞并，古希腊的诸城邦兴起过不同的政体类型。按照塞缪尔·芬纳的说法，君主制（monarchy）、独裁（autocracy）、僭主制（tyranny）、专制（despotism）、贵族政治（aristocracy）、寡头政治（oligarchy）以及民主政治（democracy）等政治术语都是古希腊人创造的。[1]但这种创造并非思想家们基于哲学思辨的凭空想象，而是基于对古希腊不同城邦实践过的实际政体模式的描述和归纳。

在上述政体类型中，君主制、独裁、僭主制、专制可以说是同时期其他文明的一般政体类型，可以归入本书的君主统治模型。古

1　塞缪尔·E.芬纳，《统治史（卷一）：古代的王权和帝国——从苏美尔到罗马》，2014，第336页。

希腊城邦的重大创造在于，他们发明了一种贵族和公民参与城邦公共事务的全新政体模式。芬纳这样比较古希腊城邦的特殊性：

> 自从苏美尔和埃及开始出现有记录的历史以来，在2500多年的时间里，每一个国家实行的都是君主制，不仅我们所了解的中东和地中海东部地区如此，在印度和遥远的中国也是如此。这些君主实行专制，被其臣民视为神明，只有犹太王国例外，因为在那里国王要接受上帝的统治。（在古希腊城邦）一种新的统治模式仿佛突然就出现了，没有国王，也没有上帝，只有公民自己建立的共和国。[1]

芬纳这里讨论的是古希腊城邦共和政体与民主政体的特殊性。实际上，即便是古希腊城邦的贵族政体与寡头政体，跟君主统治模型相比，仍然有着实质性的重大差异。在现代世界倾向于民主价值观的许多学者看来，相比于雅典的城邦民主制，斯巴达的寡头政体或贵族政体常常被视为一个负面案例。但跟君主专制相比，这种寡头政体其实包含着相当程度的分权制衡与民主成分 。跟君主统治模型不同的是，古希腊许多城邦的政治权力都包含了三个主体：行政首脑，即王；人数有限的长老议事会；所有武士参加的民众大会。不同城邦之间的主要差异，在于这三个主体之间的权力分配，以及参与长老议事会和民众大会的成员资格。[2]

斯巴达城邦位于古希腊南端的伯罗奔尼撒半岛之上。以斯巴达公元前9世纪晚期推行的宪制改革为例，其关键制度结构包括：

---

1 塞缪尔·E.芬纳，《统治史（卷一）：古代的王权和帝国——从苏美尔到罗马》，2014，第336页。括号内文字为笔者所加。

2 同上，第353页。

（1）实行双王制，国王掌握行政权，但受到限制；（2）吉罗西亚会议，即长老议事会，拥有讨论和决定公共事务的较大实权，除了双王，30名成员中的其他长老须为60岁以上，由人民大会通过欢呼法选举产生；（3）所有“平等人”均可参加人民大会，人民大会在固定时间地点召开；（4）设有五名监察官，每年由人民大会通过欢呼法选举产生。总体上，相比于人民大会，国王与长老议事会在斯巴达的政治结构中扮演着更重要的角色，因而斯巴达被视为寡头政体。公元前8世纪中叶，斯巴达的重要政治文献中有这样的说法：“假若民众的宣告有误，长老和国王可将它们解散。”这明确无误地强调了国王和长老在斯巴达权力体系中的相对优势。在这次宪制改革中，监察官也获得了越来越重要的实权。他们固然要宣誓尊重国王的权力，但也有权监督国王守法。倘若国王犯罪，监察官拥有逮捕和审讯国王之权。由此可见，斯巴达的政体绝不是什么君主专制政体。[1]

三次政治改革与古典民主制的形成

当然，在古希腊诸城邦中，对后世影响最大的是雅典城邦的古典民主制。这种古典民主制甚至可以被视为人类政治演化史上的一个首创性的政治发明。雅典城邦位于阿提卡地区，左邻科林斯湾，右邻爱琴海。历史学界一般认为，雅典城邦在公元前700年左右由原先的君主专政统治，逐渐演变为贵族统治。这种贵族统治主要是借助阿瑞奥帕戈斯会议进行的，这个贵族会议因在雅典的阿瑞斯山丘召开而得名。今天所知的后来雅典民主政体中的很多制度安排，其实都是这个贵族会议统治时期首创的。比如，雅典当时开始设立

1　N. G. L. 哈蒙德，《希腊史：迄至公元前322年》，2016，第145—161页。

三个执政官制度，分别主管宗教、军事和一般行政三项公共事务，后又增设六个司法执政官，这就是后来九个执政官制度的缘起。

以阿瑞奥帕戈斯会议为标志的贵族统治后来又遇到了很多新的挑战。从公元前 6 世纪初开始，雅典城邦先后出现了三次关键的政治改革，最终于公元前 5 世纪形成了雅典城邦民主制。[1]

第一场重要改革是梭伦改革。公元前 594 年，贵族出身的梭伦做了行政官，贵族会议决定授予他很大的权力，让他有 10 年时间来推行雅典城邦的改革。当时，雅典城邦已面临很多政治难题，特别是严重的贫富分化及其带来的政治压力。这场改革通常被视为雅典古典民主政体的开端。梭伦改革主要分为经济改革与政治改革两个方面。

他的经济改革措施今天看起来恐怕不易理解。比如，一个重要的措施是取消平民的债务。一般的说法，他取消的是以身抵债的债务。这是一种革命性的措施。相应地，梭伦的另一改革措施是取消土地抵押。这样，平民又重新获得了本来已经抵押给债权人的土地。梭伦还设立禁令，禁止自由平民以卖身为奴的方式来偿还债务。所有这些做法都是为了缓和自由的平民与雅典城邦的关系。

在政治改革上，梭伦把所有雅典公民根据财产划分为四个等级：五百斗级、骑士级、双牛级和雇工级。这里是用粮食产量来度量一个家庭的收入与财富，然后再确定其社会等级的。按照梭伦改革制定的最初规则，一个男性公民的等级跟他的任职资格有关。比如，出席四百人会议最初需要具有双牛级及其以上的社会等级，想通过抽签出任行政官则须达到五百斗级或骑士级的社会等级。但到

1 关于雅典城邦的政制及其民主改革，参见：亚里士多德，《雅典政制》，日知、力野译，商务印书馆，1959；约翰·索利，《雅典的民主》，王琼淑译，上海译文出版社，2001；N. G. L. 哈蒙德，《希腊史：迄至公元前 322 年》，2016。

了后来，任职资格出现了松动，雇工级公民也可以出席四百人会议或后来的五百人会议。

梭伦的另一项政治改革，是设立了四百人会议制度。很多历史学者认为，梭伦是这一制度的首创者。四百人会议由雅典阿提卡地区的四个爱奥尼亚部落各自派出100人组成。当时，雅典城邦的公民大会已经开始运作，但政治权力还相当有限。考虑到公民大会的议程由四百人会议决定，四百人会议是较有实权的。与此前贵族会议的精英统治相比，四百人会议的设立增加了城邦政治的民主成分。

梭伦还对司法审判制度进行了重大改革。其中的首要措施是，每个社会等级的男性公民均可担任陪审员，并由评审法庭而非原先的司法执政官来决定案件的判决。这样，司法审判权力就转移到了平民团体手中。与此同时，梭伦还大幅缩减了贵族统治实体——阿瑞奥帕戈斯会议——的政治权力，尽管它在梭伦时代仍然是一个拥有实权与威望的政治机构。

在梭伦改革的数十年之后，雅典城邦又出现了一位名叫克里斯提尼的政治家，他于公元前508—前507年又开启了一场新的政治改革。这一改革对梭伦改革既有继承，又有发展，最终促成了雅典古典民主政体的成型。克里斯提尼把雅典重新划分为10个新部落，并在此基础上建立了五百人议事会——新的10个部落分别派出50人参加。

克里斯提尼的另一措施是建立了选举产生十将军的制度。一般认为，雅典多数行政官员职位是由抽签产生的，但将军这个职位对军事技能要求很高，所以由选举产生。在克里斯提尼时代，雅典城邦还出现了一种离任考核制度，类似于今天的离任审计。此外，克里斯提尼还恢复了被僭主统治中断的雅典公民大会，重新开启了民主法庭和司法审判制度，并设计了新的陶片放逐制度等。

尤其值得一提的是，基层治理单位是雅典城邦民主体制的基础，克里斯提尼的改革措施是设立了一种新的基层治理单位，即139个德谟（demos），相当于139个村社。在克里斯提尼改革之后，雅典民主政治的运作很大部分都是以德谟为基础的。

雅典城邦的第三个重要改革发生在公元前5世纪中叶，由民主派政治家伯里克利领导。就具体做法而言，伯里克利主要是巩固了当时已经成型的各种民主制度。在此基础上，伯里克利还引入了一种支薪制度，就是给出席五百人议事会、陪审法庭和担任行政官员的公民提供日薪。一般认为，当时提供的日薪较低，甚至不足以维持体面的生活，但对收入微薄的社会阶层来说，这种支薪制度有助于鼓励他们参与城邦公共事务。

伯里克利的另一项措施涉及雅典的公民权。在伯里克利之前，只要父亲是雅典公民，其子女出生后自动成为雅典公民。但伯里克利发明了一种新的制度，即只有在父母双方都是雅典公民的条件下，一个人才能成为雅典公民。按照塞缪尔·芬纳的说法，公民权正是雅典城邦首创的政治发明。

实际上，从公元前6世纪初到公元前5世纪中叶的100多年中，雅典城邦经历了三个方面的重大挑战，首先是城邦内部的政治冲突与斗争，包括僭主政治与民主政治的交替；其次是希波战争给雅典与古希腊诸城邦带来的生死考验；再次是雅典城邦与斯巴达、科林斯及其周围的城邦之间错综复杂的关系与互动，既有合作与联盟，又有竞争与冲突。但无论这些挑战给雅典城邦的政治运作带来了怎样的压力，经过上述三场关键的政治改革，雅典城邦的古典民主政体在公元前5世纪中叶达到了它的高峰。

那么，这种古典民主制究竟有哪些制度安排，又是如何运作的？[1]雅典城邦民主制最重要的制度安排是公民大会。公民大会是雅典城邦的最高权力机构，法定人数为6000人，通常一年至少召开40次会议，20岁以上的男性公民均有资格参加。这一资格限定，意味着雅典有四种人无法参加公民大会：一是外邦人，二是奴隶，三是女子，四是未成年人。尽管如此，即便以19世纪的欧洲标准来看，雅典城邦也已经相当民主，即所有成年男性公民都享有充分的公民权利和政治参与资格。

雅典城邦民主制的另一种重要制度安排是五百人议事会。该议事会由10个部落各派出50人参加，参加者要求为30岁以上成年男性公民。五百人议事会负责制定公民大会的议程和执行公民大会的决策，所以实际上掌握着相当大的权力。跟公民大会相比，五百人议事会是一种更加精英化的制度设计。五百人议事会不仅有参会者的年龄资格限制，而且各部落通常还会选派明晓事理、富有行政经验和较有闲暇的公民来参加。

雅典城邦的公职人员主要由两种机制产生，绝大多数公职由抽签产生，少数则由选举产生。一般认为，行政官员需要年满30岁，其最初的规定是只有较高等级的公民才能出任，但后来这种任职资格逐步降低，直至取消。在总共大约600名行政官员中，只有100名左右是由选举产生的，比如十将军、部落的骑兵与步兵指挥官、财政或财务官员、宗教事务官员等均由公民大会选举产生。需要特定的知识、技能与才干，是采用选举制的主要考虑因素。

雅典城邦的另一个重要制度是陪审法庭。陪审法庭的最小规模是201人，也常常是501人、1001人或1501人等。保持单数是为

1　关于雅典城邦民主的运作模式，参见：戴维·赫尔德，《民主的模式》，燕继荣等译，中央编译出版社，2004，第15—45页。

了便于票数相当时能决出胜负。今天，普通法系下实行由陪审团判决案件的制度，已经是一种惯例。雅典城邦的司法审判制度，就是某种形式的陪审团制度——只是陪审团人员的规模相当之大。雅典城邦 2500 年前就实行的这种陪审法庭制度，可以说是人类法治史上的一个奇迹。但训练有素的法学家们可能会担心，案件判决是否会在相当程度上受到“群众情绪”的左右。

除了公民大会、五百人议事会、公职人员产生机制、陪审法庭等，雅典城邦还设计了一系列有助于维护民主稳定性的制度安排。比如，陶片放逐法就是一例。陶片放逐法（ostracism），主要针对的是政治上可能会妨碍雅典民主的“危险分子”，通过公民投票来对他们实施放逐，放逐时间为 10 年，但被放逐者的财产和地位不受影响。这个制度的大致操作程序是，首先公民大会需要就陶片放逐事项进行提议和表决，通过后才能发起一次陶片放逐投票。具体投票的规则是，公民在指定的日期和地点手持陶器碎片，并在上面刻上自己认为应当放逐者的姓名，然后将陶片投入投票箱。如果最终所有投票累计超过 6000 人，那么此次投票中得票最多的人就需要被放逐。据不完全统计，从公元前 487 年到前 440 年，雅典城邦就用这种陶片放逐法先后放逐了 12 位政治人物。

尽管雅典城邦是古希腊民主政治的最杰出代表，但古希腊的城邦民主并不限于雅典。按照美国历史学者埃里克 · W. 鲁滨逊 2011 年一项关于雅典之外的城邦民主的研究，在古希腊的古典时期（即前 480—前 323），有明确证据的是，至少有包括叙拉古在内的 50 多个城邦曾经出现过民主政体。[1] 由于文献资料与考古证据的不足，

1 Eric W. Robinson, *Democracy Beyond Athens: Popular Government in the Greek Classical Age*, Cambridge: Cambridge University Press, 2011, pp. 182-186.

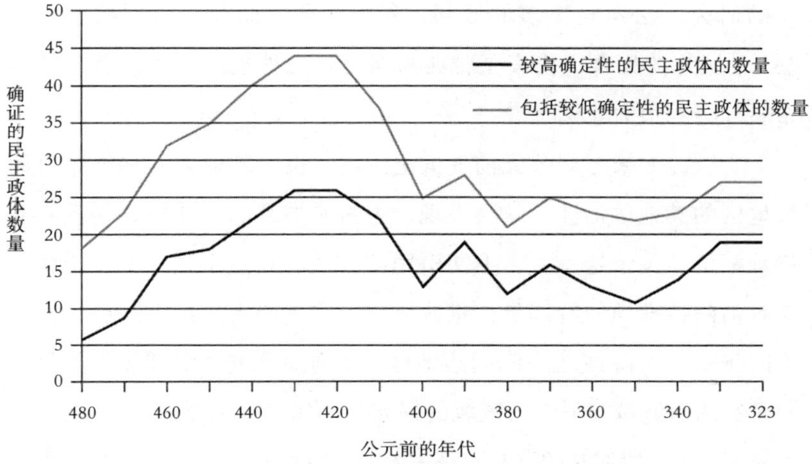

图 7.1　古希腊的民主政体数量：每 10 年的估算

（资料来源：Eric W. Robinson, *Democracy Beyond Athens: Popular Government in the Greek Classical Age,* 2011, p. 191.）

鲁滨逊的这项研究只是覆盖到了有明确证据证实的民主政体，所以，很难说这一数量能在多大程度上代表民主政体覆盖古希腊城邦的比例。但是，鲁滨逊非常明确地认为："有关于足够多城邦的充分信息可以判断，到公元前 5 世纪到前 4 世纪，民主（demokratia）已经在古希腊世界成为一种普遍的和持久的现象。在古希腊的每一个地区，在公元前 5 世纪早期到前 4 世纪晚期，都有民主城邦的案例。"[1] 如果按每 10 年进行估算，鲁滨逊的研究认为，古希腊古典时期有较高确定性的城邦民主政体大致在 10~25 个的范围内波动；如果加上较低确定性的城邦民主政体数量，这一数据大致在 20~45 个的范围内波动，参见图 7.1。在鲁滨逊看来，由于历史资料所限，

1　Eric W. Robinson, *Democracy Beyond Athens: Popular Government in the Greek Classical Age*, 2011, p. 182.

他的研究无法覆盖更多的城邦，然而，他的研究覆盖到的古希腊“54 个城邦的集合，代表了雅典与斯巴达之外最闻名或最著名的古希腊社会的很大比例”。[1]

所以，如果考察公元前 5 世纪到前 4 世纪欧亚大陆和地中海周边地区的其他政治体，就会发现，古希腊城邦的政体模式是重要的特殊案例。关于这一点，上文引用的芬纳的观点也强调了古希腊城邦政治的特殊性。特别是，雅典城邦所代表的古典民主制更是大大不同于欧洲大陆或地中海周边地区的其他政治体。如果说人类早期国家在两河流域与尼罗河流域的兴起是一场“国家革命”，那么古典民主制在古希腊城邦的兴起则是一场人类历史上最早的“民主革命”。

古典民主制为何出现在古希腊？

为什么古希腊城邦——特别是雅典城邦与其他民主城邦——会创造出如此与众不同的古典政体类型？关于这个问题，国内外学术界已经有许多研究。来自历史学者和政治学者的主流理论解释，包括地理条件论、阶级斗争论、军事技术论等。[2] 所有这些理论解释当然都有其合理性。实际上，本书的理论解释也要基于上述较具代表性的先行研究。

正如本书开头部分已经讨论的，政体的基本特征是政治权力在

1 Eric W. Robinson, *Democracy Beyond Athens: Popular Government in the Greek Classical Age*, 2011, p. 183.

2 关于这些理论的简要讨论，参见：包刚升，《民主的逻辑》，2018，第 59—61 页。关于古希腊城邦民主政体的兴起，参见：塞缪尔 · E. 芬纳，《统治史（卷一）：古代的王权和帝国——从苏美尔到罗马》，2014，第 336—412 页；N. G. L. 哈蒙德，《希腊史：迄至公元前 322 年》，2016；Sarah B. Pomeroy, Stanley M. Burstein, Walter Donlant, Jennifer Tolbert Roberts, David W. Tandy, and Georgia Tsouvala, *Ancient Greece: A Political, Social, and Cultural History*, 4th Edition, Oxford: Oxford University Press, 2017.

不同政治行为者之间的分配与分享方式。由于不同的政治行为者都想获得更大的政治权力，政治权力的实际分配与分享方式只能取决于不同政治行为者之间的相对实力。而决定政治行为者相对实力的，主要是政治行为者的暴力潜能和政治行为者的组织或动员能力。历史地看，政治权力的分配主要发生在三类政治行为者之间，即君主、贵族与平民。当暴力潜能和组织动员能力向君主倾斜时，更有可能是君主制；当暴力潜能和组织动员能力向贵族倾斜时，更有可能是贵族制；当暴力潜能和组织动员能力向平民阶层倾斜时，更有可能是民主制。

理解古希腊古典民主制的兴起，一个重要的背景条件就是古希腊诸政治体普遍地都是小规模的城邦。城邦政治的造成，又跟关于古希腊古典民主制的地理条件假说有关。古希腊诸城邦地处地中海东北部的半岛之上，位于爱琴海与伊奥尼亚海的海滨，有着非常曲折的海岸线、众多的岛屿、高低不平的山地以及少量的沿海平原。正是古希腊这种地形特点，使得难以建立起大一统的大规模国家。结果是，古希腊就形成了一种各城邦相对独立、互不统属的政治体系。没有哪一个统治者能建立起类似于古代埃及或古代中国式的大规模国家的中央集权化统治体系。

相比而言，在古代世界，所有疆域广大的国家都出现在大河流域，大河流域也对应着大规模的平原地区。在这种大规模的平原之上，强有力的统治者既容易组建大规模的军队，通过征收少许比例的税收就能供养一个大规模的官僚系统，又可以以相对较低的成本征服和统治广大的地理疆域。而在古希腊诸城邦，大部分城邦的规模都比较小。这就导致了两个结果：一方面，一个统治者更难获得建立一个较大规模文武统治机构所需的资源。在表 7.1 中，将近七成的城邦人口规模小于 10,000 人，九成多的城邦人口规模小于

50,000 人。考虑到公元前 5 世纪到前 4 世纪的经济发展水平，这些城邦很难有足够的剩余产品去供养一个较大规模的统治机构。这就限制了单个统治者的暴力潜能与组织能力。但对贵族和平民来说，他们在以城邦为中心的政治体中。由于城邦无论是面积还是人口规模都比较小，这就极大地提升了贵族和平民阶层潜在的组织动员能力。

考虑到古希腊的城邦与城邦之间还容易发生军事冲突与战争，这就使得统治者更需要贵族和平民在军事上的合作。实际上，这样的战争不仅发生在城邦与城邦之间，还发生在古希腊城邦与波斯等帝国之间。当战争开启，作为小规模城邦的统治者，如果得不到贵族与平民全力以赴的参与和支持，城邦就很难赢得战争。

在此过程中，兵种与军事技术变迁也扮演了重要角色。在雅典和其他许多城邦，两大兵种与军事技术变迁对城邦的政治权力分配产生了重要影响。第一个重要事件是重装步兵大约在公元前 8 世纪或前 7 世纪逐渐兴起。这种重装步兵是古希腊诸城邦的公民士兵，他们主要使用长枪和大圆盾，并以密集方阵形式作战。这些公民士兵需要自行准备武器和铠甲，具备相当财力的自由公民成了重装步兵的主力。这就意味着，古希腊城邦中的贵族阶层与中上层自由公民控制着城邦的主要武力资源。相比于帝国或王国的君主们依靠大规模的税收统一招募和装备武装力量，古希腊此种条件下的武力资源其实主要控制在相对较富有的自由公民手中。可以说，这种以义务兵制组建的重装步兵，决定着当时许多希腊城邦的生死存亡。[1]因此，较富有的自由公民阶层的相对实力就得到了大大提升，进而

1　塞缪尔 · E. 芬纳，《统治史（卷一）：古代的王权和帝国——从苏美尔到罗马》，2014，第 353—380 页。

导致政治权力的天平向较富有的自由公民阶层倾斜。实际上，这也是古希腊许多城邦从君主专政走向寡头统治或贵族统治的重要驱动力量。

第二个重要事件是，由于波斯帝国的威胁和希波战争的需要，雅典等古希腊城邦开始大规模地发展海军，并开始大规模地建造三桨座战船。这种战船每边分设三排桨，船体狭长，并由一名平民水手控制一支桨，战船头部则安装有金属撞击锤。这种经过改良的三桨座战船，具有快速、敏捷、冲击力强等特点。到了公元前 5 世纪，这种战船已经成为古希腊诸城邦的主要战船。这种战船要有强大的战斗力，关键还在于平民水手奋力划桨所提供的动力。在希波战争中，特别是发生在公元前 480 年的著名的萨拉米斯海战中，以雅典城邦为首的古希腊海军，凭借以平民水手作为主要战斗动力的三桨座战船组成的舰队，给波斯帝国海军造成了毁灭性的打击，进而使得古希腊诸城邦得以自保。因此，海战极大地提升了平民力量在雅典城邦与其他许多城邦中的政治地位，并促进了平民力量在城邦政治中的兴起。

上述两个事件都展示了兵种兴衰与军事技术革新会显著影响不同政治行为者或阶层的相对实力，进而影响一个社会的政体模式变迁。实际上，亚里士多德等古希腊哲人已经讨论过武力资源跟政体类型之间的关系。[1]

进一步说，多数城邦不仅临海，而且有着较长的海岸线。地中海不仅为城邦居民提供了从事渔业和海外贸易的机会，还提供了移民海外和海外殖民的机会。这意味着，城邦居民还存在着一种经济学家艾伯特 · 赫希曼所指的“退出机制”，亦即当城邦居民不

1 亚里士多德，《政治学》，1997，第 327—329 页。

满意本城邦的政治或统治时，他们可以很方便地选择移居海外。这种退出机制的存在，大大约束了统治者的讨价还价能力与镇压能力。[1]这种可能的退出机制，使得城邦统治者很难建起一种高压型的或掠夺型的统治。这样，在城邦政治格局之下，那种高压型的或掠夺型的君主统治模型就更难维系。

总之，古希腊的城邦政治格局完全不同于那些形成于大河流域之上的大规模中央集权国家，一个主要的差异就是不同政治行为者之间的相对实力结构。这样，统治者的暴力潜能与组织能力受到约束，而被统治者的暴力潜能与组织动员能力却得到了有效的提升。两者的相对实力就发生了不利于单个统治者的重大变化，平民阶层则实现了在政治上的崛起。这也算得上人类古代政治史上的重要例外。[2]

古典民主制运作的困境

尽管古希腊城邦民主制是人类政治演化史上的首创，但它的生命力远不及君主统治模型，没存在多长时间就退出了人类政治的历史舞台。当一种类似的近现代民主制登场，已经是 19 世纪以后的事情了。在雅典民主的鼎盛时期，政治家伯里克利认为，雅典城邦的宪法应该成为其他城邦模仿的典范。确实，雅典城邦创造了非常辉煌的古典文明，在思想、哲学、科学、文学与艺术领域取得同一时期的文明难以企及的成就。但同时，雅典城邦的民主政体不断地被批评和质疑。在当时的一位匿名作者“老寡头”（Old Oligarch）

1　艾伯特·O. 赫希曼，《退出、呼吁与忠诚：对企业、组织和国家衰退的回应》，卢昌崇译，格致出版社，2015。

2　关于古希腊的民主政治，笔者得益于跟山东大学张新刚教授的讨论。

看来，雅典城邦民主制不仅效率低下，而且很容易沦为有利于暴民而非精英的统治。老寡头说：

> 就雅典的宪法而言，我反对他们选择这种形式的宪法。我的理由是这样的：因为选择这套宪法的同时，他们讨好了暴民，而不是那些值得尊敬的人；这正是我反对的原因。……有些人或许认为，除了最能干、最优秀的人才以外，不该让所有的人都在公民大会上发言，或出席500人会议。但是，在这儿，他们又允许最差劲的一群人开口发言，藉此谋求自己最大的利益。[1]

古希腊哲学家柏拉图同样不是雅典城邦民主制的支持者。他之所以反对城邦古典民主制，主要是基于两个逻辑：一是知识的逻辑。柏拉图说，统治是一项专门的技艺，而民主制不利于专家治国。二是道德的逻辑。民主制容易导致人的堕落，因而无法造就一个善的城邦和善的社会。在柏拉图看来，一个理想的城邦应该是由哲学王统治的共同体。[2]

此外，一般认为，柏拉图反对雅典民主制还跟苏格拉底之死有关。苏格拉底是柏拉图的老师，前者被雅典民主陪审法庭判处死刑，这使得后者跟雅典民主制结下了“私仇”。苏格拉底主张言论自由，常常以哲学思辨的方式来对待很多当时被视为神圣的、不可亵渎的事物，试图通过不停的质疑和思辨来发掘事物的真相。公元前5世纪，苏格拉底常常以此种方式跟雅典城邦的青年人讨论政治

1　转引自：约翰·索利，《雅典的民主》，2001，第89页。
2　柏拉图，《理想国》，1986。

问题。有人认为他的做法亵渎了神灵并蛊惑了城邦的青年人，于是提起了诉讼，随后陪审法庭判定苏格拉底有罪，并在第二轮审判中判处苏格拉底死刑。公元前 399 年，苏格拉底在有机会逃脱的情况下，喝下了行刑官带来的一杯毒酒，结束了自己的生命。苏格拉底将遵守而不是逃避雅典城邦的死亡判决，视为一个雅典公民的义务。但如果这就是民主的结果，那么民主还是一种好的政体吗？

与哲学家关于古典民主制的理性思辨相比，雅典城邦在政治运作上的诸种困难更是古典民主制需要面对的实际问题。特别是，在长达 20 多年的伯罗奔尼撒战争中，以修昔底德为代表的历史学者认为，城邦古典民主制往往把雅典引导至错误的方向上，使其无法有效应对这场古希腊诸城邦的内部战争，甚至最后导致了伯罗奔尼撒战争的失败。相反，如果雅典城邦不是古典民主制，而是贵族政体或寡头政体，那么它在伯罗奔尼撒战争中的实际表现可能会更加出色。[1] 当然，这是一个有争议的观点。

上述讨论聚焦于雅典城邦民主制的实际表现与有效性，但这并不是这种统治模式最后会退出历史舞台的主要原因。城邦古典民主制的最大问题是，这种模式当时只能适应规模较小的政治体，而很难有效扩展。单纯就技术条件来说，古典民主制条件下的公民广场直接投票制度，就注定了这种政体只适合于小规模的政治体，或者说只适合于城邦国家。而小规模政治体或城邦国家一般很难抵御大规模的帝国或王国的军事进攻。历史上，古希腊的城邦联盟尽管好不容易打败了波斯帝国，但最后还是被随后兴起的马其顿王国征服了。一般来说，小规模的民主城邦在军事上难以抵御

1　修昔底德，《伯罗奔尼撒战争史》（详注修订本），徐松岩译，上海人民出版社，2017。

大规模的帝国或王国，这就使得小规模的民主城邦往往很难维系。

所以，关于古代世界的城邦民主，芬纳尽管盛赞其首创性，但却得出了一个非常悲观的结论。他在讨论古希腊城邦民主制时这样说：

> 这种政体非同凡响，是天才和技巧的奇迹，是整个统治史上最为成功的政治发明之一，也许它就是最为成功的一个。不幸的是和希腊其他城邦（政体的设计更为粗糙）一样，它也有一个不可根除的缺陷，即人口不能太多，疆域不能太大。……因此，在政治上，如果城邦要扩张，就只有死路一条，而如果城邦不扩张，其征服大业就只有死路一条。无论怎样都是死路，于是它就死掉了，而允许它生根发芽并茁壮成长的环境也注定一去不复返。
>
> 希腊的城邦虽然雄心万丈，但却有一个致命的弱点，那就是它无法扩张自己，只能在别处以殖民地的形式进行复制。如果它扩张，其公民就无法集合参加公民大会，但如果不扩张，当强大的君主政体联合起来，它就会成为受害者。有人也许会认为还有第三种选择，即联盟，这个也尝试过，但依然无法解决上面的两个问题。……在外部打击和内部衰败的夹击之下，城邦作为一种特殊的政体模式最终走向了末路。[1]

总之，作为一种政治发明，古代世界的城邦民主制尽管非常伟大，也造就了辉煌的古典文明，但最终仍然走向了“死胡同”。等到民主政体的再次来临，那已经是2000年以后的事情了。

1　塞缪尔 · E. 芬纳，《统治史（卷一）：古代的王权和帝国——从苏美尔到罗马》，2014，第394—395页。

古罗马的共和政体

当古希腊的古典民主制兴盛之时，在离古希腊不远的意大利半岛上，另一种不同于君主统治模型的古典共和政体正在成长之中，那就是古罗马共和国，其国家的全称是元老院与罗马人民（Senate and People of Rome）。[1]古罗马的古典共和制与古希腊的古典民主制——这里主要以雅典城邦民主为例——具有一定的相似性，特别是它们都起源于城邦政治，都包含了公民参与公共事务的特征。当然，两者之间的差异也是显著的。首先，雅典城邦是直接民主政体，公民大会是最高权力机关；罗马共和国则是共和政体，执政官与元老院控制着主要权力，公民大会与保民官当然也是重要的权力机关与制衡力量。其次，雅典城邦是小规模的政治体，而芬纳认为这是古典民主制无法扩展的主要原因；罗马共和国是大规模的政治体，先是从罗马城扩展到整个意大利半岛，而后又战胜迦太基和其他主要对手，进而征服了整个地中海及其周边地区。

古罗马共和国的崛起

在讨论罗马共和国的政治成就时，芬纳这样认为：

> 第一，其统治模式的持久性，从公元前509年一直延续到公元前27年，或者最好说是到公元前82年……其次，它成功统一了意大利本来截然不同的语言、种族和文化社群，将其改造得和我们今天所谓的民族共同体极其相似。第三，

1 本节的部分内容参见：包刚升，《民主的逻辑》，2018，第69—79页。

> 它以一种惊人的精力征服了地中海沿岸和西欧的大部分地区。第四是统治模式上的创新，即与众不同的政体模式，上述所有的成就都是在这种模式之下取得的，根据波利比乌斯（即波里比阿）的说法，也都是由于这种模式才取得的。[1]

芬纳这里所谓的统治模式就是古罗马的共和政体。跟雅典城邦的古典民主制不同，古罗马共和政体融合了君主制、贵族制、民主制的诸种要素，这种共和政体不仅延续的时间更长，而且统治的地理疆域更大。但是，随着罗马共和国的不断对外扩张与征服，这种共和政体亦面临越来越大的挑战。到了公元前 1 世纪，古罗马的共和政体开始摇摇欲坠，最终发生了向帝制的蜕变。古罗马史的权威学者特奥多尔 · 蒙森（Theodor Mommsen）将这种新政体称为"军人君主制"。这样，到公元前 1 世纪晚期，古典共和政体最终退出了历史舞台。

罗马人属于拉丁民族，罗马共和国最初不过是台伯河畔的七个小山丘，一般认为从公元前 753 年起开始创建罗马城。这样，罗马就成了意大利中部众多拉丁城邦中的一个。罗马的重要凭借是其地理位置非常优越，它既控制着台伯河这一意大利的主要河流，又控制着一条沟通意大利南北的交通要道——在多山地形之下，这一交通要道就显得特别重要。罗马城兴起的地方被称为拉丁姆（latium），它的主体位于台伯河的左岸（东部和南部），东西宽数十公里，南北长超过一百公里，是一个面积为数千平方公里的土壤肥沃区域。拉丁姆散布着许多拉丁人的部落，一般的说法是 30 个左

1　塞缪尔 · E. 芬纳，《统治史（卷一）：古代的王权和帝国——从苏美尔到罗马》，2014，第 413—414 页。括号内文字为笔者所加。

右的村社或城邦，而罗马则成了其中最强大的一个。在罗马兴起并征服意大利的中部和南部之前，拉丁姆的周围则是许多不怀好意的敌对部落，北有埃特鲁里亚人，东有翁布里亚人，东南有萨莫奈人等。

按照较为权威的《剑桥古代史》的观点，古罗马所在的区域不同于世界其他地区的特点在于，它跟古希腊较为相似，也是一种城邦政治的形态。“约公元前 850 年至公元前 700 年，一场深刻的社会转型在希腊兴起”，“其后果是建立了古典形态的城市国家”，或城邦国家，而这场城邦国家的转型“波及意大利”。“因此，无可争议的事实是，意大利的诸城市国家是在希腊城邦这一榜样的影响下形成的。”实际上，早在公元前，就有古希腊与古罗马学者提出过，“罗马是不是一个希腊城邦的问题”。[1] 以今天的视角来看，古罗马跟古希腊诸城邦显然有着重要的差异，但有一点还是较为确信的，即古罗马是一个深受古希腊影响的城邦国家。或者说，在拉丁姆被罗马统一之前，罗马维持着某种类似古希腊的城邦政治形态。这在很大程度上决定了罗马后来的政治演化路径。

公元前 509 年之前，古罗马是王政时代。但即便是在王政时代，古罗马也存在着国王、长老议事会与武士大会三种权力和力量，王政主要意味着国王在这种权力结构中居于支配性的政治地位。公元前 509 年，当时的最后一任国王塔克文 · 苏佩布遭到驱逐，古罗马就废除了王政，改行共和，实际政治权力开始由元老院和两名任期仅为一年的执政官掌握。由此，古罗马开启了将近 5 个世纪的共和时代。在此期间，贵族与平民之间还不断地发生阶级斗争，其中包括从公元前 494 年开始发生的平民撤离罗马运动。迫于形势，贵族不得不向平民做出让步，实际政策包括一个执政官职位

1　F. W. 沃尔班克、A. E. 阿斯廷等编，《剑桥古代史（第七卷第二分册）：罗马的兴起至公元前 220 年》，胡玉娟、王大庆等译，中国社会科学出版社，2020，第 57—58 页。

向平民开放、扩大公民大会（平民大会）的权力、设立保民官职位等。所有这些做法既保护了平民的权利，又增加了罗马共和政体的民主成分。

在罗马人兴起的过程中，随着时间推移，罗马人展现出越来越强的军事能力与政治技艺。它的基本做法是先在军事上征服周围的城邦，然后同时在政治上跟这些城邦结盟，成为他们的领袖。当然，这一过程绝不是那么和谐的。从拉丁同盟到意大利中部与南部的各个政治体，它们起初必定要反抗罗马人的统治。但显而易见的是，罗马人的这种征服与结盟策略，使得它们遭遇的阻力相对较少。20 世纪思想家弗里德利希 · 哈耶克常常用“人类合作的扩展秩序”来定义基于市场的自发秩序。[1] 借用这一概念，与同时代的其他人相比，古罗马很大程度上发明了一种“人类政治合作的扩展秩序”（extended order of human political cooperation）。正是靠着这种做法，罗马不仅征服了周围的拉丁部落与城邦，征服了周围的山地部落，而且开始征服意大利中部地区和南部地区。到公元前 270 年左右，罗马共和国的疆域已经横跨意大利的中部和南部，占据了整个亚平宁半岛的大部分。又过了半个世纪，罗马共和国已经控制意大利的绝大部分领土。

英国历史学家阿诺德 · 汤因比用“挑战–应战”范式来理解文明的兴衰——当外部出现相当程度的挑战时，对这种挑战的回应往往会激发一个文明的活力与创造力。[2] 这种理论在很大程度上也适

1 “人类合作的扩展秩序”（extended order of human cooperation）是哈耶克提出的重要概念，参见：F. A. Hayek, *The Fatal Conceit*, Chicago: University of Chicago Press, 1991. 中译本见：F. A. 哈耶克，《致命的自负》，冯克利、胡晋华译，中国社会科学出版社，2000。

2 阿诺德 · 汤因比，《历史研究》（上），曹未风等译，上海人民出版社，1997，第 74—204 页。

用于罗马共和国在整个地中海的扩张。这一扩张的起因，恰恰是当时的北非强国迦太基对罗马的进攻。公元前264—前146年，在罗马与迦太基之间总共发生了三次布匿战争，罗马一度危若累卵，但最终不仅战胜和消灭了迦太基，而且一跃成为地中海的第一军事强国，并趁势征服和占领了地中海周围的广大地区。到了古罗马共和国的鼎盛时期，地中海就成了罗马的内海。

罗马共和国的混合政体

为什么罗马能够在意大利半岛和地中海地区实现如此快速的扩张？当时的历史学家波里比阿（又译波利比乌斯）认为，罗马共和国的崛起与扩展本身就是人类古代文明史上的一个奇特事件。他这样说：

> 诚然没有人会在见识上如此偏狭或漠然以至不会想去思考并发觉究竟罗马人是利用何种方法和何种政府体制，在不到五十三年的时间，将几乎全世界所有人居住的地方纳入他们的统治之下。这是人类历史上无与伦比的成就，但却被忽略。[1]

在波里比阿看来，古罗马的共和政体是一种混合政体，这种政体具有其他政体所没有的政治优势，这正是它能够实现快速扩张的原因。波里比阿的这种观点，跟柏拉图与亚里士多德认为混合政体要优于君主制、贵族制和民主制等任何单一政体的观点，也是一致

1 波里比阿,《罗马帝国的崛起》, 2013, 第129—130页。这里所谓的“全世界”，是当时古希腊和古罗马人所知的世界。

的。古罗马共和国的政体模式，恰恰是融合君主制、贵族制和民主制因素的古典混合政体。这使得它既不同于古代世界普遍的君主统治模型，又不同于古希腊城邦的直接民主制。

简而言之，古罗马的共和政体在机构设置和实际运行上包括几个基本特征。[1]首先是执政官。在罗马共和国的政治框架中，执政官代表了君主制因素。当时，罗马共和国有两名执政官，同时配有多名副执政官。执政官由平民大会选举产生，权力很大，在领导国家和指挥战争等重要事务上扮演关键角色。一般的说法是，罗马的战争是由执政官赢得的，行省也是由执政官和其他高级官员统治的。但与此同时，拥有巨大权力的执政官同时需要服从罗马共和国的法律，需要尊重元老院的命令。执政官的任期仅为一年，这也构成了对执政官权力的巨大约束。此外，两名执政官不仅都拥有最高行政权，而且彼此还拥有否决权。所有这些都构成了对最高行政权的有效约束。

其次是元老院。在罗马共和国，元老院代表了贵族制因素。罗马共和国与众不同的地方，在于它设置了元老院这一强有力的实权机构。从规则上说，元老院基本上控制共和国政府的预算和资金，管理着共和国的日常公共事务，还决定着各行省重要官员的任命等。由此可见，元老院的权力也是巨大的。罗马共和国流行的一般说法是，没有元老院的支持，那些由人民选举产生的官员无法采取行动。这里所指的人民选举的官员，包括执政官在内。此外，元老院还有一个重要特点，它是共和国唯一可以进行自由讨论的政治场所，很多重大公共事务都是经由元老院这一自由讨论的平台来

1　关于罗马共和国政体与政治制度的研究，参见：安德鲁·林托特，《罗马共和国政制》，晏绍祥译，商务印书馆，2014。

决定。最初罗马元老院的元老是由贵族出任。但到了后来，两名执政官中的一人由平民出任，而当执政官卸任后就会出任元老院的元老，这样，优秀的平民也就获得了进入元老院的途径。

最后是平民大会（公民大会）与保民官。在罗马共和政体下，平民大会与保民官代表了民主制因素。平民大会的巨大权力是选举产生执政官和颁布法律。与平民大会相配套的一个政治职位是保民官，它实际上是平民阶层的代言人，负责捍卫平民的权利与利益。因此，罗马共和政体确实有着相当的民主成分。当然，与雅典城邦的民主制相比，罗马共和政体的民主成分无疑要低得多。

所以说，古罗马共和政体实际上是融合了君主制（执政官）、贵族制（元老院）和民主制（平民大会和保民官）的古典混合政体。波里比阿这样说：

> 对罗马人来说，要他们清楚宣布整个系统究竟是贵族政治，或是民主政治，或是王权政治，甚至是不可能的。事实上，这是很自然的，因为我们假如只将注意力放在执政官的权力上，这政体或许给人一种完全是国王政治及王权的印象；又假如我们将注意力集中在元老院，这似乎看起来是贵族政治；但假如我们集中在人民的权利，这似乎是民主政治的一个明显范例。[1]

总之，古罗马的共和政体是古代政治世界中较为独特的政体类型，其最主要的特征是，政治权力在执政官—元老院—平民大会与保民官之间达到了某种分权制衡（checks and balances）。简而言之，

1　波里比阿，《罗马帝国的崛起》，2013，第 404 页。

"罗马是通过行政官、元老院和公民大会实施统治的。……这是历史上最早的'权力制衡'政府"。[1]这就使得古罗马共和国在古代世界也创造了一种完全不同于君主统治模型的新政体类型。

为何共和政体首先兴起于古罗马？

为什么古罗马会兴起古代世界中一种独一无二的共和政体？或者说，为什么共和政体首先会兴起在古罗马，而非其他任何地方？这个问题对古典史学者其实也是一个极具挑战性的问题。一方面，罗马从王政到共和的转型发生在公元前7世纪到前6世纪，无论是文献还是考古资料，都非常匮乏。另一方面，一种政体模式的兴起，往往是由多种因素共同促成的。所以，历史学者的惯常做法是进行解释性的过程论述，而非提供单一因果关系的理论解释。[2]但即便如此，历史学家解释这一问题，大体上关注的是几个理论视角，包括城邦政治传统、社会结构与阶级结构、阶级斗争、平民政治运动等。[3]

本书上文分析过，政体关乎政治权力在不同政治行为者之间的分配与分享方式，而不同政治行为者的相对实力——特别是他们的暴力潜能与组织动员能力——在其中扮演着关键角色。就此而言，罗马共和政体兴起的逻辑，跟古希腊城邦民主制兴起的逻辑具有相似性，而两者的主要差别在于贵族或上层阶级在整个政治体系中相

1 塞缪尔·E. 芬纳，《统治史（卷一）：古代的王权和帝国——从苏美尔到罗马》，2014，第425—426页。

2 比如，《罗马史研究入门》一书竟然没有单列关于为何共和政体会崛起的研究，参见：刘津瑜，《罗马史研究入门》，北京大学出版社，2014。

3 F. W. 沃尔班克、A. E. 阿斯廷等编，《剑桥古代史（第七卷第二分册）：罗马的兴起至公元前220年》，2020，第57—463页。

对影响力的高低。上文已经分析过，陆战对重装步兵的倚重，海战对平民水手的倚重，提升了富有的自耕农阶层与平民阶层在雅典城邦的政治地位，进而推动了城邦政治体的充分民主化。在这个问题上，古罗马共和政体则具有两方面的特点：一是贵族与上层阶级相比于平民拥有更大的政治支配力量；二是平民政治运动此起彼伏，平民阶层也拥有相当的政治影响力。所以，跟古希腊的城邦民主制不同，古罗马的平民阶层从未在政治体系中获得过单方面的支配性力量。

跟古希腊城邦相类似，罗马共和国最初也是某种程度上的城邦政体。按照一项较为权威的研究，“已知最古老的罗马人领土面积约为 150 平方公里”，“到了王政末期，当罗马人已几乎全部吞并各邻邦……罗马的国土面积已达到近 800 平方公里”。[1] 就人口规模而言，公元前 6 世纪至前 5 世纪，罗马大致上没有超过 15 万人左右的规模。[2] 这意味着，倘若跟表 7.1 所列的古希腊诸城邦相比，罗马在王政末期，仅是一个规模较大的城邦，但绝非规模最大的城邦——比如，斯巴达、雅典与叙拉古的面积都是当时罗马的数倍之多。以军队规模来说，到了共和初年，有的研究认为，罗马“已经组建了一支 4000 人的军队”；其他研究则认为，罗马大体上还很难组建一支 6000 人的重装步兵。[3] 这里的军队很大程度上都是公民自备武装的公民兵，而非君主制中央集权官僚体制下的政府武装。这意味着，只要是城邦政治模式，即便是在王政条件下，统治者用于

1　F. W. 沃尔班克、A. E. 阿斯廷等编，《剑桥古代史（第七卷第二分册）：罗马的兴起至公元前 220 年》，2020，第 93 页。

2　同上，第 150—151 页。

3　参见：塞缪尔 · E. 芬纳，《统治史（卷一）：古代的王权和帝国——从苏美尔到罗马》，2014，第 418 页；F. W. 沃尔班克、A.E. 阿斯廷等编，《剑桥古代史（第七卷第二分册）：罗马的兴起至公元前 220 年》，2020，第 177 页。

筹建统治机构与军队的资源也总会受到极大的限制。

由于罗马起初也是城邦政体，其政治权力分配也具有希腊城邦的某种特质。正如上一节分析的，在城邦政治模式下，一方面，一个统治者更难获得建立一个较大规模的文武统治机构所需的资源；另一方面，贵族和平民生活在以城邦为中心的政治体中，这就极大地提升了他们潜在的组织动员能力。两者的结合导致了统治者很难建立起类似于大河流域的君主制中央集权官僚国家，而是不得不跟城邦中的其他政治行为者——贵族和平民——分享政治权力。早在王政时代，早期的罗马城邦就包括了三种政治机构，即作为单个统治者的国王、作为部落与氏族代表的长老议事会以及代表平民的武士大会。其实，这种权力结构跟古希腊早期的城邦政治有些相似。而此后，“罗马的统治史是围绕着三个机构之间的权力变化和关系而展开的”。[1]

因此，即便是王政时代，古罗马的城邦政治在很大程度上决定了古罗马城邦的国王并非君主统治模型下的国王。尽管有人认为，在罗马的王政时代，“国王不仅是国家第一位掌权者，而且是唯一的当权者”，“元老院会议……无权干涉国王的政务活动”，由此看来，王权似乎是“无限制”的。[2] 但与此同时，王权又是“受法律约束”的，如果国王“命令违反惯例，非经过真正的主权执掌者即人民的核准，便不具有法律效力”。“王权在法律上的限制在于国王仅有权执行法律，而无权改变它。”[3] 此外，王权还受到三个主体的重要约束，一是长老议事会，二是公民大会，三是各个民社。大体

1　F. W. 沃尔班克、A. E. 阿斯廷等编，《剑桥古代史（第七卷第二分册）：罗马的兴起至公元前220年》，2020，第419页。

2　特奥多尔·蒙森，《罗马史》（第一卷），李稼年译，商务印书馆，2015，第71、83、85页。

3　同上，第85、73页。

来说，长老议事会代表的是各个氏族或部落的立场，代表的是贵族的立场；公民大会代表的是平民的立场；民社对王权的约束，则大致上相当于今天美国联邦制条件下州权对联邦政府权力的制约。[1]

尽管罗马也经历过王政时期，但城邦政治的诸种基本特征在较大程度上约束了王权。考虑到长老议事会、公民大会等机构已经普遍设立，民社等城邦国家的组成单位拥有相当大的权力，这些都决定了罗马城邦政治条件下的王政具有复合型政体与立宪政体的色彩。在人类政治演化史上，某种特定的政治权力结构与制度安排一旦形成，那么，后续的政治演化往往就具有路径依赖效应。这意味着，罗马在其早期政治演化过程中形成的制度与结构，会在相当程度上构成它此后政治演化的约束条件。[2] 历史地看，罗马在公元前 6 世纪初从王政向共和的转型，其实算不得一场激烈而根本的政治革命。因为从制度结构看，罗马只是用两名民选的执政官或行政官代替了国王，并对执政官、元老院（长老议事会）和公民大会之间的权力进行了重构。执政官不再像国王一般拥有独断的政治权力，而代表贵族的元老院的权力则显著上升，甚至成为罗马共和国的象征。

正如上文分析的，武力资源的分配与军事技术的特征往往在政治模式塑造中扮演着重要角色。在城邦政治的格局之下，罗马需要维持一支足以自保的军事力量。然而，城邦政治的规模加上国家构建的发育程度，不足以让城邦政府维持一支大规模的常备军。相反，罗马早期实行的是公民兵的武力建制，即罗马城的公民根据各

1 特奥多尔 · 蒙森，《罗马史》（第一卷），2015，第 64—100 页。
2 关于路径依赖的研究很多，一项较具代表性的研究参见：James Mahoney, "Path Dependence in Historical Sociology," *Theory and Society*, Vol. 29, No. 4 (Aug., 2000), pp. 507-548.

自财力不同购置相应的武力装备，而一旦有战争需要，他们就临时组织军队，或为自保，或为征服，迅速投入罗马城邦与其他政治体的战争。罗马史权威学者蒙森指出：

> 罗马没有经常的直接税，国家也没有经常的直接支出。支付民社的必要支出，不必课税，因为国家对于兵役、征工或一切公务一概不给报酬；就是给报酬，也由直接课税的有关地区或由不能或不愿自服徭役者付给服徭役的人。[1]

然而，“维持国家财政依赖全体公民”，“公民最重要的义务就是服兵役，因为从军的权利和义务只有公民才有。公民同时又是战士团”。[2]这些文字提供了两个重要的信息：第一，罗马作为一个城邦政府尚未发展出后来政府的征税能力或资源汲取能力；第二，罗马的军事力量主要是公民兵。这就使得统治者很难在相对实力上拥有优势，相反，相对实力的优势往往在被统治者或普通公民这一边。

进一步说，由于兵团和战争的组织方式，贵族或富有阶层又在战争中扮演着首要角色，而普通阶层则居于相对较次要的位置。蒙森这样详细描绘了罗马军团的组织与战斗方式：

> 在军事方面，全国男子能操武器的分为第一和第二类征兵，……步兵单位乃是现在的双军团，每军团六千人，成一密集方阵队，阵势和武装全仿古代多里斯人的形式，纵深六层，以一千重装兵守正面，并附有“徒手兵”（velites）

1　特奥多尔 · 蒙森，《罗马史》（第一卷），2015，第 78 页。

2　同上，第 76 页。

> 二千四百人。每一个方阵兵的前四层，即 classis，都是一等全副服装的重装兵，都是拥有整胡符地产的业主；第五层、第六层是第二、第三级装备微薄的农人，最后两级或附随于方阵队之尾作为殿后，或作战于方阵队之旁作为轻装兵。[1]

这段文字说明，不仅罗马军队依赖于公民兵，而且罗马军团以重装步兵为主的战斗方式，使得有财力购置全副武装的贵族与富人的重要性更加突出。平民固然也是战斗主力，但居于次要地位。在古罗马史学家李维所记录的百人团组织结构中，从第一等级到第五等级，他们的装备依次减少。第一等级的装备包括头盔、圆盾、护胫甲、胸甲、长矛和剑，而第四和第五等级仅配备有长矛、标枪和投石器，他们本身没有任何重要的防护。由于罗马公民兵需要自备武装，不同等级之间的差异自然主要在于财力。[2] 由上述讨论还可以推论出，由贵族与富人组成的重装步兵决定了整个军团的战斗力。这样，后来有两个机构在罗马政治演化中就变得举足轻重：一是代表公民兵的百人团大会，其所有出席者均为服役的公民兵；二是代表贵族的元老院，其地位起初来自贵族阶层提供的重装步兵及其战斗力。

因此，城邦规模与资源的有限性，以及统治者发展出一整套税收系统与资源汲取系统的困难，使得统治者很难获得相对实力上的优势。军队这种自备武装的公民兵建制更使得被统治者的相对实力大为攀升，包括百人团在内的公民大会就成了重要的权力机构。又

1　特奥多尔·蒙森，《罗马史》（第一卷），2015，第 97 页。胡符（Hufe）是古代面积单位，相当于一个农夫及其家人所能耕种的土地面积。

2　F. W. 沃尔班克、A. E. 阿斯廷等编，《剑桥古代史（第七卷第二分册）：罗马的兴起至公元前 220 年》，2020，第 176—184 页。

由于贵族和富人组成的重装步兵在整个战斗中具有决定性力量，元老院成了最具权力的政治机构。

足以证明政治行为者的相对实力可以左右权力分配的重要事件，是发生在公元前494—前493年和前449年的两次平民撤离（secession）运动。第一次平民撤离运动的原因包括外敌劫掠、兵役负担、贵族暴政以及平民们的债务危机，结果导致了平民们拒服兵役，于公元前494年撤离至阿文丁山或圣山。平民撤离运动给贵族施加了巨大的政治压力，使得他们面对外敌时无力自保。这场运动的结果是设立了专门负责保卫平民利益的保民官职位。第二次平民撤离运动的起因是罗马共和国的贵族统治日益寡头化，甚至变成了“十寡头”政体。这场撤离运动的结果，是贵族向平民做了进一步的妥协。特别是，两名执政官变成了贵族保留一个席位，另一个席位向平民开放。[1] 由于史料和考古证据的不足，今天关于这两场撤离运动的细节存有很多争议。但总体上，这两场平民运动都见证了在罗马共和国早期的城邦共和政治下，平民阶层拥有着跟贵族阶层讨价还价的较大力量，结果也发生了有利于平民的政治与政策调整。

综上所述，古罗马共和政体的起源，总的来说还是跟城邦政治条件下君主、贵族和平民的相对实力变化有关。君主无法拥有控制巨大暴力资源的组织能力，使其最终被两名民选执政官替代；贵族集团由于掌握了最具战斗力的武力资源，因而成了罗马共和国最有政治实力的阶层，其政治代表机构就是元老院；平民由于人数众多，亦是公民兵的主体，其政治力量不容小觑，其政治代表机构就

1　F. W. 沃尔班克、A. E. 阿斯廷等编，《剑桥古代史（第七卷第二分册）：罗马的兴起至公元前220年》，2020，第228—262页。

是公民大会和保民官。这就是罗马共和政体起源的政治逻辑。这使得古罗马完成了一场不同于以往政治模式的“共和革命”。

古典共和制的政治难题

从公元前509年开始算，罗马共和政体延续了将近五个世纪。这本身就已经是人类文明史上的政治奇迹。尽管如此，罗马共和国仍然无法避免很多政治难题，这些政治难题最终促成了罗马共和政体的瓦解。[1]

第一个主要的挑战，是国家规模与行省统治的难题。罗马共和政体原来统治的是较小的地方，是罗马附近的疆域，或者说是不超过今天意大利半岛的疆域，但后来共和国不断扩张，一直扩张到统治整个地中海及其附近地区。在当时的条件下，比如，一条命令从罗马元老院发出，最终抵达罗马共和国的各个行省或边陲地区，需要数周乃至更久的时间。

在此种技术条件下，中央政府要想统治如此巨大的地理疆域，最后不得不高度依赖各个行省的总督。于是，行省总督们必须要获得相当的独断权力，这些总督们还常常控制着本行省罗马军团。这样一来，罗马共和国的中央政府就有对行省失去控制的风险。

与这种领土扩张有关的是，罗马共和国还面临着一个较为特殊的问题：作为共和国，它是否要授予被征服地区的人民公民权？在当时的交通与通信条件下，如果一个地方的公民实际上无法像罗马城的公民一样参与中央政府的治理，不能出席平民大会，那么他还

1　关于罗马共和国危机及其倾覆的研究，除了上文提到的爱德华·吉本的《全译罗马帝国衰亡史》，还可参见：克劳斯·布林格曼，《罗马共和国史》，刘智译，华东师范大学出版社，2014。

是一个政治意义上的罗马共和国公民吗？在这个问题上，古罗马遇到了共和政体与国家规模之间的张力。

第二个主要的挑战，是罗马共和国在扩张过程中及扩张以后所处的时代乃是战争频繁的时代。共和国处在无休止的战争状态，就会导致天然的军事化倾向。这样，共和国的日常主要工作就不再是生产与贸易，不再是对生产与贸易活动的管理，而是必须要面对频繁的战争，要考虑如何在战争中战胜他人和保全自我。于是，如何管理战争成了共和国的首要任务。

在这种情况下，国家治理的军事化倾向日益突显。如此一来，与文官集团相比，杰出的将军们更有可能获得军事主导权，并由此获得政治上的强势地位。到了共和国后期，苏拉、恺撒与屋大维等人特殊政治地位的获得，都与这种从战争到内政的逻辑有关。一个更一般的理论问题是，在当时的技术与组织条件下，共和政体能够与长期的战争状态并存吗？这也是罗马共和国无法回避的问题。

第三个主要的挑战，是国内的财富结构和阶级结构随着罗马扩张而发生的重大变化。起初，罗马共和国是一个以自耕农为主的农耕社会，其财富以农耕和工商贸易为主。普通公民多数是自耕农，以耕种土地为生，闲暇时则到广场上参加平民大会，必要时则作为士兵出征或承担起守卫罗马城的职责，即公民兵制度。罗马史学者迈克尔·罗斯托夫采夫认为，在扩张之前，“罗马是一个农民国家”。在这种条件下，罗马共和国的普通公民被认为是经济上能够自足且热心公共事务的。

后来，随着罗马版图的扩张，国内的财富结构也发生了很大巨变。首都罗马城的主要财富不再来自农耕和工商贸易，很大部分都来自跟海外战争有关的财富。罗斯托夫采夫认为：

> 分肥最多的是罗马军队的将领们、元老院议员阶级的成员。……他们在扩张领土的战争中增加了自己的财富。大量的人畜都落入他们之手。当劫掠城市的时候，大多数战利品归他们所有。[1]

当战争成为私人财富的主要来源，首都及其附近的生产活动变得不再重要时，整个社会的阶级力量也随之改变。一方面，富人变得愈来愈富有，他们的大量财富都来自战利品或其他战争收益；另一方面，普通公民的谋生变得日益艰难，很多人由于过度贫穷而产生了更为激进的再分配要求。于是，原本缓和的阶级矛盾变得越来越尖锐，阶级冲突逐渐加剧。

公元前 2 世纪中后期，以保民官提比略 · 格拉古和盖约 · 格拉古有利于平民阶层的土地法案为核心，罗马共和国的不同阶层就此展开了激烈的阶级斗争。中间还发生了提比略 · 格拉古及其 300 名左右的支持者在开会过程中被一批元老率领仆从用棍棒打死的大规模流血事件。这对共和国来说是一个不祥的信号。公元前 2 世纪之后，罗马共和国后期更是出现了包括西西里奴隶起义、斯巴达克起义和意大利人争取罗马公民权起义等一系列内乱。上述政治事件都具有不同特质的阶级冲突属性。这就意味着，罗马共和国原本平稳的国内政治，逐渐开始被日益激烈的阶级冲突所支配。笔者曾这样讨论当时的政治局面：

> 很多历史学家都认为，如同当时的平民派领袖提比

1　罗斯托夫采夫在他的作品中用较长篇幅讨论了类似问题，参见：M. 罗斯托夫采夫，《罗马帝国社会经济史》（上册），马雍、厉以宁译，商务印书馆，2005，第 33—34 页。

略·格拉古意识到的那样，古代共和国力量的秘密在于土地的平等分配。不同阶级之间的冲突以及平民阶层进行的斗争，对平民阶层获得权利来说是必要的。实际上，共和政体稳定的基础在于不同阶层之间的势力均衡以及平民阶层在政治军事生活中的参与和力量。然而，长期海外服役的经历，侵蚀了军队的公民精神，他们不再是共和国的士兵了。因此，正如后来法国思想家孟德斯鸠所指出的，引起麻烦、把人民的骚动转变成内战的，正是共和国的伟大。[1]

这样，在罗马共和国的后期，精英阶层日益变得腐败，平民阶层则缺少了公共精神，维系整个共和政体的社会结构、力量均衡和公共道德也逐渐走向衰弱。所有这些可能的因素最终酿成了罗马共和政体的重大危机。美国政治学家罗伯特·达尔这样说：

> 大约公元前130年后，由于内部动乱、战争、军事化、腐败，这种制度最终被削弱了，在罗马公民中原来存在的坚实的公民精神也在衰退。那少得可怜的真正的共和实践也随着恺撒的独裁而消亡了。在公元前44年恺撒遇刺身亡后，曾经的由公民统治的共和国变成了由皇帝统治的帝国。[2]

实际上，导致共和国重大危机的这些主要原因都跟罗马的军事扩张和后来的国家规模有关。公元前3世纪中叶，罗马共和国还仅仅控制了意大利中部与南部地区。经过三次布匿战争和四次马其

1 包刚升，《民主的逻辑》，2018，第76—77页。
2 罗伯特·A. 达尔，《论民主》，李风华译，中国人民大学出版社，2012，第13页。

顿战争，公元前 2 世纪中叶，罗马已经控制了北地中海及其周围地区，统治的地理疆域扩张了数倍之多。但好景不长，各种内外危机接踵而至。在一片乱局当中，卢基乌斯·苏拉先是于公元前 88 年用武力夺取了罗马政权，后又于公元前 82 年成为终身独裁者，甚至开始推行恐怖统治。仅仅战胜迦太基不到 60 年，罗马共和政体就表现出了颓势。到了公元前 60 年，罗马的共和政体已经变得岌岌可危。此后，罗马共和国先是经历了前三巨头的统治，而后是争夺统治权的内战，接着又是后三巨头的统治。到公元前 27 年，屋大维已击败其主要政治对手，成为事实上的独裁者，元老院被迫授予屋大维“奥古斯都”的称号，也就是屋大维称帝。至此，古罗马的共和政体让位于“军人君主制”，古典的共和政体就此退出了古代世界的历史舞台。

为何君主统治能够长久？

除了古希腊民主政体与古罗马共和政体这两个例外，绝大部分的前现代帝国与王国都符合君主统治模型。历史地看，一直要到 18—19 世纪，君权至高无上且不受法律约束的统治模型才开始逐步退出，慢慢不再是人类统治模型的主流形式。许多人都会关心一个问题：为什么君主统治模式问题重重，却长期以来都是古代世界的支配性政体类型？

换一个视角看，君主统治模型这种一个人统治所有人的政体其实有些匪夷所思。为什么一个人可以统治所有人？这看起来似乎有些违反常理。一方面，许多君主固然在某些方面有着过人的素质与能力，但究其根本，他们在智力、体力与包括武力在内的能力方面仍然是普通人。另一方面，这样一个人不仅掌握着巨大的政治权力，而且实际上掌握着对所有人生杀予夺的权力——当然，这是在标准的君主统治模型之下。就后者而言，没有哪一个人是安全的，哪怕是君主身边最亲近的军国重臣——他们个人的安全系数甚至要远低于一个普通人。据此推断，对于君主身边的这些人来说，一个权力至高无上且不受法律约束的君主，甚至也不符合他们的利益。因为这意味着他们的政治生存乃至人身安全，都取决于君主的意志。既然如此，为什么一个人统治所有人还是可能的？

在武侠小说中，一个人要想成为能够完全独断专行的江湖领袖，他往往要具有高过所有人的出神入化的武功，甚至具备一招致命的能力。比如，在金庸的《笑傲江湖》中，靠《葵花宝典》残本练就不世神功的东方不败，就是一例。在《权力的游戏》中，“龙妈”丹妮莉丝·坦格利安由于控制了三条神龙，几乎手握绝对的暴力优势。但这都只是小说中虚构的人物和情景。在真实世界中，就个人优势而言，统治者个人不可能成为东方不败或“龙妈”这样掌握绝对暴力优势的个体。即便有能征善战、武功过人的君主，他也不大可能在武力上胜过三四个人的联手，甚至根本无法抵御一名贴身侍卫的偷袭。既然如此，为什么还是一个人统治所有人呢？不仅如此，即便一位君主或一个王朝失败了，重新兴起的替代这位君主或这个王朝的，通常仍然是一个君主统治模型。

要想回答这个问题，可以有两种基本思路：第一，分析为什么作为君主统治替代形式的其他政体在古代世界都不可能持久；第二，分析为什么君主统治能够长久。

为何其他政体不能持久？

上文已经分别讨论了为什么古希腊古典民主制和古罗马古典共和制无法持久的问题，这里再做一个扼要的总结。首先，无论是古典民主制还是古典共和制，其实都有着明确的城邦政治起源。作为小规模政治体，城邦政治极大地约束了君主获取暴力资源和其他资源的能力与方式，同时贵族与平民的组织动员能力大大提高，相对实力大大加强，从而使得不同政治行为者之间彼此互有制约的政治模式兴起成为可能。就此而言，古典民主制与古典共和制的兴起，本身有一定的偶然性。

其次，无论是古典民主制还是古典共和制，总体上更适合小规模的政治体，或者说就是城邦。在现代交通通信技术兴起之前，在代议制被发明与普及之前，古典民主制所能统治的最大疆域规模，理论上受限于一个普通公民每天从家到市中心广场的来回步行距离。古典共和制则相对要灵活得多，其适合统治的疆域规模也要大得多。但问题是，完全意义上的古典共和制需要举国范围内的贵族参与元老院的政治，需要举国范围内的公民参与公民大会的政治。但凡共和国扩大到足够大的疆域规模，普遍参与的贵族政治与公民政治实际上是无法做到的。所以，在前现代社会，只要共和国统治了较大的地理疆域规模，共和政体就会褪色。

最后，当以城邦政治为基本特征的古典民主制或古典共和制遭遇大型君主国的军事竞争时，前者常常并无优势。像古典民主制只适合于小规模政治体或城邦，而城邦即便可以采用政治联盟或邦联等形式，以提升整体的防御能力，但通常仍然难以跟大规模的君主国进行军事竞争，难以维系其政治生存。以雅典为代表的古希腊诸城邦为例，它们尽管以政治联盟的方式击退了波斯帝国的军事进攻，但最后仍然无力抵挡马其顿王国的军事征服。罗马共和国尽管在共和政体下创造性地发展出了一支极具战斗力的军事力量，并且征服了极大的地理疆域范围，但当罗马共和国超越意大利半岛，试图统治地理疆域广大的领土时，很快就遭遇了政治危机。孟德斯鸠早就看到了这一点，他认为，罗马共和政体与巨大的国家规模之间存在着结构性的冲突。[1]

分析了古希腊城邦民主制和古罗马共和制为什么无法持久之后，接下来需要回答的问题是：为什么君主统治能够如此长久？

统治秩序的自然法则

如果统治是必须的，那么君主统治似乎是一种更合乎自然秩序的统治形式。按照本书开头部分讨论的霍布斯的政治理论，对于任何一个人类群体来说，统治都是必需的。否则，人类社会就有可能陷入人与人的战争状态。[2]既然统治是必需的，国家就是基本的统治载体。本书前面也讨论过，国家所凭借的政治权力有着权威性、强制性、扩张性和渗透性等基本特点。这意味着，一旦有人掌握了最高政治权力，从权威性角度来讲，君主自然希望其统辖区域是一个权威能够自上而下行使的金字塔；从强制性角度来讲，君主自然希望有相当的能力可以迫使别人服从他；从扩张性角度来讲，只要在地理上和技术上没有重大的障碍，君主的统治范围或国土疆域自然是倾向于不断扩张的；从渗透性角度来讲，君主自然希望用权力对整个社会进行渗透，以便获得更大的支配权力和更有效的资源汲取

1　孟德斯鸠，《罗马盛衰原因论》，2009，第 54—59 页。

2　托马斯 · 霍布斯，《利维坦》，1985。

能力。

正是因为政治权力的这些基本特点，在更复杂的近现代政治制度发明之前，地理上较接近的地区就容易处在一个权力金字塔统治之下。也正是因为政治权力的这些基本特点，一人统治是避免时时发生最高权力冲突的主要解决方案。许多历史上的帝国或王国反复出现的类似情形是，当原先的君主去世，新的君主由于某种原因暂时不能产生，或者新君主已然产生，但其他较有实力的潜在继承人发起挑战时，很容易导致内乱与内战。无论这种内乱或内战是否正义，其结果就是给整个政治共同体带来巨大的灾难。当出现稳定的一人统治时，即某个君主能稳固地控制政治权力时，就至少避免了帝国或王国的内乱与内战。抽象地说，较为稳定的君主统治可以避免不同竞争者因为争夺最高权力而时时发生冲突与战争的情形。所以，从结构功能主义视角看，一人君主统治，或一个人统治所有人的政体形式，固然问题重重，但它在很大程度上是一种避免内乱与内战的政治解决方案。[1]

进一步说，在近现代政体兴起之前，君主统治模型可能还是一种更加符合自然秩序的统治形式。凡是以群体方式存在的物种，自然法则都更强调权威与秩序，而非自由与平等。讲究自由与平等，更多的是人类政治进化的产物，而非人类的天性。比如，动物学家弗朗斯·德瓦尔关于黑猩猩群体的研究发现：（1）猩猩群体通常存在着唯一的最高权威；（2）猩猩群体始终存在着某种基于权威结构的政治秩序；（3）猩猩群体时常会发生关于最高统治权的斗争，特别是当原有的统治者年迈体衰之时；（4）猩猩群体不仅存在着对权

1　有人或许会问，为什么不采用近现代兴起的政治制度来避免可能的政治冲突呢？实际上，近现代的政治制度有一个被发明出来的过程。本书后面章节会进行专门的分析，近现代的这套政治制度是怎么被发明出来的。

力资源的争夺、控制与分配，而且存在着对性资源的争夺、控制与分配。[1] 现有的社会生物学研究甚至也在蜂群、蚁群中发现了类似的社会秩序，许多社会秩序都存在着一种某个最高统治者（蜂王或蚁后）居于顶端的等级制秩序。[2] 以本书的分析框架作为参照，凡是以群体方式生存的物种，无论是黑猩猩这种体型较大、等级较高的物种，还是蜜蜂、蚂蚁这种体型很小、等级较低的物种，它们都存在某种以单个统治者居于顶端的自上而下的权威结构。以此推论，君主统治模型大体上更接近于生物界的某种自然秩序。

美国文化人类学家埃尔曼·塞维斯关于人类早期国家与文明——特别是酋邦——的研究表明，某种形式的“头人系统”是酋邦阶段的常见权力结构。为什么人类的政治秩序通常都离不开一个领袖呢？塞维斯这样说：

> 他们会追随战争首领，接受智者的建议，并相信个人在接触超自然力上的不平等。这种倾向为较为固定的权力差异奠定了基础。任何一个社会，不论它有多小，都有政治“工作”要做，因为总是有很多的问题和巨大的恐惧。于是一个首领就会产生，带着能力和运气，从看似不堪设想的后果中肩负起拯救社会的责任。他甚至可以将战争领导权与一般智慧相结合，以获得这样一种综合声望，以至他成为在和平时期进行调停和管理的领袖。[3]

1　弗朗斯·德瓦尔，《黑猩猩的政治：猿类社会中的权力与性》，赵芊里译，上海译文出版社，2014。

2　爱德华·O. 威尔逊，《社会生物学：个体、群体和社会的行为原理与联系》，毛盛贤等译，北京联合出版公司，2021。

3　埃尔曼·塞维斯，《国家与文明的起源：文化演进的过程》，2019，第 291 页。译文略有调整。

塞维斯在这里强调的是，由一个首领领导的权力结构是人类早期国家或酋邦时代的基本特征。这也意味着，君主统治是一种更符合自然秩序的统治形式。它不仅更符合政治权力的基本特性，而且当这种统治基本稳固时也是更能避免内乱与内战的统治方式。因而，在更近现代的统治方式兴起之前，一个人掌握绝对的政治权力似乎就是一种合乎自然法则的政治秩序。

统治的秘密在于组织

君主统治的秘密就在于政治组织。君主正是通过发展政治组织，使得一个人统治所有人成为可能。正如本书前文已经指出的，政体的实质是政治权力在不同政治行为者之间的分配与分享方式，而政治权力在不同政治行为者之间的分配与分享主要取决于他们的相对实力，特别是他们的个体暴力潜能与组织动员能力。君主统治的关键，不在于君主作为个体的暴力潜能，而在于他通过发展政治组织从而掌握了强大的组织动员能力。正是依靠建立和发展一个复杂的政治组织，即一套复杂的包括文职官员和军人的官僚制系统，君主一个人统治所有人才成为可能。

本书把国家视为一个政治组织，并以组织理论来理解国家。基于这种视角，君主统治模型是循着如下的政治与组织逻辑来构建和运转的。第一层逻辑是，君主一个人直接控制规模较少的少数人，即君主之下的文武要员，主要包括中央政府直属君主的高级别文官和武将、各地区的首席行政长官或总督、各地驻军的军团首长、中央禁卫军的首领以及内宫总管等。通常来说，即便是一个很大的帝国，君主直接控制的文武要员，或直属于君主、直接向君主报告工作的文武高官，数量也不会很大，可能在数十人到一两百人之间。

这些人是协助君主统治国家的主要助手。

第二层逻辑是，君主组建起一个大规模的官僚系统与一支大规模的军队，并通过上述少数的高级文武官员来对整个文武官僚系统实施有效的控制。一般来说，这种控制有两个最直接的目标：一是确保这套系统忠于君主和国家，二是确保这套系统能够实现基本的有效运转。这套文武官僚系统的规模通常是比较大的，至于其实际规模则主要取决于国家规模和国家的发展阶段。大体而言，对人口百万到千万级别的政治体来说，君主拥有一支数万人的军队和数千人的文职官僚队伍，是比较常见的。如果政治体的规模更大，那么包括军队在内的文武官僚系统的规模也会更大。

第三层逻辑是，君主正是通过这一规模庞大的文武官僚系统，实现了对全国普通民众的统治。这种统治的基础性目标只有两个：一是从普通民众那里汲取必要的资源，包括税赋和兵役；二是对普通民众实施必要的政治控制，防止其进行政治反叛。为什么相对人数较少的文武官僚系统能够实现对规模巨大的全国普通民众的政治控制呢？一方面，文武官僚系统是组织化的。君主正是通过这种方式掌握了控制巨大暴力资源的组织能力。这是君主统治模型得以维系的主要秘密。另一方面，普通民众或被统治者由于集体行动的困境，常常无法组织有效的政治反抗。[1]而君主统治的重要技艺，就在于降低被统治者有组织反抗的可能性。[2]可见，君主统治的秘密就在于政治组织。

所以，正是因为借助政治组织，君主才能统治较大规模的地理

1　曼瑟尔·奥尔森，《集体行动的逻辑》，陈郁等译，上海人民出版社，1995。

2　关于有组织反抗（collective protest）的理论研究，参见：Frances Fox Piven and Richard A. Cloward, "Normalizing Collective Protest," in Aldon D. Morris and Carol McClurg Mueller, eds., *Frontiers in Social Movement Theory*, New Haven: Yale University Press, 1992, pp. 301-325.

疆域。只要君主能够建立其更大规模的文武官僚系统或统治精英队伍，并使这套政治组织系统能实现基本有效的运转，就能统治更大规模的领土。这就是君主统治模型不同于古典民主制和古典共和制的地方。由于不需要考虑元老或公民的政治参与，君主制国家的统治半径就要大得多。只要是君主的战马和士兵能抵达、能建立官僚体系和税收系统的地方，君主就能把这个地方纳入自己的王权统治之下。所以，古代世界的大型帝国，除了罗马这个例外，几乎全部都是君主制帝国。而罗马在变成一个大型帝国之后，其共和政体就难以维系了，也不得不转向某种程度的君主制政体。

君主统治模型的学习效应

既然君主统治模型是以君主为中心的，而君主又是一个理性的政治行为者，君主统治模型就能在实践中得到不断的改善。换言之，很少有一种君主统治模型是完全停滞的。历史地看，许多帝国或王国的君主统治模型都展现出很强的学习能力，并能根据环境变化进行不断的调适。此外，不同的君主统治模型还会在时间与空间维度上进行学习和借鉴。比如，中国后世王朝从此前王朝的统治经验中获益，这是不同的君主统治模型在时间维度上的学习和借鉴。再比如，匈奴人和单于从汉朝的统治经验中获益，这是不同的君主统治模型在空间维度上的学习和借鉴。

上文分析了君主通过垄断暴力、发展官僚制与创设税收系统进行国家构建，通过一系列制度安排与设计来提高自身的政治生存概率，用各种制度创新来解决好君主继承问题，设法有效控制武力系统与官僚系统等，这都表明君主统治模型是不断改善的。考虑到人类具有足够的理性和智慧从自身的经验中反思、从他人的经验中学习，君主统治模型的这种学习效应不容低估。

这里试举两例来说明君主统治模型在实践中的学习和改进效应。一个例子是，罗马帝国到了中后期，其高层政治在较大程度上是被禁卫军控制的。禁卫军常常主导君主的废立。这给罗马帝国的高层政治带来了极大的不稳定性。而拜占庭帝国的一个重要政治改进，就是选用来自北欧蛮荒之地的雇佣兵充任宫廷禁卫军。这样做的目的，是为了防范禁卫军对于拜占庭高层政治的干预。当然，实际的政治后果则更为复杂。奥斯曼帝国则在部分程度上沿用这种做法，他们从基督教家庭选择具有类似奴隶身份的人充当宫廷禁卫军。这也大大减少了禁卫军发动政变或干预君主废立的可能性。从罗马帝国到拜占庭帝国，再到奥斯曼帝国，可以看到君主统治模型在禁卫军与高层政治关系上的不断调整。

另一个例子是，中国从唐朝安史之乱到北宋初创，在大约三百年的时间内，中央政府往往不能有效节制地方军事势力，结果不是导致内乱（比如安史之乱），就是彻底的国家分裂（比如五代十国时期）。公元 960 年，北宋初创之后，宋太祖忧心忡忡，担心宋朝重蹈前朝覆辙，统治不能长久。面对这种情形，就出现了历史上有名的“杯酒释兵权”事件。由于第五章已对此做过论述，这里不再讨论。

这里想强调的是，宋太祖扮演了一个主动的政治学习者角色。面对五代十国以来的诸种军政乱象，宋太祖进行了一系列的重大改革，包括褫夺开国武将功臣的兵权，在兵权问题上搞大规模的分拆和牵制，部分地用文官控制的办法来管理军队。公允地说，宋代的军制改革在很大程度上导致了军队战斗力的弱化，但积极效果则是，从北宋到南宋的三百余年间，未再发生“唐季以来……方镇太重，君弱臣强”的局面。实际上，宋朝通过一系列军政制度的改革，基本上解决了藩镇割据和武将造反的问题，从而提高了宋朝君主统治模型在军政关系上的稳定性。[1]

许多历史学家论及帝国或王朝晚期政治时，常常把君主统治模型视为一种高度僵化的政治体制，这在很大程度上是历史的真实。但是，并非任何君主统治模型都是一种高度僵化的政体。相反，如果考虑到时间与空间维度上的学习效应，就会发现，君主统治模型也可以是一种有着相当韧性的政治体制。这也是君主制具有长久的生命力、能长期存续的重要原因。

当然，即便君主统治模型是一种长期支配古代世界的政体类型，但它从根本上仍然无法突破君主统治的结构性困境。对于人类如何才能突破君主统治模型的重重困境，本书接下来就要考察欧洲从中世纪到近现代的政治演化。

1 陈振，《宋史》，上海人民出版社，2003，第 15—23 页。

imaginist

想象另一种可能

理
想
国

imaginist

抵达

From Ancient Times to the Twenty-First Century

POLITICAL EVOLUTION ㊦

一部政治演化史

包刚升 著

上海三联书店

目 录

[下]

第三部　洛克问题

第四部　托克维尔问题

第三部

洛克问题

第八章　作为一种模式的封建主义

“封建主义”可以被视为一种惯制，这套惯制造就并规定了一种自由人（封臣）对另一种自由人（封君）的服从和役务——主要是军役——的义务，以及封君对封臣提供保护和豢养的义务。这种豢养义务通常所产生的结果之一，是封君授予封臣一块土地，这块土地称作封土。

——弗朗索瓦·冈绍夫

欧洲危机与封建主义的兴起

以雅典城邦为代表的古典民主政体与罗马共和国的古典共和政体退出历史舞台之后，君主统治模型就成了长期支配欧亚大陆人类政治生活的主流范式。即便到了 17—18 世纪，在文明程度相对较高的许多地区，无论是大型帝国还是一般王国，君主统治模型仍然居于支配地位。然而，最近两三个世纪，君主统治模型出现了快速的衰落，并逐渐被其他更现代的政体取代。这一切到底是如何发生的？原因究竟是什么？

何为封建主义？

从古代政治的君主统治模型到近现代政治的转换，一个非常重要的过渡性环节就是欧洲中世纪兴起的一种新的政治模式，即封建主义（feudalism）。封建主义是理解欧洲从中世纪政治向近现代政治转型的关键。一般而言，“封建主义”这个词在中国非常流行，但又广受误解。“封建”一词，在中国古代往往是指“封土建国”“封爵建藩”，近代以来则变成欧洲背景下的英文 feudal 或 feudalism 的意译。

关于如何理解封建主义，国内学术界一般有三种主流的理解。[1]

1 冯天瑜，《“封建”概念辨析》，《社会科学战线》，2006 年第 5 期，第 251—255 页；侯建新，《“封建主义”概念辨析》，《中国社会科学》，2005 年第 6 期，第 173—188 页。

第一种封建主义，是中国20世纪50年代从苏联引入的官方教科书上的封建主义，即五阶段论意义上的封建主义。这种五阶段论一般被视为马克思主义的社会发展史观，即人类社会发展会经历原始社会、奴隶社会、封建社会、资本主义社会、社会主义与共产主义社会五个阶段。这里的封建主义是介于奴隶社会与资本主义社会之间的社会形态。

第二种封建主义，是中国秦之前特别是以西周分封制为代表的封建主义。史学界一般认为，中国商代已经出现分封制，至西周则达致鼎盛。《左传·僖公二十四年》就有这样的记载："昔周公吊二叔之不咸，故封建亲戚以蕃屏周。""封建亲戚"就是中国古代的分封制，即天子分封诸侯、诸侯再分封卿大夫的一种统治模式。后来，西周的分封制或封建主义，经由春秋战国时代，最终被秦统一后的君主制中央集权官僚制国家取代。然而，中国历史上封建制与郡县制之争并未终结，比如，西汉就分封了很多诸侯王。只是西汉的分封制已经不再是西周的分封制了，而是变成了一种统治模式上的诸侯分封制跟官僚郡县制叠加的双重治理结构。

第三种封建主义，是欧洲中世纪的封建主义。这种封建主义于公元7—8世纪在西欧兴起，然后一直延续到近代早期，是一度在欧洲大部分地区特别是西欧居于支配地位的一种制度安排与社会模式。欧洲中世纪封建主义的核心，是领主与附庸或封君与封臣基于土地恩赐而形成的一种融合了政治、经济与军事权利和义务关系的社会模式。本书要讨论的正是这种封建主义。

帝国的崩溃与蛮族入侵

欧洲封建主义的起源是一个非常复杂的历史学理论问题，涉及欧洲中世纪史的诸多方面。学术界的主流观点是，西罗马帝国的崩溃和蛮族入侵共同催生了封建主义这一别具特色的西欧社会模式。[1] 在公元 476 年之前，从罗马共和国到帝国，罗马文明统治着地中海周围的广大地区，时间长达数百年。罗马帝国在欧洲的统治疆域包括整个地中海以及北到多瑙河、东到莱茵河、西到英格兰的广大地区。

在罗马帝国的疆域之外，欧洲还有着被蛮族（barbarians）占领的位于中欧与东欧的广大领土。凯尔特人大体上占据着这一地区比较靠西和靠南的地方，跟帝国的欧洲部分接壤，离地中海世界也比较近。日耳曼人则占据了再往东的地区，大致包括莱茵河以东、东欧森林以西的范围。哥特人、汪达尔人与斯拉夫人等则占据了东欧的森林地区。早在西罗马帝国覆灭之前，欧洲东部的蛮族人口就不断地流入欧洲西部，跟当时驻扎在那里的罗马军团常常发生战争。这也是促成西罗马帝国最终衰亡的重要原因。公元 476 年西罗马帝国覆灭之后，蛮族向原先帝国欧洲部分的入侵和人口迁徙速度又大大加快了。

西罗马帝国的崩溃，使得原先这一地区存在的纵向一体化的中央集权体制瓦解了，欧洲迎来了一个相对分崩离析的时期。随之兴起的替代性方案是分散化的地方势力统治，而其中势力很大、实力很强的统治者也难以在短时间内建立起新的纵向一体化的中央集权体制。这是当时欧洲统治者们在政治上面临的巨大挑战。与此同时，来自欧洲东部地区的蛮族力量的频繁入侵，进一步瓦解了当时的统治者试图进行的中央集权化的政治努力。蛮族入侵，还使得西

1 马克·布洛赫，《封建社会（上卷）：依附关系的成长》，张绪山译，商务印书馆，2004，第 35—118 页。

欧社会的精英和平民产生了寻求保护的需要。

正是西罗马帝国崩溃和蛮族入侵的双重背景，使得西欧封建主义体制的兴起成为可能。这种当时新出现的封建体制，既可以让欧洲的君主们较快扩展自己的统治区域与势力范围，又可以让当时的精英和平民获得庇护，以便能享有基本的安全、法律与秩序。由此，封建主义——作为一种替代中央集权方案的分散化制度安排——就应运而生了。从演化论的视角来看，封建主义在西欧的兴起有着相当的偶然性，而绝非用历史决定论的思维就能解释。如果不是西罗马帝国崩溃和蛮族入侵这两个重要因素的叠加，西欧未必会走上封建主义的政治演化道路。

欧洲封建主义兴起的动力

公元 5 世纪，西欧开始兴起了一个重要的政治体——法兰克王国。法兰克王国又可以分为墨洛温王朝（481—751）与加洛林王朝（751—911）两个时期，加洛林王朝对封建主义模式的形成尤为重要。法兰克王国的君主们面对的基本政治格局是君权衰落与战事不断。前者意味着，他们尚未发展出在较大地理疆域范围内建立中央集权化统治体系的政治能力；后者意味着，他们又需要时时应付各种冲突和战争带来的压力。两者的叠加导致了一个政治困境：君主们既需要不断地跟频繁入侵的蛮族作战，又由于中央统治体系的软弱而没有足够的资源与力量去进行长时间的战争。

面对这一困境，君主们该何去何从？其实，墨洛温王朝就已经出现了封臣制与采邑制。到了墨洛温王朝晚期和加洛林王朝早期，即大约公元 8 世纪，封臣制与采邑制出现了结合的趋势，这就塑造了后来长期支配西欧政治的封建主义体制。关于封建主义体制兴起的关键事实，比利时中世纪史研究者弗朗索瓦·冈绍夫这样写道：

> 为了得到数量充足、装备精良、忠诚可靠的战士，丕平二世，尤其是查理·马特，大规模增加了封臣的数目。他们授给封臣地产，不仅是为了保证封臣应有的生活，而是为了让他们能够自备必要的军事装备——这些装备更为贵重，此时骑兵已开始成为决定性的兵种——并豢养依附于他们的其他士兵随员。在大多数情况下，这些地产无疑被授予完全的所有权。[1]

所以，封建主义兴起的直接动力，乃是君主们要用提供土地的办法，去交换封臣们的军事役务与政治效忠。从君主的视角来看，这种方案是他们当时无力进行“国家构建”的替代性选择。试想，如果西欧的君主们当时就有能力建立一套纵向一体化的税收系统、官僚体制以及大规模的直属军队，他们还会选择一种封臣制与采邑制相结合的制度模式吗？当然不会。但现实却是，在罗马帝国覆灭之后，在当时西欧的政治格局中，君主们很难完成后来意义上的国家构建，即垄断武力系统、建立覆盖全国的税收系统和建立纵向一体化的官僚系统。

与此同时，君主们又要跟频繁入侵的蛮族持续作战。于是，他们的策略选择是大规模地增加封臣数量，并以提供封地的办法去换取封臣们的军事役务与政治效忠。到了公元 9 世纪，加洛林王朝更是迎来了封建主义快速扩张的时期。公元 768—814 年在位的查理

1　弗朗索瓦·冈绍夫，《何为封建主义》，2016，第 26—27 页。

曼大帝向数量众多的封臣大规模地授予封地，其初衷是为了能在对外征战时组织和调动更大规模的军队。查理曼大帝的这一做法大大加速了封建主义模式在西欧的扩展。

上述分析没有讨论的一个重要因素，是战争技术在西欧封建主义模型兴起过程中扮演的角色。本书的分析框架把战争技术及其变迁视为人类政治演化的一个重要方面。封建主义模式的兴起，其实部分也受到当时战争技术变迁的影响。当时战争技术的一个重要变化是马镫开始传入欧洲。这使得一个新的兵种快速崛起，那就是重装骑兵。尽管历史学家们对此存有争议，但一种较为普遍的看法是，重装骑兵逐渐成了欧洲中世纪战场的决定性优势兵种。

当时重装骑兵的全身及战马的关键部位都有金属盔甲护卫，武器则使用弓箭、矛和长剑等。在冷兵器时期，当成群结队的重装骑兵发起冲锋时，其冲击力和战斗力是令人望而生畏的。因此，大规模的重装骑兵是当时的君主们在战场上的核心军事力量。重装骑兵的一个重要特点是，整套装备成本非常高昂，原因在于，那时的金属价格很昂贵，而且一个重装骑兵通常要配备两匹以上的战马。中世纪史学家常用的一个估算是，装备一个重装骑兵的全部成本相当于 20 到 30 户普通农户的全部家产。这就使得普通平民很难有效参加战争，因为他们无力负担重装骑兵的成本。由于当时的君主尚无力建立纵向一体化的税收系统，他们也很难有足够财力来供养大规模的重装骑兵。这样，贵族就成了重装骑兵的主要提供者，进而使得贵族阶层成为主要的政治军事力量。

在欧洲中世纪早期，还有一项战争技术也在政治演化中扮演了重要角色，那就是将城堡作为主要的防御力量。在冷兵器时代，坚固的城堡是主要的防守型军事设施。如前所述，今天的欧洲仍然有许多保存完好的中世纪城堡，比如像英国的爱丁堡城堡。许多中世纪城堡都修建在较为有利的地形上，城墙厚实坚固，窗户窄小狭长。这些特点都是为了有利于防守。不仅如此，许多重要的城堡内部空间相当之大，不仅有足够的房屋供较多人居住，而且还有许多可用于种植和饲养家畜的空地。这种设计的逻辑在于，即便发生被强敌长期围困的情形，该城堡都可以依靠自身资源而长期坚守。在冷兵器时代，城堡的这种设计都是为了增强防御能力，可以说当时要攻占一座坚固城堡的难度非常之大。

封建主义模式在结构上有两个重要的基础：一是封臣制，即封君与封臣或领主与附庸之间基于等级制的人身依附关系。在这种人身依附关系中，附庸需要向领主表示效忠，而领主需要为附庸提供保护。二是采邑制，即封君跟封臣或领主与附庸之间的土地授予关系。领主向附庸授予土地，附庸则需要为领主提供军事役务。封建主义实际上就是这种人身依附关系（即封臣制）与土地授予关系（即采邑制）的结合。

由于领主与附庸之间存在着人身依附关系，有人容易以为，附庸的命运主要取决于领主的个人意志。但这是一种很大的误解。封建主义不仅不是一种个人专断的体制，而且还有着强烈的契约色彩，即领主与附庸之间基于土地的权利义务关系其实被视为一份对主仆双方均有约束力的契约。冈绍夫收集了公元725—750年的一个契约文本，再好不过地证明了封建体制的契约特征。该文本这样说：

某人委身于另一人的势力之下。

致尊敬的封君（甲），我（乙）。众所周知，本人缺衣少食，生计无着，故乞您垂怜；蒙您善意，准许往投于您，委身于您的庇护之下。我已如此为之，您答应帮助我，供我衣

> 食，而我则答应服侍您，尽我所能及不负您之所望。在有生之年，我定将效劳、礼敬于您，如自由人所应为；我将终生不脱离您的权威与庇护，而以余生听从您调遣，接受您保护。由于这些事实，此约定，若我们中间的一方试图改变协议内容，则须赔偿对方X个索里达币之罚金，而协议本身仍继续有效。双方当事人拟订、确认内容相同的两份文件，似于我们均有好处。此约。[1]

这份公元8世纪附庸与其领主订立的契约，提供了一系列有价值的信息。总体而言，我们不能以中国式的“普天之下莫非王土，率土之滨莫非王臣”的观念，来理解欧洲中世纪封建主义体制下领主与附庸的关系。具体来说，首先，领主与附庸的关系常常被理解为主仆关系，但这种主仆关系并非主人与奴隶的关系，上位一方并不能全部掌控或任意处置下位一方的命运；相反，两者之间是一种自由人与自由人之间的主仆关系。比如，上述文本就有“如自由人所应为”的字样。其次，领主与附庸的关系包含着明显的交易成分，附庸对领主表示臣服和效忠，是为了获得相应的生活资源，而当时最主要的生活资源就是土地。在获得土地之后，附庸则须供领主调遣。这种调遣，特别重要的是，附庸需要履行军事役务。最后，非常明确的是，领主与附庸之间乃是一种契约关系。上述文本中不仅有“此约”这样的字样，还有“一方试图改变协议内容，则须赔偿”字样。这就足以证明封建主义乃是一种契约关系。既然封建主义是一种契约关系，就意味着对领主与附庸来说都存在着权利与义务的约束。正是封建主义体制的这些特性对欧洲中世纪政治的

1　弗朗索瓦·冈绍夫，《何为封建主义》，2016，第15—16页。

后续演化产生了重要影响。

在领主与附庸的关系中，最重要的纽带就是作为采邑的土地。在一个以农业为主的社会，封君授予封臣足够的土地以保障其适当的生活，是一种较为便捷的做法。按照起初的设计，封君并非将土地的全部所有权赐予封臣，而是仅仅把土地作为佃领地授予封臣，即封臣获得的是土地的使用权与收益权，而不是土地的永久所有权。但封臣可以占有和使用封君授予的这块土地，获得这块土地上的全部产出。

问题是，土地的最终所有权到底属于谁？实际上，封建制在此问题上经历了一个漫长的演化过程。在早期，按理说，采邑的最终所有权是属于封君或领主的。封君把这块土地授予封臣，目的是要封臣带领重装骑兵追随封君四处征战。这意味着，土地是用来交换军事役务的。倘若封臣不再能为封君提供军事役务，封君就有权收回土地。然而，随着时间的推移，当一个封臣及其家族长期占有一块土地后，他们仿佛就拥有了这块土地的永久所有权。

比如，一个贵族 25 岁从国王或一个更大的贵族那里获得一块封地，并一直忠心耿耿地履行军事役务。等他 55 岁去世时，他的家族占有那块土地已经长达 30 年时间，似乎也成了惯例。那么，这位贵族去世后，土地该如何处置呢？尽管理论上国王或领主是有权利收回这块土地的，但实际上，国王或领主需要有人继续对其表示效忠并提供军事役务。所以，只要这个去世的附庸有一个合法继承人，国王或领主就会继续把这块土地授予他的继承人，并且在履行必要手续后，他们仍然可以维持过去的契约关系。对上位一方来说，当老国王或老领主去世后，他们的继承人也同样继承了作为领主的权利。随着时间的推移，领主与附庸关于土地的继承也逐渐成了惯例，并成了封建主义传统的一部分。[1]

封建体制的另一个有趣现象是，国王的封臣可以以类似方式向自己的封臣分封自己拥有的土地，即一个封君的封臣可以拥有他自己的封臣。这样一来，在封建主义模式之下，就会形成一个多重的、等级制的领主与附庸关系的体系。君主作为全国最大的领主或封君，有自己的附庸或封臣，而这些封臣同时可以是其他更小贵族的封君。实际上，加洛林王朝就是这样一个多重等级制的封建主义结构。这种结构的一个重要结果，就是封臣作为一个具有一定数量规模的贵族阶级实现了崛起。

在法兰克王国的查理曼大帝时期，这种融合了封臣制与采邑制的“加洛林封建主义”形成之后，就开始在欧洲迅速扩散。这种模式之所以能快速扩散，是因为它迎合了当时西欧社会几个主流群体的需要。对君主们来说，在无法迅速建立中央集权化统治体系的条件下，他们借助封建主义体制可以快速地扩大统治疆域，提高政治实力，塑造政治权威。对封臣们来说，在封建主义体制下，他们看起来需要对他人表示效忠，属于附庸阶层，但实际上，在整个社会结构中，他们是非常强大的，是西欧社会享有特权的贵族阶层。特别是，那些直属于国王的封臣阶层，是欧洲社会的大贵族阶级，其财力与权力都是令人敬畏的。此外，对于许多中小土地所有者来说，频繁的蛮族入侵带来了动荡和战乱，使他们丧失了安全感。许多中小土地所有者宁可把土地献给实力较强的领主，然后再由领主反过来把土地恩赐给他们。这样，两者之间就建立起了领主与附庸的契约关系，原先的中小土地所有者就获得了庇护。这可以被视为中小土地所有者主动寻求安全与保护的

---

1 马克 · 布洛赫，《封建社会（上卷）：依附关系的成长》，2004，第 313—314 页。

策略选择。

正是因为上述原因，封建主义这种政治发明一经出现，由于符合君主、贵族与原先中小土地所有者的需要，就出现了从法兰克王国向西欧和欧洲其他地方的快速扩散。

封建主义是一种政治发明

从人类政治演化史来看，封建主义是欧洲中世纪兴起的一种重要的政治发明。这种政治发明对整体人类政治的后续演化都产生了重要影响。

封建主义的基本特征

作为一种政治发明，封建主义大致上具有如下基本特征：

> 民族国家兴起之前，欧洲是封建主义时代。什么是封建主义？……封建制是领主与封臣之间基于土地的恩赐而形成的一种政治经济安排。领主恩赐给封臣的土地一般称为采邑。领主把采邑分封给封臣——又称附庸，由此形成了领主与附庸之间的依附关系。在这种依附关系中，领主不仅要为附庸提供土地，而且还要对附庸提供保护的义务。附庸需要对领主表示效忠，同时需要提供必要的援助——这种援助包括经济与财务的支持，但更主要的是在战争期间提供军事援助。所以，领主与附庸之间既是一种等级制的人身依附关系，又有一定的契约关系。封建制度是一种融合了保护与效忠关系、

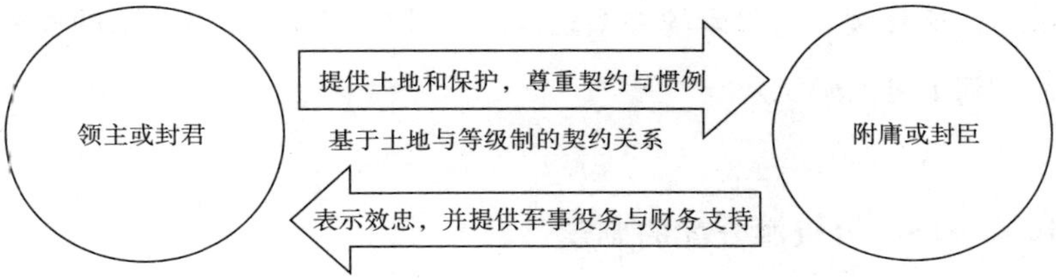

图 8.1　封建主义体制下领主与附庸的契约关系

> 人身依附与契约精神的复杂混合体。封建制度的基础是土地，领主享有某些特定的权利，同时需要承担某些特定的义务；附庸也是如此。[1]

如果把封建主义视为一种制度模型，那么其核心乃在于领主与附庸之间的契约关系。在这种契约关系中，领主应当提供土地与保护，并遵守惯例；附庸应当效忠领主，并履行军事役务与财政义务，参见图 8.1。既然封建体制也是一种契约，那么无论是领主还是附庸，都应该遵守这种规则与惯例，而不应破坏它。比如，领主不能无故收回过去授予附庸的土地，因为这样就违反了两者之间的规则与惯例——除非附庸此前已经违背了规则与惯例。随着时间的推移，封建主义的许多规则与惯例还在不断地演化和固化。比如，关于采邑，惯例逐渐演变为附庸可以获得合法继承权，即一个附庸去世后，只要他有合法的继承人，领主一般就不能要求收回其土地，而应当把同一块土地授予这位附庸的合法继承人。当然，这通常需要一个仪式来加以确认，甚至新继承人须缴纳一定的费用。新继承人也需要对领主表示效忠，并承诺承担军事役务与财政义务。

1　包刚升，《政治学通识》，北京大学出版社，2015，第 111 页。

这样，这种领主与附庸的关系就得到了继承，而附庸对采邑的权利也得到了再次确认。

作为一种武力资源分配的制度

按照上文的分析，封建主义起源的直接动力，是欧洲中世纪君主们在既无力进行国家构建、又需要获得武力资源的条件下不得不采取的一种策略选择。就此而言，军事与武力资源的需要，才是封建主义兴起的主要原因。尽管封建主义在今天普遍被视为一种社会模式，但它首先是一种关于武力资源分配的制度安排。实际上，完全不同于过往政治体的武力资源分配模式，恰恰是封建主义体制的关键方面。

简而言之，封建主义体制在武力资源分配上有三个主要特点：一是君主通常并不拥有大规模的常备军，而只拥有少量的自有军队，这在很大程度上是由当时君主们的财力决定的；二是君主进行对外战争时，需要召集各个直属贵族提供的重装骑兵作为军队的主力；三是各个大小贵族直接控制着规模不等的武力资源，并需要每年承担一定天数的军事役务，比如较为常见的要求是40天。由于封建主义首先是起源于君主们的军事需要，所以封建贵族固然是一个占有土地的社会上等阶级，但他们其实首先是一个控制相当规模武力资源的阶级，或者说是一个“武装的阶级”。在君主眼里，贵族或附庸主要是一个跟随自己四处征战的武力阶层，其次才是一个占有土地、协助自己管理广大疆域的统治阶层。

相比于君主制中央集权官僚制国家——比如古代中国或波斯帝国，欧洲中世纪的封建主义模式有着完全不同的武力资源分配结构。在君主制中央集权官僚制国家，皇帝通过高级将领直接控制着由国家财政供养的大规模常备军。理论上，这支常备军直属于君主，效忠于君主，根据君主的命令四处征战，他们不属于任何贵族或君主的代理人。封建主义则全然不同。封建主义意味着，武力资源在君主、君主直属贵族和其他贵族之间进行了某种分配，君主与大小贵族基于他们各自的实力直接控制着规模不等的武力资源——主要是重装骑兵。在这种武力资源分配结构下，一旦发生对外战争，君主会召集贵族一起出征，君主和贵族之间就是上下合作关系。君主会充分调动贵族的武力资源，一致对外作战。然而，如果君主和贵族之间由于某种原因而发生了内部冲突，那么君主面对的就是一个武装的贵族阶层。这种模式就完全不同于君主制中央集权官僚制国家了。

封建主义体制在君主与贵族之间分配武力资源的结构，甚至是君主与贵族阶层在武力资源上的势均力敌，是后来欧洲——特别是英国——首先发展出约束君主权力的近代立宪政体的关键。从这个视角看，西欧近代立宪政体有着比较明确的封建主义起源。而武装的贵族，或者说封建主义条件下君主与贵族阶层在武力资源分配上的势均力敌结构，是解释西欧近代立宪政体起源的关键。就此而言，封建主义在人类政治演化史上扮演着极其重要的角色。放眼中古时期全球范围内的不同国家、地区与文明，除了欧洲中世纪的封建主义体制，除了君主与贵族阶层在武力资源分配上的势均力敌结构，看不出还有别的什么路径可以催生后来约束君主权力的近代立宪政体。正是因为有了近代立宪政体，以英国为代表的西欧后来才逐渐发展出了议会、选举、代议制、政党政治、责任政府以及更晚近的普选权，甚至才使得工业革命的发生成为可能。

诸种关键制度细节

弗朗索瓦·冈绍夫从两个视角来理解封建主义的关键特征：一是社会形态上的，二是制度安排上的。他这样定义作为社会形态上的封建主义：

> “封建主义”可以被视为一种社会形态，它所具有的鲜明特征不难勾画。这些特征可以概括为：社会中的人身依附因素发展到极端，专职军人阶层居于社会等级体系的较高级别；地产所有权的极度分割；土地权利的等级体系，它由地产所有权的分割所产生，大致对应于上文提及的人身依附关系的等级体系；公共权力分散于自治等级体系——人们为了自己的利益行使通常属于国家的权力，这些权力实际上常常源于国家政权的分崩离析。[1]

冈绍夫的论述强调了欧洲中世纪封建社会的几个关键特征。首先是专职军人阶层的重要性。许多人容易把欧洲中世纪贵族的核心身份理解为大地产的拥有者，但实际上，正如上文提到的，贵族的首要身份是专职军人，或者说是欧洲中世纪意义上的武力阶层，其核心职能是带兵打仗，跟随君主一起征战。封建主义体制的兴起，本身就是君主在约束条件下为了解决武力资源而产生的政治发明。所以，贵族首先是一个武装的阶层。其次，封建主义是人身依附等级制与土地等级制的结合，亦即封臣制与采邑制的结合。这种多重等级体系的人身依附关系与土地制度，起初是君主基于获得武力资

1 弗朗索瓦·冈绍夫，《何为封建主义》，2016，第 3 页。

源的需要而构建起来的。所有在该人身依附等级制中扮演一定角色并拥有采邑的人，同时是需要承担军事役务的人。最后，君主领导的统治体系是一种既结合公权又结合私权的复合制度安排。在现代国家治理中，公共领域和私人领域、公权和私权常常有较为明确的边界。在日常政治伦理中，一个简单的案例是，政府高官不应该安排公车接送子女上学。但在封建主义体制下，公权与私权是高度结合的，很难在两者之间划出一个明确的边界。这样一来，公共权力就变成了一个多层级、分散化的体系。但这同时意味着，任何君主在封建主义体制之下都无法拥有君主制中央集权官僚制国家下的统治者所拥有的政治权力与政治权威。

冈绍夫还从狭义的制度安排或政体视角来定义封建主义。他这样说：

> "封建主义"可以被视为一种惯制，这套惯制造就并规定了一种自由人（封臣）对另一种自由人（封君）的服从和役务——主要是军役——的义务，以及封君对封臣提供保护和豢养的义务。这种豢养义务通常所产生的结果之一，是封君授予封臣一块土地，这块土地称作封土。[1]

由此可见，作为狭义制度安排意义上的封建主义和作为社会形态意义上的封建主义存在着一定差异。但如果分析两者的核心特征，它们仍然是相似的。甚至可以说，社会形态意义上的封建主义社会，是狭义制度安排意义上的封建主义体制所塑造的。

为了全面理解作为一种政治发明的封建主义，这里还可以进一

1　弗朗索瓦·冈绍夫，《何为封建主义》，2016，第4—5页。

步讨论封建主义的诸种关键制度细节。一个重要的细节是，领主与附庸或封君与封臣关系的确立，往往需要一个委身仪式。这一仪式要求委身之人须将双手置于另一个人手中，即未来封臣合掌置于未来封君的手中，而封君则需要双手握住封臣的双手，再加上封臣的宣誓，双方的关系由此得以确立。冈绍夫所引述的一段史料讲述了巴伐利亚公爵塔西罗是如何成为丕平三世的封臣的：

> 巴伐利亚公爵塔西罗来到这里（贡比涅），凭其双手委身成为封臣；他手按圣物，宣立诸多誓言；承诺效忠于国王丕平及丕平诸子，即前文提到的封君查理和卡洛曼，如法律规定封臣之所为，保证正直和忠诚，对其封君恪守封臣之身份。[1]

委身行为和效忠誓言一旦生效，通常是难以解除的，即封建主义条件下领主与附庸的关系是终身制的。这也是封建主义的一个关键制度细节。比如，上面这份史料记载的巴伐利亚公爵塔西罗作为封臣，委身于封君丕平三世并宣誓效忠之后，这种封君与封臣的关系就是终身的。既然是终身的，除非遭遇较为特殊的情形，此种关系通常是无法解除的。冈绍夫提到查理曼的一个敕令：

> 在一个敕令中，查理曼列举了封臣可以脱离封君的极端情况：封君欲杀死他或棒击之；欲强暴其妻子或与之通奸；欲强暴其女儿或诱奸之；欲剥夺其部分私人财产；欲将其变为农奴；刀剑加诸其身；没有尽到应有保护之责任。查理曼

1　转引自：弗朗索瓦·冈绍夫，《何为封建主义》，2016，第 42—43 页。

的后继者经常重复提到，未经封君同意不能脱离封君。[1]

正如上文提及的，封建主义的另一个关键制度细节是它的契约性。中世纪史学者詹姆斯·汤普逊认为：

使社会联在一起之纽带，则是领主地位和臣服之间的相互关系。领主和附庸之间的关系，是一种契约关系；而契约的理论向上推到包括国王在内。国家不像过去那样，是一个紧密的政治实体，而是改变为一个松懈的契约式社会有机体了。[2]

这就意味着，封建主义的契约关系不仅约束着大部分的领主与附庸，而且还约束着位于等级制顶端的君主或国王。在封建主义体制下，君主或国王同样受到惯例中的权利与义务关系的约束。这就使得他们完全不同于一般君主统治模型下的君主或国王。汤普逊这样说：

按誓约，国王的责任是：执行正义而自己也服从法律。如果他未能这样做，契约就可作废；而他的臣民是有权撤销这契约的。按封建法律，一个附庸有权对他的宗主甚至国王作战，如果后者拒绝了正义。他可撤销他的臣服誓约并对他的宗主挑战。反是亦然，领主可废止对他附庸的保护关系并对附庸挑战。[3]

1　转引自：弗朗索瓦·冈绍夫，《何为封建主义》，2016，第 44 页。
2　汤普逊，《中世纪经济社会史》（下册），耿淡如译，商务印书馆，1997，第 325 页。
3　同上，第 331—332 页。

由此看来，即便是君主或国王，亦需要像其他领主一样恪守封建主义的契约与惯例，需要履行作为领主的义务。因此，在封建主义体制下，国王不太可能成为一位彻头彻尾的专制君主，因为他的权力只能基于封建主义的契约与惯例来行使，需要恪守特定的规则，需要遵从一整套的权利与义务关系。可见，凡封建，必不专制；凡专制，必不封建。

正是因为具有这些特征，汤普逊认为，封建主义作为一种政体模式所取得的成就是非凡的，特别是它把早期人与人之间的野蛮关系“转化为服从法律和秩序的精神，具体化为宗主权、附庸地位、忠诚、服务和契约的权利与义务的制度”。[1] 他甚至完全突破了此前否定封建主义的启蒙史观，开始为封建主义唱起了“赞歌”：

> 尽管封建制度常常有着强暴而又恶劣的性质，无可置疑，整个来说，它是一个社会进步的和社会完整化的现象，而非一个社会腐烂的现象。如果我们从远处来看，我们能看到封建时代的文明是多么有建设性的、多么有创造性的和多么有伟大性的一种文明。……封建制度不是一座跨过野蛮和文明之间的海湾上的桥梁——它本身就是文明，这一种高级文化，在1150年和1250年之间，达到了它的顶峰。[2]

封建主义的实力结构、制度规则与观念体系

在本书的分析框架中，实力结构、制度规则与观念体系三者之

1 汤普逊，《中世纪经济社会史》（下册），1997，第327页。
2 同上，第326—327页。

间的关系是一个重要的分析视角。封建主义恰恰为理解这三者之间的关系提供了一个重要案例。

总体上，封建主义模式的形成，首先是由其实力结构决定的，然后发展出了跟这一实力结构相匹配的一系列制度、规则与惯例，进而又逐渐形塑了一整套跟实力结构、制度规则相适应的观念体系。从三者的关系来说，实力结构是封建主义模式的基础。没有这个实力结构，封建主义模式就无从形成。其后的制度规则与观念体系都是在君主与贵族、领主与附庸的特定实力结构基础上塑造的。而制度规则一旦形成，就会反过来强化原先的实力结构。进一步说，观念体系就如同道格拉斯·诺思所定义的意识形态，也会强化既有的实力结构与制度规则。[1] 如果说起初封建主义模式主要是由君主与贵族之间的实力结构塑造的，那么随着时间的推移，制度规则与观念体系的角色变得越来越重要。这也说明，人是受观念支配的一种政治动物。人类政治演化史的方向就是，规则与观念在政治生活和政治博弈中扮演着越来越重要的角色。历史地看，这也是人类政治文明化程度不断提高的过程。

实力结构：武力资源分配

在实力结构上，封建主义的基本特征是，国王与贵族、领主与附庸都拥有一定的武力资源，跟贵族相比，国王甚至在武力资源上并不占有显著的优势，或者说，与联合起来的贵族相比，国王至多在武力资源上与之势均力敌。当然，除了武力资源，跟贵族相比，国王在财政与资源结构上也没有占据绝对优势地位。所以，在封建

1　诺思认为，意识形态是一种机制，个人可以借此降低与外部世界协调的认知成本。参见：道格拉斯·C. 诺思，《经济史上的结构和变革》，1992，第 50 页。

主义体制下，尽管国王要比任何单个的贵族在武力、财政与资源上都强大得多，但跟联合起来的贵族相比往往至多是势均力敌。可见，跟古代世界常见的君主统治模型相比，封建主义体制下的君主所拥有的实力与权力要小得多。

而贵族——特别是直属于君主的大贵族——完全不同于君主制中央集权官僚制国家中的高级文武官僚阶层，他们拥有既相对独立又实力雄厚的武力与财力资源。贵族阶层固然是君主的附庸，但君主并不拥有对他们生杀予夺的权力。相比而言，在君主制中央集权官僚制国家，高级文武官僚阶层都只是君主的助手和直属下级，他们的权力与资源都来自君主的授予，他们的命运完全取决于君主的意志。

总之，封建主义的基本特征是君主与贵族之间在武力资源与其他资源上的分散化配置。在这种分散化、等级制的统治体系下，君主就无法获得垄断主要权力与资源的政治权威。

制度规则:“保护”与“效劳”

在制度规则上，封建主义的基本特征是国王与贵族之间互有权利与义务的关系，而且这种关系要受到一系列契约和惯例的约束。上文曾论述，国王或领主需要为贵族或附庸提供土地和保护，贵族或附庸则需要向国王或领主表示效忠，并提供军事役务和财务支持，而双方均须遵守相应的规则与惯例。这是封建主义的一般规则。而这些一般规则又是由许多具体的制度、规则和惯例来支撑的。

比如，关于采邑及其继承制度就是封建主义的重要制度之一。这一制度经历了复杂的演化，最终形成了一套稳定的规则与惯例。上文曾提及，贵族起初按理说并不拥有采邑的自动继承权，即“采邑的占有从未由于先前持有者的死亡而实现自动传递”。但随着时间的推移，按照马克·布洛赫的说法，“采邑一旦授予附庸，附庸关系中子承父业的要求就会变得难以抵御”。对领主来说，“附庸如不履行义务，采邑则应该收回，授给更驯服的仆人，简言之，自身的利益使领主强烈地坚持采邑可以撤销的原则。另一方面，领主没有必要反对采邑的世袭继承制”。对附庸来说，他们的继承人当然有巨大的动力对领主行“臣服礼”，以便获得采邑的继承权。“这些不同因素错综复杂的交互作用”，导致了一种局面，那就是采邑“经常被传给附庸后代”，并最终形成了较为稳定的采邑继承规则与惯例。[1]这不仅意味着附庸能够获得较为稳定的继承权，而且还意味着领主试图收回并重新分配采邑的自由裁量权受到了约束。

又比如，在领主与附庸之间“保护”与“效劳”的关系中，附庸的首要义务是军事役务，但这种军事役务并非是无限的，而是也有一套对领主和附庸均有约束力的规则与惯例。简而言之，附庸通常只需要带领一定数量的骑士跟领主一起作战。“以11世纪末的巴约主教为例，他手下有百余名骑士为其效命，但按规定他向直接的领主诺曼底公爵只提供二十名骑士。”[2]附庸所须提供骑士的数量，大体上是跟领主授予附庸的采邑的规模有关。此外，军事役务并非没有时间期限上的限制。这意味着领主不能随心所欲地要求他的附庸全年服军役。尽管关于服军役的期限在欧洲中世纪因时因地而异，但一种较为常见的做法是：“在11世纪下半叶的法兰西，所获得的普遍结果是，封臣只应提供一定天数——约40天——的役务，封君只有在给对方付钱的情况下才要他超期限服役。”[3]

1　马克·布洛赫，《封建社会（上卷）：依附关系的成长》，2004，第313—314页。
2　同上，第356页。
3　弗朗索瓦·冈绍夫，《何为封建主义》，2016，第114页。

再比如，关于附庸对领主财务支持方面的义务，尽管“领主希望附庸的钱袋也能为他所用”，但实际上，附庸对领主的财务义务仅限于几个有限的方面。总体上，附庸所须担负的财务援助是因时因地而异的，而一项权威研究认为：

> 在12—13世纪，“金钱援助”只发生在罕见的场合，这些场合差不多总是一样，所以逐渐形成规则，金钱援助仅限于这些场合。这些场合的数量在各地并不严格一致。譬如，在诺曼底，人们接受三种场合，在法兰西王室领地及大部分地区，人们接受四种情况。“四事援助”包括：封君被俘时，封君长子受封为骑士时，长女出嫁时，封君参加十字军出发时。[1]

一般认为，上述情形主要发生在法兰西与英格兰，而德意志的情形又有所不同。但上述材料能够说明，附庸对领主的金钱援助是基于一套严格的规则和惯例的，而非领主——即便是君主——需要金钱时就能从附庸那里索求无度。

还比如，领主不仅对附庸拥有许多权力，而且还需要承担相当的义务。简而言之，领主需要为其附庸提供保护及必要的生计，并确保其附庸得到公正的对待。如果领主没有做到这一切，就意味着领主没有尽到自己的义务。当封臣受到“不公正的攻击时”，封君“必须保护封臣，反击敌人”，包括“迫使封君发动战争去保护封臣”。这种保护，非常重要的方面是，保护封臣土地或采邑及财产的安全，保证其不被其他人以武力或不法方式侵占。“另一个重要方面的保护是在司法领域：封君必须在法庭上保护自己的封臣，即

1　弗朗索瓦·冈绍夫，《何为封建主义》，2016，第116页。

使在国王的法庭上也是如此。”[1] 当然，上述分析强调的是封君或领主应该保护封臣或附庸免受其他力量的侵犯。但与此同时，一个同样重要的规则与惯例是，领主首先要保证自己不会侵犯附庸的采邑及财产，并能公正地对待附庸。既然这些事项被称为义务，就是封建契约需要领主履行的规则与惯例。但凡领主没有做到这些，就是对封建契约的一种破坏。在这种情况下，这也赋予了附庸违反封建契约或进行合法反抗的正当权利。

观念体系：三种核心价值

封建主义社会还逐渐形成了一整套跟其实力结构、制度规则相匹配的观念体系。起初，这套观念体系只是封建主义实力结构与制度规则的衍生物或副产品，但随着时间的推移，这套观念体系本身成了一套强韧的左右人的行为、选择与博弈的封建主义意识形态。由于人是受观念支配的政治动物，一旦这套观念体系形成，就会反过来左右人的行为、选择与博弈，进而影响封建主义模式的实际运作与演化方向。这一整套封建主义观念体系或意识形态首先是宗主权与忠诚，其次是政治上的契约精神，最后是法律与权利观念的成长，这三者对后世政治演化的影响尤甚。

宗主权以及附庸对领主的效忠，是封建主义观念体系的核心价值之一。中世纪的效忠观念，既是消极意义上的，又是积极意义上的。前者包括封臣不应从事任何损害其应效忠之人利益的行为，不对其应效忠之人背信弃义；后者包括封臣在封建契约范围内以其忠诚侍奉封君。自然，忠诚或效忠包括了附庸不得伤害或刺杀其领主

1　弗朗索瓦·冈绍夫，《何为封建主义》，2016，第 119—120 页。

的最基本规则。詹姆斯·汤普逊认为：

在封建纪录里，一个人的最无耻罪行，是暗杀他的宗主，而这种罪行在中世纪时代是最少见的。在封建时代里，找不到关于附庸或臣属暗杀他的宗主的事例。弑君是后来文艺复兴运动和宗教改革运动时代所采取的一种政治策略。[1]

汤普逊的历史著述甚至还记录了一个古老的故事：

吉拉特在逃匿森林之后，当夜住宿于一个老隐士家里；他把自己要暗杀他的宗主的阴谋告诉了隐士。隐士深为骇异而惊喊道：

你将杀死你的宗主吗？僧侣、圣徒、主教、教皇，他们都永远不会同意给你以教会的宽恕的。神学和圣经宣布：对于乱臣贼子应如何处理。他将被四马分尸，躯壳用火焚毁，他的尸灰将被风吹散，他的行刑地点将是邪恶的地点，寸草不生。[2]

从封建契约角度来说，附庸对领主的忠诚是其应有之义。因而，附庸对领主的任何伤害行为自然都是对这种契约的违背，遑论附庸杀死领主这种大逆不道的行为。附庸杀死领主的行为之所以非常罕见，还因为封建契约的另一个特性，即如果一个附庸伤害或刺杀他的领主，那么他通常将丧失从领主那里获得的采邑和财产的正

1　汤普逊，《中世纪经济社会史》（下册），1997，第 330 页。
2　同上，第 331 页。

当性——除非这个附庸在当时情况下的这种做法被普遍地认为是正当的。

正是由于附庸对领主的这种忠诚观念，使得封建主义体制后来出现了这样的情形：即便作为领主的国王犯下了十恶不赦的罪行或错误，作为国王附庸的贵族们通常亦不应该伤害国王，更不应该杀死国王，而只能要求或迫使国王纠正错误与改正行为。这就导致后来演化出了一系列约束国王的宪章。其基本理由就在于，贵族们需要对君主保持基本的忠诚——即便君主犯下了错误，即便贵族们获得了合法反抗权。

根据马克·布洛赫对欧洲中世纪封建社会的研究，“国王在自己的臣子手中死于非命的情况只有三例”。考虑到欧洲中世纪较为普遍的暴力现象，以及欧亚大陆的许多君主——无论是离西欧较近的拜占庭帝国、奥斯曼帝国还是远在东方的中华帝国——常常死在自己的将军、重臣或近侍手中，“死于附庸之手的西欧国王看来确实为数很少”。[1]

当然，效忠并不意味着贵族与附庸不能在任何情形下杀死自己的国王与领主。比如，在近代英国长达数年、暴力肆虐的内战之后，1649 年 1 月，国王查理一世被英国议会高级法庭判处死刑，罪名是“坚称自己拥有无限的专制权力（an unlimited and tyrannical power），可以按照自己的意愿进行统治，并剥夺人民的权利和自由（overthrow the rights and liberties of the people）”。但这一重大事件在当时的英国社会是缺少共识的。即便国王犯下严重的战争罪行，他是否应该被议会处死，甚至说议会是否有权处死国王，都是充满

---

1 马克·布洛赫，《封建社会（下卷）：社会等级和政治体制》，李增洪等译，商务印书馆，2004，第 615 页。

争议的。需要指出的是，从时间上看，此时此刻的英国已经处在中世纪的封建主义传统日趋衰落、近现代的议会主权传统日益崛起的时代。

然而，其中一个关键细节仍然说明了封建主义的效忠观念对英国政治的强韧影响。在查理一世被判处死刑之前，他跟自己的小儿子格洛斯特公爵有一场对话。查理一世对他儿子说，在即将到来的这场判决中，他有可能会被议会高级法庭判处死刑，但查理一世同时对他儿子说，在自己被处决后，议会与贵族就会推举他作为新的国王。[1] 议会与贵族杀死一个国王，随后可能会推举他的儿子作为新国王，这对于欧洲中世纪封建主义传统之外的王国、帝国与政治体来说，都是无法想象的。但这就是封建主义传统与惯例之下的做法，这不仅体现了国王继承权的高度稳定性，而且还体现了贵族对于国王及其继承权的忠诚观念。当然，事实是，当查理一世被处决后，英国出现了短暂的护国公政体，即克伦威尔成了新的统治者。等到克伦威尔去世后，1660 年，英国议会与贵族为了英国政体的稳定，决定迎回查理一世的儿子查理二世出任新国王。查理一世被处死前跟他的小儿子的这场对话也得到了历史的应验。封建主义传统之下宗主权与忠诚观念的强韧，由此可见一斑。

政治上的契约精神，是封建主义观念体系的另一核心价值。如果说罗马法强化了民事或民法意义上的契约精神，那么封建主义体制大大推动了欧洲中世纪政治意义上的契约精神。这种政治契约观念的核心是，君主与贵族或领主与附庸在政治上是互有权利与义务关系的，而非一方是完全基于个人意志、恣意妄为的专制统治者，

1　David Hume, *The History of England: From the Invasion of Julius Caesar to the Revolution in 1688*, Vol. V, Indianapolis: Liberty *Classics,* 1983, p. 539.

另一方是完全顺从其上位者意志的奴仆。或者更明确地说，封建主义体制下的国王应该“是服从国家的习惯法的。他的权力远不是一个专制国王的权力”。[1]

在欧洲中世纪封建主义的鼎盛时期，领主与附庸之间的契约观念已经深入人心，变得牢不可破。既然是契约，它就是双向的，即它不仅约束附庸或贵族，而且约束领主或君主。由于国王本身是最大的领主，而国王下面的贵族同时也是其臣民，封建主义的契约观念就自然延伸到了政治领域。这种双向契约观念，还衍生出了贵族与附庸作为臣民，在其他政体下都无法获得的一种权利，即当国王与领主违反封建契约，破坏习惯法，以某种专断方式对待贵族与附庸时，后者就有权反抗。这意味着，封建主义的契约精神还造就了贵族与附庸同时作为臣民的合法反抗权。

实际上，公元13世纪前后欧洲较具代表性的政治体中出现的承认贵族反抗权以及约束国王的宪章性文件，大体都是这种封建主义双向契约观念在政治领域的延伸。比如，英格兰1215年签署的《大宪章》就规定，如果国王违反《大宪章》，“此二十五男爵即可联合全国人民，共同使用权力，以一切方法向余（国王的自称）等施以抑制与压力，诸如夺取余等诸城堡、土地与财产，等等”，直到国王的错误改正为止。[2]神圣罗马帝国于1220—1235年编撰的《萨克森法鉴》（*Saxon Mirror*）则确立了这样的原则：“一个人在他的国王逆法律而行时，可以抗拒国王和法官，甚至可以参与发动对他的战争……他并不因此而违背其效忠义务。”[3]

1　汤普逊，《中世纪经济社会史》（下册），1997，第333页。

2　詹姆斯·C. 霍尔特，《大宪章》，毕竞悦等译，北京大学出版社，2010，第410—411页。

3　转引自：马克·布洛赫，《封建社会（下卷）：社会等级和政治体制》，2004，第713页。

此外，法律与权利观念的成长也是封建主义观念体系的一个重要方面。在历史学家的描述中，跟近现代相比，欧洲中世纪往往是一个暴力盛行的时代。然而，尽管这个时期是充满暴力的，“但它不是没有法律的”。特别是，事关各种主体的权利的法律观念开始成长。汤普逊这样论述法律与权利观念在中世纪封建主义时代的成长：

> 中世纪历史是一种关于权利与侵权行为的历史……权利或诸权利的观念，是中世纪时代的指导思想——所以如此，因为在这时期的最伟大的人物中，存在着一种提高法律地位的有意识的企图和一种遵守法律的意愿；同时，在劣等演员中即在下层的人群中，有着要维持他们既得权利的倾向；……中世纪时代……是法律成长的时代，就是说，在这些时代里，那体现于法律中的权利观念，是政治家的指导思想，那按法律条文所可证明或辩护的权利之观念，对政客们是有着一种深刻影响的……对于流血，没有什么害怕，但对于破坏权利倒有巨大的恐惧……（这权利）不是仅仅以强权者的逻辑，而是可以用法律的条文来辩解的东西……中世纪战争，照例是权利的战争：它们很少是未被挑衅的战争，从来不是绝对无理由的侵略战争。[1]

这段有些深奥而又意味深长的话强调了两个基本观点：一是法律在欧洲中世纪封建主义体制下扮演着重要角色，以及法律与权利的观念开始成长与流行；二是战争的起源往往是跟权利有关的，而不是简单的强权、实力或利益逻辑。布洛赫也强调法律特别是习惯

1　汤普逊，《中世纪经济社会史》（下册），1997，第332页。

法对于欧洲中世纪的重要性："在随之而来的时期，即封建制度真正建立起来的时期，一个最重要的特点是，习惯法支配的领域越来越大，超越了所有界限而达到这样的程度：在某些国家它已经侵入到整个法律领域。"[1]

对中世纪欧亚大陆的许多帝国来说，它们在更大程度上是受政治权力逻辑支配的，而欧洲的封建主义模式已经与之不同。法律观念不仅开始成长，而且开始跟单纯的权力逻辑相抗衡。当然，从实力结构与制度规则来说，没有哪个封建君主处于完全的压倒性优势，也是有利于欧洲中世纪法律与权利观念成长的条件。正是因为这诸种条件，封建主义时代尽管是等级制的、暴力频仍的、分散化的，但它绝非像启蒙史观认为的那样，就是黑暗的或专断的。相反，封建主义是一个法律观念与权利观念逐渐成长的时代。

1　马克·布洛赫，《封建社会（上卷）：依附关系的成长》，2004，第195—196页。

第九章　从封建主义到立宪政体

任何自由人，如未经其同等地位之人根据这块土地上的法律做出合法裁判，皆不得被逮捕、监禁、没收财产、剥夺法律保护权、流放，或加以任何其他形式的损害。

——《大宪章》

《大宪章》何以成为可能？

正是在封建主义体制之下，近现代立宪主义（constitutionalism）政体的兴起才成为可能。正如上一章提及的，中世纪的封建主义体制是欧洲近现代立宪政体的源头。考察人类政治的演化，从封建主义向立宪政体的转型构成了一个极其重要的环节。如果不是这一转型，人类最近几百年的政治演化史就要重新书写。

立宪政体兴起的关键因素

关于立宪主义政体在英国与西方世界的兴起，法学家与政治学家的解读各有侧重。法学家往往更强调，在早期立宪主义政体下，国王的政治权力受到了宪法和规则的确定性约束，这种约束主要是来自宪法文本、基本规则与惯例传统等。[1] 固然，对一个立宪主义政体来说，宪法文本、基本规则与惯例传统都是重要的，但问题是，国王的政治权力真的容易被这些东西约束住吗？比如，主要因为有了一个宪法性的政治文本，国王在上面盖章了或者签字了，所以他的政治权力就被约束住了吗？事情恐怕没有那么简单。

政治学视角则倾向于认为，立宪主义政体的关键，固然在于宪

1　法学家对于立宪主义的讨论，参见：斯蒂芬·L. 埃尔金、卡罗尔·爱德华·索乌坦主编，《新宪政论——为美好的社会设计政治制度》，周叶谦译，生活·读书·新知三联书店，1997；M. J. C. 维尔，《宪政与分权》，苏力译，生活·读书·新知三联书店，1997。

法文本、基本规则与惯例传统在约束政治权力上扮演的角色，但更在于能够让这种宪法文本、基本规则与惯例传统发挥实际效力的政治力量。如果没有一种能真正约束国王权力的政治力量，那么再好的宪法文本、基本规则与惯例传统都是无济于事的。所以，文本、规则与惯例并非无足轻重，但真正左右立宪主义政体在英国与西方兴起的主要还是政治和军事的逻辑。

首先，立宪政体的初创，或者说初始立宪规则的形成，往往是武力博弈的产物，而不是理性言说的产物。柏拉图在《理想国》开篇即讨论了何谓正义的问题，不同人物的对话为读者展现了理性言说的魅力。在实际的政治生活中，理性言说固然是不可或缺的，但不能就此而误以为立宪规则及其相应的政治制度安排主要是依靠理性言说方式产生的。事实上，立宪主义规则在其演化过程中绝不是理性言说的产物，而是军事冲突与武力博弈的结果。就人类历史上第一个近现代立宪政体——英格兰——而言，其初始的立宪规则就是联合起来的贵族跟国王通过战争打出来的。

其次，即便初始的立宪规则形成以后，君主和贵族仍然可能会时常发生冲突。本章下面就会讨论，即便1215年贵族迫使英格兰的约翰王签署了《大宪章》，等约翰王重获自由，他很快就推翻了《大宪章》。此后，国王与贵族的冲突和战争时断时续，并未停歇。而每一次都是由国王与贵族武力冲突的结果决定着新的政治均衡。

最后，在这种条件下，初始的立宪规则能否维系很大程度上取决于君主与贵族在武力资源上的相对实力。当这种相对实力有利于君主时，君主的力量就会上升，一个政治体就可能从立宪君主制走向绝对君主制。当这种相对实力有利于贵族时，贵族的力量就会上升，一个政治体就更有可能维持立宪君主制。

上一章已充分讨论了欧洲中世纪封建主义的基本特征。封建主义体制在很大程度上是国王与贵族或领主与附庸的契约关系，国王或领主应当为贵族或附庸提供土地与保护，并遵守惯例；贵族或附庸应当效忠，并履行军事役务与财政义务。封建主义较为独特的武力资源分配结构是，君主并不拥有大规模的常备军，而只有少量的自有军队；君主进行对外战争时，需要召集贵族提供的骑兵作为主力；每个贵族控制着规模不等的武力资源等。

这样，当进行对外战争的时候，君主和贵族是合作关系，贵族的武力资源能大大加强君主的军事力量；但君主和贵族一旦发生冲突，君主和贵族就会处于内战状态，而此时君主面对的就是武装的贵族。尤其是，当贵族联合起来时，他们在武力资源上至少跟君主势均力敌，甚至更为强大。这些都是造成英格兰从封建主义体制向立宪政体转型的决定性因素。

立宪君主制与绝对君主制

可以想象的是，在封建主义体制下，君主无论是出于政治意志，还是出于形势所迫，都试图建立一个中央集权化的国家（a centralized state）。这里的政治意志是指君主的政治抱负或个人理想，即一个君主想成为伟大的君主。这里所说的形势所迫，可以理解为每个君主都需要在欧洲国家间的竞争系统中谋求政治生存。按照本书开头部分讨论过的查尔斯·蒂利关于国家构建的理论，欧洲近现代国家的兴起乃是一个战争塑造国家与国家制造战争的互动过程。[1] 在欧洲中世纪封建主义的格局中，大大小小的君主与领主时刻都感受着武力竞争与政治生存的压力。一般来说，只有那些建立

1 Charles Tilly, *Coercion, Capital, and European States, AD 990-1992*, 1990.

起更大武力优势的君主与领主才有较大的生存机会。君主与领主建立中央集权化国家的努力，是他们谋求政治生存的主要对策。尽管封建主义体制意味着君主与贵族之间的分散化权力结构，但跟每一个贵族相比，君主无疑在武力、财力与其他资源方面拥有绝对的优势。所以，无论出于成为伟大君主的抱负，还是出于政治生存的需要，君主试图努力构建起一个中央集权化的国家，是再正常不过的事情。

更具体地说，君主试图建立中央集权化国家的政治努力包括：（1）强化君主权力与政治权威；（2）建立直属君主的较具战斗力的大规模军队；（3）建立纵向一体化的韦伯式官僚体系；（4）建立覆盖全国、渗透底层的税收系统等。这既是蒂利在他的研究中展示的君主构建现代国家的常规路径，也是与迈克尔·曼在《社会权力的来源》一书中讨论的近现代国家兴起的历史过程相一致的。[1]

但问题是，封建君主的此种政治努力，意味着要打破封建贵族的政治、经济、军事与司法上的特权，意味着要用纵向一体化的官僚制取代原先由封建贵族支配的多层级、分散化的政治体系。君主的这些政治努力必然会遭到封建贵族的抵抗与反对，因为这意味着他们将丧失过去享有的诸种封建特权。从契约意义上说，君主的这些政治努力是要打破过去封建主义体制下君主与贵族之间的契约和惯例。但凡贵族阶层具备相当的实力，他们大概率上会反对君主这种导向废除封建体制而转向近现代“国家构建”的改革。这样一来，一个可能的结果，就是君主与贵族之间的政治和军事冲突。

这种君主与贵族之间的政治和军事冲突可能导致两个不同的结果。如果贵族——一般是联合起来的贵族——战胜君主，意味着贵族拥有武力优势，但贵族通常不会杀死君主，所以他们就会胁迫君

1　迈克尔·曼，《社会权力的来源（第一卷）：从开端到1760年的权力史》，2007。

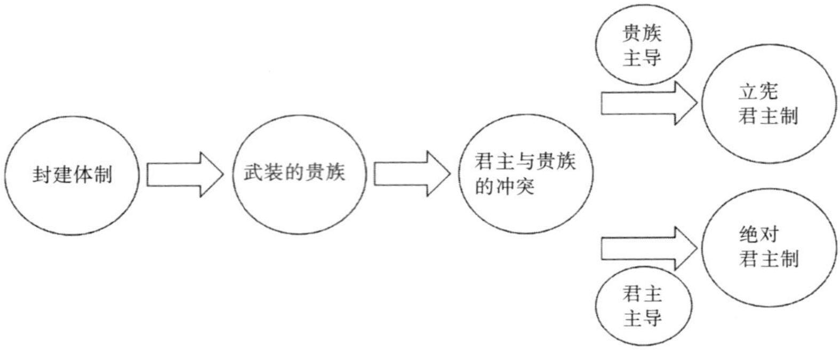

图 9.1　从封建主义到立宪主义政体的基本逻辑

主签署一套宪章规则，或者同意建立一个约束机构，迫使国王服从这套宪章规则和这个约束机构，其结果就是立宪君主制。如果君主战胜贵族，意味着君主拥有武力优势，君主就会建立一个相对不受制约的君主制中央集权官僚制国家，贵族的力量受到沉重打击，其结果就是绝对君主制。从欧洲政治史来看，封建主义体制的演化方向主要是两个：立宪君主制与绝对君主制，其基本逻辑参见图 9.1。

《大宪章》的签署

一般认为，英国是人类近现代第一个立宪主义政体。就英国立宪政体的兴起而言，无非是在封建主义体制下，当国王和贵族发生武力冲突后，联合起来的贵族用武力战胜了国王，并胁迫国王签署了约束其权力的宪章性文件，从而在英国首创了立宪君主政体。要具体讨论英格兰从封建主义体制向立宪主义政体的转型，标志性事件就是 1215 年《大宪章》的签署。

11 世纪初的英格兰是一个盎格鲁–萨克逊人的传统社会，而同时期的西欧则是典型的封建主义体制。1066 年，法国的诺曼底公爵威廉带领军队征服了英格兰，史称诺曼征服（Norman Conquest）。诺曼底公爵是今天法国诺曼底的一个大贵族，也是当时法兰西国王的直属贵族。诺曼征服，是英格兰历史的一次重大转型，其结果就是把当时欧洲大陆盛行的封建主义体制带到了英格兰。在征服英格兰以后，国王威廉册封了170名男爵——这里的男爵是直属于国王的高等贵族的通称，亦即他们是国王的直属附庸。经过诺曼征服，英格兰盎格鲁-萨克逊社会原先的大约4000~5000名大土地所有者就失去了自己的土地。

诺曼征服也见证了人类历史上相当长时期里分配财富的首要方式并非市场规则，而是武力与战争。所以，千万不要低估武力与战争在人类政治演化过程中扮演的角色。当然，随着人类文明程度的提高，规则的力量和观念的力量才变得越来越重要。越是在人类政治文明的早期阶段，武力往往越是扮演着人类政治演化的决定性力量。随着人类文明程度的提高，规则与观念的力量才变得越来越重要。按照本书开头部分讨论的实力结构、制度规则与观念体系的分析框架，越是在人类政治文明演化的低级阶段，实力结构就越重要；越是在人类政治文明演化的高级阶段，制度规则与观念体系就越重要。

诺曼征服以后，英格兰进入了封建主义时期。实际上，此时的英格兰社会是盎格鲁-萨克逊传统与欧洲大陆封建主义体制的某种结合。而后，英格兰与法国之间时常发生结构性的冲突。在封建主义体制下，两者的冲突要么是起源于关于王位的继承权，要么是起源于关于土地的继承权与占有权。理论上讲，英格兰国王同时是诺曼底公爵，因而其在法国的身份是直属于法国国王的大贵族，并且离法国王位的继承权不算太远，这就使得英格兰国王与法国国王、英格兰与法国之间的关系变得愈加错综复杂。这是理解英格兰国内政治变迁的国际政治背景。

1199年，约翰（King John）出任英格兰国王，开始执掌英格兰的政治权力。约翰上台以后，常常跟法国打仗，但由于约翰的军事能力与领导力较弱，他常常打败仗。在中世纪的欧洲，两个国王或领主之间开战，败者往往会丢失土地。结果是，约翰王由于战败而失去了今天法国诺曼底的许多土地。这些失去的土地，许多都是约翰王直属贵族拥有的土地。这样一来，根据封建主义的契约，约翰作为国王就没有尽到为贵族提供保护和土地的义务。在作为附庸的贵族们看来，约翰王已经是一位因无力为他们提供保护进而破坏了封建契约的君主。

为了扳回败局，约翰王考虑重整旗鼓后与法国再战。为了继续作战，他需要附庸们——也就是英格兰的大贵族们——提供更多的军事役务与财务支持。唯有如此，他才有能力与实力继续进行跟法国的战争。但约翰王要求贵族承担更多额外的军事役务与财政义务的做法，又是对封建契约的破坏。更具体地说，约翰王采取的做法包括要求加征兵役免除税，征收进出港口税，加征动产税，索取过高继承税等。约翰王的过度做法还包括强迫贵族服从，时常威胁要将贵族投入监狱，甚至还要求贵族交出人质、城堡与土地等。[1]总的来说，由于战争需要，这一时期的约翰王已经成了一位对自己的贵族和英格兰社会索求无度的君主。慢慢地，他滥用权力的做法到了令人难以容忍的程度。

约翰王的诸种做法，在英格兰贵族们看来简直就是倒行逆施，这意味着约翰王不仅没有为贵族们提供应有的保护，而且还继续破坏了与贵族们的契约。结果是，在忍无可忍的条件下，英格兰的许

1　詹姆斯·C. 霍尔特，《大宪章》，2010，第183页。

多贵族联合起来反抗约翰王。这样，国王与贵族们之间的战争就爆发了。这场战争以约翰王的失败告终。于是，1215 年 6 月 15 日，约翰王就在伦敦附近一片名为兰尼米德（Runnymede）的草地上被迫与贵族们签署了著名的《大宪章》。《大宪章》后来被视为人类政治演化史上一个里程碑式的宪法性文件，它把正式约束国王权力的条款写入了法律文本。

关于约翰王的个人角色与《大宪章》的关系，可以这样理解：

> 有时，一个糟糕的统治者也能成就一件好事。12 世纪末至 13 世纪初的英格兰国王约翰即是一例。当无数统治者随着时间流逝为历史的尘埃所埋没时，约翰王的名字却时常为后世的学者所提及，被热爱自由的人们所铭记，甚至在八百年后仍然成了一部儿童书的主角。
>
> 这倒不是因为这位国王做了什么好事。恰恰相反，与英格兰中世纪的其他国王相比，约翰王既算不上仁慈，又算不上强大。而正是这位有些暴虐又有些软弱的国王，激起了英格兰封建贵族的反抗。最后，他们迫使约翰王签署了后来被视为人类历史上最重要的政治文件之一的《大宪章》。……历史的吊诡或许正在于，一件好事有时却是一桩坏事的源头，而一件坏事却能成为一个有着重大裨益的历史进程的开端。[1]

总体上，《大宪章》是约翰王以第一人称方式签署并公布的一份政治承诺书，总共 63 项条款，被视为约翰王对英格兰贵族与英

1 包刚升，《驯服统治者：〈大宪章〉的政治遗产》，《东方早报 · 上海书评》，2015 年 6 月 14 日。

格兰人民立下的政治承诺与法律誓言。

首先，《大宪章》的许多条款都是跟保护教会、贵族的权利与利益有关的。第 1 条规定："根据本宪章，英国教会应当享有自由，其权利将不受克减，其自由将不受侵犯。"第 2 条规定："任何伯爵、男爵或武士身故时，其继承人已达成年且欠有采邑继承税者，应以缴纳旧有之采邑继承税而享受其遗产。"这些条款的目的，是保护教会与贵族权利不受国王的侵犯。《大宪章》还规定，国王需要纠正过往在这些方面所犯的错误。第 52 条规定："任何人，未经其贵族依法判决而被强夺或取去土地、城堡、自由权或合法权利者，朕应立将原物归还之。"[1]

其次，《大宪章》第 39 条是人身保护条款，实际上开创了后世"人身保护令"的先河。该条这样规定："任何自由人，如未经其同等地位之人根据这块土地上的法律做出合法裁判，皆不得被逮捕、监禁、没收财产、剥夺法律保护权、流放，或加以任何其他形式的损害。"[2]这里所说的同等地位之人，是指贵族涉嫌犯罪，需要由贵族组成的法庭来判决和定罪；自由平民涉嫌犯罪，需要由自由平民组成的法庭来判决和定罪。该条款的重要意义在于：明确了人身权利受保护的原则，未经陪审法庭不得被判有罪的原则；确立了陪审法庭的原则；使得国王丧失了独断的司法审判权。这在公民权史上和司法史上都是里程碑式的事件。

最后，贵族们还考虑到了国王倘若违反《大宪章》的救济手段。当时的英格兰贵族们算得上深谋远虑，他们已经想到，这位在贵族武力胁迫之下签署协议的约翰王回到自己的直属领地后，会不

1 《大宪章》，第 1、2、52 条，出自：詹姆斯·C. 霍尔特，《大宪章》，2010，第 403—404、409 页。译文略有调整。

2 《大宪章》，第 39 条，出自：詹姆斯·C. 霍尔特，《大宪章》，2010，第 407 页。

会重整武装，卷土重来，进而推翻这个协议？如果是这样，贵族们又该怎么办呢？实际上，这样的事情后来反复发生。正是考虑到这种可能性，《大宪章》第61条规定，倘若国王违反《大宪章》，“此二十五男爵即可联合全国人民，共同使用权力，以一切方法向余（国王的自称）等施以抑制与压力，诸如夺取余等之城堡、土地与财产，等等”，直到国王的错误得以改正。这一条款的重要性在于，它确认了一条原则：只要国王违反《大宪章》，贵族们就拥有对国王的合法反抗权。[1]

实际上，《大宪章》签署不久，就被约翰王单方面废除了。他一旦获得人身自由，脱离贵族的人身控制，就马上向当时的罗马教廷告状，指控英格兰贵族违反法律、绑架国王，并以武力胁迫要求国王签署《大宪章》，因而《大宪章》是无效的。历史地看，《大宪章》后来还经历了反反复复地被废除和被确认的过程。大体上，如果国王是强大而专断的，他就有可能宣布废除《大宪章》或否认《大宪章》的效力；如果国王刚刚即位或实力较弱，贵族拥有显著的武力优势，国王更有可能宣布确认《大宪章》的有效性。总之，这是一个反反复复的过程。

但从根本上讲，无论国王是怎样的国王，无论国王是否乐意接受《大宪章》，一个决定性的条件是，联合起来的贵族能否以武力迫使国王遵守《大宪章》。换言之，联合起来的贵族在武力上跟国王势均力敌，或者拥有相当程度的优势，是迫使国王遵守《大宪章》的基本条件。有人统计，从1215年《大宪章》签署到1688年光荣革命，众多的英格兰国王或出于尊重传统，或迫于贵族集团的压力，曾反复宣誓恪守《大宪章》，数量达数十次之多。一个新即

1 《大宪章》，第61条，出自：詹姆斯·C.霍尔特，《大宪章》，2010，第410—411页。

位的英格兰国王宣布恪守《大宪章》成了后来的惯例，代表了新国王对《大宪章》与英格兰政治法律传统的尊重。但为什么有的在位君主还要反复宣布恪守《大宪章》呢？这大体上是因为，这样的君主曾经废除过《大宪章》或否认《大宪章》的效力，后来则是因为战败或迫于贵族的政治军事压力，而不得不再次宣布遵守《大宪章》。但无论具体情形如何变化，对《大宪章》这份宪法性文件的维系来说，贵族集团在武力上跟君主相比的势均力敌或相对优势，则是一个决定性条件。

英国立宪政体的确立

在英格兰，随着时间的推移，《大宪章》日益成为一份驯服统治者的宪法性政治文件。后来，1210 年出生的英国大法官亨利·德·布莱克顿（Henry de Bracton）就公开主张："国王不应该受制于任何人，但应该受制于上帝和法律，因为是法律创造了国王。"[1] 这个著名观点的另一个说法是"国王尽管在万人之上，但仍然在上帝与法律之下"。

"王在法下"原则的出现

在布莱克顿这位 13 世纪的英格兰大法官看来，英格兰的王权绝非君主统治模型之下至高无上、不受约束的政治权力，而是受到确定的法律与规则约束的政治权力。这意味着"王在法下"（King

---

1 这段话对应的现代英语是："The king should not be under any man, only under God and the law, for the law makes the king."

under the law）的原则已经开始出现。

到了17世纪早期，另一位著名的英格兰大法官爱德华·柯克爵士（Sir Edward Coke）亲历的事件，则证明了英格兰王权受约束的原则与观念在当时已经成为政治法律实践的一部分。这则广为传颂的事例是，1608年11月10日，国王詹姆斯一世要求从法院拿走某些案件的卷宗，并以国王的身份对这些案件加以裁决。一个可能的解释是，这个案件涉及詹姆斯一世关心的一位当事人。面对这一棘手的情形，时任大法官的柯克爵士勇敢地拒绝了国王的要求，理由是"法律是一门需要长时间学习和历练的技艺，只有在此之后，一个人才能对它有所把握"。他还这样强调自己所信奉的法律原则——这也应该被视为《大宪章》之后逐渐形成的英格兰法律传统——"我要说，陛下应当受制于法律；而认可陛下的要求，则是叛国；对于我所说的话，布莱克顿曾经说：'国王不应该受制于任何人，但应该受制于上帝和法律。'"

尽管有传闻说，詹姆斯一世听到这样的说法之后勃然大怒，柯克爵士当时则有些惊慌失措。但即便如此，爱德华·柯克爵士在此后的大量著述中仍然准确无误地强调了"王在法下"的原则，反复声张国王的政治权力应有明确的法律界限。[1]

英格兰议会的形成

《大宪章》不仅确立了国王权力应受法律约束的原则，而且还使得约束国王权力的机构创设成为可能。《大宪章》第61条已经赋予了贵族们在国王违反《大宪章》时拥有合法反抗权。后来的历史

1　小詹姆斯·R.斯托纳，《普通法与自由主义理论：柯克、霍布斯及美国宪政主义之诸源头》，姚中秋译，北京大学出版社，2005，第48—49页。

经验是，只要实力允许，英格兰国王就容易违反《大宪章》，而贵族们则须动用这种合法反抗权。然而，对国王与贵族来说，这种合法反抗权的行使，代价都是极其高昂的。最终，他们只能靠武力对决与内战来解决双方存在的政治分歧。由此，一个问题就产生了：英格兰能找到更好的约束国王权力的解决方案吗？

到了1258年，时任英格兰国王亨利三世面临着内忧外患的重重危机。在这种情形下，贵族们联合起来胁迫亨利三世签署了一个新的宪章——《牛津条约》或《牛津条例》(Provisions of Oxford)。上文提到，《大宪章》确立了贵族的合法反抗权，但并未设计一种日常的制度化机制来约束国王。通俗地说，一旦国王不遵守《大宪章》，贵族的唯一办法就是联合起来跟国王作战。《牛津条约》不仅重新确认了《大宪章》的基本原则，而且还建立了一个日常的制度化机制来约束国王，这就是贵族会议的创设。《牛津条约》这样规定："创设一个主要由男爵组成的十五人会议，有权任命首席法官、大臣与财政大臣，而国王处理国务时须遵从这一会议的意见。"[1]这就是《牛津条约》带来的一项重要政治发明。

这一条款尽管很简短，却涉及三方面的重大政治制度创新：一是建立一个十五人的贵族会议，这是英格兰历史上第一次创设贵族会议，构成了人类近现代政治演化史上的一个里程碑事件；二是贵族会议的权力包括任命首席法官、大臣与财政大臣，实际上控制了司法、行政与财政——这些最重要的职位由贵族会议任命，自然需要考虑贵族会议的意志；三是明确规定国王处理国务

1 《牛津条约》的英文版，参见：https://historyofengland.typepad.com/files/the-provisions-of-oxford-1258.pdf。

时需要遵从贵族会议的意见，这意味着英格兰王权已经受到贵族会议这一机构而非一般法律原则的正式约束。因此，《牛津条约》的重要性与开创性在于，它把过去《大宪章》所赋予贵族的合法反抗权，制度化为一个有形的常设机构。其实，理解人类政治演化史的一个重要视角，就是考察各种各样政治机构的建立。《牛津条约》所创设的十五人贵族会议，就是人类政治演化史上一个非常重要的新设机构。

一旦贵族会议的先例开创以后，更大规模的会议或议会的出现就成了可能。英格兰在随后半个世纪的政治演化，既包括了 1265 年西蒙会议的召开——一种远比贵族会议更大规模的、由各郡骑士代表和自由民代表参加的议会开始出现，又包括了亨利三世作为英格兰国王多次试图废除《牛津条约》和相应议会机构的政治努力。结果自然是国王与贵族、议会之间难以平息的政治纷争。实际上，人类政治演化的进程从来都是一波三折，而不会一帆风顺。但综合来看，到 13 世纪后期，召开英格兰贵族会议与由各郡骑士和自由民代表参加的议会的新惯例逐渐形成了。

到了 1295 年，仿佛一切都时机成熟了，英格兰模范议会（Model Parliament）呼之欲出。时任英格兰国王爱德华一世由于战争经费问题需要获得更多财政支持。而当时英格兰的基本经济状况已经发生了较大变化，以过去封建性的收入为主，变成了全民性税收占据越来越高的份额。这样一来，爱德华一世为了筹措战争经费而召开的议会，除了需要英格兰的大贵族和大主教出席外，还需要召集各郡骑士代表和自由民代表参加。据说实际参会的后两类代表人数达 292 人之多。英格兰后来被称为“议会之母”（the mother of parliaments），而 1295 年的模范议会则是英格兰议会的真正开端。

“约束国家的革命”

虽然英格兰“模范议会”早在1295年就已经产生，但英格兰国王的权力并未被完全限制住。一方面，当时的议会并非定期召开，是否召开、如何召开，在很大程度上取决于国王的意志和国王与贵族之间的政治博弈；另一方面，国王基本上还牢牢地控制着行政权。因此，即便英格兰政治演化的方向是越来越有利于议会，但在相当长的时间里，国王与贵族、议会之间的斗争仍然支配着英格兰的政治生活。

尽管英格兰有着性格各异的国王，但几乎所有国王都想推动中央集权，甚至想搞绝对君主制，想让王权凌驾于法律、贵族与议会之上。从1215年《大宪章》到1688年光荣革命，几乎所有推翻过《大宪章》的英格兰国王都有过类似的抱负与做法。其中一位抱负远大的英格兰国王是理查二世（Richard II，1377—1399年在位）。这位雄心勃勃的英格兰国王即便面对《大宪章》《牛津条约》以及已然召开过的英格兰议会等约束条件，仍然试图在英格兰进行一场扩张王权的政治改革，旨在建立一套适合君主专制的制度与机构。

理查二世生于1367年，年仅10岁就继承了王位。随着年龄的增长，这位君主的抱负与野心与日俱增。成年以后的理查二世笃信：英格兰的主要问题就是王权不足，而国王的绝对权力是解决14世纪英格兰诸多政治难题的最好办法。理查二世甚至宣布，法律就在国王心中，只有国王才能制定法律，而未经国王同意而制定的都不是法律。到了1392年，理查二世单方面宣布废除伦敦的自由权，亦即废除伦敦作为一个自治市的权利。实际上，伦敦作为自治市的地位由来已久。这大致相当于城市共同体在封建领主的土地上通过缴付一笔特许费用购得一种自治市的特许权。尽管这个城市每年都要向国王缴纳一笔不菲的费用，但只要获得了这种特许权，这个共同体就获得了城市的自治权，国王就不能对该城市行使直接的管辖权。伦敦作为一个自治市的特许权，就来自英格兰王室的授予。理查二世废除伦敦作为自治市的地位，实际上也就破坏了中世纪封建主义体制的一个重要惯例。理查二世的目的，无非是要自己直接参与对伦敦市的统治和管理。

另外，在理查二世看来，一个强大的君主必须要亲自掌控一支强大的军队。所以，他的目标是要组建一支直属于国王、效忠于国王的军队，也就是建立一支常备军。他的此种尝试也是旨在打破国王与贵族之间在武力资源上的平衡。这样的做法当然引发了英格兰贵族的普遍担忧。有的贵族并不配合理查二世在中央集权化方向的政治努力。1397 年，理查二世干脆逮捕了几个主要的大贵族。这给外界传递了一个明确信号，如果谁胆敢违抗王命，就有可能落得同样的下场。理查二世甚至进一步派军队来监视英格兰议会的召开。到这个时期，从模范议会开始算起，英格兰议会的历史已经差不多有一个世纪了。理查二世的目标，则是想以强硬手段控制整个英格兰议会，包括它的议程和决议。

最终决定理查二世命运的事件，就是 1399 年兰开斯特公爵去世后，理查二世决定没收其土地，否认其继承人之继承权。兰开斯特公爵是英国的大贵族，甚至离英格兰王位继承权很近。本书上一章专门讨论过，起初，在一个贵族去世之后，作为领主的国王能否收回这个贵族的土地，乃是封建主义体制的模糊领域。但到了后来，贵族身故后，其合法继承人在履行必要手续和缴纳一定费用后获得土地的继承权已经成为封建主义的惯例。在这种情况下，理查二世决定收回兰开斯特公爵的土地，就冒着破坏封建主义的契约与惯例的重大风险。

这一事件事关所有贵族的土地继承权，因而引发了连锁反应。如果说理查二世此前的诸种做法，尚在贵族们能够忍受的范围之内，那么当他决定剥夺兰开斯特公爵的土地时，贵族们决定发动武装反叛，以此来对抗国王的倒行逆施。1399 年，在新的兰开斯特公爵领导的贵族反抗中，理查二世战败被捕。随后，议会宣布对这位试图建立君主专制国王的 33 项指控，并迫使理查二世宣读退位诏书。[1]

理查二世原本希望能成为一个拥有绝对王权的专制君主，但他的政治努力并没有获得成功。实际上，他的想法与做法，跟后来的法国国王路易十三、路易十四的做法并无实质性区别。主要差异很可能在于，14 世纪晚期的英格兰并不具备建立起中央集权化国家或绝对君主制的诸种社会条件。所以，理查二世的这种政治尝试遭到了重大挫败。

政治学界的一个主流观点认为，跟其他国家相比，英国的政治发展走过了一条相对顺畅的道路。[2] 从 13 世纪早期的《大宪章》到 17 世纪晚期的光荣革命，英国就此完成了从古代政治向现代政治的转型。这种观点当然是有道理的。但需要指出的是，英国的转型道路并非一帆风顺，而是同样经历了许多曲折。不仅《大宪章》是贵族与国王之间武力斗争的结果，而且在《大宪章》之后，贵族与国王之间仍然保持着时断时续的武力斗争。只有当国王被贵族或议会在武力上征服时，英格兰政治的演化方向才是趋向君主立宪制的。因此，与其说英国中世纪的政治演化是理性言说与谈判塑造的，不

1　克莱顿 · 罗伯茨、戴维 · 罗伯茨、道格拉斯 · R. 比松，《英国史（上册）：史前——1714 年》，潘兴明等译，商务印书馆，2013，第 214—219 页。

2　罗伯特 · 达尔，《多头政体：参与和反对》，谭君久、刘慧荣译，商务印书馆，2003，第 44—58 页。

如说是军事竞争与武力博弈塑造的。

英格兰中世纪政治演化史上的又一场重要冲突是17世纪中期的英国内战。英国内战发生于1642年至1651年之间，是贵族代表的议会派和国王代表的保皇派之间的军事冲突。英国国王查理一世试图在英国建立斯图亚特王朝的绝对王权，而贵族与议会则试图限制王权，使议会成为英国政治的实际主导者。这场内战旷日持久，中间几经反复，最终以议会军胜出而告终，查理一世则成了唯一一位被送上断头台的英国封建君主。内战结束后，议会军总司令克伦威尔凭借内战时期的不朽功勋与威望，在英国暂时建立起了护国公政体，自封护国公。

等到克伦威尔去世后，英国政治精英阶层决定恢复以斯图亚特王朝为正统的立宪君主政体，他们迎回了查理一世的继承人查理二世。即位之初，查理二世以小心谨慎的心态执政，他与强势的议会妥协，谨慎地行使王权，尊重英国的法律、惯例与议会权力。大体上，这又达成了一种立宪君主制的政治均衡。然而，到了晚年，查理二世的王权已经巩固，羽翼早已丰满，就开始模仿其父的做法，试图在英国搞绝对君主制。这又激起了贵族与议会的反抗，英国的立宪君主制再次陷入危机。

英国内战之后，最具里程碑意义的事件是1688年的光荣革命。光荣革命的起因来自两派的冲突：一派以国王詹姆斯二世为首，他们是保皇派并支持天主教；另一派以许多大贵族和议会为中心，他们是立宪派并支持新教。后来，后者决定秘密邀请信奉新教的荷兰执政威廉与玛丽前来英国执掌王权。有趣的是，玛丽女王其实是詹姆斯二世的女儿，并且是詹姆斯二世之后排序很靠前的王位继承人，而威廉则是玛丽的丈夫。1688年11月5日，荷兰执政威廉率领军队在英国登陆，准备进攻伦敦。由于英国的许多贵族和军队纷纷倒戈支持威廉，詹姆斯二世不久后被捕，后来又逃往法国。

在这种背景下，英国议会跟威廉与玛丽议定了新的治国方案：英国议会接受威廉与玛丽共同统治英国，但威廉与玛丽须同意接受《权利宣言》。该宣言后来就成为1689年的《权利法案》，内容包括：国王未经议会同意不能停止任何法律效力；未经议会同意不能征收赋税；天主教徒不能担任国王；国王不能在和平时期维持常备军等。国王既不能维持常备军，又不能单方面决定立法与征税，其政治权力就被牢牢地限制住了。这就真正实现了把国王的权力彻底关进制度的笼子里。

1688年这场不流血的政治革命，史称“光荣革命”。光荣革命意味着英国君主与贵族、议会长达几个世纪的政治斗争终告结束，英国王权自此成了受到明确制度约束的立宪王权，而议会主权原则也最终在英国得以完全确立。此后，国王的加冕誓约变成了这样的对话与誓词。大主教问英国国王或女王：“你是否庄严宣誓保证根据议会认可的制定法、其他法律和习惯法统治英国及其属地人民？”国王或女王回答道：“我庄严宣誓依此行事。”

从1215年到1688年，英国政治经历了一系列复杂的演化，王权与贵族权力、议会权力的博弈和冲突跌宕起伏。到1688年光荣革命为止，英国终于从封建主义时代过渡到了立宪主义时代，也终于完成了人类近现代政治演化史上一场极重要的“约束国家的革命”。由此，英国国王及其政治权力开始受到明确的约束，立宪主义、法治与议会权力的上升成了英国政治的新传统。

当然，从13世纪到17世纪，英国的重要变革不仅仅是约束王权的立宪主义革命。与此同时，其他两场重要的变革也在同步推进。一场重要的变革是民族国家革命，即英国现代国家构建的过程。关于这方面的相关理论，本书在第二章早有许多讨论。大体而言，在此期间，英国中央政府的权力与权威逐步上升，覆盖全国的官僚体制与税收体系的建设稳步推进，政府收入开始增加，英格兰与苏格兰最终实现合并等。英国现代国家的构建过程，也是逐步消减封建主义等级君主制对全国版图分散化控制的过程。随着民族国家的崛起，英国政治经济生活中的封建割据要素开始逐渐消退。英国现代国家构建的另一个重要特点是，它是一个受到立宪主义约束的政治过程。由于立宪主义的制度和传统在先，英国现代国家构建并没有引发一个法国式的绝对王权时期。

另一场重要的变革是资本主义经济模式的逐步兴起。相比于封建主义条件下的经济活动，资本主义经济一般来说包括了三个主要特征：商品生产，生产手段的私人垄断占有，劳动是自由的以及是脱离生产工具的。[1]所有这一切，正逐渐为人类社会下一场伟大的经济革命做了铺垫。

作为主要驱动力的封建主义模式

如果要问塑造英国近现代立宪政体的驱动力到底是什么？有人认为，观念革新是英国立宪政体兴起的重要动力。比如，后面很快会讨论的洛克政治哲学，就是英国光荣革命时代的重要新观念。洛克首次阐明，一个政治社会的目的是保护公民的生命权、自由权与财产权。还有人认为，这种政治演化的驱动力来自文本的力量。以《大宪章》《牛津条约》为代表的政治法律文本，是英国政治演化的关键因素。

但英国近现代政治演化更重要的动力，恐怕还在于某种实力结

1　迈克尔·曼，《社会权力的来源（第一卷）：从开端到1760年的权力史》，2007，第463页。

构，即贵族与国王在武力资源分配上的势均力敌，而这又是封建主义体制的产物。这恐怕才是左右整个英国政治演化路径的最重要因素。在封建主义体制下，贵族联合起来就拥有了跟国王旗鼓相当的武力资源。正是这样，当国王与贵族或后来的议会发生武力冲突时，一种约束王权的政治均衡成为可能，立宪君主制由此得以在英国兴起，并最终演化出一个以议会主权为核心的政体模式。

过去学术界已经有几篇重要文献讨论过欧洲中世纪封建主义与近代立宪主义政体之间的关系。这些重要文献都强调封建主义对于立宪主义政体兴起的重要性，而主要差异在于，不同的学者对其中的因果机制理解不同，因而实际上强调的是封建主义模式的不同侧面。比如，美国历史学家乔治·伯顿·亚当斯（George Burton Adams）、澳大利亚政治学教授格雷厄姆·马多克斯（Graham Maddox）等学者强调的是英国宪法起源于封建主义，理由是，《大宪章》强调政治原则跟封建主义的法律原则和政治传统是非常接近的。[1] 又比如，美国政治学学者布莱恩·唐宁（Brian M. Downing）则强调西方立宪政府的中世纪起源，强调西方立宪主义政体条件下国王与贵族的平衡、分散化的军事传统、日耳曼部落传统以及地主和农民的特定关系模式，而这都离不开欧洲中世纪的封建主义社会情境。[2] 本书强调的则是，封建主义体制下君主与贵族在武力资

1　相关研究，参见：George Burton Adams, "The Origin of the English Constitution," *The American Historical Review*, Vol. 13, No. 2 (Jan., 1908), pp. 229-245. 该文作者认为，英国宪法的基本原则来自封建主义，《大宪章》的政治原则乃是基于封建主义的法律原则与政治传统；Graham Maddox, "The Feudal Origins of English Constitutionalism," *The Australian Journal of Politics and History*, Vol. 31, No. 3(Dec., 1985), pp.445-459. 该文作者认为，封建主义的制度、观念与传统是英国立宪主义的源头。

2　Brian M. Downing, "Medieval Origins of Constitutional Government in the West," *Theory and Society*, Vol.18, No. 2(Mar., 1989), pp.213-247. 该文作者认为，西方立宪政府起源的四个条件，即国王与贵族的平衡、分散化的军事系统、日耳曼部落传统以及地主与农民的关系模式，均与欧洲中世纪的政治社会情境有关。

源上的势均力敌结构是约束王权的立宪主义政体得以兴起的关键原因。

洛克《政府论》与观念体系的革新

从封建主义模式向立宪君主制与议会主权政体转型的过程，不仅意味着实力结构和制度规则的重大变革，而且还出现了与之相适应的新的观念体系与意识形态。这种观念体系的代表人物，就是英国哲学家约翰·洛克，其代表作是1689年出版的《政府论》(下篇)。

总的来说，洛克的观念体系有几个关键的理论预设。第一，他主张天赋人权的观点。“人们既生来就享有完全自由的权利，……可以保有他的所有物——他的生命、自由和财产——不受其他人的损害和侵犯”，因此“生命权、自由权与财产权”乃是每个社会成员与生俱来的权利。[1]第二，洛克论述问题的出发点是个人自由与个人福祉，其方法论是个人主义的，评判利害得失也是基于个人本位的视角。在洛克看来，建立政治社会的目的不是为了实现伟大的政治理想，而是为了给个人提供保护和创造福祉。第三，他把社会契约论视为个人组成政治社会的基本原则。基于这种视角，政治社会的诞生乃是一种个体与个体之间的契约行为。政治社会的组建和政府的产生，理论上都应该基于社会契约，因此，统治就需要得到人民或被治者的同意。洛克这样说:

> 正如上述，人类天生都是自由、平等和独立的，如不得

1　洛克,《政府论》(下篇), 1964, 第53页。

> 其本人的同意，不能把任何人置于这种状态之外，使受制于另一个人的政治权力。任何人放弃其自然自由而受制于公民社会的种种限制的唯一的方法，是同其他人协议联合组成一个共同体，以谋他们彼此间的舒适、安全和和平的生活，以便安稳地享受他们的财产并且有更大的保障来防止共同体以外任何人的侵犯。
>
> 我们可以得出这样的结论：我们的论证显然是有理的，人类天生是自由的，历史的实例又证明了世界上凡是在和平中创建的政府，都是以上述基础为开端，并基于人民的同意而建立的。[1]

在此基础上，洛克提出了自己的招牌观点，即人们组成政治社会的目的不是别的，而是“保护生命权、自由权与财产权”。许多人对这一观点已耳熟能详，而洛克就是这一观点的首创者。过去，固然有思想家设想过理想的政治社会或政治秩序应该恪守的原则，但他们从未以洛克的视角来这样论述政治社会的目的。洛克以其全新的方式论述了人类社会应该建立一个什么样的政府的问题。洛克政治理论的独特性在于，国家或政府的目的是保护性的，即保护社会成员生来就有的生命权、自由权与财产权。国家或政府既不是要实现高尚的道德或伦理目标，也不是要达成任何可见的物质或福利目标。一句话，在洛克眼中，政府的基本职责就在于为其社会成员提供基本的保护。

如果说柏拉图认为政府的目的在于造就善的社会，孔子认为政

1 洛克，《政府论》（下篇），1964，第 59—60、64 页。

府的目的在于确立特定的伦理秩序，马克思认为政府的目的在于消灭剥削和实现人人平等，凯恩斯认为政府的目的在于推动经济增长、控制通货膨胀和促进充分就业，罗尔斯认为政府的目的在于实现正义，那么洛克认为，政府的目的除了保护每个社会成员与生俱来的生命权、自由权与财产权，此外并无其他的特定目标或愿景。或者说，在洛克看来，政府本身并没有目标，政府的目标是为社会成员提供尽可能多的保护和自由，以便可以让他们去实现各自不同的目标。

既然政府的目的是保护生命权、自由权与财产权，洛克由此还得出了几个重要的推论。首先，任何国家或君主的政治权力都应该受到限制或约束，而不应该是专断的。洛克认为，政治权力或立法权"对于人民的生命和财产不是、并且也不可能是绝对地专断的"。因为只要政治权力或立法权是专断的，就无法保护社会成员的生命权、自由权与财产权。洛克说，"一个人不能使自己受制于另一个人的专断权力"，既然是天赋人权，即便在自然状态中，一个人也"并不享有支配另一个人的生命、自由和财产的专断权力"，所以，成立政治社会之后，"立法机关的权力也不能超出此种限度"。[1] 由此可见，没有一种政治权力可以是绝对的、任性的和专断的。

其次，洛克进一步阐明了法治原则。他认为："立法或最高权力机关不能揽有权力，以临时的专断命令来进行统治，而是必须以颁布过的经常有效的法律并由有资格的著名法官来执行司法和判断臣民的权利。"[2] 简而言之，治国不能依靠专断命令，而必须依靠稳定的、提前颁布的并能公正执行的法律。洛克继续强调了法治的重要性：

1　洛克，《政府论》（下篇），1964，第 82—85 页。
2　同上，第 84—85 页。

> 使用绝对的专断权力，或不以确定的、经常有效的法律来进行统治，两者都是与社会和政府的目的不相符合的。如果不是为了保护他们的生命、权利和财产起见，如果没有关于权利和财产的经常有效的规定来保障他们的和平和安宁，人们就不会舍弃自然状态的自由而加入社会和甘受它的约束。[1]

按照洛克的论述，财产权非常重要，是一项最基础的权利。洛克说："最高权力，未经本人同意，不能取去任何人的财产的任何部分。"根据这些讨论，洛克总结了法治与限制立法机关权力的几项基本原则：

> 第一，它们应该以正式公布的既定的法律来进行统治，这些法律不论贫富、不论权贵和庄稼人都一视同仁，并不因特殊情况而有出入。
>
> 第二，这些法律除了为人民谋福利这一最终目的之外，不应再有其他目的。
>
> 第三，未经人民自己或其代表同意，决不应该对人民的财产课税。
>
> 第四，立法机关不应该也不能够把制定法律的权力让给任何其他人，或把它放在不是人民所安排的其他任何地方。[2]

最后，洛克首次倡导政治上的分权原则。在洛克看来，任何一个政府都有两种不可或缺的权力：立法权与执行权（或行政权）。

1　洛克，《政府论》（下篇），1964，第 85—86 页。
2　同上，第 88—89 页。

而要想真正落实法治原则，就需要“立法权和执行权……是分立的”。在洛克看来：

> 如果同一批人同时拥有制定和执行法律的权利，这就会给人们的弱点极大诱惑，使他们动辄要攫取权力，借以使他们自己免于服从他们所制定的法律，并且在制定和执行法律时，使法律适合于他们自己的私人利益，因而他们就与社会区域成员有不相同的利益，违反了社会和政府的目的。[1]

由此，洛克在人类历史上首次提出了通过两权分立——立法权与执行权的分立——来约束政治权力，进而塑造法治政府的原则。

总体上，洛克创造了一套跟1688年光荣革命所确认的制度与规则相适应的观念体系。后来，随着英国工业革命的发生，这套观念体系更是从英格兰开始向全球扩散，并成为现代世界观念体系的一部分。一个明显的例证是，美国1776年《独立宣言》的序言，几乎就是洛克政治理论的翻版。

统而不治的王室、责任内阁制与政党政治的兴起

自1688年光荣革命之后，英国的政体模式离今天意义上的民主政体仍有很大的距离，但跟同时代的其他国家相比，英国已经站在了人类近现代政治演化的潮头。此时此刻的英国已经是立宪主义的、法治的、王权受到约束的以及“议会主权”（parliamentary sovereignty）的政体。所有这些都已经成为英国政治生活中确定不

---

1 洛克，《政府论》（下篇），1964，第89页。

移的准则。需要提醒的是，议会主权的概念容易使人产生误解，让人误以为只有议会享有主权，而国王不再享有主权。实际上，与议会主权并存的一个概念，叫作“王在议会”（King-in-Parliament）。这是说，国王与上院、下院共同组成了英国议会。所以，此刻的议会主权并不意味着国王已经失去主权，而是说国王与议会共享主权。当然，与国王相比，议会已经获得了政治上的支配性力量。

在这种立宪政体与议会主权的框架之下，英国政治演化的一个趋势是国王在 18 世纪逐渐完成了去行政化。国王或女王慢慢变成了高高在上、统而不治的角色，既不再拥有重要的实质性权力，也不再承担实际的政治责任。由此，英国国王逐渐变成了礼仪性的国家元首。随着时间的推移，英国国王后来更是超越于各派纷争与党派政治之上。比如，即便以 2016 年英国脱欧公投来说，英国王室的做法是不持立场。历史地看，这也是英国王室的高级智慧，而凡是智慧不足的欧洲王室都已经倒掉了。法国波旁王朝早已倒掉了，德国霍亨索伦王朝也已不复存在，而英国王室依然在享受国祚。就欧洲历史经验来看，凡是能长久生存的王室都在扮演统而不治的礼仪性角色。

在此过程中，英国的政治演化又催生了责任政府（accountable government）的概念与模式。一般来说，内阁起初是国王的助手。当议会主权确立以后，内阁发现不仅要对国王负责，还需要对议会负责。随着时间的推移，议会的权重越来越大。以 1721 年辉格党领袖罗伯特·沃波尔作为财政大臣组阁为标志，英国的责任内阁制度逐渐形成。此后，就内阁与议会的关系而言，内阁由议会产生，同时需要向议会负责。当内阁政绩尚好、议会满意度较高时，内阁就可以留任；当内阁政绩不佳、议会满意度较低时，内阁就应该辞职。在后一种情形下，议会就会再选举产生一个对议会负责的新内阁。这样，英国的责任内阁制度就逐渐成型了。

与此同时，英国政治的另一个重要演化是政党政治的兴起。17世纪80年代，由于在天主教徒詹姆斯二世继位问题上的政见不同，英国政治精英分裂为托利党与辉格党——前者支持詹姆斯二世继位，后者反对詹姆斯二世继位。这一托利党与辉格党的分化，就是后来英国政治生活中保守党与自由党两党政治的起源。托利党通常更代表土地贵族的利益，立场更为保守，托利党就是后来的保守党；辉格党通常更代表工商业者利益，立场更为自由和进步，辉格党就是自由党的前身。20世纪早期，由于投票权的普及，普通工人阶级获得了普选权，就促成了工党的崛起，同时引发了自由党的衰落。这样，英国政党政治就演变为保守党与工党对峙的新两党政治格局。

经过几个世纪的政治演化，到了19世纪早期，英国近现代政体的几个重要元素已完成形塑。此时英国政体模式的基本特征包括了立宪政体、议会主权、责任政府、政党政治、代议制度等若干要素。实际上，19世纪早期的英国政体跟今天的英国民主政体相比，只有一个重要差别，那就是公民普选权。到1832年选举改革之前，英国还只有4.4%的成年公民拥有投票权，而且所有投票者均为男性。英国后来又用了差不多一个世纪的时间，才完成投票权的普及。这就是本书后面要讨论的现代民主是如何兴起的。

绝对君主制与立宪君主制的分化

在英国政治演化和立宪主义政体起源的过程中，封建主义体制扮演了重要角色。但封建主义体制首先起源于法兰克王国的加洛林王朝，为什么法国并没有像英国这样在中世纪中后期或近代早期演化出立宪主义政体呢？不仅如此，放眼整个欧洲，除了英国，更多的欧洲大陆国家——比如法国、普鲁士、俄罗斯——在近现代国家兴起的过程中，不仅没有发生向立宪主义政体的转型，反而走向了绝对君主制政体。那么，为什么欧洲近代的政治演化会发生立宪君主制与绝对君主制的分化？

一次人类政治演化的突变

本书第二章曾提及，从17世纪到18世纪早期，法国在路易十三、路易十四时期大大推进了近现代的国家建构。在这个国家建构过程中，以法国为代表的欧洲大陆国家兴起了一种新的政体形式，即绝对君主制。这里的绝对君主制，既是相对于封建主义体制下的有限王权而言的，又是相对于立宪君主制而言的。当然，需要说明的是，欧洲近代的绝对君主制跟所谓东方意义上的专制主义，还是有着相当大的差异。[1] 总的来说，在中世纪晚期和近代早期，以法国为代表，很多欧洲大陆国家都发生了近现代民族国家的崛起以及以绝对君主制取代封建君主制的政治演化。这也意味着欧洲中世纪盛行的封建主义体制已经走向衰落。

正如本章与上一章分析的，封建主义体制或多或少意味着君主与贵族之间存在武力与权力上的制衡机制。甚至可以说，考虑到封建主义的契约性质，封建主义体制下的君主往往带有某种立宪君主的色彩，因为封建君主往往不得不考虑跟贵族之间的权利与义务关系，不能随意行使专断的政治权力。绝对君主制的兴起，意味着原

1　关于绝对主义的研究，参见：佩里·安德森，《绝对主义国家的系谱》，2001；关于东方专制主义的研究，参见：卡尔·A. 魏特夫，《东方专制主义：对于极权力量的比较研究》，1989。

先封建君主制的立宪和有限色彩开始褪色。

根据英国的经验，从封建主义到立宪君主制的演化是较为自然的事情。在封建主义体制下，君主的政治权力从来就不是绝对的，而是需要遵守契约与惯例。所以，即便民族国家的兴起与近现代国家构建是势不可当的潮流，如果一个国家尊重原先封建主义体制下君主与贵族的政治关系，并以宪章形式规定了对王权的约束，那么从封建主义到立宪君主制的演化以及立宪君主制的确立，才是一个相对自然的政治过程。相比而言，从封建主义体制到绝对君主制反而是一个突变，是人类政治演化过程中的一个转折。

地缘政治结构

为什么许多欧洲国家都发生了从封建主义体制到绝对君主制的政治突变？促成这种政治突变的驱动力量到底是什么？本书第二章曾经讨论过查尔斯·蒂利的国家构建理论，即在欧洲封建主义背景之下，在国家间竞争系统的驱动下，战争塑造国家与国家制造战争的互相作用使得有能有为的君主成为近现代欧洲国家构建的有效推动者。实际上，欧洲国家间的军事竞争是欧洲中世纪晚期国家建构的主要推动力量。凡是不能适应这种军事竞争的统治者与政治体，都会在激烈的国家间军事竞争中被淘汰。[1]

蒂利的理论可以解释，军事竞争是如何驱动欧洲的许多政治体从封建主义转向民族国家或民族国家构建的。他也试图用权力与资本的结构和关系的差异来解释欧洲近现代民族国家构建过程中的分化。然而，他的理论对于欧洲立宪君主制与绝对君主制的分化解释

1　Charles Tilly, *Coercion, Capital, and European States, AD 990-1992*, 1990.

力尚且不够。

按照本书上文的论述，立宪君主制与绝对君主制的分化，关键在于封建主义体制下君主与贵族之间的武力强弱。而这样相对力量的强弱在很大程度上取决于一个国家不同的地缘政治结构。在《军事革命与政治变革》一书中，布莱恩·唐宁就指出，在欧洲近代民族国家兴起的过程中，许多欧陆国家走向了绝对君主制，英国走向了立宪君主制，主因在于两者地缘政治结构的不同。笼统地说，地缘政治结构构成了不同民族国家兴起过程中的约束条件。在唐宁看来，地缘政治结构往往决定着一个国家不得不面对的政治与军事竞争强度，而这种竞争强度又决定了这些国家的不同政治选择。[1]

英国是一个海洋国家，而法国、普鲁士等都属于大陆国家。跟海洋国家相比，大陆国家在地缘政治结构上的主要特点是邻国的数量较多。在前现代的国家间竞争系统中，邻国数量越多，意味着一个国家越有可能跟邻国发生冲突乃至战争。比如，中国古代史书把春秋战国时期的韩国称为"四战之地"，意思就是韩国处在几个国家的中间，时刻都容易跟周边国家发生冲突或战争。在近代欧洲，普鲁士就处在"四战之地"的地缘政治结构中。对普鲁士来说，南侧是奥匈帝国，西侧是法国，东侧是俄罗斯，北侧则是曾经的北欧强国瑞典。但凡具有相当的政治理性，普鲁士国王一定会感到不安，如何应付这种激烈的政治与军事竞争是他每天都要面对的问题。那么，到底该怎么办？普鲁士国王的一个理性选择，就是要设法加强中央集权，尽快塑造强有力的常备军，建立一套覆盖全国的税收系统和官僚系统。唯有如此，普鲁士这样的国家才能在复杂的地缘政治结构中生存下来。而为了实现这一点，君主就需要打破封

1　布莱恩·唐宁，《军事革命与政治变革：近代早期欧洲的民主与专制之起源》，2015。

建主义体制和贵族力量对王权的束缚，加强君主的政治权力与政治权威，其指向的就是绝对君主制的模式。

实际上，在欧洲大陆，不仅普鲁士是这样做的，法国和俄罗斯大体上也是这样做的。身处欧洲大陆类似的地缘政治结构，面对激烈的国家间军事竞争，凡不能这样做的政治体很可能会被别国消灭。英国的特殊性，恰恰在于它是一个海洋国家。所以，英国的地缘政治压力要比法国、普鲁士和俄罗斯小得多。在欧洲近现代史上，强大如拿破仑、希特勒，他们都想占领英国，但都没有成功。由此可见，英国的地缘政治结构大大降低了它所面对的军事竞争压力。相比而言，像法国、普鲁士、俄罗斯这样的欧洲大陆国家，由于处在军事竞争激烈的地缘政治格局中，君主们就不得不快速地发展常备军，有效地构建中央集权化的制度框架。否则，它们就很难在高强度军事竞争的地缘政治结构中生存下来。以上所有因素往往容易把这些国家导向绝对君主制的发展路径。

与法国、普鲁士和俄罗斯相比，波兰恰恰构成了一个反面案例。其实，本书第二章已经讨论过波兰的国家构建问题。波兰这个案例足以证明，在地缘政治压力较大的格局下，如果是国王与贵族之间权力较为平衡的模式，该国往往是很难维系政治生存的。换言之，在欧洲大陆高强度军事竞争的地缘政治格局中，类似英国这样的立宪君主制模式恐怕也很难维系。波兰–立陶宛联邦本来是 16 世纪后期到 18 世纪后期的东欧大国，其面积在欧洲仅次于俄罗斯。在政体模式上，波兰–立陶宛联邦是一个贵族共和国，实行选举君主制，法律由贵族议会制定，君主权力受到制约，甚至重要贵族对重大公共事务都拥有否决权。然而，到 1772 年，它就被普鲁士、奥匈帝国与俄罗斯三国瓜分了。

究其原因，无非是因为波兰–立陶宛联邦处在强邻环伺的“四战之地”，而它自身又无法建立一套以强君主为中心的中央集权化政治体系，无法建立起强大的常备军，难以建立一个纵向一体化的官僚制与覆盖全国的税收系统。由于波兰-立陶宛联邦的君主由贵族选举产生，这就使得任何一个选举出来的君主都难以挑战这种贵族制的权力结构。所以，即便波兰-立陶宛联邦面临着国际体系中的重大挑战与国家危机，君主亦无力像普鲁士或法兰西君主般采取政治行动，结果就是被周围列强瓜分的命运。[1]

如果把英国放在波兰的地缘政治结构中，英国可能就是另一个波兰。但由于英国是岛国，孤悬海外，贵族与议会设计各种制度来约束英国王权，使得英国国王无法完成普鲁士国王与法兰西国王后来完成的事情。即便贵族与国王之间不时发生冲突和内战，由于孤悬海外，英国一般不会有灭国的风险。所以，正是因为英国面对着军事竞争压力小得多的地缘政治结构，才使得英国有机会维系立宪君主制的政体模式。如果身处欧洲大陆，英国大概有两种可能的结局：要么发展出一种更有利于强化王权、强化中央集权制、有效发展常备军的制度模式，要么就像波兰-立陶宛联邦一样沦为国际体系中的失败者。

技术进步与经济发展

尽管唐宁基于地缘政治来解释欧洲近代早期立宪君主制与绝对君主制的分化是富有洞察力的，但战争技术与经济发展等诸多条件的变化也在其中扮演着重要角色。这诸多条件，既包括了生产技术与交通通信条件的改进，又包括战争与军事技术的变化，还包括人

1 亚当·扎莫伊斯基，《波兰史》，郭大成译，中国友谊出版公司，2019，第 151—225 页。

口增加和城市兴起的因素。

所有这些变化对国王与贵族在权力上的影响并不是中性的。欧洲中世纪晚期到近代早期产生的许多技术与经济进步，往往都更有利于处在权力金字塔顶端的君主，而非贵族。生产技术的进步使得经济发展、人口增加，进而帮助君主获得了更多的可征税资源与可征兵资源。交通通信条件的进步，显然有助于扩大君主的统治半径，使得统治同样地理疆域的成本更低。

相比而言，战争与军事技术变化带来的影响则更大，特别是重型火炮的普及大大地提高了君主相对于贵族的作战能力。第八章曾专门讨论，城堡与重装骑兵的组合决定了欧洲封建主义的战争模式，并左右了贵族与国王之间武力资源与权力的相对平衡。然而，重型火炮的出现改变了这一切。它既能轻易摧毁重装骑兵的进攻优势，又能摧毁城邦的防御优势。而起初重型火炮比较昂贵，君主跟贵族相比显然更有能力装备重型火炮。所以，重型火炮这一战争技术的革新，很大程度上使得欧洲社会的武力资源与权力结构发生了有利于君主的倾斜。

总之，所有这一切看上去都更有利于君主而非贵族，都更有利于一个集权化的国家兴起而非维持分散的统治体系。这也是促成欧洲近代早期封建主义衰落、近现代民族国家兴起的经济技术条件。

政治发展次序与路径依赖效应

按理说，经济技术条件对法国国王和英国国王的影响是类似的，法国国王获得了经济技术进步带来的优势，英国国王也会获得同样或类似的优势。那么，为什么两国还会产生政治发展路径的严重分化呢？除了上文已经讨论过的理论，即主要差异在于两国地缘政治格局的不同，政治发展的次序与路径依赖效应也在其中扮演了一定的角色。

政治发展的次序是说，事件 A 发生在事件 B 之前，跟事件 B 发生在事件 A 之前，其结果和效应是不一样的。此后的路径依赖效应还会强化这种先前的次序差异并对结果造成巨大差异。

以欧洲中世纪与近代早期的政治演化来说，立宪主义政体塑造与近现代民族国家构建的先后次序，就是一个非常重要的理论问题。如果立宪主义政体塑造在先，这就意味着贵族比较强大，再进行近现代民族国家构建，政治演化就有可能循着有利于贵族和议会的路径发展。但如果是近现代国家构建在先，而立宪主义政体尚未塑造，政治演化就有可能循着有利于君主的路径发展。在这种结构中，重型火炮兴起和普及的时机可能还会带来叠加效应。如果贵族或议会一开始就获得了较大的政治优势，约束或限制了王权，那么即便重型火炮兴起，也不见得能够成为加强王权的战争技术力量。如果国王一开始获得了较大的政治优势，那么重型火炮兴起之后，很有可能会成为国王加强王权与建立中央集权化民族国家的有利因素。

这意味着人类政治演化可能并不会遵循许多所谓的必然规律，而是有着相当程度的偶然性。即便两个国家都发生过类似的重要事件，但如果这些重要事件在政治发展上的次序和时机不同，往往就会对人类政治演化的路径和方向产生截然不同的影响。很多时候，政治演化的路径是由政治发展的次序与某些重大事件发生的时机决定的，而路径依赖又会强化先前的次序与时机对后续结果的影响。

第十章　现代分权制衡政体

如果人都是天使，就不需要任何政府了。如果是天使统治人，就不需要对政府有任何外来的或内在的控制了。在组织一个人统治人的政府时，最大困难在于必须首先使政府能够管理被统治者，然后再使政府管理自身。无疑，依靠人民是对政府的主要控制；但是经验教导人们，必须有辅助性的预防措施。

——詹姆斯·麦迪逊

美国政治的历史基础

在英国政治演化的基础上，位于北美新大陆、一般被视为英国衍生国的美国后来创造了一个比较典型意义上的现代分权制衡政体。美国并没有经历英国那样漫长的政治演化过程。从宣布独立至今，美国才经历了两个半世纪左右的时间。从 1787 年制宪建国到 1828 年左右，美国还算不上是一个民主政体。按照一项研究的估算，直到 1828 年左右，美国的白人成年男性公民获得投票权的比例才达到了 50%。此时，美国才勉强达到了一个现代民主政体的门槛。[1] 在此之前，对美国建国之后半个世纪内的政体模式来说，一个更合适的称谓应该是“现代分权制衡政体”——它是一种立宪主义、法治、分权制衡以及少数人拥有投票权的政体模式。

由于托克维尔的名著《论美国的民主》影响力巨大，所以，每每提到美国的政体模式，许多人想当然地认为美国在建国时刻建立的就是一个民主政体。但美国开国之父们的普遍想法是，他们 1787 年在费城通过制宪会议建立的是一个共和国（republic），而不是一个民主国（democracy）。尽管今天非专业人士似乎已经不再对民主与共和做精细区分了，但在美国开国之父们的眼中，民主与共和是两回事。有一个广为流传的、关于制宪会议的小故事是这样说的：

制宪会议结束之后，本杰明 · 富兰克林走出了费城的制

1 塞缪尔 · 亨廷顿，《第三波：20 世纪后期的民主化浪潮》，2013，第 12 页。

宪会议厅。一位老妇人迎面走来，她问富兰克林："请问富兰克林先生，你们为我们建立了一个共和国，还是一个君主国？" 富兰克林礼貌地回答道："一个共和国，如果你们能维持它的话。"

实际上，直到 18 世纪晚期美国建国与制宪时刻，美国的政治精英们还认为民主算不得一种好的政体类型。当时的主流理解是，所谓民主更接近于古希腊的直接民主制，甚至在一部分人眼中，民主就是暴民（mob）政体。以《联邦党人文集》作者亚历山大·汉密尔顿、詹姆斯·麦迪逊等人为代表，当时许多美国政治精英们都认为，只有代议制民主才能被称为共和政体，亦即人民选举自己的代表来治理国家。跟人民自己直接治理国家的民主政体相比，代议制民主反而要拥有更多的优势。[1]

美国从独立到制宪建国

跟其他所有主要国家相比，美国的特殊性在于，它是位于北美新大陆上的一个移民国家，其移民主体是以英国人为主的西欧人和北欧人。到了后来，英美之间的政治冲突不断升级。1776 年 7 月 4 日，北美 13 个殖民地通过召开大陆会议方式宣布独立，由此拉开了美国独立战争的序幕。1783 年，美国人赢得了独立战争的胜利。有人将这一年视为美国的建国之年。但实际上，1783 年的美国既没有今天的宪法，也没有今天意义上的政府，统治美国的只是一个

1　汉密尔顿、杰伊、麦迪逊，《联邦党人文集》，程逢如等译，商务印书馆，1995，第 44—51 页。

《邦联条例》。从 1783 年到 1787 年，整个美国政治陷入了一场严重危机。当时最直接的问题是，13 个州彼此之间难以协调，美国的中央政府只是一个无权的国会，并没有总统与中央行政机构。一个比较棘手的问题是，美国在独立战争期间欠下的债务都难以确定偿还方案。由于当时的国会并不掌握充分的征税权，它时常需要跟各州协调征税事宜，但各州常常无法兑现它们对国会的缴税承诺。所有这些问题在当时的邦联体制下看起来都找不到合适的解决方案。在这种局面下，1786—1787 年谢斯起义在马萨诸塞州的爆发，成了美国独立战争之后、制宪会议之前这场政治危机的标志性事件。

所有这些危机最终促成了 1787 年美国制宪会议的召开。包括乔治 · 华盛顿在内的美国政治精英们开始形成这样的共识：美国的《邦联条例》需要被彻底修改，这样才能改变当时美国面临的危机。1787 年，各州代表共 55 人先后来到费城独立厅参加制宪会议，其最终结果就是制定了 1787 年《美国宪法》。到此为止，美国才真正完成了建国，并开启后来 200 多年的大国崛起之旅。1787 年《美国宪法》基本上奠定了美国整个政治制度的基础。总体上，它是一部立宪主义的、共和制的、分权制衡的和联邦制的宪法。

美国宪法与政体模式的历史根源

显而易见，美国的宪法与政体模式并非从天而降，而是有着清晰的历史源头。具体而言，第一个源头是英国立宪政体的政治传统。上文提及过，美国一般被视为英国的衍生国。这是美国文明的特殊性。在《世界经济千年史》中，安格斯 · 麦迪森把美国、加拿大、澳大利亚、新西兰等国统称为英国或西欧的衍生国。[1]尽管这些国家的移民不全是来自英国，但英国的移民不仅人口总量较大，而且政治影响力也最大。具体到美国，在早期欧洲移民中，最重要的是三个欧洲国家的移民，分别是英国人、爱尔兰人和德国人。但无论是就人种构成还是语言文化的影响，对美国影响最大的还是英国人。如果没有英国立宪政体的政治传统，就不会有后来的美国与美国宪法，也就不会有今天的美国。到18世纪中后期，英国已经拥有了历时很长的立宪政体传统，远可追溯至1215年的《大宪章》，近则可追溯至1688年的光荣革命。当17世纪早期英国人率先抵达北美时，他们就把英国的政治传统带到了北美，从而使得美国人一个半世纪之后有机会在此基础上完成制宪与建国。

第二个源头是美国政治精英对罗马共和国的历史记忆。中国有所谓“两千年皆秦制”的说法，强调的是秦朝的统一与首创性制度对中国整个历史演化的根本性塑造。类似地，罗马共和国对西方人来说是挥之不去的历史记忆与古典遗产。罗马文明，从公元前509年共和首创到公元476年西罗马帝国覆灭，延续时间几乎长达千年。如果再考虑到东罗马帝国即拜占庭帝国，则其历史演化与影响进程更为漫长。罗马文明，既包括了许多辉煌的记忆，又包括了一些不堪的政治时刻。但总的来说，几乎所有欧美的政治家和思想家都受到罗马共和国及其历史叙事的影响。从西方后来的历史进程看，欧洲有很多帝国都自命为罗马的继承者，都试图要恢复罗马的荣光。比如，著名的神圣罗马帝国，全称是“德意志民族的神圣罗马帝国”（Holy Roman Empire of the German Nation）。即便到了18世纪，对于13个北美殖民地的政治精英们来说，他们同样熟悉罗

1 安格斯·麦迪森，《世界经济千年史》，2003。

马共和国的政治运作和罗马文明的历史记忆。甚至在有机会建立一个独立的国家时，他们同样渴望所创建的国家能有机会恢复罗马共和与文明的荣光。从后来的制宪过程看，罗马的影响甚至不只是理念意义上的，而且也是制度意义上的。美国宪法设置的总统、参议院和众议院，某种程度上是对罗马共和国执政官、元老院和人民大会的制度模仿。

第三个源头是法国思想家孟德斯鸠的分权制衡学说。孟德斯鸠是法国启蒙运动的思想领袖，也是继英国哲学家约翰·洛克之后分权学说的集大成者，他主张立法权、行政权与司法权的分立和制衡，认为这样才是真正的共和政体，才能捍卫自由，免于沦为专制。[1] 美国开国之父们普遍深受这位当红法国思想家的影响。特别是，汉密尔顿与麦迪逊在《联邦党人文集》中大段大段地引用了孟德斯鸠在《论法的精神》中的重要论述。后来，他们制定的 1787 年《美国宪法》，既是世界上首部成文宪法，又是第一部以三权分立作为基本架构的宪法。这无疑是受到了孟德斯鸠政法思想的深刻影响。

由此可见，英国立宪政体的政治传统、罗马共和国的历史记忆和孟德斯鸠的分权制衡学说，构成了美国建国与制宪时刻三种主要的历史与思想资源。

在上述三种源头中，最重要的无疑是英国立宪政体的政治传统。需要指出的是，美国的政治制度并非完全抄袭自英国，而是包含了很强的首创性。比如，美国的制宪会议本身就是一种政治发明，1787 年的成文宪法也是一种政治发明，其他重要的政治发明还包括总统制、三权分立、联邦制、司法审查制度等。在《统

1　孟德斯鸠，《论法的精神》（上下册），张雁深译，商务印书馆，1961。

治史》作者塞缪尔·芬纳看来，美国是一个相当具有首创性的政治民族。[1]

美国政治演化的实力结构、制度规则与观念体系模型

本书分析框架的一个特点是从实力结构、制度规则与观念体系三者之间的关系来理解人类政治的演化。越是在人类政治演化的早期，实力结构的角色往往越重要。制度规则往往是在某种实力结构下博弈出来的。当这套制度规则固定下来以后，还会逐渐演化出一整套与实力结构、制度规则相适应的观念体系。根据我们在概念性序言部分的阐述，政治行为者会在此过程中扮演重要角色，特别是那些居于政治支配地位的关键行为者。以第八章讨论的封建主义为例，封建主义首先表现为贵族和国王之间在武力资源上的势均力敌，这是一种基于军事力量的实力结构。其次，封建主义表现为一整套制度规则，包括君主与贵族的权利和义务，以及对双方均有约束力的契约与惯例。这就是封建主义制度规则的形塑。最后再形成一整套的观念体系。封建主义的观念体系，基本上是封建主义制度规则与惯例的观念化或意识形态化。所以，一般而言，在图 10.1 中，力量传导的方向是从左到右的，即实力结构决定制度规则，然后再由实力结构与制度规则共同塑造观念体系。

然而，随着人类政治演化及其文明程度的提高，实力结构、制度规则与观念体系三者之间的互相影响机制可能会发生重要的变化。总的来说，实力结构的相对影响力可能会下降——这并不是

1　塞缪尔·E. 芬纳，《统治史（卷三）：早期现代政府和西方的突破——从民族国家到工业革命》，2014，第 463—464 页。

说实力结构不再重要，而是制度规则与观念体系的相对影响力在上升。究其根本，人乃是一种有理性的动物，常常在犯错和学习中实现进步与进化。更具体地说，人不仅讲究实力与利益，而且讲究制度与规则。进一步说，人的行为还时刻受到其观念体系与意识形态的重大影响。随着人类政治文明程度的提高，规则与观念的影响力也在提高。当人类演化到一个比较高级的阶段时，观念对人类行为的影响力就会变得非常之大。比如，一个身强力壮而又饥肠辘辘的男子，看到一个柔弱的女子正在独自享用一个可口的面包，该男子通常也不会有任何冲动要去抢夺这个面包。当然，倘若该男子抢夺这个女子的面包，马上会引发犯罪问题，甚至会有警察介入，该男子就得不偿失了。这固然是当代文明社会一套以强制力为基础的制度规则，但有一个问题仍然值得思考：即便不考虑法律制裁，一个饥肠辘辘的男子在通常情况下也不会产生要去抢夺这个面包的念头。如果这种判断在很大程度上是成立的，那么这种观念是如何形成的？这只能被解释为人类经由长期的政治与社会演化而达致的一种结果。人类不仅有自己的实力与利益，而且在漫长的政治演化过程中形成了一系列的规则与观念。随着时间的推移和文明程度的提高，这些规则与观念有可能逐渐成为人类的第二天性。

在图 10.1 中，随着人类政治演化及其文明程度的提高，从观念体系到制度规则、再到实力结构的反向传导机制亦有可能成为现实。从开发新大陆到美国制宪与建国，美国的政治演化至少部分地可以被理解为图 10.1 中反向传导机制起作用的过程。最先抵达北美新大陆的英国与西欧移民首先形成了一套关于政治以及何谓良善政治秩序的观念体系，进而在新大陆上能基于这些观念体系而建立起一套制度规则。这套制度规则最终决定了殖民地乃至后来一个国家的基本政治权力结构，包括不同政治行为者之间的权力关系与资源

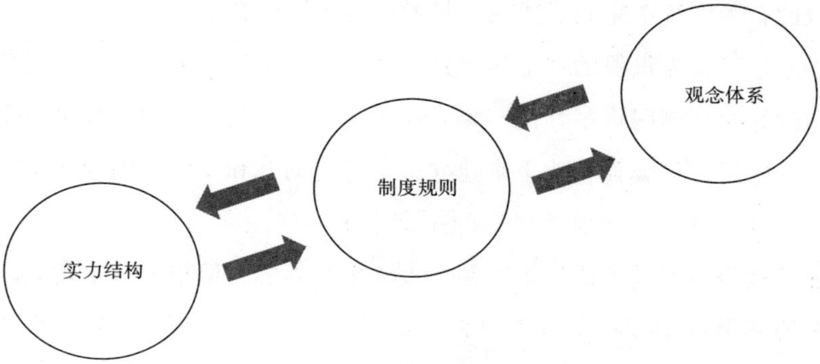

图 10.1　实力结构、制度规则与观念体系的互相影响路径

分配。这也是理解美国政治如何起源的重要视角。

即便观念的力量对美国制宪与建国是极其重要的，但毫无疑问，美国的建国仍然是一个政治军事过程。实际上，美国是靠独立战争打出来的。如果 13 个殖民地没有赢得跟英国的北美独立战争，就不会有后来的美国。就此而言，美国的建国过程也与许多其他国家类似。

众所周知，美国起初是英国在北美的 13 个殖民地。后来，英国不恰当的政策引起了当地人的抗争，较著名的是 1773 年发生的波士顿倾茶事件。由于对英国政府的税收政策不满，美国人还喊出了“没有代表权不纳税”（no taxation without representation）的口号。正是在这个背景下，北美 13 个殖民地决定派出自己的代表，于 1774 年召开大陆会议，并且在 1776 年的大陆会议上公布了《独立宣言》。大陆会议决定组建大陆军，任命乔治 · 华盛顿为总司令。这意味着北美独立战争的开始。经过 1775—1783 年的独立战争，华盛顿领导大陆军打败了英国人，实现了美国的独立。随后，由于《邦联条例》下的诸种政治危机，北美 13 个州又于 1787 年派出代表召开制宪会议，完成制宪，并于 1789 年选出美国第一任总统。

至此，美国基本完成了独立、制宪与建国的政治过程。

这里较为重要的理论问题是，既然美国也是武力建国，那么美国的武力建国跟许多其他国家有什么不同？到底是何种因素决定了美国能通过打赢独立战争来建立一个稳定的共和国？原因当然是多方面的。首先，北美殖民地的军事系统是建立在共和制基础上的。独立战争固然是华盛顿将军领导大陆军打赢的，但华盛顿组建大陆军的军事行动授权本身来自大陆会议。大陆会议又是北美 13 个殖民地派出各自代表组成的共和制议会，代表的是 13 个殖民地的人民。所以，华盛顿绝非前现代社会的军阀或军队的独裁官，他在军队中的领导权与合法性来自 13 个北美殖民地的授权。尽管北美殖民地也是通过战争击败英国，而后完成武力建国过程的，但北美大陆军的政治权力基础完全不同于许多前现代的军队——这种军队往往是由一位君主或军阀直接领导与控制的。

其次，除了军事系统背后的政治权力基础，北美 13 个殖民地本身有着许多独特的政治传统，即立宪主义、法治、自由与公民权利保护、自治等。这些传统既有助于约束军队主帅、首席行政官乃至议会和政府的权力，又有助于为普通公民的生命权、自由权与财产权提供必要的保护。北美 13 个殖民地不仅长期维持着自治传统，而且是以联邦制方式召开大陆会议的。自治传统，对于维护整个社会的共和政体也是至关重要的。这种传统使得，即便有重要将军控制了大陆军，也不见得能控制北美 13 个殖民地的军事力量。所以，这就能够抵御那些试图以控制武力来建立独裁统治的野心。在这种联邦制架构下，各殖民地都有相对的独立性，任何一个潜在统治者要想凭借武力资源和纵向一体化的行政力量来实现对全国的政治军事控制，几乎是不可能的。

再次，政治家的认知与观念也在其中扮演着重要角色。北美殖民地的政治传统与思想资源也塑造了政治精英的基本认知和观念体系。绝大部分的重要政治家与政治精英都是共和主义者，而非威权主义者。北美大陆军总司令、后来的首任总统乔治·华盛顿就是一个典型的例子。1782 年独立战争后期华盛顿跟刘易斯·尼古拉上校的一封政治通信，恰好佐证了政治家认知的重要性。这封信的背景是，随着北美独立战争的持续，华盛顿作为大陆军总司令的声望越来越高，而战争的赢面也越来越大。在这种背景下，尼古拉上校致信华盛顿，认为即便和平到来，华盛顿也应该像国王般治理国家，才是符合美国利益的。他在给华盛顿的信中这样说：

> 这场战争一定向所有人，特别是向军人展示了共和制的弱点，以及军队在一个适当的领导下所能展现的品质。……在这种情况下，我相信，无可争辩的是，那种曾经领导我们克服了显然并非人力所能及的困难而走向胜利和荣耀的能力，那种已经赢得一支军队应得的普遍尊敬和崇敬的品质，将最有可能引导和指导我们在和平道路上顺利前进。
>
> 有些人把专制暴政与君主制的概念联系在一起，以至于很难将两者分开，因此可能需要给我提议的基于这种宪法的首脑以一项更温和的头衔。但是，我相信，倘若所有其他的事情都能调整就绪，就会有强有力的理由来支持选择国王这一头衔。我相信采用这一头衔将会带来重大的裨益。[1]

这段文字表明或暗示了三层意思：第一，共和国本身是软弱

1　1782 年 5 月 22 日尼古拉上校致华盛顿将军的信，参见美国政府文献网之“开国之父”（founders）部分，信件标题是：“To George Washington from Lewis Nicola, 22 May 1782”，网址链接为：https://founders.archives.gov/documents/Washington/99-01-02-08500。

的；第二，共和国需要强有力的领袖，而华盛顿就是这样的领袖——无论是战时还是和平时期；第三，赢得独立战争之后，华盛顿适宜以国王的头衔和身份统治国家。既然尼古拉上校能给华盛顿写信，那很可能代表的不只是他一个人的主张，而是一批军官的主张。如果当时许多军官都持有这种看法，而华盛顿也想成为国王的话，那么美国的前景会怎样呢？当然，上文分析过，美国有许多有利于共和政体、不利于君主政体的政治传统。但即便如此，华盛顿的认知与观念仍然是非常重要的。华盛顿的态度非常明确，他不仅不觉得这是一个明智的提议，而且认为这个提议是对他的羞辱，还可能是美国的"最大灾难"。华盛顿在回信中这样说：

> 使我感到困惑的是，我究竟有哪些行为足以鼓励你向我提出这种请求。在我看来，这个请求孕育着可能使我国蒙受最大的灾难。……我请求你，假如你对你的祖国、对你自己和你的子孙后代还关心的话，或者你对我还尊重的话，你应该把这些想法从你脑海里彻底清除出去。从今往后，无论你自己还是其他任何人，请再也不要提出类似性质的想法。[1]

实际上，作为政治家，华盛顿在骨子里就是一个共和主义者。不仅华盛顿是共和主义者，本杰明·富兰克林、托马斯·杰斐逊、约翰·亚当斯、詹姆斯·麦迪逊等开国之父们也都是共和主义者。回到这一案例，即便华盛顿个人实际上控制着最强的武力资源，但由于他的观念已经被驯化，他不大可能成为北美新大陆的独裁君

1　1782 年 5 月 22 日华盛顿将军致尼古拉上校的信，参见美国政府文献网之"开国之父"（founders）部分，信件标题是："From George Washington to Lewis Nicola, 22 May 1782"，网址链接为：https://founders.archives.gov/documents/Washington/99-01-02-08501。

主。这种政治观念驯化的背后，是英国数百年的立宪主义传统、法治传统与自由传统。在华盛顿看来，无论具体情形如何，成为一个独裁的政治军事领袖或一个拥有绝对权力的国王，都不可能是他的选项。

美国制宪与混合政体

作为现代分权制衡政体，美国在制宪与建国过程中的一个主要关切，就是如何约束国家，或者如何约束政治权力。只有考察从北美独立战争到费城制宪的整个历史过程，才能理解当时的美国人究竟面临着何种政治问题，以及他们又是如何认知这些问题并为其提供解决方案的。

制宪目标：创建有效国家与有效约束国家

政治学界普遍认为，美国制宪与建国就是要建立一套立宪主义、分权制衡、联邦制与共和制的政治制度模式。这种说法，以今天的眼光来看，并无问题，但它忽视了美国制宪与建国的另一个重要维度。1787 年，55 名各州代表来到费城，其主要目标是修改已经无用的《邦联条例》，进而在此基础上为美国建立新的制度框架，在美国创建一个有效的中央政府。就本书的分析框架而言，当时美国人的首要任务是要创建一个有效国家，推动或完成美国的国家构建。首先是创建有效国家，其次是有效约束国家。这才是美国制宪的完整目标。

过去，学术界主要强调美国制宪是如何实现有效约束国家的，但对于美国制宪是如何建设有效国家的重视很不够。实际上，如何建设有效国家是美国制宪会议的两大目标之一。通过独立战争击败英国，排除外部强权对于本国独立建国的外部干预，是美国进行有效国家建设的第一步。第二步则是通过 1787 年费城制宪创设一个有助于形塑有效国家的制度框架，包括改邦联制为联邦制、设置总统与行政部门、授予国会“必要且适当的”重大权力等。美国人建设有效国家的后续步骤，还包括北美大陆的西进运动、通过南北战争进一步完成内部的政治整合等。但是，由于本书前面已经充分讨论过国家构建的理论问题，所以，这部分的重点是剖析美国的分权制衡政体。

政治制度构建：一系列重要的建国文本

要剖析美国是如何完成约束国家的一系列政治制度构建的，首先离不开美国建国时刻的一系列重要文本。这些建国文本要么明确表达了美国开国之父们的政治信念，要么明确规定了美国政治体系中的权力配置与运作。一个反复被提到的美国早期政治文本，就是 1620 年的《五月花公约》(Mayflower Compact)。该公约的核心条款是：

> 我们在上帝面前共同立誓签约，自愿结为一民众自治团体（a civil Body Politick）。为了使上述目的能得到更好的实施、维护和发展，将来不时依此而制定颁布的被认为是对这个殖民地全体人民都最适合、最方便的法律、法规、条令、宪章和公职，我们都保证遵守和服从。

签署公约的1620年对中国来说是明朝第14位皇帝明光宗朱常洛在位时期，是为泰昌元年。当时中国实行的当然是君主统治模型。1620年对奥斯曼帝国来说是第16位苏丹奥斯曼二世在位，实行的也是君主统治模型。对英国来说，1620年是詹姆斯一世的统治时期。尽管当时的詹姆斯一世仍然手握大权，但英国的立宪主义传统早已开创并在强有力地成长，英格兰议会实际上已经有超过300年的历史。而就在这一年签署的《五月花公约》被视为北美殖民地的奠基性政治文本。

尽管篇幅极短，但《五月花公约》确立的两条政治原则不仅非常明确，而且影响极为深远。一是北美殖民地应该是一个公民自治团体，这意味着它不可能是君主制的或任何其他专断统治的，它应该由民众自己组成政府并实施自我统治（self-rule）；二是民众应该服从经由这一原则产生的政府及其颁布的法律。从《五月花公约》到《美国宪法》，尽管时隔一个半世纪以上，但它们的政治原则与精神气质却是相通的。[1]

时隔一个半世纪之后，到了1776年，由托马斯·杰斐逊起草、美国大陆会议颁布的《独立宣言》则以更丰富、更具体的内容阐述了美国的立国原则。《独立宣言》开篇这样说道：

> 我们认为下述真理是不言而喻的：人人生而平等，造物主赋予他们若干不可让与的权利，其中包括生存权、自由权和追求幸福的权利。为了保障这些权利，人们才在他们中间建立政府，而政府的正当权利，则是经被统治者同意授予的。

1 Nathaniel Philbrick, *Mayflower: A Story of Courage, Community, and War*, New York: Penguin Group, 2006.

任何形式的政府一旦对这些目标的实现起破坏作用时，人民便有权予以更换或废除，以建立一个新的政府。新政府所依据的原则和组织其权利的方式，务使人民认为唯有这样才最有可能使他们获得安全和幸福。……

然而，当始终追求同一目标的一系列滥用职权和强取豪夺的行为表明政府企图把人民置于专制暴政之下时，人民就有权也有义务去推翻这样的政府，并为其未来的安全提供新的保障。这就是这些殖民地过去忍受苦难的经过，也是他们现在不得不改变政府制度的原因。

正如上一章已经提到的，美国《独立宣言》在很大程度上沿袭了洛克的政治理论。洛克的天赋人权、个人主义与社会契约理论在其中均有呈现，而《独立宣言》在表述上的最大不同只是把洛克强调的“财产权”修改为“追求幸福的权利”。这一建国文本再次见证了英国政治传统对美国制宪与建国的重大影响。

跟上述两个重要文本相比，更重要的建国文本恐怕就是1787年《美国宪法》。为了准确地理解美国宪法，特别是1787年制宪会议时刻美国开国之父们的所思所想，这里还要提到两个基础性文本：一是亚历山大·汉密尔顿、詹姆斯·麦迪逊与约翰·杰伊三人以“普布利乌斯”为笔名所著的《联邦党人文集》，二是詹姆斯·麦迪逊所著的《辩论：美国制宪会议记录》。《联邦党人文集》和《辩论》也常常被学术界视为1787年制宪会议与《美国宪法》的最佳诠释文本。《美国宪法》开篇这样阐述制宪的目的：

我们合众国人民，为建立更完善的联邦，树立正义，保障国内安宁，提供共同防务，促进公共福利，并使我们自己和后代得享自由的幸福，特为美利坚合众国制定本宪法。

显而易见，美国的制宪目的包括“更完善的联邦”“正义”“国内安宁”“共同防务”“公共福利”以及“自由”。那么，美国究竟应该制定一部怎样的宪法才能达成这些目的呢？跟具体的宪法条款相比，其实更重要的是美国开国之父们对于制宪精神的思考，即究竟应该基于何种政治原则来制定一部新宪法。《联邦党人文集》第 51 篇恰恰就用极其简短的文字讨论了美国制宪应该遵循的基本原则：

> 如果人都是天使，就不需要任何政府了。如果是天使统治人，就不需要对政府有任何外来的或内在的控制了。在组织一个人统治人的政府时，最大困难在于必须首先使政府能够管理被统治者，然后再使政府管理自身。无疑，依靠人民是对政府的主要控制；但是经验教导人们，必须有辅助性的预防措施。[1]

这段文字大体上是《联邦党人文集》中最重要的政治论述，反映了当时美国开国之父们的制宪原则与治国理念。“如果人都是天使，就不需要任何政府了。”这是从人性假设出发，论证政府或国家的必要性。“如果是天使统治人，就不需要对政府有任何外来的或内在的控制了。”民众不是天使，统治者不是天使，民选官员与官僚也不是天使——所有这些拥有政治权力、担任公共职务、行使公共权力的人都有着人性的弱点，所以，同样需要对国家、对政

1　汉密尔顿、杰伊、麦迪逊，《联邦党人文集》，1995，第 264 页。

府、对统治者与官员进行外在的或内在的控制。上述两句话，从人性论和人的不完善性出发，得出了两个重要推论：第一，政府是必要的，国家是必要的；第二，必须要对国家、政府、统治者与政府官员拥有的政治权力进行约束。

“在组织一个人统治人的政府时，最大困难在于必须首先使政府能够管理被统治者，然后再使政府管理自身。”这句意味深长的话其实包含了两个要义：其一，“首先使政府能够管理被统治者”，意指首先要有一个拥有基本政治能力或国家能力的政府，或者说要有一个有效政府或有效国家；其二，“然后再使政府管理自身”，意指仅有一个有能力管理人民的政府是不够的，政府还需要管理与控制自身的行为，包括控制政治权力的边界以及有权者对权力的行使。

那么，到底怎样才能控制政府的政治权力呢？联邦党人的回答是：“无疑，依靠人民是对政府的主要控制；但是经验教导人们，必须有辅助性的预防措施。”这里的前半句讲的是，控制政府主要靠民主的办法，但后半句又进一步认为，仅有民主还是不够的，还必须有其他“辅助性的预防措施”。根据对上下文的理解，“辅助性的预防措施”主要是指两项：法治与分权制衡。

总之，联邦党人在这段话中基于人性不完善的假设，推导出国家与有效政府的必要性，以及控制国家与政治权力的必要性，进而主张用民主、法治与分权制衡的方法来达成约束国家与政治权力的目标。

分权制衡体制：横向与纵向

基于上述制宪原则，把美国早期的政治制度模式称为现代分权制衡政体是恰当的。这大体上是指 1787—1828 年美国公民投票权尚未普及之前的政治制度模式。上文提到，美国制宪与建国的一个政治资源是罗马共和国的制度与文明。罗马共和国是一个备受赞誉的古典混合政体，其制度设计包括了君主因素（执政官）、贵族因素（元老院）与民主因素（人民大会），并使之互相混合，进而能避免诸种单一政体的缺憾，实现三种主要政体的优势融合。[1]美国的制宪与建国在很大程度上也是对罗马共和国政制的模仿，试图建立一种现代版的混合政体。在美国宪法设计中，总统代表的是执政官因素，参议院代表的是元老院因素，众议院代表的就是人民大会因素。这部宪法也是模仿罗马共和国，试图实现三种政体的融合，既发挥这三种政体的优势，又克服它们各自的缺陷，从而实现一种更好的政治平衡。当然，需要说明的是，从 1787 年制宪至今，美国政治体制中的民主因素在稳步上升。关于这个问题，本书后续章节还会讨论。

总的来说，美国早期的分权制衡体制犹如一部复杂精致的政治机器，这部机器是由横向（horizontal）和纵向（vertical）的两套装置构成的。

横向的分权制衡体制是指，在中央政府或联邦政府层面的水平分权制衡，即行政权、立法权、司法权之间的分权制衡。显然，这是受到了英国哲学家洛克和法国思想家孟德斯鸠的影响。特别是，在《论法的精神》中，孟德斯鸠误以为英国政体属于典型的三权分立体制，进而论述了一套关于三权分立的政治学说。孟德斯鸠最常被引用的观点是如下两则：

> 任何有权力的人，都易滥用权力，这是万古不易的一

1　安德鲁 · 林托特，《罗马共和国政制》，2014。

> 条经验。有权力的人们使用权力一直到遇有边界的地方为止。……
>
> 当立法权和行政权集中在同一个人或同一个机关之手，自由便不复存在了；因为人们将要害怕这个国王或议会制定暴虐的法律，并暴虐地执行这些法律。如果司法权同立法权合而为一，则将对公民的生命和自由施行专断的权力，因为法官就是立法者。如果司法权同行政权合而为一，法官便将握有压迫者的力量。如果同一个人或是由……同一个机关行使这三种权力，……则一切都完了。[1]

实际上，《联邦党人文集》几乎有着类似的观点。他们这样说：

> 立法、行政和司法权置于同一人手中，不论是一个人、少数人或许多人，不论是世袭的、自己任命的或选举的，均可公正地断定是虐政。

> 防止把某些权力逐渐集中于同一部门的最可靠办法，就是给予各部门的主管人抵制其他部门侵犯的必要法定手段和个人的主动。……野心必须用野心来对抗。[2]

在具体制度设计上，行政权由总统行使，立法权由国会参众两院行使，司法权由联邦法院行使。这三种权力不仅彼此分立，而且还互相制衡。它们的彼此分立表现在，行政权、立法权与司法权由

1 孟德斯鸠，《论法的精神》（上册），1961，第154—156页。
2 汉密尔顿、杰伊、麦迪逊，《联邦党人文集》，1995，第246、264页。

三个不同的机构掌控，互不统属。它们的互相制衡表现在许多方面，比较重要的制度安排包括：总统尽管手握行政大权，但他的重要人事提名、预算、法案、许多重要决定均须国会一院或两院批准才能生效，国会甚至还能弹劾总统，这就体现了国会作为立法机构对作为行政机构的总统的制约；国会尽管掌控着立法权与其他重大权力，但国会通过法案之后仍然需要总统签署，总统倘若不予签署或否决，法案就无法生效，或者需要以国会两院三分之二多数才能推翻总统否决的法案，这就体现了总统作为行政机关对作为立法机构的国会的制约；联邦最高法院尽管手握司法权，不仅控制联邦司法系统，而且还拥有违宪审查权，可以判决总统行政命令或国会立法因违宪而失效，但联邦最高法院大法官需要由总统提名、由国会参议院表决通过，这就体现了总统作为行政机关、国会作为立法机构对联邦最高法院的制约。这些制度安排就体现了美国宪法和制度设计中横向的行政权、立法权与司法权之间的分权制衡关系。

纵向的分权制衡体制是指美国联邦政府（即中央政府）与州政府的分权制衡。美国是典型的联邦制国家，这种联邦制的特征是指联邦政府与州政府同时从宪法与人民授权中获得政治权力，联邦政府与州政府在权力上互不统属，即联邦政府不是州政府的上级单位。从字面上看，1787 年《美国宪法》在联邦政府与州政府的关系上，更多是倾向于保护州权或地方政府权力的。联邦党人的观点是："新宪法授予联邦政府的权力很少而且有明确的规定。各州政府所保留的权力很多但没有明确的规定。" 所以，他们认为，美国人民无须担心联邦政府权力过大，以致侵犯州权或公民自由。[1] 这样

1 汉密尔顿、杰伊、麦迪逊，《联邦党人文集》，1995，第 238 页。

看起来，联邦政府只拥有宪法在条款中明确列出的诸种权力。就此而言，这部宪法似乎更强调州权、地方自治与人民的主动性。

然而，随着时间的推移，美国联邦政府相对州政府的权力实际上呈现不断增长的趋势。从外部条件来看，经济社会发展和美国国际地位的提高要求联邦政府扮演越来越重要的角色。但联邦政府的政治权力扩张成为可能，也是因为 1787 年《美国宪法》在制度设计上为联邦政府权力扩张留下了空间。该宪法第 1 条第 8 款规定，美国国会拥有 18 项重要权力，包括“管理与外国的、州与州间的，以及对印第安部落的贸易”等。仅管理州与州之间的贸易这一项授权，就给后来联邦政府的权力扩张奠定了法理基础。更重要的是，《美国宪法》关于国会权力的第 1 条第 8 款还给国会授予一种开放性权力：“为了行使上述各项权力，以及行使本宪法赋予合众国政府或其各部门或其官员的种种权力，制定一切必要的（necessary）和适当的（proper）法律。”这意味着，国会可制定必要的和适当的法律来维护美国的利益；或者说，倘若出于美国利益的考虑，国会有权制定必要的和适当的法律。这一条款给扩张美国联邦政府的权力提供了很大的可能性与想象空间。尽管后来不断地有人对美国国会或联邦政府扩张政治权力的做法提出质疑，甚至官司打到了联邦最高法院，但总的来说，宪法关于国会权力的这一条款，后来常常被做出较为宽泛的司法解释。由此，这一宪法条款可以说大大推动了美国联邦政府的权力扩张。[1]

所以，美国宪法既有明确的央地分权条款和有利州权的诸种规定，又因为某些宪法条款的设计，再加上时势所需，联邦政府

1 Richard H. Fallon Jr., *The Dynamic Constitution: An Introduction to American Constitutional Law and Practice*, 2nd Edition, Cambridge: Cambridge University Press, 2013, pp. 242-243.

亦有可能获得较大的主动权。

综合来看，1787年《美国宪法》是一部分权制衡宪法，包括横向的行政权、立法权与司法权的分权制衡，以及纵向的联邦政府与州权的分权制衡。联邦党人因此把美国视为一个“复合共和国”：

> 在美国的复合共和国里，人民交出的权力首先分给两种不同的政府，然后把各政府分得的那部分权力再分给几个分立的部门。因此，人民的权利就有了双重保障。两种政府将互相控制，同时各政府又各自控制自己。[1]

在全球范围内，有许多地方的人们一思考政府问题，首先想到的是，政府就是为大家做好事的。这难道不是政府的天职与本分吗？这种政治文化强调的是政府做好事的积极角色。但美国制宪背后的一个重要理念是，开国之父们一直在思考如何防止政府做坏事，所以就设计了许多防止政府做坏事的制度与机制。这当然是另一种政治认知与政治文化。而这种政治认知与政治文化所对应的，就是构筑一个现代分权制衡政体。

在任何一个政治体系中，行政权往往是最具能量的政治权力。如果行政权被滥用，其破坏力往往也是最大的。在美国的政治体系中，行政权由总统掌握。既然美国是一种分权制衡政体，如何约束行政权或如何约束总统自然是一项重要的制度设计。

具体而言，首先，总统职位由四年一次的选举产生。总统并非君主制下的国王，而是共和制下的民选首席行政官。按照今天的美国宪法，总统不仅需要由周期性选举产生，而且最多只能担

---

1 汉密尔顿、杰伊、麦迪逊，《联邦党人文集》，1995，第265—266页。

任两届。

其次，总统权力受到国会参众两院的诸多约束。总统的所有法案都必须要经过国会的批准，否则就是无效的；总统的预算都必须要经过国会的批准，否则总统无法开支一分钱；总统提名的大法官人选需要经过国会参议院的批准，内阁成员与总统直接任命的重要公职人员也都需要经过国会参议院的批准。国会还可以主动行使立法权，发起立法动议并进行立法。按照《美国宪法》，总统对国会通过的法案当然有拒不签署的权力或者否决权。但在这种条件下，如果国会参众两院仍然以三分之二多数票再次通过法案，法案就不再需要总统签署而自动生效。这意味着国会可以以三分之二多数推翻总统的否决权。

此外，当总统违反宪法或涉嫌渎职与犯罪时，国会还可以启动弹劾调查，甚至最终弹劾总统。无论对于总统还是其他政府要员，国会均可使用弹劾权。按照宪法，众议院可单独行使对总统的弹劾权。《美国宪法》有这样的规定：（1）“合众国总统、副总统及其他所有文官，因叛国、贿赂或其他重罪和轻罪，被弹劾而判罪者，均应免职。”（2）“只有众议院具有提出弹劾案的权力。”当然，即便众议院通过弹劾总统的表决，其最终定罪仍然取决于参议院。宪法规定：“所有弹劾案，只有参议院有权审理。在开庭审理弹劾案时，参议员们均应宣誓或誓愿。如受审者为合众国总统，则应由最高法院首席大法官担任主席，在未得出席的参议员的三分之二的同意时，任何人不得被判有罪。”国会的弹劾权，也构成了对美国总统权力的实质性约束。

最后，美国总统除了受到周期性选举和国会的常规约束，还受到一系列其他制度安排与机构的约束。比如，总统权力常常受到司法权或联邦法院的约束。总统不仅不能违反法律，而且其命令与法案还容易受到联邦法院违宪审查权的约束。关于违宪审查权，下一节还会进行专门的讨论。又比如，总统权力还容易受到美国州政府和其他地方政府的制约。以 2020 年以来美国疫情的处置为例，无论是 2020 年的时任总统唐纳德·特朗普还是 2021 年就任的总统乔尔·拜登，他们的疫情防控政策与措施都可能会遭到州政府的抵制，甚至有州长公开在电视演讲中主张，疫情防控的许多问题都属于州权，美国联邦政府不应该横加干涉。再比如，美国两党制格局下的政党政治也构成了对总统权力的有效约束。通常，总统所在政党只能控制国会参众两院略多于半数或接近半数的议席。任何一个美国总统始终面临着一个强有力的国会反对党。这个反对党不仅常常反对总统的人事、政策、预算与法案，不仅常常是在任总统的批评者，而且有时还控制着国会一院或两院的多数议席。还比如，美国媒体、自媒体和公民团体也对总统构成强有力的约束。无论是来自主流媒体的批评，还是来自自媒体的政策攻击，或者是来自公民团体街头运动的抗议与抗争，都构成了对总统的民意或舆论压力。

法治与司法审查制度

美国早期的分权制衡政体发展到极致的一个标志，就是发明了司法审查（judicial review）制度。司法审查是指，联邦法院法官可以以违宪为理由，判决国会立法、总统决定与行政命令以及各州立法、各州政府决定无效。这意味着，作为司法权的联邦法院掌握了审查行政机构与立法机构在行使政治权力时是否违宪的权力。

起源："马伯里诉麦迪逊案"

1787 年《美国宪法》固然确立了三权分立体制，并赋予了联邦法院以司法权，但并未明确规定联邦法院拥有司法审查权。真正使得美国司法审查权得以确立的，是 1803 年时任首席大法官的约翰 · 马歇尔的一个重要判例，即联邦最高法院关于"马伯里诉麦迪逊案"的司法裁决。所以，马歇尔被视为美国联邦最高法院角色的真正塑造者，也是美国司法审查权的奠基者。

威廉 · 马伯里（William Marbury）是马里兰州的一个商人，在美国第二任总统约翰 · 亚当斯即将卸任时，被突击任命为地方治安法官。而后，美国第三任总统托马斯 · 杰斐逊上任，时任国务卿为詹姆斯 · 麦迪逊。问题是，由于总统权力交接比较匆忙，亚当斯卸任时，他给马伯里的任命状尚未来得及发出。这样，包括这份任命状在内的一系列任命状就落到了新任国务卿麦迪逊手中——当时的美国国务卿协助总统主管各种重大事务，他决定扣留不发。但马伯里竟然知道了有一份关于自己的任命状，而且被新任国务卿扣留。于是，他一纸诉状将麦迪逊起诉至联邦最高法院，要求拿到自己的任命状。

1803 年，美国联邦最高法院对此案进行了审理和判决，时任首席大法官就是约翰 · 马歇尔。实际上，此时的美国尚处于初创期，从 1787 年制宪、1789 年华盛顿出任第一任总统到 1803 年不过是十多年时间。美国联邦政治中各种机构之间的权力关系尚在形塑之中。尽管美国这个新生共和国的宪法规定了三权分立原则，但行政权、立法权与司法权之间的实际关系尚未形成后来的各种传统与惯例。在这三种权力中，司法权相对来说是最弱的。司法权几乎无所凭借，既不像总统那样掌握军队、资金与官僚机构，又不像国会那样掌握立法和控制预算。当时的联邦最高法院甚至连独立、像样的办公场所都没有，而不得不屈居在美国国会大楼的一个狭小空间里办公。

马歇尔是一位逻辑性极强的大法官，他接到这桩诉讼之后，认为该案主要涉及三个关键问题：第一，申诉人马伯里是否有权得到任命状？第二，如果申诉人马伯里有这个权利，并且他的权利被侵犯了，政府是否应该给他提供救济？第三，如果政府应该提供救济，是否应该由最高法院下达强制令，要求国务卿向马伯里颁发这个任命状？[1] 在司法判决中，马歇尔对于前两个问题的回答非常明确。针对第一个问题，马歇尔认为，既然这个任命状已经签署，在法律上已经生效了，申诉人马伯里就有权得到任命状，而拒发他的任命状则是侵犯了法律赋予他的权利。针对第二个问题，马歇尔的回答也非常明确，即"每个人受到侵害时，都有权要求法律的保护，而政府的一个首要责任就是提供这种保护"。马歇尔的这个论述为美国后世的法院树立了一个经典判决。

但接下来第三个问题是最棘手的。既然如此，美国联邦最高法院要向总统领导下的国务卿下达强制令吗？马歇尔是一个精通政治的首席大法官，他深知，如果联邦最高法院下达强制令，要求国务卿颁发马伯里的任命状，有可能会引发司法权与行政权的冲突。一种可能的情形是，如果总统麾下的国务卿拒不执行联邦法院的强制令，又会出现什么情形呢？在美国宪法中，司法权固然是最高权力，但行政权也是最高权力。行政权由于是通过民选产生的，甚至还具有更高的权威与合法性。对于当时制度初创的美国来说，如果

---

1 任东来、陈伟、白雪峰等,《美国宪政历程：影响美国的 25 个司法大案》，中国法制出版社，2004，第 25—44 页。

司法权和行政权发生冲突，是否会导致政治僵局与宪法危机？这是当时马歇尔所考虑的问题——它不仅是一个法律问题，也是一个政治问题。如果出现这种情况，有可能还会大大削弱初创的美国联邦法院的法律与政治权威，甚至使其成为一个无足轻重的机构。反过来，美国属于普通法法系，如果能利用此判例形成一个好的判决，就能开创一种好的先例和惯例，进而有利于美国法治传统的塑造。

经过缜密的研究和分析，马歇尔找到了解决问题的一个突破口。他发现，马伯里之所以能够在联邦最高法院提起诉讼，所依据的是1789年美国国会通过的《司法条例》第13条。该条款规定，凡是涉及国务卿的案件可以直接在联邦最高法院提起诉讼。马歇尔发现，《美国宪法》第3条第2款的规定是，“在一切有关大使、公使、领事以及州为当事一方的案件中，最高法院有最初审理权”。显然，国务卿并未名列其中。这意味着，《美国宪法》的规定与1789年《司法条例》的规定之间存在着冲突。

所以，马歇尔的判决是，因管辖权问题驳回马伯里的诉讼。因为根据《美国宪法》，这类诉讼不能以联邦最高法院作为初审法院。在此基础上，马歇尔又形成了第二个司法意见，即判决1789年《司法条例》第13条无效，理由是该条款跟宪法发生冲突，因而是违宪的。在这个里程碑式的司法判决中，马歇尔认为，此案的关键在于：

> 是由宪法控制任何与其不符的立法，还是立法机构可以通过一项寻常法律来改变宪法。在这两种选择之间，没有中间道路。宪法或者是至高无上、不能被普通方式改变的法律；或者它与普通法律处于同一水准，可以当立法机构高兴时被改变。如果是前者，那么与宪法相互冲突的立法法案就

不是法律；如果是后者，那么成文宪法就成为人们的荒谬企图，被用来限制一种本质上不可限制的权力。[1]

马歇尔得出的结论是："宪法构成国家的根本法和最高的法律"，"违反宪法的法律是无效的"，"判断什么是宪法，显然是司法部门的职权和责任"。这是美国历史上第一次由联邦最高法院判决国会某个立法的某个条款由于是违宪的，因而是无效的。马歇尔就在无意间创造了美国联邦法院的司法审查权。这个案例也构成了美国司法审查权的起源。

司法审查权与民主的博弈

有一种观点认为，马歇尔大法官似乎是在马伯里诉麦迪逊案中有意创造了美国的司法审查权，甚至认为马歇尔大法官一生的使命就是要为美国创造司法审查权。这个看法显然过于理想主义了。实际上，上述判决是各种约束条件下博弈的产物。在接手这个棘手的案件时，马歇尔面临着很多现实的约束条件，他既要对该案进行合乎法律原则的判决，又要捍卫联邦最高法院的尊严与权威，避免损害司法权的威望，甚至还要为美国法治开创一个好的先例。最终，马歇尔通过一个司法判决开创了有重要意义的司法先例，影响了美国政治的后续演化。[2]

在该司法判决中，马歇尔断言，"判断什么是宪法，显然是司

1　Jesse H. Choper, Richard H. Fallon Jr., Yale Kamisar, and Steeven H. Shiffrin, *Constitutional Law: Cases-Comments-Questions*, 11th Edition, Marbury v. Madison, Eagan: West Academic Publishing, 2011, pp. 1-9.

2　同上。

法部分的职权和责任”。此后，美国司法界和法学界的一个共识是，解释宪法是美国联邦法院的权力与职责。比如，1907 年，时任纽约州州长的查尔斯·埃文斯·休斯（Charles Evans Hughes）在演讲中说过一句后来被广为引用的话：“我们生活在宪法之下，但宪法是什么是由法官们说了算的。”在中国，一部名为《大法官说了算》的书也重申了这一观点，至少代表了国内宪法学界的某种共识。[1]

但问题是，这种广为流传的观点，以政治学的专业视角来看，只是反映了美国司法政治的一个重要侧面，并非它的全部。客观地说，这种观点至少在部分程度上夸大了联邦法院与大法官在美国司法政治中扮演的角色。只有当联邦法院与大法官们跟其他政治机构与力量就美国司法政治问题产生对抗乃至冲突时，才能更公允地判断形塑美国司法政治背后的力量。美国政治与司法演化史上的一个重要时刻是罗斯福新政时期。为了应对经济大萧条，罗斯福总统在美国采取了一系列的新政（New Deal）措施。然而，有人认为，罗斯福新政的许多政策与措施，都打破了美国政治与法律的常规，甚至是违宪的。他们就把官司一直打到了最高法院，诉讼涉及罗斯福新政中的 9 项重要法案，甚至包括《全国工业复兴法》。经过审理，美国联邦最高法院先后判决 9 项新政法案中的 7 项涉及违宪。显然，联邦最高法院的这些判决损害了罗斯福作为总统的权威和新政措施的合法性。

在这种被动局面之下，1937 年，再次以压倒性优势当选的罗斯福抛出了一个最高法院填塞计划（court-packing plan）。该提案的核心内容是，在联邦最高法院的 9 名大法官中，若有人年龄超过 70 岁，则总统有权再提名一位新的大法官，直到最多达到 15 名大法

1 何帆，《大法官说了算：美国司法观察笔记》，法律出版社，2010。

官的限额。罗斯福这一法律提案的目的，是为了扭转当时联邦最高法院普遍被保守派大法官把持的局面。由于美国两党议员都担心这一法案将会极大地改变美国三权之间的政治平衡，故该法案没有获得通过。

但这一提案震惊了联邦最高法院。面对这样一位以高民意支持率再次当选的美国总统，面对经济大萧条带来的诸种实际难题，美国联邦最高法院究竟何去何从？在罗斯福新政之前，美国联邦最高法院大法官们总体上秉承的是较为保守的司法解释传统，即他们通常倾向于对《美国宪法》做较为保守主义的解释。而这次关于罗斯福新政的司法斗争，促使大法官们开始思考：一边是偏于保守的司法解释传统，一边是代表美国民意的强势总统，联邦最高法院究竟应该做出何种选择？实际上，在罗斯福的最高法院填塞计划夭折之后，联邦最高法院的大法官们开始更多地选择跟总统、民意、不断变化的时势相妥协，或者说在宪法与民意之间寻求妥协的中间道路。

在《民主的宪法》一书中，美国法学教授尼尔·戴文思与美国宪法学者路易斯·费希尔就阐述了一种新的关于美国司法政治的观点。他们认为，从长期观点来看，联邦法院及其大法官们，在美国200多年的历史上，其实是在宪法文本的保守主义解释和美国社会不断变化的、不断进步的民意之间小心翼翼地寻求平衡。或者进一步说，联邦法院从趋势上说是不断地从司法解释的保守主义立场退却并不断地向进步的民意做妥协和让步的过程。[1] 哈佛大学法学院教授小理查德·H. 法隆在《动态的宪法》一书中也强调，《美国宪法》及其司法解释有时被理解为用死去一代的规则统治活着的一

1　尼尔·戴文思、路易斯·费希尔，《民主的宪法》，李松锋译，译林出版社，2015。

代，但美国宪法其实还是一部活的宪法（a living constitution）。[1]

从理论上讲，任何宪法如果很容易改变，就起不到宪法应有的作用。但问题是，如果一部宪法过于刚性，那它就不能适应社会的变化和时势的需要。所以，长久维持的宪法都要保持一定的弹性与灵活性。托马斯·杰斐逊说："没有一个社会能够制定一部永久的宪法，或者永久的法律。世界始终属于活着的一代。"历史地看，1787 年《美国宪法》及其司法解释在美国此后 200 多年的国家发展史上扮演着非常重要的角色。究其根本，大约是美国宪法在"死的宪法"——更强调确定不移的原则——和"活的宪法"——适应民意和时势所需——之间维持着某种审慎的平衡。

这样，到 1828 年之前，美国尽管还不是今天意义上的完整的民主政体，但它已经是一个对国家实现有效约束的现代分权制衡政体。基于立宪主义、法治、共和制、联邦制、司法审查、精英民主等政治原则，结合行政权、立法权与司法权之间的横向分权制衡以及联邦与州之间的纵向分权制衡，前民主时代的美国已经在成功约束国家与政府的政治权力方面达到了某种高峰。

1　Richard H. Fallon Jr., *The Dynamic Constitution: An Introduction to American Constitutional Law and Practice*, 2nd Edition, 2013, pp. 242-243.

第十一章　工业革命与古代政治的终结

产生于工业革命的技术，开始对军事和海战产生影响。但是，变化要比常人有时所描述的缓慢得多，只是到了那个世纪（19世纪）的下半叶，铁路、电报、速射武器、蒸汽动力、装甲战舰，才真正成为军事力量的决定性的标志。……技术变化和产业革命的双重力量正在陆地和海上稳步地产生影响，同时还在影响着列强相对的力量。

可是所有这些战争……都说明了一个总的结论：战败国是那些没有进行19世纪中期的“军事革命”，没有取得新武器，没有动员和装备庞大的军队，没有使用铁路、轮船和电报提供的先进的交通和通信，没有供养武装部队的生产性工业基础的国家。

——保罗·肯尼迪

立宪政体与工业革命

按照安格斯·麦迪森的研究，早在18世纪，荷兰、英国以及西欧国家的人均收入水平已经领先于欧亚大陆的其他国家。[1]这意味着，西欧或西方世界的兴起，要比许多人想象的更早。然而，如果不是工业革命的发生，西欧或西方世界就不会获得领先其他传统大国的决定性优势。正是工业革命，不仅使得英国和西欧的经济总量、技术能力和生活水平出现了数十倍的增长，而且从根本上改变了当时以英国为首的西方世界跟全球其他政治体之间的力量对比与势力消长。

工业革命与英国的全面崛起

如果打开世界地图，英国几乎是一个不太起眼的地方。但作为工业革命的发源地，英国成了此后一个多世纪的世界领导者。一方面，由于经济与技术的领先，英国确立了经济发展的新标杆，工业革命与现代化逐渐成了其他国家的发展目标；另一方面，由于其影响力与全球殖民，英国人首创的许多制度与规则逐渐影响了全球，甚至塑造了后来的现代世界。到了20世纪，英国作为全球领导者的地位逐渐被美国取代。由于美国曾经是英国的殖民地，甚至常常被视为英国的衍生国，美国的全球领导地位在一定程度上也可以被

1　安格斯·麦迪森，《世界经济千年史》，2003。

视为英国影响力的延续。

从人类政治演化角度看，正是因为英国工业革命的发生，才使得英国的政治模式有机会在人类近现代的制度锦标赛中胜出。如果不是工业革命，英国即便有立宪政体与议会政治模式，估计仍然很难在军事竞争中战胜那些规模庞大、疆域辽阔的君主制中央集权官僚帝国。要知道，在英国工业革命发生的前后，许多传统帝国——包括大清帝国、莫卧儿帝国、奥斯曼帝国、俄罗斯帝国等——统治着欧亚大陆的大部分地方。这些帝国尽管经济技术相对落后、处于典型的农业社会，但通常地理疆域广大、人口众多，君主可以组织起大规模的军队。国家与国家的竞争常是全方位的，但最为直接的往往是军事竞争或战争。一个国家以武力方式战胜或征服另一个国家，前者就会在两国关系中居于支配性地位，后者就会沦为二等国家。实际上，在完成工业革命之后，英国在随后的数十年间以战争方式击败了欧亚非大陆上大部分主要的传统国家或帝国，参见表11.1。

从人类政治演化的大格局来说，工业革命创造了一个实实在在的千年未有之大变局。以英国为首的西方世界的兴起，固然是一个非常复杂的事件，但其直接表现却是英国或西方相对于其他传统帝国的军事优势。历史上，无论是大清帝国，还是莫卧儿帝国，或是奥斯曼帝国，它们都是自视甚高的政治体，其军事能力都相当强大。但这些传统帝国没有一个是完成工业革命之后的英国的对手。实际上，英国只依靠少量军队就能轻而易举地战胜乃至征服许多传统帝国。

显而易见，英国相对于许多主要的传统帝国获得巨大军事优势的根本，在于它的经济力量、工业能力与技术水平，以及与之相关的创新能力。工业革命的发生，系统地提升了英国和西方世界的制

表 11.1　英国与欧洲、亚洲、非洲传统国家或帝国的主要战争：1816—1913

战争及其时间	英国及其盟友	交战国或对象	战争结果
第三次盎格鲁-马拉塔战争（1817—1818）	英国（东印度公司）	马拉塔帝国（Maratha Empire）（印度）	英国胜利
希腊独立战争（1821—1829）	英国与希腊	奥斯曼帝国	英国所在联盟胜利
第一次英缅战争（1824—1826）	英国（东印度公司）及当地土著	缅甸帝国（Burmese Empire）	英国所在联盟胜利
第一次鸦片战争（1840—1842）	英国	清朝（中国）	英国胜利
第二次埃土战争（1839—1841）	英国与奥斯曼帝国	埃及（奥斯曼帝国属地）及法国、西班牙	英国所在联盟胜利
第一次英国-锡克战争（1845—1846）	英国（东印度公司）	锡克帝国（Sikh Empire）	英国所在联盟胜利
第二次英国-锡克战争（1848—1849）	英国（东印度公司）	锡克帝国	英国胜利
第二次英国-缅甸战争（1852—1853）	英国（东印度公司）	缅甸帝国	英国胜利
克里米亚战争（1853—1856）	英国与法国、奥斯曼帝国等	俄罗斯与保加利亚军团	英国所在联盟胜利
第二次鸦片战争（1856—1860）	英国与法国、美国等	清朝（中国）	英国所在联盟胜利
印度民族大起义（1857—1859）	英国（东印度公司） 及其印度盟友与尼泊尔	莫卧儿帝国及其印度盟友	英国所在联盟胜利
不丹战争或英不战争（1864—1865）	英国与英属印度	不丹	英国所在联盟胜利
英国-埃塞俄比亚战争（1867—1868）	英国	埃塞俄比亚	英国胜利
第二次英国-阿富汗战争（1878—1880）	英国与英属印度	阿富汗	英国所在联盟胜利
英国-祖鲁战争（1879）	英国与纳塔尔（Natal）	祖鲁王国（Zulu Kingdom）	英国所在联盟胜利
第三次英国-缅甸战争（1885）	英国	缅甸帝国	英国胜利
克里特岛起义（1897—1898）	英国及其欧洲多国盟友、 克里特岛革命军、希腊王国	奥斯曼帝国	英国胜利
八国联军侵华战争（1900—1901）	英国及其他七国	清朝（中国）及义和团	英国所在联盟胜利

（资料来源：作者根据历史资料自制。该表仅包括发生在 1816—1913 年间英国卷入的与欧洲、亚洲、非洲主要传统国家或帝国的战争。该表的起始时间 1816 年为欧洲拿破仑战争结束的第二年，这个时间大体上跟英国基本完成第一次工业革命的时间相差无几。该表统计到第一次世界大战爆发前一年，即 1913 年。）

造能力，钢铁、军工与船舶制造业使得现代的火枪、大炮、轮船成为可能，进而推动了英国和西方世界的战争技术革命。比如，19 世纪一支数百人的英国军队遭遇一支上万人的传统帝国军队时，固然后者占据了很大的人数优势，但这支小规模的英国军队所控制的能量水平可能不亚于甚至要远高于这支大规模的传统帝国军队。

何谓工业革命？

这里所谓的工业革命是指第一次工业革命，即 18 世纪晚期到 19 世纪早期首先在英国、继而在西欧国家兴起的一场以大规模机器发明和运用、大规模工厂生产的兴起为基本特征的经济与技术革命。从宏观视角来看，人类历史上有过两场最重要的经济革命：一是 14,000 年到 10,000 年前发生的农业革命，农业革命推动了食品生产率的极大提高，引发了人类的定居生活，并使得复杂社会、城市和国家的兴起成为可能；二是 18 世纪晚期到 19 世纪早期发生的工业革命，工业革命不仅引发了经济发展水平、技术能力与社会结构的根本性变革，而且还决定性地推动了英国与西方世界的崛起，并使得现代世界的创造成为可能。

经济史学家戴维斯 · 兰德斯认为，工业革命是一系列发明的出现与兴起。他这样认为：

> 这些发明丰富且种类繁多，无从细述，但大多属于以下三类：(1) 迅速、常规、精确而不知疲倦的机器代替了人工技术和努力；(2) 无生命的动力资源代替了有生命的动力资源，特别是发动机的发明将热转化为功，敞开了动力几乎无限制的供应；(3) 新的、远为丰富的原材料，尤其是矿产资

> 源，最终还有人造材料，代替了动植物资源。
>
> 这些替代造就了工业革命，它们促进了劳动生产率及随后人均收入的迅速提高，而且这些增长是可以自我持续的。过去，生活水平的提高常常伴随着人口的增加，而人口的增长最终抵消了经济的增长，到此时，经济与知识的增长之快，促成了不断提高的洪流，是为人类历史之空前。马尔萨斯所说的经济增长受到抑制以及停滞论者说“科学乏力”的预测一去不返。取而代之的是，充满希想与期盼的时代到来了。[1]

兰德斯这里强调的是工业革命是一场机器革命、动力革命（能源革命）与材料革命，并彻底突破了马尔萨斯陷阱对人类生活的束缚。

一部流行的欧洲经济史研究专著则从另一个视角来理解工业革命。作者这样描述工业革命的基本特征：

> 工业革命一词一般用来指复杂的经济变革，这些变革蕴含在由生产力低下、经济增长速度停滞不前的传统的工业化前经济向人均产量和生活水平相对提高、经济保持持续增长的现代工业化经济发展的转变过程之中。这一转变的性质，可以通过一系列相互关联的变革来说明：（1）经济组织变革，（2）技术变革，（3）工业结构变革。这些变革和（既是原因又是结果的）人口、总产值及人均产量（即使不是立即但是最终将实现的）持续增长有着一定的联系。[2]

1　戴维 · S. 兰德斯，《国富国穷》，门洪华译，新华出版社，2010，第 199 页。
2　卡洛 · M. 奇波拉主编，《欧洲经济史（第四卷上册）：工业社会的兴起》，王铁生等译，商务印书馆，1989，第 131 页。

这段文字强调的是，工业革命是对前工业时代经济停滞的突破，是持续增长的经济模式的创造，是生活水平的持续提高，以及组织变革、技术变革和结构变革的整体推进。

为何工业革命首先在英国发生？

学术界对此问题的理解，主要有两大流派：一派强调英国工业革命的偶然性，更多以反思“欧洲中心论”的视角来理解工业革命的缘起；另一派则强调工业革命于西方兴起绝非偶然，而是英国与西欧此前已然发生的一系列制度变革与社会创新的结果。

比如，前者的一项代表性研究是彭慕兰的《大分流：中国、欧洲与现代世界经济的形成》。彭慕兰认为，工业革命造成了中西之间的大分流（great divergence）。在他看来，一是在工业革命之前，欧洲经济最发达地区——主要是指英格兰——的经济发展水平，跟中国经济最发达地区——主要是指江南——的经济发展水平是相当的，他通过一系列经济数据证明了这一点。他还认为，英格兰与中国江南地区在人口、资本、技术、土地与要素市场等方面是非常相似的。二是西欧工业革命的缘起非常偶然，主要得益于偶然因素的推动，特别是地理大发现与煤铁组合优势。地理大发现的结果之一，是在美洲发现了大量的贵重金属这一新财富，随后，大量的金银开始流入欧洲，欧洲由此出现了需求的爆发性增长，对各种各样的商品产生了新需求。这一外部因素对纺织业等工业革命先导产业产生了巨大的推动力。英国煤铁等资源的地理分布也是一种重要的偶然条件。在英国曼彻斯特，煤铁组合的资源因素对煤产生了巨大的需求。曼彻斯特的地下水位较高，需要解决挖煤过程中的排水问题，这就推动了蒸汽机的发明和改良。所以，煤铁组合是推动蒸汽机被发明出来的偶然因素。一旦蒸汽机被发明出来，人类的技术就实现了重大突破。彭慕兰由此得出结论：工业革命的发生和西方的兴起，既非必然，亦非西方的制度或文化条件所致，而是一系列偶然因素的有利组合导致的。[1]

以彭慕兰为代表的加州学派的观点，尽管充满新意，但确实跟主流的历史学、经济史与政治经济学的研究存在着很大的分歧。大部分学者都试图给工业革命找到某种并非基于偶然因素的理论解释。从工业革命启动至今的 200 多年里，这样的研究可以说汗牛充栋。综合来看，关于工业革命为什么发生，或者说工业革命为什么首先发生在英国，经济学家与历史学家提出的较具代表性的解释变量包括：英国农业部门的发展、人口增加、需求增加、普遍的商品化、更开放的阶级结构、企业家精神、金融市场的发育与充分的资本供给、知识的自主性、科学研究与发明的常规化以及英国启蒙运动带来的观念变革等。[2] 这些研究尽管观点各异，但它们都主张，工业革命的发生并不是一种偶然现象，而是存在着某种明确的因果逻辑。这些解释变量大体上强调的都是工业革命发生之前英国或西欧社会的某些重要特质。

问题是，这些理论本身也是互相竞争的。历史学家惯常使用的分析范式是，强调多种要素的交互作用加上有利时机的叠加，导致了某一重大历史事件的发生。特别是，像工业革命与西方兴起这样的重大历史事件，单一因果机制的解释恐怕很难成立。然而，政治经济学家和社会科学家则常常更想给重大历史事件找到因果机制更

1　彭慕兰，《大分流：中国、欧洲与现代世界经济的形成》，2021。

2　相关研究参见：卡洛 · M. 奇波拉主编，《欧洲经济史（第三卷）：工业革命》，1989，第 175—185 页；戴维 · S. 兰德斯，《国富国穷》，2010，第 213—227 页；乔尔 · 莫克尔，《启蒙经济：英国经济史新论》，曾鑫、熊跃根译，中信出版集团，2020。

单一、更严密的理论解释。就此而言，跟本书的分析框架更契合的理论解释来自道格拉斯·诺思为代表的新古典政治经济学家们。第六章曾讨论过诺思的相关理论，所以这里仅做一个扼要的概述。

诺思提出的研究问题是：为什么工业革命没有发生在法国和西班牙，而是首先发生在英国？他的理论解释是，工业革命的发生，或可持续经济增长的出现，需要以一套明确的产权保护机制为前提。法国和西班牙的最大问题是，在近代民族国家构建过程中兴起的绝对主义王权不仅无法提供有效的产权保护，而且时常扮演产权制度破坏者的角色。按照诺思的说法，法国与西班牙的统治者有时需要用破坏产权的方式来换取自己的统治收入。与之相比，英国则完全不同。从 1215 年《大宪章》到 1688 年光荣革命，英国经过立宪主义的政治改革，逐渐确立了一套基于立宪规则和法治的政治体系。君主的政治权力受到了约束，而不再可能通过任意掠夺和随意征税方式剥夺公民与其他主体的财产。诺思并不否认其他因素或要素的重要性，但工业革命首先在英国兴起的主要原因，是这种立宪主义政体对产权提供了较为确定的保护。概言之，立宪主义政体及其提供的产权保护为工业革命和可持续的经济增长提供了有利的政治条件。[1]

制度框架：立宪政体的确立

诺思关于英国工业革命起源的理论解释与本书分析框架关于人类政治演化的理解是契合的。本书前面已经讨论过，西欧的特殊性在于，西罗马帝国的覆灭加上蛮族入侵，一套中央集权化的行政体

1　道格拉斯·C. 诺思，《经济史上的结构和变革》，1992。

系难以快速建立起来。在这种条件下，法兰克王国到了公元7—8世纪就逐渐兴起了封建主义模式。正如前面所说，封建主义体制是封君（领主）与封臣（附庸）基于土地而形成的一种既包括政治军事权利义务又包括经济权利义务的契约关系。在这种模式下，前者需要后者提供土地和保护，而后者需要向前者表示效忠，并提供军事役务和财政援助。在封建主义条件下，不仅国王或领主仅拥有相对有限的权力，而且贵族阶层掌握了相当规模的武力资源。1066年诺曼征服之后，欧陆的封建主义模式就扩散到了英格兰，并最终导致了1215年《大宪章》的签署。此后，尽管贵族与国王常常发生冲突，甚至爆发内战，但英格兰政治的长期演化趋势是，国王权力越来越受到明确的约束，立宪主义政体开始得以确立，政治权力逐渐转移到了议会手中。

正如本书第九章已经讨论的，1688年以后的英国政体以立宪主义、议会主权、代议制度、责任政府、政党政治以及不完全的精英选举权等为主要特征。英国的这套立宪主义政体模式，就其对产权保护、社会资源、激励结构、经济增长等方面的影响主要包括：第一，王权受到了明确的约束，国王既不能剥夺公民的财产，又不能根据自身意志随意征税或加税；第二，主权由议会掌握，代表贵族的上院和代表平民的下院开始行使主要的政治权力；第三，政府需要对议会负责，并基于法治和分权原则来行使权力。所有这些机制都产生了一个最重要的积极后果，那就是产权得到了有效而明确的保护，从君主到官僚都无权以非法方式把经济资源与社会财富攫为己有。这就避免了第六章分析过的君主统治模型下政治权力的抽水机效应，即大大小小的政治权力不断地将生产性部门的资源转变成非生产性部门的统治租金。从投资角度看，英国立宪政体已经完全不同于古代世界的君主统治模型，后者常常利用至高无上且不受法律约束的政治权力将社会剩余转变为统治租金，而英国立宪政体恰恰可以防止统治者这样做，进而使得社会剩余能够留在生产性部门，转化为工商业新增投资或居民消费。

进一步说，权力与财富的关系，一直是人类社会的核心制度安排之一。在前法治时代，没有武力保卫的财富阶级，犹如身携万金过市的幼儿，这种财富基本上是没有保障的。财富能否自保，或者产权能否得到确定的保护，从历史演化来看主要经历了两个阶段。在前法治时代，财富本身必须要有暴力或武力资源来实施自我保卫。否则，这种财富是非常不可靠的，或者是随时容易失去的。这种条件下的财富安全可靠与否，主要取决于掌握暴力的机构或个人的仁慈。到了法治时代，按理说，财富只要依靠法律和政府的保护就可以了，财产安全与产权受保护程度就会得到大幅提升。

以英国为例，权力与财富关系的历史演化就经历了上述两个阶段。在封建主义时代，财富主要是土地，封建贵族既拥有土地，又拥有武力资源。当贵族阶层联合起来、组建政治联盟后，就足以在武力上抵抗君主，防止君主可能的胡作非为。所以，封建贵族对于土地的财产权，固然是受封建契约确认和保护的，但从根本上说，乃在于贵族们拥有便于进攻的重装骑兵和便于防守的城堡。在英国历史上，国王与贵族常常就彼此的财产和权利边界界定问题爆发武装冲突。在这种冲突中，封建贵族的武力资源乃是他们保护自己财富的主要凭借。

到了后封建主义时代，当法治化的规则和传统确立以后，英国人的财富与产权才获得了普遍和确定的保护。在英国18世纪一次关于开立税种的辩论中，1766—1768年曾经出任英国首相的辉格党人威廉·皮特（William Pitt）说出了如下广为流传的名言：

> 最贫穷的人可以在他的小屋里藐视王室的所有力量。它可能是脆弱的，它的屋顶可能会摇晃。风可能会吹过它，风暴可能会进入，雨可能会进入，但英国国王不能进入——他所有的力量都不敢越过这个破败的住所的门槛！[1]

这段演讲后来被简化为一句著名的短语："风能进雨能进，国王不能进。"这也成为当时英国已经迈入法治化时代的象征。这一短语反映出当时英国人普遍信奉的一种观念，即国家应该极度尊重普通人的财产权利——哪怕它只是一个小破屋。"风能进雨能进，国王不能进"强调的是，在英国的立宪政体与法治传统之下，私人产权得到的保护应该是绝对的，而国王的权力再大都不应该对私人产权进行丝毫的侵犯——无论以怎样的名义。这大体上呈现了从光荣革命到工业革命时代英国国内社会中权力、法治与产权保护之间的关系。

相反，在君主统治模型之下，一边是至高无上且不受法律约束的王权与政治权力，另一边是无力自我保护的财富阶级。他们既不会像欧洲中世纪封建主义下的贵族那样拥有相当的武力资源，又不会像法治条件下的财富阶级这般得到明确的法律保护。在这种结构中，财富阶级及其财产权利是否能受到保护，主要取决于两个因素：一是君主本身的仁慈，二是君主面临的竞争约束。君主的仁慈与否，完全取决于君主的主观因素或者统治自觉。但从历史经验来看，统治者的统治自觉常常是不那么靠得住的。竞争约束固然是一个客观因素，因为如果君主胡作非为，就会增加潜在竞争者发起挑

1　出自：William Pitt's speech, March 1763, in Lord Brougham, *Historical Sketches of Statesmen in the Time of George III*, First Series, Vol. 1 (1845). 参见：https://www.oxfordreference.com/view/10.1093/acref/9780191826719.001.0001/q-oro-ed4-00008331。

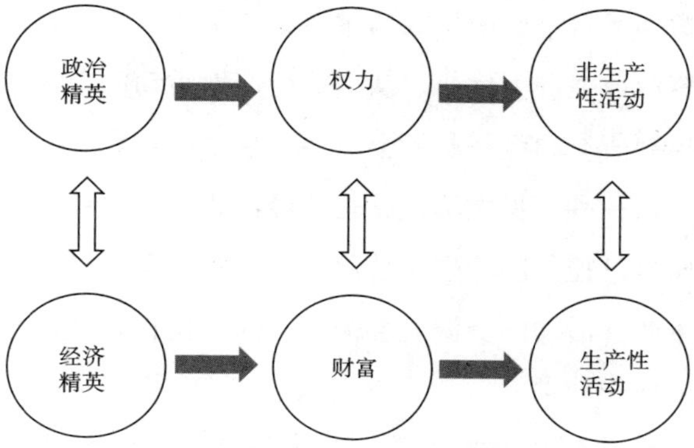

图 11.1　人类社会的精英、权力、财富与增长

战或叛乱的概率，就有可能威胁到君主的统治。但即便如此，对于这种竞争威胁的评估，仍然是非常主观的。因此，在前法治时代，君主是否选择保护财富阶级及其财产权利，关键仍然取决于君主的统治自觉。

这里用图 11.1 来勾勒人类社会的精英、权力、财富与增长之间的关系。对一个社会来说，主要的社会精英有两类：第一类是政治精英，或者叫武装精英，他们是随身佩戴兵器或手握政治权力的一批人，控制的是政治与军事力量，是执掌政治权力与武力资源的阶层，从事的是非生产性活动；第二类是经济精英，或者叫工商精英，就是从事较大规模的农业、手工业、贸易和金融业的一批人，他们的主要诉求是财富，控制着相当程度的经济资源，从事的是生产性活动。按理说，一个社会最终要打破马尔萨斯陷阱，就需要依靠工商精英在生产性部门的生产、经营和创新上付出努力。然而，在人类历史的相当长时间里，在法治时代来临之前，政治精英或武装精英通过各种方式控制着工商精英，原因不难理解，因为政治权力跟财富相比具有强制性的力量。在立宪政体与法治规则确立之前，人类遭遇经济增长困境或马尔萨斯陷阱的一个主要原因，就是拥有武力资源或强制力优势、从事非生产性活动的政治精英，最终来说可以控制所有的经济与社会资源，包括社会剩余。因此，政治精英可能采取一种常见做法，就是让经济资源从工商精英控制的生产性部门向自己控制的非生产性部门流动和转移。结果，留给生产性部门与生产性活动的资源就会减少，这就使得长期而稳定的经济增长难以出现。

在立宪政体与法治规则下，英国打破了政治精英对于经济精英、权力对于财富、非生产性活动对于生产性活动的任意支配和控制，从而使得经济精英、财富、生产性活动获得相当的独立性，进而使得工业革命的启动成为可能。可见，以英国为首的西欧社会从封建时代向立宪时代的演化，从而为约束政治权力和确立产权保护提供了新规则，是人类社会权力与财富关系的根本性再造。

在英国之后，美国的经济增长和工业革命也是一个类似的故事。从 18 世纪七八十年代的独立、制宪与建国，到 1870 年经济总量接近英国，成为世界第二大经济体，再到 20 世纪成为全球第一经济、科技与军事强国，美国也大大得益于对英国政治传统的继承，得益于美国式的更强调分权制衡的立宪政体。概而言之，美国 1787 年所确立的政治体制，具有如下关键特征：一是用宪法和法律约束政府，即立宪主义与有限政府原则；二是横向的立法、行政与司法三权分立，互相制衡；三是纵向的联邦与州的权力划分，即联邦制。这就使得美国人的公民自由与财产权利得到了充分的保障。

正是这种条件为美国后来的工业革命提供了有利的制度基础设施。有一项关于美国经济史的权威研究这样分析从建国到 19 世纪末美国经济的增长原因：

这种成长伴随着劳动力和资本投入的实质性增长。鼓励投资和创新的正确机制也对美国制造业的成长发挥了重要作用。技术革命和生产率的提高在这中间扮演了主要角色。包括普及的教育体系和专利体系在内的很多关键性的制度因素都激励发明和创新，这些制度至少部分地促进了内生性的技术变革。从新工艺和新产品的产权中赢利的机会鼓励更多的人参与到创造发明中去。……

经济和社会的许多特征也有助于推进制造业的发展。市场的重要性和对市场信号的敏感性能加强经济的灵活性和弹性。生产要素的流动是对机会的反应，相对广泛的收入分配对产品需求和工作的激励具有重要的影响。经济发展中明显的利益趋向导致了一系列鼓励技术和组织革新的政策的出现，同时也加速了资本的形成。如果没有这些制度，制造业的发展将会受到很大限制，这些恰当的制度形式本身正反映了当时对社会经济目标的一致意见。[1]

这两段文字尽管提到了促成美国19世纪经济增长的诸多原因，但不容忽视的是“鼓励投资和创新的正确机制”“从新工艺和新产品的产权中赢利的机会”“一系列鼓励技术和组织革新的政策”以及“资本的形成”。这也意味着，立宪政体与法治提供了稳定的产权保护和经济自由度，因而更能塑造正确的激励结构，确保社会剩余能够变成源源不断的新增投资，使得可持续的经济增长成为可能。此外，跟英国相比，美国创设的更完善的专利制度也构成了动

1 斯坦利·L.恩格尔曼、罗伯特·E.高尔曼主编，《剑桥美国经济史（第二卷）：漫长的19世纪》，王珏、李淑清主译，中国人民大学出版社，2008，第287页。

态的产权保护机制的重要方面。有研究这样强调法律与宪法性规则对美国 19 世纪经济增长的重要性：

> 19 世纪的法律以及自由的环境使中产阶级企业家的能力得到了发挥……美国 19 世纪经济快速增长的制度框架的构筑，不仅为个人也为群体行为提供了激励……
>
> 从宪法通过到 1860 年，基于共和主义对集权、垄断和腐败的担心，新的联邦制构建了一个权力分散的公共空间。在这个空间内，合同、财产和宪法性规则为促进自由资本主义、保护大多数生产者的利益提供了动力。[1]

在《落后之源：诠释拉美和美国的发展鸿沟》一书中，弗朗西斯 · 福山及其合作者认为，1700 年前后拉丁美洲和英属北美的经济发展水平还相差无几，甚至拉丁美洲更有资源优势，但后来美国就把拉美远远甩在了后面，主要原因恐怕在于，跟拉美国家相比，美国塑造了更有利于经济持续增长的政治制度与公共政策。[2]

从英国到美国，立宪政体与法治促成了工业革命的启动，并使得持续增长成为可能。这也逐渐改变了历史学家论述历史时惯常的叙事结构。在工业革命之前，人类历史上的重要人物，固然有不少思想家、科学家与文人，但大部分杰出人物不是君主就是将军，他们本质上都是政治精英或武装精英。甚至是越伟大的君主，往往就是杀人越多的君主，就是征服其他人领土越多的君主。这几乎成了

1 斯坦利 · L. 恩格尔曼、罗伯特 · E. 高尔曼主编，《剑桥美国经济史（第二卷）：漫长的 19 世纪》，2008，第 315—316 页。

2 弗朗西斯 · 福山编，《落后之源：诠释拉美和美国的发展鸿沟》，刘伟译，中信出版社，2014。

历史叙事的一般价值观。这就证明了政治精英在人类历史上的较长时间里都是居于主导地位的，而工商精英跟他们相比，几乎是不值一提的。拿中国来说，一部《二十四史》的主角就是帝王将相，只有极少篇幅会提到古代社会的思想家、科学家和工商企业家。

只有在法治化的工业革命时代，工商精英才成了历史叙事的重要组成部分。以美国史来说，20 世纪初的福特、摩根、洛克菲勒以及最近三四十年的盖茨、贝佐斯和马斯克，都是不可或缺的人物，都是一个个经济时代或一场场技术革命的领导者。他们的成就，都不是在非生产性活动领域，而是在生产性活动领域。他们不是武装精英，而是工商精英。在前法治社会，要评价一个历史人物，往往是“数人头”，即他杀过多少人，征服过多少土地；如今则变成“货币竞赛”，变成了他创造了多少财富，推动了多少科技进步，给社会包括普通人带来了多少价值。

所以，工业革命从根本上改变了人类历史演化的路径，也改变了许多雄心勃勃的年轻人的出路和流向。在前工业革命时代，如果一个年轻人雄心勃勃，他大概只能选择进入军政系统，而工业革命为雄心勃勃的年轻人在工商界、生产经营领域、技术领域、金融领域提供了大展身手的发展机会。

工业革命与古今政治的转换

18 世纪晚期到 19 世纪早期首先在英国发生的工业革命，以及由此促成的西方的兴起，不仅改变了英国和西方，而且也改变了整个世界。无论对西方还是对整个世界来说，工业革命的影响可以说是史无前例的。

经济、军事与科学革命

对英国和西方世界来说，工业革命既是一场经济的、市场的和产业的革命，又是一场军事革命，还是一场新的科学革命。工业革命的直接经济影响是经济总量呈现出数十倍的扩张、生产率的大幅度提高以及人们生活水平前所未有的改善。在市场规模和资源配置方面，工业革命使得原先小规模的、地方性的市场以及自给自足的经济，变成了区域性的、全国性甚至全球性的大规模市场以及为市场而生产的商品经济，资本、土地、原材料、劳动力等要素与资源开始在更大范围内进行流动和优化配置。这不仅有利于改善资源配置的效率，而且有助于全国性的乃至全球性的市场整合。至于在技术上，从第一次工业革命中的纺织机械革命、蒸汽机革命、工业机器革命、轮船革命、火车革命等，到第二次工业革命中的钢铁与金属革命、电力革命、重型化工革命、内燃机与汽车革命等，再到20世纪中叶以来的电子革命、计算机革命、原子能革命、空间技术革命、生物医药革命、互联网革命、移动通信革命等，所有这一切都彻底改变了人类的技术能力与技术约束条件。一句话，工业革命给人类社会创造了一个新世界。

根据麦迪森的估算，工业革命爆发后的一个世纪中，按1913年的数据，欧洲及其衍生国（美国、加拿大、澳大利亚、新西兰等）的GDP已经占到全球GDP的三分之二强，或68.2%，参见表11.2。这些数据确定无疑地彰显了西方世界的兴起及其在世界范围内的领先优势。

古代战争常常更依赖于一个国家的战争组织方式及其主要将领的指挥作战能力，现代战争则更依赖于一个国家的工业与技术能力。跟传统帝国相比，以英国为首的西方世界由于工业革命带来的

表 11.2　西方世界的 GDP 及其与世界其他地区的比较：1820—1990

（单位：10 亿　1990 年国际元）

年份	欧洲和西方衍生国	拉丁美洲	亚洲	非洲	全世界	西方占世界的比例
1820	238.1	14.1	411.2	31.0	694.4	34.3%
1870	611.5	27.9	422.2	40.2	1101.7	55.5%
1913	1845.9	121.7	664.2	72.9	2704.8	68.2%
1950	3732.3	423.6	985.7	194.6	5336.1	69.9%
1990	15,348.9	2239.4	8627.8	859.8	27,076.0	56.7%

（资料来源：安格斯 · 麦迪森，《世界经济千年史》，2003，第 166 页。该表根据原表的数据制作，略有调整。）

工业与技术能力，使得它们可以控制更高等级的能量和更强的战争技术，从而获得了其他传统帝国所不具有的武力优势。上一节曾讨论过，在自工业革命之后的一个世纪里，英国基本上战胜了欧亚大陆的所有主要帝国，包括俄罗斯帝国、大清帝国、莫卧儿帝国、奥斯曼帝国等。保罗 · 肯尼迪认为，工业革命与技术力量到了 19 世纪就开始对战争和世界格局产生决定性影响。他这样说：

> 产生于工业革命的技术，开始对军事和海战产生影响。但是，变化要比常人有时所描述的缓慢得多，只是到了那个世纪（19 世纪）的下半叶，铁路、电报、速射武器、蒸汽动力、装甲战舰，才真正成为军事力量的决定性的标志。……技术变化和产业革命的双重力量正在陆地和海上稳步地产生影响，同时还在影响着列强相对的力量。
>
> 可是所有这些战争……都说明了一个总的结论：战败国是那些没有进行 19 世纪中期的“军事革命”，没有取得新武器，没有动员和装备庞大的军队，没有使用铁路、轮船和电

> 报提供的先进的交通和通信，没有供养武装部队的生产性工业基础的国家。[1]

肯尼迪的结论是，战争的主动权和国际格局的力量已经开始向掌握工业能力与新技术的国家倾斜。实际上，这种工业与技术能力对战争的决定性影响，一直延续到今天。

当工业革命跟科学革命的前沿成果相结合以后，人类仿佛能够逐步解码“上帝创世”背后的全部秘密了。随着工业革命的深入，当工厂化的工业与制造能力，跟研究型大学的基础科学研究以及高科技企业的研发部门结合以后，人类既能在科学上不断深化对万事万物的理解，又能在技术上为创造新工具、新技术提供无限的可能性。这就从根本上改变了人类与自然的关系，大大解放了人本来面对的诸种技术约束条件。工业革命发生之后，随着大型企业组织的兴起，人类社会更是逐渐步入了一个以系统的组织方式来从事知识创新的全新时代。这使得人类科学进步和知识创新的方式发生了巨大变化——由消极模式变为积极模式，由个人创造改为组织创造，由偶然发现转向系统研究。

这样，工业革命与科学革命的结合从根本上改变了人类的生产和生存方式。英国著名哲学家卡尔·波普尔认为，人类社会发展的本质在于科学知识的有效积累。[2]就这个视角而言，在工业革命之后，人类的经济发展本质上就变成了一个由可持续的科学革命及其产生的科学知识驱动的不断积累的过程。比如，太阳照射地

1 保罗·肯尼迪，《大国的兴衰：1500—2000年的经济变革与军事冲突》（上），王保存等译，中信出版社，2013，第148、198页。括号内文字为笔者所加。

2 卡尔·波普尔，《猜想与反驳：科学知识的增长》，傅季重等译，上海译文出版社，1986。

球数十亿年，这是人类有史以来就时刻面对的事实与经验。然而，能够看到阳光的背后有太阳能，并能收集、转换、利用太阳能，这是新的知识和技术的出现带来的。这种新的知识和技术的背后，是科学的不断进步。

再比如，硅是自然界广泛存在的一种元素，但直到 1823 年才首次实现提纯。起初，硅只是一般地运用于建筑材料等领域，但 20 世纪中叶计算机革命出现之后，半导体成为整个计算机产业与电子产业的基础和核心，硅作为主要的半导体材料竟然有了特殊的重要性。本来，作为化合物的硅普遍地存在于自然界。让古人无法想象的是，硅提纯以后就具有了半导体的性质。所谓半导体（semiconductor），就是电导率在绝缘体至导体之间的物质。随着电子产业和计算机产业的发展，半导体又成了核心元器件。如今，没有半导体，就没有电子产业和计算机产业。过去谁都无法想象，硅这种自然界本来就有的元素竟然埋藏着半导体的秘密。这也是科学革命的力量。

英国政治模式的胜出

对英国和西方来说，工业革命还成了这些国家制度演化乃至政治革命的催化剂。本书第九章既分析了英国政体从封建主义到立宪主义的演化，又讨论了欧洲绝对君主制与立宪君主制的分野。然而，即便是到了 1688 年英国光荣革命之后，甚至是 18 世纪中叶工业革命前夕，尽管今天主流的政治观念倾向于认为那时的英国政治模式已经具有显著的优势——因其能够实现既塑造利维坦又约束利维坦的双重目标，但并没有哪个思想家能准确预见，英国模式将在接下来两个世纪的政治演化锦标赛中胜出。

实际上，英国模式此时还面临着两方面的挑战：其一，即便英国立宪政体是当时较优良的政治模式，但英国毕竟是一个规模不大的国家。如果只考虑英格兰，面积仅有约 13 万平方公里，仅略大于中国福建；即便考虑今天的大不列颠岛及北爱尔兰联合王国，面积也仅为约 24 万平方公里，仅略大于中国广西。这样的国家，如果在工业、技术和军事能力上不实现革命性的突破，一旦遭遇更大规模的君主制帝国或王国的军事进攻，能否自保都还是一个问题，更不要说能否征服大规模的君主制帝国或王国了。其二，从中世纪晚期到近代早期，欧洲一直存在着两种模式的竞争，即以英国为代表的立宪君主制与以法国、普鲁士为代表的绝对君主制。今天回头看，孰优孰劣似乎一目了然，但这两种模式当时尚未分出胜负。

工业革命首先发生在英国——工业革命本身就是立宪政体与法治的产物——使得英国到 19 世纪中叶时已经获得了经济与技术上的极大优势。表 11.3 展示了英国与世界主要经济体相对经济发展水平的变化，英国一度成了遥遥领先于欧洲和全球其他经济体的最发达国家。这种领先产生了两个直接后果：一是英国的立宪政体由于工业革命的发生而得到了极大的巩固，立宪政体与经济绩效之间形成了良性循环；二是英国开始成为西方体系内部的典范国家，至少在经济和技术上开始成为其他国家效仿的榜样。在欧洲，由于工业革命的发生，原先立宪君主制与绝对君主制的分野及其竞争实际上已经分出胜负。再加上美国、加拿大、澳大利亚、新西兰四个西方衍生国其实主要是英国的衍生国，以及英国后来的全球殖民，不仅拥有了更强经济与技术能力的英国后来成了全球领导者，而且英国的政治制度与法律规则成了全球范围内最具影响力的制度与规则。

表 11.3　英国与世界主要经济体人均 GDP 的比较: 1500—1998 年

（单位: 1990 年国际元）

	1500	1700	1820	1913	1950	1998
英国[a]	762	1405	2121	5150	6907	18,714
法国	727	986	1230	3485	5270	19,558
意大利	1100	1100	1117	2564	3502	17,759
荷兰	754	2110	1821	4049	5996	20,224
葡萄牙	632	854	963	1244	2069	12,929
西班牙	698	900	1063	2255	2397	14,227
中国	600	600	600	552	439	3117
印度	550	550	533	673	619	1746
印度尼西亚	565	580	612	904	840	3070
巴西	400	460	646	811	1672	5459
墨西哥	425	568	759	1732	2365	6655
美国	400	527	1257	5301	9561	27,331
爱尔兰[b]	526	715	880	2736	3446	18,183

(a) 1500—1913 年的数据包括英格兰、苏格兰和威尔士，1950 年和 1998 年的数据包括北爱尔兰；

(b) 1500—1913 年的数据包括所有爱尔兰，1950 年和 1998 年的数据包括爱尔兰共和国。

(资料来源：安格斯 · 麦迪森，《世界经济千年史》，2003，第 82 页。)

所以，工业革命是英国政治模式最终胜出的决定性因素。英国模式的决定性胜利，又驱动西方世界从 18 世纪晚期到 19 世纪发生了立宪主义、民主主义导向的政治革命。如果说立宪政体引发了工业革命，使得工业革命成为可能，那么工业革命又反过来强化和巩固了立宪政体，并引发了西方以及后来世界更大范围内的政治革命。

社会结构的剧变

工业革命还给英国和西方世界的社会结构带来了革命性的剧变。工业革命之前，人类数千上万年以来都处在农业社会。从产业上看，农业是一个社会的支柱性产业，工业和服务业仅占据较次要的位置。从就业上看，绝大部分人口均从事农业，散居在农村地区，仅有少部分人口从事工业、服务业或在公共部门任职，也仅有少部分人居住在城市。由于生产率水平较低，生活在农业社会的人们普遍仅有着较低的生活水平，整体社会剩余也比较有限。实际上，无论是在英国、西欧，还是在其他国家，这是前工业社会的普遍生存状态。然而，工业革命改变了这一切，先是工业作为支柱性产业的崛起，然后是就业人口从农业部门向非农业部门的大规模转移，就业场所的工厂化和生活的城市化，以及人们生活水平的普遍提高和社会剩余产品的极大提升。

产业结构的调整、就业结构的改变、工厂化的出现以及城市化的兴起，使得英国与西方世界的社会结构和社会形态发生了根本性的变化。普通民众向工厂组织大量集聚并集中居住于城市的社区，大幅改变了人与人的连接方式、沟通方式和组织方式，并使得便利的组织和动员成为可能。在这种背景下，城市，犹如古典时期的城邦国家或中世纪的城市共和国，再次成为公众能参与公共生活的政治空间（political space）或政治场域（political arena）。特别是，当部分或全体民众获得政治参与的权利之后，城市政治、广场政治有可能会创造出完全不同于农业社会的新的政治形态。总体上，这种社会结构的剧变对普通民众较为有利，因为它使得普通民众的组织和动员变得更加便利。当然，更为复杂的是，由于个体连接方式的改变和政治空间的改变，政治组织与动员的整体方式也在发生重大的变化。这一方面使得后续的现代民主兴起成为可能，另一方面也导致了全能主义等新型的政治控制与组织方式的出现。

现代世界的诞生

工业革命对世界的影响是根本性的，而且这种影响后来就超出了英国和西方的范围。从人类政治演化的视角来看，英国与西方的兴起是一个漫长的过程，但只有当工业革命发生以后，英国与西方的兴起才得到了最终确认。正是这一点从根本上改变了西方与世界其他地区的力量对比，也改变了世界其他国家面临的国家间竞争系统的性质与类型。简而言之，工业革命对世界其他国家与地区的影响主要在于以下几方面。

第一，在经济、生产与技术领域，英国与西方世界由于工业革命的发生而完成了兴起，西方成了领先者，而非西方世界成了落伍者——无论其他非西方的传统帝国与王国在历史上曾经有过怎样的辉煌。对后者来说，如何尽快在经济与技术上实现工业化和现代化就成了一个紧迫的问题。

第二，英国与西方世界的兴起，代表了一整套完全不同的制度与规则的兴起、价值与观念的兴起，甚至是文明模式与类型的兴起。所以，对世界其他地区来说，它们面临的挑战绝不仅仅是器物与技术层次的，更是制度与规则层次的，甚至是价值与观念层次的。当它们原先的制度与规则、价值与观念不足以应付工业化时代的新局面和新挑战时，它们又该何去何从，就成了一个问题。

第三，经由工业革命，西方不仅再造了自身，也再造了新的世界体系与国际规则。实际上，今天的现代世界就是西方人在过去两个多世纪或几个世纪中创造出来的。从地理大发现到近代早期的全球化，这主要是一个西方发现世界的过程，而非世界发现西方的过程。此后，西方实际上是以自己的规则与观念创造了一个全新的“现代世界”。

对非西方世界来说，工业革命的发生以及英国与西方世界的兴起是一把“双刃剑”。从消极的方面看，传统的非西方世界不仅远远落后于工业化的英国与西方世界，而且在竞争与冲突中绝非西方世界的对手，常常是战争失败的一方，许多国家与地区甚至沦为了英国与其他西方国家的殖民地。

从积极的方面看，非西方世界恰恰就以这种意想不到的方式被卷入或加入了这一史无前例的全球化过程。到 19 世纪为止，以英国为代表的西方已经极具创造性地发展出一种全新的政治经济模式，并逐步将其扩散至全球。这一模式的特殊性恰恰在于，它是一整套哈耶克意义上的“可扩展的人类合作秩序”。姑且不论殖民与强制因素，这种秩序之所以更容易在全球范围内扩散，主要是因为这种秩序具有以下三个要点：

> 第一，它自身是一种更有效率或文明程度更高的政治经济秩序，且相比于当时其他国家的人类合作秩序具有显著的优势；第二，这种政治经济秩序经由首创国家或先进国家实践与扩散，容易被其他国家或相对落后的地区学习与模仿，并能有效提升后进模仿者自身的现代化水平；第三，当这种政治经济秩序在更大范围内扩散之后，其所辐射的国家或地区，可以基于这种政治经济秩序，形成一种更大规模、互为有利的地区性或全球性的合作网络。[1]

1 包刚升、王志鹏，《全球领导者的三要素：从历史看未来》，《复旦国际关系评论》（集刊）第 27 辑，上海人民出版社，2020，第 78—98 页。

综合来看，工业革命成了古代政治与现代政治之间的分水岭，或者说工业革命是古代政治的终结者与现代政治的开启者。在17—18世纪之前，尽管人类政治已经经历了漫长而复杂的演化过程，尽管欧洲已经经历了从罗马帝国到封建主义再到英国立宪主义政体逐渐形塑的过程，但无论是在欧洲大部分国家，还是在世界其他地区，君主统治模型依然占据着主导地位，帝国依然是欧亚大陆最重要的支配性政治体。由于更适合统治大规模的地理疆域，君主统治模型下的帝国往往具有更大的资源整合能力，最终表现为拥有更大规模和更具战斗力的军队。君主统治模型与帝国模式即便有着许多缺点，但由于规模优势，仍然在欧亚大陆的国家间竞争系统中占据着优势。

如果不是英国率先启动工业革命，上述局面估计还会持续下去。即便英国立宪政体到18世纪已经展现出了更大的优势，但如果不是经济、工业与技术能力的十倍或数十倍的跨越，英国与西方世界还很难打破大型帝国对于人类政治的支配。所以，立宪政体以及后来的民主政体的胜出并非必然，率先发生在英国与西方世界的工业革命才是传统帝国与君主统治模型的终结性力量。如果把君主统治模型与帝国模式界定为人类古代政治的基本特征，那么可以说，工业革命是古代政治的真正终结者。

工业革命还使得英国与西方世界逐渐发展成了充分现代化的社会。正如上文讨论的，工业革命对率先启动它的西方世界来说，既是一场经济与技术革命，又推动了制度与政治革命，还促成了社会结构的革命。所有这些变革综合起来，就再造了一个与18世纪之前完全不同的西方。作为第一个先发展国家或原发型的工业化国家——一般又被称为第一波现代化国家，英国引领了整个欧美世界的发展。随后，荷兰、美国、法国、普鲁士等国家陆续开始模仿英国走过的路，它们就成了第一点五波或第二波现代化国家。而后，这种革命性的影响又波及到了中欧、东欧、拉美、东亚等地区和国家。总体上，由于西方其他国家对英国的模仿和对工业革命的参与，西方世界作为一个整体既完成了自身的兴起，又拥有了全球范围内相对于其他传统帝国与未开化地区的支配性力量。在政治上，西方世界完成了脱胎换骨的转型过程，王权时代开始消逝，立宪时代和随后的民主时代开始来临，从古代政治向现代政治的根本性转换逐渐得以完成。

西方世界的这些急剧变化，也引发了世界其他地区与国家的模仿和追随。无论是传统帝国，还是原本尚未开化的部落社会，只要它们接触到西方并跟西方世界产生互动，几乎无一例外都要被卷入这一英国率先开创的现代化进程。非西方世界随后的政治经济变革大体上受到了三种力量的驱动：一是传统社会求新求变甚至是救亡图存的动力；二是英国与西方向全球进行军事扩张乃至殖民的动机；三是英国与西方资本和市场力量的不断扩张，试图把世界其他部分纳入西方主导的全球化体系的动机。所有这些都使得追求工业化和现代化成了世界其他地区和国家的唯一选择。工业化和现代化又需要一定的政治条件，而原先的君主统治模型与帝国模式已经成为非西方世界追求工业化和现代化的制度障碍。因此，政治与制度上的变革又成了它们内在的要求。

这些国家在政治演化上只有向更高的阶段跨越，才能免于被世界淘汰的命运。当然，考虑到国内政治与国际政治的复杂互动，上述逻辑往往容易在许多传统帝国与王国造成严重的政治与社会危机，它们常常不得不经历一个极其复杂而艰难的政治过程，才能走上一条寻求经济与政治现代化的道路。但无论怎样，这些国家与社会最终都必须告别古代政治，选择走现代政治之路。所有这一切，都可以被视为工业革命引发的一系列后果。

文明范式的竞争、切换与演化

在人类政治演化史上，英国与西方在近代的兴起并不同于过往的许多帝国、强权或文明。无论是蒙古帝国或奥斯曼帝国，还是大清帝国或莫卧儿帝国，尽管它们各具特色，但总的来说，它们还是处在君主统治模型与农业社会的大框架下，在许多更根本的方面是相似的——即便它们在具体生产方式（游牧还是农耕）、军事技术（骑兵还是步兵）、政教关系、官僚制的运作方式等诸多方面存在着差异。就此而言，这些帝国都曾是工业革命之前旧模式下政治锦标赛的优胜者。

然而，18—19世纪英国与西方的兴起则完全不同，它们创造了一种新模式。这种模式的基本特征包括：一是政治上的立宪政体，二是经济上的工业革命，三是国际上的全球化。进一步说，这种模式还意味着持续的经济增长、科技创新和生活水平的提升。在这种模式下，个人和政治团体获得了前所未有的政治自由度，工商业组织也获得了前所未有的经济自由度，不同国家与社会首次因为市场与合作的方式逐渐实现了区域性的或全球性的紧密连接。所以，西方世界的这种新模式是人类政治演化过程中一种新的政治经济发明。

何谓文明范式？

本书将近代英国与西方兴起的这种新的政治经济发明——或者一种新的政治经济模式——称为一种新的文明范式（civilization paradigm or civilization model）。“范式”这个词对应的英文一般是paradigm，但本书将在更宽泛的意义上使用“范式”这个中文概念，其对应的更恰当的英文应该是 model，即模式。所以，这里所用的文明范式，其实更接近于文明模式的概念，但由于“文明”与“模式”连用在中文学术界已经有许多不同的含义，故本书采用“文明范式”这一比较新鲜的概念。

“范式”这一概念的兴起与流行，跟美国科学哲学家托马斯·库恩的名著《科学革命的结构》有关。库恩主要在科学、研究或哲学意义上界定范式的概念。在库恩看来，范式“意欲提示出某些实际科学实践的公认范例——它们包括定律、理论、应用和仪器在一起——为特定的连贯的科学研究的传统提供模型”。简而言之，范式不仅定义了一个学科或一种研究的基本问题意识，而且还定义了解决问题的基本路径与方法。一般来说，一种成功的范式具有两个基本特征：一是能够吸引大量的追随者，使其遵循此种范式，而非别的范式；二是这种范式还为许多追随者留下了大量有待解决的问题。[1]

基于库恩的研究，在科学和哲学中，范式是一套比较独特的概念或思维模式，包括一系列的理论、研究方法、预设，以及在某一领域何谓有效学术贡献的标准。在库恩之后，《牛津哲学词典》这样总结他的范式概念：

> 库恩认为，某些科学著作，如牛顿的《原理》或约翰·道尔顿的《化学哲学新体系》（1808 年），提供了一个开放式的资源：一个由概念、结果和程序构成的框架，随后的工作则是在这样的框架内进行的。常规科学（normal science）是

1　托马斯·库恩，《科学革命的结构》（第四版），金吾伦、胡新和译，北京大学出版社，2012，第 8 页。

在这样一个框架或范式内进行的。范式并不强加一种僵硬或机械的方法，而是或多或少可以采取创造性和灵活性的做法。[1]

进一步说，在库恩看来，“科学革命”就是“一种范式通过革命向另一种范式的过渡”。[2]随着诸种条件的变化，旧范式可能会衰落，新范式可能会兴起，这时就会迎来所谓范式转换（paradigm conversion）或范式切换（paradigm shift）。库恩把哥白尼天文学革命、拉瓦锡化学革命等都称为范式转换。当范式转换以后，科学家与学者即便面对着同样的世界，但他们却有着完全不同的问题意识、前提预设、理论路径、研究方法与解决问题的方案。所以，在库恩的理论世界中，新旧范式有可能发生竞争，当新范式取代旧范式时，就发生了范式转换或范式切换。

显然，这里对范式的界定主要是科学、研究与哲学意义上的。然而，范式对应的英文单词 paradgim，起源于古希腊语，原意是模式、典范、样本（pattern、example、sample）。《牛津英语词典》也不是单纯地从科学、研究或哲学意义上来界定范式，而是把范式定义为“一种模式、模型、典范；某样事务的一个案例，即例子”。因此，在更宽泛的意义上，笔者在这里把范式界定为政治经济社会现象中的某种模式或模型。

文明范式与“权力–资源–绩效”系统

基于上述讨论，这里界定的文明范式，是指不同文明在政治

1　Simon Blackburn, *The Oxford Dictionary of Philosophy*, Oxford: Oxford University Press, 2008, p.267.

2　托马斯·库恩，《科学革命的结构》（第四版），2012，第 10 页。

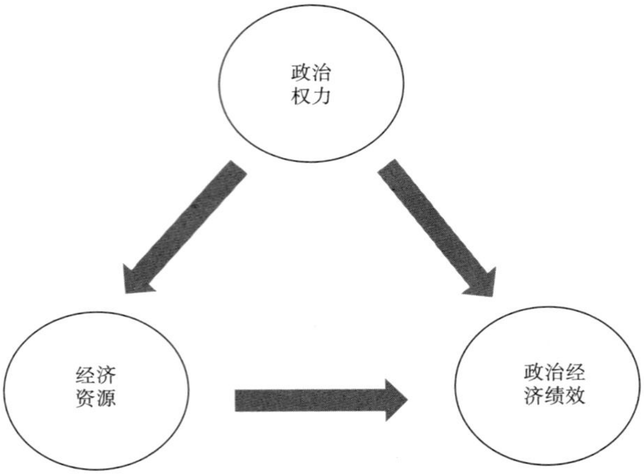

图 11.2　文明范式与“权力–资源–绩效”系统

或政治经济意义上的基本类型，特别是“（政治）权力–（经济）资源–（政治经济）绩效”系统上的不同类型或不同组合，参见图 11.2。如果一种文明在政治或政治经济上的基本类型呈现出与其他文明不同的特征，那么就构成了一种文明范式。文明范式实质上可以被理解为“权力–资源–绩效”三者的关系。在这三者中，政治权力的性质与类型往往又具有优先地位。正如本书在前面讨论的，政治权力具有权威性、强制性、扩张性与渗透性等基本特征。对于财富等经济资源以及其他社会资源，政治权力除非受到限制，否则就拥有处置财富与资源的不受约束的力量。这种政治权力与经济资源的关系，在很大程度上决定了一个国家或社会的政治经济绩效。无论是政治秩序的稳定或有效与否、军事能力的高低，还是经济繁荣或衰败，都是由这一政治权力–经济资源的系统决定的。

上述讨论揭示的是，“（政治）权力–（经济）资源–（政治经济）绩效”系统构成了一个国家文明范式的基本特征。而不同国家与社会的“权力–资源–绩效”系统的差异主要在于三个方面：一是权力维度，即政治权力的性质与类型，主要是指政治权力在不同政治行为者之间的分配与分享方式、政治权力是否受制约、政治权力的纵向一体化程度；二是资源维度，即经济资源的自主性、自由度及其在不同部门间的分配，主要是指经济资源在多大程度上受制于政治权力的意志、经济资源的可组织与可动员程度、经济资源在生产性活动与非生产性活动之间的配置、经济资源配置的自由程度以及自由流动的范围；三是绩效维度，即政治经济绩效的高低，这里既是指一个国家政治秩序上的稳定性与有效性、军事系统的战斗力与竞争力，又是指一个国家整体经济的效率、经济增长的速度与可持续性、科技进步的可能性与持续创新的动能等。

范式切换：立宪主义范式的胜出

如果以文明范式的视角来理解人类政治演化，那么分析单位就不再是一个个国家或帝国，而是种种不同的文明范式。不同国家或帝国之间的主要差异，不在于具体特点的不同，而在于它们在文明范式上的差异。反过来说，如果两个国家的文明范式是相似的，那么即便两者之间还存在诸多差异，就文明范式的理论视角来看，它们之间的共性也要远多于它们之间的差异。以这种理论视角来看，人类政治演化可以被视为一种不同文明范式生成、兴起、竞争和进化的过程。一种文明范式如何生成、为何兴起，自然有其深刻的逻辑，不同的地理、人口、技术条件或许在其中扮演着关键角色。当不同文明范式共处一个地理空间或发生碰撞时，就会发生文明范式的竞争。不同文明范式兴起的时间次序并不必然代表它们的优劣，甚至一种文明范式跟现代价值观相吻合的程度并不必然代表它的优势。在更文明化的国际政治规则兴起之前，不同文明范式之间的竞争在根本上仍然表现为军事竞争。文明范式的兴衰，主要取决于一种文明范式在跟其他文明范式的军事竞争上是否拥有优势。当一种文明范式取代另一种文明范式时，就会发生文明范式的转换或切换，这就是新旧文明范式的交替时刻。

到18世纪晚期英国启动工业革命的时刻，人类经历了几种主要的文明范式：君主统治范式、古典民主范式、古典共和范式、封建主义范式与比较晚近在英格兰首先兴起的立宪主义范式。君主统治模型是人类历史上一种主要的文明范式，并且长期占据人类政治演化的支配性地位。就文明范式三要素而言，君主统治模型的基本特征是：（1）在政治权力方面，政治权力能实现较大地理疆域规模的征服和整合，实行一人统治，权力至高无上且不受约束；（2）在经济资源方面，经济资源最终来说由政治权力支配，社会剩余常常在政治权力支配下转化为统治租金；（3）在政治经济绩效方面，由于能够实现广大地理疆域范围内的动员，往往能够组建起较大规模的军事力量，但在经济上难以突破马尔萨斯陷阱，或者说难以实现可持续的经济增长与创新。

就文明范式的竞争而言，君主统治模型尽管有诸多缺点，但跟古典民主模型相比，它往往更能组织起较大规模的军队。所以，尽管以今天的标准来看，古典民主模式的政治文明程度更高，但由于政治共同体规模的约束，古典民主模型一般来说在军事上不是大规模君主国或帝国的对手。就文明范式的视角而言，古典共和模型的问题是类似的，古典共和政体起初是一种适合城邦政治的政体类型，其元老院与公民大会普遍的、经常性的政治参与的特点，决定了它无法在古代世界的约束条件下实现大规模领土范围的均质化统治。结果是，当古典共和政体发展出较强的军事力量，并实现较大地理疆域范围的征服之后，共和政体很快就遇到了统治模式上的危机。就罗马共和国这一个案而言，由于内外压力的交织，当罗马变成一个地理疆域广大的国家之后，其古典共和模型作为一种统治秩序或文明范式，已经无法适应新的政治需要。结果，罗马共和国很快就转型为某种程度上的君主统治模型。假如罗马共和国不转型或不蜕变为君主统治模型，在古代世界的技术条件下，共和政体完全有可能无法维系如此庞大的统治疆域。所以，古典共和范式也不是君主统治范式的对手。

公元7—8世纪逐渐兴起于西欧的封建主义范式，乃是在西罗马帝国瓦解和蛮族频繁入侵的双重压力下逐渐兴起的。就文明范式的演化而言，西欧封建主义应该是一种新范式——尽管中国西周时期盛行的分封制跟西欧封建主义有一定的相似性，但两者的差异仍然是显著的。在欧洲当时的情境下，封建主义范式不失为一种应对危机的有效模式。就文明范式的三要素而言，封建主义范式的基本特点是：(1)在政治权力方面，封建主义的权力体系是分散化的，取代纵向一体化中央集权国家的，是一系列领主与附庸之间多层次的权力分享机制，君主与各级领主在自己的直属领地拥有较大的自由裁量权，但只要超出这个范围就受到一系列封建契约与惯例的约束；(2)在经济资源方面，封建体制的经济资源是高度依附于政治-军事安排的，通常控制武力的阶层也控制着土地与主要的经济资源；(3)在政治经济绩效方面，封建君主往往只能组织相对规模较小的军队，因为其政治经济模式限制了其动员能力和动员范围，其经济绩效则在较大程度上受制于封建庄园式的、时常需要服从于军事需要的自足自给模式。在公元8世纪法国加洛林王朝兴起之后，封建主义模式就在西欧、中欧甚至东欧地区扩散，并逐渐成为欧洲主体部分的支配性统治模式。欧洲封建主义面对的挑战主要来自两个方向：一是巴尔干、地中海与中东地区；二是东欧以东的草原地区。综合来看，尽管东欧、东南欧以及伊比利亚半岛不时遭到邻近君主国或帝国的入侵与占领——这种分散化的封建体制有时在武力上很难抵御势力强盛的大规模中央集权君主制国家的入侵，但由于种种机缘，西欧和中欧地区直至民族国家兴起之前长期维持着封建主义模式。

倘若要直接比较君主统治范式与封建主义范式，或者让这两种范式进行直接的、面对面的竞争，那么封建主义范式在军事上胜出的概率不会很大。原因就在于，君主统治范式往往能够进行更有效的武力资源的组织和动员。这样，从逻辑上讲，封建主义范式就不是君主统治范式的对手。但真实的历史演化过程要比逻辑推演更为复杂，地理条件、技术条件与偶然因素等都在其中扮演着重要角色。欧洲历史演化的实际路径是，大部分国家逐渐从封建主义转型为绝对君主制模式，即某种程度的君主统治范式；少数国家则逐渐从封建主义转型为立宪君主制模式，而这是一种新的文明范式，即立宪主义范式。

实际上，在立宪主义范式兴起之前，君主统治范式一直是人类社会的支配性模型。就不同范式的竞争与比较而言，君主统治范式尽管存在诸多问题，但它更有可能在广大地理疆域范围内进行有效的资源动员，进而能组织一支大规模的军队。这就使得古典民主范式、古典共和范式、封建主义范式很难与之进行竞争。这也进一步佐证了第七章讨论的问题，即为什么君主制能成为一种长久的支配性模式。

但立宪主义范式的兴起打破了君主统治范式的支配性局面。在欧洲政治进化史上，从封建主义向立宪主义的转型，是一种重要的范式转换或范式切换。正如本书前文讨论的，英格兰的立宪主义政体发端于13世纪的《大宪章》，然后经历了长达数百年的演化，至

1688 年光荣革命而得以正式确立与巩固。本书将 1688 年英国光荣革命至 19 世纪上半叶现代民主兴起之前的这一时期称为“立宪时代”。自英国开创立宪主义模式以来，西欧与北美的其他西方国家开始陆续仿效，逐渐开启了立宪主义模式取代君主统治模式的潮流。

那么，为什么立宪主义范式会在文明范式锦标赛中超越统治人类数千年的君主统治范式呢？这是因为立宪主义范式拥有跟其他范式差异很大的“权力–资源–绩效”系统。简单地说，就文明范式的三要素而言，立宪主义范式的基本特征是:（1）在政治权力方面，君主或国家的政治权力受到明确的约束，贵族与平民的生命权、财产权与自由权得到相当的保障;（2）在经济资源方面，经济资源获得了相对于政治权力的自主性与自由度，不再受制于政治权力的任意支配;（3）在政治经济绩效方面，立宪主义范式由于保护产权和鼓励经济自由，进而引发了工业革命，推动了经济与技术能力的大幅提升，并使持续经济增长与创新成为可能，而这又带动了新的军事技术革命，军事能力大幅提升。当然，需要指出的是，立宪主义与法治固然是引发工业革命的决定性变量，但在 18 世纪晚期之前，英国与欧洲的民族国家构建也部分地为工业革命提供了政治条件，英国与欧洲的其他经济和制度因素当然也是工业革命的推动因素，包括人口增加、农业部门效率的改善、资本主义经济方式的兴起、商业革命与金融创新的不断涌现、科学革命解放了人的头脑等。

正是由于工业革命和军事革命的发生，立宪主义范式具备了战胜君主统治范式的能力与优势，使得本来就问题重重的君主统治范式由于丧失了武力优势而风光不再。这样，立宪主义范式就逐渐取代了君主立宪范式。从历史经验来看，无论是近东或中东的奥斯曼帝国，还是远东的大清帝国，一旦英国和西方在立宪主义范式下启动了工业革命，前者的君主统治模型就不再是后者的对手。最后，这些传统帝国会发现，只要不从根本上废弃君主统治模型，不走立宪政体道路，它们就无法创造一个现代性的社会。基于上述分析，本书将民主时代之前三种最具代表性的文明范式做了简要总结，参见表 11.4。

表 11.4 民主时代之前三种主流文明范式比较

要素＼范式	君主统治范式	封建主义范式	立宪主义范式
政治权力	政治权力能实现较大地理疆域规模的征服和整合，实行一人统治，权力至高无上且不受约束	权力体系的分散化，领主与附庸之间多层次的权力分享机制，君主与领主在自己领地拥有较大自由裁量权，但同时要受到一系列封建契约与惯例的约束	君主或国家的政治权力受到明确的约束，贵族与平民的生命权、财产权与自由权得到相当的保障
经济资源	经济资源最终由政治权力支配，社会剩余常常在政治权力支配下转化为统治租金	经济资源高度依附于封建制的政治-军事安排，通常控制武力的阶层也控制着土地与主要的经济资源	经济资源获得了相对于政治权力的自主性与自由度，不再受制于政治权力的任意支配
政治经济绩效	地理疆域广大与有效资源动员有助于组建起大规模的军队，但在经济上难以突破马尔萨斯陷阱，不太可能实现持续增长与创新	封建结构与武力资源分享机制使得难以组建大规模的军队，经济绩效则受制于封建庄园制的自给自足模式	立宪主义范式因保护产权和鼓励经济自由，引发了工业革命，使得持续经济增长与创新成为可能，进而推动技术革命与军事能力的飞跃

所以，18—19 世纪英国与西方的兴起代表的乃是一种新的文明范式。西方跟欧亚大陆其他传统帝国之间的竞争，不再是同一范式内部的竞争，而是新范式跟旧范式的竞争。在 18 世纪晚期工业

革命启动之前，欧亚大陆上盛行的君主统治范式已经支配人类的政治演化史长达数千年，并且由于规模优势而拥有前工业时代较强的军事力量，但这种范式由于权力控制了资源，无力打破马尔萨斯陷阱，无力实现经济与技术的根本性突破，因而在经济与技术上已经长期处于停滞状态。所以，即便是历史上成就辉煌、当时依然疆域广大的许多帝国，实际上到 18—19 世纪也已经停滞不前、老态龙钟，甚至变得摇摇欲坠。

英国和西方的立宪主义范式则提供了一套完全不同的“权力–资源–绩效”系统。在立宪主义范式之下，无论是君主的还是国家的政治权力都受到了宪法的约束，不再能任意妄为，公民的基本权利和经济自由得到了基本的保证，权力不再能随意支配经济与社会资源，这使得个人和法人的创造力得到了最大限度的发挥，从而使得持续的经济增长和创新成为可能。这样，一个社会提升的不仅是经济与技术能力，而且是军事技术与能力。立宪主义范式由此就能够在国家间竞争系统中战胜其他文明范式。那些继续维持君主统治范式的政治体大体上是无法跟确立立宪主义范式的政治体相竞争的。

总之，如果基于文明范式的视角来理解英国与西方世界的兴起，那么这就是一个立宪主义范式逐渐胜出的过程。更一般地说，一部人类政治演化史也可以被视为不同文明范式的形成、兴起、竞争与进化的过程。最终来说，那些拥有更高军事能力的文明范式才更有机会存续和胜出。在工业革命之前，军事能力在很大程度上依赖于一个国家在更大范围内有效进行资源动员的能力。这也是君主统治范式能够长期支配人类政治的基本原因。当工业革命和重大技术进步发生以后，军事能力从根本上更依赖于工业、科技与创新能力。因而，那些有能力持续推动经济增长和技术创新的文明范式更有机会支配此后的人类政治进化过程。这就是立宪主义范式能够胜出的基本逻辑。正是在这种文明范式的兴起、竞争与切换中，人类政治演化实现了从一个范式到另一个范式的不断跨越。

第四部

托克维尔问题

第十二章　现代民主的兴起

身份平等的逐渐发展，是事所必至，天意使然。这种发展具有的主要特征是：它是普遍的和持久的，它每时每刻都能摆脱人力的阻挠，所有的事和所有的人都在帮助它前进。

以为一个源远流长的社会运动能被一代人的努力阻止，岂非愚蠢！认为已经推翻封建制度和打倒国王的民主会在资产者和有钱人面前退却，岂非异想！在民主已经成长得如此强大，而其敌对者已经变得如此软弱的今天，民主岂能止步不前！

——托克维尔

保守、进步与普选权

19 世纪早期，在以英、美两国为代表的西方国家已经兴起了一种完全不同于前现代君主统治模型的现代政体。这种政体的基本要素是：

1. 立宪主义：这意味着国家或统治者的政治权力是受到宪法与法律约束的；

2. 议会主权或人民主权：这意味着权力不再来自国王或单个统治者，而是来自议会或人民；

3. 代议制度：这意味着民众或一部分民众能以选举代表的方式产生政府或议会，并代表他们统治和管理国家；

4. 责任政府：这意味着政府或行政机关需要向议会或人民负责；

5. 政党政治：这意味着政党作为最重要的现代政治组织已经开始兴起。

以英、美两国来说，这种政体模式与后来完全民主政体的主要差别就在于普选权，参见图 12.1。换言之，19 世纪早期的英、美立宪政体其实已经具备当代完全民主政体的诸多关键要素，其主要差距就在于普选权尚未落实。无论是当时的英国还是美国，都仅有较低比例的男性公民拥有投票权或普选权。这是一种有限投票权或有限普选权（limited suffrage）的政体模式。

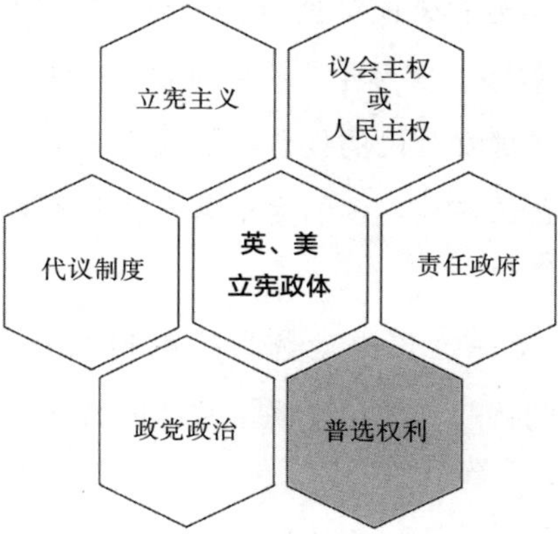

图 12.1　19 世纪早期英、美的立宪政体模型

政治学界一般认为，现代民主政体是一种复合的政治体制模型，包括图 12.1 罗列的诸种关键要素。本章主要关注的是狭义意义上的现代民主的兴起，即英、美等国是如何从有限投票权的立宪政体转向完全普选权的民主政体的，或者说，普选权在英、美等国是如何落实的。

英国的选举改革与普选权落实

到 1832 年选举改革之前，英国是一个有限选举权的立宪政体，它具有立宪主义、议会主权、代议制度、责任政府、政党政治等诸种现代政体的关键特征，唯一欠缺的就是普通公民的普选权利。按照《大不列颠百科全书》的数据，1832 年之前，英国仅有 4.4% 的成年人拥有投票权，而且仅有男性可以投票。尽管跟同时代欧亚大陆上的许多帝国相比——比如大清帝国、奥斯曼帝国、莫卧儿帝国与俄罗斯帝国，英国的立宪政体和有限投票权已经算得上非常领先，但跟所有成年男女公民都拥有普选权利的现代民主政体相比，英国还有很大的差距。实际上，直到1928年的选举改革，英国才基本落实所有成年男女公民的投票权，成为一个人人拥有普选权的社会。这意味着普选权在英国的完全落实，差不多用了一个世纪的时间。

大体而言，从1832年启动选举改革到1928年选举改革的完成，英国普选权的兴起与向完全民主政体的转向，存在着两条关键线索。

第一条关键线索是社会层面无权者的抗争。实际上，英国普通平民争取投票权或普选权的运动由来已久。到了19世纪早期，工业革命的推进、工人阶级的崛起以及富有土地阶层投票权的获得，使得这个问题在英国变得更加突出了。在这方面，一场最具代表性的政治社会运动是发生在1838—1848年的宪章运动。该运动的标志性文本是1838年公布的《人民宪章》，其中提出了男性普选权、秘密投票等六项主要政治主张。按照新闻媒体的记录，当时的著名工业城市都发生了超过20万人的抗议与示威活动。[1]

除了宪章运动这种要求选举权的持续性的政治社会运动，英国社会在整个19世纪还不时发生要求选举权的激烈抗议与暴力抗争。比如，1831年9月22日，国会下院否决一个选举改革议案时，伯明翰发生了10万人的抗议，伦敦有7万人参与游行示威，德比、沃塞斯特、布兰德福德等地发生了暴动，布里斯托尔则发生了大规模的哄抢。所有这些都给英国议会与内阁带来了巨大的政治压力。

到了19世纪晚期，英国还兴起了大规模的女性普选权运动。这一运动一直持续到20世纪20年代后期英国成年女性获得平等的

1　R. G. 甘米奇，《宪章运动史》，苏公隽译，商务印书馆，1979。

普选权为止。该时期的女性普选权运动大体上是以和平的社会运动方式表现出来的。但其中的激进派则常常从事暴力破坏，甚至声称他们会一直从事暴力破坏，直到女性获得普选权为止。

第二条关键线索是政治层面的选举改革。英国从 1832 年仅 4.4% 的成年公民拥有投票权，到 1928 年所有成年男女都拥有投票权，或者说，英国从一个有限投票权的立宪政体转向一个实现普选权的充分民主政体，是通过长达近一个世纪的选举改革与政治改革实现的。其中较为重要的包括 1832 年选举改革、1867 年选举改革、1872 年选举改革、1884 年选举改革、1918 年选举改革和 1928 年选举改革。简而言之，1832 年改革使以前代表性不足的城市获得了更多的代表权，并降低了选民资格，提高了选民数量；1867 年改革继续降低选民资格，提高选民数量，并根据公平原则调整了代表比例；1872 年《投票法》则引入了秘密投票规则；1884 年的改革实现了城乡代表的公平比例，选民资格降至仅要求房屋所有权；1918 年的改革则尺度更大，它不仅废除了男性选民的财产资格，而且引入了有限的 30 岁以上女性的投票权；1928 年的改革则最终落实了男女平等的选举权，英国由此完成了普选权的改革，实现了向完全民主政体的过渡。[1]

这个世纪是英国推进一系列选举改革的世纪，也是英国各派政治力量对选举改革的主张与领导权进行斗争的世纪。总体上，原本政治上无权的普通工人与平民大体上倾向于主张、呼吁和要求进行扩大选举权的改革，而英国此时的精英阶层——包括贵族、土地所有者、工商业者、上层知识分子、上层中产阶级等——的政治态度

1　Chris Cook and John Stevenson, *A History of British Elections since 1689,* London: Routledge, 2014.

比较暧昧，他们有的反对扩大投票权的改革，有的主张减缓扩大普选权的速度，有的则左右摇摆、前后不一。后者的主要担忧是，扩大投票权或者落实普选权，将会给英国社会带来重大的、难以预料的革命性剧变。

抛开诸种历史细节，随着时间的推移，选举改革派逐渐获得了这方面政治议程的控制权。一个主要原因是，尽管英国议会的政治精英们起初普遍比较保守，但那些完全反对选举改革的顽固派在议员选举中纷纷遭到了重大挫败。这给不同党派的政治家传递了一个明确的信号，即已经获得投票权的少数英国选民不希望看到选举改革止步不前；相反，他们支持更多的民众获得投票权。在这种情况下，即便像本杰明·迪斯雷利（1874—1880年任英国首相）这样的保守党政治家也成了选举改革的推动者。所有这一切导致英国逐步降低直至取消选民财产资格、取消选民性别资格、选择更公平的选举与席位分配规则等，由此最终落实了完全的普选权。

美国的选举改革：从“共和国”到“民主国”

美国在民主深化的基本方面跟英国是相似的，但在具体改革过程上又有很大的不同。前面曾经提到，在1787年制宪时刻，美国常常被开国之父们视为共和国，而非民主国。此后，经过一个多世纪的改革与政治演化，美国到20世纪60年代才完全落实不分族裔肤色的普选权改革。表12.1大体勾勒了美国从“共和国”到“民主国”的政治演化过程。

首先，就总统选举制度来说，1787年《美国宪法》规定，美国总统由选举人团（electoral college）选举产生。各州总统选举人团的选举人，则由各州议会确定。这意味着，按照美国宪法，美国总

表 12.1　美国从“共和国”到“民主国”的政治演化

政体 具体制度	**“共和国”**	**“民主国”**
总统选举制度	选举人团选举产生	各州选民直选 选举人团仅作为计票规则
参议员选举制度	各州议会选举产生	各州选民直选
众议员选举制度	各州选民直选	各州选民直选
选民选举资格	各州具体规定各不相同 财产资格限制 识字资格限制 性别资格限制 奴隶及族裔资格限制	全国立法、宪法修正案及司法解释取消选举资格限制 降低直至取消财产资格限制 取消识字资格要求 取消性别资格限制 取消族裔资格限制，落实族裔平权

统是一种间接选举制度，即各州先产生总统选举人，然后由各州总统选举人再来选举美国总统。如果说直接选举是平民选总统，那么间接选举就是精英选总统。为什么美国制宪时刻选择了一种在今天看来民主程度不那么高的间接选举制度呢？《联邦党人文集》给出的解释是，美国制宪精英们非常担心，万一平民直选总统，很容易选出一个民粹主义领袖，即所谓“德谟咯葛”（demagogue）。这样的政治家往往善于迎合民意，富有政治煽动力，但其实并非是称职的美国政治领袖。[1]

然而，随着时间的推移，美国总统选举逐渐从间接选举过渡到了今天的直接选举。尽管选举人团的制度与计票规则得以保留，但选举人团如今已经成为“橡皮图章”和计数工具了。按目前各州的法律，绝大部分州首先通过选民直接预选来确定本州总统候选人的胜负，然后再由法定选举人根据本州的预选结果来进行象征性的正

1　汉密尔顿、杰伊、麦迪逊，《联邦党人文集》，1995，第 5 页。中文译本将“demagogue”译为“蛊惑家”。

式投票。这意味着美国的总统选举制度实质上已经从最初各州选举人自行决定投票的间接选举，变成了各州普通选民决定选举结果的直接选举。

其次，按照 1787 年《美国宪法》，不光总统实行间接选举，而且参议院的参议员也实行间接选举，即由各州议会确定。一般来说，在美国政治中，由于参议员人数较少、任期较长（6 年）、代表人口较多，所以较众议员的政治影响力更大。跟任期仅为两年的众议员相比，参议员也被视为更有权势的议员。为什么参议员的任期如此之长？美国开国之父们的一个主要考虑是，他们试图模仿罗马共和国的元老院来设立参议院，试图选择一批优秀的人，然后让他们不必时时刻刻受变动不居的民意的影响，而能更多基于自己的知识、判断力与良心来为美国制定法律和选择内外政策。

跟总统选举相类似，后来美国参议员选举也经历了一个民主化的过程。其制度改革就是废除各州议会或专门选举机构的间接选举，而改之以各州选民直接选举参议员。由于美国各州无论规模大小均仅有两个参议员议席，加上每州两个议席错开选举，所以每次选举时，各州实际上只选举其中的一个参议员议席。这意味着候选人需要赢得整个州的相对多数票才能当选。总之，参议员的选举规则从间接选举变成了直接选举，无疑也代表了美国民主的深化。

需要顺便说明的是，按照 1787 年《美国宪法》，众议员实行直接选举制度。这已经是一种很民主的选举方式。到今天为止，美国总共有 435 名众议员，任期两年，各州议员席位数量由人口规模决定。按照美国现有 3.3 亿左右的人口规模，大约每 76 万美国人产生一个众议员名额。

再次，美国从“共和国”向“民主国”的一个重要变迁是落实普选权。1787 年《美国宪法》并没有关于选民资格和投票权的详细规定，实际的做法是由各州自行决定选民资格和投票权的获得。起初，普通美国人面临着几种不同的选举资格限制：一是财产资格限制，即财产或纳税没有达到一定标准的人无权投票；二是识字资格限制，即不识字的人不能投票，但各州限制不识字者投票的实际方法则是千差万别的；三是性别资格限制，即女性不能享有充分的投票权；四是种族或族裔限制，即起初黑奴并没有任何投票资格，即便到了后来非洲裔美国人仍然不能享有充分的投票权。

以今天的价值标准来看，所有这些投票资格限制都是毫无道理的。然而，以 18 世纪晚期或者 19 世纪的标准来看，这里的每一种资格限制背后都有一整套复杂缘由与逻辑。拿财产资格限制来说，甚至到了 19 世纪晚期或者 20 世纪，还有思想家认为，没有财产和不缴税的人是否应该获得投票权仍然是值得商榷的。今天再这样讨论问题，显然已经政治不正确了。只要一个人是成年公民，通常都应该获得平等的投票权。自 20 世纪后半叶以来，这几乎就是无须论证的天经地义的事情。但是，在 19 世纪的美国或者英国，这就是一个问题。保守派的核心观点是，如果一个国家给予不拥有财产、不缴税的人以投票权，他们就可以通过民主投票的办法不断地提高税率，而让那一部分需要缴税的群体去承担成本。像较为保守的自由主义思想家弗里德里希·哈耶克直到 1960 年还认为："因为民主是个好东西，所以它的扩展总会有利于人类。这听起来似乎是不言而喻的，其实却不然。"他又说："任何一种民主理论都很难将选举权的每一步扩大均视为一种进步。"[1] 哈耶克尽管没有阐明到底什么样的人应该拥有投票权，

---

1 F. A. 哈耶克，《自由宪章》，杨玉生等译，中国社会科学出版社，2012，第 150 页。

或者什么样的人不应该拥有投票权，但他无疑在此问题上仍然持有较为保守和审慎的看法。

关于识字或教育资格的要求，美国早期有些州关于选民资格或选民登记有些复杂的规定。比如，选民登记处有些简单的文字测试，内容无非是关于美国宪法及其基本精神。其理由就在于，一个美国公民要投票，那么他应该对美国宪法与政治运作有基本的常识。这种测试对于一个接受过基本教育的美国人是毫无问题的，但如果是一个没有受过教育的美国人，要完成这样的测试几乎是不可能的。对他们来说，甚至要在选民登记处自行完成一个手写表格的填写，也是做不到的。在美国有些州，如果一个选民无法自行完成选民登记，那么他实际上就会丧失投票资格。这些看似简单的流程，对没有接受过教育的美国人，包括内战后获得解放的许多不识字的非洲裔美国人来说，就相当于设置了一个选举资格的门槛。

关于女性投票资格，美国大体上经历了跟英国相似的过程，主要差别可能在于美国起初关于投票资格的性别限制不如英国严格。对美国来说，较为复杂的是非洲裔美国人的投票资格。众所周知，美国制宪会议在计算各州人口时，黑人奴隶仅以五分之三的比例进行人口计数。在19世纪60年代美国南北战争之前，绝大部分美国黑人均没有公民权。后来，即便美国黑奴获得了人身解放，获得了基本的人身自由，但他们实际享受的权利与自由仍然是很不充分的。比如，直到20世纪中叶，美国仍然维持着种族隔离制度。正是因为这个原因，以马丁·路德·金为代表的黑人民权运动开始兴起，这场公民权利运动使非洲裔美国人的自由与权利获得了较大程度的拓展，使他们至少在法律上逐渐获得跟美国白人同等的基本权利。相应地，美国在此过程中也推动了一些选举改革，目的是推动或捍卫少数族裔的投票权。[1]

总体上，美国通过国会立法、各州选举法和条例的改革、宪法修正案、联邦法院的宪法解释等，逐步推进了投票权在不同公民群体中的普及与平权。与公民投票权直接有关的美国国会立法与宪法修正案，请见表12.2。所以，严格来说，尽管美国早在1787年就制定了一部共和制宪法，但一直到1965年《投票权利法》通过，所有美国公民才获得不分种族、族裔、肤色、性别、贫富、受教育资格的普选权。到了此时，美国才实现了完全的民主化。

表12.2 与公民投票权有关的美国国会主要立法与宪法修正案

年份	立法或宪法修正案	主要内容
1870	第15条宪法修正案	合众国公民的投票权，不得因种族、肤色或先前奴役地位（race，color, or previous condition of servitude）而被合众国或任何一州加以剥夺和限制
1920	第19条宪法修正案	合众国或任何一州不得因性别（sex）而否认或剥夺合众国公民的选举权
1964	第24条宪法修正案	合众国公民在总统或副总统、总统或副总统选举人、国会参议员或众议员的任何初选或其他选举中的选举权，不得因未缴纳任何人头税或其他税（pay any poll tax or other tax）而被合众国或任何一州加以拒绝或限制
1965	《投票权利法》（Voting Rights Act of 1965）	禁止在投票权利方面的种族歧视
1971	第26条宪法修正案	年满18岁和18岁以上（eighteen years of age or older）的合众国公民的选举权，不得因为年龄而被合众国或任何一州加以拒绝或限制

1 关于美国投票权普及的研究，参见：Justin Moeller and Ronald F. King, *Removal of the Property Qualification for Voting in the United States: Strategy and Suffrage*, London: Routledge, 2018; Joan Marie Johnson, *The Woman Suffrage Movement in the United States*, London: Routledge, 2022; Bruce J. Dierenfield, *The Civil Rights Movement: The Black Freedom Struggle in America*, 2nd Edition, London: Routledge, 2021.

其他西方主要国家的选举改革

除了英国和美国，其他较早实行或尝试民主政体的欧洲国家，在投票权普及方面经历了类似的过程。尽管每个国家启动选举改革、让部分公民获得投票权的时间和完成选举改革、让所有公民获得普选权的时间早晚不一，但这些国家投票权的普及过程都是类似的。从宏观上看，这些国家都经历了从不民主政体（即没有公民投票权）到不完全民主政体（有限的公民投票权）再到完全民主政体（公民普选权）的转型。从具体过程来看，投票权的普及或选举资格的取消主要表现在四个方面，即财产资格限制的取消、识字资格限制的取消、性别资格要求的取消以及少数族裔或外来移民身份限制的取消，参见表 12.3。

表 12.3　欧美主要发达国家落实普选权的时间

国家	成年男性普选权时间	成年女性普选权时间
英国	1918	1928
丹麦	1849	1915
芬兰	1906	1906
挪威	1898	1913
奥地利	1896	1918
捷克	1896	1918
德国	1871	1919
比利时	1893	1948
荷兰	1917	1919
法国	1848	1944
瑞典	1909	1919
意大利	1912	1945
美国	1856	1920
加拿大	1920	1920
澳大利亚	1901	1902

（资料来源：作者根据相关资料自制。）

现代民主兴起的逻辑

如何解释现代民主的兴起？为什么现代民主直到 19—20 世纪才在欧美主要国家逐渐兴起？这是一个重要的理论问题。当然，需要再次提醒的是，现代民主如今一般被理解为一种复合政体，而不只是普通公民参与的民主投票制度。但这里讨论的现代民主的兴起，主要关注的是投票权的普及或普选权的落实过程，即从 19 世纪到 20 世纪，欧美主要国家是如何从有限投票权转向普选权的及其背后的逻辑。

一般理论解释

关于民主的兴起，政治学界已经贡献了许多重要的理论解释。较有代表性的，首先是现代化理论。这种理论认为，经济发展、技术进步以及教育普及——总体上可以归结为现代化水平的提高——会引发一系列的社会变化，而这些变化最后会导致民主的兴起。其次是阶级理论。较早的一种主流观点是“没有资产阶级，就没有民主”，后来的研究则强调，从不民主到不完全民主的阶段，土地贵族和资产阶级发挥的作用更重要，而从不完全民主到完全民主的阶段，工人阶级发挥的作用更重要。再次是政治文化理论，即主要从新教伦理、启蒙运动、平等观念普及以及公民文化转型等视角，强调社会主流观念的变化对于民主兴起的促进作用。当然，关于民主兴起或解释民主化原因的理论还有许多，这里不再一一赘述。[1] 总

1　关于民主的一般理论问题，参见：包刚升，《民主的逻辑》，2018；关于解释民主化的研究文献综述，参见：Christian Haerpfer, Patrick Bernhagen, Christian Welzel, and Ronald F. Inglehart, *Democratization*, 2nd Edition, Oxford: Oxford University Press, 2019.

体上，这些主流理论各有优势，但亦有它们解释力的不足。

在讨论现代民主兴起的核心逻辑之前，这里先以解释英国投票权的普及为例，引入两种不同的理论，即政治社会学理论与政党动力学理论。

政治社会学理论强调的是投票权的普及主要在于社会结构变迁所提供的动力。从政治社会学视角来看，西方世界在19世纪出现了社会大转型，这种大转型的根本动力在于工业革命。工业革命对西方世界的影响可以说是方方面面的，其最重要的后果之一就是大众阶层或平民阶层在政治上的崛起。

在工业革命之前，除了少数例外（比如古希腊的城邦民主制），平民阶层从未在欧洲政治舞台上占据过重要位置。在整个中世纪，无论在政治经济上还是军事上，平民阶层都是比较边缘化的。但工业革命的启动带来了一系列始料未及的政治后果。首先是大型工厂组织的出现。过去，普通劳动者主要生活在乡村，而乡村的生产组织与生活方式是高度分散化的。大型工厂则不同，它是一种人口密集、组织方式严密的模式。从分散的乡村到高度密集的大型工厂，这是社会结构的根本性改变。其次，跟大型工厂组织相伴随的，是城市化进程开始启动，大规模的人口开始从乡村涌入城市，这些国家的城市化率快速攀升。[1]这是人类历史上第一次出现人口开始大规模从乡村向城市迁移。最后，工人阶级的政治意识开始觉醒，左翼意识形态开始崛起，左翼社会运动开始出现。1848年《共产党宣言》的发表成为一个标志性事件，意味着工人阶级及其政党开始登上欧洲政治舞台。工人阶级与平民阶层崛起以后，他们不仅产生了经济与福利上的诉求，而且还产生

1 乔尔·科特金，《全球城市史》，王旭等译，社会科学文献出版社，2014。

了政治与权利上的诉求。平民阶层在政治上的崛起，凸显的是新的社会条件的出现，即工业革命和城市化创造了新的阶级力量，并引发了新的政治诉求。最终，他们发现，投票权才是政治权利的核心问题。

正如上文提到的，英国的标志性事件就是宪章运动，这是发生在 1838 年至 1848 年的工人阶级争取投票权的政治社会运动。该运动在英国曼彻斯特、伯明翰等大城市都曾激发 20 万～ 30 万人参与的大型群众运动，这在过去是难以想象的。几万人、几十万人聚集到一起，在今天看来是完全可以理解的，但这一现象本身是工业革命的产物。正是工业革命推动了大型工厂的兴起和城市化的加速，才使得这一切成为可能。

宪章运动的主要政治主张，集中体现在 1838 年发表的《人民宪章》中。[1]《人民宪章》的主要诉求有六项，包括:（1）21 岁以上男子拥有普选权;（2）实行选区大小人数平等;（3）选举实行秘密投票;（4）取消参选财产资格限制;（5）给予议员年俸;（6）进行每年一度的选举。

《人民宪章》主张成年男子普选权，是因为，尽管当时英国已经历 1832 年议会与选举改革，但拥有投票权的成年男子比重仍然不足六分之一。《人民宪章》主张选区大小人数平等，是因为，当时英国选区划分对农村比较有利，但由于工业化和城市化，大量人口已经聚集到城市，当时的选区划分使得城市人口无法获得成比例的代表权。此外，保守的农村选区更容易被贵族控制。宪章运动主张秘密投票，也是为了防止农村土地贵族和城市工商业资本家操纵选举。宪章运动主张取消参选财产资格限制，是为了给普通平民、

1　关于宪章运动的研究，参见：R. G. 甘米奇，《宪章运动史》，1979。

工人争取不分贫富的议员参选资格。而宪章运动主张给予议员年俸或薪水，原因在于，当时的英国议员是无薪职位，所以只适合土地贵族或工商业资本家来担任。由于没有薪水，如果工人运动的领袖能当选，实际上也很难胜任国会议员的职位。宪章运动的最后一个要求，则是希望实行每年一度的选举，目的大概是要求政府的政策时刻贴近民众的需要和诉求。

总的来说，宪章运动的政治诉求跟英国后来投票权普及的趋势是一致的，其驱动力量仍然是工业革命引发的社会结构的变迁和工人阶级的崛起。尽管宪章运动的六项政治要求在当时并没有获得成功，但这场持续十年的争取投票权普及的运动极大地推动了英国社会的政治与选举改革氛围，为后续的选举改革既带来了压力，又提供了动力。实际上，在其后不到一个世纪的时间里，宪章运动的六项诉求除了一项——进行每年一度的选举——以外都逐渐得以落实。宪章运动，见证的是英国工业革命之后民众社会力量的觉醒。

除了宪章运动，英国社会还出现了许多其他争取投票权和选举改革的游行示威与社会运动。比如，上文提到的1832年选举改革在很大程度上就是英国社会抗争推动的结果。1831年9月到10月，英国国会下院和上院分别否决选举改革议案后，英国由此陷入了一场政治危机。按照一部权威《英国史》的记述：

> 德比、沃塞斯特、布兰德福德和蒂芙顿发生暴动。伯明翰有10万人高声抗议；伦敦有7万人示威游行；莱彻斯特、波尔顿和利兹组织了政治联盟；诺丁汉的暴徒向纽卡斯尔公爵的宅第纵火；在布里斯托尔，他们烧毁并哄抢了海关、税所、主教宅邸、监狱和同行收费处；布兰克本的政治联盟在

讨论进行武装集会。[1]

1832年3月，英国国会下院通过了改革议案，但该议案于5月遭到保守的国会上院否决，随后伯明翰出现了20万人的抗议示威活动。有人甚至主张在伦敦进行黄金挤兑，制造金融混乱与恐慌，以给政府增加压力。正是因为这些来自社会抗争的巨大压力，最终促成了《1832年改革法案》的通过。

再如，在19世纪晚期到20世纪早期英国争取妇女普选权运动过程中，一个名为妇女社会政治同盟（Women's Social and Political Union）的激进团体发动的"战斗选举权运动"（Militant Suffrage Movement）就扮演了重要角色。这一运动尽管由于卷入许多暴力破坏事件而备受争议，但她们的激进策略确实推动了英国妇女普选权的到来。[2]她们比较著名的"战斗"包括1912年3月用铁锤砸碎伦敦最豪华购物街的橱窗，1914年焚烧了107所房屋，破坏正在展览的名画，毁坏邮筒，以及埃米利·戴维森在赛马大赛中故意冲入赛道死在国王御马之下等。[3]正是在这样的抗争之下，英国部分妇女于1918年获得了选举权。到1928年，英国妇女终于获得了跟男性同等的普选权。

另一理论视角即政党动力学视角则认为，英国投票权的普及在很大程度上还跟英国政党政治与选举政治的运作逻辑有关。这一理论主要解释了在英国政治体系内部究竟是什么样的政党政治动力机

1　克莱顿·罗伯茨、戴维·罗伯茨、道格拉斯·R. 比松，《英国史（下册）：1688年——现在》，潘兴明等译，商务印书馆，2013，第204页。

2　Laura E. Nym Mayhall, *The Militant Suffrage Movement: Citizenship and Resistance in Britain, 1860-1930*, Oxford: Oxford University Press, 2003.

3　克莱顿·罗伯茨、戴维·罗伯茨、道格拉斯·R. 比松，《英国史（下册）：1688年——现在》，2013，第375—376页。

制使得普选权的落实成为可能。实际上，1832年之前，英国政治体制已经为投票权的普及做好了铺垫。4.4%的成年公民拥有投票权和没有人拥有投票权，两者间有实质性的差别。尽管只有4.4%的成年公民有投票权，但这4.4%实际上已经覆盖到了很大一部分中产阶级。按人口比例来计算，整个英国大约有8%以上家庭的男性户主是拥有投票权的。在这些拥有投票权的人中，固然有不少极其富有的土地贵族和大工商业者，但也有很多算不得很富有的上层中产阶级。这些人在数量上相较于土地贵族与大工商业者更占优势，因此，他们的投票倾向与政治立场就变得非常重要。如果他们反对投票权普及，那么更保守的候选人更能当选；如果他们赞成投票权普及，那么更保守的候选人就会落选。可见，尽管1832年前的英国仅有少数人拥有投票权，但这个起点构成了英国投票权逐渐普及的制度基础。

在这种背景下，除了政治社会压力，英国政党政治与选举政治本身的运作在其中也起了很大的作用。起初，投票权普及的动力机制来自英国精英阶层的政治分化和辉格党的政治想象。简单地说，当时英国的两大主要政党托利党与辉格党，前者更代表土地贵族的利益，后者更代表工商业者的利益。所以，他们对普选权的看法差异也很大。作为更保守的政党，托利党更反对普选权，而辉格党更主张给比较多的人以投票权。从选举政治来看，当时英国更上层的选民支持托利党的比例更高，上层中产阶级选民支持辉格党的比例更高。

在这种情况下，辉格党产生了一种政治想象，如果更多平民获得投票权，辉格党将会获得更大规模的票仓，因为新增平民选民的投票往往对辉格党更为有利，参见图12.2。当然，这种选举改革的长期后果是辉格党始料未及的，它最终促成了工党的崛起以

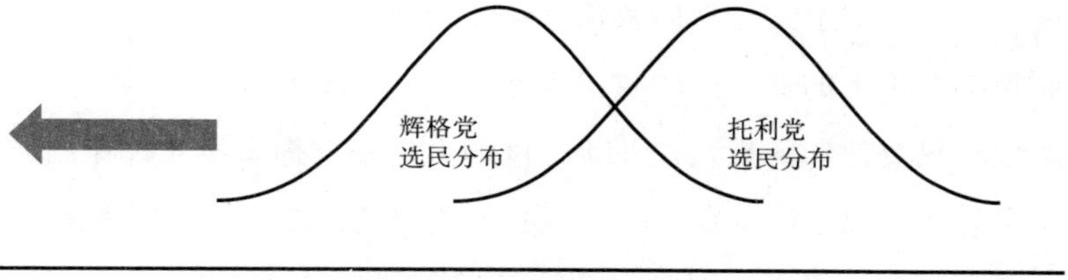

图 12.2　英国选民分布与辉格党的政治想象

及辉格党亦即后来的自由党的衰落。但在当时，许多辉格党人认为，支持更多平民获得投票权对该党是较为有利的政治选择。

尽管如此，英国保守势力仍然很强大，无论是在辉格党内部还是在托利党内部，都有不少政治人物是反对普选权的。他们担心，随着普通平民阶层在更大范围内获得投票权，英国政治会变得日益激进化。实际上，在整个 19 世纪，英国一直存在着两种差异很大甚至互相对立的政治诉求：有人要求扩大和普及投票权，有人则担心这种投票权扩大可能会带来负面后果。所以，由政治精英控制的英国国会对于推进选举改革常常顾虑重重，其实际政治过程则相当曲折。

到 1866 年 6 月 28 日保守党再次执政之前，该党在过去 20 年间，即从 1846 年 6 月 30 日至 1866 年 6 月 28 日，仅有两次总共历时两年多的执政，其他时间都在扮演在野党的角色。这种政治挫败使得保守党开始反思自身反对普选权的立场。这次，保守党决定改弦更张，以便赢得政治上的主动。在此次执政的第二年，保守党控制的议会就通过了《1867 年改革法案》，其核心条款是赋予城市住户户主以投票权。这样，英国选民在原先 100 万左右的基础上又增加了 90 多万，英国成年人中的选民比重在 1868 年达到了 16.4%。这一选举改革法案的通过，一方面反映了英国社会不断增加的民主需要——正如上文分析的政治社会学视角，另一方面反映了原本抵制投票权扩大的保守党的政治策略调整。只要有部分英国人拥有投票权，只要他们的投票在几年一度的大选中发挥着实质性作用，每一个想要实现政治生存的政党就必须适应较大部分的选民需求。[1]

在最近一项关于选举改革与现代民主兴起的研究中，哈佛大学政府学教授丹尼尔·齐布拉特认为，现代民主或包容性政治统治（inclusive political rule）兴起的障碍，未必能够为不可阻挡的经济社会变革潮流、不断增长的中产阶级规模或工人阶级的集体行动所克服。相反，政治民主的命运常常令人惊讶地系于保守派政党之手。这些想要捍卫权力、财富与特权的保守派政党如何重塑自身、如何应对极端右翼力量的崛起，是一个关键的政治问题。齐布拉特认为，在 1848 年以后的欧洲，保守派政党遭遇了一个难题：为了生存就需要适应变化，而太多的变化又是保守派政党想要避免的。基于对英国和德国为代表的两组欧洲国家的研究，他发现，如果保守派政治力量以创新的方式发展出了强大的保守派政党，并能适应选举政治变化，那么就有利于塑造长期稳定的民主政体，进而走上民主化的稳定路径（settled path of democratization）；反之，如果保守派力量不能以创新的方式发展出强大的保守派政党，那么就容易走上民主化的非稳定路径（unsettled path of democratization）。[2] 这项研究也给本书上面讨论的现代民主兴起的政党动力学解释提供了一定的理论支撑。

与英国民主的兴起类似，美国与欧洲其他发达国家民主兴起的过程虽然是各具特色，但它们却有着大体相似的逻辑。在投票权普

---

1 克莱顿·罗伯茨、戴维·罗伯茨、道格拉斯·R. 比松，《英国史（下册）：1688 年—现在》，2013，第 252—255 页。

2 Daniel Ziblatt, *Conservative Parties and the Birth of Democracy*, 2017.

及之前，这些国家都有着某种有限投票权的立宪政体。随着工业革命的发生、社会结构的变迁、城市化的推进，工人阶级开始在政治舞台上崛起，并以实际的政治社会运动来争取普选权。[1] 在此过程中，由于政党政治与选举政治的运作，首先是更加进步的政党主张扩大投票权，而后是原本更加保守的政党也只能顺应时势，主张扩大投票权。经由这样的政党动力学机制，投票权的逐步扩大以及普选权的最终落实，就成了这些国家的政治演化方向。

基于政体变迁的分析

按照本书的分析框架，政体是政治权力在不同个体与群体之间的分配与分享方式，塑造不同政体的决定性力量在于不同个体与群体之间的相对实力，而相对实力又取决于政治行为者的个体暴力潜能以及组织与动员能力。那么在这种分析框架中，如何理解现代民主的兴起呢？

首先要说明的是，在现代民主兴起之前，以英美为代表的有限投票权的立宪政体已经完全不同于过去的君主统治模型。正如上文讨论过的，古代世界的君主统治模型包括了四个基本特征：君主拥有至高无上的权力，君主权力在法律上不受约束，一般实行家族继承制，君主本身也是一个普通的肉身。第七章曾经专门做过分析，君主统治模型是古代世界的支配性政体，其秘诀在于，君主善于建立一个纵向一体化的政治军事组织。这是君主能够以一人之力统治所有人的关键。

1 Ruth Berins Collier, *Paths Toward Democracy: The Working Class and Elites in Western Europe and South America*, Cambridge: Cambridge University Press, 1999.

跟君主统治模型相比，有限投票权的立宪政体模式有很大的不同。首先，立宪政体意味着国家与统治者的政治权力受到了宪法与法律的约束，而无法根据掌权者的个人意志自行其是。同时，在立宪政体之下，普遍平民的权利还得到宪法与法律的保障。特别是，以英国 1689 年《权利法案》、法国 1789 年《人权和公民权宣言》、美国 1791 年《权利法案》（即第一至十条宪法修正案）为标志，公民的基本权利与自由逐渐得到了扩展。其次，在立宪政体之下，主权开始从君主统治模型下的君主及其家族代表的主权向其他类型的主权发生转换，包括议会主权、人民主权或者是君主与共同体共享的主权。因此，即便是在君主立宪制国家，君主不再是单独享有主权的政治主体。最后，由于少数人拥有投票权，选举政治开始在政治生活中扮演重要角色。想实质性控制政治权力的政治家和政党就不得不考虑少数精英选民的信念、偏好与诉求。总之，从君主统治模型的古代政治变成立宪主义政体的近现代政治，是人类政治演化史上的一个重要转向。由于国家与统治者的权力受到宪法与法律的约束，被统治者的基本权利与自由得到了充分的保障，上层中产阶级已经获得了投票权，立宪主义政体的这些基本特征极大地左右了后续的政治演化进程。

就政治权力的分配与分享而言，这种模式产生了两个结果：第一，极大地约束了统治阶层或上层的镇压能力；第二，大大提高了普通平民或下层的议价能力。前者主要是指，在立宪主义框架下，国家与统治阶层的政治权力受到了约束，再加上没有人可以永久地控制政治权力，所以，不仅统治阶层对平民进行各种政治压制的可能选项很少，而且没有多少人有很大的政治动力去做出镇压平民的决定。这样，面对风起云涌的投票权普及运动，统治阶层能做的事情往往非常有限。相比而言，平民阶层的政治议价能力则越来越强。一方面，言论自由、集会自由、参加和建立政治组织的自由，都已经受到法律的保障。仅凭这些基本权利与自由，平民阶层的政治动员和组织能力得到了很大的提高。另一方面，平民阶层还可以对现有体制、政策与措施发起公开的大规模的社会运动和政治抗争。实际上，从长时段的历史比较来看，这可以被视为原先贵族阶层的合法反抗权在平民阶层的延伸。即便是完全合法的社会运动和政治抗争，都可以给统治阶层或执政当局带来巨大的政治压力，促使他们回应抗争群体的诉求。进一步说，不排除在一些国家或城市，政治抗争常常演变为程度与规模不等的政治暴力。面对基于政治权利诉求的暴力抗争，政府固然可以动用国家机器进行镇压，但其可以动用的手段和方式也只能在法律授权的范围之内，而且这样做必定会承受极大的道义压力。这些都可能推动政府向政治抗争群体做出政治让步。

在此过程中，另一个重要变量，就是工业革命和城市化推动的普通平民和工人阶级的组织与动员能力的提高。假如是在一个传统农业社会，即便平民获得了同等的基本权利与自由，很难想象他们能够进行有效的动员与组织。这是由农业社会分散化的生产和生活方式决定的。然而，工业革命发生后，成百上千的工人与平民在同一个大型工厂工作，又生活在同一个城市社区。所有这些都极大地提高了普通平民与工人阶级的动员与组织能力，也提高了他们跟统治阶层的讨价还价能力。特别是，当他们进行集体政治抗争时，他们的政治力量已经完全不容小觑。正如查尔斯·蒂利等学者指出的，底层的政治抗争在欧洲近现代民主化过程中扮演着重要角色。[1]因此，立宪主义政体条件下政府有限的镇

1　查尔斯·蒂利，《欧洲的抗争与民主（1650—2000）》，陈周旺等译，格致出版社，2008。

压能力和平民较大的议价能力，都推动了投票权的扩展与普选权的最终落实。

民主论战的托克维尔拐点

在人类政治演化史上，19 世纪除了是投票权普及和民主制度兴起的一个世纪，同时也是一个民主观念逐渐上升并成为社会支配性观念的世纪。本书在前面曾提及，从人类的古典时期到 19 世纪早期，民主很少被一流哲学家或思想家视为一个好东西。而今天，民主普遍地被认为是一个好东西。这个说法在国内还因为 2006 年出版的一部学术畅销书——《民主是个好东西》——而广为人知。[1] 实际上，哈佛大学教授塞缪尔 · 亨廷顿在《第三波》序言中也强调，他在 1968 年认为政治秩序与政治稳定是个好东西，而在 1991 年则认为民主是一个好东西。[2]

由此可见，这种对民主基本观念的认同变化，主要产生在最近两个世纪。而托克维尔 1835 年出版的名著《论美国的民主》（上卷）可以算得上是 2000 多年民主论战史上的拐点——在此之前，民主声誉不高、口碑不佳；在此之后，民主才成了一种备受赞誉的制度和观念。

早期口碑不佳的民主政体

尽管古典民主政体 2000 多年前就起源于古希腊的雅典城邦，

1　闫健，《民主是个好东西：俞可平访谈录》，社会科学文献出版社，2006。
2　塞缪尔 · 亨廷顿，《第三波：20 世纪后期的民主化浪潮》，2013。

但那个年代的许多哲学家是古典民主政体的批评者。其中，柏拉图从知识和德行两个视角对民主的批评，今天仍然被广为引用。在古希腊思想家柏拉图、亚里士多德和古罗马思想家波里比阿、西塞罗等人看来，民主并不是一种优良政体，混合政体要显著优于民主政体。特别是，对于知识界来说，公元前 399 年苏格拉底死于民主法庭的判决，更是使得古典民主政体备受谴责。

实际上，这种对民主总体上的负面看法一直持续到了 19 世纪早期。一个重要的例子是，即便到了 18 世纪晚期，这方面大体代表美国制宪精英主流观点的联邦党人同样不看好民主，而偏爱共和。在他们的眼中，所谓民主政体是指直接民主制，代议制民主则被称为共和政体。毫无疑问，两者相比，直接民主制的民主程度更高，但联邦党人对此疑虑重重。他们写下了这样的文字：

> 一种纯粹的民主政体……不能制止派别斗争的危害。几乎在每一种情况下，政体中的大多数人会感到有共同的情感或利益。联络和结合是政府形式本身的产物；没有任何东西可以阻止牺牲弱小党派或可憎的个人的动机。
>
> 因此，这种民主政体就成了动乱和争论的途径，同个人安全或财产权是不相容的，往往由于暴亡而夭折。……
>
> 共和政体，我是指采用代议制的政体而言，情形就不同了。……在这样的限制下，很可能发生下述情形：由人民代表发出的公众呼声，要比人民自己为此集会，和亲自提出意见更能符合公共利益。[1]

1　汉密尔顿、杰伊、麦迪逊,《联邦党人文集》，1995，第 44—52 页。

这段文字有三个核心观点：一是纯粹的民主政体可能会导致激烈的党争；二是纯粹的民主政体可能会导致动荡；三是代议制要比直接民主制更为优越。一句话，共和优于民主。显然，时至1787年美国制宪建国的时刻，民主依然还没有什么好名声。

之后，又过了数十年，英国思想家约翰·斯图亚特·密尔在1861年出版的《代议制政府》中这样说：

> ……一种代议制民主政体，是代表一切人而不是仅仅代表多数的民主政体。在这种政体里，各种有才智的人的利益和意见虽然居于少数但仍然会被听到，并且会有机会依靠品质的分量和论点的有力而得到照他们的人数来说得不到的影响。这种民主政体，它是唯一平等的、唯一公正的、唯一由一切人治理的一切人的政府、唯一真正的民主政体。[1]

密尔担心，如果不是代议制民主而是直接民主，那么权力将会由一个富有偏见的、不是最有教养的阶级来掌握。尽管很难说密尔反对投票权的普及，但他确实认为“任何不会读、写以及——我再加上——不会做普通算术运算的人参加选举是完全不能允许的”。他在这方面的观点是“普及教育必须先于普及选举”。[2]进一步说，密尔同样主张不应该给予不缴税的人以投票权。他的理由是：“不缴税的人，通过他们的投票处置他人的财产，就很有可能造成浪费而不会想到节省。就财产问题而论，他们保有任何投票权都是违反自由政府的根本原则的。”[3]

1 J. S. 密尔，《代议制政府》，汪瑄译，商务印书馆，2009，第122页。
2 同上，第126页。
3 同上，第127—128页。

以今天的价值观来看，许多人很难相信这些观点出自另一部名著《论自由》的作者密尔之手。[1]这些观点不仅显得保守，甚至可以称为“反动”。但所有基于理性和逻辑思考的读者，仍然可以在密尔的言论中读出他对当时政治生活的深刻洞察——尽管这种洞察来自偏保守的方向，而非偏进步的方向。实际上，密尔在当时的英国还常常被视为一个进步主义的改革派思想家，但在投票权及其普及问题上，他的观点仍然是保守而审慎的。总之，在他写作《代议制政府》时，民主或不分选民资格的直接民主制在他看来还不是一种受欢迎的政体模式。

《社会契约论》与主权在民说

然而，就在从《联邦党人文集》到《代议制政府》发表的前后差不多一个世纪中，跟民主观念有关的世界潮流正在发生重大的变化。知识界从批评民主的观念与制度为主，逐渐转向了支持民主的观念与制度为主。

18 世纪晚期，人民主权学说首先出现在法国思想家卢梭的著述中。在《社会契约论》的开篇，卢梭写下了千古名句:“人是生而自由的，却无往不在枷锁之中。自以为是其他一切的主人的人，反而比其他一切更是奴隶。”在民主思想史上，卢梭的《社会契约论》可算得上是一个里程碑，被视为人民主权学说的奠基之作。在他的框架中，统治应该基于公意（即公共意志）并服务于公益（即公共利益）。后人将卢梭的理论视为主权在民学说的滥觞。[2]

1　约翰·密尔,《论自由》，许宝骙译，商务印书馆，2005。
2　卢梭,《社会契约论》，2003。

以今天的标准来看，卢梭的主权在民学说跟现代民主政体的理念与制度还有很大的差异。第一，卢梭较少讨论具体的制度。如果民主是基于公意并服务于公益的统治，那么具体制度应该怎么设计？比如，公意如何形成？如何确保统治能服务于公益？这些问题还需要更具操作性的说明。第二，卢梭在整体观念上更倾向于集体主义，而非个人主义。按照20世纪政治哲学家汉娜·阿伦特及卡尔·波普尔的见解，这种观念倾向容易导致全能主义统治。[1]如果是这样，这种基于不可分割的公意的统治，最后在实践上的结果往往是反自由和反民主的。这种分析视角，恐怕是身处18世纪的卢梭作品阅读者始料未及的。

1789年开始的法国大革命也受到了卢梭思想的深刻影响。在大革命时期，法国还涌现出了像罗伯斯庇尔这样论述民主问题的思想家和政治家。但由于后来法国大革命的激进化和暴力化，罗伯斯庇尔等人的民主观遭到的质疑要远远多于它们得到的赞许。法国大革命不仅没有给民主增加有利的筹码，反而给民主增添了新的包袱。因此，即使到了18世纪晚期，民主仍然没有改变被批评、被质疑和被嘲讽的命运。

《论美国的民主》与托克维尔拐点

直到19世纪30年代中期，民主论战地平线上才出现了一缕新的曙光——法国思想家、政治家托克维尔所著的《论美国的民主》上卷于1835年出版，下卷则出版于1840年。实际上，这部后来的

1　汉娜·阿伦特，《极权主义的起源》，林骧华译，生活·读书·新知三联书店，2008；卡尔·波普尔，《开放社会及其敌人》（全二卷），陆衡等译，中国社会科学出版社，1999。

政治学名著是托克维尔面对当时法国政治的困局、考察美国政治制度与风土人情后的产物。笔者将《论美国的民主》的出版称为民主思想史上的“托克维尔拐点”，即此前人类最杰出的思想家往往以批判和反思民主为主，到了此时则逐渐转向以肯定和褒扬民主为主——当然，这绝不意味着后来的思想家对民主没有许多保留的看法。

就此而言，托克维尔算得上是民主思想史上一位标志性的人物，正是他开始大张旗鼓地为民主高唱赞歌。当然，如果认真阅读托克维尔的著作，就会发现，他关于民主的观点其实相当复杂，绝非简单地赞美民主。但总的来说，托克维尔对民主持有正面的评价。从公元前 5 世纪到 1835 年，在大约 2300 年时间里，人类社会最有智慧的头脑对民主通常都没有多少好感。所以，托克维尔这部作品的发表，标志着民主大论战中开始兴起一种新的思潮。在此之后，“民主是个好东西”的观念开始得到稳步成长，直至一个世纪后成了人类政治认知的主流思潮和全球性的意识形态。托克维尔在该书序言中说，人们生活中的各种事件都在促进民主。他这样大胆断言：

> 身份平等的逐渐发展，是事所必至，天意使然。这种发展具有的主要特征是：它是普遍的和持久的，它每时每刻都能摆脱人力的阻挠，所有的事和所有的人都在帮助它前进。
>
> 以为一个源远流长的社会运动能被一代人的努力阻止，岂非愚蠢！认为已经推翻封建制度和打倒国王的民主会在资产者和有钱人面前退却，岂非异想！在民主已经成长得如此强大，而其敌对者已经变得如此软弱的今天，民主岂能止步不前！

托克维尔的这些文字，读起来几乎是一份“民主宣言书”。他在1835年大胆预言人类即将迎来自己的民主时代，大体上也是对此后一个多世纪人类政治演化趋势的准确预见。在《论美国的民主》一书中，他首先介绍了美国民主治理的现状，包括美国的基层自治和乡镇精神、宪法、政府体制、政党运作等；然后探讨了美国民主得以维系的原因，强调了地理、法制和民情三者的重要性；最后还剖析了民主政体对美国政治、经济、文化领域重要且有益的影响。

这些粗略的介绍，或许会让人误以为托克维尔对民主政体有着一边倒的正面评价，但其实并非如此。相反，他同时认为，民主完全可能导致负面的政治后果，而一个民主国家能否控制民主的弊端就变得至关重要。对于“多数暴政”的概念，托克维尔更算得上是第一位系统的论述者。总体而言，在盛赞民主的同时，他还不忘提醒要注意克服民主可能的风险。他用心良苦地发出了这样的呼吁：

> 在我们这一代，领导社会的人肩负的首要任务是：对民主加以引导；如有可能，重新唤起民主的宗教信仰；洁化民主的风尚；规制民主的行动；逐步以治世的科学取代民情的经验；以对民主的真正利益的认识取代其盲目的本能；使民主的政策适合时间和地点，并根据环境和人事修正政策。[1]

在托克维尔之后，民主的声誉开始稳步上升，并逐步获得政界和知识界主流思潮的认同。其中盛赞民主的杰出人物包括美国总统亚伯拉罕·林肯。1863年，林肯在《葛底斯堡演说》中这样说：

---

1 托克维尔的言论参见：托克维尔，《论美国的民主》（上卷），董果良译，商务印书馆，1989，第7—8页。

“我们要在这里下定最大的决心，不让这些死者白白牺牲；我们要使共和国在上帝保佑下得到自由的新生，要使这个民有、民治、民享的政府（government of the people, by the people, for the people）永世长存。”[1]

可见，林肯已大大不同于乔治·华盛顿这一代政治家，他不仅把美国体制视为民主政体，而且将这种民主政体视为人类优良政治秩序的典范。当年美国的开国之父们几乎不会称颂民主，但林肯则公开赞美民主，呼吁捍卫美国的民主体制。这种明显的差异，预示着关于民主的观念潮流已经发生了实质性的转向。

在托克维尔和林肯之后，从 19 世纪上半叶到 20 世纪中叶的一个多世纪中，民主的观念日益上升，民主的力量日益强大。到第二次世界大战结束的 1945 年，民主在世界范围内已经成了支配性的意识形态，甚至已经成为唯一具有充分合法性的政治统治形式。1951 年出版的《紧张世界中的民主》一书认为：

> 在人类历史上第一次没有任何理论是作为反民主的理论提出。对反民主的行为或态度的指责经常是针对别人，实干的政治家和政治理论都一致强调他们所捍卫的制度和鼓吹的理论的民主性质。[2]

自此，几乎所有人都开始号称自己是民主的支持者或是民主派的政治家，而给对手贴上“独裁”或“反民主”的标签。这是第二

---

1 林肯，《在葛底斯堡国家烈士公墓落成典礼上的演说，1863 年 11 月 19 日》，出自：林肯，《林肯选集》，朱曾汶译，商务印书馆，1983，第 239 页。

2 这段话广为流传，与乔万尼·萨托利在其名著《民主新论》中的引用有关，转引自：乔万尼·萨托利，《民主新论（上卷）：当代论争》，2015，第 21—22 页。

次世界大战之后的政治新现象，意味着民主观念大转向的基本完成。

人类政治演化迎来新篇章

按照前述实力结构–制度规则–观念体系三者之间的关系，总体上，实力结构是基础，会塑造相应的制度规则与观念体系，而制度规则与观念体系一旦形成，从功能上又具有强化原先的实力结构的作用。与此同时，在人类政治演化越是较低的、野蛮的阶段，实力结构乃至赤裸裸的暴力资源越是重要，制度规则与观念体系的角色往往是附属性和辅助性的；在人类政治演化越是较高的、文明的阶段，制度规则的影响力就会上升，观念体系的影响力也会上升，实力结构的直接影响力就会相对降低。到了19世纪，现代民主兴起的阶段也是人类政治演化越来越文明的阶段，见证了民主的制度规则和观念体系而非单纯的实力结构在政治生活中扮演越来越重要的角色。

正如上文所述，在投票权普及与现代民主兴起之前，以英美为代表的欧美发达国家拥有的是一个早已确立的立宪主义政体模式。就实力结构而言，一方面，在立宪主义政体之下，国家与统治阶层的政治权力受到了约束，其镇压能力受到了极大的限制；另一方面，由于工业革命推动的城市化，被统治阶层的动员与组织能力已大幅提高，在基本权利与自由得到充分保障的条件下，其政治议价能力得到了大幅提升。这就带来了国家与公民之间或统治阶层与被统治阶层之间实力结构的重大变革。在这种背景下，支撑政治权力的实力或力量因素已经向下移动，改变了千百年来更有利于统治阶层或上位者的格局，使之发生了有利于被统治阶层或下位者的转换。

就制度规则而言，需要说明的是，现代民主绝非一种单一的制度安排，而是一种复合的制度安排。这里讨论的现代民主政体首先立足于投票权普及之前已然成型的立宪主义、议会主权或人民主权、代议制度、责任政府与政党政治，其次才是普选权时代的公众政治参与和多数决定规则。即便公众参与和多数规则是民主制度的核心条件，但这也绝不意味着其他制度安排是无关紧要的。实际上，民主的参与和表决规则，民主权利的范围与限度，还时时受到其他重要规则的约束，特别是立宪主义、法治、对所有人包括少数群体的权利与自由的捍卫等。总之，现代民主是一种复合型政体模式，民主规则也是一整套复合型规则。

就观念体系而言，民主社会的基本认知与意识形态也发生了根本性的变化。首要的是，原先质疑和否定民主的观念开始消退，而颂扬和肯定民主的观念开始上升，并成了社会的支配性价值观念。更具体地说，人民主权的观念、公民参与的观念、多数规则的观念，以及与此相关的政治权力在约束条件下运行的观念、少数权利保护的观念等，都成了后托克维尔时代的主导性观念与认知。

由此，在新的历史条件下，实力结构–制度规则–观念体系构成了新的组合，塑造了一个支持现代民主政治的新的政治系统，人类政治演化又迈入了一个新的阶段。

第十三章　民主政体与现代政治的塑造

现代民主政体对国家的约束，大体上可以总结为两种功能：一种是积极功能，即民主能够引导国家从事它应该做的事情；一种是消极功能，即民主能够防止国家做它不应该做的事情。简而言之，前者是指民主引导国家做好事的功能，后者是指民主防止国家做坏事的功能。

民主如何约束利维坦？

在现代民主兴起之后，它就成了塑造今天意义上的现代国家与现代政治的最重要的力量。实际上，今天欧美国家的制度运作和政治状况，就是在现代民主政体下逐渐塑造出来的。利维坦被发明出来后，如何约束利维坦就成了一个理论问题。现代民主的兴起，使得人类在约束利维坦的道路上迈入了一个新阶段。

首先要反复澄清的是，现代民主政体不是一个单一纯粹的民主政体概念。单一纯粹的民主政体主要关注的是公民的政治参与、普选权以及多数决定规则。但本书讨论的现代民主政体是一种复合型政体，它至少包括六个主要元素：立宪主义、议会或人民主权、代议制度、责任政府、政党政治以及普选权利。这里的普选权利，主要是指一人一票的投票资格加多数决定制的计票规则。其他几种主要元素，都是在有限投票权的立宪政体时代已然形成的。所以，今天所谓的用现代民主的方式去约束国家权力或政治权力，并不是单纯依靠一人一票与多数规则的投票机制去实现的，而是依靠一整套复合的制度安排去实现的。[1]

现代民主政体对国家的约束，大体上可以总结为两种功能：一种是积极功能，即民主能够引导国家从事它应该做的事情；一种是消极功能，即民主能够防止国家做它不应该做的事情。简而言之，

1 关于民主的一般理论与常识，参见：乔万尼·萨托利，《民主新论》（上下卷），冯克利、阎克文译，上海人民出版社，2015；罗伯特·A. 达尔，《民主及其批评者》，2016；包刚升，《民主的逻辑》，2018。

前者是指民主引导国家做好事的功能，后者是指民主防止国家做坏事的功能。

民主的积极功能

在约束国家的积极功能方面，现代民主首先是民意主导着政府决策。选民通过民主投票决定国家政治生活中的许多重大事务，包括代表的产生和重要行政长官的产生。一般而言，选民会直接选举各级议会或立法机构的代表，即拥有重大人事的决定权。此外，各级政府的首席行政长官通常也是由选民直接或间接选举产生的。如果是总统制或半总统制，政府首脑或首席行政长官，即总统，一般是由选民直接选举产生的；如果是议会制，政府首脑或首席行政长官，即总理或首相，一般是由选民选举议会、而后由议会选举产生的。地方首席行政长官大体也是通过这两种选举路径产生，即直接选举或间接选举。但无论是何种选举方式，选民掌握着议会代表与首席行政长官的最终决定权。

选民还可以通过民主投票来最终决定国家的基本政治与法律规则。比如，在民主政体初创时期，尽管宪法的起草与制定往往是由专门机构或大会完成的，但宪法能否通过往往需要选民通过民主投票决定，或者由选民选举产生的议事机构来投票决定。当民主政体完全建立起来以后，有些国家还会对宪法、政治制度框架或其他基本法律规则进行修订。这时，选民通过民主投票还直接或间接地拥有修改这些规则的最终决定权。所以，在民主政体下，民意或选民通过民主投票可以决定一个国家的宪法、政治制度框架与基本法律规则。

当然，这方面往往还存在一个悖论，即民主的宪法规则起初一般是由少数人制定甚至决定的。以美国为例，1787 年美国制宪会议总共就有 55 人参加。当然，这 55 人是美国当时 13 个州派出的代表。宪法学家们争论的一个问题是，美国制宪究竟算不算民主制宪？这里的悖论是，如果还没有建立一个民主政体，就无法通过民主的办法来制定一部宪法，但是，要想建立一个民主政体，首先得有一套宪法性的规则。这就涉及先有宪法还是先有民主的问题。没有宪法，就无法确立一个民主的制度框架与基本规则，但宪法又需要通过民主的程序来制定。这就变成了一个蛋生鸡和鸡生蛋的问题。

实际上，很多国家在民主建设的关键起始点上，往往有一个不那么民主的时刻，即宪法实际上是由一部分人制定的和通过的。这并不意味着它是威权的或专制的，但它所代表的民意可能是不够充分的。当然，从美国制宪的程序来看，美国先是由 13 个州派出的 55 名代表完成了制宪，即起草、修改与确定宪法文本，然后将宪法文本交付各州议会或制宪会议表决。只有满足四分之三州表决通过这一条件，这部《美国宪法》才能生效。

选民还能通过民主投票来决定一个国家的重大决策与公共政策。应该多征税，还是少征税？有限的政府预算要多用于军备，还是多用于教育？要不要对另外一个国家开战？这些问题都是民主国家的一个个重大决策与公共政策。当然，每个国家进行公共决策的具体程序是不一样的。总统、总理或议会短期内有可能做跟全国基本民意不同的决策，但从长期来看，由于选举政治的压力，那些跟基本民意相悖的政治家更有可能被淘汰出局。所以，民意或选民通过民主投票最终控制着许许多多的重大决策与公共政策。

从不同侧面看，民主往往具有不同的特性，但一般来说它有两个根本的价值取向：第一，统治是基于民意的，应该反映民众的诉求和偏好。这需要通过一系列的制度和程序来保证。第二，统治最终要服务于民众的利益和福祉。所以，民主政体在价值取向上既要反映民众的意志，又要服务于民众的利益，是两者的结合。由此可见，民主就要赋予政府做好事的权力与能力。否则，民主的政府如何做到基于民意并服务于民众的利益？这就是所谓民主的积极功能。就其定义而言，民主就是要成为一套基于民意、贯彻民意、落实民意，并最终服务民众利益与福祉的政治系统。

民主的消极功能

现代民主的消极功能非常复杂，而且消极功能一点都不比积极功能来得次要。在许多现代民主国家，民主的积极功能表现并不一定很突出，但它的消极功能却发挥得很好。这里，消极功能主要是指，现代复合型民主政体有一整套约束国家的制度、程序与方法。

第一种具有消极功能的制度安排是周期性选举制度。如上文讨论的，周期性选举制度有着相当的积极功能，就是给选民提供了一个通过民主投票决定重大人事问题的机会，但它同时有着相当的消极功能。定期举行的周期性选举意味着，在选举进行的时刻，人民在行使一种重要的权利，那就是先解雇旧代表和旧政治家，把主权重新收回来，然后重新做出把权力授予哪些新代表和新政治家的决定。这是一个人民拿回权力并进行重新授权的过程。实际上，只有在选举投票的时刻，人民才真正掌握了主权。这个政治时刻之所以具有非常重要的消极功能就在于，人民可以通过定期的周期性选举不断地收回原本已经授予政治家的政治权力。这种周期性的重新收回权力，本身构成了对议会代表和首席行政长官的重要权力约束。所以，定期的周期性选举是现代民主一个非常重要的制度安排。

第二种具有消极功能的制度安排是现代民主条件下一整套分权

制衡的制度设计。本书在第十、十一章曾专门讨论过英美两国立宪主义政体下的分权制衡机制，但现代民主是一种复合型政体模式，吸收了此前立宪政体的诸种制度安排，使其内化为自身的一部分。简而言之，这种分权制衡包括了两个维度：横向的分权制衡和纵向的分权制衡。

横向的维度，就是中央层级不同职能的政治权力之间的分权制衡，主要发生在行政权、立法权和司法权之间。在洛克的政治理论中，主要是行政权或执行权与立法权之间的分权制衡。孟德斯鸠则在行政权与立法权之外，也将司法权视为一种重要的政治力量。在孙中山的五权宪法方案中，则是行政权、立法权、司法权、监察权与考试权的分权制衡。纵向的维度，就是不同层级政府政治权力之间的分权制衡。在联邦制民主国家，位于中央的联邦政府与位于地方的州或邦政府之间，往往有着较为明确的权力划分。比如，以美国为例，即便是疫情期间，美国总统或白宫也很难调动地方的医疗资源，而至多能动用军方的医疗资源。主要原因就是，在联邦制条件下，地方政府并非是美国联邦政府的天然下级。即便在单一制民主国家，由于存在着地方选举和地方自治，地方政府往往也存在着相当程度的自主权，这也构成了对中央政府权力的制约。横向与纵向的分权制衡设计，是现代民主政体约束政治权力的重要消极功能。

第三种基于消极功能的制度安排是立宪主义和法治原则。这意味着政治权力的范围与限度不应该超过宪法和法律所允许的范围。超过这个范围和限度，即便是民主条件下的政治权力或多数规则也是不能突破的。所以，这种立宪主义与法治原则相当于给政治权力套上了枷锁，使其不能超越应有的权力边界而自行其是。比如，立宪主义和法治原则的一个副产品就是对少数派的保护。这意味着，现代民主政体不仅是公民参与和多数决定的，而且还是对少数派基本自由与权利的保护。之所以要保护少数派的权利，除了任何人的基本自由与权利都应该得到保护这一原则，另一个主要考虑是，按照萨托利的分析，任何一个社会的任何一次民主投票都只构成一种有限多数。随着时间的推移，多数构成本身是在不断变化的。今天少数派的主张有可能成为明天多数派的主张。[1]

第四种基于消极功能的制度安排是来自社会层面对于政治权力的监督和约束。比如，言论自由和媒体独立报道所带动的舆论监督，也会给政府与政治权力带来许多实际的压力。以 2017—2021 年美国特朗普政府为例，从美国有线电视新闻网（CNN）到《纽约时报》，除了福克斯新闻（Fox News）以外的美国主流媒体，基本上都是特朗普及其政策的批评者。这种强有力的批评背后，则是公民的言论自由权和媒体的独立报道权。关于言论自由及其限度，从英国到美国，都形成了很多著名的法律原则和司法判例。这些法律原则和司法判例大体上都倾向于充分保护公民和媒体的言论自由权。这也进一步约束了政府与政治权力——即便政治权力是基于民主原则和民主程序产生的。

当然，这并不意味着言论自由是没有边界的。迄今为止，一个较为经典的判例来自美国奥利弗·温德尔·霍姆斯大法官，其基本原则是，如果一个言论没有导致明显的和即刻的危害（clear and present danger），那么这样的言论就应该被保护。[2] 这就正如约翰·斯图亚特·密尔在《论自由》中举的一个例子，没有人拥有在一个人口密集的剧院里大喊“失火了”的自由，因为这种行为会造

1　乔万尼·萨托利，《民主新论（上卷）：当代论争》，2015，第 63—67 页。

2　关于言论自由的宪法权利讨论，参见：Richard H. Fallon Jr., *The Dynamic Constitution: An Introduction to American Constitutional Law and Practice*, 2nd Edition, 2013, pp. 32-56.

成明显的和即刻的危害。[1]

来自社会层面对政治权力的抵抗还包括一种常见的形式——社会抗争。以美国为例，20世纪五六十年代的黑人民权运动就是一场典型的、规模盛大的社会运动。其目的是对美国当时盛行的种族隔离制度以及非洲裔美国人遭遇的社会不公发起公开的挑战。近年来，美国兴起了所谓“黑人的命也是命”（Black Lives Matter）运动。这也是一场声势浩大的社会抗争运动。这些社会运动与社会抗争，大部分都是合法的公民不服从与抗争运动，必然会给政府带来很大的压力。[2]在这种情况下，如果有主要政治家涉嫌滥用权力或渎职而引发社会运动或政治抗争，可以想见这位政治家需要面对何等巨大的政治压力。

民主与大政府的兴起

由于现代民主的兴起，人类政治演化迎来了一个新的重要阶段。19世纪首先出现的是以英、美为代表的古典资本主义模型，其基本特点是小政府与自由放任型的政府管理方式。这就是许多人印象中的欧美国家的“小政府大社会”模式。然而，自20世纪以来，欧美国家的这种模式发生了重大变化。美国学者约翰·沃克与哈罗德·瓦特所著的《美国大政府的兴起》，就揭示了整个20世纪美国政府规模的大幅扩张。[3]当然，在整个20世纪，不只是美国出

1 约翰·密尔，《论自由》，2005，第二章。
2 何怀宏，《西方公民不服从的传统》，吉林人民出版社，2003。
3 约翰·F. 沃克、哈罗德·G. 瓦特，《美国大政府的兴起》，刘进、毛喻原译，重庆出版社，2001。

现了大政府的兴起，而是所有欧美主要国家都出现了类似的趋势。[1]实际上，跟欧洲主要国家相比，美国目前算得上是更接近于小政府模式。即便如此，当今美国的政府收入占 GDP 的比例已经达到 30% 左右。这意味着在整个经济活动中，约有 30% 的比重被政府以税收或支出的方式控制了。而许多欧洲主要国家的这一比重已经达到了 40%~50%，甚至更高。[2]由此看来，如今的欧美国家已经不再是 19 世纪的古典资本主义模型，政府的职能与规模都出现了前所未有的扩张。

古典自由主义的衰落

由于冷战的结束和苏联的解体，西方世界内部常常将 20 世纪视为“资本主义胜利”的世纪。但实际上，在欧美国家内部，整个 20 世纪可以说是“民主社会主义”的观念与实践大踏步前进的一个世纪。20 世纪的重大变化是，欧美国家的政府开始提供前所未有的公共服务与不断增加的社会福利，实施更多的危机干预与更广泛的宏观调控，以及制定了更全面的管制政策。这就塑造了一种跟早期古典资本主义差异甚大的社会模式。如果说 18—19 世纪是西方古典自由主义兴起的时代，那么 20 世纪几乎就是古典自由主义衰落的时代。[3]

这种变化的造成，一方面固然跟工业革命发展过程中的社会需要有关，另一方面也跟现代民主的兴起有关。19 世纪，欧美主要

1 维托·坦齐、卢德格尔·舒克内希特，《20 世纪的公共支出》，胡家勇译，商务印书馆，2005。

2 关于经合组织（OECD）国家政府收入占 GDP 的比重，参见 OECD 网站：https://data.oecd.org/gga/general-government-revenue.htm。

3 安东尼·阿巴拉斯特，《西方自由主义的兴衰》，曹海军等译，吉林人民出版社，2004。

国家基本上都是古典资本主义模型。在政治上，只有少数精英拥有投票权。比如，前面分析过，在1832年选举改革之前，英国只有4.4%的成年人拥有投票权。在政策上，古典自由主义的公共政策，包括崇尚个人权利至上、私有产权保护与自由放任主义，总体上是一个小政府模型。

但从19世纪到20世纪，欧美主要国家经历了一个大转型，出现了两个根本性的转换：一是从精英投票模型转向了大众投票模型，普通平民和工人阶级开始掌握投票权，从而促成了现代民主的兴起；二是在政府管理与公共政策领域出现了大政府的兴起，政府开始放弃自由放任主义，在经济与社会生活中扮演越来越积极介入的角色。实际上，这两种转型有着内在逻辑上的相关性。

正是由于投票权的普及，选民和政治家的互动方式改变了，并最终促成了欧美主要国家自由放任主义的衰落和大政府的崛起。基本逻辑在于，越是普通的选民，就越希望政府提供更多的社会福利和公共产品。但问题是，"天下没有免费的午餐"。政府通常不会创造财富，政府能做的就是转移财富。当一部分选民对政府提出比较多的社会福利与公共产品需要时，成本更有可能是另一部分选民承担的——尤其是在累进所得税等制度创新出现之后。

在投票权不断普及的背景下，政治家与政党的竞争也会影响到这一大转型。随着越来越多的普通选民获得投票权，政治家与政党都不得不考虑如何吸引普通选民的注意力与支持度。在这方面，一个著名案例就是丘吉尔领导保守党打赢了第二次世界大战，但在随后举行的大选中却输给了工党。大选之前，《贝弗里奇报告》在英国出版了。英国经济学家贝弗里奇经过调查研究后认为，英国应该建设一个全面的福利国家。该报告引起了整个英国社会的普遍关注，特别是受到普通阶层的热烈欢迎。[1]保守党注意到了这个影响力巨大的文本，但认为当时的英国尚不具备全面建设福利国家的财政力量。而工党则对该报告的建议照单全收，提出了一个建设全面福利国家的政治纲领。结果，英国有更多选民选择了支持工党。这表明，凡是不能迎合较高比例选民诉求与偏好的政治家和政党更有可能会在选举政治中被淘汰出局。在现代民主政体下，这种机制当然会有助于推动大政府与福利国家的兴起。

现代民主国家的转型

正是在上述逻辑的驱动下，以英美为代表的 19 世纪古典资本主义国家模式逐渐发生了重要的转向，并形塑了 20 世纪的现代民主国家。这种转向大体上都表现为几个不同维度。

首先，是向公共服务型国家的转型。这是指从 19 世纪超小规模的政府——所谓“守夜人国家”——慢慢开始转向给社会提供越来越多的公共产品，提供越来越多的公共服务与社会福利。

一个常常被提到的案例是，19 世纪上半叶的巴黎曾经是一座臭气熏天的城市。原因在于，由于工业革命的推动，人口大量往巴黎市区和郊区集聚，但巴黎的基础公共设施完全跟不上这种人口的急剧增长。比如，当时城市的许多地方连下水道系统都尚未建设。那么，这些设施应该由谁来提供？最后发现还是应该由政府来提供。这就使得古典自由放任的政府模型难以为继，一种新的公共服务型国家开始兴起，背后的驱动力量无非是社会的需要。以自来水、下水道、排泄物系统来说，大家如今已经习以为常，每个楼盘、每个

1 贝弗里奇，《贝弗里奇报告》，社会保障研究所译，中国劳动社会保障出版社，2008。

开发区都有一套标准化作业。但在 19 世纪上半叶的巴黎或其他欧美城市，这意味着政府需要承担更多的公共服务职能，扮演更积极的角色。由此，一种新的理念开始兴起，即让市场的归市场，让政府的归政府。

在 19 世纪早期的欧美主要国家，政府的职能范围非常小，但随着需要提供的公共服务和公共设施越来越多，它们逐渐转型为一个公共服务型政府。这既是经济社会发展趋势的需要，又是普通民众的需要。特别是，随着投票权的普及，如果哪个国家或政府不能提供必要或足够的公共服务，那里的民众就会用选票说话。后来，政府甚至还成了基础教育的提供者，公立学校开始取代教会学校和私立学校成了主要的基础教育机构。所有这些，都是欧美民主国家转向公共服务型国家的结果。

其次，是向社会福利型国家的转型。所谓公共服务型国家，基本上是无差别地服务于一般社会公众，为他们提供必要的基础公共服务设施与公共产品。所谓社会福利型国家，是指国家开始为那些特别需要帮助的人——社会中的弱势群体包括收入较低阶层、身体残障者、年老者、无力就医者——提供他们所需要的特定帮助、救助与福利。一般认为，社会福利型国家首先起源于奥托·冯·俾斯麦于 19 世纪晚期在普鲁士推行的社会保障制度改革。当然，英国其实很早就有救济制度，只不过它并不是一个覆盖整个社会的全面救助机制。在 19 世纪，英国济贫院的条件和设施非常不堪。当时的许多作家包括查尔斯·狄更斯都抨击过英国济贫院的生活。但济贫院的生活条件与设施较差，其实是一种有意的人为设计，目的是防止普通平民想要入住济贫院。到了“二战”结束后，英国当时出版的《贝弗里奇报告》主张进行全面的福利国家建设。这样，英国固然曾深受亚当·斯密式自由放任型政府模式的影响，但到了 20

世纪中叶，特别是工党执政以后，就开始了全面建设福利国家的道路。

今天，北欧国家常被视为社会福利国家的典范，但自 20 世纪 90 年代以来，北欧国家在福利政策上也发生了相当程度的变化。社会福利政策及其待遇过于优厚，往往容易导致两个严重后果：一是容易导致“懒人病”。比如，在某些国家，员工请病假可以拿到绝大部分工资。这种优厚的福利政策客观上可能鼓励懒人。当然，在具体福利政策的实施上，这往往又跟政治文化有关。有研究认为，北欧的福利国家相对更容易成功，是因为北欧人受清教徒精神的影响较深，普遍地把热爱工作当成习惯与信仰。否则，这种社会福利国家模式是很难成功的。二是容易导致政府财政负担与社会负担过重。高福利意味着高财政支出，高财政支出意味着高税收。因此，在这种高福利模式下，固然人们享受着高福利带来的好处，但同时需要承受非常沉重的税负。

正是因为存在这些问题，从 20 世纪 90 年代开始，以瑞典为代表的一些北欧国家实施了重大的社会福利与财政改革。改革的目的，就是希望能降低政府的财政负担，让财政走向平衡，同时避免过度的福利国家问题。如今，瑞典已经成为西方主流国家中财政保守主义的典型。

瑞典改革的一个做法是推进长期预算平衡法。既然很多现代国家都有经济周期，那么就应该基于整个经济周期来考虑政府预算的平衡问题。比如，繁荣时期，政府的税收或财政收入较高，失业救济与支撑宏观调控政策的政府支出较低，此时就会出现政府盈余。萧条时期，一方面政府需要拿出钱来去刺激经济，支持扩张性财政政策，另一方面由于经济不景气，政府税收收入等都会降低，两者的结合，更有可能导致财政赤字。目前欧美主要发达国家的做法是，繁荣时期，政府把本来可以有的财政盈余都花了出去；萧条时期，政府本来就容易出现财政赤字，结果就导致了政府公债的不断累积。过去三四十年的日本、美国、法国、希腊差不多都是这个模式。相反，自 20 世纪 90 年代开始的瑞典财政改革就是要建立一个长期财政平衡框架，其基本做法就是用繁荣时期的财政盈余去补贴萧条时期的财政赤字，以便在长期中实现财政平衡。

瑞典改革的另一个做法则是通过了 1% 财政盈余规则，即瑞典政府应该以追求 1% 的财政盈余作为常规年度的财政目标。这样，就从根本上杜绝了财政赤字。总之，瑞典试图在建设社会福利国家的同时，推进良性的、可持续的财政平衡方案。[1]

再次，是向危机干预型国家的转型。如果考察 19 世纪到 20 世纪初英美两国经济政策史，就会发现，他们很少会想到政府要如何应对经济危机，更没有政府有责任要管好经济危机的理念。一般而言，自由运作的经济系统本来就在波动。以产业来说，一个高利润的产业一定会吸引过剩的投资，然后再自行调整。所以，按照自由市场学说，经济波动本身就是正常经济活动的一部分。对美国来说，1920 年的经济危机是美国历史上最后一次没有实质性政府干预的经济危机。然而，等 1929 年经济危机来临时，赫伯特·胡佛总统就对这场经济危机进行了匆匆忙忙的政府干预。按照美国经济学家穆雷·罗斯巴德的研究，正是胡佛对 1929 年经济危机的错误干预，才酿成了一场史无前例的经济大萧条。否则，这场危机也仅仅是如同 1920 年经济危机那样的一次正常的经济波动。[2] 当然，罗

1 Robert P. Hagemann and Christoph John, "Fiscal Reform in Sweden: What Generational Accounting Tells Us," *Contemporary Economic Policy*, Vol. 15, No. 3(Jul., 1997), pp. 1-12; Tomomi Miyazaki, "Fiscal Reform and Fiscal Sustainability: Evidence from Australia and Sweden," *International Review of Economics & Finance*, Vol. 33 (Sept., 2014), pp. 141-151.

2 穆雷·N. 罗斯巴德，《美国大萧条》，谢华育译，海南出版社，2017。

斯巴德的这种观点也只是一家之言，更代表自由放任派的主张。随后，等富兰克林·罗斯福总统上台后，他大刀阔斧地推行新政措施，并最终领导美国走出了大萧条。几乎与此同时，英国经济学家约翰·梅纳德·凯恩斯的《就业、利息和货币通论》于1936年出版。该书的出版标志着凯恩斯主义的诞生。凯恩斯强调自由市场经济运作下的有效需求不足问题和政府宏观调控的必要性，主张把财政政策和货币政策作为主要的宏观调控手段，并认为政府具有促进经济增长、控制通货膨胀和稳定就业的责任。[1]

在罗斯福新政与凯恩斯主义兴起之后，政府干预经济危机逐渐成了惯例。历史地看，罗斯福新政和凯恩斯主义推动了西方国家的重要转型——从过去对经济危机置之不理、熟视无睹的自由放任型政府，变成了一个面对经济危机就要考虑政府干预和宏观调控的政府。这种转型意味着危机干预型国家的兴起。

在这方面，国内存在着两个显著的误解。第一种误解是，罗斯福实行了凯恩斯主义政策。但实际上，当罗斯福推行新政时，凯恩斯的《就业、利息和货币通论》尚未发表，他的影响力也没有那么大。所以，是凯恩斯出版《就业、利息和货币通论》在后，罗斯福实施新政措施在前。当然，两者一为理论，一为实践，是遥相呼应的。

第二种误解是，许多人容易把各种类型的政府干预政策一股脑儿都视为凯恩斯主义。这正如凯恩斯生前的调侃："我不是一个凯恩斯主义者。"在凯恩斯理论中，自由市场经济带来的有效需求不足是一个核心问题，容易引发周期性的经济危机。为了解决这个问

1　约翰·梅纳德·凯恩斯，《就业、利息和货币通论》（重译本），高鸿业译，商务印书馆，1999。

题，凯恩斯认为，需要采用两种办法来进行政府干预：一是财政政策，二是货币政策。这意味着，凯恩斯着眼的都是宏观经济政策，他的工具箱里主要有两个工具：财政政策与货币政策，而非别的。所以，凡是主张产业政策或微观干预的，都不是原本意义上的凯恩斯主义。当然，不同于自由放任型国家，凯恩斯认为，现代政府在经济上有目标，主要包括推动经济增长、控制通货膨胀和维持充分就业。这在 19 世纪是难以想象的。总之，由于罗斯福新政开创的先例，由于凯恩斯主义理论的流行，许多人如今对现代政府的职能、范围与目标的认知都发生了巨大变化。

上述讨论更强调经济逻辑，但危机干预型政府的兴起主要还是由政治逻辑驱动的，特别是现代民主兴起带来的英美等国政治运作的重大改变。当经济危机到来时，首先受伤的是普通民众。他们通常收入更低，财富水平更低，抵御风险能力更低。从职业角度看，他们更容易被解雇，从而丧失稳定的收入来源。由于投票权的普及，面对经济危机的来袭，政治家通常不可能熟视无睹，或者依然采取自由放任政策，而是必须要有所作为。政治家此时的基本任务有两项：一是尽快稳定经济，使得宏观经济能够稳定化；二是尽快缓解普通民众的现实困难与经济压力。比如，就美国特朗普政府和拜登政府的疫情处置而言，它们提出的纾困法案，都包括了相当额度的给予所有公民或普通民众的财务支持计划。如果政治家在此种情况下不关心民众疾苦，坚持自由放任政策，等待他们的恐怕就是下一场选举的失败。就此而言，正是因为投票权的扩张和普选权的落实，使得政府更有动力在经济危机到来时扮演积极干预者的角色。

最后，是向政府管制型国家的转型。19 世纪的英美国家还是典型的自由放任型国家，但到了 20 世纪下半叶却变成了政府管制型国家。比如，药品买卖在前政府管制时代，基本是一个完全的市场行为。但是，如今药品买卖几乎在所有主要国家都被纳入了严格的政府管制。以自由市场著名的美国甚至是该领域的主要开创者。今天在美国，如果要想申请一款新药的政府许可，需要经过一个过程复杂、耗时很长同时成本高昂的审批流程。这种审批的背后，就是美国政府对药品的严格管制。美国经济学家米尔顿·弗里德曼在《资本主义与自由》中提到一个有趣的案例，20世纪60年代，美国马里兰州甚至开始颁发理发师许可证。申请理发师许可证的政府文件罗列了理发师应该掌握的包括营养学、皮肤学、毛发学在内的各科知识。这被弗里德曼视为政府部门滥用管制权力的典型案例。[1]

对于欧美主要发达国家的政府管制，一方面，固然设立管制的初衷是为了某种社会利益，比如关于药品、医师资格等，可能确有其需要；另一方面，有学者担心，如果政府获得相当大范围的政府管制权，这种权力就倾向于被滥用和扩大，从而使得在许多原本没有必要设立管制的地方找到理由设立管制。但不管怎样，从19世纪到20世纪下半叶，以英美为代表的国家完成了向政府管制型国家的转型。很难说，政府管制的大幅度提高，是由投票权普及和民主兴起直接驱动的，但它至少可以被视为民主驱动的大政府兴起过程的一个侧面。

大政府与小政府：持续的论战

总体上，以英美两国为代表，从19世纪古典资本主义的小政府向20世纪的大政府转型，固然有许多经济、社会和技术的原因，

1　米尔顿·弗里德曼，《资本主义与自由》，张瑞玉译，商务印书馆，2004，第153页。

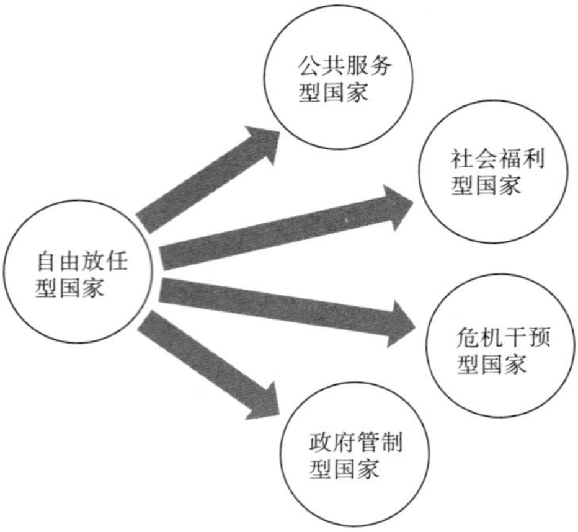

图 13.1　以英美为代表的西方民主国家转型：从 19 世纪到 20 世纪

但其中的主要驱动力是投票权的普及与民主的兴起。正是在民主的驱动下，以英美为代表的欧美主要发达国家逐渐完成了向公共服务型国家、社会福利型国家、危机干预型国家与政府管制型国家的转型，参见图 13.1。

图 13.1 描述的似乎是欧美许多发达国家的共性，但实际上，不同国家的政治演化路径还是存在着很大的差异。仅以社会福利型国家为例，丹麦社会学家考斯塔 · 艾斯平–安德森认为，主要有三种福利资本主义模式，分别是盎格鲁–萨克逊国家的自由主义模式、斯堪的纳维亚国家的民主社会模式和大部分欧陆国家的法团主义模式。[1] 所以，尽管上述讨论更多强调的是以英美为代表的欧美主要发达国家从 19 世纪向 20 世纪大转型的共性，但深入到每一个方

1　考斯塔 · 艾斯平–安德森，《福利资本主义的三个世界》，郑秉文译，法律出版社，2003。

面，包括公共服务型国家、社会福利型国家、危机干预型国家、政府管制型国家等，没有哪两个国家是一模一样的。即便同一个国家，在不同时期，也可能会在模式选择和具体做法上有很多调整。

从自由放任型国家向现代干预型福利国家的转型，也引发了很多反思。一场较有代表性的论战发生在凯恩斯和哈耶克之间。凯恩斯其实并非主张各种不同形式的政府干预的经济学家。正如上文讨论的，他的核心政策主张仅限于财政政策和货币政策。但由于他总体上主张政府干预，所以就成了所有政府干预主张的理论符号。上文曾提到，凯恩斯的代表作就是《就业、利息和货币通论》。凯恩斯在这方面的理论对手则是哈耶克，哈耶克并非主张完全的自由放任，而是要尽可能多地用竞争去解决问题。其代表作包括《通往奴役之路》《自由宪章》等。尤其是前者，由于美国《读者文摘》发行了缩减本，其在美国的发行量高达 200 万册。哈耶克的一个主要担心是，政府干预和福利国家的建设最终可能是一条“通往奴役之路”。

迄今为止，在欧美主要发达国家，凯恩斯与哈耶克的论战并没有结束。[1] 以英国和美国为例，当右翼或中右政党上台时——主要是英国保守党和美国共和党，他们更倾向于缩小政府规模、减税、放松管制、减少福利等；当左翼或中左政党上台时——主要是英国工党和美国民主党，他们更倾向于扩大政府规模、增税、增加管制、增加福利等。实际上，今天许多西方发达民主国家的政策选择仍然摇摆在凯恩斯与哈耶克之间。[2]

1　尼古拉斯 · 韦普肖特，《凯恩斯大战哈耶克》，闾佳译，机械工业出版社，2013。
2　丹尼尔 · 耶金，《制高点：重建现代世界的政府与市场之争》，段宏等译，外文出版社，2000。

民主的历史坐标及其未来

对欧美发达国家来说，现代民主兴起迄今为止仅有不到两个世纪的时间，但已经从根本上再造了人类的政治生活。如果说19世纪早期，人类社会的绝大部分地方还不知民主为何物的话，那么到了20世纪中叶，民主已然成为最具合法性的制度与观念。综合来看，现代民主在欧美发达国家的兴起，首先是再造了西方的政治生活，接着又显著地影响了全球的政治生活。从19世纪至今，如果一定要用一个概念来总结人类政治演化的基本特点，那就是人类社会迈入了“民主化”时代。当然，这一过程还远远没有终结。鉴于民主政体已经在许多国家落地生根，笔者接下来要把现代民主置于人类政治演化的历史长河中做一个系统考察。

人类政治演化的四阶段

综合前面的论述，从国家起源至今，人类政治演化大体上经历了王权时代、封建时代、立宪时代与如今尚在行进中的民主时代。国家的兴起是人类历史上最重要的奠基性事件，本书称为“国家革命”。人类历史上的早期国家出现在公元前3500—前3000年。就基本功能而言，国家为人类共同体提供了基本的安全、法律与秩序，是人类政治演化的关键一步，并奠定了人类政治后续演化的基础。碍于当时的经济、社会与技术条件，人类早期兴起的国家往往采用君主统治模型。由此，人类政治演化就进入了王权时代。在君主统治模型下，君主权力至高无上，不受法律约束，实行家族继承制原则且权力维系于君主的肉身。跟前国家的政治蒙昧时代相比，王权时代无疑是人类政治的重大进步，但王权时代无法摆脱君主统治模型许多固有的弱点。特别是，政治权力容易被滥用，君主权力继承不稳定，以及人类社会被锁定在马尔萨斯陷阱之中无法超越。但如果积极地看，国家的兴起以及武力垄断、纵向一体化官僚制与覆盖全国的税收系统的塑造，使得人类政治演化获得了一个稳健的起点。

如果不是因为封建主义的兴起，王权时代或许将统治人类政治更长时间。封建主义可以算得上是人类政治演化过程中的一次突变。西罗马帝国的覆灭和蛮族入侵这两个重大事件的偶然结合，使得中世纪早期的西欧统治者发展出了一种以采邑授予为基础、以封君封臣关系为依托的军事贵族制，即封建主义体制。封建主义同时是一种契约关系，君主或领主需要为贵族或附庸提供土地和保护，贵族或附庸需要向君主或领主表示效忠并提供军事役务与财政支持。在封建主义体制下，君主只拥有少量自有武装，其对外作战往往依赖于贵族提供的重装骑兵。这种模式实际上导致了君主和贵族在武力资源分配上的势均力敌结构。从公元 7—8 世纪至公元 16—17 世纪，大体上是欧洲政治的封建时代，也可以称为人类政治演化的封建时代。长远来看，封建主义之所以重要，是因为它为后续的立宪主义时代奠定了基础。如果说欧洲后来兴起的立宪主义政体模式真正改变了人类政治演化的基本轨迹，那么封建主义才是立宪主义的源头。

正是在封建主义体制下，君主与贵族之间的武力冲突导致了约束君主的宪法性规则的出现。这也是地中海的古典时代终结之后，第一次出现约束君主权力的制度安排。这种国家或君主的政治权力要受到宪法或法律正式约束的观念与实践，被称为立宪主义。由此，人类进入了立宪时代。然而，约束君主的政治权力仅仅依靠一部宪法或一套宪法性规则是不够的，立宪主义政体的关键还在于贵族阶层与国王在武力上的势均力敌。进一步说，英格兰人在约束条件下的政治博弈最终促成了贵族会议制度的诞生，并逐渐演化出了英格兰议会。此后，君主与贵族又在议会平台上继续博弈，包括不断上演武力冲突，贵族与议会的相对优势最终导致了议会主权的确立。议会制度兴起后，少数精英拥有投票权的代议制度也开始成长，责任政府与政党政治逐渐兴起。在这一演化过程中，不仅贵族权利得到了保障，而且平民的基本权利与自由也得到了充分的发展，并以法律的形式确立了下来。

正是在立宪主义的基础上，以英美为首的西方发达国家从 19 世纪到 20 世纪首先迈入了民主时代。这一方面得益于工业革命时代以来普通民众政治动员与组织水平的大幅提升，另一方面得益于立宪主义大大约束了统治者的镇压能力，以及普通民众获得了基本权利与自由的充分保障。跟此前相比，民主时代的主要特征是投票权的逐渐普及。当一人一票的公众参与制度逐渐确定下来，多数决定逐渐成为选举政治与公共决策的基本规则，民主就落地了。由此，现代政治就真正成了一种基于公共意志并服务于公共利益的统治方式。需要说明的是，现代民主政体是一种复合型的制度安排，绝非一人一票、多数决定这么简单，它是融合立宪主义、人民主权、代议制度、责任政府、政党政治、普选权利在内的一整套政治系统。当然，现代民主尽管是人类政治演化的新阶段，但民主并非是一种完美的统治形式，它同样会有缺陷与弊端。此外，对许多国家来说，要建设稳定而有效的民主并非易事。

基于上述分析，人类政治演化四个阶段的时间分布是：王权时代，大体是从公元前 3500 年到公元 19 世纪上半叶；封建时代，大体是从公元 7—8 世纪到公元 17 世纪；立宪时代，大体是从公元 13 世纪到 19 世纪上半叶；民主时代，大体是从公元 19 世纪上半叶至今。

民主政体取得的成就

这里需要澄清的是，今日人类的政治成就并非单一的民主政体所带来的，而是人类5000多年政治演化的累积结果。正如塞缪尔·芬纳所说，人类政治演化是一个不同时代、不同政治区域的政治发明不断累积、叠加和融汇的过程。[1]现代民主政体固然在许多方面是19世纪以来新的政治发明，但其赖以立基的许多制度设计乃是过去许多年人类政治演化累积的产物。综合来看，到了现代民主这个政治演化的新阶段，人类社会已经达成了两项最主要的政治成就。

第一项主要成就是作为政治发明的有效国家。从公元前3500—前3000年早期国家在两河流域和尼罗河流域兴起以来，国家已经经历了5000多年的政治演化。今天的国家构建，从硬件来说，立足于纵向一体化的武力系统、官僚系统与税收系统之上；从软件来说，立足于合法性、国家认同甚至是国家能力之上。如今，至少在较发达的人类政治体中，国家能够较为有效地提供基本的安全、法律与秩序，能够提供公民所需的基本的公共服务与公共产品，能够基本保证绝大部分公民免受来自国内或国外非法行为的侵害。

第二项主要成就是约束国家的一系列政治发明。仅有国家是不够的，国家也可能是一把双刃剑。如果国家滥用权力，统治阶层为所欲为，那么国家带来的苦难就不会比它减少的苦难来得少。所以，在国家发明之后，人类政治最重要的演化是出现了一系列约束国家的政治发明。其中，立宪主义和法治约束了国家及其统治者的

---

1 塞缪尔·E.芬纳，《统治史（卷一）：古代的王权和帝国——从苏美尔到罗马》，2014，概念性序言，第1—75页。

政治权力范围与限度，分权制衡的制度安排使得国家内部不同职能和不同层级政治权力能够互相制约，民主制度设计使得国家统治与公共政策能够立足于公共意志并服务于公共利益，而不再是以满足统治者或少数统治精英的利益为依归。所有这一切都使得国家权力在约束条件下，基于宪法、法治、分权与民主的原则来运行。在公共权力受到约束的同时，人的基本自由与权利也得到了较为充分的保障。这是自立宪时代以来才出现、并在民主时代得以巩固的制度与价值。

如果以文明范式的视角来理解人类政治的演化，现代民主模式也构成了一种新的文明范式。就文明范式的三要素而言，现代民主范式的基本特征是:（1）在政治权力方面，权力来自人民，政治家通过周期性选举掌握执政权，一般来说，政治权力受到宪法与法律的约束，公民权利与自由得到明确的保障;（2）在经济资源方面，经济资源具有足够的自主性与自由度，不再受制于政治权力的任意支配，但民主政府可以通过税收和福利进行经济资源的再分配;（3）在政治经济绩效方面，现代民主范式由于保护产权和鼓励经济自由，通常有利于持续的经济增长与创新，但民主的再分配诉求往往容易导致高税负、福利病与财政难题。这样，现代民主范式，与此前的君主统治范式、封建主义范式、立宪主义范式共同构成了人类政治演化的主要脉络，前述表 11.4 可扩展为表 13.1。这四种主流文明范式分别是王权时代、封建时代、立宪时代与民主时代的代表。基于文明范式的理论视角，从立宪主义范式向现代民主范式的发展又是一个重要的文明范式转换。但很难说现代民主范式成为人类政治演化的主流，是由于现代民主范式在政治经济绩效上优于此前的立宪主义范式，而只能说这种转向是政治力量博弈的产物。

表 13.1 人类政治史上四种主流文明范式比较

范式 / 要素	君主统治范式	封建主义范式	立宪主义范式	现代民主范式
政治权力	政治权力能实现较大地理疆域规模的征服和整合，实行一人统治，权力至高无上且不受约束	权力体系的分散化，领主与附庸之间多层次的权力分享机制，君主与领主在自己领地拥有较大自由裁量权，但同时要受到一系列封建契约与惯例的约束	君主或国家的政治权力受到明确的约束，贵族与平民的生命权、财产权与自由权得到相当的保障	权力来自人民授予，政治家通过周期性选举掌握执政权，政治权力一般受到宪法与法律的约束，公民权利与自由得到明确的保障
经济资源	经济资源最终由政治权力支配，社会剩余常常在政治权力支配下转化为统治租金	经济资源高度依附于封建制的政治–军事安排，通常控制武力的阶层也控制着土地与主要的经济资源	经济资源获得了相对于政治权力的自主性与自由度，不再受制于政治权力的任意支配	经济资源具有足够的自主性与自由度，不再受制于政治权力的任意支配，但民主政府可进行经济资源的再分配
政治经济绩效	地理疆域广大与有效资源动员有助于组建起大规模的军队，但经济上难以突破马尔萨斯陷阱，不太可能实现持续增长与创新	封建结构与武力资源分享机制使得难以组建大规模的军队，经济绩效则受制于封建庄园制的自足自给模式	立宪主义范式因保护产权和鼓励经济自由，引发了工业革命，使得持续经济增长与创新成为可能，进而推动技术革命与军事能力的飞跃	现代民主范式由于保护产权和鼓励经济自由，通常有利于持续的经济增长与创新，但民主的再分配诉求往往容易导致高税负、福利病与财政难题

民主政体面对的挑战

当然，迄今为止，以民主时代作为标识的人类政治并非全然都是优点。民主时代的最大挑战是，民主本身就意味着不确定性。由于民主意味着一人一票与多数决定，所以民主本身的状况始终取决于政治共同体成员对民主政治的运作。与王权时代、封建时代、有限投票权的立宪时代不同，民主的最大特点是普通民众经由几年一次的周期性选举决定着国家的重大人事与政策问题。这里既包括了普通民众的政治参与，又包括了政治家与选民之间的政治互动。而民主政治的均衡，无论是其人事产出还是政策产出，都是由民众的政治参与以及政治家与选民的互动决定的。动态地说，民主政治的特点是，政治系统需要时时对社会系统中的变化做出回应和响应。经济因素、技术因素与其他社会因素的重大变化会引发新的情境条件，而民主又会在这种新的情境条件中被重新塑造。

综合来看，作为一个政治系统，民主在产出上的不确定性主要包括以下几方面。首先是选择政治领导人的不确定性。通过民主方式能否选出胜任的政治家或政治领导人，这既是一个逻辑问题，又是一个经验问题。从逻辑上说，普通民众以多数决定规则选择政治领导人，其结果高度取决于普通民众的偏好与判断力。从经验上说，民主政体既选出过许多在知识、能力与德行上都足够优秀的民主派领导人，又选出过为数不少的无力胜任的政客甚至是潜在的威权主义领导人——其中最著名的案例就包括 1933 年魏玛共和国选出了希特勒。

从 2000 年前的柏拉图到 18 世纪晚期的美国联邦党人，他们对民主都有一个深层的忧虑，即在普通民众一人一票的选举制度下，相比于称职且自制的政治家，善于煽动大众的民粹领袖，即德谟咯葛，可能更容易当选。民粹领袖一旦当选，就容易将共和国引导至错误的方向上。就统计意义而言，目前来看这种概率并不是很大。但对任何一个民主政体来说，一旦这种情形发生，就是悲剧性的。特别是，当社会剧变到来、重大冲突隐现、民众受困于危机或恐惧时，民粹领袖崛起的概率就会增加。比如，有美国学者就把唐纳德·特朗普视为21世纪的美国民粹领袖。[1]总之，民主能否始终选出较为胜任的政治领导人，或者能否即便在选错之后仍然有纠错机会，这仍然是现代民主政体的一个长期挑战。

其次是选择重大公共政策的不确定性。正如民主能否选出胜任的政治领导人存在不确定性一样，民主能否选择较为正确、合宜的公共政策也存在很大的不确定性。两者的逻辑是相似的，即无论政治领导人还是公共政策，其最终来说都取决于普通民众的偏好与判断力。当然，就公共政策选择而言，任何民主政体都会加入精英设定政治议程、专家治国等重要因素。但最终来说，普通民众的偏好与判断力在选举政治中是最具决定性的。因此，一个民主国家的重大公共政策选择必定会受到民意的左右。特别是，经济模式与发展路径的选择，是否进行土地改革与财富再分配革命，自由市场还是政府干预的取舍，自由贸易政策与经济民族主义的权衡，移民政策松还是紧，以及重大关头跟他国妥协还是开战等，都是重大公共政策问题。这些重大的决策从本质上讲都掌握在普通民众的手中。民众在这些问题上的选择，很可能会决定一个国家的命运。

最后是和谐与冲突之间的分野。按照美国学者拉里·戴蒙德的说法，民主本身意味着竞争，但太多的竞争又会伤害民主本身。[2]

---

1 Steven Levitsky and Daniel Ziblatt, *How Democracies Die*, New York: Crown, 2018.

2 Larry Jay Diamond, "Three Paradoxes of Democracy," *Journal of Democracy*, Vol. 1, No. 3 (Summer, 1990), pp. 48-60.

从历史经验来看，对有些民主政体来说，选民政治分裂程度较低，政治运作总体比较和谐，社会与政治暴力现象比较罕见；但对另外一些民主政体来说，选民政治分裂程度较高，政治运作总体上呈现冲突特征，社会与政治暴力现象频仍。前者是较为和谐的民主政治，后者是冲突导向的民主政治。这两种政治的分化，既跟不同国家的经济社会文化条件有关，又跟不同国家的政治家与选民如何运作民主有关。冲突导向的民主政治大体上更有可能导致民主稳定性与有效性的降低。特别是，对一些贫富差距较大、族群与宗教多样性较高的国家来说，民主政治运作是否有可能演变为对激进或极端政治力量的动员，就是一个现实问题。如何防止民主政治运作走向严重的撕裂与冲突，也是现代民主政体的一大挑战。

民主通常既被视为目的，又被视为手段。说民主是目的，是因为民主所代表的人民主权、政治平等、公益原则都是值得珍视的价值。说民主是手段，是因为民主也是达成其他重要价值的途径与方式，是最终实现善治的有效政体模式。然而，上述讨论显示，民主能否实现善治，始终存在着不确定性。从根本上说，民主的命运究竟如何，完全取决于一个政治共同体的成员——包括政治家和选民——对民主的运作。

现代民主的未来

如果以欧美发达国家为样本来讨论民主的未来，大体上有两种视角：一种是国际政治视角，即今天的国际体系与世界格局如何影响欧美发达国家国内民主的发展和演化趋势，特别是民主政体与其他政体的竞争和互动在何种程度上影响欧美民主的命运。关于这个视角，第十五章还会有相关讨论。另一种是国内政治的视角，即今天欧美国内的经济、社会、技术因素会如何影响民主的发展和演化趋势。这里重点讨论第二种视角。长远地看，如果说人类的政治演化是一条河流，那么民主也只是这条河流流淌到今天所经过的一个阶段。只要人类不会终结，那么人类的政治演化就不会终结，人类政体模式亦不会永远停留于民主政体模式。未来，人类政治一定还会有新的演化。

那么，抵达了民主时代后，未来的人类政治又会向何处去？又是哪些因素会影响民主的未来？等时间抵达 2100 年或是 2300 年，民主究竟会演化为何种样态？这些问题很难回答。一个屡试不爽的历史经验是，人们总是倾向于高估当下事情的重要性，包括高估这些事情对后世政治的影响。但如果放宽历史的视野，就会发现，更基本、更长期的某些关键变量发挥着更根本的作用。笔者认为，在可见的未来，新的资源和能源革命、新的智能革命、新的生命革命以及“宇宙大发现”的开始，将从根本上影响人类社会的经济与技术水平，也将改变人类政治演化的约束条件。

首先，尽管今天的人类仍然要受到能源与资源因素的极大约束，但在可见的将来，人类完全有可能通过科技进步创造比目前更多样的能源与资源供给方式。比如，过去一两个世纪，人类的能源供给主要依赖于化石能源，特别是煤和石油。但是，21 世纪以来，人类在可持续的再生能源上取得了许多重大科学进步与技术成果。未来，人类将继续在太阳能、风能、氢能、地热、核能等方面取得更大的进展。[1]

资源方面的逻辑是类似的。今天，人类的经济活动大大依赖于

1　关于能源革命，参考：Charles Weiss and William B. Bonvillian, *Structuring an Energy Technology Revolution*, Cambridge, MA: The MIT Press, 2009.

铁矿石、有色金属、硅、稀土等资源。未来，一方面，科技进步有可能提供可替代性的资源，以及加强现有资源的开发能力；另一方面，随着太空技术的进步，人类将来将不再局限于利用地球现有的资源。[1]总之，这方面的大趋势是，能源与资源的可得性会越来越容易，成本也会变得越来越低。对人类社会来说，这意味着人类进一步解放了自身的物质约束条件。随着新的能源与资源革命的出现，人类新的需求和欲望还会层出不穷，但对于普通人来说，满足基本日常所需将会变得越来越容易。

其次，人工智能及其革命正在大幅度地改变人类社会，其影响力涉及方方面面，从制造业到家庭服务，再到媒体与信息传播，人工智能都在扮演着越来越重要的角色。长期来看，人工智能也会影响到人类社会的基本结构与权力分配方式。一个经久不息的争论是，人工智能是否会大规模地替代普通工种，从而引发大规模的失业，或者在结构上让许多普通工种变得不再重要和必要？这种担忧是可以理解的。如果在人类现有的就业结构中，所有“低智慧度”的工作大部分都被人工智能取代，将会引发人类就业结构与社会结构的剧变，也会引发不同政治行为者之间相对实力的重大调整。

然而，过分担忧可能并无必要。[2]实际上，早在机器出现时，人类就有这种担忧，即担心机器会完全取代人工，进而使人工变得不再必要。实际情形却是，随着机器革命的出现，无数新产业随之兴起，人类需要和欲望的边界得到了新的拓展，结果是，又产生了

1　关于资源革命，参考：Stefan Heck, Matt Rogers, and Paul Carroll, *Resource Revolution: How to Capture the Biggest Business Opportunity in a Century*, Seattle: Amazon Publishing, 2014.

2　关于人工智能与就业的关系以及政策在其中扮演的角色，参见：Feichin Ted Tschang and Esteve Almirall, “Artificial Intelligence as Augmenting Automation: Implications for Employment,” *Academy of Management Perspectives*, Vol. 35, No. 4(Nov., 2021), pp. 642-659.

数不清的新工种。比如，前工业时代几乎不存在旅游业，而这个行业在过去一两百年间提供了数不清的就业机会。到了人工智能时代，未来太空旅行与开发或许也会提供数不清的就业机会。

人工智能革命可能还会带来权力结构的重大调整。比如，随着人工智能在警察部门、安全部门与军事部门的广泛应用，相对于普通公民，政治权力或国家的相对力量会大幅提升，国家将会获得更高效、更便捷同时成本更低的政治控制手段。那么，如何防止新的权力滥用？如何防止人工智能条件下新的权力与权利关系的失衡？这也是值得思考的问题。[1]

再次，随着生命科学和基因技术的进步，人类在不久的将来可能迎来新的"生命革命"。实际上，自工业革命以来，人类的平均预期寿命已经增长了一倍左右，从 40 岁左右延长到今天主要发达国家 75~80 岁的水平。人类寿命的大幅延长，主要是通过人类生活水平的大幅提升、营养条件的大幅改善、医疗卫生条件的大幅改进来实现的。今天，基因技术正在从根本上改变人类预期寿命的可能范围。在未来，人类的平均预期寿命会提升到 100~120 岁甚至更高的水平，人类预期寿命的极限有可能会被拓展至 120~150 岁。

但这种人均预期寿命的大幅延长，可能会带来两种重要的后果：一是掌握巨大权力与巨额财富的阶层将有更多机会获得超长寿命，进而使得在位者的优势更加突显，人类代际更替的速度变慢；二是权力、财富与预期寿命之间的相关性还会继续提高，人类预期寿命方面的社会分化可能会大幅加剧，随之而来的可能是新的阶级

1　关于人工智能、大数据等如何影响权力与民主，参见：Dirk Helbing, ed., *Towards Digital Enlightenment: Essays on the Dark and Light Sides of the Digital Revolution*, Berlin: Springer, 2019. 该书第 7 章是一篇引发广泛讨论的长文："Will Democracy Survive Big Data and Artificial Intelligence? "。

斗争与新的阶级冲突。[1]这次，平民所争取的不再是基本公民权或一般社会福利，而是与超长预期寿命有关的新的平等生命权。

最后，如果说500年前欧洲迎来了地理大发现时代，那么今天的人类或许正迎来前所未有的“宇宙大发现”时代。再过数百年，往回看，或许1969年美国登月时刻，就是人类“宇宙大发现”时代的真正开始，就如同1492年之于地理大发现。最近二三十年，人类不仅在火箭、航天、卫星、空间站等空间技术上取得了重大进展，而且在计算机技术、新能源技术、移动通信技术上取得了重大进展。所有这些技术的融合，加上主要国家的政府以及富有想象力的企业家对于宇宙空间的巨额新增投资，有可能促成一场空间发现的革命，其长期目标则是开启新的“宇宙大发现”时代。这一空间革命的目标，不仅在于开发太空旅行，而且在于使人类逐步获得在地球以外的外太空进行可持续生存的能力。这样，整个浩瀚宇宙中的近地行星——特别是其中条件较为优越者——将有望成为现有人类的太空生存空间，整个宇宙的资源也将陆续向人类开放。[2]

如果这一天能够到来，那么，一方面，人类将大幅度地扩展自身的生存空间，获取资源的能力将会成倍增长，并在空间革命的挑战中发展出今天无法想象的各种新技术；另一方面，人类将面临如何在外层空间建立政治秩序的挑战——未来的人类将在外层空间建立何种政治秩序？他们会复制人类已有的某种政治秩序，还是根据

1　有评论家在《福布斯》撰文认为，基因技术将加剧人类的不平等局面，其中的重要机制是富人有机会活得更长，参见：Erik Sherman, “Genetic Engineering Will Make Income Inequality Much Worse,” Aug. 20, 2017, https://www.forbes.com/sites/eriksherman/2017/08/20/genetic-engineering-will-make-income-inequality-much-worse/?sh=55f311323d75.

2　比如，已经有学者开始讨论月球的资源开发与定居问题，参见：David Schrunk, Burton Sharpe, Bonnie L. Cooper, and Madhu Thangavelu, *The Moon: Resources, Future Development, and Settlement*, 2nd Edition, Berlin: Springer, 2007.

其他新的规则建立某种全新的政治秩序？未来，乘坐宇宙飞行器开赴新的太空生存空间的人们，也会迎来他们的“五月花号”时刻。届时，这些外层空间的殖民地与人类群体跟目前地球上的民族国家和国际组织究竟是什么关系？这又将引发新的政治问题。由于空间革命的到来，人类在政治上将面临许多新问题和新挑战，人类今天的许多政治秩序与规则也可能会被改写。到了那个时候，人类将迎来宇宙空间政治的全新时代。

总之，新的资源和能源革命、新的智能革命、新的生命革命以及新的空间革命，目前看来不仅正在成为现实，而且其发展速度有愈来愈快的趋势。未来，这些革命很可能会改写人类政治的基本情境，进而改变人类政治演化的许多重要约束条件。因此，我们现在还很难准确预测民主的未来或人类政治的未来。正如生活在1800年的人们很难预见2000年人类政治的模样，今天的我们恐怕也很难预测2200年的民主或人类政治是怎样的，更不用说更遥远的未来了。但即便如此，人类政治演化仍然是有迹可循的，并且依然会遵循某些基本逻辑。比如，人性大概不会发生根本的改变，政治仍然会关乎政治权力在不同个体与群体之间的分配与分享。人类未来的政治演化或许既包含着许多亘古不变的东西，又包含着许多与时俱进、因时而变的东西。

第十四章　后发展国家的政治演化

对许多后发展国家来说，它们不会经历跟英国或主要西方国家类似的政治演化次序。它们面临的实际情况是，现代国家构建、立宪主义与法治规则、民主政体发展并非根据时间次序逐一展开，而往往是同步进行。由此带来的挑战是，国家构建、立宪主义和民主政体三者之间存在着内在的张力和冲突。

全球体系中的后发展国家

本书前面几章对人类政治演化的讨论，大体上是以西方特别是以英美为中心的，但本书并非持有“西方中心论”观点。本书的叙事方式，是基于作为整体的人类政治演化本身的逻辑。从公元前3500年人类早期国家在中东、北非地区兴起开始，在此后很长时间的人类政治演化中，西欧地区并没有占据重要的位置。尽管从公元前6世纪到公元前1世纪，以古希腊的城邦民主国家和古罗马共和国为代表，欧洲南部的地中海世界曾经在人类古典时期贡献过与众不同的政治实践与政体类型，但随着时间的推移，它们最终都淹没在王权与帝制支配的世界中。因此，在人类政治演化史上延绵时间更长的王权时代，中东–地中海世界和以中国、印度、蒙古高原、中亚为中心的亚洲——而非西欧地区——才是人类政治文明的中心地带。

按照本书前述分析，公元7—8世纪逐渐兴起的西欧封建主义模式在迄今为止的人类政治演化史上占据着重要地位，封建主义之后诞生的立宪主义模式还从根本上改变了人类政治的演化路径，但迟至17—18世纪立宪主义政体在西欧得以确立之前，西欧或西方还远未成为人类政治文明的中心。如果打开1600年的世界地理版图，世界政治的支配性力量仍然是明帝国、奥斯曼帝国、莫卧儿帝国和俄罗斯帝国等欧亚大陆地区的传统政治力量。西欧或西方在人类政治演化史上占据支配性的地位，主要是工业革命以后的事情。如果据此计算，这种以西方为中心的人类政治演化路径不过是最近

250年左右的事情。即便以1688年英格兰的光荣革命为起点，西欧或西方逐渐引领与支配人类政治演化路径的时间也就是300多年。

所以，如果以整个人类政治演化史而言，中东-北非和东亚-南亚-中亚-东欧一线此起彼伏的帝国才是全球政治的长期支配者，或者说是人类政治游戏的主角。而自立宪主义时代兴起的西欧或西方不过是人类政治演化史上的后起之秀，或者说是一个暂时的领先者。当然，不可否认的是，西欧或西方的这种领先绝不是简单的数量意义上的，而是结构意义上的或文明范式意义上的。今天的人类就生活在西方兴起所塑造的现代世界中。所以，西方世界的兴起作为人类政治演化史上最近500年的主要事件，自然不容低估。

西方的兴起与世界格局的改变

如果说前几章对人类政治演化史的讨论，是以西方或欧美政治的演化为中心的，那么这一章的重点将转向后发展国家（late development countries）。“后发展”这一概念一定是跟先发展有关的。先有先发展国家，才有后发展国家。简单地说，当工业革命首先在英国和西欧出现后，世界上就出现了第一波工业化国家或第一波现代化国家。毋庸置疑，英国是世界上第一个工业化或现代化国家。但也有人把整个西欧作为一个整体，将其视为第一波工业化或现代化国家。这里所谓的先发展国家就是指第一波工业化或现代化国家。[1]

从政治进化论的角度看，后发展世界到了18—19世纪已面临着完全不同的外部环境。如果把后发展世界的传统帝国、传统王

1　朱天飚，《比较政治经济学》，2006，第21—37页。

国、部落社会视为各不相同的政治物种，那么它们此时已经面对着与以英国为代表的立宪主义现代民族国家这一新政治物种的竞争。在这场不同区域与不同政治物种之间的竞争格局中，后发展世界的诸种政治体能否实现政治生存，以及进一步说能否实现政治发展，都成了非常紧迫的现实问题。

在这样的背景下，要理解后发展国家的政治演化，就必须将其放在全球体系之中进行考察。在工业革命之前，或者说在前现代世界，主要的传统帝国大体上主导或支配着人类政治。在前现代的帝国时期，如果借鉴美国思想家伊曼纽尔·沃勒斯坦“世界体系理论”的基本概念[1]，那么，主要帝国及其统治的核心区域就是中心，其余地方就是边缘。无论是在政治、经济还是军事、技术方面，边缘地带都很难跟主要帝国统治的中心区域相竞争。比如1700年，欧亚大陆的帝国权力中心是奥斯曼帝国、清帝国、莫卧儿帝国、俄罗斯帝国等。但是，到了1750—1850年，整个世界的权力格局发生了根本的变化，原因就是英国与西方的兴起，特别是工业革命的发生。对于这一问题，本书前面已经进行过比较充分的论述。自从英国与西方兴起之后，英国与西方就成了世界政治的中心，其他地区则逐渐沦为边缘地带，其中包括许多原本在欧亚大陆居于支配地位的传统帝国。

促成这种变化的最直接原因，就在于西方在军事技术与战争能力上的领先。此时，西方的军事优势靠的并不是训练将军带兵打仗的能力，而是经济水平、工业力量与科学技术。这种基于领先的经济与技术力量之上的军事优势，才是西方能够轻易战胜许多传统帝

1　伊曼纽尔·沃勒斯坦，《现代世界体系》（四卷本），郭方等译，社会科学文献出版社，2013。

国的根本原因。

进一步说，西方的兴起主要体现在经济、政治与观念三个维度上。而这从根本上改变了世界格局，改变了后发展国家需要面对的外部环境。

首先是经济维度。在西方兴起的过程中，西方率先启动并完成了工业革命，而其他地方还在维持传统农业社会的生产方式和社会形态。这样，西方就转变为了工业文明，而其他地方还是农业文明。以就业结构而言，西方出现了大量人口向工业部门的转移。随着工业革命的推进，西欧或西方的城市化开始加速，大量人口涌入城市。与此同时，西方的经济力量还表现在机械化程度的提升、对化石资源的充分利用和控制能量水平的飞跃。因此，除了大型工厂和公司组织的兴起、各种新式机器与机械的出现、交通工具与方式的革命，西方还出现了枪炮等高能量武器装备以及由此引发的军事技术革命。所有这些综合起来，一种被称为现代化或现代性的社会形态出现了。所以，西方兴起的过程是西方在经济、技术与社会形态上引发一系列根本变化的过程。

其次是政治维度。西方在政治上也显著地有别于其他国家与帝国。按照本书前述分析，以英国为例，在从立宪时代迈向民主时代的过程中经由一系列的政治革命，塑造了一种全新的政治模式，包括立宪政体、议会主权或人民主权、责任政府、代议制度、政党政治以及后来发展出来的普选权利。如果再加上近现代民族国家的塑造，西方政治大体上在两个维度上有别于传统帝国：一是跟近现代民族国家构建有关的一系列政治发明，二是跟约束国家有关的一系列政治发明。

在讨论人类政治演化时，芬纳在《统治史》中把欧洲现代国家作为“当今整个世界的模型”。这一模型包含六个要素：(1) 民族主义和民族国家，这使其有别于传统王朝和宗教共同体；（2）人民主权，而非君权神授或贵族统治；（3）世俗原则，即统治的非宗教性；（4）社会目的性与理性化原则；（5）经济独立与工业化原则，而非传统农业经济；（6）公民权的概念，囊括了基本自由权、政治权利和社会权利等内涵。这种欧洲现代国家，也就是芬纳所说的工业化基础上的自由民主政体。[1]当然，需要说明的是，这里讨论的欧洲现代国家模型其实是西方从中世纪晚期到20世纪完整政治演化的结果。到18—19世纪西欧或西方赢得对整个世界的优势为止，它们在政治上经历的主要是国家革命与立宪革命，民主革命则是后来的事情。到了今天，现代民族国家基础上的自由民主政体则被视为西方国家在政治维度上的基本特征。

再次是观念维度。在从中古时期向近现代转换的过程中，西欧或西方经历了一系列其他地区未曾经历的观念革命，特别是文艺复兴、宗教改革、科学革命与启蒙运动。文艺复兴不仅在于重新发掘欧洲在古典时期的文化成果，而且还在于对人道主义和人本主义的唤醒。宗教改革首先使得以新教为主的国家和地区摆脱了天主教会对各方面的控制，使得信徒、教会与上帝的关系发生了重构，也使得政教关系发生了重构。科学革命不仅挑战了许多基于迷信和盲从的成见，而且使得人类有了基于自身理性来系统认识自然和世界的可能性。这使人类获得了改造世界的极大主动性。启蒙运动则逐渐洗涤了人类自王权时代和封建时代承继下来的许多陈腐认知，使自由、平等、博爱的精神得到了张扬，使人类自身理性的光芒得到了充分的释放。诚如康德所言，启蒙运动的口号是“要有勇气运用你

1　塞缪尔·E. 芬纳，《统治史（卷三）：早期现代政府和西方的突破——从民族国家到工业革命》，2014，第427—462页。

自己的理性”。

所有这些，使得西欧或西方兴起了一种完全不同于旧时代的观念体系，诸如科学的而非迷信的、理性的而非盲从的、自由的而非专制的、平等的而非等级的、进步的而非停滞的、个人自主的而非集体支配的观念开始流行。由此，个人的许多观念、个人与个人关系的观念、个人与国家关系的观念都发生了重大的变革，西方实际上创造了一个观念上的崭新世界。

经过政治革命、经济革命与观念革命的再造，18—19 世纪的英国与西方已经从旧制度中金蝉脱壳，实现了根本性的再造。此时的国际体系，实际上已经演变为以西方为中心、以其他国家为边缘的格局。最为突出的表现，就是西方以较大优势赢得了对许多传统帝国的战争。比如，本书第十一章就论述过，英国在 1816—1913 年几乎战胜了欧亚非大陆上所有主要的传统帝国或王国，包括莫卧儿帝国、奥斯曼帝国、大清帝国、祖鲁王国等，甚至也战胜了俄罗斯帝国。这就是世界政治新格局的明证，也是西方世界已然获得全球政治支配权的信号。由此，英国与西方不仅在从中世纪到近现代的发展锦标赛中成为胜出者，而且通过西方的扩张逐渐塑造了现代世界的基本特征与游戏规则。

政治现代化的国内约束条件

正是在西方世界兴起的背景下，在现代世界形塑的过程中，后发展国家开始了对现代化的探索。这不只是经济现代化的问题，也是政治现代化的问题。当然，本书主要关注后发展国家的政治现代化问题。实际上，在一个已然全球化的国家间竞争系统中，这也是后发展国家实现政治生存和发展的基本要求。无论是传统帝国、传统王国还是部落社会，如果不能在政治演化的路径上实现升级与进步，将会面临国家危亡甚至是“亡国灭种”的危机。就此而言，后发展国家选择政治现代化道路，不仅是一种主观意愿，更是一种客观要求。

过去有一种观点认为，所谓政治现代化主要就是政治民主化。这个观点不无道理，但对政治现代化的理解较为狭隘。基于本书开头部分的分析框架，后发展国家的政治现代化主要解决两个问题：一是所谓创建利维坦的问题，即现代国家构建问题，也就是与现代国家构建有关的一系列政治发明的出现；二是所谓约束利维坦的问题，即约束现代国家问题，也就是约束现代国家的一系列政治发明的出现，包括立宪主义、法治、分权制衡以及以普选权落实为标志的民主制度等。大部分后发展国家在这两个维度上都会遭遇很大的挑战。

对后发展国家来说，要完成构建有效国家与有效约束国家这两大政治任务，离不开许多实际的约束条件，概括而言，主要是两方面：国内约束条件和国际约束条件。后发展国家的国内约束条件，从经济维度看，主要是发展水平低。从“二战”结束到许多后发展国家迎来独立的20世纪五六十年代，很多国家的人均年收入按当时汇率计算只有数十英镑或100美元。这大体就是一个农业社会在温饱线上徘徊的水平。今天，世界范围内最落后的国家人均GDP还在1000美元以下。前文表6.2是英国经济史学家安格斯·麦迪森对世界不同地区长期人均GDP和增长率的估算数据。其中，A组大体上代表了先发展国家的长期经济表现，而B组大体上代表了后发展国家的长期经济表现。根据这一估算，到18—19世纪，许多后发展国家在其自身启动工业化之前，人均收入水平长期维持在

400~650 国际元的水平。[1]

今天，年长些的中国人或许还对中国 20 世纪 80 年代之前的境况有着深刻的记忆。当时中国的大部分地区就是一个传统的农业社会，经济发展水平与技术水平都非常低。以今天发展水平很高的江浙农村来说，当时唯一能够普遍看到的现代化器械就是农用拖拉机。许多乡镇政府都无力购置一台轿车。当时普通家庭比较先进的交通工具是自行车，但在 20 世纪 80 年代早期，自行车也并非家家户户都买得起。如果不是因为出现了农用拖拉机和化肥农药，20 世纪 80 年代之前的江浙农村在经济和技术水平上跟数百年前相比差别也不是很大。

但这并非是中国前工业时代的特有情形。实际上，世界范围内的传统农业社会在经济与技术发展水平或贫穷程度上都相差无几。瑞典经济学家冈纳·缪尔达尔曾经在《亚洲的戏剧》一书中这样描述以南亚为代表的后发展国家的经济状况和生活水平：

> 我们的粗略印象是，在印度次大陆，民众生活都处在比西欧国家工业革命前几个世纪期间的任何时候都更贫困的境地。
>
> 总之，这样说可能是万无一失的：普通南亚人根本吃不饱，即使在摄入的食物超过饥饿水平的地方，其营养含量一般也不足以提供最低限度的健康保证。[2]

从政治维度看，后发展国家普遍的政治整合程度较低、国家构

1　安格斯·麦迪森，《世界经济千年史》，2003，第 16 页。
2　冈纳·缪尔达尔，《亚洲的戏剧：南亚国家贫困问题研究》，塞思·金缩写，方福前译，商务印书馆，2015，第 61、92 页。

建程度较低。考虑到前工业社会的交通、通信与组织技术水平，许多幅员辽阔的后发展国家往往难以进行有效的政治整合。本书第三章曾专门分析过帝国的政治逻辑。简而言之，一个帝国对于疆域广大的领土的统治，仅仅依靠军事征服和军事威慑即可完成，很多时候还常常依赖间接统治，而未必要依靠纵向一体化的政治整合。所以，即便是许多历时长久的传统帝国，其内部的政治整合程度也可能非常低。从国家构建的角度来说，其内部的武力资源、官僚体系与税收系统的建设水平都不高。

尽管不同的后发展国家的差异很大，但它们往往都只为后面需要完成的政治现代化提供了有限的政治遗产。后发展国家大体上可以分为两种主要类型。第一种类型是有着长期王权统治历史的国家，比如中国、印度、土耳其、埃及、伊朗等。它们的统治模型一般是君主制中央集权官僚帝国，往往都经历过少则数百年、多则一两千年以上的王权统治。对这样的国家来说，从统治者到统治精英再到被统治者，他们已经非常熟悉乃至适应这样一种统治模式。当然，在西方兴起之后，它们有的勉强维持着政治独立地位，有的沦为了西方强国的殖民地，有的则处于两者之间。第二种类型是有着长期部落社会历史的国家。以很多撒哈拉以南非洲国家为例，它们在西方殖民者到来之前普遍都是较为原始的部落社会。随着殖民者的到来，它们又在部落社会的起点上叠加了殖民统治的历史。总体上，这些国家始终没有自主的国家传统。

如果以西欧或西方作为参考，那么这些后发展国家的政治演化过程是完全不同的。以英国为例，英国政治演化的最大特殊性是经历了从封建主义政体向立宪主义政体的转型。对后发展国家来说，这个过程既不可能重合，也不可能模仿。以欧洲近现代民族国家的兴起来说，它们普遍地都经历了一个战争塑造国家与国家制造战争互动的过程。但后发展国家不太可能经历近代欧洲式的战争和国家互相塑造的过程。所以，无论从哪个角度来看，后发展国家面对着非常有限的政治遗产，要想在这样的基础上建设现代国家，完成国家构建，并进一步有效约束国家，其难度是可想而知的。

从观念维度看，后发展国家也面对许多问题。首要问题是，科学和理性精神的不发达。这一问题的背后，是一整套前现代的价值观和政治文化。教育和科学水平的落后也是后发展国家的基本特点。比如，即便今天作为非洲发展样板的博茨瓦纳，在 1966 年独立建国时仅有 22 名大学生、100 名高中生。而像塞拉利昂、津巴布韦等非洲国家，独立时接受过中等教育以上的人的数量都十分有限。由于教育尚未普及，人们普遍缺乏读写能力。没有读写能力，不仅现代科学知识无法惠及这些群体，而且要建立韦伯式的现代官僚制也变得非常困难。

当然，就政治文化和读写能力而言，不同的后发展国家差异很大。比如，中国、印度有着长期的帝国统治历史，其政治文化往往是自成一体的，有一套跟君主制中央集权国家相适应的观念体系。另外，这两个国家也都有一定规模的官僚阶层或知识分子阶层——这些人往往扮演着文化传承者与职业公务人员的角色。又比如，土耳其、伊朗、埃及等国，有着深厚的伊斯兰宗教传统，而此种宗教传统在很大程度上规范着这些国家的个人行为与政教关系，深刻地塑造着这些国家的政治文化与价值观念。再比如，许多撒哈拉以南非洲的国家本身缺少深厚的历史文化传统，最近一两百年则主要受到西方强国殖民统治的支配与影响。这种殖民统治本身的特质又会在很大程度上影响这些国家后来的观念体系与政治文化。

政治现代化的国际约束条件

任何一个后发展国家都需要在特定的国际体系或地区格局中求生存与求发展，所以，它们必定会受到国际条件的巨大影响。鉴于国际条件的复杂性，这里不准备做面面俱到的讨论，而主要着眼于两个问题：一是后发展国家主要跟哪些大国互动，又是如何互动的？这主要关注的是后发展国家的大国关系。二是后发展国家面对的世界格局或国际体系的基本特征。当然，从 18 世纪至今，世界格局与国际体系的基本特征总是在发生变化，这也会影响后发展国家的政治演化。

就大国关系而言，有的后发展国家跟英国、美国互动密切，有的跟德国、法国关系复杂，有的则主要受到俄罗斯、日本的影响。一个后发展国家面对什么样的大国，会在很大程度上影响着它自身的政治演化。笔者倾向于把近现代历史上曾经对后发展国家产生过重大影响的大国分为三种类型，分别是自由贸易型大国、武力征服型大国和革命输出型大国。

自由贸易型大国的基本诉求是，希望把后发展国家纳入西方主导的全球市场和国际经济体系，最好能建立基于低关税或零关税的国与国之间的自由贸易关系。18—19 世纪，英国在相当程度上扮演着这种角色。后来的美国大体上也扮演着这种角色。当然，英国不只扮演着自由贸易型大国的角色，还扮演着武力征服型大国的角色。比如，印度、尼日利亚等国都曾经是英国的殖民地，英国在很大程度上是依靠武力征服来实现成功殖民的。武力征服型大国的主要诉求是，用武力来征服领土。19 世纪末 20 世纪上半叶，东亚主要的武力征服型大国是日本。对许多周边国家来说，俄罗斯、普鲁士以及后来的德国都扮演过武力征服型大国的角色。还有少数大国属于革命输出型大国。一般而言，这里主要是指 20 世纪上半叶的苏联。对深受苏联影响的后发展国家来说，它们跟苏联的互动当然会影响它们的政治演化路径。自 20 世纪 70 年代以来，美国开始奉行民主促进战略，在全球推动民主革命输出。那么，美国能否被视为民主革命输出型大国呢？这应该是一个有争议的问题。

当然，后发展国家的问题不仅在于它们面对的是何种类型的大国，还在于它们跟这些大国究竟是何种关系。比如，是和平关系还是战争关系？是盟友关系还是对手关系？这会在很大程度上影响后发展国家的命运。又比如，后发展国家是否有被哪个大国殖民的经历？如果后发展国家从未被主要大国殖民过，那么它的政治演化道路相对较为自主；如果曾被主要大国殖民过，那么这种殖民经历就会影响该国的政治发展路径。以中印两国来说，尽管中国从未被完全殖民，但中国部分地区曾被日本占领过较长时间，中日战争就会影响中国政治的发展路径；印度则长期被英国殖民，它就会深受英国殖民统治的影响。再比如，后发展国家与殖民大国的关系还会决定它们寻求政治自主或独立的方式。以印度为例，在寻求国家独立过程中崛起的，是一个以非暴力不合作运动为特色、以竞选议会议席作为日常政治活动的政党，也就是印度国大党。作为后来印度的主要政党，印度国大党的特质与策略在很大程度上也是作为殖民者的英国塑造的。所以，印度国大党是一个文斗型政党而非武斗型政党，就绝非偶然。相比而言，许多后发展国家在寻求自治和独立过程中走的是一条武力建国的政治道路。随之崛起的政治力量往往是一个掌控优势武力的政治军事集团。这也是国际约束条件对国内政治发展路径的塑造。

此外，每个时代世界格局与国际体系的基本特征也是不同的。当后发展国家处于发展关键时刻时，它究竟面对的是何种世界格局与国际体系是至关重要的。日本在19世纪中后期被视为一个东亚的落后国家，但由于明治维新，到了20世纪初，日本已经成为亚洲强国。在20世纪上半叶，日本最终给它的邻国和许多国家带来了巨大的灾难。在此过程中，日本本身的政治问题是毋庸置疑的，其责任是无法推卸的。但需要指出的是，为什么日本从后发展国家经过成功的改革与维新后会迅速转型为一个侵略别国的国家？这恐怕跟日本在崛起过程中所处的世界格局与国际体系有关。

简而言之，日本崛起的时代，是欧洲强国统治全球大部分地区的殖民主义时代。如果考察1900年的世界地图，就会发现，非洲、亚洲的许多地方都是欧洲强国的殖民地。因此，在日本的政治精英看来，要么成为受人控制的弱国，要么成为控制他人的强国。当然，日本要成为后者，而非前者。所以，在完成明治维新和初步近代化之后，日本的政治野心就被当时的殖民化世界格局激发了。在1894年中日甲午战争中战胜中国、1904—1905年日俄战争中战胜俄罗斯后，日本逐渐走上了占领朝鲜半岛、大规模入侵中国并最终发动太平洋战争的道路。

进一步说，日本起初作为一个后发展国家实施第一轮“改革开放”——明治维新——所获得的成功，其实也跟当时的世界格局与国际体系有关。日本开始明治维新是在1868年，颁布与实施首部《大日本帝国宪法》是在1889—1890年，而当时的欧洲正处于快速工业化的进步时代。所以，日本派出的使团到欧洲考察后，看到的主要方面都是积极的、进步的、文明的。首次赴欧考察，那个时代的日本政治家用“始惊、次醉、终狂”来形容他们对欧洲文明的态度。[1]这种世界格局对于日本当时的明治维新来说，是一个非常有

1　升味准之辅，《日本政治史（第一册）：幕末维新　明治国家之成立》，董国良译，商务印书馆，1997，第102—128页。

利的国际条件。日本这个案例展示了不同的世界格局与国际体系对一个国家政治发展路径的影响。如果考察其他国家，大致可以发现类似的逻辑，即每一个后发展国家政治发展的选择与路径，时时刻刻都受着世界格局与国际体系的影响。

制造利维坦：后发展国家的国家构建

尽管不得不面对国内与国际的诸多约束条件，后发展国家首先需要完成的政治任务是制造利维坦，即完成现代国家构建，塑造跟现代国家相适应的武力系统、官僚系统和税收系统，然后在此基础上塑造国家认同和政治合法性，甚至塑造相当的国家能力。这项政治任务指向的目标就是塑造有效国家。

按照本书的分析框架，人类早期国家的兴起有赖于特定的地理、人口与技术条件。即便是到了后来，政治演化意义上的国家构建仍然会受到诸种社会条件的影响。与此同时，政治与军事竞争往往在国家构建过程中扮演着重要角色。在西方兴起之后，后发展国家的国家构建还必然会受到它们跟西方世界互动的影响。综合来看，后发展国家的经济社会条件、政治军事压力及其跟西方世界的关系都将左右它们在国家构建维度上的政治进程与发育水平。

迥异于西方的国家构建道路

如果打开一张公元1500年的世界地图，就会发现国家主要出现在欧亚大陆和中东、北非地区，撒哈拉以南非洲、南北美洲和澳洲的绝大部分地区都处在部落社会，只有少数地方有较为零星的统治机构。这意味着，1500年的世界相当部分地理疆域是尚未被任何统治机构或国家统治的，也就是人类政治文明的未开化地区。当然，这往往有着复杂的地理、人口和技术成因。一般来说，这些尚未形成国家的地方要么离人类早期发源地距离遥远，要么自然条件较为恶劣，不利于早期大规模人类群体的生存，所以导致了经济与技术发展水平较低，社会进化缓慢，其社会剩余产品不足以支持一个规模庞大的专门统治机构。结果，到1500年之时，这些地区的人类群体尚处于部落社会阶段，国家尚未正式兴起。这也印证了本书分析框架关于人类早期国家兴起的社会条件的讨论。

等到了1900年，世界政治地理版图发生了根本性的变化。此时，西半球南北美洲的大部分国家已经形成，而东半球非洲和亚洲的许多国家都沦为了欧洲强国的殖民地。所以，1900年的世界政治地理版图，其实也是欧洲强国主导乃至殖民整个东半球的地图。

然而，今天的世界地图是由190多个联合国成员国构成的。这意味着，除了南极，今天几个大陆上的每块领土都处在一个国家或一个政治体的统治之下。今天世界政治地理版图的形成，大体上源自许多重要传统帝国的崩塌——比如奥斯曼帝国，以及欧洲殖民体系的瓦解——许多非洲和亚洲国家在“二战”后的一二十年里完成了去殖民化的过程。

按照一本流行的比较政治教科书的统计，从1776年美国宣布独立到2010年，人类社会的国家数量经历了一个不断攀升的过程，参见图14.1。1776年，世界上可以称为国家（state）的政治体总共只有21个，这一数量随后攀升至1917年俄国十月革命爆发时的53个、1945年“二战”结束时的68个，到2010年则增长至192个。2011年，新独立的南苏丹又成为新的联合国成员国，这样这一数据

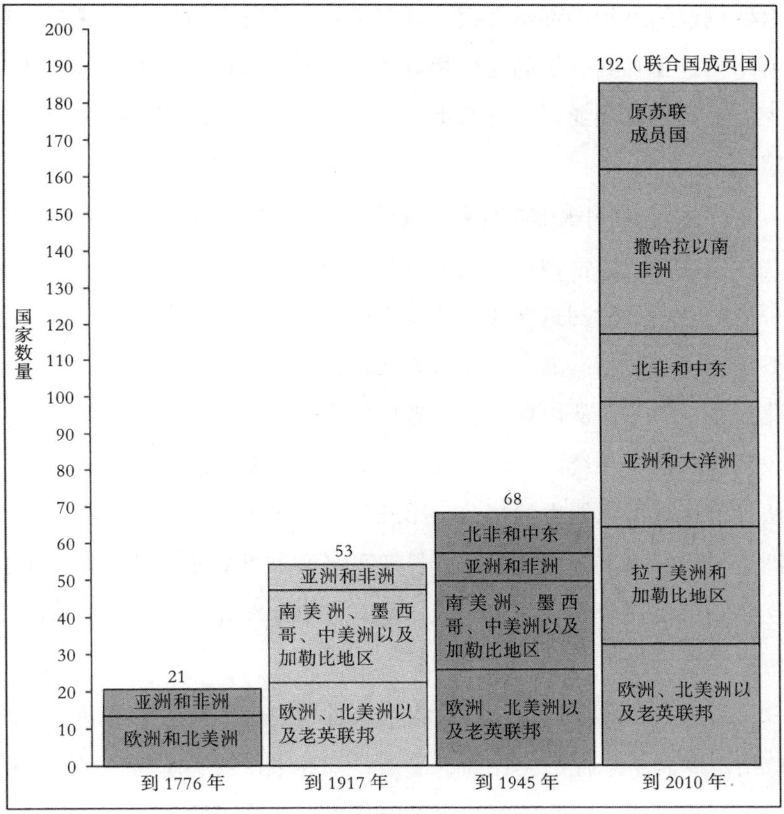

图 14.1　全球国家数量变化趋势：1776—2010

（资料来源：G. Bingham Powell Jr., Russell J. Dalton, and Kaare W. Strom, eds., *Comparative Politics Today: A World View*, 11th Edition, 2015, p. 52.）

就增长至 193 个。[1] 这些数据说明，世界上大约有三分之二的国家是在“二战”后才逐渐兴起的。此前，它们往往是大型帝国的一部分，或是西方国家的殖民地，甚至在成为殖民地之前只是一个尚未

1　G. Bingham Powell Jr., Russell J. Dalton, and Kaare W. Strom, eds., *Comparative Politics Today: A World View*, 11th Edition, Boston: Pearson, 2015.

有明确政治标识的部落社会。这意味着，在整个后发展世界中，既有中国、土耳其、伊朗这样相对来说有着较长国家历史的后发展国家，又有尼日利亚、津巴布韦、塞拉利昂这样缺乏国家传统的后发展国家。

许多后发展国家作为独立国家的历史是非常短暂的，因此，这些国家在现代国家构建问题上常常就会遇到许多挑战。本书第二章曾专门分析过欧洲近现代民族国家构建的问题。欧洲国家形成的主要历史经验包括：第一，经历了从封建主义到近现代民族国家的演化过程。第二，从硬件上讲，近现代国家构建要完成武力系统、税收系统和官僚系统的构建；从软件上讲，要完成国家认同、政治合法性甚至是国家能力的塑造。第三，基于查尔斯·蒂利的理论，欧洲近现代国家兴起的过程是由长期军事竞争驱动的，是国家和战争互相塑造的过程。[1]由此可见，欧洲近现代的国家构建是欧洲特定历史情境下的产物。

当然，在欧洲近现代国家构建的过程中，不同国家实际走过的政治道路是不一样的。比如，法国、普鲁士、俄罗斯等国在国家构建上更为成功，这些国家在中世纪封建主义体制的基础上，经过一系列的政治改革，成为一个个稳定而强大的欧洲民族国家。相反，波兰一度是民族国家构建的失败者。波兰-立陶宛联邦曾是欧洲第二大国家，但它的困境是无法超越贵族共和制，无法塑造强有力的君主，难以建立起一套纵向一体化的武力系统、官僚系统与税收系统，最后竟被别国瓜分。欧洲现代化国家构建的另一个重要分化，是绝对君主制与立宪君主制的分野。法国与普鲁士走上绝对君主制的道路，大体上跟它们面临的地缘政治压力有关。英国

1 Charles Tilly, *Coercion, Capital, and European States, AD 990-1992*, 1990.

能够保持立宪君主制模式，一个重要原因是它孤悬海外，即便君主没有常备军也无须担心地缘政治竞争带来的威胁。所以，即便在英格兰民族国家构建过程中，贵族依然维持着对国王权力的强有力约束。

美国国家构建的前提条件就是赢得了跟英国的独立战争，即通过独立战争摆脱了英国的统治，然后通过制宪会议为国家奠基，使得新生国家能够从邦联体制下解放出来，成为一个联邦制的现代国家。1789 年大选之后，以乔治 · 华盛顿和亚历山大 · 汉密尔顿为首的政治家开始了美国的官僚制建设。大半个世纪之后，美国又经历了一场严重的国家危机，即因为奴隶制问题而引发的南北分裂。这一次，美国经历了南北战争，并以联邦政府的胜出重新巩固了国家。除此之外，美国建国以后还经历了不断的西进运动，包括向法国购买路易斯安那、1846—1848 年跟墨西哥发生的战争等。战胜墨西哥后，美国获得了今天面积巨大的得克萨斯州和加利福尼亚州。正是因为这场战争，墨西哥人常常想起那句著名的谚语:“可怜的墨西哥，离美国如此之近，离上帝又如此之远。”总的来说，美国的国家构建是一个包括战争、交易及各种组织机构建设的复杂过程。

国家间的构建差异

对后发展国家来说，欧美国家构建的历史经验固然值得借鉴，但由于历史情境的不同，后发展国家无法直接学习欧美国家的国家构建经验，而是必须要面对路径不同、各具特色的国家构建过程。最近二三十年，在以查尔斯 · 蒂利为代表的“找回国家学派”的影响下，乔尔 · 米格代尔、弗朗西斯 · 福山等人开始研究和剖析全球范围内特别是发展中世界的国家构建问题。他们的研究对理解后发展世界的国家构建提供了许多有益的启示。[1]后发展国家的国家构建尽管有许多相似的逻辑，但仍然存在着显著的差异。

第一个差异是是否有长期的国家传统。比如，中国、印度等国有着长期的国家传统。撒哈拉以南非洲的许多地区，在西方人到来之前基本上是部落社会，所以就缺少国家传统。这两类国家在现代国家构建的起点上是不一样的，它们面临的困难和挑战也不一样。总体上，前者完成现代国家构建的难度更小，后者难度更大。在这个问题上，长期的国家传统、官僚制传统、统一的语言文字传统以及政治整合传统，都可以被视为这些国家的政治资产。而对于缺少长期国家传统的部落社会来说，其共同体的政治整合程度往往非常低，内部呈现出更大的族群、宗教、语言和地区的多样性，因而现代国家构建的难度更大。

第二个差异是被殖民化经历的不同，即后发展国家是否有过被西方殖民的经历。从政治正确的角度来说，任何殖民主义都是错误的。但要想如实评价殖民主义对一个后发展国家的长期政治经济影响，则往往要复杂得多。对后发展国家来说，身为西方殖民地的经历有时是一把双刃剑，其消极作用主要在于，它们因此丧失了自己的独立与自主地位，处在被他人殖民和政治奴役的境地，殖民征服过程中的暴力与镇压往往也会给这些社会的后续政治演化带来沉重的历史包袱。然而，殖民地经历也不排除会在客观上给后发展社会带来一定的“积极影响”。这里的主要逻辑在于，西方殖民者会把较为先进的国家建设、行政管理、交通通信技术、生产方式、组织

1 关于这方面的研究，参见：乔尔·S. 米格代尔，《强社会与弱国家：第三世界的国家社会关系及国家能力》，2009；弗朗西斯·福山，《国家构建：21 世纪的国家治理与世界秩序》，郭华译，上海三联书店，2020；阿图尔·科利，《国家引导的发展：全球边缘地区的政治权力与工业化》，朱天飚等译，吉林出版集团，2007；David Waldner, *State Building and Late Development*, Ithaca, N.Y.: Cornell University Press, 1999.

技术、政治观念、公共治理的经验带到后发展社会。这就使得一个原本非常落后的殖民地能够超越原有的发展阶段，实现提前的近代化或现代化。比如，卡尔·马克思就曾撰文分析过英国殖民统治对于印度正反两方面的影响。[1] 现有社会科学研究也呈现了殖民统治对后发展地区正反两方面的效应：一方面带来许多负面的政治经济遗产，另一方面又可能带来某些积极的政治经济后果。[2] 综合来看，凡是没有成为西方殖民地的后发展社会，其政治发展或国家构建过程更具自主性；凡是有过被殖民过程的后发展社会，其政治发展或国家构建过程更易受到殖民地经历与原先宗主国的影响。

第三个差异是经济发展水平不同。既然是后发展国家，它们原先大体上都是较为落后的农业国家。但即便如此，在西方人到达之前，这些后发展社会在经济形态上是有差异的。比如，像中国、奥斯曼帝国等国家，它们的经济在当时都代表了前工业社会的较高水平。但是，撒哈拉以南非洲的广大地区，还处于一种非常原始的部落经济水平。等到这些后发展社会迎来较为自主和独立的发展道路时，它们的经济发展水平也存在着较大的差距。有的后发展国家经过一两个世纪跟西方国家的互动，已经成为起飞中的经济体，开始出现一定规模的工商业，农业技术和经营方式也得到了显著改进，银行等金融服务业开始起步，甚至还出现了证券市场等。当然，农业经济仍然是这些国家的支配性经济形态。比如，1945 年左右的中国、1960 年前后的新加坡大体上都是这样的经济形态。撒哈拉以南

1 卡尔·马克思，《不列颠在印度统治的未来结果》，出自：卡尔·马克思、弗里德里希·恩格斯，《马克思恩格斯选集》（第二卷），中共中央马克思恩格斯列宁斯大林著作编译局编译，人民出版社，1976，第 69—75 页。

2 比如，一项研究比较了西班牙和英国殖民主义影响的差异：Matthew Lange, James Mahoney, and Matthias vom Hau, "Colonialism and Development: A Comparative Analysis of Spanish and British Colonies," *American Journal of Sociology*, Vol. 111, No. 5 (Mar., 2006), pp. 1412-1462.

非洲地区的大部分国家，即便经过跟西方国家的长期互动，其独立时的经济发展水平和现代化程度也要低得多。

第四个差异是建国过程的不同，即究竟是和平建国还是武力建国。国家本身是合法垄断暴力的机构，所以，以和平方式实现建国的国家案例不是很多，但印度是一例。印度是通过非暴力不合作运动实现和平建国的，而绝大多数国家都是通过武力实现建国的。和平建国与武力建国的差异，常常会产生一系列后续影响。和平建国，走的往往是社会运动加议会斗争的道路；武力建国，则往往是某一个政治军事集团既控制着政治，又控制着武力。一旦完成建国，这个政治军事集团就会扮演起政治支配者的角色，这又会影响后续的政体演化进程。

当然，影响后发展社会国家构建的因素不只上述变量，但国家传统的差异、殖民地经历的差异、经济发展的差异以及建国过程的差异大体上能够解释后发展社会在现代国家构建问题上的分化与差异，特别是国家构建的难易程度以及国家构建所能达到的水平。[1]

近现代欧洲国家构建与后发展社会国家构建的显著不同在于，长期的军事竞争是否在国家构建过程中扮演了重要的角色。目前主流的研究结论认为，长期的军事竞争驱动了欧洲近现代国家构建。但无论是对于撒哈拉以南的非洲国家还是拉丁美洲国家，国与国之间的战争并不常见。其他不同的研究表明，另外两个替代变量在国家构建过程中扮演着同等重要的角色：一个是国与国之间的竞争；一个是国内不同政治军事集团之间的战争，即内战。这些研究既呈现了后发展国家与欧洲国家在国家构建问题上的相

1　关于国家理论，可参考笔者一项综述性研究的第一部分：包刚升，《在政治现实与理论构建之间：21 世纪以来的比较政治学》，《北大政治学评论》（第 10 辑），商务印书馆，2021 年 12 月，第 100—141 页。

似性，又呈现了显著的差异性。而这种差异性主要来自国家构建的不同政治历史情境。[1]

国家构建评价：脆弱国家指数

本书试图借用和平基金会颁布的脆弱国家指数（Fragile States Index）来评价迄今为止后发展国家的现代国家构建。[2] 该机构用定量研究与定性研究相结合的方法来研究国家的脆弱性程度，评级范围是从 0（最好）到 120（最差），并根据评级分值分为四档，分别是：可持续（sustainable）、稳定（stable）、警告（warning）、危急（alert）。该机构公布的 2021 年全球脆弱国家指数的评级结果，参见表 14.1。

在表 14.1 中，显而易见的是，不同国家的国家脆弱程度差异比较大。总的来说，欧洲、北美、澳洲这些最发达地区，其脆弱指数比较低，国家的有效性与稳定性程度比较高，普遍位于可持续至稳定的范围。在全球范围内，国家脆弱性程度最高的区域主要是从中亚，到中东、北非，再到撒哈拉以南非洲的广大区域。笔者将从中亚的哈萨克斯坦，到西非的塞内加尔，再到东非的马达加斯加构成的一个三角形的广大区域称为“脆弱国家三角”地区。位于这一脆弱国家三角地区的许多国家，都是国家构建完成程度较低、控制暴力和冲突较困难，甚至容易陷入周期性的武力冲突

1　关于撒哈拉以南非洲与拉丁美洲地区的国家构建，参见：Cameron G. Thies, “The Political Economy of State Building in Sub-Saharan Africa,” *Journal of Politics*, Vol. 69, No. 3 (Aug., 2007), pp. 716-731; Cameron G. Thies, “War, Rivalry, and State Building in Latin America,” *American Journal of Political Science*, Vol. 49, No. 3(Jul., 2005), pp. 451-465.

2　这个指数曾名为“失败国家指数”（Failed States Index），引发了许多国家的不满，后更名为“脆弱国家指数”，相关数据与报告参见该机构网站：https://fragilestatesindex.org/。

表 14.1 全球脆弱国家指数评级（2021 年）

项目 ＼ 评级	可持续	稳定	警告		危急
国家名称	**1. 高可持续** 芬兰 挪威 冰岛 新西兰 丹麦 瑞士 **2. 可持续** 卢森堡 瑞典 加拿大 澳大利亚 爱尔兰 荷兰 德国 奥地利 新加坡 葡萄牙 斯洛文尼亚	**3. 很稳定** 比利时 日本 法国 韩国 乌拉圭 马耳他 毛里求斯 立陶宛 斯洛伐克共和国 捷克 爱沙尼亚 **4. 较稳定** 阿拉伯联合酋长国 英国 哥斯达黎加 以色列 波兰 拉脱维亚 智利 卡塔尔 美国 西班牙 意大利 巴巴多斯 巴拿马 克罗地亚	**5. 警告** 牙买加 哈萨克斯坦 苏里南 越南 加纳 佛得角 萨摩亚 伯利兹 纳米比亚 北马其顿 多米尼加共和国 圭亚那 巴拉圭 巴林 摩尔多瓦 加蓬 塞尔维亚 马尔代夫 印度尼西亚 白俄罗斯 土库曼斯坦 不丹 突尼斯 沙特阿拉伯 亚美尼亚 乌克兰 墨西哥	阿塞拜疆 巴西 老挝 吉尔吉斯斯坦 约旦 印度 尼加拉瓜 莱索托 哥伦比亚 坦桑尼亚 所罗门群岛 洪都拉斯 危地马拉 马达加斯加 土耳其 **7. 严重警告** 冈比亚 斯里兰卡 柬埔寨 巴布亚新几内亚 东帝汶 尼泊尔 吉布提 菲律宾 科摩罗 埃斯瓦蒂尼 马拉维	**8. 危急** 朝鲜 巴基斯坦 科特迪瓦 几内亚比绍 刚果（共和国） 委内瑞拉 乌干达 缅甸 莫桑比克 尼日尔 伊拉克 马里 利比亚 厄立特里亚 布隆迪 喀麦隆 几内亚 海地 尼日利亚 埃塞俄比亚 津巴布韦 **9. 高危** 阿富汗 苏丹 乍得 中非共和国

续表

评级 项目	可持续	稳定	警告		危急
国家名称		阿根廷 阿曼 罗马尼亚 匈牙利 保加利亚 蒙古国 巴哈马 特立尼达和多巴哥 科威特 希腊 安提瓜和巴布达 格林纳达 文莱达鲁萨兰国 塞舌尔 马来西亚 博茨瓦纳 塞浦路斯 黑山 阿尔巴尼亚 古巴	**6. 较重警告** 南非 斐济 泰国 厄瓜多尔 秘鲁 摩洛哥 圣多美和普林西比 萨尔瓦多 密克罗尼西亚 乌兹别克斯坦 格鲁吉亚 贝宁 波黑 塞内加尔 俄罗斯 阿尔及利亚 玻利维亚 塔吉克斯坦	塞拉利昂 赤道几内亚 伊朗 赞比亚 卢旺达 孟加拉国 埃及 多哥 巴勒斯坦 布基纳法索 黎巴嫩 安哥拉 毛里塔尼亚 肯尼亚 利比里亚	刚果（民主共和国） 南苏丹 **10. 极危** 叙利亚 索马里 也门
合计数量	17/178	45/178	86/178		30/178
合计比例	9.55%	25.28%	48.32%		16.85%

[资料来源：The Fund for Peace, “Fragile States Index Annual Report, 2021,” https://fragilestatesindex.org/wp-content/uploads/2021/05/fsi2021-report.pdf. 关于“脆弱国家三角”的全球政治版图详见该报告第 4—5 页。在本表中，危急（alert）是三个等级的合并计算，即危急（alert）、高危（high alert）、极危（very high alert）；警告（warning）是三个等级的合并计算，即警告（warning）、较重警告（elevated warning）、严重警告（high warning）；稳定（stable）是两个等级的合并计算，即很稳定（very stable）、较稳定（more stable）；可持续（sustainable）是两个等级的合并计算，即高可持续（very sustainable）、可持续（sustainable）。在该表中，排名较高意味着脆弱国家指数评级得分较低，即国家有效性程度更高。本表略有调整。]

或内战。如今，全球国家脆弱指数排名最低的10个国家——也门、索马里、叙利亚、南苏丹、刚果民主共和国、中非共和国、乍得、苏丹、阿富汗、津巴布韦——全部位于这一“脆弱国家三角”之内。著名的卢旺达内战、苏丹内战、叙利亚内战、阿富汗战争等，也都发生在这一区域。固然，这些国家同时面临着经济发展与民主建设的难题，但就国家理论来看，它们面临的首先是有效国家构建的难题。如果它们不能拥有一个基本有效的国家，不能推进现代国家构建，那么其他方面的改进或发展就无从谈起。

如果考察所有国家在脆弱国家指数上的评级，就会发现，后发展国家总体上跟欧美发达国家的差距比较大。这意味着许多后发展国家在现代国家构建问题上仍然面临着许多挑战和困难。当然，到了目前的人类发展阶段，无论是后发展社会的地理、人口与技术条件，还是国家与国家间的竞争系统，都更有利于推动国家构建与有效国家的形成。但无论怎样，对许多后发展国家来说，如何有效推进国家构建，仍然是一个重要的理论问题和一个绕不过去的实践问题。

约束利维坦：后发展国家的政体演化

基于发展次序，任何后发展社会首先要努力创建一个有效国家或利维坦，其次的挑战是能否建立一套约束利维坦的制度安排。如今讨论约束利维坦的一系列制度安排，自然离不开现代民主政体。如前所述，现代民主政体始终是一个复合政体。它不只是一人一票的公民参与和多数决定的政治规则，还包括立宪主义、议会主权或人民主权、代议制度、责任政府、政党政治等。无论是英国的政治模式，还是美国的政治模式，它们都是首先拥有一套被称为立宪主义的政治制度安排，然后才逐步落实普选权。特别是，作为人类近现代政体的发源地，英国经历了从封建主义到立宪主义、再到民主政体的变迁，是一个自然而然的政治演化过程。然而，后发展国家既没有可能也没有必要重复政治演化的英国道路。

本书的分析框架将政体视为政治权力在不同政治行为者之间的分配与分享方式，而这又取决于统治者、统治精英与普通民众之间的相对实力，特别是他们的个体暴力潜能与组织动员能力。在跟西方世界碰撞之前，许多传统帝国与王国的君主统治是一种统治者基于支配地位的政体模型，更落后的部落社会则大体上是一种小规模的、非正式的松散统治体系，而非真正意义上的国家。但无论一个后发展社会的政治起点如何，要想发展出具有立宪与法治特征、民主与选举特征的现代政体，仍然要考虑这些社会的不同政治行为者相对实力的强弱。只有当相对于统治者而言的统治精英和普通民众的相对实力获得显著的提升，这些国家才更有可能走上导向现代民主政体的政治路径。

后发展国家的特殊情境

问题是，人是有理性的。既然英国与西方世界已经演化出了一套既有立宪主义和法治、又有民主投票和多数决定的现代民主政体，那么后发展国家能否经由学习模仿和自我演化发展出一系列约束国家的政治发明呢？要想回答这个问题，就需要关注，与先发展国家相比，后发展国家面临着的完全不同的历史情境。

首先，对后发展国家来说，这往往不是一条原发性的政治发展道路。这里的原发性，是指它主要不是受到外部影响，而是在本国土生土长而成的。比如，到 1840 年为止，中国本土土生土长的政治制度模式是君主制中央集权官僚制国家。几十年以后，一个叫孙文的年轻人说要在中国搞共和，创立民国。这里的共和，并不是西周时期周公召公的共和，而是一种新的、来自西方的现代政体。所以，共和与共和国的观念本身就来自域外，而不是中国原发性的一种制度模式。

再比如，西方殖民者到来之前，非洲国家许多地方的原发性政治制度模式是部落社会的权威结构。对它们来说，不仅外来强加的殖民统治机构不是原发性的，而且去殖民化之后所创建的那套民主政体也不是原发性的。

其次，到了 20 世纪中叶，后发展国家面对的已然是一个民主意识形态支配的世界。如果把时间倒回 19 世纪初，倘若有人说，中国或印度应该实行民主共和政体，这会是一件难以想象的事情。因为对于 19 世纪早期的英国来说，是否扩展投票权、是否最终落实普选权，尚且是一件充满争议的事情。但是，仅仅一个多世纪之后，民主政体或民主共和政体几乎成了唯一具有充分合法性的政体类型，民主观念也几乎成了唯一具有充分合法性的全球性意识形态。与之相比，其他各种非民主的政体与观念几乎都失去了合法性。

最后，几乎所有欧美发达国家都经历过一个从立宪主义的、有限投票权的竞争性政体到落实普选权的完全民主政体过渡的过程，但后发展国家通常都不会经历这样一个英国式的政治演化过程。无论这些后发展国家的旧制度是君主制政体还是殖民统治，新兴的政治精英们几乎都只能以民主共和政体为政治口号，否则就不具有足够的合法性，或无法进行有效的政治动员。到了 20 世纪中叶，对当时的后发展国家来说，一部民主宪法和民主政体成了政治建设的标准配置。这意味着即刻就要落实一人一票和多数规则。[1]但这种对民主政体不设任何前提条件的民主观念可能会跟后发展国家的实际社会条件与发展水平产生很大的张力。

后发展国家所面临的这些历史情境，都使得它们在形塑一系列有效约束国家的政治发明上遇到了许多严峻的挑战。如果以英国作为近现代政治演化的样本，它大体上经历了前后相继的两个阶段：立宪时代和民主时代。在立宪主义框架下，国家或政治权力应该受到宪法的明确约束，尊重法治原则，并基于分权制衡原则来运行，同时少部分精英开始拥有投票权。这样，英国社会就打破了君主制的一元统治模型，形成了贵族或议会与君主对峙的多元统治模型，形成了互相独立又互相牵制的政治力量。在民主政体框架下，越来越多的英国公民获得了投票权，直至所有成年男女公民都获得普选权，并基于多数规则来决定重大人事安排与公共政策。

在实际制度安排上，现代民主政体往往是承继了立宪主义制度的复合型政体，但民主本身最直接的表现则是竞争性的选举制度。这种竞争性选举制度一方面要确保普通民众的政治参与，另一方面要确保政治精英的政治竞争，同时还需要确保经由选举产生的议会和内阁能够实现有效治国。总的来说，英国政治演化的道路是先有立宪主义政体、后有民主政体的发展过程。

由此可见，无论就发展次序而言，还是就制度要素而言，有效约束国家的一系列政治发明主要包括两个要素：一是立宪的、法治的、分权制衡的制度要素，二是民主的、选举的制度要素。

1　乔万尼·萨托利，《民主新论（上卷）：当代论争》，2015，第 21—26 页。

政治发展的两个悖论

然而，正如上文讨论的，对20世纪下半叶以来的后发展国家来说，跟复合型的现代民主共和政体有关的制度建设无法像英国一样分阶段分步骤来完成，而只能是以压缩方式一次性完成。这就导致了后发展国家在政治发展上的两个悖论。

第一个悖论是构建有效国家与有效约束国家之间的张力。构建有效国家要求的是适度集中政治权力，塑造政治权威，而有效约束国家强调约束政治权力，限制政治权威。通常，成功的政治现代化要同时做到两者。英国大体上先是经历了以立宪主义约束王权，然后再推进近现代民族国家建设的道路。法国和德国则是先经历了以绝对君主制模式推进近现代国家构建，然后再以其他政治改革或革命方式逐渐形成有效约束国家的制度安排的过程。在所有欧美发达国家中，特例可能是美国，它几乎是在同一过程中既推动了国家构建，又形成了一系列有效约束国家的制度安排。

第二个悖论是有效约束国家的一系列政治发明及其治理目标之间的张力。具体地说，这里主要是指立宪主义、民主规则与有效治理三者有时很难兼顾。立宪主义强调的是约束政治权力与权威——哪怕这种权力与权威是来自民主授予的，强调的是不同政治力量之间的制约和对峙。民主规则强调的是一人一票和多数决定，但一旦获得授权，民主要求拥有巨大的政治权力与权威。有效治理强调的是政治本身的稳定性、适当的政府能力，以及治理所导向的价值目标。然而，这三者之间存在着内在张力，参见图14.2。在逻辑上，当民主的权威足够强大时，它是倾向于摆脱外部约束力量的，但一个真正的立宪主义政体

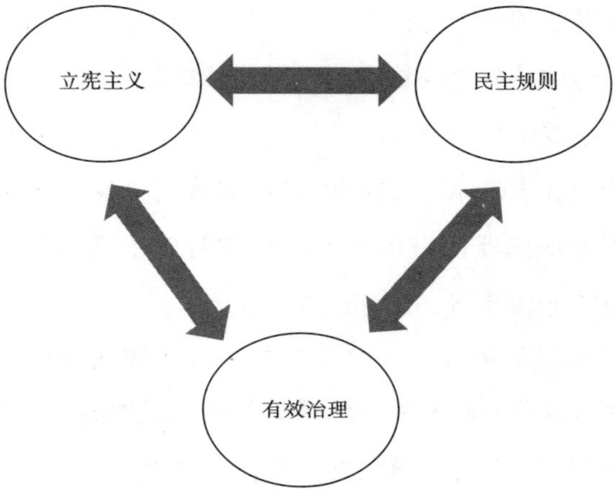

图 14.2　立宪主义、民主规则与有效治理的内在张力

又要求在政治体系中存在着异质性的多元力量来平衡民主的权威。与此同时，面对后发展国家的各种复杂情境，兼顾立宪与民主的政治制度安排最终还要导向有效治理，这也存在着相当程度的挑战。

进一步说，对后发展国家来说，无论是要单独实现立宪主义与法治维度上的政治演化，还是要单独实现民主维度上的政治演化，难度都不小。要想同时实现两者，或者同时实现两个维度上的进步，其难度就更是可想而知了。

后发展国家的立宪主义与法治

现有研究认为，后发展国家在发展立宪主义与法治上遇到的挑战非常大。实际上，英国转型成为立宪主义政体和法治国家也并非易事，其核心逻辑包括：君主跟贵族在武力资源上的势均力敌，从而可以防止君主胡作非为；经过冲突与讨价还价，逐渐形成了一整套约束国王与政治权力的法律规则与组织结构；主要政治行为者养成了维护立宪规则与尊重法治的惯例，并将立宪规则与法治置于日常政治之上。此外，英国之所以能够完成向立宪主义和法治的转向，还离不开该国此前讲求契约精神的封建主义体制、罗马法的影响与普通法的传统等。

对后发展国家来说，无论是立宪主义政体还是法治都是舶来品。即便这些后发展国家的政法精英形成了强烈的立宪主义与法治理念，要想在一个个传统落后的社会使得立宪主义和法治规则落地生根、茁壮成长——在这些社会本身没有与立宪主义和法治规则相接续的资源的条件下——是非常困难的。

此外，对许多后发展国家来说，它们不可能经历跟英国相似的政治演化次序。它们面临的实际情况是，现代国家构建、立宪主义与法治规则、民主政体发展并非根据时间次序逐一发展，而往往是同步进行的。正如上文讨论过的，由此带来的挑战是，国家构建、立宪主义和民主政体三者之间本身存在着张力和冲突。比如，国家构建往往需要一个强有力的统治者或政治军事集团扮演主要推动者的角色，立宪主义则要求限制或约束统治者或执政集团的权力与权威，民主政体则要求普遍的、不同社会群体的政治参与、政治竞争以及在决策规则上的多数决定。当这三者发生冲突时，后发展国家要完成立宪主义与法治规则的建设就会变得非常困难。

从后发展国家的实际经验来看，它们要制定一部宪法和一系列的法律制度往往是容易的，但要想形成一整套立宪主义和法治规则却是困难的。许多国家常常面临着类似的困境，即“有宪法而无宪治”（constitution without constitutionalism）、“有法律而无法治”

(law without rule of law)。[1] 目前学术界有许多研究关注俄罗斯及原苏东地区的其他转型国家、拉丁美洲国家、非洲国家、亚洲及太平洋地区国家在宪治与法治上的诸种困难。这些研究常常提及的解释变量包括主要政治力量不支持或反对宪治与法治、宪治与法治传统的缺乏、司法权与司法力量的薄弱、民主政治的民粹化、恩惠–庇护主义的盛行、经济与社会发展水平低下等。[2] 所有这些可能的因素都使得后发展国家很难在较短时间内发展出比较成熟的宪治与法治。

按照本书的分析框架，立宪主义政体的兴起往往有赖于不同政治力量之间的势均力敌结构。但对于许多面临复杂的国内与国际政治情境的后发展国家来说，它们往往较难发展出不同政治行为者之间的势均力敌结构。在整个社会中，如果没有任何其他政治力量可以对居于支配地位的统治者或领导层构成有效制约，那么这样的社会离立宪主义和法治模式的落实就还有相当的距离。长期来看，随着经济和社会条件的逐渐进步与演化，后发展国家在这方面的进步

1 国际学术界关于“有宪法而无宪治”的相关研究，参见：Augusto Zimmermann, “Constitutions Without Constitutionalism: The Failure of Constitutionalism in Brazil,” in Mortimer Sellers and Tadeusz Tomaszewski, eds., *The Rule of Law in Comparative Perspective*, New York: Springer, 2010, pp.101-145; Feisal Amin Rasoul al-Istrabadi, “A Constitution Without Constitutionalism: Reflections on Iraq's Failed Constitutional Process,” *Texas Law Review*, Vol. 87, No. 7 (2009), pp. 1627-1655.

2 关于后发展国家的立宪主义或宪治问题有大量研究，可参见部分代表性文献：Mark Tushnet and Madhav Khosla ,eds., *Unstable Constitutionalism: Law and Politics in South Asia*, Cambridge: Cambridge University Press, 2015; Mark Brzezinski, *The Struggle for Constitutionalism in Poland*, London: Palgrave Macmillan, 1998; Albert H. Y. Chen, *Constitutionalism in Asia in the Early Twenty-First Century*, Cambridge: Cambridge University Press, 2014; Rainer Grote and Tilmann J. Röder, eds., *Constitutionalism, Human Rights, and Islam after the Arab Spring*, Oxford: Oxford University Press, 2016; Eunice N. Sahle, ed., *Democracy, Constitutionalism, and Politics in Africa: Historical Contexts, Developments, and Dilemmas*, London: Palgrave Macmillan, 2017; Andrei Medushevsky, *Russian Constitutionalism: Historical and Contemporary Development*, London: Routledge, 2006; Detlef Nolte and Almut Schilling-Vacaflor, eds., *New Constitutionalism in Latin America: Promises and Practices*, Farnham: Ashgate, 2012; Tom Ginsburg and Alberto Simpser, eds., *Constitutions in Authoritarian Regimes*, Cambridge: Cambridge University Press, 2014.

还取决于不同政治行为者或不同个体与群体之间相对实力的改变。

当然，乐观地看，自英国和西方在立宪主义时代开创宪治与法治之后，后发展国家在过去一二百年里——特别是在第二次世界大战以后——已经在这条道路上取得了长足的进展。日本、韩国、新加坡、捷克、波兰、智利、乌拉圭、博茨瓦纳等国的宪治与法治水平，如今已经接近或达到西欧与北美发达国家的水准。此外，许多后发展国家尽管在宪治与法治方面跟上述国家相比尚有较大差距，但跟自身相比已经取得了较大的进展。

民主转型面临的挑战

后发展国家在政体维度上的另一种政治演化是民主的成长。但后发展国家启动、深化和巩固民主的过程往往也是任重道远。迄今为止，后发展国家的政体转型与民主发展可以分为三种类型：一是较为成功的转型，即不仅能够启动民主转型，而且能够实现民主巩固，其结果往往是稳定而有效的民主政体；二是较为失败的转型，即无法完成民主转型与民主巩固，通常会遭遇民主挫败或民主崩溃，其结果是要么倒退回非民主政体，要么在转型道路上反复徘徊；三是中间状态，即启动了民主转型，但往往无法实现民主巩固，难以成为稳定而有效的民主政体。从现有经验数据来看，这三种类型的后发展国家大致分别占到三成左右或略高于三成的比例。[1]

就过程而言，后发展国家在民主政体发展过程中往往会遭遇三大挑战，但凡不能跨越任何一个挑战，就会遭遇民主转型的难题或

1 包刚升，《第三波民主化国家的政体转型与治理绩效（1974—2013）》，《开放时代》，2017 年第 1 期，第 76—95 页。

表 14.2 民主转型的不同阶段与三大挑战

转型阶段	政治目标	政治条件	崩溃原因
（1）让民主运转起来	没有严重的政治经济冲突和对立；始终以选举和竞争方式产生政府；政府能保持一定的稳定性	没有重要的政治力量反对民主，政治力量的竞争能达到均衡	重要政治力量选择以非民主方式参与政治竞争
（2）让民主产生绩效	能解决重大的政治经济社会问题；实现稳定和推动增长；促进平等和其他目标	有效的国家能力与治理绩效	国家能力低和治理绩效差使社会对民主制度失去信心
（3）让民主得到巩固	民主的制度化、惯例化和稳固化；公民在心理、行为上的巩固；民主成为“最佳的政体选择”	民主的制度建设和政治文化的转型	民主不能制度化以及民主政治文化不能生根

（资料来源：包刚升，《民主转型的周期性：从启动、崩溃到巩固》，《二十一世纪》，2012 年 4 月号，第 17—27 页，表 2。）

挫败。这三大挑战分别是：第一，让民主运转起来；第二，让民主产生绩效；第三，让民主得到巩固。这里的每一个挑战都不那么容易克服，参见表 14.2。正是因为这些挑战，许多国家的转型路径呈现“启动转型—民主崩溃—再启动转型”的周期性特征，参见图 14.3。通过对 18 个在第二波民主化之前就启动转型、人口在 3000 万以上的大国进行的数据分析，笔者发现，绝大部分国家的整个转型过程要持续半个到一个世纪时间，才能实现民主巩固，即成为稳定而有效的民主政体，期间大约要经历 1.5~1.7 次的民主崩溃。这 18 个国家还包括了为数不少的欧美发达国家。[1] 由此可见，后发展国家的民主转型更非易事。

后发展国家民主的启动、深化和巩固也是一个政治均衡从打破

1 包刚升，《民主转型的周期性：从启动、崩溃到巩固》，《二十一世纪》，2012 年 4 月号，第 17—27 页。

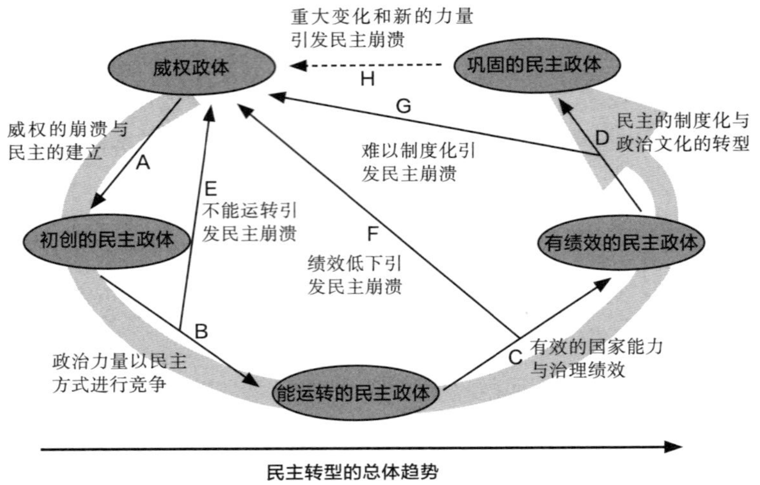

图 14.3　民主转型的周期特征与解释模型

（资料来源：包刚升，《民主转型的周期性：从启动、崩溃到巩固》，《二十一世纪》，2012 年 4 月号，第 17—27 页，图 2。）

到重建的政治演化过程。在这一过程中，旧的非民主的政治均衡不再能维系，而新的民主的政治均衡得以逐步确立。当然，这一过程充满了不确定性，其中既有前进又有倒退。它需要克服妨碍民主政体良性运转的重重阻力，需要获得主要政治力量与政治精英们的支持，需要建立新的制度同时让制度运转起来，需要普通民众观念与心理的转型来匹配等。

民主转型解释的理论路径

上述讨论不仅呈现了后发展国家在民主转型与巩固问题上的困难，而且呈现了这些国家存在的差异性。问题是如何解释这种差异呢？目前，学术界已有的主流研究主要强调三种理论路径，分别是：社会条件论、政治制度论与精英行为论。[1]社会条件论强调的是一个国家的基础性社会条件，现有研究的初步共识是，如果一个社会的经济发展水平较高、阶级冲突较缓和、族群与宗教分裂程度较低、政治文化更现代化、国际环境比较有利、国家构建程度较高、公民社会更加发达、社会不平等程度更低、市场化程度更高，就更可能维系民主政体或实现民主转型；反之，当上述这些基础性社会条件较为不利时，维系民主政体或实现民主转型的可能性就较低。

基于这一视角，很多后发展国家的最大挑战是陷入了政体转型与社会发展的低水平均衡。一方面，由于基础性社会条件比较薄弱，比如经济发展水平低、国内政治冲突严重、文化教育程度低等，就难以出现期待中的政治变迁，既无法塑造有效能的现代国家，又无法出现稳定的民主政体；另一方面，由于政治建设上的无所作为，基本的政治状况与公共治理无法改善，就难以促进经济发展、缓和国内政治冲突和提高文化教育水平。这样，后发展国家就容易陷入“政治发展–社会发展”低水平的陷阱中。从全球范围看，非洲有很多国家陷于这种陷阱而无力自拔，部分东亚政治体则成为先实现发展、突破基础性社会条件限制而后再实现民主转型的成功样板。

政治制度论强调的是宪法设计与制度安排的重要性。政治制度规定了政治参与者的游戏规则与激励结构，因而对民主政治具有巨大的形塑作用。现有研究强调政治制度对民主转型的影响，有两个层次的不同关注：第一个关注点是重视具体制度的政治效应，第二个关注点是重视整体制度模式或制度组合的综合政治效应。就具体制度而论，学术界目前主要关注四个层次的制度安排，分别是：

1　这里介绍的三种理论路径，参见：包刚升，《民主的逻辑》，2018，第179—243页。

（1）政府形式，狭义的政府形式是指行政权与立法权的关系；（2）选举制度；（3）政党体制；（4）央地关系或地方分权的制度模式。就整体模式而言，学术界目前关注的类型包括多数民主模式与共识民主模式的差异，或向心型民主政体与离心型民主政体的不同等。大量研究文献认为，政治制度安排的不同会影响民主转型的成败。这类研究表明，采用合宜的宪法设计与制度安排就能增进民主政体的稳定性和有效性。

需要说明的是，有学者试图找到一种有利于民主转型与稳定的最优政治制度模式。这个希望很可能会落空，世界上很可能并不存在适合所有民主转型国家的最优制度模式。退一步说，现有研究至多能揭示，某些政治制度或制度组合在逻辑上更为可行，从而在较大概率上有利于民主稳定；某些政治制度或制度组合在逻辑上存在问题——特别是与某些特定的社会结构相匹配时，从而在较大概率上会导致民主困境。比如，采用一轮多数选举的总统制或半总统制，与纯粹比例代表制的组合，通常容易导致民主政体的不稳定；如果在一个族群-地区维度呈现严重政治分裂的社会采用高度地方分权的制度设计，更容易导致民主的危机，甚至是国家解体的危机。

精英行为论强调的是，成功的民主转型有赖于好的民主派政治家或政治精英。没有好的民主派政治家或政治精英，很难会有好的民主或成功的民主转型。对新兴民主政体而言，政治精英的民主信念、规则意识和克制包容，都是有助于民主转型与民主巩固的重要品质。而新的政治规则总是由具体的政治人物来制定和实践的，所以，政治家怎样做便决定了实际的新政治是怎样的。

进一步说，好的民主还需要政治精英的良性博弈。不少新兴民主政体的弊端是，政治家的博弈容易从一般的政治竞争走向政治恶斗。这样，政治精英之间就只有斗争而没有合作，结果就会滑向没有规则、毫无底线、你死我活的政治对抗，最终往往以损伤民主制度为代价。从转型经验来看，在这样的政治博弈过程中，处于优势的一方（比如胜选方）能否做到自我克制，处于劣势的一方（比如败选方）能否做到合法服从，也是维系新兴民主政体的关键。一般认为，印度独立后民主的成功就得益于一大批民主派的政治精英。甘地、尼赫鲁等人普遍接受过英式教育，在英国拥有大学或更高的学位，他们对英国式的制度、观念、法律都了如指掌，并且信奉英国式的自由民主理念。这样，即便遇到困难或者危机，他们仍然是民主政体的坚定支持者。[1]相反，许多发展中国家往往缺少像样的民主派政治精英。

公允地说，政治精英通常都会受制于特定的经济社会条件，他们只能在既有社会结构的约束之下采取行动。但是，政治精英视角强调的是，在相似的社会结构条件下，政治家或政治精英仍然可以有不同的作为，而这种不同的作为会影响到政治的均衡与民主转型的前景。

在本书的分析框架中，如果跟统治者与统治精英相比，普通民众分享较大政治权力，那么这种政体类型就被视为民主政体。从这种角度看，后发展国家的民主发展主要有赖于普通民众相对实力的提高。唯有如此，后发展国家才有可能走上一条较为稳健的民主启动、深化与巩固之路。在战争技术现代化的条件下，公民个体与国家之间的暴力潜能已经显著拉开差距，但普通民众的组织动员能力则成为提升公民政治参与力量的有利因素。此外，从政治演化的视角看，上文提到的经济社会条件、政治制度设计与政治精英行为

1 王红生，《论印度的民主》，社会科学文献出版社，2011。

等，在实际的政治演化过程中都是一个不断进化的过程。如果能够在现代化过程中改善经济社会条件，在实践与试错中改善制度设计，在实际政治运作中提升政治精英们的观念、行为与博弈方式，那么民主就更有可能生根发芽。

从历史经验来看，对许多后发展国家来说，民主往往都是一项在不断犯错误的过程中集体学习和持续改进的事业。所以，长期来看，更多国家有机会在民主的实践和试错过程中取得实质性的进展。随着时间的推移，我们有理由对后发展国家的民主演化与进步抱有一种乐观的期待。

第十五章　新的历史时刻：从现在到未来

永久和平第一项正式条款：每个国家的公民体制都应该是共和制。……永久和平第二项正式条款：国际权利应该以自由国家的联盟制度为基础。……永久和平第三项正式条款：世界公民权利将限于以普遍的友好为其条件。

——伊曼努尔·康德

人类的政治演化：成就与差异

本书前面各章讨论的都是人类政治演化领域业已发生的事情，从国家的起源、兴起到帝国的统治逻辑，从君主统治模型支配着古代世界到向近现代政治的大转型，包括封建体制的兴起、从封建体制到立宪政体的过渡、现代分权制衡政体，从工业革命的发生到现代民主的兴起以及后发展国家的政治演化。全书最后一章将重点分析民主时代背景下人类政治的前景。

政治演化的成就与外溢效应

自从国家起源以来，人类政治演化在不同地区之间既有显著的相似性，又有很大的差异性。就人类政治演化的差异性而言，主要体现在以下几方面：一是人类早期国家的起源及其分化，即不同地区早期国家起源的差异；二是国家类型的分化，即城邦国家、一般国家与帝国的不同；三是古代世界政体的分化，即君主制、贵族制和民主制的差异；四是中世纪政治模式又出现了纵向一体化的分化，即中央集权模式和封建主义模式；五是从古代政治向近现代政治转向过程中立宪君主制与绝对君主制的分野；六是现代民主的兴起以及不同国家之间的转型分化。这种差异性既呈现了人类政治的丰富性与多样性，也给理解人类政治演化带来了理论上的复杂性。

迄今为止的人类政治演化基本上完成了两件事。第一，人类制造了利维坦，或塑造了一个个有效国家。很多政治体在许久以前就已经完成国家构建。比如，中国到秦汉时期就基本完成了早期的国家建构；欧洲许多地方大体上到民族国家兴起时完成了国家构建，基本拥有了有效国家。然而，许多国家在国家构建问题上的进展要缓慢得多。比如，撒哈拉以南非洲的许多国家至今尚未完成有效的国家构建。第二，人类学会了有效约束利维坦，或者说人类逐渐拥有了一系列有效约束国家的政治发明。具体而言，有效约束国家的政治发明包括立宪主义的、法治的、分权制衡的和民主的制度安排。今天欧美发达民主国家已经率先完成了对国家的有效约束，这使得国家与政治权力只能在限定轨道内运行。当然，今天仍然有许多国家尚未实现对国家的有效约束，约束利维坦的任务仍然任重而道远。但对于人类整体而言，构建有效国家与有效约束国家，或者说制造利维坦与约束利维坦，已经成为迄今为止人类政治演化的两大主要成就。

正是因为作为整体的人类已经学会了构建有效国家与有效约束国家，人类在政治领域的成就开始在政治领域之外产生积极的外溢效应。

第一个积极的外溢效应是，国家逐渐成为社会个体成员的保护者而不是侵害者。到21世纪早期为止，这个成果大体上已经得到确认——特别是对那些政治文明程度较高的国家来说。历史地看，这项成果并不容易达成。起初，国家的诞生固然是为了解决人与人的战争状态，固然是为了提供安全、法律与秩序，但由于国家本身是一种巨大的暴力或强制力，加上国家权力长期掌握在极少数人手中，他们完全有可能出于自身权力与利益的考虑而让国家成为社会成员的侵害者。即便到了今天，亦非所有国家都实现了这样的成就。比如，对于上一章提到的国家脆弱指数很高的国家如阿富汗、叙利亚等，国家还很难说已经成为社会个体成员的保护者，社会个体成员还时时处在个人安全、财产与自由的高度不确定状态。但对于今天世界范围内比较像样的社会，国家已经成为社会个体成员的保护者而不是侵害者。

第二个积极的外溢效应是，正是由于人类逐渐学会用和平的方法来解决政治权力归属问题，人类社会的暴力水平跟之前相比已经呈现大幅降低的趋势。历史地看，人类经过了非常漫长的历史过程才学会了这一点。即便只是回顾欧洲历史，几百年前的欧洲人还远没有学会这一点。在那个时代的欧洲，尽管不能说没有关于权力继承与转移的正式规则，但人们还是常常要依靠武力来解决政治权力归属问题。甚至晚至 1787 年，《联邦党人文集》的作者之一亚历山大·汉密尔顿还这样问：“人类社会能否真正能够通过深思熟虑和自由选择来建立一个良好的政府，还是他们永远注定要靠机遇和强力来决定他们的政治组织？”[1] 只有到了最近一两个世纪，人类才逐渐学会了以和平的方式来解决人类政治权力归属问题。这也是一个非常了不起的成就，这个成就的背后是人类在政治领域反复地尝试与博弈。

与此同时，人类社会跟政治有关的暴力水平显著下降了。斯蒂芬·平克在题为《人性中的善良天使》一书中的研究认为，人类社会的暴力水平一直呈现稳定的下降趋势。由于互联网、自媒体与资讯传播方式革命，今天哪怕是世界某个小角落里发生的血腥事件都足以在很短的时间里为许多人所知晓，并引发全球性的愤怒、悲情与共鸣。总体而言，人类社会在减少暴力方面还是取得了重大的进步。按照平克的估算，在前国家社会，人类大致有百分之十几的人是死于暴力的。此后，这一比例逐渐下降。到了 20

1　汉密尔顿、杰伊、麦迪逊，《联邦党人文集》，1995，第 3 页。

世纪，有不到 1% 至 3% 的人是死于战争引发的暴力的。一个常常被提及的数据是，20 世纪人类死亡的总量是 60 亿左右，因战争原因而死亡的大约是 4000 万，比例已经降至 0.7% 左右。[1] 而就在数百年前中世纪的欧洲，如果一个商人要准备远行而在出门之前不立下遗嘱的话，就会被认为是一个不够审慎的行为。因为当时的远距离贸易仍然是一种很有风险的行为。由此可见，尽管人类跟暴力有关的技术能力还在不断提高，但经过漫长的政治演化，人类总体上逐渐学会了用一种更文明的方式来控制暴力。当然，需要提醒的是，有些社会的暴力水平仍然比较高。

第三个积极的外溢效应是，今天，作为整体的人类政治已经能够为经济、科技、学术、艺术发展提供它们所需的良善的制度基础设施。1780 年，美国后来的第二任总统约翰 · 亚当斯还在参加美国独立战争。有一天，他收到一封来自妻子的信，妻子在信中大概对他离家甚久，只管国事不管家事略有抱怨。亚当斯为了向妻子解释自己所作所为的价值，写下了下面这段著名的话：

> 我的责任是研究关于政府的科学，这比所有其他科学都更重要……我必须研究政治和战争，这样我们的儿子们才能有自由研究数学和哲学。我们的儿子们应该学习数学和哲学、地理、自然史、造船学、航海、商业和农业，以便让他们的孩子们有权利学习绘画、诗歌、音乐、建筑、雕塑、挂毯和瓷器。[2]

1　斯蒂芬 · 平克，《人性中的善良天使：暴力为什么会减少》（上册），2015，第 64—70 页。

2　这是北美独立战争期间约翰 · 亚当斯写给他夫人的一封信中的内容，时间是 1780 年 5 月 12 日，参见：John Adams, “John Adams to Abigail Adams, 12 May, 1780”, https://founders.archives.gov/documents/Adams/04-03-02-0258。

亚当斯是美国建国的主要政治人物之一，他这段被广为引用的话强调了解决政治和战争问题的重要性。只有把政治和战争问题妥善解决好，航海、商业与农业的发展以及数学、哲学、音乐、绘画与诗歌的发展，才能成为可能。这再好不过地佐证了，正是政治提供了经济发展、科技进步、学术进展与艺术繁荣的良善的制度基础设施。

如果没有政治提供这些良善的制度基础设施，那么人们会生活在一种什么样的状态呢？一方面，如果没有国家，如果是无政府状态，或者说前国家的自然状态，那么，按照霍布斯的推论，就有可能导致“人与人的战争状态”，这几乎使得一切的经济发展与科学繁荣都成为不可能。另一方面，即便有了国家，但如果国家权力不受约束，政治权力遭到滥用的话，那么，持续的经济发展、科学进步、学术进展与艺术繁荣也将不太可能。只有当在政治上既解决了有效构建国家的问题，又解决了有效约束国家的问题，人类在其他诸种方面的自由、进步与繁荣才能成为可能。

政治演化的三种国家类型

基于上述讨论，本书进一步把迄今为止不同国家的政治演化分为三个阶段，并由此区分了三种国家类型。

第一种国家类型是尚未塑造有效国家，或尚未实现现代国家构建。上一章曾经讨论，在世界政治版图上，从中亚到西非再到东非，存在着一个“脆弱国家三角”地区。这里的许多国家普遍地没有解决塑造有效国家的问题。经常性的政治不稳定、暴力冲突与内乱、国家无能与低效、公共服务能力低下等，是这些国家的基本特征。其中的一个典型案例是苏丹。自独立以来，由于南方的少数族群与北方的主导族群之间的冲突，苏丹达尔富尔地区长期处于内战状态，这最终导致了南苏丹 2011 年的独立。但问题是，南苏丹独立以后，原先与北方主导族群进行斗争的南方少数族群变成了南苏丹的主导族群，而原先政治上不被重视的更小规模的少数族群又开始崛起，结果仍然是不同族群之间的冲突。从苏丹到南苏丹，它们共同的挑战是没有办法构建一个基本有效的国家，或者说无法完成现代国家构建。[1] 以 1911—1949 年的中国来说，这一时期，各种军事力量兴起，一度形成复杂的军阀割据局面，整个国家不是陷入中国与外国的战争，就是陷入不同形式的内战。可以说，当时的中国也面临着现代国家构建问题上的严峻挑战。

如果参考 2021 年脆弱国家指数评级数据（见表 14.1），就会发现，今天世界上仍然有大约 30 个国家在该评级系统中处于危急级别，还有 86 个国家处于警告级别。可见，其中还有许多国家仍然没有完成充分的现代国家构建或有效国家的塑造。

当然，即便是对于今天的欧美发达国家，它们在国家构建维度上也并非高枕无忧。欧洲国家与美国今天面临着新的身份认同政治的挑战。这一挑战往往跟移民群体有关，但也属于国家构建和国家认同问题。如今，面对大规模的移民冲击，欧洲国家和美国能否继续维持其国家认同或民族认同是一个新的考验。

第二种国家类型是已经基本实现了塑造有效国家，或者基本完成了现代国家构建，但尚未实现有效约束国家。这也会导致很多严重的问题。在这种情况下，这些国家通常在国家构建与国家认同方面的挑战相对较小，通常有比较强大的政府，政府效能较高，但问

1 关于苏丹和南苏丹的研究，参见：Noah R. Bassil, *The Post-Colonial State and Civil War in Sudan: The Origins of Conflict in Darfur*, London: I.B. Tauris, 2012; Matthew Arnold and Matthew LeRiche, *South Sudan: From Revolution to Independence*, Oxford: Oxford University Press, 2012.

题是，这些国家的政府与政治权力仍然不受约束，即无法解决好有效约束国家问题。对这些国家来说，能够有效控制它想控制的领域，但是没有力量有效约束或控制政府与政治权力。

与那些既塑造了有效国家又有效约束国家的政治体相比，这类国家的差距主要在于三个方面：一是宪法与法治上的差距，即能否用宪法或法治来有效约束国家；二是分权制衡上的差距，即能否用横向的和纵向的分权制衡机制来有效约束国家；三是民主与选举上的差距，即能否用民主与投票方法有效约束国家。在世界银行全球治理指数评级中，凡是政府效能评级较高，但公民表达与问责制、法治两项得分较低的国家，基本上属于这里的第二类国家。这类国家在很大程度上已经解决了有效国家或国家构建的问题，但还没有解决有效约束国家的问题。

第三种国家类型是既解决了塑造有效国家问题，又解决了有效约束国家问题。总体上，这些国家已经达到了人类政治演化的较高水准。但是，这些国家并非就此进入了完美的政治状态，它们面临的一个可能挑战是，约束国家的政治发明是否会成为新的问题？本书称为约束国家的误区。以今天的欧美国家为例，它们基本上都实现了构建有效国家和有效约束国家，前者是指现代国家构建的维度，后者是指用宪法、法治、分权制衡以及民主的方法约束国家的维度。然而，这些国家的政治并没有达致完美的境界。相反，它们又有可能遭遇现代民主政体本身难以避免的一些难题与困境。

比如，目前一个典型的难题是政府债务问题。在欧洲、北美、澳洲——或许还可以再加上日本——这一最发达国家阵营中，它们普遍地遭遇了政府债务危机。如今，美国、英国、法国、西班牙、希腊等国政府公债占 GDP 的比重已经超过 100%。政府债务高筑，自然有许多原因，比如，2008 年全球金融危机和 2020 年以来的全球新冠疫情都是重要的短期催化因素。但是，从长期来看，民主投票制度下政治家和政党倾向于讨好选民的政治倾向——具体而言是福利增加与税收增加之间的不平衡性——是导致政府债台高筑的主因。当然，并非所有西方主要国家都陷入了高债务的困境，北欧国家与澳洲国家的政府财政状况就要稳健得多。

又比如，另一个挑战是民粹主义（populism）问题。[1]“民粹主义”这个概念如今常常被滥用，从美国特朗普上台，到英国脱欧，到法国政治家玛丽娜·勒庞进入总统大选第二轮，再到德国新选择党（Alternative For Germany）的崛起，许多媒体或学者将这些现象统统称为民粹主义政治现象。问题是，当一个概念能够覆盖许多差异很大的政治现象时，这个概念就容易变成一个“万金油”概念。当然，民粹主义问题在许多民主国家确实存在。一个表现是，许多选民存在反建制和反精英的政治态度，他们倾向于走向非理性的平民主义。另一个表现则是，一部分政治家并非基于长期理性和专业主义提出政治纲领和治国策略，而是采取过度迎合选民需要的做法。但这样的政治纲领一旦实施，就容易给国家治理带来许多严重的后果。

再比如，民主政体条件还有制衡过度、否决型统治（vetocracy）甚至政治僵局的问题。现代民主政体是一种复合型政体，本身就包含了复杂的分权制衡因素。但这种分权制衡机制也有可能走向过度的制衡，甚至走向福山所说的否决型统治。实际上，根据美国政治学家乔治·切贝里斯的研究，现代民主政体中存在否决点（veto points）乃是正常现象，但问题在于否决点的多少。过少，则分权

1　扬-维尔纳·米勒，《什么是民粹主义？》，钱静远译，译林出版社，2020。

制衡不足；过多，则分权制衡过度。[1] 在今天的许多西方国家，只要主要政党不能就重大公共政策达成一致，就有可能陷入否决型统治的风险，即互相否决。以美国来说，如果总统所在政党不能控制参众两院多数席位，在理论上，总统提出的任何预算案、法案、重大公共政策随时有可能遭到国会否决。[2] 在一些国家，这种现象甚至还有可能演变为严重的政治僵局。

当然，这种分权制衡较为充分的设计，并非全无道理，它可以保证当主要政党与选民集团没有基本共识时，就不采取新的政治行动。笔者将其称为一种“保守主义的制度设计”。但这种设计确实有可能影响一个民主政体的效率与效能。

总之，上述三种类型的国家大致构成了迄今为止人类政治演化上的完整光谱。

国家、政体与文明维度上的全球分裂

展望人类政治的未来，还需要对人类政治的全球格局做一个考察。目前全球政治格局的基本特征是，还存在三种主要的分裂，即国家维度、政体维度与文明维度上的分裂。

国家维度的全球分裂

迄今为止，人类不同政治体在国家维度上依然呈现出显著的差

1　George Tsebelis, *Veto Players: How Political Institutions Work*, Princeton: Princeton University Press, 2002.

2　弗朗西斯·福山，《政治秩序与政治衰败：从工业革命到民主全球化》，2015，第445—460页。

异性。无论以和平基金会的国家脆弱指数来衡量，还是以世界银行全球治理指数中的政府效能、控制暴力与政治稳定性两个指标来衡量，全球不同政治体的分化还很严重，国家维度上的政治发展差距还非常大。上一章曾专门讨论，许多后发展国家——特别是“脆弱国家三角”地区的后发展国家——在有效国家或国家构建上面对的挑战还很大。

在理论上，有效国家构建其实是一个非常复杂的问题。本书前面章节曾充分分析过这一问题。到底什么是有效国家？不同政治体在有效国家问题上究竟存在何种差异？为什么有些国家不能控制冲突与暴力，不能维持政治稳定，不能给社会成员提供基本的安全、法律和秩序？学术界在这些问题上已经贡献了许多较具代表性的研究，提出了许多重要的理论解释。

比如，本书前面讨论过，查尔斯·蒂利认为，欧洲近现代民族国家是经由长期的军事竞争、在国家与战争的长期互动过程中塑造的。而许多后发展国家经历了完全不同的国家构建过程。特别是，对撒哈拉以南非洲原先的许多部落社会来说，国家的出现不过是一个世纪或数十年的时间。在18—19世纪欧洲殖民者到来之时，非洲的许多地方还是较为原始的部落社会。这些地方既不同于近现代的欧洲，又不同于中国、印度这样具有古老国家传统的国家，因而在国家构建方面的挑战往往是最大的。当然，即便是中国、印度这样有着古老国家传统的国家，当西方兴起和现代世界被创造出来以后，它们在国家构建问题上又会遇到许多新的难题。因此，在全球范围内，不同国家完全有可能在国家构建、国家能力维度上处在不同的发展阶段，由此导致了国家维度上的全球分裂。

进一步说，一个社会是否拥有相对有效的国家或能否完成有效国家构建，其实际影响会非常大。今天，有些国家如英国、美国、德国、日本等，基本上都拥有有效国家，总体上国家疆域稳固，整合程度较高，政治总体稳定，冲突与暴力程度较低。当然，即便是英国，在国家构建上仍然面临着苏格兰问题的挑战，即苏格兰部分政治力量试图寻求政治独立。如果这一诉求成为事实，英国就会面临地理疆域上的国家分裂问题。这对英国的国家构建来说仍然是一个隐忧。相反，有效国家缺乏或国家构建程度低的许多后发展政治体——特别是在“脆弱国家三角”地区——政治秩序往往是高度不稳定的，暴力与武装冲突普遍，政治高度碎片化，难以形成有效的政治整合，甚至还面临着内战的巨大风险。这些后发展政治体的国家能力或政府效能自然是很低的。当然，这里讨论的只是不同政治体在国家构建问题上的两个极端，还有许多政治体处于这两个极端之间的某种中间状态。它们的有效国家或国家构建程度不及第一类国家好，但又显著优于第二类国家，在有效国家与国家构建维度上处于中间状态。总之，不同国家在国家构建或有效国家维度上的全球分裂仍然是一个现实问题。

政体维度的全球分裂

人类不同政治体在政体维度上也呈现显著的差异性。如前所述，政体是政治权力在不同个体与群体之间的分配与分享方式。衡量政体最重要的是两个维度：国家或统治者的政治权力是否受到约束，究竟是哪些人掌握政治权力。前者是立宪主义的维度，后者是民主的维度。但由于现代民主是一种复合政体，包括了立宪、法治、分权、选举等要素，学术界往往习惯用民主与否来衡量不同政体的差异。

较有影响力的政体研究项目将全球政治体分为三种类型：民主

政体（democracy）、威权政体（autocracy）与中间政体（anocracy）。这里的中间政体，是介于民主和威权之间的政体类型，学术界也常常称为两不像政体（hybrid regime）、半民主政体（semi-democracy）或竞争性威权主义（competitive authoritarianism）。目前的民主–威权两分法或民主–中间–威权三分法往往具有较强的意识形态立场倾向，因而不是最恰当的政体类型学标准。所以，笔者更建议采用竞争性政体（competitive regime）–非竞争性政体（non-competitive regime）的两分法。[1] 但这项研究并未发展出一套基于竞争性政体–非竞争性政体的评级方法，所以目前只能采用政体研究项目或其他国际主流评级机构的政体类型标准。

在政体研究项目给出的全球政体变化趋势图中，自 19 世纪以来的相当长时间里，非民主政体一直占据着主导地位，后来民主政体开始逐步增长，并呈现波浪式的前进模式，参见图 15.1。这也大体符合塞缪尔 · 亨廷顿关于三波民主化的论述。[2] 到今天为止，在该机构评估的全球范围内 160 多个政治体中，有 90 多个国家与地区可以归入民主政体，约 20 个国家可以归入威权政体，约 50 个国家可以归入中间政体。按照该机构的评级，19 世纪以来全球政体变化的基本趋势是：第一，民主政体总体上以进两步退一步的方式呈现出显著的增长，人类的 19—20 世纪是名副其实的民主化世纪；第二，目前为止，人类政治体在政体维度上仍然呈现出显著的分化，不同政治体在民主–威权的政体模式路径选择上并无充分的共识，而是维持着相当的多样性与政体模式选择上的全球分裂。

1　笔者于 2021 年 12 月 10—12 日在华中师范大学举办的题为“比较政治学的基础与前沿”六次专题讲座中提出，可以用竞争性政体与非竞争性政体的类型学替代过去民主与威权的类型学，但目前尚未形成系统论述。

2　塞缪尔 · 亨廷顿，《第三波：20 世纪后期的民主化浪潮》，2013。

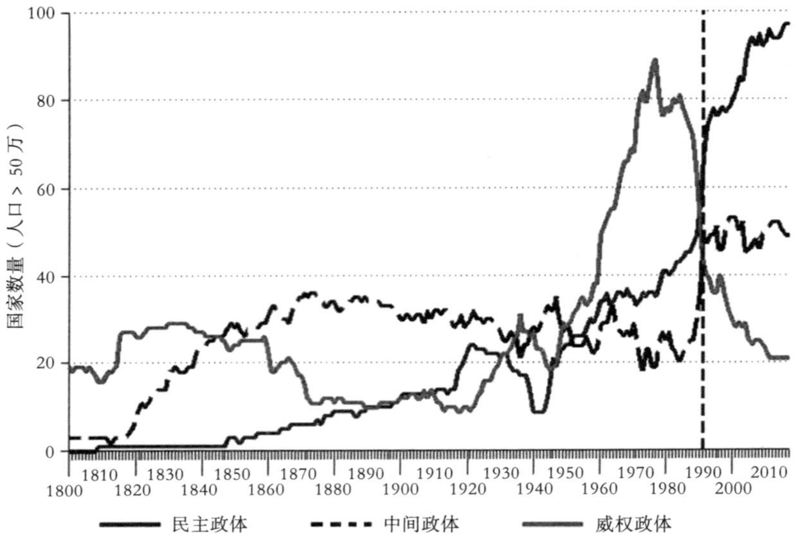

图 15.1　19 世纪以来全球政体的变化趋势：1800—2017

（资料来源：http://www.systemicpeace.org/polity/polity1.htm。）

从政体演化的视角来看，人类不同政治体在这方面的差异是非常大的。有些国家在 19 世纪之前就实现了立宪主义的转向，而后又在 19—20 世纪普及了投票权，完成了民主转型与巩固；有些国家甚至还没有启动向立宪政体与民主政体的转型；有些国家尽管启动了转型，但并没有实现民主转型与民主巩固；还有许多国家还在此过程中遭遇了民主转型的挫败或民主崩溃。对于不同国家在政体演化或民主转型道路上的差异，上一章已经做过许多学理探讨，学术界的理论解释主要聚焦于社会条件、政治制度与精英行为三大解释变量。但总的来说，迄今为止，不同国家在政体维度上仍然呈现出显著的全球分裂。

需要说明的是，政体类型或政体模式的全球分裂，不仅涉及不同国家之间的巨大差异，而且还涉及拥有不同政体类型的国家在价值观念和政治秩序上的潜在冲突。其实，早在古希腊的城邦政治时期，雅典日益兴盛的民主政体就被拥有寡头政体的斯巴达视为一种潜在的威胁。这或许是所谓的“修昔底德陷阱”背后更重要的逻辑。[1] 如今，全球范围政体模式类型差异较大的国家可能都将其他政体视为潜在的政治威胁，原因既有国际体系中不同政体之间的权力较量，又有国内政治秩序是否可能受到冲击或影响的深刻忧虑。就 20 世纪的历史经验来看，无论是“二战”中的英美与德意之间的冲突，还是冷战体系中美国阵营与苏联阵营之间的对抗，背后都跟不同国家在政体类型上的全球分裂有关。在可预见的将来，这种政体类型的全球分裂还将深刻地影响人类政治。

族群、宗教与文明维度的全球分裂

有学者认为，今天的全球政治地理版图还可能因为不同族群、不同宗教和不同文明之间的差异而产生彼此区隔，乃至彼此撕裂。塞缪尔 · 亨廷顿在“文明冲突论”的相关研究中，把全球政治体大体上区分为 8 个主要文明，分别是西方文明（基督教文明）（Western）、东正教文明（Orthodox）、伊斯兰文明（Islamic）、佛教文明（Buddhist）、印度教文明（Hindu）、非洲文明（African）、拉丁美洲文明（Latin American）、中华文明（Sinic）以及日本文明（Japanese）。[2] 亨廷顿以文明作为基本单位理解后冷战时代的全球政

1　晏绍祥，《雅典的崛起与斯巴达的“恐惧”：论“修昔底德陷阱”》，《历史研究》，2017 年第 6 期，第 109—125 页。

2　塞缪尔 · 亨廷顿，《文明的冲突与世界秩序的重建》，周琪等译，新华出版社，2010。

治与全球分裂，应该是受到英国著名历史学家阿诺德·汤因比的影响。在《历史研究》这一鸿篇巨作中，汤因比就以文明兴衰的视角来剖析人类历史。[1] 当然，尽管同样使用文明的概念，两位著名学者对文明的理解并不完全相同。

理解全球体系中的不同文明，一个重要视角是族群与民族因素。在中国先秦典籍《左传》中，就有“非我族类、其心必异”的判断。到了 20 世纪，人类政治生活中的许多重大冲突仍然有着很深刻的族群或民族背景。20 世纪 90 年代以后在原南斯拉夫境内发生的战争，就发生在不同的民族或族群之间。1994 年发生的卢旺达大屠杀，就发生在该国的胡图族与图西族之间。原苏丹的达尔富尔问题以及与此相关的长期内战，主要发生在不同族群之间。在美国，这几年兴起的“黑人的命也是命”运动，是非洲裔美国人因不满自己的社会待遇而发动的社会运动。所以，这仍然是以族群或种族为界线的政治。当然，就美国内政而言，以族群或种族为界限的政治并非其政治的主流。但在许多多族群的后发展国家，政治常常容易区分为我者与他者之间的斗争，而族群、民族或种族身份是非常方便地区分我者与他者的社会标签。

另一个视角是宗教因素。亨廷顿更多是基于不同宗教来界定文明的。就宗教而论，目前全球体系中的分裂因素主要包括三个层次：一是不同宗教之间的分裂，比如基督教与伊斯兰教之间、印度教与锡克教之间；二是同一宗教不同教派之间的分裂，比如基督教内部有新教、天主教、东正教之争，伊斯兰教内部有逊尼派与什叶派之争；三是政教关系上的分裂，究竟是主张政教分离还是政教合一——目前尽管绝大部分国家或政治体都主张政教分离，但仍然还

1　阿诺德·汤因比，《历史研究》（上中下），曹未风等译，上海人民出版社，1997。

有少数国家或宗教派别主张政教合一或神权统治。[1]以非洲人口最多国家的尼日利亚来说，其内部政治问题，既有族群问题，又有宗教问题，因为该国南方人口以信仰基督教为主，北方人口以信仰伊斯兰教为主。所以，该国这些年的政治暴力事件，要么是基于族群原因，要么是基于宗教原因。族群与宗教因素的结合，大体上可以解释尼日利亚的政治暴力与社会冲突。

到今天为止，全球政治版图上分布着许多不同的族群、宗教与文明。就此而言，全球政治版图的颜色应该是色彩斑斓的。从积极角度看，这种色彩斑斓呈现了人类作为一个整体的丰富性与多样性，也意味着人类社会内部的差异性。这些多样性与差异性，不仅是客观存在的，而且对于维系人类社会的繁荣和存续可能还很重要。从长期观点来说，人类政治演化的重要动力之一就是这种不同人类群体之间的多样性与差异性，以及它们之间可能的碰撞与竞争。在帝国政治支配欧亚大陆的时代，倘若不是西欧首先演化出了封建主义体制，或许今天的人类政治文明就无法达到现在的高度。

但从消极角度看，由于全球体系中的多样性与差异性，当全球化不断深入，当互动愈发密切，人们愈发能感觉到我者与他者的不同，乃至潜在的对抗与冲突。按照主流的政治学理论，不同人类群体的差异，往往也是社会分歧与政治分裂的主要来源，是触发社会冲突与政治对抗的主要诱因。相反，假如人们彼此相似，他们之间就更不容易发生重大冲突。[2]总之，全球体系中基于族群、宗教和文明的政治分裂，仍将影响今天与未来的人类政治演化。

1　包刚升，《民主崩溃的政治学》，商务印书馆，2014，第 83—84 页。

2　关于政治分裂与政治冲突的关系，参见：同上，第 59—99 页。

人类政治的未来：合流与分化

全球不同政治体在国家维度、政体维度与文明维度的差异和分化，最终导致了两个层次意义上的全球分裂格局：一是国内层次的，二是国际层次的。在国内层次上，这意味着不同国家之间还有着差异很大的国内政治秩序。这种差异既客观地呈现了不同国家的政治演化程度，又表明各国政治离全球整合与融合的目标尚有较大的距离。在国际层次上，这三个维度的关键差异有可能是国与国之间潜在分歧与冲突的重要来源，也更容易埋下国际政治格局不稳定的种子。由此可见，人类离国与国之间的长期和谐与永久和平尚有很长的路要走。

如果人类政治在此基础上继续向前进化，就有两种可能的前景。第一种前景是合流（convergence），即人类社会的不同国家或政治体会变得越来越像。第二种前景是分化（divergence），即人类社会的不同国家或政治体继续维持目前的分化格局，甚至这种分化格局会越来越明显。那么，全球政治将会走向合流与整合，还是继续维持分化与分裂格局呢？大体来说，经济全球化是推动全球整合的重要力量。一个显而易见的生活经验是，今天全球主要城市的购物中心已经变得越来越相似，全球富有购买力的年轻消费者常常使用同样品牌的笔记本、手机、手表和行李箱，全球许多不同国家顶尖大学的经济系与商学院甚至都使用同样的教科书。自工业革命以来的两个世纪中，尽管人类社会发生了太多冲突，甚至屠杀与战争，但总的来说，人类社会的不同部分正在实现快速的整合与合流。经济全球化也大大推动了价值观念的全球性流动与整合。

那么，这种经济驱动的全球整合，是否会引发最终意义上的政治的全球整合？目前来看，这一前景恐怕还存在着很大的不确定性。尽管西方世界内部有着十分显著的政治整合趋势——特别是以欧盟为代表，但在西方世界与全球其他部分之间、全球其他部分内部之间的政治整合趋势并不确定。至少在短期内，西方世界与非西方世界之间、非西方世界的不同国家之间在政治上的分歧、对抗仍有可能加剧。正如上文讨论的，全球不同政治体之间在国家维度、政体维度以及族群、宗教与文明维度上的差异与潜在冲突仍然还很大，不同国家与地区的人们对于政治的认知还存在着显著的差异。所以，人类政治的未来，究竟是各国合流的天下大同，还是继续保持目前的全球分裂，目前看来仍然是一个未定之数。

超越民族国家？抑或可能的永久和平？

基于上述分析，这里不禁要问：构成今日国际体系的民族国家究竟向何处去？与之相关的问题则是，人类的永久和平可能吗？这两个问题看似离今天的现实政治还很遥远，但却是关系到人类未来政治演化的重大问题。

国际体系的演化阶段

民族国家在世界范围内的兴起，时间并不是很长，学术界一般将 1648 年《威斯特伐利亚和约》签署后形成的国际体系——威斯特伐利亚体系——称为民族国家体系。这样算来，民族国家体系形成至今，不过是不到四个世纪的时间。当然，最初的民族国家体系还是欧洲内部的。

根据这一标准，我们可以把国际体系的演化分成三个阶段。[1]第一阶段是前威斯特伐利亚体系阶段，时间范围是从人类早期国家的兴起到 17 世纪的三十年战争（1618—1648 年）。在这一阶段，民族国家的观念与制度尚未形成。在当时的欧亚大陆，各个主要帝国是更具支配性的政治力量。在欧洲内部，帝国体系跟封建主义的观念和制度交织在一起。总之，那个时代的人们不会以今天的眼光来看待欧洲和世界的版图，国家主权需要得到尊重也不是那个时代的基本观念。到了 1648 年，旷日持久的三十年战争结束，欧洲诸强国在德意志西北部威斯特伐利亚地区签署了一系列条约，史称《威斯特伐利亚和约》。该条约规定了当时欧洲国家或主要封建领主之间的基本政治关系，特别是承认欧洲各国享有主权，从而在根本上重构了国际体系的游戏规则。

在前威斯特伐利亚体系时代，由于国家主权的观念与规则尚未形成，一个国家或统治者只要在武力上比别人强，就可以去征服并占领别国的土地与人口。比如，在中国的西北部边境，历史上的绝大部分时期都没有一条国际法意义上的国境线来规定哪里是中原王朝的地盘，哪里是北方游牧政权的地盘。当时，更没有这样的观念与规则：双方应该以这条国境线为界，彼此尊重对方的主权。尽管中国历史上曾经出现过少数在今天看来有现代“国际条约”性质的文件与议和事件，比如 1005 年宋辽之间的澶渊之盟和 1141 年宋金之间的绍兴和议等，但总的来说，当时既没有后来民族国家的观念，又无彼此尊重国家主权的规则。在这种国际体系之下，即便双方签署了和平协议，但由于没有深入人心的国家主权观念与规则，双方之

1　关于国际体系的阶段划分，学术界有不同观点，参见：刘德斌主编，《国际关系史》（第二版），高等教育出版社，2018。

间基本上仍然是战事不断的状态。

随着 1648 年《威斯特伐利亚和约》的签署，国际体系的演化步入了第二阶段，即威斯特伐利亚体系阶段。这意味着，基于现代主权国家观念的国际体系开始形成，欧洲国家之间互相尊重主权的做法逐渐成为共识。今天大家熟悉的民族国家观念与国家主权概念逐渐开始流行。[1] 但即便是在 1648 年《威斯特伐利亚和约》签署以后，欧洲国家之间仍然战事不断，其中较大规模的战争包括 19 世纪初的拿破仑战争、20 世纪上半叶的第一次世界大战和第二次世界大战等。

威斯特伐利亚体系的另一个问题是，它主要只是一个欧洲范围内的主权国家体系。由于地理大发现的带动，特别是由于后来工业革命的发生以及西方世界的兴起，欧洲主要的先发展国家开始在全球范围内开疆拓土，从事军事征服和开发海外殖民地。这意味着，在欧洲体系之外，当时尚不存在主权国家体系的观念与规则；否则，欧洲强国何以将其他落后国家与社会作为自己的殖民地呢？所以，欧洲这个建立在《威斯特伐利亚和约》基础上的主权国家体系，其实是充满悖论的。一方面，欧洲内部要彼此尊重国家主权；另一方面，到了欧洲体系之外，这些地方可能有的是部落社会，没有像样的国家建制，有的即便是传统帝国，但相比于欧洲国家，它们的实力非常薄弱，在这种情境下，欧洲强国热衷于在全球建立殖民体系。

而今天的国际体系，是“一战”和“二战”后在美国主导的国际组织框架下逐渐形塑的。这是第三阶段的国际体系。“一战”结

1　关于《威斯特伐利亚和约》及其对近现代国际体系的影响，参见：李明倩，《〈威斯特伐利亚和约〉与近代国际法》，商务印书馆，2018。

束后，美国总统伍德罗·威尔逊代表美国提出了一个以国际联盟为核心的国际体系新方案。但是，由于英法等国的反对，该提议最后无疾而终。巴黎和会之后，以《凡尔赛和约》为基础的凡尔赛体系，成为战后国际体系的主要规则。但这一国际体系是高度不稳定的，仅仅20年时间，欧洲又爆发了第二次世界大战。“二战”结束后，美国成了当时国际体系中无可争议的全球领导者，美国联合其他国家逐渐建立了一套包括联合国框架在内的新的国际体系与规则。

总体来说，美国主导的战后国际体系的基本特征包括：首先，用一套制度化的机制防止大规模战争的再次发生，包括尊重国家主权与领土完整、建立以联合国安全理事会为核心的磋商机制等。1945年至今，尽管国与国之间的冲突乃至战争时常出现，大规模的区域性或全球性的战争得以避免。其次，新的战后国际体系也提供了国际政治的新规则。在前威斯特伐利亚体系时代，或者至少到“一战”之前，一国通过武力优势征服别国甚至吞并别国的领土，乃是一种常见做法。但是，“二战”以后，这种做法已经完全失去了正当性，即再强大的国家都不能以军事征服方式占领和吞并一个弱小国家的部分或全部领土。即使强大如美国，即使美国曾经以军事征服方式占领德国、日本、伊拉克和阿富汗等国的领土，但美国并不会吞并这些国家的部分或全部领土。这就是战后国际体系对于国与国之间关系的根本性再造。再次，美国陆续牵头建立了以布雷顿森林体系为核心的国际货币体系、以关税及贸易总协定以及后来的世界贸易组织为主要平台的国际贸易体系等。事后来看，美国牵头采取的这些做法不仅大大降低了世界经济的交易成本，而且为新的更高级别的全球化奠定了基础。[1]

当然，战后国际体系的一个重要事实是美苏从“二战”盟友走向公开的对抗，欧洲与全球政治版图逐渐演化为以美国为首的北大西洋公约组织与以苏联为首的华沙条约组织之间的政治对抗，欧洲与世界政治版图根据美苏对抗的界限而划分为两大阵营。[2] 到了 20 世纪 80 年代末 90 年代初，随着东欧剧变和苏联解体，冷战秩序垮塌，后冷战时代就兴起了一个由唯一的超级大国美国主导的自由主义的全球秩序。[3] 从 20 世纪 90 年代初至今的 30 年，尽管美国的相对实力有所下降，但美国主导的后冷战时代自由主义全球秩序并没有发生根本性的改变。[4]

超越民族国家是否可能？

这里关于全球政治秩序的讨论是以民族国家为基础的。问题是，民族国家会是一个永恒的存在物吗？显然不是。上文早已论述，典型意义上的民族国家首先是在近现代欧洲出现的。从欧洲的历史经验来看，今日欧洲政治的早期起源可以追溯至罗马共和国和罗马帝国。在西罗马帝国终结之后，欧洲兴起了封建主义体制。今日意义上的民族国家，是在封建主义体制下不断博弈才演化出来

1 笔者对战后国际关系有自己的理解。关于战后国际关系历史与理论的分析，参见：盖尔·伦德斯塔德，《战后国际关系史》（第六版），张云雷译，中国人民大学出版社，2014。

2 约翰·刘易斯·加迪斯，《长和平：冷战史考察》，潘亚玲译，上海人民出版社，2011。

3 G. John Ikenberry, *Liberal Leviathan: The Origins, Crisis, and Transformation of the American World Order*, Princeton: Princeton University Press, 2011.

4 关于目前国际政治格局下国际关系的主要理论流派与研究议题，参见：詹姆斯·多尔蒂、小罗伯特·普法尔茨格拉夫，《争论中的国际关系理论》（第五版），阎学通、陈寒溪等译，世界知识出版社，2013。

的。如果我们以罗马帝国来看待今天的民族国家，那么民族国家很可能是一种倒退。因为罗马帝国是统一的，而欧洲民族国家依然是四分五裂的。欧盟有可能再造一个自由民主政体下的罗马帝国，只是其首都不再是罗马，而是布鲁塞尔。以这个角度来理解，如果欧盟能够良性运作下去，并不断提升内部的政治整合程度，那么欧盟就可能是 21 世纪或 22 世纪的新的罗马帝国，其最终目标就是重新实现欧洲一统。在罗马帝国时期，欧洲有所谓“罗马治下的和平”（Roman Peace，拉丁文是 Pax Romana）的说法。如果欧盟能够进行充分的政治整合，那么未来欧洲将迎来“布鲁塞尔治下的和平”。当然，今日欧盟内部的政治整合还面临许多挑战。但长期来说，欧盟作为一个超国家的政治体胜出的概率仍然很大。如果以这种视角来理解欧洲政治的演化，那么民族国家只占据了其中区区数百年时间。倘若这样理解，民族国家很可能只是欧洲政治演化史上的一个阶段性现象，而绝非永恒的存在物。

尽管今天我们打开世界地图，已经习惯于看到中国、美国、俄罗斯、英国、日本、印度、南非、尼日利亚、土耳其、埃及、巴西、智利、马来西亚、澳大利亚等许多国家，但如果我们再往前追溯 500 年或 800 年，就会发现，今天这些国家要么根本还不存在，要么完全是另一个模样。比如，500 年前，美国、巴西、南非、尼日利亚等国家根本不存在，中国、印度与俄罗斯则有着差异很大的疆域，当时的中国人、印度人和俄罗斯人对国家概念的理解也完全不同于今天。这意味着，不仅欧洲国家，而且世界版图上的其他民族国家，同样是最近数百年或数十年才逐渐形成的。如果再沿着时间的轨道向未来方向推移 200 到 300 年，今日由民族国家构成和支配的全球体系也完全有可能发生根本的重构。

对历史悠久的中国来说，今天意义上的民族国家也是一个新事物。中国在西周时期是分封制，上面是天子，下面是诸侯。到了春秋战国时期，诸侯国开始进一步崛起，周王室衰落，经过诸侯兼并，中国逐渐发展成了一个列国称雄的时代。而后，秦统一中国，在中国这块土地上建立了统一的君主制中央集权官僚制国家。这被福山视为世界上最早的韦伯式官僚制国家。尽管秦国祚短暂，但秦的基本制度和版图为后来的汉所继承，秦汉所开创的君主制中央集权官僚制国家的模式则一直延续到了晚清。鉴于中国的地理环境，中国在秦汉时期迎来政治大一统是可以想象的。在现代海洋交通出现之前，中国是一块疆域广大但相对封闭的领土。中国的东部和南部都是大海，西南是崇山峻岭，西部是西藏高原与喜马拉雅山脉，所以中国跟外部世界和其他主要文明的联系主要是通过西北和北部的游牧地区。中国西北和北部的草原面积辽阔，每年的日照和降水量有限，人口稀疏，适合游牧，而非农耕。秦汉之后，从匈奴到鲜卑，从蒙古到女真，这些游牧政权都曾影响到中原农耕地区与整个中国的政治演化。

中国政治的历史演化，主要表现出两个基本特征：一是统一与分裂的周期性交替，二是君主制王朝的治乱兴衰。在历史上的很长时间里，古代中国人对于中国以外的文明总体上知之甚少。对于离中国较近的印度、波斯，古代中国人还略有所知，对于更远的埃及、罗马所知甚少，至于后来代表欧洲近代文明核心的西班牙、英国、法国等，中国人在18世纪之前几乎一无所知。由于不了解何谓世界，古代中国长期都以为自己是世界的中心，并以天下体系的方式来看待中国与其周围政治体的关系。[1]

1　关于天下体系的研究，参见：赵汀阳，《天下体系：世界制度哲学导论》，中国人民大学出版社，2011。

在这样一个意义上，民族国家对中国来说是一个新事物。许多全球史学者把1500年视为近现代史的开端，但实际上，1500年前后的中国人绝不是以今日民族国家的思维来认知自我和周边其他政治体的。甚至到了17—18世纪，当时的中国人还很难理解中国是处在由众多民族国家构成的国际体系中的一个国家。一直到19世纪40年代中英战争之后，中国才逐渐意识到，中国不过是多国体系中的一员，中国作为一个民族国家的观念才逐渐开始成长。

所以，对整个世界来说，世界政治是一个由民族国家构成的国际体系的概念，主要是19世纪以来的事情。这个体系与这种观念出现的时间并不长。考虑到欧洲对其他大陆的殖民运动，一个完整意义上的由民族国家构成的国际体系概念的兴起还要晚近得多。当然，对欧洲来说，民族国家概念及其由民族国家构成国际体系的概念或许更早，比如可以将其追溯至1648年的《威斯特伐利亚和约》。即便如此，这一体系形成至今，也不到400年时间。作为参照，中国在那个时期还不知道世界为何物，还沉浸在对天朝大国的自我想象中。

历史地看，民族国家并不是人类有史以来普遍的和永久的政治存在物。那么，未来呢？民族国家或今天的国家形态会一直延续下去并成为永久的政治存在物，还是民族国家既是历史演化的产物，又将随着历史继续演化而消亡？比如，假如我们可以穿越到公元前500年左右，那么，在中国这片土地上，列国竞争体系当时已经存在了几百年，而且这个体系还会存在200年以上。因此，凡是活在公元前500年的人，是不会看到这种列国竞争体系的终结的。换言之，对公元前500年的中国人来说，列国竞争体系已经存在了几个世纪，而且还将存在两个世纪以上。但到了公元前221年，秦统一了中国，君主制中央集权官僚制国家开始兴起，原先的列国竞争体系终结了。就当时的历史来看，大一统的君主制中央集权官僚制国家成了一个全新的政治创造物，或者成了一项新的政治发明。

所以，对未来的人类政治来说，民族国家最终可能会消逝——即便还很难做出准确的预见——至少是可以想象的。实际上，民族国家既是今日国际体系的基本政治单位，又是许多国际纷争和冲突的主要来源。无论是第一次世界大战还是第二次世界大战，都是民族国家与民族国家之间的战争。一个国家无论是主动挑起跟别人的纷争，还是出动军队征服别国的领土，都是以捍卫民族国家利益的名义进行的。如今这个世界上最主要的“我者”与“他者”也是沿着民族国家的界限来划分的。固然，对于国内民众来说，民族国家常常扮演着提供安全、法律与秩序的角色，以及扮演着提供集体认同与公共福利的角色，但是，对国际政治来说，民族国家常常又是互相冲突的源头和彼此作战的基本单位。从经验来看，政治家们又常常将民族国家作为进行政治操纵的平台，鼓励民众热爱本国的同时敌视外国。所以，如果把民族国家视为今天全球政治中纷争、冲突乃至战争的主要源头，并不为过。

根据霍布斯的逻辑，如果没有国家或利维坦，一个社会就容易处在“人与人的战争状态”；如果没有统一的全球政府，人类世界就一直处在“国与国的战争状态”。而只要没有世界政府，和平就有可能只是一种国与国之间的策略性均衡。但这种策略性均衡是随时容易被打破的。正如美国国际政治学者汉斯·摩根索所说：“没有一个与政治世界的范围相对应的国家，就不会有永久的国际和平。”摩根索将其称为“世界国家”（the world state）。[1] 在20世

1　汉斯·摩根索，《国家间政治：权力斗争与和平》（第七版），肯尼思·汤普森、戴维·克林顿修订，徐昕等译，北京大学出版社，2006，第535页。

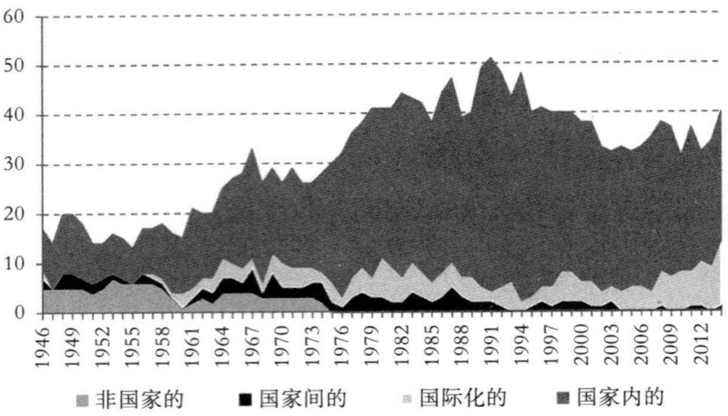

图 15.2 全球不同类型的武装冲突的数量：1946—2014

[资料来源：Therése Pettersson and Peter Wallensteen, "Armed Conflicts, 1946–2014," *Journal of Peace Research*, Vol. 52, No. 4 (2015), pp. 536–550, figure 1.]

纪 10 年代早期的欧洲，不少思想家与政治家认为，主要大国之间应该保持克制与理性，避免彼此之间的战争，但事实却是，第一次世界大战还是爆发了。[1]“一战”结束以后，政治家们本希望借助《凡尔赛和约》来实现欧洲和世界的和平与稳定。但这种“不稳定的和平”仅仅维系了 20 年。“二战”结束以后，冷战体系一直延续到 20 世纪 90 年代初。尽管美苏之间没有发生战争，但美苏之间的政治与军事紧张关系一直存在。20 世纪 60 年代的古巴导弹危机更是一触即发，政治家的克制、隐忍和妥协在解决这场危机中扮演了重要角色。但和平解决并不是古巴导弹危机的唯一可能结果。进一步说，即便 1945 年以后，人类不再遭遇像“一战”和“二战”这样的全球性大规模战争，但国与国之间的战争并没有消

1 詹姆斯 · 乔尔、戈登 · 马特尔，《第一次世界大战的起源》（第三版），薛洲堂译，商务印书馆，2020。

失，而且战争频率并不低，参见图 15.2。[1]

那么，如何超越“国与国的战争状态”？长期来说，人类还是需要超越今日的民族国家体系，创造一种新的全球性的统治框架与政治秩序。这才能为全球性的安全、法律与秩序提供长期解决方案。

其实，古代中国就有对人类政治的长期思考。《礼记》中的这篇文字常被广为引用：

> 大道之行也，天下为公。选贤与能，讲信修睦。故人不独亲其亲，不独子其子，使老有所终，壮有所用，幼有所长，鳏寡孤独废疾者皆有所养。男有分，女有归。货恶其弃于地也，不必藏于己；力恶其不出于身也，不必为己。是故谋闭而不兴，盗窃乱贼而不作，故外户而不闭，是谓大同。今大道既隐，天下为家，各亲其亲，各子其子，货力为己，大人世及以为礼。城郭沟池以为固，礼义以为纪；以正君臣，以笃父子，以睦兄弟，以和夫妇，以设制度，以立田里，以贤勇知，以功为己。故谋用是作，而兵由此起。禹、汤、文、武、成王、周公，由此其选也。此六君子者，未有不谨于礼者也。以著其义，以考其信，著有过，刑仁讲让，示民有常。如有不由此者，在势者去，众以为殃，是谓小康。[2]

在这段儒家经典论述中，民族国家大体上接近“城郭沟池以为固”，是“天下为家，各亲其亲，各子其子”，只是“小康”。而人

1 Therése Pettersson and Peter Wallensteen, “Armed Conflicts, 1946–2014,” *Journal of Peace Research,* Vol. 52, No. 4 (2015), pp. 536–550.

2 王文锦译解，《礼记译解》，中华书局，2016，“礼运第九”，第 258 页。

类社会的长期理想，应该是“大道之行”“天下为公”与“大同”，用今天的情境来理解，应该是要实现“去民族国家化”。当然，儒家这篇文字讨论的不只是“家”与“天下”的关系，还阐述了一套关于理想社会的理论。

在欧洲，生活在中世纪晚期的文学家与思想家但丁就设想了“世界帝国”的可能性。在1312—1313年撰写的《论世界帝国》一书中，但丁这样写道：

> 首先，我们必须弄清一统天下的尘世政体的含义，它的性质和目的。我们所谓的一统天下的尘世政体或囊括四海的帝国，指的是一个一统的政体。这个政体统治着生存在有恒之中的一切人，亦即统治着或寓形于一切可用时间加以衡量的事物中。关于这个论题，有三个主要疑义需要加以考察：首先，我们必须探讨，为了给尘世带来幸福，是否有必要建立这样一个政体；其次罗马人是否有权执掌这一政务；再次，这个政体的权威是直接来自上帝，还是有赖于上帝的某一仆人或代理人？[1]

但丁对前两个问题都给出了肯定的回答，即不仅有必要建立一个世界帝国，而且罗马人应该执掌这一帝国的政务。至于第三个问题，但丁的回答是，这个世界帝国的权威应该“直接来自上帝”。当然，对于但丁的观点，只有将其放在中世纪基督教世界的背景下才能充分理解。用一句话概括，但丁认为，有必要建立一个权威来自上帝并由罗马人执掌政务的世界帝国。无论但丁论述这一问题的

1 但丁，《论世界帝国》，朱虹译，商务印书馆，1985，第2页。

宗教色彩多么强烈，无论是否赞同但丁关于世界帝国的具体观点，但他早在 14 世纪初——亦即 700 年前——就提出了对于世界统一政治体的思考。

20 世纪 90 年代以来，随着冷战体系的终结和全球化的加速，随着欧盟的扩张及其遇到的挑战，关于超越民族国家（beyond nation-state）的某种全球统治秩序或世界政府（world government）的设想与理论，开始吸引学术界的更多注意力。[1]作为民族国家的替代性政治解决方案，超越民族国家的全球统治秩序或世界政府的吸引力是显而易见的。这大体上有三个主要的理由：一是目前民族国家与民族国家之间的冲突和战争仍然是人类政治面临的重要挑战，而其制度根源乃是在民族国家之上的全球无政府状态——比如，美国国际关系学家约翰·米尔斯海默甚至认为，在这种结构下，大国之间的冲突是无可避免的；[2]二是人类如今面临着越来越多的全球性共同问题，特别是生态环境、恐怖主义、核扩散、全球制度与公共产品供给不足等；三是 20 世纪七八十年代以来持续至今、不断深入的全球化，加上人类过去数十年在交通、通信、计算机、互联网、金融等诸多领域的重大技术进步，使得全球越来越成为一个整体，成为一个名副其实的地球村。所有这些都使得某种超越民族国家的全球统治秩序或世界政府的兴起越来越有可能。[3]

然而，现实是，目前仍然是一个民族国家构成的世界，超越民

1 有学者在 20 多年前就认为应该超越民族国家的理论研究范式，参见：William I. Robinson, "Beyond Nation-State Paradigms: Globalization, Sociology, and the Challenge of Transnational Studies," *Sociological Forum*, Vol.13, No. 4 (1998), pp. 561-594.

2 John J. Mearsheimer, *The Tragedy of Great Power Politics*, New York: W. W. Norton & Company, 2014.

3 关于世界政府的观念史，参见：James A. Yunker, *The Idea of World Government: From Ancient Times to the Twenty-first Century*, London: Routledge, 2011.

族国家的世界政府还是一个遥远的政治想象。首要的挑战在于，正如上一节分析的，今日世界还是一个全球分裂的结构。不同政治体在国家维度、政体维度和文明维度上的差异仍然很大。这种差异越大，全球整合的难度就越大。[1]

其次的困难在于政治认同。世界政府所对应的乃是一种世界公民（world citizen）的观念与认同，但今日世界占据主流地位的还是民族国家的政治认同。由于历史或现实的原因，不少国家还非常盛行民族主义，时时区分“我者”与“他者”，甚至还存在国与国之间的怨恨和仇恨。民族国家观念与民族主义意识形态恰恰是世界政府观念与世界公民观念的对手。[2]

再次的阻力在于现存的民族国家及其相关制度。世界政府倘若要成为现实，必然意味着民族国家相关政治权力的弱化。这种弱化不仅是抽象意义上的，而且意味着民族国家现有政治机构及其政治阶层的权力向更高一级全球政府的转移。但一般来说，没有哪个政治阶层会主动选择放弃政治权力。这就存在一个悖论，即世界政府的形成，若非一个强权通过军事征服方式来完成，便是由现有的民族国家通过谈判与合作方式来实现——恰如欧盟模式，而这种民族国家之间的谈判与合作最终却是要超越乃至消灭民族国家本身。所以，其中的阻力是可想而知的。

最后的一个主要难题在于超越民族国家的世界政府必然需要新的制度供给与制度创新。从经验来看，历史往往是在试错中前进的。比如，“一战”之后，美国倡导的国际联盟失败了，但“二战”

1　Alan Freeman and Boris Kagarlitsky, eds., *The Politics of Empire: Globalisation in Crisis*, London: Pluto Press, 2004.

2　Pablo De Greiff and Ciaran Cronin, eds., *Global Justice and Transnational Politics: Essays on the Moral and Political Challenges of Globalization*, Cambridge, MA: The MIT Press, 2002.

之后，联合国却取得了相当的成功。如果未来某一天，超越民族国家的世界政府能够成为现实，它在创设和运转过程中一定有赖于今天还难以想象的一系列制度创新。到了那一天，人类政治演化的历史将会获得新生。

永久和平的可能性

人类关于永久和平可能性的思考，由来已久。早在1648年签署的《威斯特伐利亚和约》就声称，其旨在确立一种永久和谐与和平的秩序。对这一问题较为系统的理论思考则来自德国哲学家伊曼努尔·康德。中文版《历史理性批判文集》收录了康德两篇与之有关的著名论文，一篇是他写于1784年的《世界公民观点之下的普遍历史观念》，另一篇是他写于1795年的《永久和平论》。如果说前者更多阐述的是康德关于未来世界秩序的基本理念，那么后者更多讨论的则是康德关于未来世界秩序的具体设想与方案。康德认为，和平状态并不是自然的，相反，它是被建立起来的。要想建立和平状态或永久和平状态，主要有赖于三项条款：

> 永久和平第一项正式条款：每个国家的公民体制都应该是共和制。……
>
> 永久和平第二项正式条款：国际权利应该以自由国家的联盟制度为基础。……
>
> 永久和平第三项正式条款：世界公民权利将限于以普遍的友好为其条件。[1]

1　伊曼努尔·康德，《历史理性批判文集》，1996，第105—118页。

在康德看来，如果人类社会符合这三个条件，即每个国家都是共和国、世界成为自由国家（共和国）的联盟、普遍的世界公民观念，那么人类社会将会走向永久和平。在康德的逻辑推演中，当这三个条件得以兑现后，人类不同群体之间的战争，既无必要，又无可能。因此，永久和平就会成为人类社会的长期均衡状态。[1]

当然，对一个1795年生活在东普鲁士的哲学家来说，要论述永久和平问题是非常需要想象力的。在短期内，对康德和普鲁士人来说，哪里有什么永久和平？在《永久和平论》出版十多年后，拿破仑的军队就打到了东普鲁士。此后一二百年间，欧洲还经历了数不清的战争。但是，这并不妨碍康德的理论洞察力与预见力。康德永久和平理论的魅力，恰恰在于，摆脱对眼前短暂利益和复杂局势的考量，摆脱短期时间与空间条件的束缚，超越时空来对人类面临的一项根本问题——战争或永久和平的问题——提出独特的系统思考和解决方案。尽管《永久和平论》发表在200多年前，但在今天依然是一篇历久弥新、极具思想穿透力的重要文献。

到了20世纪，政治学家们将康德的思想发展成了一项国际关系理论，即民主和平论（theory of democratic peace）。这一理论的要义是，民主国家与民主国家之间更不容易发生战争。因此，随着民主国家数量和比例的增加，战争的可能性就会下降，人类就更有可能通向永久和平。在最近30年中，民主和平论在逻辑与经验两方面都得到了较为充分的论证。一项代表性研究强调从民主到和平的制度解释，即民主领导人更不愿意发动战争，是因为不仅在民主政体下动员额外资源的成本更高、难度更大，而且一旦战败，政

1 伊曼努尔·康德，《历史理性批判文集》，1996，第97—144页。

治家们就更容易下台。[1]另一项较具代表性的研究发现，基于对1946—1986年的战争数据，民主国家可能跟非民主国家发生冲突或战争，但确实极少跟其他民主国家发生武力冲突。原因在于，从规范层面来理解，民主国家跟民主国家更不倾向于战争，而更乐于妥协与合作；从结构层面来解释，民主国家为战争进行主动动员更不容易。[2]

尽管如此，民主和平论亦不乏理论上的反对者。有研究认为，民主和平论的逻辑存在显著的瑕疵。即便是民主国家之间更少发生战争，也未必就是民主的原因导致的。[3]还有研究认为，民主政体并非天然地更爱好和平，甚至跟其他政体一样好战。这些学者甚至将他们的研究作品命名为"民主战争论"（democratic wars）。[4]

然而，综合比较这些不同的理论与经验研究，民主和平论仍具有更强的说服力。[5]除此之外，由于民主在国内鼓励自治和以和平方式解决政治争端，领导人实行民主选举和定期更替制度，所以，没有哪个民主领导人和哪个民主政府能够通过对其他民主国家发动战争、进行征服而获得额外收益。跟其他先行理论相比，这一民主政治机制导致和平的逻辑可能同样重要。

实际上，自20世纪下半叶以来，欧洲内部的政治整合走的就是康德于1795年已经指出的永久和平道路。在欧共体或欧盟出现

1　Bruce Bueno de Mesquita, James D. Morrow, Randolph M. Siverson, and Alastair Smith, "An Institutional Explanation of the Democratic Peace," *American Political Science Review*, Vol. 93, No. 4 (Dec., 1999), pp. 791-807.

2　Zeev Maoz and Bruce Russett, "Normative and Structural Causes of Democratic Peace, 1946-1986," *American Political Science Review*,Vol. 87, No. 3 (Sept., 1993), pp. 624-638.

3　Sebastian Rosato, "The Flawed Logic of Democratic Peace Theory," *American Political Science Review*,Vol.97, No.4 (Nov., 2003), pp.585-602.

4　Anna Geis, Lothar Brock, and Harald Müller, *Democratic Wars: Looking at the Dark Side of Democratic Peace*, New York: Palgrave MacMillan, 2006.

5　Bruce Russett, *Grasping the Democratic Peace: Principles for a Post-Cold War World*, 1993.

之前，欧洲经历了从前威斯特伐利亚体系到威斯特伐利亚体系的转换，然后又经历了主权国家之间的许多战争。特别是，20 世纪上半叶，欧洲还成了两次世界大战的主要发源地。“二战”之后，欧洲人幡然悔悟，彻底觉醒，再加上德国与意大利等国完成了民主再造，广义上的西欧已经普遍地建立起了民主共和政体。从 20 世纪 50 年代的欧洲煤钢共同体，到多国参与的欧洲经济共同体，再到后来的欧洲联盟，欧洲终于走出了一条超越民族国家体系并有望实现永久和平的政治新路。当然，今天欧盟还面临着许多严峻的挑战，既有来自内部的经济融合、政治整合、文化宗教问题上的挑战，又有来自外部的地缘政治——主要是欧亚大陆、中东及北非的复杂政治情境——的挑战。2020 年，欧洲主要国家英国完成脱欧更是给欧盟的前景增加了不确定性。但任何新生事物总会遭遇许多挑战，甚至是挫败。作为人类历史上第一个超国家的政治体，欧盟提供的是一种全新的政治解决方案。如果欧盟的政治实验能够获得初步的成功，那就恰恰证明了康德永久和平理论的远见与政治构想的可行。欧盟的实践，也为人类最终解决永久和平问题开创了一个可能的先例。

从康德的理论和欧盟的实践来看，这是一条所有民族国家先完成向立宪政体和民主政体的转型，然后在此基础上进行政治联合的道路。笔者把康德的解决方案总结为“内有自由、外有和平”八个字。“内有自由”，指的是每个国家都成为自由民主的共和国；“外有和平”，指的是自由民主的共和国可以在此基础上建立国家间的政治联盟，进而实现永久和平。最终来说，这一自由国家的联盟，是对现有民族国家模式的超越，是超越民族国家之上的世界政府——无论是类似于今天的联邦，还是更为松散的邦联。

这一永久和平方案的前提是，所有民族国家都要变成同质化的民主共和国。但问题是，如今的世界仍然是一个由高度异质化的国家构成的世界。正如上文讨论的，这些国家在国家维度、政体维度以及宗教、族群、文明维度上存在着显著的差异。如今的世界，依然不改全球分裂的格局。那么，基于这一前提条件，人类还能实现永久和平吗？

有人强调，无论人类社会如何演化，世界不同地区的人们与政治体总存在着显著的差异——就像今天一国之内各个地方的人们也不可能完全一样，而人类又总面临着许多共同的挑战，这就需要他们之间达成最低限度的合作。再加上武器能量等级的提升，地球已经无力承受主要大国之间的大规模战争。这样一来，"和则两利，斗则俱伤"。因此，作为具有充分理性的人类，寻求在异质性国家基础上的永久和平方案，似乎成了一种更具可能性的选择。

但问题是，这种永久和平方案是否可能？这首先是一个逻辑问题，其次是一个实践问题。在逻辑上，这一方案同样需要回答为什么异质性国家之间的战争既无必要亦无可能的问题。在实践上，这一方案还需要回答究竟需要何种制度设计来支撑这种永久和平。总之，这一永久和平方案既需要回答逻辑上是否可信的问题，又需要回答实践上是否可行的问题。

对于第一种可能的永久和平方案，欧盟既是一个理论上的样板，又是一个实践上的案例。即便欧盟还面临许多困难，但欧盟这一模式本身已然为人类和平的未来指出了一条可能的新路。对于第二种可能的永久和平方案，目前尚无可信的逻辑和证据来支撑。在目前全球分裂局面与人类企盼的永久和平之间能否找到一条兼容的道路，这对今日与未来的人类政治来说，都是一个严峻的挑战。至于人类是否能走出这样一条道路，这个问题恐怕还需要更多时间才能回答。历史并没有终结，人类政治的演化也不会终结。

参考文献

中文部分

A. A. 瓦西列夫 . 拜占庭帝国史：324—1453［M］. 徐家玲，译 . 北京：商务印书馆，2019.
A. T. 奥姆斯特德 . 波斯帝国史［M］. 李铁匠，顾国梅，译 . 上海：上海三联书店，2010.
阿诺德 · 汤因比 . 历史研究［M］. 上中下 . 曹未风，等，译 . 上海：上海人民出版社，1997.
阿瑟 · 刘易斯 . 经济增长理论［M］. 周师铭，等，译 . 北京：商务印书馆，1999.
阿图尔 · 科利 . 国家引导的发展：全球边缘地区的政治权力与工业化［M］. 朱天飚，等，译 . 长春：吉林出版集团，2007.
埃尔曼 · 塞维斯 . 国家与文明的起源：文化演进的过程［M］. 龚辛，等，译 . 上海：上海古籍出版社，2019.
艾伯特 · O. 赫希曼 . 退出、呼吁与忠诚：对企业、组织和国家衰退的回应［M］. 卢昌崇，译 . 上海：格致出版社，2015.
爱德华 · 吉本 . 全译罗马帝国衰亡史［M］. 全 12 册 . 席代岳，译 . 杭州：浙江大学出版社，2018.
爱德华 · O. 威尔逊 . 社会生物学：个体、群体和社会的行为原理与联系［M］. 毛盛贤，等，译 . 北京：北京联合出版公司，2021.
安德鲁 · 林托特 . 罗马共和国政制［M］. 晏绍祥，译 . 北京：商务印书馆，2014.
安东尼 · 阿巴拉斯特 . 西方自由主义的兴衰［M］. 曹海军，等，译 . 长春：吉林人民出版社，2004.
安东尼 · 唐斯 . 民主的经济理论［M］. 姚洋，等，译 . 上海：上海人民出版社，2005.
安格斯 · 麦迪森 . 世界经济千年史［M］. 伍晓鹰，等，译 . 北京：北京大学出版社，2003.
安吉洛 · M. 科迪维拉 . 国家的性格：政治怎样制造和破坏繁荣、家庭和文明礼貌［M］. 张智仁，译 . 上海：上海人民出版社，2001.

巴林顿·摩尔．专制与民主的社会起源：现代世界形成过程中的地主和农民［M］．王茁，顾洁，译．上海：上海译文出版社，2012.
班固．汉书［M］．全四册．中华国学文库．北京：中华书局，2012.
包刚升．第三波民主化国家的政体转型与治理绩效（1974—2013）［J］．开放时代，2017（1）：76-95.
包刚升．民主崩溃的政治学［M］．北京：商务印书馆，2014.
包刚升．民主的逻辑［M］．北京：社会科学文献出版社，2018.
包刚升．民主转型的周期性：从启动、崩溃到巩固［J］．二十一世纪，2012（4 月）：17-27.
包刚升．驯服统治者:《大宪章》的政治遗产［N］．东方早报·上海书评，2015-06-14.
包刚升．在政治现实与理论构建之间：21 世纪以来的比较政治学［J］// 北大政治学评论．第 10 辑．北京：商务印书馆，2021：100-141.
包刚升．政治学通识［M］．北京：北京大学出版社，2015.
包刚升，王志鹏．全球领导者的三要素：从历史看未来［J］// 复旦国际关系评论．第 27 辑．上海：上海人民出版社，2020：78-98.
保罗·肯尼迪．大国的兴衰：1500—2000 年的经济变革与军事冲突［M］．王保存，等，译．北京：中信出版社，2013.
贝弗里奇．贝弗里奇报告［M］．社会保障研究所，译．北京：中国劳动社会保障出版社，2008.
毕沅．续资治通鉴［M］．卷一．北京：中华书局，2021.
边沁．道德与立法原理导论［M］．时殷弘，译．北京：商务印书馆，2005.
本尼迪克特·安德森．想象的共同体：民族主义的起源与散布［M］．吴叡人，译．上海：上海人民出版社，2005.
柏拉图．理想国［M］．郭斌和，张竹明，译．北京：商务印书馆，1986.
波里比阿．罗马帝国的崛起［M］．翁嘉声，译．北京：社会科学文献出版社，2013.
伯特兰·罗素．罗素文集（第 5 卷）：权力论 权威与个人［M］．吴友三，储致用，译．北京：商务印书馆，2012.
布莱恩·唐宁．军事革命与政治变革：近代早期欧洲的民主与专制之起源［M］．赵信敏，译．上海：复旦大学出版社，2015.
曹雪芹，高鹗．红楼梦［M］．上．北京：人民文学出版社，2008.
查尔斯·达尔文．物种起源［M］．周建人，叶笃庄，方宗熙，译．北京：商务印书馆，1995.
查尔斯·蒂利．民主［M］．魏洪钟，译．上海：上海人民出版社，2009.
查尔斯·蒂利．欧洲的抗争与民主（1650—2000）［M］．陈周旺，等，译．上海：格致出版社，2008.
陈寅恪．隋唐制度渊源略论稿 隋唐政治史述论稿［M］．北京：生活·读书·新知三联书店，2015.
陈振．宋史［M］．上海：上海人民出版社，2003.
陈志武，林展．真命天子易丧命？中国历代皇帝非正常死亡的量化分析与东西方比较［D］．耶鲁大学工作论文，2016.
崔瑞德，鲁惟一．剑桥中国秦汉史：公元前 221 年至公元 220 年［M］．杨品泉，等，

译 . 北京：中国社会科学出版社，1992.
D. M. 刘易斯，等 . 剑桥古代史（第六卷）：公元前 4 世纪［M］. 晏绍祥，等，译 . 北京：中国社会科学出版社，2020.
大卫 · 赖克 . 人类起源的故事：我们是谁，我们从哪里来［M］. 叶凯雄，胡正飞，译 . 杭州：浙江人民出版社，2019.
戴维 · 布鲁克斯 . 社会动物：爱、性格和成就的潜在根源［M］. 佘引，严冬冬，译 . 北京：中信出版社，2012.
戴维 · 赫尔德 . 民主的模式［M］. 燕继荣，等，译 . 北京：中央编译出版社，2004.
戴维 · S. 兰德斯 . 国富国穷［M］. 门洪华，译 . 北京：新华出版社，2010.
但丁 . 论世界帝国［M］. 朱虹，译 . 北京：商务印书馆，1985.
丹尼尔 · 耶金 . 制高点：重建现代世界的政府与市场之争［M］. 段宏，等，译 . 北京：外文出版社，2000.
丹尼斯 · 朗 . 权力论［M］. 陆震纶，郑明哲，译 . 北京：中国社会科学出版社，2001.
丹尼斯 · 缪勒 . 公共选择理论［M］. 第二版 . 韩旭，杨春学，等，译 . 北京：中国社会科学出版社，2002.
道格拉斯 · C. 诺思，等 . 暴力与社会秩序：诠释有文字记载的人类历史的一个概念性框架［M］. 杭行，等，译 . 上海：格致出版社，2013.
道格拉斯 · C. 诺思 . 经济史上的结构和变革［M］. 厉以平，译 . 北京：商务印书馆，1992.
德隆 · 阿西莫格鲁，詹姆斯 · A. 罗宾逊 . 国家为什么会失败［M］. 李增刚，译 . 长沙：湖南科学技术出版社，2015.
德斯蒙德 · 莫利斯 . 裸猿［M］. 何道宽，译 . 上海：复旦大学出版社，2010.
蒂莫西 · 斯奈德 . 民族的重建：波兰、乌克兰、立陶宛、白俄罗斯，1569—1999［M］. 潘梦琦，译 . 南京：南京大学出版社，2020.
多桑 . 多桑蒙古史［M］. 上下册 . 冯承钧，译 . 北京：商务印书馆，2015.
恩斯特 · 康托洛维茨 . 国王的两个身体：中世纪政治神学研究［M］. 徐震宇，译 . 上海：华东师范大学出版社，2018.
F. A. 哈耶克 . 致命的自负［M］. 冯克利，胡晋华，译 . 北京：中国社会科学出版社，2000.
F. A. 哈耶克 . 自由宪章［M］. 杨玉生，等，译 . 北京：中国社会科学出版社，2012.
F. W. 沃尔班克，A. E. 阿斯廷，等 . 剑桥古代史（第七卷第二分册）：罗马的兴起至公元前 220 年［M］. 胡玉娟，王大庆，等，译 . 北京：中国社会科学出版社，2020.
费尔南 · 布罗代尔 . 资本主义的动力［M］. 杨起，译 . 北京：生活 · 读书 · 新知三联书店，1997.
费孝通 . 乡土中国 生育制度 乡土重建［M］. 北京：商务印书馆，2011.
冯天瑜 . "封建"概念辨析［J］. 社会科学战线，2006（5）：251-255.
弗朗斯 · 德瓦尔 . 黑猩猩的政治：猿类社会中的权力与性［M］. 赵芊里，译 . 上海：上海译文出版社，2014.
弗朗索瓦 · 冈绍夫 . 何为封建主义［M］. 张绪山，卢兆瑜，译 . 北京：商务印书馆，2016.
弗朗西斯 · 福山 . 国家构建：21 世纪的国家治理与世界秩序［M］. 郭华，译 . 上海：上海三联书店，2020.
弗朗西斯·福山．历史的终结与最后的人［M］．陈高华，译．桂林：广西师范大学出版社，2014.
弗朗西斯·福山．落后之源：诠释拉美和美国的发展鸿沟［M］．刘伟，译．北京：中信出版社，2014.
弗朗西斯·福山．政治秩序的起源：从前人类时代到法国大革命［M］．毛俊杰，译．桂林：广西师范大学出版社，2014.
弗朗西斯·福山．政治秩序与政治衰败：从工业革命到民主全球化［M］．毛俊杰，译．桂林：广西师范大学出版社，2015.
弗里德里希·恩格斯．家庭、私有制和国家的起源［M］．中共中央马克思恩格斯列宁斯大林著作编译局，译．北京：人民出版社，2018.
弗里德里希·席勒．三十年战争史［M］．沈国琴，丁建弘，译．北京：商务印书馆，2009.
弗洛伊德．释梦［M］．孙名之，译．北京：商务印书馆，1996.
盖尔·伦德斯塔德．战后国际关系史［M］．第六版．张云雷，译．北京：中国人民大学出版社，2014.
冈纳·缪尔达尔．亚洲的戏剧：南亚国家贫困问题研究［M］．塞思·金，缩写．方福前，译．北京：商务印书馆，2015.
葛剑雄．我们的国家：疆域与人口［M］．上海：复旦大学出版社，2010.
葛剑雄．中国人口发展史［M］．成都：四川人民出版社，2020.
贡德·弗兰克．白银资本：重视经济全球化中的东方［M］．刘北成，译．北京：中央编译出版社，2008.
顾德融，朱顺龙．春秋史［M］．上海：上海人民出版社，2019.
顾颉刚．古史辨［M］．第二册上编．上海：上海古籍出版社，1982.
管仲．管子［M］．中华经典名著全本全注全译丛书．李山，轩新丽，译注．北京：中华书局，2019.
郭华榕．君主权力的继承与获取——欧洲政治历史的一种要害［J］．云南民族大学学报（哲学社会科学版），2016（2）：110-121.
韩非．韩非子［M］．高华平，等，译注．北京：中华书局，2010.
汉密尔顿，杰伊，麦迪逊．联邦党人文集［M］．程逢如，等，译．北京：商务印书馆，1995.
汉娜·阿伦特．极权主义的起源［M］．林骧华，译．北京：生活·读书·新知三联书店，2008.
汉斯·摩根索．国家间政治：权力斗争与和平［M］．第七版．徐昕，等，译．北京：北京大学出版社，2006.
何帆．大法官说了算：美国司法观察笔记［M］．北京：法律出版社，2010.
何怀宏．西方公民不服从的传统［M］．长春：吉林人民出版社，2003.
赫尔弗里德·明克勒．帝国统治世界的逻辑：从古罗马到美国［M］．程卫平，译．北京：社会科学文献出版社，2021.
侯家驹．中国经济史［M］．上下卷．北京：新星出版社，2008.
侯建新．“封建主义”概念辨析［J］．中国社会科学，2005（6）：173-188.

侯旭东．中国古代专制说的知识考古［J］．近代史研究，2008（4）：4-28.
黄楼．神策军与中晚唐宦官政治［M］．北京：中华书局，2019.
黄敏兰．质疑“中国古代专制说”依据何在——与侯旭东先生商榷［J］．近代史研究，2009（6）：79-107.
黄仁宇．万历十五年［M］．北京：生活·读书·新知三联书店，1997.
黄宗羲．黄宗羲全集［M］．第一册．杭州：浙江古籍出版社，1985.
霍尔巴赫．自然政治论［M］．陈太先，眭茂，译．北京：商务印书馆，2009.
I. E. S. 爱德华兹，C. J. 嘉德，N. G. L. 哈蒙德．剑桥古代史（第一卷第一分册）：导论与史前史［M］．汪连兴，等，译．北京：中国社会科学出版社，2020.
I. E. S. 爱德华兹，等．剑桥古代史（第一卷第二分册）：中东地区早期历史［M］．刘健，译．北京：中国社会科学出版社，2020.
J. S. 密尔．代议制政府［M］．汪瑄，译．北京：商务印书馆，2009.
贾雷德·戴蒙德．枪炮、病菌与钢铁：人类社会的命运［M］．谢延光，译．上海：上海译文出版社，2006.
憍底利耶．利论［M］．朱成明，译注．北京：商务印书馆，2020.
杰弗里·帕克，等．剑桥插图战争史［M］．傅景川，等，译．济南：山东画报出版社，2004.
卡尔·A. 魏特夫．东方专制主义：对于极权力量的比较研究［M］．徐式谷，等，译．北京：中国社会科学出版社，1989.
卡尔·波普尔．猜想与反驳：科学知识的增长［M］．傅季重，等，译．上海：上海译文出版社，1986.
卡尔·波普尔．开放社会及其敌人［M］．全二卷．陆衡，等，译．北京：中国社会科学出版社，1999.
卡尔·马克思，弗里德里希·恩格斯．马克思恩格斯选集［M］．全四卷．中共中央马克思恩格斯列宁斯大林著作编译局，编译．北京：人民出版社，1976.
卡尔·雅斯贝尔斯．论历史的起源与目标［M］．李雪涛，译．上海：华东师范大学出版社，2018.
卡罗琳·芬克尔．奥斯曼帝国：1299—1923［M］．邓伯宸，等，译．北京：民主与建设出版社，2019.
卡洛·M. 奇波拉．欧洲经济史（第三卷）：工业革命［M］．吴良健，等，译．北京：商务印书馆，1989.
卡洛·M. 奇波拉．欧洲经济史（第四卷上册）：工业社会的兴起［M］．王铁生，等，译．北京：商务印书馆，1989.
考斯塔·艾斯平-安德森．福利资本主义的三个世界［M］．郑秉文，译．北京：法律出版社，2003.
克莱顿·罗伯茨，戴维·罗伯茨，道格拉斯·R. 比松．英国史［M］．上下册．潘兴明，等，译．北京：商务印书馆，2013.
克劳斯·布林格曼．罗马共和国史［M］．刘智，译．上海：华东师范大学出版社，2014.
克里尚·库马尔．千年帝国史［M］．石炜，译．北京：中信出版集团，2019.
科林·麦克伊韦迪，理查德·琼斯．世界人口历史图集［M］．陈海宏，刘文涛，译．北京：东方出版社，1992.

拉铁摩尔．中国的亚洲内陆边疆［M］．唐晓峰，译．南京：江苏人民出版社，2010.
勒内·格鲁塞．草原帝国［M］．蓝琪，译．北京：商务印书馆，1998.
雷纳·格鲁塞．蒙古帝国史［M］．龚钺，译．北京：商务印书馆，1996.
李峰．西周的灭亡：中国早期国家的地理和政治危机［M］．徐峰，译．上海：上海古籍出版社，2007.
李明倩．《威斯特伐利亚和约》与近代国际法［M］．北京：商务印书馆，2018.
李约瑟．中国科学技术史［M］．李约瑟《中国科学技术史》翻译出版委员会，译．北京：科学出版社，2006.
梁启超．饮冰室合集［M］．专集·第二册．北京：中华书局，2015.
林达．总统是靠不住的［M］．北京：生活·读书·新知三联书店，2004.
林剑鸣．秦汉史［M］．上海：上海人民出版社，2019.
林肯．林肯选集［M］．朱曾汶，译．北京：商务印书馆，1983.
刘德斌．国际关系史［M］．第二版．北京：高等教育出版社，2018.
刘津瑜．罗马史研究入门［M］．北京：北京大学出版社，2014.
刘昫，等．旧唐书［M］．北京：中华书局，2013.
刘泽华．中国的王权主义［M］．天津：天津人民出版社，2019.
刘泽华，汪茂和，王兰仲．专制权力与中国社会［M］．天津：天津古籍出版社，2005.
柳宗元．柳宗元集校注［M］．第一册．尹占华，韩文奇，校注．北京：中华书局，2013.
卢梭．论人类不平等的起源和基础［M］．李常山，译．北京：商务印书馆，1996.
卢梭．社会契约论［M］．何兆武，译．北京：商务印书馆，2003.
罗伯特·艾克斯罗德．合作的进化［M］．吴坚忠，译．上海：上海人民出版社，2007.
罗伯特·达尔．多头政体：参与和反对［M］．谭君久，刘慧荣，译．北京：商务印书馆，2003.
罗伯特·A. 达尔．论民主［M］．李风华，译．北京：中国人民大学出版社，2012.
罗伯特·A. 达尔．民主及其批评者［M］．曹海军，佟德志，译．北京：中国人民大学出版社，2016.
罗伯特·A. 达尔，布鲁斯·斯泰恩布里克纳．现代政治分析［M］．第六版．吴勇，译．北京：中国人民大学出版社，2012.
洛克．政府论［M］．下篇．叶启芳，瞿菊农，译．北京：商务印书馆，1964.
M. J. C. 维尔．宪政与分权［M］．苏力，译．北京：生活·读书·新知三联书店，1997.
M. 罗斯托夫采夫．罗马帝国社会经济史［M］．全两册．马雍，厉以宁，译．北京：商务印书馆，2005.
马尔萨斯．人口原理［M］．朱泱，等，译．北京：商务印书馆，1992.
马可·奥勒留．沉思录［M］．何怀宏，译．北京：中央编译出版社，2008.
马克·布洛赫．封建社会［M］．上下卷．张绪山，等，译．北京：商务印书馆，2004.
马克斯·韦伯．经济与社会［M］．第一卷．阎克文，译．上海：上海人民出版社，2010.
马克斯·韦伯．学术与政治［M］．冯克利，译．北京：生活·读书·新知三联书店，2003.
马特·里德利．美德的起源：人类本能与协作的进化［M］．吴礼敬，译．北京：机械工业出版社，2015.
迈克尔·格兰特．罗马史［M］．王乃新，郝际陶，译．上海：上海人民出版社，2008.

迈克尔·曼 . 社会权力的来源（第一卷）：从开端到 1760 年的权力史［M］. 刘北成，李少军，译 . 上海：上海人民出版社，2007.
迈克尔·曼 . 社会权力的来源（第二卷）：阶级和民族国家的兴起（1760—1914）［M］. 陈海宏，等，译 . 上海：上海人民出版社，2007.
曼瑟·奥尔森 . 权力与繁荣［M］. 苏长和，嵇飞，译 . 上海：上海人民出版社，2005.
曼瑟尔·奥尔森 . 集体行动的逻辑［M］. 陈郁，等，译 . 上海：上海人民出版社，1995.
孟德斯鸠 . 论法的精神［M］. 上下册 . 张雁深，译 . 北京：商务印书馆，1961.
孟德斯鸠 . 罗马盛衰原因论［M］. 婉玲，译 . 北京：商务印书馆，2009.
米尔顿·弗里德曼 . 资本主义与自由［M］. 张瑞玉，译 . 北京：商务印书馆，2004.
墨子 . 墨子［M］. 方勇，译注，北京：中华书局，2011.
穆雷·N. 罗斯巴德 . 美国大萧条［M］. 谢华育，译 . 海口：海南出版社，2017.
N. G. L. 哈蒙德 . 希腊史：迄至公元前 322 年［M］. 朱龙华，译 . 北京：商务印书馆，2016.
南炳文，汤纲 . 明史［M］. 上册 . 上海：上海人民出版社，2003.
尼采 . 权力意志：1885—1889 年遗稿［M］. 孙周兴，译 . 北京：商务印书馆，2007.
尼尔·戴文思，路易斯·费希尔 . 民主的宪法［M］. 李松锋，译 . 南京：译林出版社，2015.
尼古拉·果戈里 . 钦差大臣［M］. 耿济之，译 . 沈阳：春风文艺出版社，2017.
尼古拉斯·韦普肖特 . 凯恩斯大战哈耶克［M］. 闾佳，译 . 北京：机械工业出版社，2013.
尼科洛·马基雅维利 . 君主论［M］. 潘汉典，译 . 北京：商务印书馆，1985.
帕特里克·贝尔福 . 奥斯曼帝国六百年：土耳其帝国的兴衰［M］. 栾力夫，译 . 北京：中信出版集团，2018.
佩里·安德森 . 绝对主义国家的系谱［M］. 刘北成，龚晓庄，译 . 上海：上海人民出版社，2001.
彭慕兰 . 大分流：中国、欧洲与现代世界经济的形成［M］. 黄中宪，译 . 北京：北京日报出版社，2021.
钱穆 . 中国历代政治得失［M］. 海口：海南出版社，2022.
乔尔·科特金 . 全球城市史［M］. 王旭，等，译 . 北京：社会科学文献出版社，2014.
乔尔·莫克尔 . 启蒙经济：英国经济史新论［M］. 曾鑫，熊跃根，译 . 北京：中信出版集团，2020.
乔尔·S. 米格代尔 . 强社会与弱国家：第三世界的国家社会关系及国家能力［M］. 张长东，等，译 . 南京：江苏人民出版社，2009.
乔万尼·萨托利 . 民主新论［M］. 上下卷 . 冯克利，阎克文，译 . 上海：上海人民出版社，2015.
乔治·杜比 . 法国史［M］. 上册 . 吕一民，等，译 . 北京：商务印书馆，2010.
R. G. 甘米奇 . 宪章运动史［M］. 苏公隽，译 . 北京：商务印书馆，1979.
让-雅克·拉丰，大卫·马赫蒂摩 . 激励理论（第一卷）：委托-代理模型［M］. 陈志俊，等，译 . 北京：中国人民大学出版社，2002.
任东来，陈伟，白雪峰 . 美国宪政历程：影响美国的 25 个司法大案［M］. 北京：中国法制出版社 , 2004.

任智勇，戴圆．中国近代思想家文库·郑观应卷［M］．北京：中国人民大学出版社，2014.
塞缪尔·E. 芬纳．统治史（卷一）：古代的王权和帝国——从苏美尔到罗马［M］．王震，马百亮，译．上海：华东师范大学出版社，2014.
塞缪尔·E. 芬纳．统治史（卷二）：中世纪的帝国统治和代议制的兴起——从拜占庭到威尼斯［M］．王震，译．上海：华东师范大学出版社，2014.
塞缪尔·E. 芬纳．统治史（卷三）：早期现代政府和西方的突破——从民族国家到工业革命［M］．马百亮，译．上海：华东师范大学出版社，2014.
塞缪尔·亨廷顿．第三波：20 世纪后期的民主化浪潮［M］．欧阳景根，译．北京：中国人民大学出版社，2013.
塞缪尔·亨廷顿．军人与国家：军政关系的理论与政治［M］．李晟，译．北京：中国政法大学出版社，2017.
塞缪尔·亨廷顿．文明的冲突与世界秩序的重建［M］．周琪，等，译．北京：新华出版社，2010.
色诺芬．居鲁士的教育：色诺芬注疏集［M］．沈默，译．北京：华夏出版社，2007.
色诺芬．希腊史［M］．详注修订本．徐松岩，译．上海：上海人民出版社，2020.
杉山正明．游牧民的世界史［M］．黄美蓉，译．北京：北京时代华文书局，2020.
商鞅．商君书［M］．石磊，译注．北京：中华书局，2011.
升味准之辅．日本政治史［M］．全四册．董国良，郭洪茂，译．北京：商务印书馆，1997。
斯蒂芬·L. 埃尔金，卡罗尔·爱德华·索乌坦．新宪政论——为美好的社会设计政治制度［M］．周叶谦，译．北京：生活·读书·新知三联书店，1997.
斯蒂芬·平克．人性中的善良天使：暴力为什么会减少［M］．上下册．安雯，译．北京：中信出版社，2015.
斯坦利·L. 恩格尔曼，罗伯特·E. 高尔曼．剑桥美国经济史（第二卷）：漫长的 19 世纪［M］．王珏，李淑清，主译．北京：中国人民大学出版社，2008.
司马光．资治通鉴［M］．全四册．长沙：岳麓书社，1990.
司马迁．史记［M］．全四册．中华国学文库．裴骃，集解．司马贞，索隐．张守义，正义．北京：中华书局，2011.
苏珊·罗斯·艾克曼．腐败与政府［M］．王江，程文浩，译．北京：新华出版社，2000.
孙武．孙子兵法［M］．陈曦，译注，北京：中华书局，2011.
汤姆·霍兰．卢比孔河：罗马共和国的衰亡［M］．杨军，译．北京：中信出版社，2016.
汤普逊．中世纪经济社会史［M］．下册．耿淡如，译．北京：商务印书馆，1997.
陶玉坤．北方游牧民族的王位继承制度［D］．中国·内蒙古第四届草原文化研讨会论文集，2007：292-310.
特奥多尔·蒙森．罗马史［M］．全五卷．李稼年，译．北京：商务印书馆，2015.
托克维尔．论美国的民主［M］．上下卷．董国良，译．北京：商务印书馆，1989.
托马斯·巴菲尔德．危险的边疆：游牧帝国与中国［M］．袁剑，译．南京：江苏人民出版社，2011.
托马斯·霍布斯．利维坦［M］．黎思复，黎廷弼，译．北京：商务印书馆，1985.
托马斯·库恩．科学革命的结构［M］．第四版．金吾伦，胡新和，译．北京：北京大学出版社，2012.
脱脱，等 . 宋史［M］. 全四十册 . 北京：中华书局，2013.
瓦 · 奥 · 克柳切夫斯基 . 俄国史教程［M］. 第四卷 . 张咏白，等，译 . 北京：商务印书馆，2015.
王曾瑜 . 宋朝军制初探［M］. 增订本 . 北京：中华书局，2011.
王春瑜，杜婉言 . 明朝宦官［M］. 北京：商务印书馆，2016.
王红生 . 论印度的民主［M］. 北京：社会科学文献出版社，2011.
王亮 . 法律与古埃及人的社会生活［N］. 中国社会科学报，2017-08-28.
王绍光，胡鞍钢 . 中国国家能力报告［M］. 沈阳：辽宁人民出版社，1993.
王文锦 . 礼记译解［M］. 北京：中华书局，2016.
王亚南 . 中国官僚政治研究［M］. 北京：中国社会科学出版社，1981.
王仲荦 . 隋唐五代史［M］. 上下册 . 上海：上海人民出版社，2003.
王仲荦 . 魏晋南北朝史［M］. 上海：上海人民出版社，2003.
维托 · 坦齐，卢德格尔，舒克内希特 . 20 世纪的公共支出［M］. 胡家勇，译 . 北京：商务印书馆，2005.
魏凤莲 . 罗马军团［M］. 北京：北京大学出版社，2010.
吴兢 . 贞观政要［M］. 骈宇骞，注释，北京：中华书局，2011.
肖爱民 . 中国古代北方游牧政权最高统治者继承制度初探［D］. 中华文明的历史与未来国际学术研讨会论文集，2008：234-246.
小詹姆斯 · R. 斯托纳 . 普通法与自由主义理论：柯克、霍布斯及美国宪政主义之诸源头［M］. 姚中秋，译 . 北京：北京大学出版社，2005.
休 · 肯尼迪 . 大征服：阿拉伯帝国的崛起［M］. 孙宇，译 . 北京：民主与建设出版社，2020.
休谟 . 人性论［M］. 上册 . 关文运，译 . 北京：商务印书馆，1996.
修昔底德 . 伯罗奔尼撒战争史［M］. 详注修订本 . 徐松岩，译 . 上海：上海人民出版社，2017.
许田波 . 战争与国家形成：春秋战国与近代早期欧洲之比较［M］. 徐进，译 . 上海：上海人民出版社，2009.
荀子 . 荀子［M］. 方勇，李波，译注 . 北京：中华书局，2011.
亚伯拉罕 · 马斯洛 . 动机与人格［M］. 许金声，译 . 北京：中国人民大学出版社，2007.
亚当 · 斯密 . 国民财富的性质和原因的研究［M］. 上下卷 . 郭大力，王亚南，译 . 北京：商务印书馆，1983.
亚当 · 斯密 . 斯密全集（第 1 卷）：道德情操论［M］. 蒋自强，等，译 . 北京：商务印书馆，2014.
亚当 · 扎莫伊斯基 . 波兰史［M］. 郭大成，译 . 北京：中国友谊出版公司，2019.
亚里士多德 . 尼各马可伦理学［M］. 廖申白，译注 . 北京：商务印书馆，2003.
亚里士多德 . 雅典政制［M］. 日知，力野，译 . 北京：商务印书馆，1959.
亚里士多德 . 政治学［M］. 吴寿彭，译 . 北京：商务印书馆，1997.
阎坤，张立承 . 中国县乡财政困境分析与对策研究［J］. 经济研究参考，2003（90）：2-18.
晏绍祥 . 雅典的崛起与斯巴达的“恐惧”：论“修昔底德陷阱”［J］. 历史研究，2017

（6）：109-125.
杨朝明．近人商周继承制度研究之检讨［J］．管子学刊，1996（2）：82-87.
杨宽．战国史［M］．上海：上海人民出版社，2019.
扬−维尔纳·米勒．什么是民粹主义？［M］．钱静远，译．南京：译林出版社，2020.
伊恩·莫里斯．战争：从类人猿到机器人，文明的冲突和演变［M］．栾力夫，译．北京：中信出版社，2015.
伊拉斯谟．论基督君主的教育［M］．李康，译．上海：上海人民出版社，2003.
伊曼纽尔·沃勒斯坦．现代世界体系［M］．四卷本．郭方，等，译．北京：社会科学文献出版社，2013.
伊曼努尔·康德．历史理性批判文集［M］．何兆武，译．北京：商务印书馆，1996.
伊藤之雄．伊藤博文：创造近代日本之人［M］．李启彰，等，译．新北：台湾广场出版，2017.
俞可平．帝国新论［J］．清华大学学报（哲学社会科学版），2022（2）：1-13.
俞可平．论帝国的兴衰［J］．山西大学学报，2022（1）：1-11.
约翰·埃默里克·爱德华·达尔伯格−阿克顿．自由与权力［M］．侯健，范亚峰，译．南京：译林出版社，2014.
约翰·F. 沃克，哈罗德·G. 瓦特．美国大政府的兴起［M］．刘进，毛喻原，译，重庆：重庆出版社，2001.
约翰·刘易斯·加迪斯．长和平：冷战史考察［M］．潘亚玲，译．上海：上海人民出版社，2011.
约翰·梅纳德·凯恩斯．就业、利息和货币通论［M］．重译本．高鸿业，译．北京：商务印书馆，1999.
约翰·密尔．论自由［M］．许宝骙，译．北京：商务印书馆，2005.
约翰·索利．雅典的民主［M］．王琼淑，译．上海：上海译文出版社，2001.
詹姆斯·布赖斯．神圣罗马帝国［M］．孙秉莹，等，译．北京：商务印书馆，1998.
詹姆斯·C. 霍尔特．大宪章［M］．毕竞悦，等，译．北京：北京大学出版社，2010.
詹姆斯·多尔蒂，小罗伯特·普法尔茨格拉夫．争论中的国际关系理论［M］．第五版．阎学通，陈寒溪，等，译．北京：世界知识出版社，2013.
詹姆斯·乔尔，戈登·马特尔．第一次世界大战的起源［M］．第三版．薛洲堂，译．北京：商务印书馆，2020.
张宏杰．中国皇帝的五种命运［M］．太原：山西人民出版社，2007.
张晓校．罗马近卫军史纲［M］．北京：中国社会科学出版社，2018.
张星久．中国君主专制政体下的皇位嫡长子继承制新论［J］．武汉大学学报（哲学社会科学版），1998（5）：22-28.
赵鼎新．东周战争与儒法国家的诞生［M］．夏江旗，译．上海：华东师范大学出版社，2006.
赵汝愚．宋朝诸臣奏议［M］．北京大学中国中古史研究中心，校点整理．上海：上海古籍出版社，1999.
赵汀阳．天下体系：世界制度哲学导论［M］．北京：中国人民大学出版社，2011.
珍·波本克，弗雷德里克·库伯．世界帝国二千年：一部关于权力政治的全球史［M］．冯奕达，译．新北市：台湾八旗文化，2015.

钟基，李先银，王身钢，译注 . 古文观止［M］. 上下册 . 北京：中华书局，2011.
周黎安 . 转型中的地方政府：官员激励与治理［M］. 第二版 . 上海：格致出版社，2017.
朱国宏 . 中国历史人口增长再认识：公元 2—1949［J］. 人口研究，1998，22（3）：14-20.
朱天飚 . 比较政治经济学［M］. 北京：北京大学出版社，2006.
朱熹 . 四书章句集注［M］. 中华国学文库 . 北京：中华书局，2011.

英文部分

Adams, George Burton. "The Origin of the English Constitution." *The American Historical Review*, Vol. 13, No. 2 (Jan. 1908): 229-245.

Alford, John R. and John R. Hibbing. "The Origin of Politics: An Evolutionary Theory of Political Behavior." *Perspectives on Politics*, Vol. 2, No. 4 (Dec., 2004): 707-723.

Al-Istrabadi, Feisal Amin Rasoul. "A Constitution Without Constitutionalism: Reflections on Iraq's Failed Constitutional Process." *Texas Law Review*, Vol. 87, No. 7 (2009): 1627 -1655.

Arnold, Matthew and Matthew LeRiche. *South Sudan: From Revolution to Independence*. Oxford: Oxford University Press, 2012.

Bang, Peter Fibiger, C. A. Bayly, and Walter Scheidel (eds.). *The Oxford World History of Empire, Volume 1: The Imperial Experience*. Oxford: Oxford University Press, 2021.

Bang, Peter Fibiger, C. A. Bayly, and Walter Scheidel (eds.). *The Oxford World History of Empire, Volume 2: The History of Empires*. Oxford: Oxford University Press, 2021.

Barker, Graeme. *The Agricultural Revolution in Prehistory: Why did Foragers Become Farmers?*. Oxford: Oxford University Press, 2009.

Bassil, Noah R..*The Post-Colonial State and Civil War in Sudan: The Origins of Conflict in Darfur*. London: I.B. Tauris, 2012.

Blackburn, Simon. *The Oxford Dictionary of Philosophy*. Oxford: Oxford University Press, 2008.

Bodin, Jean. *Six Books of the Commonwealth*. Abridged and translated by M. J. Tooley, Oxford: Basil Blackwell, 1967.

Boserup, Ester. *The Conditions of Agricultural Growth: The Economics of Agrarian Change Under Population Pressure*. London: Routledge, 1993.

Brzezinski, Mark. *The Struggle for Constitutionalism in Poland*. London: Palgrave Macmillan, 1998.

Carneiro, Robert L.. "A Theory of the Origin of the State: Traditional Theories of State Origins are Considered and Rejected in Favor of a New Ecological Hypothesis." *Science*, Vol. 169, No. 3947 (Aug., 1970): 733-738.

Carneiro, Robert L.. "On the Relationship between Size of Population and Complexity of Social Organization." *Journal of Anthropological Research*, Vol. 42, No. 3 (Autumn, 1986): 355-364.

Chen, Albert H. Y.. *Constitutionalism in Asia in the Early Twenty-First Century*. Cambridge: Cambridge University Press, 2014.

Choper, Jesse H., Richard H. Fallon Jr., Yale Kamisar, and Steeven H. Shiffrin. *Constitutional Law: Cases-Comments-Questions*, 11th Edition. Eagan: West Academic Publishing, 2011.

Clausen, John A. (ed.). *Socialization and Society*. Boston: Little Brown and Company, 1968.

Clegg, Stewart R. and Mark Haugaard (eds.). *The Sage Handbook of Power*. London: SAGE Publications Ltd, 2009.

Collier, Ruth Berins. *Paths toward Democracy: The Working Class and Elites in Western Europe and South America*. Cambridge: Cambridge University Press, 1999.

Cook, Chris and John Stevenson. *A History of British Elections since 1689*. London: Routledge, 2014.

Corning, Peter A., Samuel M. Hines Jr., Ronald H. Chilcote, Robert A. Packenham, and Fred W. Riggs. "Political Development and Political Evolution." *Politics and the Life Sciences*, Vol. 6, No. 2 (Feb., 1988): 141-172.

Dalgic, Tevfik (ed.). *Handbook of Niche Marketing: Principles and Practice*. London: Routledge, 2005.

De Greiff, Pablo and Ciaran Cronin (eds.). *Global Justice and Transnational Politics: Essays on the Moral and Political Challenges of Globalization*. Cambridge, MA: The MIT Press, 2002.

De Mesquita, Bruce Bueno, James D. Morrow, Randolph M. Siverson, and Alastair Smith. "An Institutional Explanation of the Democratic Peace." *American Political Science Review*, Vol. 93, No. 4 (Dec., 1999): 791-807.

Diamond, Larry Jay. "Three Paradoxes of Democracy." *Journal of Democracy*, Vol. 1, No. 3 (Summer, 1990), pp. 48-60.

Di Cosmo, Nicola (ed.). *Warfare in Inner Asian History (500-1800). Handbook of Oriental Studies*. Boston: Brill Academic Publishers, 2001.

Dierenfield, Bruce J.. *The Civil Rights Movement: The Black Freedom Struggle in America*. 2nd Edition. London: Routledge, 2021.

Downing, Brian M.. "Medieval Origins of Constitutional Government in the West." *Theory and Society*, Vol. 18, No. 2 (Mar., 1989): 213-247.

Evans, Peter B., Dietrich Rueschemeyer, and Theda Skocpol (eds.). *Bringing the State Back In*. Cambridge: Cambridge University Press, 1985.

Fallon, Richard H. Jr.. *The Dynamic Constitution: An Introduction to American Constitutional Law and Practice*, 2nd Edition. Cambridge: Cambridge University Press, 2013.

Fama, Eugene F. and Michael C. Jensen. "Agency Problems and Residual Claims." *The Journal of Law & Economics*, Vol. 26, No. 2 (Jun., 1983), pp. 327-349.

Freeman, Alan and Boris Kagarlitsky (eds.). *The Politics of Empire: Globalisation in Crisis*. London: Pluto Press, 2004.

Fried, Morton H..*The Evolution of Political Society: An Essay in Political Anthropology*. New York: Random House, 1967.

Geis, Anna, Lothar Brock, and Harald Müller. *Democratic Wars: Looking at the Dark Side of*

Democratic Peace. New York: Palgrave MacMillan, 2006.

Gerring, John, Tore Wig, Wouter Veenendaal, Daniel Weitzel, Jan Teorell, and Kyosuke Kikuta. "Why Monarchy? The Rise and Demise of a Regime Type." *Comparative Political Studies*, Vol. 54, No. 3-4 (2021), pp. 585-622.

Ginsburg, Tom and Alberto Simpser (eds.). *Constitutions in Authoritarian Regimes*. Cambridge: Cambridge University Press, 2014.

Grant, Jonathan. "Rethinking the Ottoman 'Decline': Military Technology Diffusion in the Ottoman Empire, Fifteenth to Eighteenth Centuries." *Journal of World History*, Vol. 10, No. 1 (Spring, 1999): 179-201.

Grote, Rainer and Tilmann J. Röder (eds.). *Constitutionalism, Human Rights, and Islam after the Arab Spring*. Oxford: Oxford University Press, 2016.

Hacker, Jacob S. and Paul Pierson. "After the 'Master Theory': Downs, Schattschneider, and the Rebirth of Policy-Focused Analysis." *Perspectives on Politics*, Vol. 12, No. 3 (Sept., 2014), pp. 643-662.

Haerpfer, Christian, Patrick Bernhagen, Christian Welzel, and Ronald F. Inglehart. *Democratization*, 2nd Edition. Oxford: Oxford University Press, 2019.

Hagemann, Robert P. and Christoph John. "Fiscal Reform in Sweden: What Generational Accounting Tells Us." *Contemporary Economic Policy*, Vol. 15, No. 3 (Jul., 1997):1-12.

Hamilton, Alexander, James Madison, and John Jay. *The Federalist Papers*. Lawrence Goldman (ed.), Oxford: Oxford University Press, 2008.

Hansen, Mogens Herman. *The Shotgun Method: The Demography of the Ancient Greek City-State Culture*. Columbia: University of Missouri Press, 2006.

Harner, Michael J.. "Population Pressure and the Social Evolution of Agriculturalists." *Southwestern Journal of Anthropology*, Vol. 26, No. 1 (Spring, 1970): 67-86.

Hatton, Ragnhild (ed.). *Louis XIV and Absolutism*. London: Palgrave Macmillan, 1976.

Hay, Colin, Michael Lister, and David Marsh. *The State: Theories and Issues.* Basingstoke: Palgrave Macmillan, 2006.

Hayek, F. A.. *The Fatal Conceit.* Chicago: University of Chicago Press, 1991.

Heck, Stefan, Matt Rogers, and Paul Carroll. *Resource Revolution: How to Capture the Biggest Business Opportunity in a Century*. Seattle: Amazon Publishing, 2014.

Hegre, Håvard. "Democracy and Armed Conflict." *Journal of Peace Research*, Vol. 51, No. 2 (2014): 159–172.

Helbing, Dirk (ed.). *Towards Digital Enlightenment: Essays on the Dark and Light Sides of the Digital Revolution*. Berlin: Springer, 2019.

Holt, J. C..*Magna Carta*, 3rd Edition. Cambridge: Cambridge University Press, 2015.

Hume, David. *The History of England: From the Invasion of Julius Caesar to the Revolution in 1688*, Vol. V. Indianapolis: Liberty Classics, 1983.

Ikenberry, G. John. *Liberal Leviathan: The Origins, Crisis, and Transformation of the American World Order*. Princeton: Princeton University Press, 2011.

Johnson, Joan Marie. *The Woman Suffrage Movement in the United States*. London: Routledge, 2022.

Kagarlitsky, Boris and Renfrey Clarke. *Empire of the Periphery: Russia and the World System*. London: Pluto Press, 2007.

Lange, Matthew, James Mahoney, and Matthias vom Hau. "Colonialism and Development: A Comparative Analysis of Spanish and British Colonies." *American Journal of Sociology*, Vol. 111, No. 5 (Mar., 2006):1412-1462.

Levitsky, Steven and Daniel Ziblatt. *How Democracies Die*. New York: Crown, 2018.

Lewis, Orion A. and Sven Steinmo. "How Institutions Evolve: Evolutionary Theory and Institutional Change." *Polity*, Vol. 44, No. 3 (Jul., 2012), pp. 314-339.

Lipset, Seymour Martin. "Some Social Requisites of Democracy: Economic Development and Political Legitimacy." *American Political Science Review*, Vol. 53, No. 1 (Mar., 1959): 69-105.

Loades, Mike and Peter Dennis. *The Longbow*. Oxford: Osprey Publishing, 2013.

Lukowski, Jerzy and Hubert Zawadzki. *A Concise History of Poland*, 2nd Edition. Cambridge: Cambridge University Press, 2006.

Lukowski, Jerzy. *The Partitions of Poland: 1772, 1793 ,1795*. London: Routledge,1999.

Maddox, Graham. "The Feudal Origins of English Constitutionalism." *The Australian Journal of Politics and History*, Vol. 31, No. 3 (Dec., 1985): 445-459.

Mahoney, James. "Path Dependence in Historical Sociology." *Theory and Society*, Vol. 29, No. 4 (Aug., 2000): 507-548.

Maoz, Zeev and Bruce Russett. "Normative and Structural Causes of Democratic Peace, 1946-1986." *American Political Science Review*, Vol. 87, No. 3 (Sept., 1993), pp. 624-638.

Martin, George. *A Song of Ice and Fire*, 7 Volumes, 12th Edition. New York: Harper Collins, 2012.

Mayhall, Laura E. Nym. *The Militant Suffrage Movement: Citizenship and Resistance in Britain, 1860-1930*. Oxford: Oxford University Press, 2003.

McClelland, David C. and Richard E. Boyatzis. "Leadership Motive Pattern and Long-Term Success in Management." *Journal of Applied Psychology*, Vol. 67, No. 6 (1982), pp. 737–743.

Mearsheimer, John J.. *The Tragedy of Great Power Politics*. New York: W. W. Norton & Company, 2014.

Medushevsky, Andrei. *Russian Constitutionalism: Historical and Contemporary Development*. London: Routledge, 2006.

Miyazaki, Tomomi. "Fiscal Reform and Fiscal Sustainability: Evidence from Australia and Sweden." *International Review of Economics & Finance*, Vol. 33 (Sept. 2014): 141-151.

Moeller, Justin and Ronald F. King. *Removal of the Property Qualification for Voting in the United States: Strategy and Suffrage*. London: Routledge, 2018.

Morris, Aldon D. and Carol McClurg Mueller (eds.). *Frontiers in Social Movement Theory*. New Haven: Yale University Press, 1992.

Neusner, Jacob and Bruce D. Chilton. *The Golden Rule: The Ethics of Reciprocity in World Religions*. London: Continuum, 2009.

Nolte, Detlef and Almut Schilling-Vacaflor (eds.). *New Constitutionalism in Latin America:*

Promises and Practices. Farnham: Ashgate, 2012.

Ober, Josiah. *The Rise and Fall of Classical Greece*. Princeton: Princeton University Press, 2015.

O'Flaherty, Brendan. "Why Are There Democracies? A Principal Agent Answer." *Economics and Politics*, Vol. 2, No. 2 (Jul. 1990), pp. 133-155.

Olson, Mancur. "Dictatorship, Democracy, and Development." *American Political Science Review*, Vol. 87, No. 3 (Sept., 1993), pp. 567-576.

Pettersson, Therése and Peter Wallensteen. "Armed Conflicts, 1946–2014." *Journal of Peace Research*, Vol. 52, No. 4 (2015), pp. 536–550.

Philbrick, Nathaniel. *Mayflower: A Story of Courage, Community, and War*. New York: Penguin Group, 2006.

Pierson, Paul. "Increasing Returns, Path Dependence, and the Study of Politics." *American Political Science Review*, Vol. 94, No. 2 (Jun., 2000), pp. 251-267.

Pinker, Steven. *The Better Angels of Our Nature: Why Violence Has Declined*. New York: Viking, 2011.

Pomeroy, Sarah B., Stanley M. Burstein, Walter Donlant, Jennifer Tolbert Roberts, David W. Tandy, and Georgia Tsouvala. *Ancient Greece: A Political, Social, and Cultural History*, 4th Edition. Oxford: Oxford University Press, 2017.

Powell, G. Bingham Jr., Russell J. Dalton, and Kaare W. Strom (eds.). *Comparative Politics Today: A World View*, 11th Edition. Boston: Pearson, 2015.

Quataert, Donald. *The Ottoman Empire, 1700-1922*. Cambridge: Cambridge University Press, 2005.

Renfrew, Colin. *The Emergence of Civilisation: The Cyclades and the Aegean in the Third Millennium B.C.*. London: Methuen, 1972.

Robinson, Eric W.. *Democracy Beyond Athens: Popular Government in the Greek Classical Age*. Cambridge: Cambridge University Press, 2011.

Robinson, William I.. "Beyond Nation-State Paradigms: Globalization, Sociology, and the Challenge of Transnational Studies." *Sociological Forum*, Vol.13, No. 4 (1998), pp. 561-594.

Rosato, Sebastian. "The Flawed Logic of Democratic Peace Theory." *American Political Science Review*, Vol. 97, No. 4 (Nov., 2003), pp. 585-602.

Russett, Bruce. *Grasping the Democratic Peace: Principles for a Post-Cold War World*. Princeton: Princeton University Press, 1993.

Sahle, Eunice N. (ed.). *Democracy, Constitutionalism, and Politics in Africa: Historical Contexts, Developments, and Dilemmas*. London: Palgrave Macmillan, 2017.

Saleh, Joseph Homer. "Statistical Reliability Analysis for a Most Dangerous Occupation: Roman Emperor." *Palgrave Communications*, Vol. 5, No. 1 (Dec. 2019), pp.1-7.

Schrunk, David, Burton Sharpe, Bonnie L. Cooper, and Madhu Thangavelu. *The Moon: Resources, Future Development, and Settlement*, 2nd Edition. Berlin: Springer, 2007.

Sellers, Mortimer and Tadeusz Tomaszewski (eds.). *The Rule of Law in Comparative Perspective*. New York: Springer, 2010.

Snyder, Jack. *Myths of Empire: Domestic Politics and International Ambition*. Ithaca: Cornell University Press, 1991.

Snyder, Timothy. *The Reconstruction of Nations: Poland, Ukraine, Lithuania, Belarus, 1569–1999*. New Haven & London: Yale University Press, 2003.

Stillman, Peter G.. "The Concept of Legitimacy." *Polity*, Vol. 7, No. 1 (Autumn, 1974): 32-56.

Taylor, Richard. *The Macedonian Phalanx: Equipment, Organization & Tactics from Philip and Alexander to the Roman Conquest*. Barnsley: Pen and Sword Military, 2020.

Thayer, Bradley A.. "Bringing in Darwin: Evolutionary Theory, Realism, and International Politics." *International Security*, Vol. 25, No. 2 (Fall, 2000): 124-151.

Thelen, Kathleen. "Historical Institutionalism in Comparative Politics." *Annual Review of Political Science*, Vol. 2 (Jun., 1999): 369-404.

Thies, Cameron G.. "The Political Economy of State Building in Sub-Saharan Africa." *Journal of Politics*, Vol. 69, No. 3 (Aug., 2007): 716-731.

Thies, Cameron G.. "War, Rivalry, and State Building in Latin America." *American Journal of Political Science*, Vol. 49, No. 3 (Jul., 2005), pp. 451-465.

Tilly, Charles. *Coercion, Capital, and European States, AD 990-1992*. Oxford: Basil Blackwell, 1990.

Tilly, Charles (ed.). *The Formation of National States in Western Europe*. Princeton: Princeton University Press, 1975.

Tschang, Feichin Ted and Esteve Almirall. "Artificial Intelligence as Augmenting Automation: Implications for Employment." *Academy of Management Perspectives*, Vol. 35, No. 4 (Nov., 2021), pp. 642-659.

Tsebelis, George. *Veto Players: How Political Institutions Work*. Princeton: Princeton University Press, 2002.

Tsoukas, Haridimos and Christian Knudsen. *The Oxford Handbook of Organization Theory: Meta-Theoretical Perspectives*. Oxford: Oxford University Press, 2003.

Tushnet, Mark and Madhav Khosla (eds.). *Unstable Constitutionalism: Law and Politics in South Asia*. Cambridge: Cambridge University Press, 2015.

Waldner, David. *State Building and Late Development*. Ithaca, N.Y.: Cornell University Press, 1999.

Weatherford, M. Stephen. "Measuring Political Legitimacy." *American Political Science Review*, Vol. 86, No. 1 (Mar., 1992): 149-166.

Weber, Max. *Economy and Society: An Outline of Interpretive Sociology*. Guenther Roth and Claus Wittich (eds), Berkeley: University of California Press, 1963.

Weiss, Charles and William B. Bonvillian. *Structuring an Energy Technology Revolution*. Cambridge, MA: The MIT Press, 2009.

Yunker, James A.. *The Idea of World Government: From Ancient Times to the Twenty-first Century*. London: Routledge, 2011.

Ziblatt, Daniel. *Conservative Parties and the Birth of Democracy*. Cambridge: Cambridge University Press, 2017.